Ralf Stettner · »Archipel GULag«

Zum Gedenken
an meinen sehr verehrten akademischen Lehrer

Herrn
Professor Dr. Alexander Fischer

Professor für Osteuropäische Geschichte
an der Rheinischen Friedrich-Wilhelms-Universität zu Bonn

(1933–1995)

Ralf Stettner

»Archipel GULag«: Stalins Zwangslager – Terrorinstrument und Wirtschaftsgigant

Entstehung, Organisation und Funktion des sowjetischen Lagersystems 1928–1956

Ferdinand Schöningh

Paderborn · München · Wien · Zürich

Der Autor: Ralf Stettner, geb. 1967, studierte Geschichte, Osteuropäische Geschichte und Philosophie an den Universitäten Bonn und Leipzig. Er ist Wissenschaftlicher Referent im Deutschen Bundestag.

Die Deutsche Bibliothek – CIP-Einheitsaufnahme

Stettner, Ralf:
»Archipel GULag«: Stalins Zwangslager – Terrorinstrument und Wirtschaftsgigant; Entstehung, Organisation und Funktion des sowjetischen Lagersystems 1928 – 1956 / Ralf Stettner. – Paderborn; München; Wien; Zürich: Schöningh, 1996
ISBN 3-506-78754-3

Umschlaggestaltung: INNOVA GmbH, D-33178 Borchen

Gedruckt auf umweltfreundlichem, chlorfrei gebleichtem und alterungsbeständigem Papier ♾ ISO 9706

Printed in Germany. Herstellung: Ferdinand Schöningh, Paderborn

ISBN 3-506-78754-3

Inhaltsverzeichnis

Vorwort

Die Geschichte des GULag, des sowjetischen Lagersystems, ist eine der vielen „weißen Flecken“ in der Geschichtsschreibung über die Sowjetunion. Dies galt bis in die Perestroika-Zeit hinein nicht nur für die sowjetische Geschichtswissenschaft, sondern auch für die westliche Forschung. Bis heute gibt es nicht eine Arbeit, die den GULag als Gesamtsystem untersucht.

In diesem Buch wird erstmals der Versuch gemacht, auf der Basis von Häftlingsberichten, wissenschaftlicher Literatur und Archivinformationen einen Überblick über die Geschichte des GULag der Stalin-Zeit zu geben. Dazu werden die organisationsgeschichtlichen Wurzeln, die wirtschaftlichen und rechtlichen Voraussetzungen, Rahmenbedingungen, Organisation und Funktion des GuLag dargestellt. Die Arbeit hat einen organisationsgeschichtlichen Ansatz, geht aber ausführlich auf die Lebensbedingungen in den Lagern und die Situation des einzelnen Häftlings ein.

Der GULag hatte immer eine Doppelfunktion: er war als Terror- und Strafvollzugsorgan eines der wichtigsten Instrumente zur Herrschaftssicherung, gleichzeitig aber ein fest integrierter Bestandteil der sowjetischen Wirtschaft. Die Arbeit zeigt deutlich auf, welche enorme wirtschaftliche Bedeutung der GULag während der Stalinzeit gewann und wie eng Terror, GULag und Wirtschaft miteinander verknüpft waren. In den Lagern litten und starben Millionen Menschen. Der GULag war eine wesentliche Stütze des Zwangssystems Sowjetunion. Ohne die Lager wären manche Kanäle nicht gebaut worden, würden eine Reihe strategisch wichtiger Straßen und Eisenbahnlinien bis heute nicht existieren, viele Städte, Kombinate, Fabriken und Flughäfen nicht stehen.

***

Herzlich zu Dank verpflichtet bin ich meinem verstorbenem akademischen Lehrer, Herrn Professor Dr. Alexander Fischer, Professor für Osteuropäische Geschichte an der Rheinischen Friedrich-Wilhelms-Universität zu Bonn, der mich während meines gesamten Studiums begleitete und jederzeit unterstützte.

Ein ganz besonderer Dank gilt meinem Vater, Herrn Heiner Stettner, Herrn Ralf Schmitt und meiner lieben Ute. Ohne ihre Hilfe hätte dieses Buch in dieser Form nicht entstehen können.

Abkürzungsverzeichnis

AChO	Verwaltungs- und Wirtschaftsabteilung
AChTsch	Verwaltungs- und Wirtschaftsstelle
ATP	Administrativ-Technisches Personal
BAM	Baikal-Amur-Magistrale
BessArbK	Besserungsarbeitskodex
BBK	Weißmeer-Ostsee-Kanal
BITR	Büro für Besserungsarbeit
BUR	Baracken mit verschärftem Regime
CICRC	Internationale Kommission gegen Konzentrationslager
DALSTROI	Fernöstliche Bauverwaltung
EKU	Hauptverwaltung für Wirtschaft
FinTsch	Finanz- und Buchhaltungsstelle
GARF	Staatsarchiv der RSFSR
GlawGidroStroi	Hauptverwaltung für den Bau hydrotechnischer Bauten
GlawLes	Hauptverwaltung für Holzwirtschaft
GlawPromStroi	Hauptverwaltung der Lager für Industriebauten
GlawSpezStroi	Hauptverwaltung für Spezialbauten
GlawSpezZwetMeta	Spezial-Hauptverwaltung für Buntmetallurgie
GPU	Staatliche Politische Verwaltung
GTU	Hauptgefängnisverwaltung
GUAS	Hauptverwaltung zur Behandlung administrativ verbannter Personen
GUGB	Hauptverwaltung für Staatssicherheit
GUGMP	Hauptverwaltung für die Bergbau- und metallurgische Industrie
GUITK	Hauptverwaltung der Besserungsarbeitskolonien
GUITL	Hauptverwaltung der Besserungsarbeitslager
GUITLK	Hauptverwaltung der Besserungsarbeitslager und -kolonien
GUITLTP	Hauptverwaltung der Besserungsarbeitslager und Arbeitssiedlungen
GUITU	Hauptverwaltung der Besserungsarbeitseinrichtungen
GULag	Hauptverwaltung der Lager
GULesLag/GlawLesLag/GULLP	Hauptverwaltung Lager in der Holzwirtschaft
GULGMP	Hauptverwaltung der Lager in der Bergbau- und metallurgischen Industrie
GULSchossDor	Hauptverwaltung der Lager für den Bau von Fernstraßen

GULShDS	Hauptverwaltung der Lager für den Bau von Eisenbahnstrecken
GUMS	Hauptverwaltung der Haftverbüßungsorte
GUORP	Hauptverwaltung für Öffentliche Arbeit und Arbeitsdienstpflicht
GUP	Hauptverwaltung Umsiedlung
GUPR	Hauptverwaltung für Zwangsarbeit
GUPWI	Hauptverwaltung für Angelegenheiten von Kriegsgefangenen und Internierten
GUPWO	Hauptverwaltung für Grenztruppen und Innere Truppen
GUShDS	Hauptverwaltung für den Bau von Eisenbahnstrecken
GUSchossDor	Hauptverwaltung für den Bau von Fernstraßen
GUWWO	Hauptverwaltung für Innere Truppen
IFT	Individuelle körperliche Arbeit
ISTsch	Informations- und Untersuchungsstelle
ITK	Besserungsarbeitskolonie
ITL	Besserungsarbeitslager
ITP	Ingenieur-Technisches Personal
ITU	Besserungsarbeitseinrichtungen
KBTsch	Stelle für Unterhalt und Reparatur von Gebäuden
KETsch	Quartiermacherstelle
KGB	Komitee für Staatssicherheit
KO	Strafabteilung
KPR (B)	Kommunistische Partei Rußlands (Bolschewiki)
KPdSU	Kommunistische Partei der Sowjetunion
KPTsch	Kontroll- und Planstelle
K/R	„Konterrevolutionäre“
KTR	Katorga
KWO	Abteilung für Kultur und Erziehung
KWTsch	Kultur- und Erziehungsstelle
LFT	Leichte körperliche Arbeit
MGB	Ministerium für Staatssicherheit
MOP	Niederrangiges Dienstleistungspersonal
MWD	Ministerium des Innern
NKGB	Volkskommissariat für Staatssicherheit
NKJu	Volkskommissariat der Justiz
NKWD	Volkskommissariat des Innern
NÖP	Neue Ökonomische Politik
OGPU	Vereinigte Staatliche Politische Verwaltung
OITK	Abteilung für Besserungsarbeitskolonien
OKB	Spezielles Bau-Büro
OperTschTsch	Operativ-Tschekistische Stelle
OperTsch	Operative Stelle
OPFL	Abteilung für Prüf- und Filtrationslager
OPR	Abteilung für Zwangsarbeit
OSO	Sonderkollegium
OsobLag	Sonderlager
OTP	Abteilung für Arbeitssiedlungen
OTschO	Operativ-Tschekistische Abteilung
PFL	Prüf- und Filtrationslager
PPTsch	Produktions- und Planstelle

PTsch	Lebensmittelstelle
PTTsch	Produktions-Technische Stelle
PWTsch	Politische Erziehungsstelle
RSFSR	Russische Sozialistische Föderative Sowjetrepublik
RUR	Kompanien mit verschärftem Regime
SanO	Abteilung für Medizin und Sanitätswesen
SanTsch	Sanitätsstelle
SchIso	Strafisolator
SFT	Mittlere körperliche Arbeit
SLON	Nördliche Lager zur besonderen Verwendung (bis 1923) Solowezker Lager zur besonderen Verwendung (ab 1923)
SMERSCH	„Tod den Spionen" (Hauptverwaltung für Gegenspionage des Volkskommissariats für Verteidigung der UdSSR)
SNK	Rat der Volkskommissare
SpezLag	Speziallager
SpezO	Spezialabteilung
SpezTsch	Spezialstelle
SUR	Zonen mit verschärftem Regime
TFT	Harte körperliche Arbeit
TI	Gefängnisinspektion
TO	Gefängnisunterabteilung
TON	Gefängnis zur besonderen Verwendung
Tscheka/Wetscheka	Allrussische Außerordentliche Kommission zur Bekämpfung von Konterrevolution und Spionage
TschOS	Allgemeine Versorgungsstelle
UITK	Verwaltung der Besserungsarbeitskolonien
UITKTP	Verwaltung der Besserungsarbeitskolonien und Arbeitssiedlungen
UITLK	Verwaltung der Besserungsarbeitslager und- kolonien
ULag	Verwaltung der Lager
UOR	Wach- und Regimeverwaltung
UPFL	Verwaltung der Prüf- und Filtrationslager
UPWI	Verwaltung für Angelegenheiten von Kriegsgefangenen und Internierten
URB	Registrierungs- und Verteilungsbüro
URO	Registrierungs- und Verteilungsabteilung
URTsch	Registrierungs- und Verteilungsstelle
USLag	Verwaltung der Solowezker Lager
USLON	Verwaltung der Nördlichen Lager zur besonderen Verwendung (bis 1923) Verwaltung der Solowezker Lager zur besonderen Verwendung (ab 1923)
USWITLag	Verwaltung nordöstlicher Besserungsarbeitslager
WOchr	Militarisierte Wache
WRO	Verteilungsabteilung
WSO	Militarisierte Schützenwache
ZEK	Zentralexekutivkomitee
ZGAOR	Zentrales Staatliches Archiv der Oktoberrevolution
ZITO	Zentrale Besserungsarbeitsabteilung
ZKO	Zentrale Strafabteilung

„Wenn ich heute am Leben bin, dann heißt dies, daß statt meiner ein anderer in jener Nacht in den Erschießungslisten stand;
wenn ich heute am Leben bin, dann heißt dies, daß ein anderer statt meiner im unteren Schiffsbunker erstickt ist –
und daß ich jene überschüssigen zweihundert Gramm Brot bekam, die einem Verstorbenen fehlten.“[1]

[1] Aussage eines Lagerhäftlings in: Alexander Solschenizyn. Der Archipel GULag. 1918-1956. Versuch einer künstlerischen Bewältigung. Folgeband. Arbeit und Ausrottung. Seele und Stacheldraht. Bern, München, 1974. Hier: S. 254.

1 Einleitung

1.1 Thema, Fragestellung und Aufbau

Untersuchungsgegenstand dieser Arbeit ist das sowjetische Lagersystem in der Epoche J.W. Stalins. Beabsichtigt ist, die in der zugänglichen Literatur enthaltenen Informationen zu einer systematischen Darstellung zusammenzufassen und so einen ersten Überblick über die organisationsgeschichtlichen Wurzeln, die wirtschaftlichen und rechtlichen Voraussetzungen sowie Rahmenbedingungen, Organisation und Funktion zu geben. Es soll herausgearbeitet werden, wie der GULag[1] aufgebaut war und welche Funktion diesem im Sowjetstaat zukam. Besonderes Gewicht wird dabei auf die wirtschaftliche Aufgabe des GULag gelegt.

Diese Arbeit stellt den *ersten Versuch einer Organisationsgeschichte des GULag* dar. Dem Verfasser ist dabei sehr wohl bewußt, daß sie mancherlei Unzulänglichkeiten enthalten wird, die im Rahmen zukünftiger Archivstudien richtiggestellt werden dürften. Dennoch hofft er, die großen Linien der Geschichte des GULag herauszuarbeiten und dem Forscher einen Überblick an die Hand zu geben, der es ihm ermöglicht, mit gezielteren Fragen an das wenige zur Verfügung stehende Archivmaterial heranzugehen und seine Funde besser in das Gesamtsystem GULag einordnen zu können[2].

Das Buch ist keine Darstellung eigener neuester Archivfunde, sondern erarbeitet eine systematische Grundlage, auf deren Basis künftige Archivarbeit ein-

* In dieser Arbeit wird aus technischen Gründen in der Regel die Duden-Transkription benutzt.

1 Die Abkürzung GULag steht grundsätzlich für *Hauptverwaltung der Lager (Glawnoje uprawlenije lagerei) des NKWD/MWD*. Während der Stalinzeit änderte sich die Bezeichnung dieser Hauptverwaltung mehrmals, die Abkürzung „GULag" blieb jedoch stets in Gebrauch. Der Terminus „GULag" hat in der Literatur zwei Konnotationen. *Die GULag* bezeichnet die Hauptverwaltung als Zentrale des sowjetischen Zwangsarbeitslagersystems. "*Der GULag*" ist eine Verkürzung der Solschenizynschen Prägung „Der Archipel GULag" und benennt das sowjetische Lagersystem an sich. In der Folge werden beide Konnotationen gebraucht, an Stellen, die mißverständlich sein könnten, wird auch der Begriff „Lagersystem" benutzt.

2 Unter dieser fehlenden Einordnung leiden sehr viele der ohnehin nur wenigen neuen Beiträge zur Geschichte des GULag. Besonders russische Autoren konzentrieren sich auf Einzel- und Spezialthemen, ohne den Versuch zu machen, ihre Ergebnisse in ein größeres Ganzes einzuordnen. Siehe dazu Kap. 1.2 und 1.3.

facher und fruchtbringender sein wird. Es soll Ausgangspunkt für Detailfragen und weitere Überlegungen sein.

Grundsätzliches Ziel ist, einen Impuls für die Forschung zu geben, zur intensiveren wissenschaftlichen Beschäftigung mit dem sowjetischen Lagersystem anzuregen und so einen Beitrag dazu zu leisten, daß der GULag als eine der wichtigsten sowjetischen Großinstitutionen nicht weiterhin ignoriert oder nur beiläufig in Form von Allgemeinplätzen und Phrasen Erwähnung findet[3].

Thema ist der GULag der Stalinzeit; nicht so sehr, um eine zeitliche Eingrenzung vorzunehmen, sondern aus inhaltlichen Gründen. Während der Stalinzeit nämlich trat neben der Herrschaftsfunktion der wirtschaftliche Zweck des Lagersystems als neue Komponente immer mehr hervor. Eine der wesentlichen Aufgaben dieser Arbeit ist es, diese Entwicklung nachzuvollziehen, die wirtschaftliche Bedeutung des GULag aufzuzeigen und darzustellen, wie eng Terror, GULag und Wirtschaft miteinander verknüpft waren. Zu berücksichtigen ist jedoch, daß der GULag der Stalinzeit nur eine, wenn auch die am nachdrücklichsten in die Gesellschaft eingreifende Epoche des sowjetischen Lagersystems darstellt. Lager gab es in der Sowjetunion vor und nach Stalin. Sie blieben immer ein wesentlicher Teil des kommunistischen Herrschaftsgerüstes.

Es gibt bislang keine geschichtswissenschaftliche Arbeit, die den GULag als Gesamtsystem untersucht. In vielen Arbeiten und besonders in publizistischen Darstellungen wird mit Termini gearbeitet, die nicht oder nur unzureichend definiert werden, darüber hinaus werden Institutionen genannt, die nicht in den Gesamtzusammenhang des Lagersystems eingeordnet werden, und Vorgänge erläutert, deren Tragweite ohne Kenntnis der Arbeitsweise der Großorganisation GULag nicht erkannt werden kann. Notwendig ist somit eine Darstellung des sowjetischen Lagersystems, welche zunächst die großen Linien des GULag darlegt, Begriffe und Zuständigkeiten klärt, auf offene Fragen aufmerksam macht und Unklarkeiten aufzeigt.

Das Buch beabsichtigt daher, die an den verschiedensten Stellen verstreuten Informationen zu einem geschlossenen Ganzen zusammenzufügen und zu einem ersten Ansatz einer Gesamtdarstellung des Herrschaftsinstruments und Wirtschaftssystems GULag zu kommen. Es ist also ein Versuch, in einem bislang, vor allem in der deutschen Forschung, vernachlässigten Bereich zu konkreten, nachprüfbaren Ergebnissen zu gelangen.

Angesichts der unzureichenden Bearbeitung des Themas GULag stellt sich dem Historiker zunächst die Grundfrage, „wie es gewesen ist“. Daraus leitet sich eine Fülle von Einzelfragen ab:

[3] Erwähnt sei hier Astrid von Borcke, die bei ihrer Beschäftigung mit dem KGB aus ähnlichen Gründen darauf abzielt „die bisher vorherrschende Haltung, nämlich das Schwanken zwischen totalem Ignorieren und wildem Spekulieren“ zu überwinden und erst einmal die „Sensibilisierung von Aufmerksamkeit zu erreichen“ (Astrid von Borcke. KGB. Die Macht im Untergrund (Tagesfragen Bd. 33). Neuhausen-Stuttgart, 1987. Hier: S. 18). Vgl. auch die Einschätzung William C. Bodies, der in einem Literaturbericht zur Geschichte der sowjetischen Sicherheitsbehörden ausführt, „that most scholars have chosen to ignore that which they cannot understand“ (William C. Bodie. The secret police and soviet politics. In: Problems of communism. January/February 1990, S. 101-108. Hier: S. 101).

- Welche Wurzeln hatte das Lagersystem?
- Aus welchen Beweggründen wurde es geschaffen und welche Faktoren hatten Einfluß auf seine Entstehung und Entwicklung?
- Wie war es aufgebaut?
- Welche Funktionen hatte es?

Erst nachdem auf diese grundlegenden Fragen hinreichende Antworten erarbeitet worden waren, konnten weitere speziellere Gedankengänge folgen.

- Ist es korrekt, den GULag, wie bislang meist geschehen, ausschließlich mit der Stalinzeit zu verbinden, obwohl die Grundlagen und Organisationsabläufe eines Lagersystems bereits seit der ersten Hälfte der zwanziger Jahre herausgebildet worden sind?
- Besteht darin nicht die Gefahr einer Lenin-Apologie?
- Hatte der GULag mehr eine herrschaftssichernde oder mehr eine wirtschaftliche Funktion?
- Änderte sich die Motivation der Machthaber in Bezug auf den GULag?
- Wurde das Motiv der „sozialen Prophylaxe" von dem der wirtschaftlichen Kalkulation abgelöst und wenn ja, wann?
- Sind diese beiden Phänomene klar zu trennen oder liegt nicht vielmehr während eines bestimmten Zeitraumes eine Parallelität oder inhaltliche Gleichrangigkeit dieser beiden Motive vor?
- Wurde eine möglicherweise von Beginn an wirtschaftliche Zwecksetzung des GULag bislang nicht genügend beachtet?
- War die Zwangsarbeit in den Lagern mit einem wirtschaftlichen Nutzen verbunden oder ist der GULag vielmehr als gigantischer Kostenfaktor zu Lasten des Sowjetstaates anzusehen?
- Und schließlich – wurde der GULag wirklich abgeschafft bzw. wie und warum wurde er umorganisiert?

Die Arbeit ist in drei große Abschnitte unterteilt. Nach einer Einführung in Quellenlage und bisherige wissenschaftliche, publizistische und literarische Bearbeitung des Themas GULag werden in Abschnitt A die organisationsgeschichtlichen Wurzeln des GULag herausgearbeitet und die Bedingungen in Wirtschaft, Sowjetrecht und Staatssicherheitssystem, mit und unter denen das Lagersystem arbeitete, skizziert.

Im weiteren Verlauf der Untersuchung werden in Abschnitt B die Organisation des Zwangsarbeitslagerimperiums und dessen Einbeziehung in die staatliche Wirtschaftsplanung erörtert sowie die verschiedenen Einsatzarten, Branchen und Regionen, in denen Lagerinsassen Zwangsarbeit verrichteten, vorgestellt. Es wird auf die wesentlichen Organisationsformen im einzelnen Lager eingegangen, aber – auch aus Platzgründen – darauf verzichtet, den in einer kaum mehr zu überschauenden Zahl von Lagerberichten und Erinnerungen beschriebenen Lageralltag im Detail darzustellen.

In einem Bilanz ziehenden Abschnitt C werden die herrschaftssichernde und wirtschaftliche Funktion des Lagersystems erörtert und beschrieben, wie das Lagersystem in den Jahren 1953 bis 1956 reduziert und reformiert wurde.

Seit SOLSCHENIZYNS Werk „Der Archipel GULag" wird das die gesamte Sowjetunion umspannende Lagersystem generell mit dem Synonym „Der GULag" bezeichnet. In der Publizistik, aber auch in der Wissenschaft ist weitgehend unbekannt, daß die Abkürzung GULag historisch nur für die *Hauptverwaltung der Lager (Glawnoje uprawlenije lagerei) des NKWD/MWD* steht[4]. Neben der GULag trugen auch andere Dienststellen des sowjetischen Sicherheitsapparates Verantwortung für besondere Arten von Lagern. Diese Untersuchung konzentriert sich auf das Lagersystem der eigentlichen GULag, da dieses – über den Gesamtzeitraum der Stalinzeit betrachtet – den Großteil des gesamten Lagersystems bildete. Die Besserungsarbeitskolonien, Arbeitssiedlungen und die Lagerarten, die nicht der GULag unterstanden, werden in ihren Charakteristika kurz vorgestellt. Nicht behandelt werden Gefängnisse, das Verbannungssystem und Kriegsgefangenenlager. Diese gehörten nicht zum Lagersystem im engeren Sinne, hatten eigenständige Organisationsstrukturen und erfordern eigene Darstellungen[5].

Primärquellen in der Form von Akten, Berichten und korrekten Statistiken der GULag sind in einem nur sehr eingeschränkten Umfang zugänglich. Daher wurde die westliche Fachliteratur herangezogen, mit Hilfe der Memoirenliteratur und publizistischen Werken ergänzt und die jüngsten Veröffentlichungen aus der Sowjetunion und Rußland ausgewertet. Dies geschieht nicht in Form einer im einzelnen chronologisch fortlaufenden Darstellung, sondern durch den Versuch, die Organisation, Einsatzbereiche und Funktionen des GULag im wesentlichen thematisch, also in ihren charakteristischen Strukturen zu beschreiben.

---

4 Nur so sind unkorrekte Begriffsnutzungen wie „die GULags der Stalinzeit", „das GULag" oder falsche Aufschlüsselungen der Abkürzung zu erklären (So in: Michael Klonovsky/Jan von Flocken. Stalins Lager in Deutschland. 1945-1950. Dokumentation, Zeugenberichte. München, 1993. S. 35 [„Gossudarstwennoje" statt „Glawnoje"]; Marlis Gräfe/Bodo Ritscher. Die Speziallager in der Sowjetischen Besatzungszone. Das Beispiel Buchenwald. In: Hanno Müller (Hg.). Recht oder Rache? Buchenwald 1945-1950. Betroffene erinnern sich. Frankfurt/M., 1991, S. 93-130. Hier: S. 99 [„[die] sowjetischen GULAGs"]; Lutz Prieß/Peter Erler. Sowjetische Speziallager in der SBZ/DDR 1945 bis 1950. In: Günter Agde. Sachsenhausen bei Berlin. Speziallager Nr, 7. 1945-1950. Kassiber, Dokumente und Studien. Berlin, 1994, S. 15-27. Hier S. 21, 23, 25 [„Lager der GULAGs in der Sowjetunion", „sowjetische[r] GULags", „im GULag Workuta"]; Roy Medwedew. Wer kennt die Opfer, nennt die Zahlen? In: Moscow News, 1/1989. Neu abgedruckt in: Die Sowjetunion 1917-1953 (Informationen zur politischen Bildung 235. Hg. v. d. Bundeszentrale für politische Bildung). Bonn, 1992, S. 42-43. Hier: S. 43 [„in die Gulags"]. Selbst Dmitri Wolkogonow verwendet die Abkürzung sehr oft falsch [Ders., Triumph und Tragödie. Politisches Porträt des J. W. Stalin. Berlin, 1990. Hier: Band 2/2, S. 60 [„GULAGs (Staatliche Straflager)"]. Ebd., S. 126, 130 [„das berühmt-berüchtigte GULAG (Staatliches Straflager)]", 170 [„ein GULAG"]). Ähnliche Kritik an terminologischen Unkorrektheiten in: Andrzej Kaminski. Konzentrationslager 1896 bis heute. Geschichte, Funktion, Typologie. München, 1990. Hier: S. 61-62. Edwin Bacon. Glasnost' and the Gulag: New information on Soviet forced labour around World War II. In: Soviet studies, Jg. 44 (1992), Heft 6, S. 1069-1086. Hier: S. 1069.

5 Zum System der Kriegsgefangenen- und Interniertenlager jetzt neu und umfassend: Stefan Karner. Im Archipel GUPVI. Kriegsgefangenschaft und Internierung in der Sowjetunion 1941-1956 (Kriegsfolgen-Forschung. Wissenschaftliche Veröffentlichungen des Ludwig-Boltzmann-Instituts für Kriegsfolgen-Forschung, Graz, Wien. Hg. v. Stefan Karner. Band 1). Wien, München, 1995. Siehe auch: Stefan Karner. Die sowjetische Hauptverwaltung für Kriegsgefangene und Internierte. In: Vierteljahrshefte für Zeitgeschichte, 42 (1994), S. 447-471.

1.2 Quellenlage

Primärquellen über den GULag sind bislang kaum zugänglich. Offizielle sowjetische Stellen hatten zwar bis Mitte der 30er Jahre vereinzelt Angaben zu Häftlingszahlen und „Besserungsarbeitslagern" gemacht, jedoch waren diese Berichte geschönt und verbargen die Realitäten im sowjetischen Strafvollzug. Seit Beginn des „Großen Terrors" (1936) versiegten die offiziellen Informationen völlig. Es gibt Hinweise darüber, daß nach dem Ende der Stalinzeit zumindest ein Teil der Akten aus den GULag-Archiven planmäßig vernichtet wurde[6]. Insgesamt gesehen, blieben Lager und Häftlingszahlen bis in die Perestroika-Zeit hinein ein Tabu.

Trotz Perestroika und Zusammenbruch der Sowjetunion blieben die Akten über das Lagersystem bis heute weitestgehend verschlossen. Zuständig für sämtliches Archivmaterial des sowjetischen Sicherheitsapparates war bis zu seiner Auflösung das KGB[7]. De facto entscheiden noch immer die Sicherheitsorgane, welche Informationen aus der Vergangenheit bekannt gemacht werden und welche nicht[8]. Nicht auszuschließen ist, daß der Aktenvernichtung, die innerhalb der Sicherheitsorgane seit Auflösung der UdSSR vonstatten geht[9], auch eine große Anzahl von Unterlagen über das Lagersystem zum Opfer fallen oder bereits gefallen sind.

Ein Teil der GULag-relevanten Archivalien liegt gegenwärtig im Staatsarchiv der RSFSR (Gossudarstwenny Archiw Rossiskoi Federazii, GARF) in

[6] Laqueur spricht von „1955 und 1960 erteilten Befehlen zur Vernichtung der Akten aus den Gulag-Archiven" und bezieht sich dabei auf den Bericht eines Mitglieds eines der Komitees, die diese Aktenvernichtung durchgeführt hätten (Walter Laqueur. Stalin. Abrechnung im Zeichen von Glasnost. München, 1990. Hier: S. 412, Anmk. 8).

[7] Nach Jewgenija Albaz handelte es sich um die Zehnte Verwaltung des KGB (Jewgenija Albaz. Geheimimperium KGB. Totengräber der Sowjetunion. München, 1992. Hier: S. 47).

[8] Vgl. Vera Tolz. Publication of archive materials on Stalin' terror (Radio Liberty. Report on the USSR. Vol. 2, No. 32, 1990 v. 10. August 1990. S. 12-16. Hier: S. 12-13). Ein Erlaß Jelzins vom August 1992, der anordnete, bis zu 80 Prozent der KGB-Materialien staatlichen Archiven zu übergeben, wurde bislang nicht umgesetzt (FAZ v. 1. Juni 1993, S. 7). Siehe auch: Stefan Creuzberger, Ruud Veltmeijer. Forschungsbericht in Moskauer Archiven. Ein Erfahrungsbericht. In: Osteuropa 3/1993, S. 271-279. Die Autoren berichten, daß für die „Archive des KGB" keine Benutzungserlaubnisse erhältlich seien (S. 272). Markus Wehner. Archivreform bei leeren Kassen. Einige Anmerkungen zur politischen und ökonomischen Situation der russischen Archive. In: Osteuropa 2/1994, S. 105-124. Er führt aus, daß „wenigstens teilweise die Akten des GULag, der staatlichen Lagerverwaltung" im GARF liegen würden (S. 113), das zentrale KGB-Archiv in Moskau aber „für das Gros der russischen und ausländischen Forscher weiterhin geschlossen" sei (S. 115). Auch Kersebom beklagt den „außerordentlich restriktiven Kurs", der im KGB-Archiv verfolgt werde (Heinz Kersebom. „Sondermappe Stalin". Zum Katalog der Dokumente, die das Sekretariat des sowjetischen Innenministeriums Stalin zukommen ließ (1944-1953). In: Osteuropa, 4/1995, S. 365-368. Hier: S. 368).

[9] Zur Aktenvernichtung innerhalb des KGB: Beyraus Vorwort in: Grigorij B. Kravtschik. Dornenwege. Ein Leben unter Stalin. Mit einem Vorwort von Dietrich Beyrau. Bremen, 1989. Hier: S. 14-15. Albaz, Geheimimperium, S. 240. Aussagen des russischen Historikers Roginskij in: FAZ v. 1. Juni 1993, S. 7.

Moskau[10]. Es handelt sich dabei sehr wahrscheinlich um Akten der GULag-Zentrale, die Zahlen über Insassen, Lager und Produktionsmengen enthalten. Zum inneren Aufbau des Lagersystems, zu seiner wirtschaftlichen Bedeutung und zu den Erwartungen und Absichten, die die Partei- und Staatsspitze an das Lagersystem hatte, fehlen grundlegende Informationen. In den früheren regionalen Verwaltungszentralen des Lagersystems lagern wahrscheinlich Bestände über die mittleren und unteren administrativen Ebenen[11]. Die Masse dieser Dokumente sind der Forschung praktisch noch gar nicht zugänglich.

Einsicht in einen kleinen Teil der GULag-Bestände des GARF hatten bislang nur wenige ausgewählte Wissenschaftler. Sie publizierten vornehmlich Arbeiten zum Umfang der Lagerinsassenschaft. An der Aussagekraft vieler dieser Tabellen sind jedoch berechtigte Zweifel entstanden[12]. Oftmals gingen diese Autoren zudem ohne systematisches Vorwissen an die wenigen ihnen zugänglich gemachten Quellenbestände heran, ordneten diese nicht in den Gesamtzusammenhang ein und kamen so zu fehlerhaften und unzulänglichen Aussagen und Wertungen. Hinzu kommt, daß nicht nur nicht auszuschließen, sondern vielmehr als sehr wahrscheinlich zu erachten ist, daß während der gesamten Sowjetzeit eine große Anzahl gefälschter, manipulierter und tendenziöser Unterlagen über den GULag entstand[13]. Gewarnt werden muß daher vor einer allzu gutgläubigen Herangehensweise an dieses Quellenmaterial des NKWD. Gerade bei der Beurteilung der Zahlen der Lagerinsassen oder der Wirtschaftstätigkeit des GULag ist sehr fraglich, ob die örtlichen, regionalen und zentralen NKWD-Stellen eine richtige Buchhaltung betrieben und korrekte Zahlen an ihre übergeordneten Dienststellen meldeten. Warum sollten die Angaben sowjetischer Staatssicherheitsfunktionäre mit größerer Sorgfalt zusammengestellt worden sein als die bekanntermaßen fast regelmäßig gefälschten Zahlen ihrer in der Planwirtschaft tätigen Kollegen?

---

10 Nach Angaben Bacons waren diese Materialien bis zum Juni 1960 im Besitz von NKWD/MWD und kamen dann mit der Auflösung des MWD in das Zentrale Staatliche Archiv der Oktoberrevolution (ZGAOR) (Edwin Bacon. The Gulag at war. Stalin's forced labour system in the light of the archives (Studies in Soviet history and society. Hg. v. R.W. Davies und E.A. Rees). London, 1994. Hier: S. 80). Zur aktuellen Lage in den russischen Archiven, besonders im GARF: Markus Wehner. Geheime Verschlußsache. Die jüngste Wende der russischen Archivpolitik. In: FAZ v. 12. Juli 1995, der davon spricht, daß von einer „vollständigen Öffnung der Dokumente ... keine Rede sein" könne, „neue Zugangsbeschränkungen" kritisiert und erneut feststellt, daß besonders im KGB-Archiv bislang nur „einzelne russische und ausländische Forscher Zugang zu bestimmten Aktenbeständen bekommen" hätten.

11 GEO-Bericht mit Informationen, wonach es rund 500.000 Akten aus DALSTROI-Lagern gebe, die gegenwärtig EDV-erfaßt würden und zugänglich seien (Peter-Matthias Gaede. Lebenszeichen aus dem Reich der Schatten. In: GEO vom 8. April 1992, S. 58-69. Hier: S. 67). Brandt erwähnt für das Lagergebiet Workuta „alte „Lagerkarten", Personalunterlagen der Sträflinge mit allen Angaben, die ihren Wärtern des Notierens wert erschienen", die im Archiv der Polizeibehörde von Workuta liegen würden, aber nicht einzusehen seien (Sabine Brandt. Der Aufstand von Schacht 29. Was Workuta war und was daraus geworden ist. In: FAZ v. 21. Oktober 1995).

12 Vgl. Anhang 2.

13 Ähnliche Einschätzungen bei: Roy Medvedev. Let history judge. The origins and consequences of Stalinism. Rev. and. exp. edition. New York, 1989, S. 468, Anmk. 14: „It must be kept in mind that the documents in Soviet archives, especially those of the NKVD, often did not reflect, but rather

Solange nicht – statt nur weniger Auserwählter – die gesamte Wissenschaft Zugang zu allen relevanten NKWD-Aktenbeständen hat, diese mit Akten der Parteiführung, der Justiz- und Wirtschaftsbehörden verglichen werden können und insbesondere die Bestände der einzelnen GULag-Einrichtungen, NKWD-Wirtschaftsbetriebe und der vielen verschiedenen Lagerebenen offen sind, werden alle Einschätzungen vorläufig bleiben müssen. Insgesamt ist die Lage bei den Primärquellen somit höchst unbefriedigend.

Nach den offiziellen Daten und Statistiken sind als zweite Quellengattung *(Sekundärquellen)* die Berichte ehemaliger Lagerinsassen und Zeitzeugen zu nennen. Zu unterscheiden sind Sammlungen kürzerer Häftlingsberichte, die häufig auf Befragungen oder Fragebögen basieren und von großem Wert sind, da sie Analogieschlüsse ermöglichen[14], und die im Stil von Memoiren, Erlebnisberichten und literarisch aufgearbeiteten Erinnerungen veröffentlichten persönlichen Berichte.

Die Quellengattung der Häftlings- und Erlebnisberichte wurde in dieser Arbeit vor allem für die Kapitel über die Organisation der Einzellager und zur Überprüfung von Aussagen über andere Aspekte des GULag herangezogen.

In diesem Buch ist nicht beabsichtigt, die kaum mehr überschaubare Zahl an Berichten dieser Art systematisch auszuwerten. Dies müßte einer eigenen Arbeit, die auch „oral history" betreiben könnte, vorbehalten bleiben.

Die Schwierigkeit der Forschung liegt bis heute darin, mit Hilfe des spröden, oft geschönten oder gar gefälschten statistischen Materials und der meist emotional bestimmten und nur selten über die Ebene des individuellen Horizonts und des Einzellagers hinausgehenden Häftlingsberichte zu einem wissenschaftlich haltbaren Ergebnis zu gelangen.

---

falsified reality." (Auch in: Roy A. Medwedew. Die Wahrheit ist unsere Stärke. Geschichte und Folgen des Stalinismus. Hg. v. David Joravsky u. Georges Haupt. Frankfurt/Main, 1973. Hier: S. 8-9). Alec Nove. Victims of Stalinism. How many? In: J. Arch Getty/Roberta T. Manning (Ed.). Stalinist terror. New perspectives. Cambridge, 1993, S. 261-274. Hier: S. 261.

14 Allgemeine Sammlungen: Slave labor in Russia. Washington, 1949. F. Beck und W. Godin. Russian purge and the extraction of confession. London, New York, 1951. Livre blanc sur les camps concentration soviétiques. Paris, 1951. Für polnische Häftlinge: Sylvester Mora/Peter Zwierniak. La justice soviétique. Rom, 1945. Für französische Häftlinge: Pierre Rigoulot. In Zusammenarbeit mit Geoffroi Crunelle. Des Français au goulag (1917-1984). Paris, 1984. Für baltische Häftlinge: Adolfs Silde. The profits of slavery. Baltic forced laborers and deportees under Stalin and Khrushev. Stockholm, 1958.

1.3 Literaturüberblick[15]

1.3.1 Der GULag: Ein „Stiefkind" der Sowjetunionforschung

Während das Konzentrationslager-System des nationalsozialistischen Deutschlands intensiv untersucht worden ist und wird, offenbaren sich dem Historiker bei der Arbeit über das Lagersystem der Sowjetunion erstaunliche Lücken in der Forschungstätigkeit[16]. Bis heute ist keine „Geschichte des GULag" unter Einbeziehung aller zugehörigen politischen, organisatorischen und ökonomischen Aspekte in Form einer wissenschaftlichen Gesamtdarstellung erschienen. Keine Arbeit hatte zum Inhalt, die Berichte der dreißiger Jahre, die Arbeiten der vierziger und fünfziger Jahre und die von SOLSCHENIZYN und vielen anderen veröffentlichten Informationen thematisch zu gliedern, systematisch auszuwer-

---

15 Als Fachbibliographie ist erschienen: Laibusi Zorin. Soviet prisons and concentration camps. An annotated bibliography 1917-1980. Newtonville, Massachusetts, 1980. Von Nutzen für den ersten Überblick ist die Bibliographie bei Samuel A. Oppenheim. Artikel „Labor camps in the Soviet Union". In: Joseph L. Wieczynski. The modern encyclopedia of Russian and Soviet history. Band 18. Gulf Breeze/Florida, 1980, S. 236-242. Hier: S. 241-242. Umfangreiche Literaturverzeichnisse in: David J. Dallin und B.I. Nicolaevsky. Forced labor in Soviet Russia. New Haven, 1955. Hier: S. 309-319; B. Jakowlew. Konzentrazionnye lageri SSSR. München, 1955. Hier: S. 241-248; Paul Barton. L'institution concentrationnaire en Russie (1930-1957). Paris, 1959. Hier: S. 499-516; Borys Lewytzkyj. Die rote Inquisition. Frankfurt/M., 1967. Hier: S. 377-387; Robert Conquest. Kolyma. The Arctic death camps. New, York, 1978. Hier: S. 241-243 (kommentiert); Robert Conquest. Am Anfang starb Genosse Kirow. Düsseldorf, 1970. Hier: S. 668-675 (bibliographische Anmerkung); Jacques Rossi. The GULAG Handbook. An encyclopedia dictionary of Soviet penitentiary institutions and terms related to the forced labor camps. New York, 1989. Hier: S. 570-586. Einen historiographischen Überblick über die maßgeblichen geschichts-, politik- und wirtschaftswissenschaftlichen sowie bevölkerungsstatistischen Arbeiten über das Zwangsarbeitslagersystem und dessen wirtschaftliche Bedeutung gibt Stephen G. Wheatcroft. On assessing the size of forced labour concentration camp labour in the Soviet Union. In: Soviet Studies 2/1981, S. 265-295. Hier: S. 265-274.

16 „Eine auch nur annähernd gleichwertige Forschung, wie sie inzwischen über Organisation, Struktur und Bedeutung der Zwangsarbeit in Deutschland geleistet worden ist, liegt für die Sowjetunion der Stalinära nicht vor." (Dietrich Beyrau. Solschenizyns „Archipel GULAG" und das sowjetische Lagersystem. In: GWU 9/1976, S. 538-565. Hier: S. 551). Andrea Graziosi bekennt ihre „unhappiness with the way in which forced labor in the USSR ... has been treated to date by our discipline" (Andrea Graziosi. The great stikes of 1953 in Soviet labor camps in the accounts of their participiants. A review. In: Cahiers du Monde russe et soviétique, Jg. 33, Heft 4, Oktober-Dezember 1992, S. 419-446. Hier, S. 420). Jakobson bemerkt richtig: „Almost no other subject in Russian and Sovet history has attracted so much public and so little scholar attention" (Michael Jakobson. Origins of the Gulag. The Soviet prison camp system 1917-1934. Lexington, 1993. Hier: S. 1). „Unser Wissensstand über die Zielsetzungen des sowjetischen Lagersystems bleibt weiterhin gering." (Stephan Merl. Das System der Zwangsarbeit und die Opferzahl im Stalinismus. In: GWU, Jg. 46 (1995), Heft 5/6 (Mai/Juni), S. 277-301. Hier: S. 291). Siehe auch: Kaminski, Konzentrationslager, S. 11-29. Gleiche Bewertung: Ralph Melville und Thomas Steffens. Die Bevölkerung. In: Gottfried Schramm. Handbuch der Geschichte Rußlands. Band 3. 1856-1945. Von den Autokratischen Reformen zum Sowjetstaat. II. Halbband. Stuttgart, 1992. Kap. VIII, S. 1099-1191. Hier: S. 1099-1100, Anmk. 1. Gerhard Armanski. Maschinen des Terrors. Das Lager (KZ und GULAG) in der Moderne. Münster, 1993. Hier: S. 8, 19, 143.

ten und in eine geschlossene Darstellung einmünden zu lassen. Monographien zu einzelnen Lagern und Lagergebieten liegen, mit einer Ausnahme[17], nicht, Spezialuntersuchungen zu besonderen Aspekten, wie Organisation, wirtschaftlichen Aktivitäten und gesamtwirtschaftlicher Bedeutung des GULag nur in völlig unzureichender Anzahl vor. Eine Untersuchung über die Struktur der Lager und der Lagerorganisation für die gesamte Zeit der Existenz des GULag gibt es nicht[18]. Viele Themen wurden noch nicht bearbeitet, etliche Fragen noch gar nicht gestellt.

Für die deutsche Osteuropa- und Sowjetunionforschung trifft dies in noch höherem Maße als für die britische, amerikanische und französische Wissenschaft zu. Sie hat sich zu dem gesamten Themenkomplex der Terrormaßnahmen und des Lagerapparates zur Stalinzeit bis zum heutigen Tage sehr stark zurückgehalten. In den deutschsprachigen Gesamtdarstellungen zur sowjetischen Geschichte wird der GULag meist nur im Zusammenhang mit dem Terror 1936-1938 erwähnt, findet aber nur selten eine Berücksichtigung, die seiner politisch-herrschaftssichernden, wirtschaftlichen und siedlungspolitischen Bedeutung entspräche[19]. Spezialuntersuchungen über das sowjetische Lagersystem liegen überhaupt nicht vor[20].

Die übergroße Zurückhaltung in der Forschung ist sicherlich zum einen darauf zurückzuführen, daß, wie erwähnt, bis zum heutigen Tage keine oder zu geringe Aktenbestände zum GULag verfügbar sind, die in ihrer Aussagekraft und Umfang den zugänglichen Beständen aus der Zeit des Nationalsozialismus gleichkämen. Forschung war zu diesem Themenbereich in der Sowjetunion nicht erlaubt, die Archive blieben verschlossen. Institutionen und Verbrechen, über die keine Akten vorliegen, werden weniger oft beschrieben und sind noch weniger bekannt. Erstaunlich ist aber, daß es bislang keinen Versuch

17 Conquest, Kolyma.

18 Ähnliche Bewertung: Beyraus Vorwort in: Kravtschik, Dornenwege, S. 13. Kaminski, Konzentrationslager, S. 2. Medvedev, History, S. 500.

19 Kurze Hinweise in: Georg von Rauch. Geschichte der Sowjetunion. Durchges. u. erg. v. Wolfgang Geierhos. 7. verb. u. erg. Aufl.. Stuttgart, 1987. S. 283-284, 505. Richard Lorenz. Die Sowjetunion. 1917-1941. In: Rußland (Fischer Weltgeschichte 31). Frankfurt/M., 1988, S. 271-353. Hier: S. 350-351. Allgemeine Angaben und Zahlenangaben auch in: Die Sowjetunion (Informationen zur politischen Bildung 182. Hg. v. d. Bundeszentrale für politische Bildung). Bonn, 1979, S. 1, 21-22, 26, 44 (wirtschaftliche Bedeutung des GULag) und in der Neuauflage [Sowjetunion (1992)] auf S. 30, 40 (Insassenzahlen), 42-43 (Neuabdruck Medwedew-Artikel). Keine Angaben zu Lagersystem und GULag in: Günther Stökl. Russische Geschichte. 4. Aufl.. Stuttgart, 1983. Umfassendste Berücksichtigung in der deutschsprachigen Ausgabe des Werkes zweier sowjetischer Exil-Historiker: Michail Heller/Alexander Nekrich. Geschichte der Sowjetunion. Zwei Bände. Königstein/Ts., 1981. Besonders: Bd. I, Kap. VI, 3 („Der planmäßige Terror"), S. 291-298 und S. 207 (Insassenzahlen), 219 (Weißmeer-Ostsee-Kanal), 230 und Bd. II, S. 3, 194 (Insassenzahlen).

20 Zu den sehr wenigen deutschen Veröffentlichungen, die sich mit dem GULag beschäftigen, gehört neben Kaminskis Arbeit die Darstellung Armanskis (Ders., Maschinen. Besonders: Kapitel „Zwangsjacke des Fortschritts. Die stalinistischen Zwangsarbeitslager", S. 137-186). Wie aus Text und Literaturverzeichnis, in dem von den rund 400 Titeln lediglich rund 30 thematisch dem GULag, der Rest dem KZ-System der Nationalsozialisten zuzuordnen sind und Standardwerke fehlen, ersichtlich ist, legt er seinen darstellerischen Schwerpunkt auf die KZ. Seine Angaben weisen in vielen Detailpunkten Ungenauigkeiten und Fehler auf. Kleinere deutsche Beiträge zur Geschichte des GULag: Dietrich Beyrau. Solschenizyns „Archipel GULAG" und das sowjetische

gab, eine Organisationsgeschichte des GULag auf der Basis des bislang verfügbaren Materials (Erinnerungen, Publizistik, politikwissenschaftliche, wirtschaftswissenschaftliche und demographische Arbeiten) zu schreiben und die spärlich ans Tageslicht kommenden neuen Informationen in diese einzuflechten.

In der schlechten Quellenlage ist jedoch nicht der einzige Grund für diese Vernachlässigung und die daraus resultierende Verharmlosung des sowjetischen Terrorsystems zu sehen. Der kommunistische Terror wurde von den Totalitarismusforschern als konstitutives Element der sowjetischen totalitären Diktatur erkannt und angeprangert[21]. Die vierziger und fünfziger Jahre waren die Hoch-Zeit der GULag-Forschung[22]. Jedoch gewann zunehmend eine relativistische, bisweilen geradezu apologetische Geisteshaltung in westlicher Forschung und noch mehr in der Öffentlichkeit die Oberhand. Die vielen Häftlingsberichte, Untersuchungen und publizistischen Äußerungen, besonders der vierziger und fünfziger Jahre, wurden seit den sechziger Jahren eher als Produkte des „Kalten Krieges" denn als Informations- und Anklageschriften gegen ein totalitäres Regime verstanden. Die genauen Abläufe des Terrors, Funktion und Bedeutung des Sicherheitsapparates der Sowjetunion, das Verbannungswesen und das Lagersystem wurden kaum noch thematisiert[23]. Es herrscht bis heute Unkenntnis über die Motivation des Terrors und die Gesamtzahl der Opfer[24]. Kommunisti-

---

Lagersystem. In: GWU, Jg. 27 (1976), Heft 9, S. 538-565. Bernd Bonwetsch. Gulag. In: 200 Tage und 1 Jahrhundert. Gewalt und Destruktivität im Spiegel des Jahres 1945. Hg. v. Hamburger Institut für Sozialforschung. Hamburg, 1995, S. 210-231. Zur Diskussion um die Zahlen von Zwangsarbeitern, Lager- und Kolonieinsassen sowie Verbannten: Rene Ahlberg. Stalinistische Vergangenheitsbewältigung. Auseinandersetzung über die Zahl der GULAG-Opfer. In: Osteuropa, 11/1992, S. 921-937. Stephan Merl. Das System der Zwangsarbeit und die Opferzahl im Stalinismus. In: GWU, Jg. 46 (1995), Heft 5/6 (Mai/Juni), S. 277-301.

21 Siehe beispielsweise: Hannah Arendt. Elemente und Ursprünge totaler Herrschaft. I. Antisemitismus. II. Imperialismus. III. Totale Herrschaft. (Origausg., 1951 u.d.T. „The origins of totalitarianism"). 3. Aufl.. München, 1993. Hier besonders das Unterkapitel „Die Konzentrationslager", S. 676-702, wo sie besonders auf die Herrschaftsfunktion der Lager eingeht.

22 Vgl. Kap. 1.3.2.

23 Conquest kritisiert scharf, daß trotz zahlreicher Berichte über das Zwangsarbeitslagersystem die Existenz und Bedeutung des GULag im Westen oft vernachlässigt, verharmlost oder apologetisch erklärt worden sei (Ders., Anfang, S. 608-613). In seinem Vorwort in Rossi, GULAG Handbook, spricht er von einer „moral and intellectual laziness" in der westlichen Gesellschaft. Heller bemängelt, daß viele Lagerberichte der vierziger und fünfziger Jahre nicht wahrgenommen und, selbst wenn sie aus den Federn von Sozialisten wie Buber-Neumann oder Weissberg-Cybulski stammten, als Meinungsäußerungen von „Feinden Stalins" oder „Feinden des Sozialismus" diskreditiert worden seien (Michel Heller. Stacheldraht der Revolution. Die Welt der Konzentrationslager in der sowjetischen Literatur. Stuttgart, 1975. Hier: S. 11). Astrid von Borcke wirft der Sowjetunion-Forschung und „in gewissem Sinne [dem] westliche[n] Bewußtsein schlechthin" vor, sowjetischen Terror und den sowjetischen Sicherheitsapparat „fast schon demonstrativ zu übersehen" (Dies., KGB, S. 10). Siehe vor allem: Ebd., S. 13-18. Zu einer ähnlichen Einschätzung gelangt auch Bacon: „ ... a number of Western observers were ... too ready to play down the horrors of Soviet ‚corrective labour' ... There are numerous .. examples of Western observers who played down or denied the existence of the labour system." (Bacon, Gulag, S. 7-8).

24 Vgl. Gottfried Schramm. Industrialisierung im Eiltempo und kollektivierte Landwirtschaft unter Stalin (1928/9 bis 1941). In: Ders., Handbuch, S. 782-908. Hier: S. 847, 900-901 (Vgl. Kap. 6.2 und Anhang 2).

schen Verbrechen gegenüber war und ist man teilweise heute noch in weiten Teilen der westlichen Gesellschaft nachsichtiger[25].

1.3 Die Behandlung des Themas GULag außerhalb der Sowjetunion

Erste literarische Berichte entflohener Häftlinge erschienen bereits in den zwanziger und dreißiger Jahren[26]. Diesen frühen Schilderungen über die Lager wurde in weiten Teilen der öffentlichen Meinung und der Wissenschaft zunächst nur wenig Glauben geschenkt. Die Ausführungen kamen meist von Gegnern der Bolschewiki und wurden als „nicht objektiv" angesehen[27]. Dennoch erreichten die Berichte, daß westliche Staaten, vor allem Großbritannien, scharfe Kritik am Einsatz von Lagerzwangsarbeitern, insbesondere in der Hauptexportbranche der Sowjetwirtschaft, der Holzindustrie, übten und die Sowjetführung dadurch zu Tarnmaßnahmen zwangen. Der Ausbau des Lagersystems wurde dadurch freilich nicht gestoppt.

In den zwanziger und dreißiger Jahren entstanden auch erste Untersuchungen über das sowjetische Lagersystem[28]. Bei vielen, insbesondere bei den deutschen Veröffentlichungen aus der Zeit des Nationalsozialismus[29] sind jedoch po-

---

25 Ein aktuelles Beispiel: Der Berliner Schriftsteller und Literaturwissenschaftler Hans Christoph Buch sieht in einem Essay den Kältetod des sowjetischen Dichters Ossip Mandelstam 1938 in der ungeheizten Sauna eines sowjetischen Lagers nicht durch Absicht, sondern „Schlamperei" verschuldet (Vgl. eine realistische Darstellung zum Tod Mandelstams: Kerstin Holm. In der Hitzekammer. Neue Erkenntnisse über den Tod des Dichters Ossip Mandelstam. In: FAZ v. 10. Juni 1992). Buch erklärt weiter: „Dies erklärt .. den Unterschied zwischen einem deutschen KZ und dem sowjetischen GULAG. Was bei der SS sadistische Folter war, war im GULAG oftmals einfach nur Schlamperei." Gleiches gelte für fehlende Latrinenkübel oder Suppenteller. Darüber hinaus erwähnt Buch Gorki, der „gegen den von Lenin befohlenen Terror protestiert" habe (Ders., „Ideologische Irrungen und Wirrungen der Literatur im 20. Jahrhundert". In: Gerd Langguth (Hg.). Autor, Macht, Staat. Literatur und Politik in Deutschland. Ein notwendiger Dialog. Düsseldorf, 1994, S. 55-69. Hier S. 58-60). Wie später gezeigt werden wird, gehörte Gorki zu den eifrigsten GULag-Apologeten der Sowjetliteratur.

26 So: Georg Popoff. Tscheka. Der Staat im Staate. Erlebnisse und Erfahrungen mit der Russischen Außerordentlichen Kommission. Frankfurt/M., 1925. Siehe zu den Publikationen der zwanziger und dreißiger Jahre Rossis und Zorins Bibliographien.

27 Popoff, Tscheka, S. 12-13, sieht einen der „bedeutendsten politischen Erfolge der Moskauer Gewalthaber .. darin, daß es ihnen gelungen ist, einen Teil der Weltmeinung so zu bearbeiten", daß Kritikern der sowjetischen Verhältnisse „von allen Seiten sofort das Wort „Antibolschewist" entgegengeschleudert" und diese „als unobjektiv und parteiisch gebrandmarkt" würden. Ähnlich: Heller, Stacheldraht, S. 11.

28 Tche-Ka. Materiaux et documents sur la terreur bolcheviste recueillis par le bureau central du Parti Socialiste Revolutionaire Russe. Paris, o.D.. Georges Agabekov. OGPU. The Russian secret terror. (Reprint der Aufl. 1931). Westport, Connecticut, 1975. Essad Bey. Die Verschwörung gegen die Welt. G.P.U.. o.O., o.D. [nach September 1931].

29 Die Nationalsozialisten gingen intensiv auf das Lagersystem ein und stellten besonders die aus ihrer Sicht in der Führungsspitze der sowjetischen Sicherheitsbehörden überrepräsentierten Juden heraus. Konzentriert man sich auf das Inhaltliche, so sind auch diesen nichtwissenschaftlichen Propagandaschriften recht viele Informationen zu entnehmen (Ähnliche Einschätzung in Hinsicht auf Albrecht [s.u.]: Laqueur, Stalin, S. 412, Anmk. 9). Zu nennen sind: Hermann Greife. Zwangsarbeit in der Sowjetunion. 16. Aufl.. Berlin, Leipzig, 1936. Wolfgang Mund. Die GPU. Angriff auf das

litische Vorzeichen nicht zu übersehen. Je mehr die Konfrontation zwischen den westlichen Demokratien und dem nationalsozialistischen Deutschland zunahm, umso mehr Rücksicht nahm der Westen auf den potentiellen, ab 1941 dann tatsächlichen Bündnispartner Sowjetunion. Offene Kritik an den Lagern und der Lagerzwangsarbeit war nicht mehr opportun.

Dieser „Realpolitik" kamen die Unkenntnis über das Innenleben im Sowjetsystem und eine sowjetfreundliche Grundhaltung bei vielen Intellektuellen entgegen. Die Kritik der Demokratien am Lagersystem hörte gerade in den Jahren auf, in denen die Sowjetunion begann, im großen Stil Lagergebiete zu errichten; diesen gegenüber stellten die Holzfällerlager, die in den Jahren 1928 bis 1932 von der Sowjetunion errichtet und von den westlichen Demokratien heftig kritisiert worden waren, lediglich Experimentierobjekte dar. Sowjetfreundliche Autoren taten über einen langen Zeitraum hinweg das ihrige, um die Existenz des GULag zu leugnen.

Nach dem Ende des Zweiten Weltkrieges setzte ein Wandel ein. Die Waffenbrüderschaft zwischen den Alliierten war zerbrochen; der „Kalte Krieg" förderte Untersuchungen, die das Augenmerk auf die Zustände in der Sowjetunion richteten[30]. Es entstanden bis heute grundlegende Arbeiten. Zu nennen sind vor allem die Sammlungen von Häftlingsberichten wie jene MORAs und ZWIERNIAKs, BECKs und GODINs und diejenigen nationaler und internationaler Organisationen wie LIVRE BLANC und SLAVE LABOR. Von besonderer Bedeutung ist DALLINs und NICOLAEVSKYs Standardwerk zu Lagersystem und Lagerzwangsarbeit[31]. Der Erkenntnisstand Anfang der fünfziger Jahre wird gut zusammengefaßt in einer Ausarbeitung der US-Sicherheitsbehörden[32].

Zu dieser Zeit entstand auch eine Reihe wertvoller Monographien zum GULag. Erstaunlich ist, daß von diesen die russischsprachigen Arbeiten ARTEMJEWs[33] und JAKOLEWs[34], von denen besonders erstere sehr brauchbar ist und die zweite umfangreiche Lagerlisten und Beschreibungen der Organisationsabläufe enthält, kaum (ARTEMJEW) oder praktisch gar nicht (JAKOWLEW) in der Forschung zum sowjetischen Zwangsarbeitslagersystem berücksichtigt wurden. Gleiches gilt in vielen Fällen für BARTONs wichtige Arbeit[35].

Nicht nur die Wissenschaft, auch die Politik thematisierte den Komplex „GULag" in dieser Zeit ausführlich. Zu nennen sind hier der Wirtschafts- und Sozialausschuß der Vereinten Nationen, das Ad-hoc-committee on Forced Labour der Vereinten Nationen und der International Labour Organisation (ILO),

---

Abendland. Hg. v. Antikomintern. Dresden, 1942. Karl. I. Albrecht. Der verratene Sozialismus. Zehn Jahre als hoher Staatsbeamter in der Sowjetunion. 15. Aufl. Berlin, 1943.

30 Eine der klassischen Arbeiten: Merle Fainsod. How Russia is ruled (Russian Research Centre Studies 11). Cambridge, Mass., 1953. Für Terror und GULag: Ebd., S. 354-389.

31 David J. Dallin und B.I. Nicolaevsky. Forced labor in Soviet Russia. New Haven, 1955.

32 Intelligence report, No. 5885. Forced labor in the Soviet Union. Bearb. v. Department of State. Office of Intelligence Research. Date: June 2, 1952.

33 V.P. Artemjew. Reshim i ochrana isprawitelno-trudowych lagerei MWD. Hg. v. Institut zur Erforschung der UdSSR, München. München 1956. Artemjew war nach Angaben Jakobsons in den dreißiger Jahren stellvertretender Chef der Besserungsarbeitslager in Kasachstan (Jakobson, Origins, S. 1).

34 Jakowlew, Lageri.

35 Barton, L'institution.

der Amerikanische Gewerkschaftsbund (American Federation of Labor), die Commission Internationale Contre le Régime Concentrationnaire und die International League for the Rights of the Man. Alle diese Organisationen traten mit Berichten und Untersuchungen über Zwangsarbeitslager in der Sowjetunion an die Öffentlichkeit[36].

Neben Historikern und Politikwissenschaftlern waren es auch Wirtschaftswissenschaftler, Wirtschaftsstatistiker und Demographen, die sich mit dem sowjetischen Lagersysystem beschäftigten und seit den vierziger Jahren versuchten, aus den veröffentlichten, vielfach ungenauen oder verfälschten Bevölkerungs- und Wirtschaftsdaten Rückschlüsse auf Umfang und wirtschaftlichen Nutzen des GULag zu ziehen[37]. Zwei Forschungsrichtungen sind festzustellen. Während die Mehrheit, besonders zu nennen sind JASNY[38] und NOVE[39], die Lagerzwangsarbeit als im Vergleich zur freien Wirtschaft ineffizient und somit wirtschaftsschädigend ansehen, ist die andere Richtung, vertreten vor allem

[36] Das Thema „Zwangsarbeit/Lagerzwangsarbeit" wurde seit November 1947 im UN-Wirtschafts- und Sozialausschuß, seit Oktober 1948 auch im UN-Rechtsausschuß diskutiert (Zu den Verhandlungen in der UNO und dem Wirtschafts- und Sozialausschuß: „Sklavenarbeit in Rußland". o.O., [1950]. Hier: S. 113-168). Im März 1949 hatten die Vereinten Nationen die ILO beauftragt, Material über „Sklaverei" zu sammeln, und am 27. Juni 1951 wurde das *UN-ILO-Ad-hoc-committee on Forced Labour*, welches die Aufgabe hatte, Zwangsarbeit („forced" oder „corrective labour") „as a means of political coercion with constitute an important element of the economy of a given country" zu untersuchen, gegründet. Dessen Bericht wurde am 19. Juni 1953 dem UN-Generalsekretär vorgelegt und am 21. Juni 1953 vor dem UN-Wirtschafts- und Sozialausschuß in Genf veröffentlicht (Vgl. die dort abgegebenen Stellungnahmen der Vertreter Frankreichs, Großbritanniens, der USA, der ILO und der International League of the Rights of the Man [Im folgenden: International League] und der *Commission Internationale Contre le Regime Concentrationnaire*. [Im folgenden: *CICRC*], die durchweg den Formen von Zwangsarbeit im sowjetischen Wirtschaftsleben eine hohe Bedeutung beimessen, in: Rapport du comité spécial du travail forcé. Genf, 1953. Hier: S. 502-505). Der Bericht faßt im wesentlichen die zu diesem Zeitpunkt vorhandene Fachliteratur (Mora/Zwierniak, Dallin/Nicolaevsky) zusammen, erarbeitet aber nichts Neues. Ein Bericht der *CICRC* erschien bereits 1951 (Zusammenfassung in deutscher Sprache: H.S. Bericht über sowjetische Lager – bearbeitet auf Grund der offiziellen Protokolle der Internationalen Kommission zum Kampf gegen das Regime der Konzentrationslager. In: Ost-Probleme v. 22. September 1951, S. 1162-1183. Vgl. zum CICRC-Bericht: David J. Dallin. The economics of slave labor. Chicago, 1949. Hier: S. 7, 30-33. S. Swianiewicz, Forced labour and economic development. An enquiry into the experience of Soviet industrialization. London, 1965. Hier: S. 27-28). Die *International League* legte dem Ad-hoc-committee am 18. Juni 1952 und 5. November 1952 und dem UN-Generalsekretär am 28. März 1955 Berichte über die Zwangsarbeit in verschiedenen Staaten vor (Vgl. Richard K. Carlton (Hg.). Forced labor in the „People democracies". New York, 1955. Hier: S. III und 13).

[37] Zu Einschätzung und Glaubwürdigkeit der Sowjetstatistiken vgl. Heiko Haumann. Die Wirtschaft. In: Schramm, Handbuch, S. 1193-1297. Hier: S. 1196, Schramm, Industrialisierung, S. 902-903 und Rolf Wagenführ. Die sowjetische Statistik. In: Werner Markert (Hg.). Osteuropa-Handbuch. Sowjetunion. Das Wirtschaftssystem. Köln, Graz, 1965, S. 115-139. Hier: S. 124-128. Letzterer verweist darauf, daß bei sowjetischen Statistiken zu bedenken sei, daß diese zwar wirtschaftliche Fakten darstellen sollten, daneben aber auch die Aufgabe hatten, militärische Geheimnisse, strukturelle Defizite und den Einsatz der Straflagerinsassen zu verbergen.

[38] Vor allem sein Aufsatz: Naum Jasny. Labor and output in Soviet concentration camps. In: The Journal of Political Economy 5/1951, S. 405-419.

[39] Vor allem: Alec Nove. An economic history of the USSR. 3. Aufl.. London, 1992.

durch HOFMANN[40], SCHWARZ[41] und SWIANIEWICZ[42], der Ansicht, daß der Massenterror die Sowjetwirtschaft und –gesellschaft massiv geschwächt habe, die Zwangsarbeit der Lagerinsassen diese Einbußen jedoch etwas nach oben korrigieren konnte. Der Geschichtswissenschaftler wird in diesen Arbeiten an Fragestellungen und Antworten herangeführt, die normalerweise außerhalb seines Gesichtskreises liegen. Festzustellen ist, daß die Ergebnisse wirtschaftswissenschaftlicher, soziologischer und demographischer Arbeiten bislang nicht in ausreichendem Maße in die historischen und politologischen Darstellungen, die sich mit dem GULag beschäftigen, eingeflossen sind[43]. Im allgemeinen findet der Faktor der Zwangsarbeitslager in der wirtschaftswissenschaftlichen Fachliteratur über die Sowjetunion allerdings meist gar keine oder nur geringe Beachtung. Selbst in den Sachregistern einer Vielzahl dieser Werke tauchen die Begriffe „Arbeitslager" oder „Zwangsarbeit" nicht auf. Zudem herrscht bei den Wirtschaftswissenschaftlern, die das Thema bearbeiteten, eine starke Zurückhaltung gegenüber Urteilen, die sich aus dem Bereiche der Statistiken und wirtschaftlichen Fachbegriffe herausbewegen[44].

Außerhalb der Wissenschaft befaßte sich eine ganze Reihe westlicher Autoren, wie Margarete BUBER-NEUMANN, Alexander WEISSBERG-CYBULSKI, Susanne LEONHARD, Elinor LIPPER, Bernhard ROEDER und Joseph SCHOLMER[45],

---

40 Werner Hofmann. Die Arbeitsverfassung der Sowjetunion. Berlin, 1956. Siehe seinen Exkurs „Die Arbeit Strafgefangener" ebd., S. 265-277.

41 Vor allem: Salomon M. Schwarz. Statistik und Sklaverei. In: Ost-Probleme 50/1951 v. 15.12.1951, S. 1562-1564.

42 Swianiewicz, Forced labour.

43 Das beste Beispiel bietet Robert Conquests Werk „The Great Terror" (Bristol, 1968). In den beiden deutschen Ausgaben der ersten und zweiten Auflage (Ders., Anfang. Ders., Der große Terror. Sowjetunion 1934-1938. München, 1992) findet sich in Text, Anmerkungen und Literaturverzeichnis außer Swianiewicz nicht eine der grundlegenden, in zwei Fällen sogar mit langen Exkursen auf die Lagerzwangsarbeit eingehenden Untersuchungen Hofmanns, Schwarz' oder Jasnys wieder. Dies betrifft auch sein Unterkapitel über Lager.

44 Beispielsweise wertet Lorimer in seinem bis heute standardsetzenden Werk (Frank Lorimer. The population of the Soviet Union. Genf, 1946) über die Sowjetbevölkerung die Rolle der Lagerzwangsarbeiter als Arbeitskräfte und als Kolonisatoren praktisch nicht. Der vielzitierte Zaleski nennt die Lagerzwangsarbeiter an einer einziger Stelle „billige Arbeitskräfte" (Eugene Zaleski. Stalinist planning for economic growth. 1933-1952. University of North Carolina, 1980. Hier: S. 168) und verweist bezüglich der Zahl der Sträflinge auf Jasny, Swianiewicz, Dallin/Nicolaevsky und Veröffentlichungen von US-Behörden (Ebd., S. 13, Anmk. 24). Aus deutscher Sicht bietet Wein (Norbert Wein. Die Sowjetunion. 2. überarb. u. erw. Aufl.. Paderborn, München, Wien, Zürich, 1985) ein typisches Beispiel für die Vernachlässigung der wirtschaftlichen Relevanz der Lagerzwangsarbeit. Das ansonsten sehr informative Werk geht auf die wichtigen Bauten der ersten fünf Fünfjahrespläne oft ein, nennt aber nur an einer Stelle, für Norilsk (S. 290), den Einsatz von Sträflingen. Bezeichnend ist aber, daß ein solcher für die Zarenzeit für Bau der Transsib, deren Fertigstellung „nur durch den Tod unzähliger Zwangsarbeiter erzielt" worden sei (S. 280-281), genannt wird. Die Millionen Toten unter dem Regime des Kommunismus finden nicht die Beachtung des westdeutschen Forschers. Stattdessen würdigt er die Neulandaktion und den Bau der BAM: „... vor allem die Jugend [wurde] zur Mitarbeit aufgerufen, und viele folgten aus Romantikgefühl und Pioniergeist diesem Ruf. Durch die Aufeinanderfolge derartiger Kampagnen wird jeder Jugendgeneration ein Betätigungsfeld geboten, in dem sie sich bewähren kann, in dem sie ihren Abenteuerdrang austoben kann – eine Möglichkeit, die uns im Westen vielleicht fehlt!".

45 In dieser Arbeit wurden folgende Ausgaben dieser Werke verwandt: Margarete *Buber-Neumann*. Als Gefangene bei Stalin und Hitler. Eine Welt im Dunkel. Frankfurt/M., Berlin, 1993. Susanne *Leonhard*.

sowie sowjetische Überläufer, am bekanntesten von diesen Viktor KRAVCHENKO[46], in literarischen Berichten und Memoiren mit der Lagerwelt. Bei den meisten Memoiren oder Darstellungen aus eigenem Erleben beziehen sich die aus diesen Schilderungen erhältlichen Informationen auf das individuelle Schicksal des Berichterstatters und offenbaren verständlicherweise nur geringe Kenntnis über die Gesamtorganisation des Lagersystems. Jedoch sind ihnen wertvolle Auskünfte über Einzelaspekte von Lagerorganisation und Lagerleben zu entnehmen.

Mit der Entstalinisierung, der Reduzierung des GULag, aber wahrscheinlich auch als Folge der Entspannungspolitik verringerte sich das Interesse der Wissenschaft[47] als auch der politischen und gewerkschaftlichen Organisationen. Die Wertungen und Urteile verloren die Schärfe der Nachkriegsjahre[48]. Nur noch wenige Forscher beschäftigten sich mit dem Thema Terror und GULag. Zu nennen ist hier vor allem CONQUEST[49].

Einer breiten Öffentlichkeit wurde der GULag trotz der bislang genannten Arbeiten erst mit der Veröffentlichung von SOLSCHENIZYNs „Archipel GULag" bekannt. Die monumentale Arbeit bewegt sich im Grenzbereich zwischen Berichtesammlung, eigenen Erinnerungen und literarischem Werk[50].

Fahrt ins Verhängnis. Als Sozialistin in Stalins Gulag. Freiburg i. Br., 1983. Elinor *Lipper*. Elf Jahre in sowjetischen Gefängnissen und Lagern. 2. Aufl.. Zürich, 1950. Bernhard *Roeder*. Der Katorgan. Traktat über die moderne Sklaverei. Köln, Berlin, 1956. Joseph *Scholmer*. Arzt in Workuta. Bericht aus einem sowjetischen Straflager (dtv dokumente). München, 1963. Alexander *Weissberg-Cybulski*. Hexensabbat. Rußland im Schmelztiegel der Säuberungen. Frankfurt/Main, 1951.

46 Hier nach folgenden Ausgaben: Victor A. *Kravchenko*. Ich wählte die Freiheit. Das private und politische Leben eines Sowjetbeamten. (US-Origausg. u.d.T. I chose freedom. New York, 1946). Hamburg, o.D. Ders., Schwert und Schlange (US-Origausg. u.d.T. I chose justice. New York, 1950). Zürich, o.D. Bei letzterem Werk handelt es sich vorwiegend um Zeugenaussagen ehemaliger Lagerinsassen, die während eines Prozesses der kommunistischen französischen Zeitung *Les lettres Francaises* gegen Kravchenko zu Gunsten des letzteren aussagten. Die kommunistische Literaturzeitung hatte Kravchenko hinsichtlich seiner Ausführungen über sowjetische Lager in ders., Freiheit, der Lüge geziehen und verklagt. Der vom Januar bis März 1949 dauernde und in der Presse stark beachtete Kravchenko-Prozeß, zu dem auch Vertreter der Sowjetunion anreisten, endete im März 1949 in Paris mit dem Freispruch Kravchenkos und der Verurteilung der Ankläger zu Schadensersatzleistung (Vgl. Kurzfassung des Urteils in: Kravchenko, Schwert, S. 392-394).

47 So spricht auch Wheatcroft, Size, S. 265, 272, von einem spürbaren Rückgang der Zahl der Arbeiten westlicher Historiker, die sich mit dem Thema beschäftigten.

48 Ein gutes Beispiel für den Trend zur Verharmlosung ist die 1979 von Jerry F. Hough überarbeitete Ausgabe von Fainsod, Russia. In dieser fehlt das noch in der Erstausgabe 1953 enthaltene Kapitel über den Terror. Gleichfalls sucht der Leser vergeblich nach den Stichwörtern „Terror" und „GULag", die noch 1953 aufgeführt waren (Jerry F. Hough/Merle Fainsod. How the Soviet Union is governed. An extensively revised and enlayed edition by Jerry F. Hough of Merle Fainsod's „How Russia is ruled". Cambridge, Mass. und London, 1979). Hough wurde auch von anderen Autoren kritisiert, da er bei den sowjetischen Regierungsinstitutionen bezeichnenderweise das KGB nicht nennt (Vgl. Bodie, Secret police, S. 102, Anmk. 4).

49 Conquest, Anfang.

50 Alexander Solschenizyn. Der Archipel GULag. Drei Bände. Bern, München, 1974. Er trug erheblich dazu bei, den GULag bekanntzumachen. In seinem Hauptwerk „Archipel GULag" verarbeitet er neben eigenen Erfahrungen Informationen und Berichte von 227 Personen, darunter die Erinnerungen Dimitrij Witkowskis, Jewgenija Ginsburgs, Warlam Schalamows und S. Adamowa-Sliosbergs, Angaben aus offiziellen Verlautbarungen, Werken sowjetischer Spitzenfunktionäre und offiziösen Arbeiten der Sowjetliteratur (Ders., Der Archipel GULag. 1918-1956. Versuch einer künstlerischen Bewältigung. Bern, München, 1974. Hier: S. 11-12). Problematisch ist, daß er die

In den achtziger Jahren wurden in der westlichen Forschung die schon in der Nachkriegszeit lebhaft geführten Dispute um Häftlingszahlen, Bevölkerungs- und Wirtschaftsdaten sowie wirtschaftliche Relevanz der Zwangsarbeit von den in diesem Gebiet führenden Wissenschaftlern aus Großbritannien und den Vereinigten Staaten fortgeführt[51]. Diese Auseinandersetzung war und ist Teil der vorwiegend in der amerikanischen Wissenschaft geführten Generaldebatte um die Erklärung und Bewertung des Stalinismus zwischen Anhängern des Totalitarismusmodells und der sozialhistorisch ausgerichteten „Revisionisten"[52]. Von Seite der „Revisionisten" ging Gábor T. RITTERSPORN am intensivsten auf den GULag ein[53].

einzelnen Angaben nur selten belegt. Die wissenschaftliche Verwertbarkeit wird durch eine Fülle von Interpretationen, ungenauen Beschreibungen und das Fehlen eines Registers erheblich eingeschränkt. Solschenizyn selber ist sich dieser Problematik bewußt. Er weist in seinem Nachwort darauf hin, daß die Entstehung des Buches durch die Unmöglichkeit, mit Fachleuten in Kontakt zu treten, und Geheimhaltung der Manuskripte erschwert worden sei. So habe „dieses Buch kein einziges Mal vollständig in allen Teilen, vor [ihm] auf dem Tisch gelegen" und müsse „unvollständig" bleiben (Ders., Der Archipel GULag. 1918-1956. Versuch einer künstlerischen Bewältigung. Schlußband. Die Katorga kommt wieder. In der Verbannung. Nach Stalin. Bern, München, 1974. Hier: S. 562-563 [Nachwort 1967] und S. 564 [Nachwort 1968]). Trotz dieser Mängel bliebe eine Behandlung des Themas GULag ohne ein Heranziehen des voluminösen Werkes unvollständig. Eine überzeugende Bewertung Solschenizyns Werke und zugleich ausgezeichnete historiographische und inhaltliche Einführung in das Gesamtthema „GULag" stellt Dietrich Beyraus Aufsatz „Solschenizyns ‚Archipel GULAG' und das sowjetische Lagersystem" (In: GWU, Jg. 27 (1976), Heft 9, S. 538-565) dar. Dieser betont, daß Solschenizyn keine „prinzipiell neuen Erkenntnisse", die über das hinausgingen, was in der Fachliteratur (Dallin/Nicolaevsky, Barton, Artemjew, Swianiewicz) bereits dargestellt sei, erbracht habe (Ebd., S. 543). Sehr kritisch wertet Rittersporn Solschenizyns Arbeit (Gábor T. Rittersporn. Stalinist Simplifications and Soviet complications. Social tensions and political conflicts in the USSR, 1933-1953 (Social Orders 4). Chur, 1991. Hier besonders im Kapitel „From the Gulag of the Memorial to the History of Penal policy in the Soviet Union 1933-1953" [S. 229-318] die Seiten 229-237). Beyraus und Rittersporns Kritik ist nur in einzelnen Punkten berechtigt. Scharf abzulehnen ist Rittersporns verächtliche Charakterisierung Solschenizyns „Archipel GULag" als „Gospel" (Ebd., S. 292). Ordnet man Solschenizyns Angaben systematisch wie thematisch und negiert seine literarischen Einsprengsel, so liefert er eine große Fülle neuer oder ergänzender Informationen. (So auch Armanski, Maschinen, S. 143, der bedauert, daß Solschenizyns Bücher „ganz zu Unrecht von der hiesigen Öffentlichkeit kaum zur Kenntnis genommen oder abgelehnt" worden seien).

51 Siehe hierzu vor allem die Forschungskontroverse zwischen Wheatcroft, Rosefielde und Conquest. Vgl. Anhang 2.

52 Zur Stalinismusdiskussion zwischen Anhängern des Totalitarismusmodells, Befürwortern sozialistischer Deutungsmuster und den „Revisionisten" sowie zur neuesten Stalinismusforschung siehe: Jörg Baberowski. Wandel und Terror: die Sowjetunion unter Stalin 1928-1941. Ein Literaturbericht. In: Jahrbücher für Geschichte Osteuropas, Jg. 43 (1995), Heft 1, S. 97-129. Baberowski selbst ist eher der „revisionistischen" Richtung zuzurechnen. Entgegengesetzter Auffassung ist Markus Wehner, der die Revisionisten ob ihrer Verharmlosung des Stalinismus scharf kritisiert (Markus Wehner. Revisionismus revidiert. Die amerikanische Debatte über den stalinistischen Terror. In: FAZ v. 17. August 1994). Vgl. auch Anhang 2.

53 Rittersporn, Simplifications. Rittersporn kritisiert in diesem Werk Solschenizyn und die Anhänger der Totalitarismustheorie wie vor allem Conquest massiv. Seine Darstellung zeichnet sich durch eine hohe Verständnisbereitschaft gegenüber dem sowjetischen Regime aus. In Bezug auf den GULag verwirft er weite Teile der westlichen Literatur unter Verweis auf die seit 1989 veröffentlichten Archivzahlen und die von ihm sehr oft unkritisch zitierten Zahlen der Sowjetzeit. Zu monieren ist, daß Rittersporn einen Großteil der westlichen Fachliteratur nicht herangezogen hat, ei-

Im gleichen Jahrzehnt entstand eine Fülle neuerer Publikationen. Von großem Nutzen für die Wissenschaft sind trotz mancher Mängel die Arbeiten von Avraham SHIFRIN und Jacques ROSSI. SHIFRIN stellte für die siebziger und achtziger Jahres alle Informationen über Lagerstandorte zusammen. Sein Werk birgt neben einer Fülle von Lagereinzeldarstellungen, Dislozierungskarten und Lagerlisten für die Nach-Stalinzeit auch Hinweise auf die Stalinzeit[54]. Von hohem Informationsgehalt ist ebenfalls Jacques ROSSIs GULag-Handbuch, in dem er nach Art eines Lexikons GULag-Termini übersetzt und erläutert[55]. Zu nennen ist auch Andrzej KAMINSKIs Buch, in dem er die Typologie des Konzentrationslagers beschreibt[56].

Seit dem Zusammenbruch des Kommunismus beschäftigt sich die westliche Forschung vornehmlich mit den neuen sowjetischen und russischen Zahlen über Lagerinsassen. Entstanden sind daneben Arbeiten zu Spezialthemen wie den Aufständen im Lagersystem in den fünfziger Jahren und die beiden wichtigen

---

ne Reihe von Fakten nicht nennt, ganze Lagerkategorien nicht kennt und viele Termini falsch oder ungenau verwendet.

54 Avraham Shifrin. UdSSR-Reiseführer durch die Gefängnisse und Konzentrationslager der Sowjetunion. 3. Aufl.. Uhldingen/Seewis, 1987. Das Buch ist nach der Verwaltungsstruktur der UdSSR gegliedert. Es lokalisiert und beschreibt rund 3000 Haftanstalten (Lager, Gefängnisse und Psychiatrische Anstalten). Die Angaben des Autors, der 1953-1963 selbst Lagerhäftling war, beruhen auf Untergrundinformationen aus der Sowjetunion und Interviews mit ehemaligen Lager- und Gefängnisinsassen. Wie auch bei Rossi, GULAG Handbook, so handelt es sich auch bei Shifrin nicht um eine wissenschaftliche Arbeit. Belegstellen und wissenschaftlicher Apparat fehlen, Unrichtigkeiten und handwerkliche Fehler kommen häufiger vor (beispielsweise wird S. 266 der Nachname des früheren estnischen Präsidenten Konstantin Päts in „Pjatf" verunstaltet), die persönlichen Erfahrungen des Autors scheinen oft durch. Dennoch vermittelt das Buch eine Vorstellung von der räumlichen Ausdehnung und Dichte der Lagerorganisation. Für eine Untersuchung des Lagerwesens der Nach-Stalinzeit ist es besonders wegen seiner zahlreichen Dislozierungskarten für die Gebiets (Oblast)-Ebene wertvoll.

55 Rossi, GULAG Handbook. Rossis Arbeit erschien zunächst in russischer Sprache in Großbritannien (London, 1987), wurde dann in englischer Sprache in den USA (New York, 1989) herausgegeben, 1991 (1. Aufl.) und 1992 (2. überarb. Aufl.), dann auch in russischer Sprache in Moskau gedruckt. Die neueren russischen Auflagen, dies ergab die Durchsicht der zweiten Moskauer Auflage (Shak Rossi. Sprawotschnik po GULAGu [Zwei Bände]. 2. überarb. Aufl.. Moskau, 1991), sind mit der hier verwandten englischsprachigen Ausgabe im lexikalischen Teil textidentisch. Der Autor, selbst 1937 bis 1961 in Lagerhaft und Verbannung, begann 1961, GULag-Begriffe zu sammeln. Nach eigenen Angaben entnahm er diese Gesetzen, Erlassen, Memoiren und „thousands of interviews" mit anderen Häftlingen und Verbannten. Aus seiner Sammlung mehrerer tausend Begriffe wählte er 3000 für das Buch aus. In der amerikanischen Ausgabe werden diese auf über fünfhundert Seiten in alphabetischer Reihenfolge aufgelistet. Hinzu kommen fünfzehn Anhänge, darunter eine Bibliographie, ein Personen- und Sachregister. Das Werk ist ein unentbehrliches Hilfsmittel und erster Ansatzpunkt für jeden, der sich mit dem sowjetischen Lagersystem beschäftigt. Der lexikalische Ansatz mit vielen Querverweisen ermöglicht allerdings keine geschlossene Darstellung. Rossi belegt seine Angaben nur selten und neigt insbesondere bei Zahlenangaben zu bildhaften Umschreibungen („millions", „hundreds of thousands of prisoners"). Auffallend sind viele sinnentstellende Schreib- und Datierungsfehler sowie Widersprüche, die möglicherweise auch auf unterschiedliche Bearbeiter zurückzuführen sind.

56 Kaminski, Konzentrationslager. Die Arbeit stützt sich auf ältere Standardwerke (Dallin/Nicolaevsky, Lewytzkyj, Solschenizyn u.a.) und Memoirenliteratur. Russischsprachige Veröffentlichungen und Fachzeitschriften in russischer, deutscher oder westlichen Sprachen wurden nicht berücksichtigt (Vgl. Quellen- und Inhaltsverzeichnis, Ebd., S. 273-289).

neueren Veröffentlichungen JAKOBSONs[57] und BACONs[58] über das Lagersystem zu Beginn der Planära und im Zweiten Weltkrieg. Eine Gesamtdarstellung der Geschichte des GULag bleibt jedoch weiterhinein ein Desiderat.

1.3.3 Die Behandlung des Themas GULag in der sowjetischen und russischen Literatur und Wissenschaft

Es waren bis zum Umbruch 1989 fast ausschließlich Schriftsteller, die sich, meist auf der Parteilinie, mit dem Lagersystem beschäftigten. Bis Mitte der dreißiger Jahre publizierten sowjetische Autoren Schriften, in denen das Lagersystem als Erziehungseinrichtung gerühmt und der Übergangscharakter dieser Institution bis zur Schaffung der klassenlosen und somit verbrechensfreien Gesellschaft hervorgehoben wurde. In der Sowjetliteratur dieser Jahre unterscheidet HELLER zwei Phasen: Zunächst seien die Tschekisten für ihre „schmutzige" und harte, aber zum Schutz der Gesellschaft notwendige Arbeit als Kerkermeister gelobt worden; in der zweiten Phase habe dann nicht mehr die revolutionäre Unterdrückung des Klassenfeindes im Vordergrund gestanden, sondern die Bedeutung der Lager als Mittel zur Umerziehung der Menschen. Ab Beginn der Planperiode (1928/29) kam für einige Jahre der Aspekt der Teilnahme der Häftlinge am „Aufbau des Sozialismus" hinzu, doch schon Mitte der dreißiger Jahre legte die Partei- und Staatsführung ein Schweigegebot über die Existenz des sich immer weiter ausbreitenden GULag[59].

Erst nach Stalins Tod und besonders während der „Tauwetter"-Periode in der sowjetischen Kunst ab 1954 bestand für die Autoren die Möglichkeit, wieder freier zu arbeiten. Die Arbeiten krankten jedoch daran, daß die Verfasser, durch die jahrzehntelange Manipulation geprägt, es nicht wagten oder nicht daran dachten, an Tabus zu rühren. Es mangelte an verfügbaren Dokumenten, und es mußte Rücksicht auf die Parteilinie genommen werden. Die wichtigsten Themen dieser Zeit waren die „Oktoberrevolution" und die Rolle Lenins, die „Jeshowschtschina" und der Krieg gegen das Deutsche Reich. Es kam zwar zu zahlreichen Rehabilitierungen, eine tiefergehende Aufarbeitung der Stalinzeit blieb aber aus und wurde auch nicht gefördert.

[57] Michael Jakobson. Origins of the Gulag. The Soviet prison camp system 1917-1934. Lexington, 1993. Jakobson wertet die sowjetischen amtlichen Verlautbarungen der zwanziger und dreißiger sowie die damalige Literatur und einige Häftlingsberichte systematisch aus und gelangt so zu einer sehr guten organisationshistorischen Darstellung der Frühzeit des GULag. Zu kritisieren ist, daß er die westliche Sekundärliteratur sowie die neuesten russischsprachigen Veröffentlichungen kaum zur Kenntnis nimmt und auf ein Literaturverzeichnis verzichtet. Hervorzuheben sind die Organisationsschemata.

[58] Edwin Bacon. The Gulag at war. Stalin's forced labour system in the light of the archives (Studies in Soviet history and society. Hg. v. R.W. Davies und E.A. Rees). London, 1994. Bacon stützt sich vorwiegend auf die neuen Arbeiten Semskows und Dugins sowie einen eigenen Archivbesuch im GARF. Seine Hauptquellen sind ein Bericht des von ihm als GULag-Chef der Kriegsjahre bezeichneten NKWD-Funktionärs Nasedkin aus dem Jahre 1944 und Vorlesungen desselben an einer Ausbildungsstätte des NKWD 1945-46. Die ältere Forschung sowie neuere westliche Sekundärliteratur sind in seiner ansonsten sehr empfehlenswerten Arbeit kaum berücksichtigt.

[59] Heller, Stacheldraht, S. 12-13, 236. Vgl. Kap. 3.3.

Besonders traf dies auf die Darstellung der Lager zu. In der Regel wurden nicht das Leben und Sterben im Lager beschrieben, sondern vielmehr die „heroische" Bereitschaft der Lagerinsassen, an die Front zu eilen und die sozialistische Heimat im „Großen Vaterländischen Krieg" zu verteidigen, herausgestellt[60]. Die Tschekisten wurden nun als bösartige Mitarbeiter der Geheimpolizei dargestellt, und es wurde von vielen unschuldigen Opfern gesprochen, jedoch traten meist „positive Helden", von RÜHLE „reumütige Kommunisten" genannt, auf, die trotz der im Terror erlittenen Leiden „treu" zum Sozialismus standen[61]. Diese Autoren folgten der nun gültigen Parteilinie, so wie sie sich zur Stalinzeit den damals gültigen Vorgaben unterworfen hatten[62].

Eine intensivere Beschäftigung mit dem Lagersystem fand erst in der Entstalinisierungsperiode der Chruschtschow-Zeit in der ersten Hälfte der sechziger Jahre statt. Hatte seine „geheime" Rede auf dem 20. Parteitag (1956) noch keine öffentliche Diskussion bewirkt, so stieg die Zahl der Veröffentlichungen, die persönliche Berichte oder literarische Verarbeitungen des Lagersystems enthielten, besonders nach dem 22. Parteitag (1961) stark an[63]. Besonders zu nennen ist hier SOLSCHENIZYNs Erzählung „Ein Tag des Iwan Denissowitsch", mit der 1962 erstmals eine Kritik der Lagerwelt Eingang in die sowjetische Literatur fand. Von besonderer Bedeutung ist diese Erzählung deswegen, weil sie die einzige ihrer Zeit ist, die „ohne kommunistischen Glaubenshintergrund" (HELLER) geschrieben worden ist[64]. Vor allem 1964 erschienen in der Sowjetunion Darstellungen, in denen das Leben in den Lagern, meist solchen der Nachkriegszeit, geschildert wurde[65]. Andere Werke kamen im Ausland heraus[66].

Viele dieser Arbeiten aus der Chruschtschow-Zeit haben apologetischen Charakter und versuchen, die menschenverachtenden Zustände der Stalinzeit im allgemeinen und der Lager im besonderen auf Stalin und seine Helfer (Berija oder

---

60 Ähnliche Tendenzen sind auch heute zu verzeichnen. Vgl. Anhang 2.

61 Zur Tauwetterperiode und der Behandlung von Terror und Lager: Heller, Stacheldraht, S. 188-209, 237, und Jürgen Rühle. Literatur und Revolution. Die Schriftsteller und der Kommunismus. München, Zürich, 1963. Hier: S. 108-117 (Zum Terror: Ebd., S. 112-113. Zum „reumütigen Kommunisten": Ebd., S. 114). Heller nennt folgende Autoren, die sich besonders mit Terror und Lager beschäftigt haben: Wenjamin A. *Kawerin*, Juri W. *Bondarew*, W. *Pomeranzew*, Wassili *Grossman*, Nazim *Hikmet*, Alexander *Jaschin*, Pawl *Nilin*. Rühle ergänzt diese Auflistung um Alexander *Kornejtschuk*, Viktor *Nekrassow*, Wladimir *Dudinzew*, Galina *Nikolajewa*, Alexej *Jugow*, Konstantin *Simonow*, Nikolai *Pogodin*, Olga *Bergholz* und Anna *Walzewa*.

62 So hatte Pogodin 1934 in seinem Stück „Die Aristokraten" die „Erziehungsarbeit" am Weißmeer-Ostsee-Kanal noch besonders gelobt (Vgl. Kap 3.3).

63 Zur Literaturdiskussion in der Sowjetunion in den sechziger Jahren siehe vor allem: Heller, Stacheldraht, S. 236-275. Allgemein: Beyraus Vorwort in Kravtschik, Dornenwege, S. 8-9.

64 Alexander Solschenizyn. Ein Tag des Iwan Denissowitsch. Erzählung. München, 1979. Die russische Originalausgabe erschien erstmals 1962 in der Zeitschrift Nowyi Mir. Siehe dazu: Heller, Stacheldraht, S. 12, 236, 257.

65 Zu nennen sind hier: Boris *Djakow* „Erlebtes und Durchlebtes"; Andrei *Aldan-Semjonow* „Basrelief auf dem Felsen"; Gregori *Schelest* „Notizen von der Kolyma"; V. *Wjatkin* „Ein Mensch wird zweimal geboren"; J. *Piljar* „Menschen bleiben Menschen"; A. *Gorbatow* „Drei Jahre und die Kriege". Mit Ausnahme der Erzählung Andrei Aldan-Semjonows waren es ausschließlich Erinnerungen. Siehe dazu: Solschenizyn, Archipel GULag III, S. 487-488, und Heller, Stacheldraht, S. 240-241.

66 Jewgenija *Ginsburg* „Der Taumel"; Galina *Serebrjakowa* „Die Windhose"; Jekaterina *Olizkaja* „Erinnerungen" (Heller, Stacheldraht, S, 240-241).

Jeshow) zu schieben und auf diese Weise die „reine Idee“ des Sozialismus zu retten. Im Mittelpunkt stehen meist Kommunisten, die grundlos inhaftiert wurden, aber an ihren sozialistischen Idealen festhielten. Waren in den zwanziger Jahren die „heiligen Henker“, die Tschekisten, als Vorbild dargestellt worden, so waren es nun die „heiligen Opfer“, die treuen Kommunisten[67].

Die Propagandaoffensive der Chruschtschow-Zeit verdeckte indes, daß es auch nach 1956 weiterhin Lager in der Sowjetunion gab. Vor allem SOLSCHENIZYN kritisierte diese Ausrichtung der Sowjetliteratur daher scharf[68].

Mit dem Sturz Chruschtschows am 14. Oktober 1964 gelangte eine politische Strömung in der Sowjetunion an die Macht, welcher daran gelegen war, die Literatur über die Lager zu unterbinden oder zumindest stark zu zensieren. Vollständig untersagt wurde die öffentliche Erörterung von Themen, die Lager und Repressalien zum Inhalt hatten, schließlich 1965[69]. Die Werke vieler sowjetischer Autoren, die in der Stagnationszeit nach Chruschtschow in der Sowjetunion zum Thema GULag nicht publizieren durften, erschienen daher im Samisdat und im Ausland. Zu nennen sind hier vor allem Warlam SCHALAMOW[70] und

---

[67] Heller charakterisiert die offizielle Literatur von 1964 als „seltsame Mischung von .. Tatsachen und opportunistischer Auslegung“. So habe ein beinahe zu Tode gefolterter Häftling nach der Tortur um leichtere Arbeit und sechs Lenin-Bände zum Selbststudium gebeten. In Aldan-Semjonows Erzählung fordert der Held sich und seine Mithäftlinge auf, sich als „Soldaten des Ersten Fünfjahresplans“ zu fühlen (Ders., Stacheldraht, S. 241-240, 249, 251-257).

[68] Solschenizyn widmet ein ganzes Kapitel der Auseinandersetzung mit kommunistischen Autoren wie Boris *Djakow,* Gregori *Schelest,* Galina *Serebrjakowa* und Andrei *Aldan-Semjonow*. Er wirft ihnen in einer sehr persönlich gehaltenen Darstellung Apologie und Befangenheit vor. Die Autoren seien selber in das System verstrickt gewesen (Schelest als Tscheka-Brigadekommandeur), hätten zwar die Verfolgung und Folter von Kommunisten, nicht aber die der nichtkommunistischen Opfer beklagt (Serebrjakowa) und hätten, da meist *pridurki* (Funktionshäftlinge. Vgl. Kap. 8.5.3) (Djakow), nicht am Leben und Sterben des größten Teils der Häftlinge, der bei den harten „Allgemeinen Arbeiten“ eingesetzt wurde, teilgenommen. Die Autoren der Chruschtschow-Ära, die im Lager unterwürfig und parteitreu geblieben seien, seien bestrebt gewesen, mit ihrer Schilderung auf Parteilinie zu bleiben. In ihren Werken würden nur „ehrliche Kommunisten“ oder „Reaktionäre“ (Weißgardisten, Wlassow-Soldaten, ukrainische Partisanen, Kollaborateure) genannt, die übergroße Mehrheit der Bauern, die aufgrund willkürlicher Anschuldigungen oder kleineren Vergehen Verhafteten, „58er“ (wegen „konterrevolutionärer“ Vergehen Verurteilte. Vgl. Kap. 6.1.1) oder die wegen ihrer Nationalität Inhaftierten aber nicht berücksichtigt. Sie beschrieben nicht den normalen Lageralltag mit „Allgemeinen Arbeiten“ und Hunger, sondern das Leben privilegierter *pridurki* und leugneten oder verharmlosten viele Sachverhalte, die das Leben im Lager ausmachten. Dadurch, daß weiterhin ein Parteiethos aufrechterhalten und auf die Rehabilitierung als Kommunist gehofft werde, würden die „Proportionen des Archipel ... verzerrt“. Er kritisiert scharf, daß sie Legenden gesponnen und das Sowjetregime in ihren Werken über das Lagersystem verteidigt hätten. Ihre Bücher seien darauf an gelegt gewesen, „den Archipel umzulügen“ und den nachstalinistischen Sozialismus zu stärken (Solschenizyn, Archipel GULag III, S. 487, 489-494).

[69] Beyraus Vorwort in: Kravtschik, Dornenwege, S. 9

[70] Warlam Schalamow (in der Ausgabe irrtümlich „Schala*n*ow“). „Artikel 58“. Die Aufzeichnungen des Häftlings Schalamow. Köln, 1967. Schalamow verbrachte 1929 bis 1934 eine Haft in einem SLON-Lager (Zu SLON: Vgl. Kap. 2.3.3.2) an der Wischera, wurde Anfang 1937 erneut verhaftet, in die Kolyma-Lager gebracht und nach Haftverlängerungen 1942 und 1943 erst 1956 von dort entlassen (Heller, Stacheldraht, S. 260-261). Sein Buch ist eine Sammlung kurzer Episoden, in denen er den Lageralltag in verschiedenen Lagerpunkten des Kolyma-Gebietes beschreibt. Der Schwerpunkt liegt auf der Darstellung des Lebens der Häftlinge und nicht auf Funktionsabläufen oder Organisationsstrukturen. Solschenizyn geht in seinem „Archipel“ auf Kolyma bewußt kaum

SOLSCHENIZYN, die HELLER für die „beiden wichtigsten Autoren der sowjetischen Literatur über die Konzentrationslager" hält[71], Lew KOPELEW, Jewgenija GINSBURG und Roy MEDWEDEW[72].

Der Umbruch seit 1989 und die damit verbundene Hoffnung auf das lange vorenthaltene Archivmaterial der Sowjetunion weckten das Interesse für den jahrzehntelang tabuisierten GULag. An einigen der ehemaligen Lagerzentren entstanden kleine GULag-Museen und Denkmäler[73], einige Lager wurden für Einheimische und Besucher zur „Besichtigung" geöffnet[74], und erstmals in der Geschichte der Sowjetunion begann eine wissenschaftliche Beschäftigung mit der Stalinzeit und dem Terrorsystem[75]. Hauptthemen sind die Schauprozesse der Stalinzeit, die „Entkulakisierung" und Zwangskollektivierung sowie die Deportationen. Die Arbeit wird allerdings dadurch behindert, daß nach wie vor viele Tabus bestehen und viele Forscher durch Denkschablonen, handwerkliche Mängel und ungenügende Archiveinsicht behindert werden[76]. Es sind daher bis

---

ein, sondern verweist auf Schalamow. Er lobt Schalamows Erzählungen, die im Unterschied zu seinen Arbeiten „mehr von der Unbarmherzigkeit des insularen Geistes und vom Äußersten an menschlicher Verzweiflung" erkennen ließen (Ders., Archipel II, S. 7), und bemerkt, daß „die Lagererfahrungen Schalamows .. bitterer und länger" gewesen seien als die seinen (Ebd., S. 203). Ursprünglich habe er beabsichtigt, den „Archipel GULag" mit Schamalow zusammen zu schreiben, was dieser aber abgelehnt habe (Ders., Archipel GULag III, S. 562).

71 Heller, Stacheldraht, S. 274. Er wendet den Begriff „Konzentrationslager" auf alle Lagerkategorien an, obwohl es sich nur um einen bestimmten Typ handelte. Vgl. Kap. 2.3.3.1.

72 Von Medwedew ist besonders zu nennen: Medvedev, History. Dort besonders: S. 501-513. (Vgl. die deutsche Ausgabe: Medwedew, Wahrheit, S. 303-312). Medwedew ist Marxist und kritisiert in seinem 1962 bis 1968 verfaßten, Anfang der siebziger Jahre in den Vereinigten Staaten erstmals veröffentlichten Hauptwerk den Stalinismus aus leninistischer Sicht. Er befand sich damals auf der von Chruschtschow diktierten Parteilinie; seine Einschätzungen, Wertungen und Urteile sind daher oft unbefriedigend (Vgl. beispielsweise seine Ausführungen über den Marxismus-Leninismus als „wissenschaftliche Untersuchungsmethode" [Ders., Wahrheit, S. 5], seine Charakterisierung Dsershinskis als „hervorragender Revolutionär" [Ebd., S. 64], seine Einschätzung der „Kulaken" als „aktive Feinde des Aufbaus des Sozialismus" [Ebd., S. 81] oder seine Verurteilung des Kronstädter Aufstandes als „konterrevolutionär" [Ebd., S. 422]).

73 Zu GULag-Museen in Kureika und Igarka: Wolfgang Mölleken. Zobelfelle, Gold und dann der GULag. Den Jenissej hinauf in den sibirischen Norden. In: FAZ v. 24. Mai 1995. Zum GULag-Museum in Magadan und GULag-Denkmälern in Workuta, Jekaterinburg und Magadan: Manfred Hettling. In Magadan zeigt Lenin nach Westen. Eine Reise ans russische Ende der Welt. In: FAZ v. 1. Dezember 1994 (mit Photo des in Bau befindlichen GULag-Denkmals in Magadan). Zur ständigen Ausstellung „Stalin-Lager" im Heimatmuseum und GULag-Denkmal in Magadan: Julia Rubin. Soviet Arctic comes to terms with its gulag history. In: The Times v. 13. August 1991. Ulrich Schiller. Blicke in den GULAG. In: Die Zeit v. 25. Mai 1990.

74 So in Magadan (Julia Rubin. Soviet Arctic comes to terms with its gulag history. In: The Times v. 13. August 1991), im kasachischen KARLag (Süddeutsche Zeitung v. 15. Februar 1991. Vgl. dazu auch: Laqueur, Stalin, S. 347) und auf den Solowezki-Inseln (FAZ v. 26. November 1990).

75 Eine umfassende Aufarbeitung des Terrorregimes wurde 1989 durch die Unionsvereinigung „Memorial" in Angriff genommen (Vgl. Uwe Liszkowski. Die Revision der sowjetischen Geschichte im Zeichen der Perestroika. In: GWU 1990, S. 653-674. Hier: S. 658). Zu neueren russischen Arbeiten: John L. H. Keep. Der Stalinismus in der neueren russischen Literatur. In: Neue politische Literatur. Jg. 40 (1995), Heft 3, S. 421-440. Zum GULag: Ebd., S. 433-434, 439.

76 Ähnliche Wertungen: Beyraus Vorwort in Kravtschik, Dornenwege, S. 13-14. Bacon, Gulag, S. 40, der „a lack of depth in analysis, and a polemical stance against the work of memoirists and Western scholars" kritisiert.

jetzt nur einige wenige Wissenschaftler, Publizisten und Schriftsteller, die die Diskussion vorantreiben[77].

Entgegen ursprünglicheren Vermutungen hat die Russische Föderation als Nachfolgestaat der zerfallenen Sowjetunion praktisch kein für alle Forscher zugängliches Archivmaterial zu den Fragen von Lagern und Zwangsarbeit freigegeben. Das Lagersystem fand infolgedessen bislang nur geringe Beachtung. Einzig die Zahl der Lagerinsassen wird heftig diskutiert. Jedoch sind gerade hier verfälschende und apologetische Tendenzen, die Züge einer Desinformationskampagne tragen, festzustellen[78]. Es ist in Rußland bislang kein Versuch unternommen worden, unter Zuhilfenahme der bisherigen Literatur und Auswertung des Archivmaterials eine grundlegende Arbeit zur Geschichte, Struktur und Funktion des Lagersystems zu schreiben[79].

77 Die wichtigsten Organe sind die Zeitungen *Argumenty i fakty*, *Moskowsksije nowosti* (Englischsprachige Ausgabe: *Moscow News*) und *Ogonjok*.

78 Siehe Anhang 2.

79 Dies zeigte eine genaue Durchsicht der letzten Jahrgänge der wichtigsten russischsprachigen Geschichtsfachzeitschriften (*Istorija SSSR*, *Wojenno-Istoritscheski shurnal*, *Otetschestwennaja istorija*, *Iswestija ZK KPSS*, *Nowaja i nowejschaja istorija*, *Woprosy istorii*, *Woprosy istorii KPSS*, *Kentawr*). Einige Aufsätze beschäftigen sich mit Spezialthemen wie den Lagern an der BAM, in der Komi ASSR und Lagerzeitschriften.

A Voraussetzungen und Rahmenbedingungen des GULag

Das Lagersystem GULag entfaltete seine charakteristischen Züge in der Zeit der Zentralen Planwirtschaft, hatte seine festen Wurzeln jedoch in der Zeit *vor* dem Machtantritt Stalins. Es ist falsch, wenn die Existenz von Zwangsarbeitslagern ausschließlich der Stalinzeit zugeordnet und darüber außer acht gelassen wird, daß Sowjetsozialismus und Zwangsarbeitslager eine Verbindung eingingen, die 1918 unter Lenin begann und bis in die jüngste Gegenwart andauerte. Der GULag war nur eine, wenn auch die effizienteste, soweit dieser Begriff hier erlaubt ist, Form des sowjetischen Lagersystems.

Der GULag wurde bedingt durch die politischen, wirtschaftlichen und rechtlichen Verhältnisse seiner Zeit. Ohne deren Kenntnis bestünde die Gefahr der fehlerhaften und lückenhaften Darstellung der Zwecke, für die er geschaffen wurde und die im Laufe seiner Existenz hinzukamen. Diese Voraussetzungen und Rahmenbedingungen sind Gegenstand des ersten Abschnitts.

2 Der Besserungsarbeitsgedanke und die Strafvollzugssysteme der zwanziger Jahre

Das Lagersystem der Stalinzeit hatte zwei Wurzeln: den Besserungsarbeitsgedanken der Leninzeit, der in dem Zwangsarbeitslagersystem der russischen Volkskommissariate der Justiz (NKJu) und des Innern (NKWD) realisiert wurde, und das Konzentrationslagersystem der Sicherheitsorgane Tscheka, GPU und OGPU. Mittels dieser Ideengebäude und Organisationsstrukturen wurden seit dem Oktoberumsturz während der zwanziger Jahre die Grundlagen dafür geschaffen, daß mit Einführung der Planwirtschaft ein wirtschaftlich bedeutsames Lagersystem aufgebaut werden konnte. Auch wenn nicht davon auszugehen ist, daß bereits 1919 und 1924 ein Zwangsarbeitslagerimperium von Ausmaßen des GULag beabsichtigt war, so rechtfertigt doch allein die Tatsache, daß in dieser Frühzeit die Voraussetzungen für ein solches geschaffen wurden, einen genaueren Blick auf diese Ideen und Strukturen.

2.1 Die „Besserungsarbeit" der Leninzeit

Der Aufbau eines das ganze Land umspannenden Lagersystems widersprach den Grundsätzen der marxistischen Gesellschaftstheorie. Diese zielte auf eine

Gesellschaft ohne Strafrecht ab. Mit der Aufhebung der Klassenordnung sei, so hoffte man noch zu Beginn der Sowjetherrschaft, die Wurzel individuellen Verbrechens beseitigt. Kürzere Haftstrafen[1], der Grundsatz der Besserung und verhältnismäßig freizügige Regelungen im Vollzug prägten das Bild. Die Begriffe „Schuld", „Sühne" und „Strafe" verschwanden und wurden durch „gesellschaftlichen" und „sozialen Schutz" ersetzt[2]. Nicht Strafe, sondern, wie in den zwanziger Jahren immer wieder bekräftigt, *Besserung* und *Umerziehung* sollten das Ziel sein. Es waren besonders Straftheoretiker der Justizbehörden und Pädagogen, an erster Stelle M.A. Makarenko, die sich für diese neuen Ansatz engagierten[3]. Die Neuorientierung schlug sich nicht nur in Straftheorie und Strafrecht, sondern auch im Strafvollzug nieder. Auch hier wurden alte Termini der vorsowjetischen Zeit durch neue Begriffe ersetzt. Gefängnisse hießen fortan „Haftorte", „Hafthäuser" oder „Erziehungsanstalten". Der Strafgedanke trat in den Hintergrund[4].

Ausgeschlossen von dem Besserungsgedanken waren allerdings von vornherein jene Bevölkerungsgruppen, die als Systemgegner eingeschätzt wurden. Führende zaristische Beamte und Offiziere, Bischöfe und Priester, Funktionäre nichtsozialistischer Parteien und „Kapitalisten" galten als „soziale Gefahr" und wurden für nicht integrierbar erachtet. Auf sie wurde nicht der Grundsatz der Umerziehung, sondern der der Absonderung und Vernichtung angewandt[5].

In bezug auf beide Häftlingsgruppen, die Umzuerziehenden und die Systemgegner, spielte die Zwangsarbeit der Gefangenen bereits sehr früh eine wichtige

---

1 Der Entwurf des ersten sowjetrussischen Strafgesetzbuches aus dem Jahre 1921 sah lediglich fünf Jahre als Höchststrafe vor, in der endgültigen Fassung von 1922 wurden dann zehn Jahre festgesetzt. Siehe dazu auch: Jakobson, Origins, S. 19.

2 So hieß es im „Leitfaden zum Strafrecht der RSFSR" aus dem Jahre 1919, daß die Strafe keine Vergeltung oder Sühne für eine Schuld, sondern eine Maßnahme des gesellschaftlichen Schutzes sei (Solschenizyn, Archipel GULag II, S. 135). Noch im Strafgesetzbuch der RSFSR von 1926 wurde anstatt von „Strafe" von „sozialem Schutz" gesprochen (Heller, Stacheldraht, S. 73).

3 Siehe hierzu vor allem: Peter H. Solomon jr., Soviet penal policy, 1917-1934: A reinterpretation. In: Slavic Review 2/1980, S. 195-217. Hier: S. 198. Zum Besserungsarbeitsgedanken allgemein: Hofmann, Arbeitsverfassung, S. 266. Dallin/Nicolaevsky, Arbeiter, S. 63-65. Solschenizyn, Archipel GULag II, S. 134-135, 136. Armanski, Maschinen, S. 144. Vgl. zu Makarenko allgemein: Karl-Heinz Ruffmann. Sowjetrußland 1917-1977. Struktur und Entfaltung einer Weltmacht (dtv-Weltgeschichte des 20. Jahrhunderts. Hg. v. Martin Broszat u. Helmut Heiber). München, 1979. Hier: S. 163-165, und von Rauch, Geschichte, S. 162.

4 Solschenizyn, Archipel GULag II, S. 23, nennt eine Reihe dieser Bezeichnungen: So wurden politisch ungefährliche Kriminelle in „Arbeitskolonien", „Besserungsarbeitshäusern" (ab 1922), „Besserungshäusern" (ab 1923), „Gefangenenhäusern", „Arbeitshäusern" (ab 1924) und „Arbeitshäusern für Minderjährige" inhaftiert. Politische Gegner sperrte man in „Isolationsgefängnisse" (ab 1922) und „Isolatoren zur besonderen Verwendung", die zunächst „Zentrals", ab 1923 dann TON (Abkürzung für: „Gefängnis zur besonderen Verwendung") genannt wurden, ein.

5 Leggett sieht im Besserungsgedanken den Marxschen Ansatz, in der harten Bestrafung der Klassenfeinde Lenins Auffassung von der Diktatur des Proletariats (George Leggett. The Cheka. Lenin's political police. The All-Russian Extraordinary Commission for combatting counter-revolution and sabotage (December 1917 to February 1922). Oxford, 1981. Hier: S. 175). Solschenizyn verweist auf eine Rede des Justizvolkskommissars N. W. Krylenko im Jahre 1924, in der er davon spricht, daß „die Besserung in bezug auf verurteilte klassenfeindliche Elemente ... hoffnungs- und zwecklos sei" (Ders., Archipel GULag II, S. 293. Rossi, GULAG Handbook, S. 147, nennt für die gleiche Äußerung die Jahreszahl 1926).

Rolle. Schon im Zarenreich war die Arbeit Strafgefangener und Verbannter, die *katorga*, üblich gewesen[6]. Die Zahl der Gefangenenzwangsarbeiter des Zarenreichs war im Vergleich zum GULag allerdings verschwindend gering, Umfang und Anzahl der Bauprojekte waren auf niedrigerem Niveau, der Organisationsgrad erreichte nicht im entferntesten den des GULag, und mit dem Häftlingseinsatz waren nicht die Menschenverachtung und Menschenverluste verbunden, die später das kommunistische Lagersystem kennzeichneten[7].

Die Bolschewiki unterschieden zwischen *Besserungsarbeit* (*isprawitelny trud*) der Angeschuldigten aus der Arbeiterklasse und *Zwangsarbeit* (*prinuditelny trud/prinuditelnaja rabota*) für „Konterrevolutionäre“, „sozial-gefährliche Elemente“ und „Klassenfeinde“[8]. Besserungs-Zwangsarbeit und Straf-Zwangsarbeit konnte nicht nur in Hafteinrichtungen geleistet werden. Auch unbezahlte oder geringer bezahlte Arbeit am alten Arbeitsplatz oder Einsatz bei Arbeiten von öffentlichem Interesse gehörten zu beiden Kategorien[8].

Die Straf-Zwangsarbeit für die „klassenfeindlichen Elemente“ hatte Lenin bereits im Oktober 1917 als Sanktionsmöglichkeit ins Gespräch gebracht. Er sah den Gebrauch von Zwangsarbeit als „Waffe“ gegen „Kapitalisten“ und „Reiche“ an. Sie sei sinnvoll, um die „Staatsmaschinerie ins Laufen zu bringen“, den Widerstand der „Ausbeuterklassen“ zu brechen, sie zur Zusammenarbeit mit dem Sowjetsystem zu zwingen, zu erniedrigen und bestrafen[10]. Im Laufe des Jahres 1918 ordneten Lenin, andere Sowjetführer und Sowjetinstanzen mehrmals harte Zwangsarbeitsstrafen an[11]. In der Roten Armee und in der zivilen Verwaltung

---

[6] Vgl. zum zaristischen Strafvollzugssystem: Jakobson, Origins, S. 10-17.

[7] Solschenizyn sagt, daß die Häftlinge oft „für schwere Arbeiten in kaum bevölkerten Gebieten“ eingesetzt worden seien. Als Beispiel nennt er den Einsatz von 1500 Katorga-Häftlingen und 2500 Zwangsumsiedlern beim Bau der Transsibirischen Eisenbahn am Baikalsee 1896-1900 (Ders., Archipel GULag II, S. 71).

[8] Rossi, GULAG Handbook, S. 146. Diese Unterscheidung galt bis zur Einführung des Besserungsarbeitskodex vom 1. August 1933 (Vgl. ebd., S. 336). Um nicht der Terminologie der Bolschewiki zu folgen, werden in dieser Arbeit zur Unterscheidung die Arbeitsbegriffe „Straf-Zwangsarbeit“ und „Besserungs-Zwangsarbeit“ benutzt.

[9] Siehe dazu Rossi, GULAG Handbook, S. 335. Arbeiten von öffentlichem Interesse waren beispielsweise das Ausheben von Schützengräben während des Bürgerkrieges oder das Räumen von Straßen und Schienen von Schnee.

[10] Nach: James Bunyan. The origin of forced labor in the Soviet state. 1917-1921 Documents and materials. Baltimore, Maryland, 1967. Hier: S. 52. Solschenizyn, Archipel GULag II, S. 16, und ihm folgend Heller, Stacheldraht, S. 14-15, 26-27, nennen den Dezember 1917 als frühestes Datum, zu dem Lenin die Straf-Zwangsarbeit ins Gespräch gebracht habe.

[11] Lenin unterzeichnete am 29. Dezember 1917/12. Januar 1918 eine Verfügung, wonach in Charkow „Sabotage der Millionäre“ mit sechs Monaten Zwangsarbeit in Bergwerken zu bestrafen sei (Heller, Stacheldraht, S. 27. Leggett, Cheka, S. 176). Im gleichen Monat verlangte Lenin Straf-Zwangsarbeit gegen diejenigen, die sich der Verstaatlichung der Banken widersetzten (Leggett, Cheka, S. 176). Am 8. Mai 1918 erließ er ein Dekret, nach dem bestechliche Personen mit fünf Jahren Zwangsarbeit bestraft werden sollten (Heller, Stacheldraht, S. 27. Leggett, Cheka, S. 176). Am 22. Juli 1918 folgte ein solches gegen „Profiteure“, in dem Lenin Freiheitsentzug „verbunden mit der härtesten Zwangsarbeit“ forderte (Leggett, Cheka, S. 176. Rossi, GULAG Handbook, S. 336. Heller, Stacheldraht, S. 27, nennt fälschlicherweise den 22. Juni 1918). Am 27. November 1918 wurden führende linke Sozialrevolutionäre vom Revolutionstribunal zu drei Jahren Haft bei harter Arbeit verurteilt (Leggett, Cheka, S. 77-78). Allgemein dazu: Bunyan, Forced labor, S. 53.

wurden für diese Straf-Zwangsarbeit „Zwangsarbeitssektionen“ geschaffen, die aber nicht für Lager, sondern für die Zwangsarbeit von Nichtinhaftierten zuständig waren[12]. Mit diesen Anordnungen wurde, worin LEGGETT zuzustimmen ist, von Beginn der Sowjetherrschaft an die offiziell abgeschaffte *katorga* faktisch fortgeführt[13]. Nominell erfolgte dies erst 1943. Zuständig für diese Kategorie von Häftlingen waren die Staatssicherheitsorgane Tscheka, GPU und schließlich OGPU.

Es wäre falsch, der kommunistischen Terminologie und Propaganda zu folgen und die Betrachtung, wie oft geschehen, auf Besserungsarbeit und Umerziehungsgedanken zu konzentrieren. Vielmehr ist festzuhalten, daß von den ersten Wochen der Herrschaft der Bolschewiki an Gefangenenzwangsarbeit der politisch Mißliebigen üblich war.

Propagandistisch genutzt und daher auch genauer zu verfolgen ist allerdings die zweite Form der Zwangsarbeit, die Besserungsarbeit. Mit Dekret vom 17. Dezember 1917 wurde „obligatorische soziale Arbeit“ als Strafe ermöglicht. Vorreiter bei der weiteren Entwicklung wurde das NKJu, wo bereits seit Dezember 1917 der Gedanke der Zwangsarbeit nicht inhaftierter Gefangener am alten Arbeitsplatz gegen Abgabe eines Teils des Lohns an das NKJu gefördert wurde[14]. Am 18. oder 24. Januar 1918 erließ das NKJu eine Anordnung, wonach Arbeitskommandos aus allen arbeitsfähigen Gefangenen gebildet werden sollten[15].

Wichtig für die weitere Entwicklung der Besserungs-Zwangsarbeit war die „Vorläufige Instruktion“ des NKJu vom 23. Juli 1918, nach der jeder arbeitsfähige Häftling zur körperlichen Arbeit herangezogen werden sollte. Obwohl in ihr keine detaillierte Arbeitsordnung für den Einsatz der Häftlinge enthalten war, so hat sie dennoch einige Grundsätze festgelegt. Demnach sollten der Arbeitstag acht Stunden dauern, die Häftlingsarbeit mit Ausnahme der lagerinternen Beschäftigungen mit dem vollen Gewerkschaftstarif, von dem die Kosten für das Lager und die Bewachung abgezogen wurden, entlohnt werden, „Gutwillige“ außerhalb des Lagers in Privatquartieren wohnen können und nur zur Arbeit im Lager erscheinen müssen. Für „besonderen Arbeitseifer“ wurde die vorzeitige Entlassung in Aussicht gestellt[16]. Mit der Juli-Verordnung 1918 trat

[12] Dazu: Bunyan, Forced labor, S. 57-58.

[13] Leggett, Cheka, S. 176.

[14] Jakobson, Origins, S. 44.

[15] Jakobson datiert den Erlaß auf den 24. Januar 1918, sieht in ihm den Beginn der Zwangsarbeit und spricht von Einführung einer „brutal new era in the Russian prison system“ (Ders., Origins, S. 30. Auch: Ebd., S. 44). Voslensky spricht unter Bezug auf eine sowjetische Dokumentensammlung vom 18. Januar 1918 und setzt den „Beschluß „Über die Gefängnisarbeitstrupps“ ebenfalls an den Anfang seiner publizistischen Darstellung über die Zwangsarbeit in der Sowjetunion (Michael Voslensky. Das System der sowjetischen Strafjustiz: Hunger, Kälte und Tod in der Staatssklaverei. In: Die Welt v. 15. September 1982). Zum Januarerlaß siehe auch: Leggett, Cheka, S. 176. Solschenizyn, Archipel GULag II, S. 16.

[16] Solschenizyn nennt diese Anordnung, die seiner Ansicht nach „den Archipel gebar“, „Provisorische Instruktion über den Freiheitsentzug“. Sie sei bis November 1920 in Kraft gewesen und habe folgendes besagt:“ Wer eine Freiheitsstrafe verbüßt und arbeitsfähig ist, wird unweigerlich zur körperlichen Arbeit herangezogen.“ (Solschenizyn, Archipel GULag II, S. 16-17, unter Bezug auf „Dokumente des Volkskommissariats für Justiz“, 1920, Heft VII). Auch Leggett, Cheka, S. 176,

der Begriff der *prinuditelnaja rabota* erstmals im Zusammenhang mit Gefängnissen und Lagern auf[17].

Die NKJu-Direktive wurde noch im gleichen Jahr von den höchsten Staats- und Parteiorganen bestätigt. Nach HELLER erließ der 6. Sowjetkongreß am 31. Oktober 1918 eine Verordnung über „die Hauptgrundsätze der Erziehung durch Arbeit“, die bei der Einführung eines Arbeitsgesetzbuches im Dezember 1918 berücksichtigt wurden[18]. Auf dem 8. Parteitag der KPR (B) im März 1919 wurden in das neue Parteiprogramm Passagen aufgenommen, nach denen „Besserungsarbeit“ im Kollektiv als wichtigstes Mittel zur Besserung und Umerziehung, das im Interesse der Gesellschaft eingesetzt werden sollte, galt[19]. 1921 wurde dieses Prinzip in den „Satzungen über die Haftverbüßungsorte“ ausdrücklich auch auf diese bezogen. Festgelegt wurde, daß „der Unterhalt der Haftanstalten tunlichst durch die Arbeit der Häftlinge gedeckt werden solle“[20].

Verwirklicht wurden die Beschlüsse über die Besserungs-Zwangsarbeit für Gefangene in Hafteinrichtungen von NKJu und NKWD, von denen die meisten im Oktober 1922 unter dem Dach des NKWD zusammengelegt wurden[21]. In diesen NKWD-Einrichtungen wurden mehrere Arten von Zwangsarbeit geleistet. Sie alle hatte den Zweck, die Unterbringungskosten kostengünstig zu halten, die Apparatkosten zu mindern und möglichst zu decken. Zweifelsohne ist hierin bereits der Ursprung einer Umdeutung der Ideen Makarenkos und anderer Pädagogen und Straftheoretiker zu sehen.

Dennoch hatte in den Hafteinrichtungen von NKJu und NKWD der Besserungsarbeitsgedanke bis Mitte der zwanziger Jahre Priorität gegenüber einer wirtschaftlichen Ausbeutung der Häftlinge. Von einer umfassenden Nutzung der Arbeitskraft der Häftlinge kann noch keine Rede sein[22]. Darin unterschei-

sieht in diesem NKJu-Dekret „the start of the Communist system of compulsory convict labour“. Rossi, GULAG Handbook, führt diese Instruktion in seinem Abkürzungsverzeichnis als „enactment“ (gesetzliche Verfügung) des NKJu unter der englischen Übersetzung „On deprivation of freedom as punishment and how it must be served“ auf. Er spricht S. 144 ebenfalls vom zugesicherten Achtstundentag, vollem Lohn und weiteren sehr freizügigen Regelungen.

17 Jakobson bezieht die Instruktion auf Gefängnisse und Lager (Ders., Origins, S. 44). Nach den bei Solschenizyn, Archipel GULag II, S. 17, über diese Instruktion gegebenen Informationen wird nicht ausreichend deutlich, ob es sich auf die Gefängnisse des NKJu oder Zwangsarbeitslager des NKJu bezieht. Siehe dazu Kap. 2.3.1.

18 Heller, Stacheldraht, S. 38. Er verlegt die Einführung des neuen Arbeitsgesetzbuches falsch in den November 1918. Richtiges Datum: 10. Dezember 1918 (Edgar Hösch/Hans-Jürgen Grabmüller. Daten der sowjetischen Geschichte. Von 1917 bis zur Gegenwart. München, 1981. Hier: S. 33).

19 Dallin/Nicolaevksy, Arbeiter, S. 67. Solschenizyn, Archipel GULag II, S. 15. Leggett, Cheka, S. 175. Oppenheim, Labor camps, S. 236. Voslensky, System.

20 Solschenizyn, Archipel GULag II, S. 561. Scherer/Jakobson weisen darauf hin, daß die Lager von 1917 bis 1931 nicht in der Lage gewesen seien, sich finanziell selbst zu tragen. Stattdessen habe der Staat das Lagersystem mitfinanzieren müssen (John L. Scherer/Michael Jakobson. The collectivization of agriculture and the Soviet prison camp system. In: Europe-Asia Studies, Jg. 45 (1993), Heft 3, S. 533-546. Hier: S. 546, Anmk. 71).

21 Siehe dazu Kap. 2.3.1 und 2.3.2.

22 Dallin/Nicolaevsky, Arbeiter, S. 73-75, sprechen von rund 1360 Werkstätten und einer zu geringen, wenn auch wachsenden Zahl an landwirtschaftlichen Kolonien (1918: zwei; 1920: acht; 1923: 15; 1925-1926: 33). Nach Solomon, Policy, S. 198, ging 1923 lediglich ein Viertel aller Verurteilten einer Art von Zwangsarbeit nach. Nach Solschenizyn, Archipel GULag II, S. 52-53, waren bis 1929 nur

det sich das Strafvollzugswesen der Leninzeit grundsätzlich von der Epoche ab Mitte der zwanziger Jahre und besonders ab 1928. Gleichwohl wurden durch das Prinzip der Kostenminderung in den NKJu- und NKWD-Hafteinrichtungen und die Existenz der OGPU-Lager samt der in ihnen praktizierten Straf-Zwangsarbeit bereits in dieser Frühzeit der Sowjetherrschaft Grundlagen und Ansatzpunkte für die spätere Uminterpretation und ökonomische Instrumentalisierung des Besserungsarbeitsgedankens gelegt.

2.2 Die Umdeutung der „Besserungsarbeit" und der Ausbau der Gefangenenarbeit seit Mitte der zwanziger Jahre

Die Grundlage des Handelns in den Haftanstalten des NKWD war mit Wirkung vom 16. Oktober 1924 ein neuer *Besserungsarbeitskodex (BessArbK) (Isprawitelno-trudowoi kodeks RSFSR)* der RSFSR[23]. In ihm wurden moderate Töne angeschlagen Einzelzellen, Handschellen, Ketten, Nahrungsentzug und Behinderungen bei Besuchen wurden verboten, und getreu der marxistischen Gesellschaftstheorie wurde statt von Gefängnis oder Lager von „Häusern des Freiheitsentzuges", „Besserungsarbeitshaus" und „Arbeitskolonie", statt von Zwangsarbeit grundsätzlich von „Erziehung durch Arbeit" und „Besserungsarbeit" gesprochen. Erwähnt wurden fünf Arten von Haftanstalten, in denen jeweils ein leichtes, mittleres und höheres Regime galt[24]. Der BessArbK sah ebenfalls eine Entlohnung für die Besserungs-Zwangsarbeit vor[25]. Inwieweit die Bestimmungen des Kodex auch eingehalten wurden, sei dahingestellt. Grundsätzlich ist aber schon in den zwanziger Jahren von einer erheblichen Differenz zwischen den Besserungsarbeitsgesetzen und -verordnungen und der Realität in den Hafteinrichtungen auszugehen[26]. Zu-

34-41 % aller Häftlinge in der RSFSR arbeitserfaßt. Unklar sei jedoch, ob in dieser Zahl auch die Arbeiten zur Versorgung des Lagers oder nur auswärtige Arbeiten inbegriffen seien. Unabhängig davon sei aber Tatsache, daß in der 20er Jahren viele Häftlinge ohne Dauerarbeit gewesen seien oder nur Scheinarbeit geleistet hätten. Zu den Gefängnissen urteilt Alexander Weissberg-Cybulski (In: Ders., Hexensabbat. Rußland im Schmelztiegel der Säuberungen. Frankfurt/M., 1951. S. 409): „In den Jahren 1924, 25 und 26 waren die Gefängnisse der Sowjetunion die humansten der Welt".

[23] Allgemein dazu: Heller, Stacheldraht, S. 76. Rossi, GULAG Handbook, S. 145. Jakobson, Origins, S. 75-77.

[24] Die fünf Arten waren: a) Hafthäuser für Verdächtige und zu weniger als sechs Monaten Haft Verurteilte; b) Besserungsarbeitshäuser für Verurteilte mit Strafen von mehr als sechs Monaten; c) landwirtschaftliche und industrielle Arbeitskolonien für Verurteilte mit Strafen bis zu fünf Jahren ohne Fluchtgefahr; c) Isolatoren z.b.V. für politische Häftlinge, Angehörige einer „Ausbeuterklasse" und Rückfällige; e) Transit-Besserungsarbeitshäuser. Weiter gab es Arbeitshäuser für Jugendliche und für Insassen, die der Arbeiter- und Bauernschicht entstammten (Jakobson, Origins, S. 77).

[25] Zur Entlohnung: Heller, Stacheldraht, S. 108. Am Besserungsarbeitskodex wurde 1934 kritisiert, daß er „von der falschen Vorstellung hinsichtlich der allgemeinen Besserung" ausgegangen sei (Solschenizyn, Archipel GULag II, S. 137). In manchen Darstellungen wird statt des Begriffs „Besserungsarbeitskodex" die Bezeichnung „Arbeitserziehungskodex" gewählt.

[26] Siehe dazu: Solschenizyn, Archipel GULag II, S. 137-139.

dem fand der Besserungsarbeitskodex auf die Lager der OGPU keine Anwendung[27].

Bald nach Einführung des Besserungsarbeitskodex begann der Besserungsarbeitsgedanke zunächst zu Gunsten der Wirtschaftlichkeit, dann aber auch der Wirtschaft zurückzutreten. Dies hatte zu einem Teil seinen Grund in Artikel 9 BessArbK, der bestimmte, daß die Besserungsarbeitseinrichtungen sich selbst finanzieren müßten und kostendeckend zu arbeiten hätten[28]. Neben diesen Bemühungen um volle Kostendeckung und Selbstfinanzierung reagierte man aber auch auf Forderungen, die in der Debatte um die Wirtschaftspolitik fielen und die mit den geringen Kosten der Häftlingsarbeit argumentierten. Nicht anders ist es sonst zu erklären, daß nicht nur das NKWD, sondern auch die Lager der OGPU, auf die der Besserungsarbeitskodex keine Anwendung fand, mit umfangreicheren Experimenten zur Arbeit von Gefangenen begannen[29]. Die Hauptverwaltung der Haftverbüßungsorte (GUMS) des russischen NKWD begann ab Mitte der 20er Jahre in größerem Umfang, Gefängnis"werkstätten", die im BessArbK vorgesehenen industriellen Arbeitskolonien („Fabrikkolonien") und, meist auf Staatsgütern, landwirtschaftliche Arbeitskolonien aufzubauen und deren Produkte außerhalb der Hafteinrichtungen zu verkaufen[30]. Gefangene dazu waren in ausreichender Zahl vorhanden. Da in der Sowjetunion eine hohe Arbeitslosigkeit herrschte und kaum genügend Arbeit für die Freien vorhanden war, wurden seit 1924 immer mehr Personen wegen Alltagsvergehen nicht zu Besserungsarbeit am alten Arbeitsplatz eingesetzt, sondern zu kurzen Haftstrafen verurteilt und in Gefängnisse, Arbeitskolonien und Zwangsarbeitslager gebracht. Die Haftanstalten, die von der leninistischen Ideologie her nicht mehr nötig sein sollten, füllten sich immer mehr.

Mit der steigenden Zahl an Häftlingen stieg aber auch das Potential an Arbeitskräften, das zur unmittelbaren Verfügung der Staatsgewalt stand. Der volkswirtschaftliche Nutzen der Gefangenenarbeit in Gefängnissen, Kolonien und Lagern des NKWD sowie OGPU-Lagern war zunächst gering. Der Ausbau der Arbeitsorganisationsstrukturen, die zunehmende Erfahrung mit Gefangenenarbeit und der Anstieg der Insassenzahlen in der zweiten Hälfte der zwanziger Jahre führten jedoch dazu, daß das Arbeitskräftepotential, das in den Strafvollzugssystemen einsaß, immer mehr erkannt wurde. Der Entschluß, dieses Potential besser zu nutzen und ihm einen Platz in der mit der Planwirtschaft eingeführten zentralen Wirtschaftsplanung zuzuweisen, lag nun nahe.

---

[27] Zur Zuständigkeit des BessArbK 1924: Heller weist ihn den NKWD-Einrichtungen, nicht denen der OGPU zu (Ders., Stacheldraht, S. 76). Ebenso Rossi, der noch genauer von der Hauptverwaltung der Haftverbüßungsorte (GUMS) des russischen NKWD spricht (Ders., GULAG Handbook, S. 145), Bacon, Gulag, S. 54, und Jakobson, Origins, S. 75, der ausführt, daß der Chef der GUMS, Shirwindt, maßgeblich an der Erarbeitung des BessArbK beteiligt gewesen sei.

[28] Zur Selbstfinanzierung: Charles A. Orr (Bearb.). Stalin's slave camps. Boston, 1952. S. 32. Solschenizyn, Archipel GULag II, S. 561. Wheatcroft, Size, S. 275.

[29] Solomon, Policy, S. 202-203, irrt, wenn er für Mitte der zwanziger Jahre die NKWD-Haftanstalten und OGPU-Lager darin unterscheiden will, daß in letzteren bis zur Einführung der Planwirtschaft gar nicht oder ausschließlich für den Unterhalt der Lager und nicht für den Handel mit Stellen außerhalb des Lagers gearbeitet worden sei (Vgl. Kap. 2.3.3.2.2).

[30] Solomon, Policy, S. 206, Anmk. 52. Dallin/Nicolaevsky, Arbeiter, S. 73-75.

2.3 Die Strafvollzugssysteme der frühen Sowjetzeit: Vorläufer des Lagersystems der Stalinzeit

In der Anfangszeit der Sowjetherrschaft sind drei Strafvollzugssysteme zu unterscheiden[31]. Den russischen Volkskommissariaten der Justiz (NKJu) und des Innern (NKWD) unterstanden Gefängnisse, Arbeitskolonien und Zwangsarbeitslager, die den neuen Namen „Besserungsarbeitseinrichtung" trugen und in denen gewöhnliche Kriminelle einsaßen[32]. Für politische Gegner waren die Tscheka und ihre Nachfolgeorganisationen GPU und OGPU mit ihren Sondergefängnissen und Konzentrationslagern zuständig.

Die drei Behörden hatten einander überschneidende Befugnisse und errichteten oftmals aufgrund eigenmächtiger Entscheidungen Hafteinrichtungen. Im Unterschied zum zaristischen Strafvollzugssystem, in dem die überwiegende Mehrheit der Gefangenen dem Justizministerium zugeordnet war, war das Haftsystem in Sowjetrußland bis 1922 sehr dezentral organisiert. Die Hafteinrichtungen von NKJu, NKWD und Tscheka verfügten über annäherungsweise gleich starke Insassenzahlen[33]. Die Gesamtzahl der Gefangenen erreichte die Insassenzahlen des späteren GULag bis 1922 bei weitem nicht, überstieg jedoch bereits nach wenigen Jahren die Höchstzahl der Inhaftierten zur Zarenzeit[34].

Die Dreigliederung des sowjetrussischen Strafvollzugssystems endete im Umbruchjahr 1922. Mit dem Sieg der Bolschewiki im Bürgerkrieg, der Einführung der Neuen Ökonomischen Politik (NÖP), den Bemühungen um eine offizielle Beendigung des Kriegskommunismus und dem Übergang zur nachrevolutionären Gerichtsbarkeit gab es einschneidende Änderungen in der Rechtspraxis. Der „rote Terror" wurde beendet, der Druck auf die Bevölkerung gemindert, und man bemühte sich offiziell um die Rückkehr zu einem rechtlich geordneteren System. Das Jahr 1922 markiert dabei den Wendepunkt: Die Tscheka wurde in GPU umbenannt, ein neues Strafgesetzbuch eingeführt und die drei verschiedenen Strafvollzugssysteme erstmals zusammengelegt.

Fortan gab es zwei Lagersysteme: Die als „Besserungsarbeitseinrichtungen" charakterisierten Zwangsarbeitslager des NKWD und die für Systemgegner vorgesehenen „Lager zur besonderen Verwendung" von GPU und OGPU. Diese waren nichts anderes als umbenannte Konzentrationslager. In den letzteren lebte das Lager in seiner ursprünglichen Bedeutung als Internierungs- und Terrorinstrument für politische Gegner weiter.

---

31 Siehe zu den drei Strafvollzugssystemen besonders: Jakobson, Origins, und Leggett, Cheka, S. 175-182. Leggett weist dem NKJu die gewöhnlichen Gefängnisse, dem NKWD Zwangsarbeitslager und der Tscheka Konzentrationslager und Geiseln in gewöhnlichen Gefängnissen zu (S. 175).

32 An Bezeichnungen für Hafteinrichtungen waren seit 1917 *Orte der Haft (mesta sakljutschenija* [In dieser Arbeit: *Haftverbüßungsorte*]) und seit 1919 *Besserungsarbeitseinrichtungen (Isprawitelno-trudowye utschreshdenija, ITU)* in Gebrauch (Rossi, GULAG Handbook, S. 146, 233, 474).

33 Jakobson, Origins, S. 26.

34 Höchstzahl der Gefangenen zur Zarenzeit: 184.000 (Jakobson, Origins, S. 139). Gesamtzahlen der Gefangenen: Ende 1920/1921: rund 180.000 (Schätzung), davon 100.000 NKJu/RSFSR und NKWD/RSFSR, 40-60.000 Tscheka und 10-20.000 in den anderen Sowjetrepubliken; Ende 1921: 170.000-200.000 (Schätzung); Anfang 1922: rund 200.000 (Schätzung) (Jakobson, Origins, S. 24).

Die Zahl der Insassen der Lager aller drei Behörden war geringer als die eines einzigen größeren Lagergebietes der Stalinzeit, und in vielen Punkten unterschieden sie sich vom Lagersystem der Stalinzeit. Jedoch entwickelte sich in den Strafvollzugssystemen der zwanziger Jahre das Wissen über Organisation und Methoden, das ab Ende der zwanziger Jahre im GULag der Stalinzeit systematisch und im großen Stil genutzt wurde. Wenn auch über die Frage der Kontinuität des Lagersystems von den ersten Konzentrationslagern, Zwangsarbeitslagern über die „Lager zur besonderen Verwendung" zum GULag der Stalinzeit im Hinblick auf die Motivation der Machthaber, zum jeweiligen Zeitpunkt eine bestimmte Art von Lagern einzurichten, gestritten werden kann, so muß aber schon jetzt gesagt werden, daß in organisationsgeschichtlicher Hinsicht eine Aufeinanderfolge der verschiedenen Lagersysteme klar erkennbar ist. So wie es das als GULag bekanntgewordene Lagerimperium der Stalinzeit gab, so existierte in den Zeiten von Kriegskommunismus, NÖP und den Übergangsjahren bis 1928/29 ein, im Ausmaß allerdings weniger bedeutendes, Geflecht an Konzentrationslagern, Zwangsarbeitslagern und „Lagern zur besonderen Verwendung". Es ist somit falsch, „das Lagersystem" ausschließlich der Stalinzeit zuzuordnen.

2.3.1 Die Haftanstalten des russischen Volkskommissariats der Justiz (NKJu)[35]

Die Haftanstalten des Volkskommissariates der Justiz standen in direkter Nachfolge der Hafteinrichtungen des zaristischen Ministeriums der Justiz und des Ministeriums der Justiz der Provisorischen Regierung. Im Zarenreich war eine *Hauptgefängnisverwaltung (Glawnoje uprawlenije tjuremnoje, GTU)* für die allgemeinen Gefängnisse zuständig. Ihr unterstand in den einzelnen Gouvernements eine *Gefängnisabteilung (tjuremnoje otdelenije, TO)*. Neben den Haftanstalten der Justiz unterhielt das Innenministerium eigene Polizeigefängnisse und kontrollierte über Beauftragte in den Gouvernements die Hafteinrichtungen der Justizbehörden[36].

Nach der Februarrevolution 1917 benannte die Provisorische Regierung die GTU in die *Hauptverwaltung der Haftverbüßungsorte (Glawnoje uprawlenije mest sakljutschenija, GUMS)* um. Aus der Gefängnisabteilung wurde die *Gefängnisinspektion (tjuremnaja inspekzija, TI)*, die Aufsichtsfunktionen der Gouvernementbeauftragten der Innenbehörden wurden nun von Gouvernementkommissaren der Provisorischen Regierung wahrgenommen[37].

Diese Struktur blieb auch nach der Machtergreifung der Bolschewiki erhalten. Das neue Volkskommissariat der Justiz übernahm die GUMS, lediglich die

[35] Zum folgenden: Jakobson, Origins. Leggett, Cheka, S. 175-176. Solschenizyn, Archipel GULag II, S. 21-25.

[36] Jakobson, Origins, S. 12-13. Siehe zum zaristischen Strafvollzugssystem: Schema Nr. 1 (Ebd., S. 13).

[37] Jakobson, Origins, S. 16-17. Siehe zum Strafvollzugssystem des Ministeriums der Justiz der Provisorischen Regierung vom Februar bis Oktober 1917: Schema Nr. 2 (Ebd., S. 17).

Aufsichtsfunktion der Gouvernementkommissare wurde nun auf die Gouvernementsowjets übertragen[38]. Über die genaue Bezeichnung der NKJu-Gefängnisverwaltung herrschte lange Zeit Unsicherheit. LEGGETT spricht nicht von der GUMS, sondern hält für die Zeit ab dem 12.(25.) Dezember 1917 eine *Gefängnisverwaltung (Tjuremnoje uprawlenije)* zuständig[39]. ROSSI hingegen nennt wie JAKOBSON eine *Hauptverwaltung der Haftverbüßungsorte (Glawnoje uprawlenije mest sakljutschenija, GUMS oder GUMSak)*, der ab Dezember 1917 die Gefängnisse unterstanden hätten[40]. JAKOBSON erklärt die terminologischen Unsicherheiten überzeugend damit, daß das NKJu für die GUMS auch den Begriff *tjuremnoje uprawlenije* verwandt habe, es sich dabei aber nicht um die korrekte Bezeichnung dieser Einrichtung, sondern um die Art derselben gehandelt habe[41].

Die GUMS des NKJu bestand nur recht kurz. Mit dem Auszug der linken Sozialrevolutionäre aus der Koalition mit den Bolschewiki im März 1918 trat auch der sozialrevolutionäre Volkskommissar der Justiz, I.Z. Steinberg, zurück, und sein Nachfolger Peteris Stutschka löste die GUMS im April oder Mai 1918 auf[42]. An ihre Stelle trat nach ROSSI und JAKOBSON die *Zentrale Strafabteilung (Zentralny Karatelny otdel, ZKO)*. ROSSI datiert die Entstehung der ZKO auf den 24. Mai 1918, die diesbezügliche Verfügung des NKJu auf den 23. Juli 1918[43]. JAKOBSON hingegen nennt kein genaues Datum, bringt die Bildung der ZKO aber ebenfalls in Zusammenhang mit der „Vorläufigen Instruktion" des NKJu vom Juli 1918[44]. Andere Autoren wie SOLSCHENIZYN, LEGGETT und BACON sprechen nicht von einer Zentralen Strafabteilung, sondern nur von einer *Strafabteilung (Karatelny otdel, KO)*[45]. In der Arbeit LEGGETTs ist zwar ebenfalls die Rede davon, daß die GUMS am 24. Mai 1918 umorganisiert worden sei, jedoch bezeichnet er die neue Institution nicht als ZKO, sondern als KO. Die Kompetenzen der neuen Strafabteilung seien in der „Vorläufigen Instruktion", die LEGGETT allerdings fälschlicherweise auf den 23. Juni 1918 und nicht auf den 23. Juli 1918 datiert, festgelegt worden. Der KO hätten Strafunterabteilungen in den Justizabteilungen der Exekutivkomitees der Gouvernementsowjets, die für alle Haftverbüßungsorte des NKJu in ihrem Veranwortungsbereich zuständig waren, unterstanden. Durch eine Verordnung des NKJu vom 9. September 1919 sei die Strafabteilung dann in *Zentrale Strafabteilung* umbenannt worden[46]. BACON spricht für die Zeit ab Mai 1918 ebenfalls von einer *Strafabteilung*[47]. Es

[38] Jakobson, Origins, S. 27-28. Siehe dazu: Schema Nr. 3 (Ebd., S. 28).
[39] Leggett, Cheka, S. 175.
[40] Rossi, GULAG Handbook, S. 95. Die GUMS des NKJu dürfe, so Rossi, nicht mit der GUMS des NKWD verwechselt werden.
[41] Jakobson, Origins, S. 28-29, mit Hinweisen auf Solschenizyn und Leggett. Falsch hingegen seine Kritik an Rossi, da dieser die richtige Bezeichnung GUMS benutzt.
[42] Jakobson, Origins, S. 31.
[43] Rossi, GULag Handbook, S. 152, 489. Zur Datierung 23.7.1918: Ebd., S. 95.
[44] Jakobson, Origins, S. 32.
[45] So Solschenizyn, Archipel GULag II, S. 18. Für Leggett und Bacon siehe unten.
[46] Leggett, Cheka, S. 175.
[47] Bacon, Gulag, S. 53.

muß hier offen bleiben, ob die Nachfolgeeinrichtung der GUMS zunächst KO hieß und erst später in ZKO umbenannt wurde, oder ob diese sofort ZKO hieß. Im Ergebnis ist aber festzuhalten, daß der GUMS die Zentrale Strafabteilung (ZKO) folgte.

Die ZKO war nach JAKOBSON zuständig für Gefängnisse, Besserungsstrafanstalten für Minderjährige, Bewährungsanstalten und Spezialgefängnisse (Isolatoren)[48]. Inwieweit auch eigene Zwangsarbeitslager des NKJu in die Verantwortung der ZKO fielen, und ob diese überhaupt existierten, muß gegenwärtig offenbleiben, ist aber wahrscheinlich[49]. Die Zentrale Strafabteilung gliederte sich in neun Abteilungen[50], deren Leiter wiederum Beratungsgremien für den ZKO-Chef bildeten. Der ZKO nachgeordnet waren Gouvernementsstrafabteilungen[51].

Von Bedeutung waren weiterhin die *Verteilungskommissionen*, die von 1917 bis 1929 bestanden, und sich aus dem Chef einer Gouvernementstrafabteilung, einem Vertreter des Gouvernementsowjets, den Direktoren der dortigen NKJu-Haftanstalten und Spezialisten zusammensetzten. Sie hatten neben der Verteilung der Häftlinge auf die Haftorte auch die Aufgabe, Befragungen, Verurteilungen und Hafterleichterungen durchzuführen und zu veranlassen. Ihr Hauptzweck aber war, die „Erziehung" der Häftlinge und somit den Besserungsarbeitsgedanken zu fördern[52].

---

48 Jakobson, Origins, S. 31.

49 Solschenizyn spricht bereits für Sommer 1918 von Zwangsarbeitslagern des NKJu, die „unter die Rubrik allgemeine Haftverbüßungsorte fielen" (Ders., Archipel GULag II, S. 17, 19). Rossi sagt, daß dem NKJu neben Gefängnissen und Arbeitskolonien spätestens ab 1919 auch Zwangsarbeitslager unterstanden hätten. Ähnlich wie die Zwangsarbeitslager des NKWD und im Unterschied zu den Konzentrationslagern von Tscheka und GPU seien diese in Fragen von Arbeit, Erziehung und Gesundheitswesen von den zuständigen lokalen Behörden kontrolliert worden. Ihre Kommandanten seien vom örtlichen Parteiexekutivkomitee bestimmt worden (Rossi, GULAG Handbook, S. 191). Jakobson erwähnt Zwangsarbeitslager erst ab Mitte 1919 und ordnet diese eindeutig Tscheka und NKWD zu (Ders., Origins, S. 38), spricht aber andererseits im Zusammenhang mit der „Vorläufigen Instruktion" vom Juli 1918 von „camps" (Ebd., S. 44).

50 Jakobson nennt folgende neun Abteilungen: *Allgemeine Abteilung* mit den Zuständigkeiten für Arbeitsorganisation, Errichtung von Haftanstalten und Ausbildung, *Verteilungsabteilung*, *Technische Abteilung*, *Landwirtschaftliche Abteilung*, *Medizinische Abteilung*, *Versorgungsabteilung*, *Bauabteilung*, *Abteilung für Konvoitruppen* (Wachtruppen) und eine *Abteilung* für Entlassene, für Vertretungen in verschiedenen Städten und andere Einrichtungen (Ders., Origins, S. 32-33).

51 Jakobson, Origins, S. 34.

52 Jakobson, Origins, S. 34, 78. Nach Solschenizyn waren die Verteilungskommissionen bereits in der „Vorläufigen Instruktion" vom 23. Juli 1918 vorgesehen. Ihre Hauptaufgabe sei es gewesen, die Verurteilten auf die Haftverbüßungsorte zu verteilen, jedoch hätten auch Hafterleichterungen und vorfristige Entlassungen in ihrem Kompetenzbereich gelegen. Mit der Einführung der Planwirtschaft seien sie nach 1929 aufgelöst worden (Solschenizyn, Archipel GULag II, S. 116-117). Solschenizyn bleibt in seiner Schilderung sehr unbestimmt. Weder äußert er sich genauer dazu, wem die Haftverbüßungsorte unterstanden, noch wann die Kommissionen aufgelöst wurden. Nach Rossi sind die Verteilungskommissionen durch Erlaß des Rates der Volkskommissare vom 18. Juni 1919 gegründet worden und waren den Strafabteilungen der Justizverwaltungen der Gouvernements zugeordnet. Auch er nennt sie zuständig für die Verteilung der zu Zwangsarbeit mit Freiheitsentzug Verurteilten auf die Hafteinrichtungen. Sie seien 1934 mit der Unterstellung der Hafteinrichtungen unter das Unions-NKWD aufgelöst worden (Rossi, GULAG Handbook, S. 366). Solschenizyn und Rossi unterscheiden sich darin, daß Solschenizyn den Verteilungskommissionen auch die Kompetenz für Hafterleichterungen und -verkürzungen zuordnet, während Rossi diese Aufgabe den Aufsichtskommissionen zuweist.

Die ZKO und damit das NKJu waren die ersten Institutionen, die den Staats- und Parteibeschlüssen zur Gefangenenzwangsarbeit nachkamen und in ihren Strafvollzugseinrichtungen Zwangsarbeit, in diesem Fall Besserungs-Zwangsarbeit, durchführen ließen[53]. Maßgeblich waren hier der erwähnte Erlaß vom Januar 1918 und die „Vorläufige Instruktion" vom Juli 1918. Das NKJu führte die „Besserungsarbeit" genannte Besserungs-Zwangsarbeit als „gesellschaftlich nützliche Arbeit" in ihren Hafteinrichtungen ein. Im Laufe des Jahres 1918 bildete sie erste Arbeitskommandos, vornehmlich in landwirtschaftlichen Betrieben[54]. Das Ausmaß der in Hafteinrichtungen von NKJu verrichteten Zwangsarbeit war jedoch zunächst gering[55], was auch daran lag, daß die Insassenzahlen der NKJu-Haftanstalten relativ klein waren[56].

Entgegen den Bemühungen gelang es dem NKJu jedoch nicht, zu einer nachhaltigen Ausnutzung der Arbeitskraft seiner Insassen zu gelangen. Vielmehr bestanden erhebliche Mängel in der Organisation und Finanzierung des NKJu-Strafvollzugssystems, was zum Bedeutungsanstieg von NKWD, das das NKJu Ende 1918 sogar um Unterstützung bei der Arbeitsorganisation bitten mußte[57], und Tscheka beitrug[58].

Zwischen dem NKJu und den beiden anderen Strafvollzugsbehörden entwickelte sich seit Beginn der Sowjetzeit eine immer schärfere Rivalität. Zum einen ging es schlicht um die Zuteilung von Haushaltsmitteln, zum anderen aber auch um den Gegensatz zwischen einem Justizressort, das nach wie vor auf den Gedanken der Erziehung Wert legte, und dem NKWD, dessen Strafvollzugspolitik in erster Linie auf Kostendeckung abzielte[59].

Um das Strafvollzugsziel „Erziehung" klarer herauszustellen, wurde die Zentrale Strafabteilung im Frühjahr 1921 in *„Zentrale Besserungsarbeitsabteilung" (Zentralny isprawitelno-trudowoi otdel, ZITO)* umbenannt. Die territorialen Untergliederungen hießen nun *Besserungsarbeitsunterabteilungen (Isprawitel-*

---

[53] Falsch ist es, wenn Jakobson behauptet (Ders., Origins, S. 40), daß „the literature" traditionell die Tscheka für die Einführung der Zwangsarbeit im sowjetischen Strafvollzugssystem verantwortlich gemacht habe. Vielen Autoren, so Dallin/Nicolaevsky und Solschenizyn, war sehr wohl bekannt, daß diese „Pionier"-Rolle dem NKJu zukam.

[54] Dallin/Nicolaevsky, Arbeiter, S. 67, sprechen von Januar 1918, Solschenizyn, Archipel GULag II, S. 18, erst von Ende 1918.

[55] Solschenizyn, Archipel GULag II, S. 15-17, 19, 23-25. Unter Bezug auf sowjetische Quellen spricht er (S. 18) für 1919 von 2,5 % und für 1920 von zehn Prozent der Häftlinge, die in „Werkstätten" arbeiteten. Die anderen Häftlinge hätten nur „grobe Hilfsarbeit" verrichtet. Jakobson, Origins, S. 30, teilt mit, daß 1918/1919 nur zwei Prozent der NKJu-Insassen gearbeitet hätten. Vgl. auch: Solomon, Policy, S. 199-200.

[56] Am 1. Oktober 1920 saßen in NKJu-Gefängnissen der RSFSR nach offiziellen Statistiken 48.112 Gefangene ein. Für das Jahr 1920 liegen andere Schätzungen bei 60.000 Gefängnisinsassen. Ende 1921 waren es in 267 Gefängnissen mehr als 73.000 Insassen (Leggett, Cheka, S, 182). Jakobson spricht unter Berufung auf sowjetrussische Darstellungen für 1921 von 55.422 Gefangenen in 262 Haftverbüßungsorten des NKJu (Ders., Origins, S. 24), an anderer Stelle von 267 Gefängnissen und Lagern mit 60.468 Insassen (Ebd., S. 61) und für Ende 1921 von 73.194 NKJu-Gefangenen, betont aber, daß diese Zahlen „incomplete" seien (Ebd., S. 24).

[57] Jakobson, Origins, S. 44.

[58] Dazu: Jakobson, Origins, S. 36.

[59] Siehe dazu: Jakobson, Origins, S. 53-69.

no-trudowye podotdely)[60]. Der ZITO unterstanden weiterhin mehrere auf regionaler Ebene operierende Kommissionen und Dienststellen, die mit der Gefangenenzwangsarbeit befaßt waren. Es waren dies *Zuweisungskommissionen*[61], die bereits genannten *Verteilungskommissionen*, *Aufsichtskommissionen*[62] und *Büros für Besserungsarbeit (Bjuro isprawitelno-trudowych rabot, BITR)*[63], über deren Kompetenzen widersprüchliche Angaben vorliegen.

Die Rolle des NKJu im Strafvollzug verlor jedoch bereits ein Jahr später stark an Bedeutung. Im Streit zwischen NKJu und NKWD setzte sich letzteres nun durch. Ende 1921 stand die politische Spitze vor der Frage, wie das sehr dezentrale und kaum zu überschauende Strafvollzugssystem effizienter und handhabbarer gemacht werden könne. Das Ende des Bürgerkrieges ermöglichte und die Einführung der NÖP forderte neue Strafvollzugsstrukturen.

Die Entwicklung des Jahres 1922 ist auf den ersten Blick unübersichtlich. ROSSI berichtet von einer Verfügung des ZEK, wonach bis zum 1. Juli

---

60 Leggett, Cheka, S. 175. Rossi, GULAG Handbook, S. 489. Bacon, Gulag, S. 53. Jakobson, Origins, S. 59.

61 Diese bestanden nach Rossi in den frühen zwanziger Jahren und hatten die Aufgabe, dem einzelnen Häftling die Art der Bessserungsarbeitseinrichtung zuzuweisen und dessen Transport zwischen den Haftverbüßungsorten zu kontrollieren (Rossi, GULAG Handbook, S. 365). Treffen diese Angaben zu, so hatten Zuweisungs- und Verteilungskommissionen, die Rossi unterscheidet, faktisch die gleichen Aufgaben. Auch die Namensähnlichkeit fällt auf. Möglicherweise handelt es sich um ein und dieselbe Institution.

62 Die Aufsichtskommissionen hatten, so Rossi, die Aufgabe, die Haftverbüßung zu überwachen und das Recht, Hafterleichterungen und Haftverkürzungen auszusprechen. Sie wurden 1934 aufgelöst (Rossi, GULAG Handbook, S. 241). Jakobson erwähnt sie ebenfalls und teilt mit, daß diese 1922 gegründet worden seien, im Unterschied zu den Verteilungskommissionen nicht der ZITO, sondern den einzelnen Haftverbüßungsorten unterstanden hätten. Sie setzten sich aus dem Chef der Hafteinrichtung, der gleichzeitig Vorsitzender der Kommission war, einem Richter des örtlichen Gerichts und einem Vertreter der örtlichen Gewerkschaftsorganisation zusammen und hatten die Aufgabe, die Verhältnisse in der jeweiligen Haftanstalt zu überwachen (Jakobson, Origins, S. 78).

63 Nach Rossi überwachten die BITR auf lokaler Ebene die Verteilung von zu Zwangsarbeit ohne Freiheitsentzug Verurteilten auf Arbeitsplätze. Sie existierten 1919 bis 1934 und unterstanden zunächst der Zentralen Strafabteilung, dann der Zentralen Besserungsarbeitsabteilung des russischen NKJu. Mit der Übertragung der Funktionen des russischen NKJu an das neue Unions-NKWD 1934 seien sie aufgelöst worden (Rossi, GULAG-Handbook, S. 22-23). Nicht deutlich wird aus Rossis Angaben, ob die BITR nach der Eingliederung der ZITO in das russische NKWD im Oktober 1922 ebenfalls eine Organisation des russischen NKWD wurden oder beim NKJu verblieben. Nach Jakobson wurden die von ihm *Büros für Zwangsarbeit ohne Freiheitsentzug (Bjuro prinuditelnych rabot bes sodershanija pod strashei)* genannten Büros 1919 gegründet und unterstanden erst der ZITO, dann der GUMS (Ders., Origins, S. 77). Diese habe die Büros 1931 dann in *Büros für Besserungsarbeit ohne Freiheitsentzug* umbenannt (Ebd., S. 97). Neue russischeArbeiten lassen vermuten, daß die BITR 1934 nicht aufgelöst wurden, sondern mit den NKJu-Einrichtungen von der GULag übernommen wurden. Semskow spricht noch für 1944 von *Büros für Zwangsarbeit (BIR)* [BIR steht allerdings für „Büro für Besserungsarbeit" R.S.] „des GULag", denen zu Beginn des Zweiten Weltkrieges 1.264.000, am 1.12.1944 770.000 Personen unterstellt gewesen seien (W.N. Semskow. GULAG (Istoriko-Soziologitscheski aspekt). [Teil I]. In: Soziologitscheskije issledowanija, 6/1991, S. 10-27- Hier: S. 17-19). Zaplin nennt für 1939 1990 „Büros für Besserungsarbeit" auf der Ebene der Rayons, die der Verwaltung für Besserungsarbeitskolonien der GULag unterstellt gewesen seien (W.W. Zaplin. Archiwnye materialy o tschisle sakljutschonnych w konze 30-ch godow. In: Woprosy istorii, 4-5/1991, S. 157-163. Hier: S. 159).

1922 alle „Konzentrationslager“ vom NKWD an das NKJu zu überstellen seien[64]. Jakobson erwähnt die Verfügung ebenfalls und nennt weiter ein diesbezügliches Gesetz der RSFSR vom 2. Mai 1922[65]. In diesem sei angeordnet worden, alle „Konzentrationslager“, die vorübergehend unter der Hoheit des NKWD standen, an das NKJu zu übergeben, wo sie als „allgemeine Orte der Haft“ (Haftverbüßungsorte) in das Strafvollzugssystem eingegliedert werden sollten. Die Übergabe dieser rund 300 Lager und Gefängnisse der Tscheka habe bis zum 1. Juli 1922 zu erfolgen. Gemäß den Bestimmungen des Gesetzes sollten der GPU nur noch je ein Gefängnis in Moskau und Petrograd sowie einige Einrichtungen innerhalb von NKJu-Anstalten verbleiben. Da in dem Gesetz die „Nördlichen Lager zur besonderen Verwendung“ (SLON) sowie andere Lager der GPU nicht ausdrücklich ausgeschlossen worden seien, geht Jakobson davon aus, daß auch diese an das NKJu übergeben werden sollten[66]. Diese Statuserhöhung des NKJu, von der Jakobson vermutet, daß sie im wesentlichen auf die Förderung des NKJu durch Lenin beruht habe, währte allerdings nur kurz.

Die angeordnete Übergabe der Hafteinrichtungen an das NKJu konnte nicht wie vorgesehen bis zum 1. Juli 1922 abgeschlossen werden. Die Gründe lagen in einer Verzögerungstaktik der GPU und dem zu geringen Personal und Mitteln des NKJu[67]. Bald darauf erlitt das NKJu die entscheidende Niederlage im Streit um die führende Position innerhalb der Strafvollzugssysteme. Nicht das Volkskommissariat der Justiz, sondern sein schärfster Rivale, das NKWD, wurde nun zur Zentralstelle für die Haftverbüßungsorte und damit auch der Lager in Sowjetrußland. Im Juni oder Juli 1922 ordnete der Rat der Volkskommissare an, daß alle Haftverbüßungsorte an das Volkskommissariat des Innern zu übergeben seien[68]. Am 12. Oktober 1922 folgte ein Gesetz, in welchem angeordnet wurde, daß die Zentrale Besserungsabteilung (ZITO) des NKJu und ihre Untergliederungen durch eine neue Hauptverwaltung der Haftverbüßungsorte (GUMS) des NKWD übernommen, die alte Hauptverwaltung für Zwangsarbeit (GUPR) des NKWD abgeschafft und ihre Funktionen auf die GUMS übertragen werden sollten[69].

---

64 Rossi, GULAG Handbook, S. 191. Fragwürdig ist hier der Terminus „Konzentrationslager“. Das NKWD verfügte nur über „Zwangsarbeitslager“. Gemeint sind wahrscheinlich die ehemaligen Konzentrationslager der Tscheka, die in ihrer Mehrzahl Mitte 1919 dem NKWD unterstellt worden waren.

65 Jakobson drückt sich hier undeutlich aus. An einer Stelle spricht er von einem Zeitraum „between February and 2 May 1922“, in dem eine gesetzliche Verfügung („Enactment“) des ZEK ergangen sei (Jakobson, Origins, S. 111), dann von einem Gesetz „law“ („On the question of review of government agencies of the RSFSR“) der RSFSR vom 2. Mai 1922 (Ebd., S. 67). Sehr wahrscheinlich handelte es sich um zwei aufeinander folgende Handlungen desselben Entschluß- und Umsetzungsvorganges.

66 Jakobson, Origins, S. 67-68, 111.

67 Jakobson, Origins, S. 111.

68 Die Datumsangaben schwanken. Melville/Steffens, Bevölkerung, S. 1100; Solomon, Policy, S. 201-202; Hofmann, Arbeitsverfassung, S. 202, und Dallin/Nicolaevsky, Arbeiter, S. 68, nennen den 25. Juni 1922. Leggett, Cheka, S. 178, spricht von Juli 1922. Rossi, GULAG Handbook, S. 175, 191, und Jakobson, Origins, S. 69, nennen den 25. Juli 1922.

69 Leggett, Cheka, S. 178. Rossi, GULAG Handbook, S. 489. Jakobson, Origins, S. 69. Vgl. Kap. 2.3.2.

Die Gründung der GUMS erfolgte nach JAKOBSON im November 1922[70].

Damit gab das russische Justizvolkskommissariat 1922 den größten Teil seiner Hafteinrichtungen an das NKWD ab. Ob ein kleiner Teil der Haftanstalten dennoch beim NKJu verblieb, muß hier offen bleiben[71].

2.3.2 *Die Zwangsarbeitslager des russischen Volkskommissariats des Innern (NKWD)*[72]

Über die ersten Jahre der Strafvollzugsorganisation im NKWD herrscht Unklarheit[73]. Möglicherweise gab es bereits 1918 Zwangsarbeitslager, deren Unterstellung aber unbekannt ist[74]. Entscheidend für die Anlage von Zwangsarbeitslagern war nicht der Strafgedanke gegenüber Klassenfeinden, sondern, so BUNYAN, die Suche nach neuen Formen des Arbeitszwanges für die Arbeiterklasse. Ziel war, den Verstößen gegen die Arbeitsdisziplin, häufigem Arbeitsplatzwechsel und mangelnder Produktion und Produktivität entgegenzutreten[75]. Die Parallele zu Stalins Arbeitszwangssystem ist offensichtlich.

Ausschlaggebend für die Errichtung des Zwangsarbeitslagersystems des russischen NKWD waren drei Erlasse vom 17. Februar, 15. April und 17. Mai 1919, über deren Auslegung erheblich voneinander abweichende Meinungen existieren. Umstritten ist besonders, ob sich der Erlaß vom 17. Februar 1919 auf Zwangsarbeitslager, so HELLER, TISCHKOW und SOFINOW oder, so BUNYAN,

[70] Jakobson, Origins, S. 77. Sollte dies richtig sein, wäre die Frage, ob die ZITO mit der *Hauptverwaltung für Zwangsarbeit (GUPR)* des russischen NKWD zur neuen *Hauptverwaltung der Haftverbüßungsorte (Glawnoje uprawlenije mest sakljutschenija, GUMS)* des russischen NKWD zusammengeschlossen (Leggett, Cheka, S. 178) oder die ZITO in eine bestehende GUMS integriert wurde (Rossi, GULAG Handbook, S. 489), geklärt.

[71] Rossi nennt auch für die Zeit nach 1922 eine in den zwanziger Jahren gegründete *Hauptverwaltung der Besserungsarbeitseinrichtungen (Glawnoje uprawlenije isprawitelno-trudowych utschreshdeni, GUITU)* des russischen NKJu (Ders., GULAG Handbook, S. 91). Die nach 1922 beim NKJu verbliebenen Hafteinrichtungen habe eine Inspektion der Haftverbüßungsorte *(Inspekzija mest sakljutschenija, IMS)* der NKJu kontrolliert. Diese IMS sei zu Beginn der dreißiger Jahre aufgelöst worden (Ebd., S. 140). Jakobson kennt eine solche IMS nicht und setzt die Errichtung der GUITU des NKJu erst für 1931 fest (Vgl. dessen Schema Nr. 16 in: Ders., Origins, S. 151).

[72] Zu den NKWD-Zwangsarbeitslagern besonders: Leggett, Cheka, S. 176-178.

[73] Rossi nennt als einziger bereits für November 1917 eine Hauptverwaltung der Haftverbüßungsorte GUMS, faktisch eine Gefängnishauptverwaltung des russischen NKWD, die nicht mit der GUMS des NKJu zu verwechseln sei (Ders., GULAG Handbook, S. 95). Sollte eine solche frühe GUMS des NKWD bestanden haben, dann wäre die Kompetenzabgrenzung zu den für Gefängnisse zuständigen Dienststellen des NKJu zu klären. Wahrscheinlicher ist, da besser belegt, daß es erst ab November 1922 eine GUMS des NKWD gab.

[74] Bunyan, Forced labor, S. 54, nennt eine Forderung Trotzkis von „Frühjahr 1918", in der er den Einsatz der Angehörigen besitzender Klassen bei „niedrigsten Arbeiten" in rückwärtigen Einheiten anordnet und befiehlt, daß Offiziere, die sich weigerten, in die Rote Armee einzutreten, in Zwangsarbeitslager, bei weiterer Aufsässigkeit in Konzentrationslager einzuweisen sein. Jakobson datiert die Einführung von Zwangsarbeitslagern im Verantwortungsbereich des NKWD hingegen erst auf Mitte 1919 (Ders., Origins, S. 38).

[75] Bunyan, Forced labor, S. 66-68. Leggett, Cheka, S. 242. Heller, Stacheldraht, S. 56-65, 71.

LEGGETT und ROSSI, auf Konzentrationslager bezieht[76]. Die Lösung ist sehr wahrscheinlich darin zu sehen, daß der Erlaß eben zu der Zeit gegeben wurde, als sich die meisten Konzentrationslager der Tscheka in Zwangsarbeitslager umzuwandeln begannen.

Verfolgt man die Entstehungsgeschichte des Erlasses, so handelt es sich um eine Verordnung, die in der Zeit der Diskussion um die künftige Rolle der Tscheka erlassen wurde. In einer langen Rede Dsershinskis über die Aufgaben der Tscheka führte er aus, daß in den bestehenden Konzentrationslagern der Tscheka das Arbeitspotential der inhaftierten „Klassenfeinde" nicht genügend genutzt werde. Weiter forderte er, daß in diese Konzentrationslager künftig auch „Arbeitsscheue" und „Bummelanten" eingewiesen werden sollten. Eine „Schule der Arbeit", so der Tscheka-Chef, sollten diese Lager werden[77]. Auf Forderung Dsershinskis verabschiedete das ZEK noch am gleichen Tag, dem 17. Februar 1919, einen Erlaß, in dem das Recht der Tscheka, in Konzentrationslager einzuweisen, bestätigt wurde, gleichzeitig aber die Errichtung eines bis dahin völlig neuen Lagertyps, des Zwangsarbeitslagers, angeordnet wurde.

Nach HELLER hieß es in dem Erlaß des ZEK, daß „Anhänger fremder Ideologien" aufgrund von Verfügungen der Tscheka, Revolutions- und Volksgerichten oder anderer dazu berechtigter Organe in Zwangsarbeitslager eingewiesen oder interniert werden könnten (Art. 124). Diese Zwangsarbeitslager könnten überall und in unbegrenzter Anzahl errichtet werden[78]. Nach SOFINOW sollten diese „zunächst" von den Tschekas errichtet und verwaltet werden[79]. Danach unterstanden sie der Verfügungsgewalt der regionalen Sowjets oder – im Einverneh-

---

[76] Heller, Stacheldraht, S. 53. Bunyan, Forced labor, S. 72. Leggett, Cheka, S. 117, 145 (Einweisung in Konzentrationslager). Rossi, GULAG Handbook, S. 175 (Errichtung von Konzentrationslagern). Erstaunlicherweise wird der Erlaß vom 17. Februar 1919 von Jakobson weder erwähnt noch seine Existenz abgelehnt.

[77] Dsershinski wörtlich: „Zum gegenwärtigen Zeitpunkt wird die Arbeitskraft der Inhaftierten bei weitem nicht für gesellschaftlich nützliche Zwecke genutzt, und deshalb schlage ich vor, diese Lager zur Ausnutzung der Arbeitsfähigkeit sowohl der Inhaftierten als auch derjenigen Herrschaften, die ohne Beschäftigung leben, und für diejenigen zu belassen, die nicht ohne bestimmten Zwang arbeiten wollen. Wenn wir die Sowjetinstitutionen betrachten, so sollte auch hier mit den gleichen Strafmaßnahmen gegen pflichtwidriges Verhalten in der Arbeit, Nachlässigkeit, häufiges Zuspätkommen usw. vorgegangen werden ... Aus diesem Grunde wird vorgeschlagen, eine Schule für das Arbeiten zu errichten." (Nach: P.G. Sofinow. Abriß der Geschichte der Gesamtrussischen Außerordentlichen Kommission (1917-1922). Ministerium für Staatssicherheit. Juristische Hochschule Potsdam. Potsdam, 1979. Hier: S. 153-154. Auszugsweise bei: A.W. Tischkow. Der erste Tschekist. Ministerium für Staatssicherheit. Juristische Hochschule Potsdam. Potsdam, 1979. Hier: S. 62). Auch Leggett, Cheka, S. 179, nennt das Zitat „Schule der Arbeit" und sagt, daß Dsershinski den Zwangsarbeitseinsatz der in Konzentrationslager Inhaftierten, darunter den „Arbeitsscheuen", verteidigt habe. In einer Ost-Berliner Dsershinski-Biographie werden S. 183 für den 17. Februar 1919 zwar das Referat Dsershinskis und die Abfassung von Beschlüssen über die Funkionen und Rechte der Tscheka genannt, diese aber nicht aufgeführt. In einer kurzen Betrachtung des Anteils der Tscheka am Strafvollzug und an der Straftheorie werden S. 242 sogar Teile des Zitats („Bestrafung bei Pflichtvergessenheit, Nachlässigkeit, Unpünktlichkeit usw.") wiedergegeben. An beiden Stellen wird aber die Einweisung in Lager verschwiegen (Feliks Dzierzynski. Biographie. Berlin, 1980. Hier: S. 183).

[78] Heller, Stacheldraht, S. 54-55.

[79] Sofinow, Abriß, S. 153.

men mit den Volkskommissariaten des Innern der Republiken – auch lokalen Sowjets (Art. 1)[80]. TISCHKOW führt dazu aus, daß sich die Tscheka bei der Einlieferung der „Arbeitsscheuen" in die „Arbeitslager" „auf die vom Gesamtrussischen Zentralexekutivkomitee bestätigte Ordnung über die Unterbringung solcher Elemente in Arbeitslagern stützen sollte"[81]. Der Beschluß, so HELLER, habe weiter vorgesehen, binnen zweier Wochen genauere Bestimmungen über Zwangsarbeits- und Konzentrationslager zu erlassen[82].

Als einer dieser Ausführungserlasse, der inhaltlich dem vom 17. Februar 1919 in weiten Teilen entsprach, ist ein Dekret des Allrussischen Zentralexekutivkomitees (ZEK) der Arbeiter-, Bauern- und Soldatenräte vom 15. April 1919 zu werten[83]. Es ist der erste maßgebliche Erlaß über Zwangsarbeitslager *(lagerja prinuditelnych rabot)*. Kern des Erlasses sind Bestimmungen über die Organisation von Zwangsarbeitslagern durch die Tscheka, deren spätere Übergabe an das NKWD und die Arbeitspflicht der Lagerinsassen. In einem weiteren Dekret des ZEK vom 17. Mai 1919 wurden die Maßgaben des Erlasses vom 15. April 1919 in 38 Artikeln genauer ausgeführt[84]. Zentralstelle für die Zwangsarbeitslager

---

80 Heller, Stacheldraht, S. 54-55.

81 Tischkow, Tschekist, S. 62.

82 Heller, Stacheldraht, S. 54-55.

83 In englischer Übersetzung in: Bunyan, Forced labor, S. 72-73. Dieser wird hier gefolgt. Zu den Bestimmungen des Erlasses auch: Leggett, Cheka, S. 176-177, 241-242. Rossi, GULag Handbook, S. 194. Jakobson, Origins, S. 45. Da in der Literatur eine Fülle ungenauer Schilderungen über diesen Erlaß vorkommt, sind hier die wichtigsten Inhalte kurz aufgeführt: Die Zwangsarbeitslager sollten mit Wirkung des Erlasses errichtet und den Gouvernement-Exekutivkomitees unterstellt werden. Dazu sollten die Lager von den Gouvernement-Tschekas aufgebaut, überwacht und dann an die Zivilverwaltung übergeben werden. Auf Kreis- oder Bezirksebene durften Zwangsarbeitslager nur mit Einwilligung des NKWD errichtet werden (Art. 1). Weiter wurde bestimmt, daß Personen und Personengruppen, die durch Verfügungen von Verwaltungssektionen der Tscheka, Revolutionstribunalen, Volksgerichten und anderen sowjetischen Behörden verurteilt worden waren, in diese Zwangsarbeitslager eingewiesen werden konnten (Art. 2). In diese Lager einweisen durften wiederum Volksgerichte, Revolutionstribunale, Tschekas, Verwaltungsabteilungen der lokalen Sowjets und andere autorisierte Behörden. Alle Insassen waren zur Arbeit verpflichtet (Art. 3), Arbeitsverweigerung und Flucht wurden strengstens bestraft (Art. 4). Um die Zwangsarbeitslager in der RSFSR zu verwalten, wird in dem Dekret angeordnet, eine *Zentralverwaltung der Zwangsarbeitslager* zu gründen. Diese sollte dem NKWD unterstehen und mit der Tscheka zusammenarbeiten (Art. 5). Die Lagerkommandanten sollten von den Gouvernement-Exekutivkomitees bestimmt und von der Zentralverwaltung der Lager bestätigt werden (Art. 6). Die Gelder für Ausstattung und Unterhalt der Lager sollten vom NKWD berechnet und dann vom Gouvernement-Exekutivkomitee bereitgestellt werden (Art. 7). In Fragen der medizinischen und sanitären Überwachung sollten die öffentlichen Gesundheitsabteilungen zuständig sein (Art. 8). Abschließend ordnet der Erlaß an, daß detaillierte Anweisungen vom NKWD binnen zwei Wochen nach Erlaß des Dekrets ausgearbeitet werden sollten (Art. 9).

84 In englischer Übersetzung in: Bunyan, Forced labor, S. 73-75. Dieser wird hier erneut gefolgt. Auch hier die wichtigsten Bestimmungen: Danach war die Gouvernement-Tscheka für die Organisation der Zwangsarbeitslager zuständig. Die Unterkünfte hatte eine Abteilung des Gouvernement-Exekutivkomitee bereitzustellen (Art. 1). Nach der Einrichtung des Lagers sei dieses mit Zustimmung der *Abteilung für Zwangsarbeit des NKWD* den örtlichen Exekutivkomitees zu unterstellen (Art. 2). Zwangsarbeitslager mit einer Kapazität von mindestens 300 Gefangenen sollten in jeder Gouvernementshauptstadt und, bei Genehmigung durch die Zwangsarbeitsabteilung des NKWD, in einigen Landkreisen errichtet werden (Art. 3). Die allgemeine Verwaltung dieser Lager unterliege im Gebiet der RSFSR dem NKWD (Art. 4). Die weiteren Artikel regelten den Aufbau

wurde die *Abteilung für Zwangsarbeit (Otdel prinuditelnych rabot, OPR) des NKWD*[85]. Diese war nach JAKOBSON allerdings nicht nur für die Zwangsarbeitslager, sondern auch für die Zwangsarbeit derjenigen, die zu Zwangsarbeit ohne Freiheitsentzug verurteilt worden waren, zuständig[86]. Die Dekrete vom April und Mai 1919 zeigen den Unterschied zwischen der Strafauffassung von NKJu und NKWD deutlich. Während in der „Vorläufigen Instruktion" des NKJu vom Juli 1918 neben der Zwangsarbeit der Erziehungsgedanke enthalten ist, geht es in den durch die beiden obigen Dekrete gegründeten NKWD-Zwangsarbeitslagern nur noch um Arbeit – vom Besserungsgedanken ist darin nicht die Rede[87]. Der vom NKJu entwickelte Gedanke der Besserungsarbeit verwandelte sich unter den Händen von Tscheka und NKWD nun immer mehr zu einem Instrument der Kostendeckung. Der Entwicklung in diese Richtung kam nun entgegen, daß Tscheka und NKWD in immer engere Beziehungen zueinander traten.

Nachdem der Tscheka-Vorsitzende Dsershinski im März 1919 zusätzlich auch Volkskommissar des Innern geworden war, organisierte er mit Verordnung vom

der Lagerverwaltung (Art. 5 bis 19), die hygienischen und sanitären Bedingungen (Art 20 bis 24), die Kategorien von einzuliefernden Häftlingen (Art. 25-30 unter Verweis auf den Erlaß vom 15. April 1919). Weiter sah der Erlaß vor, daß alle Häftlinge körperliche, in Einzelfällen geistige Arbeit leisten sollten (Art. 31), der Achtstundentag gelte, Mehrarbeit und Nachtarbeit erlaubt seien, dabei aber die Bestimmungen des Arbeitsgesetzes von 1918 einzuhalten seien (Art. 32), die Verpflegung der freier Arbeiter, die in körperlicher Arbeit eingesetzt seien, entsprechen müsse (Art. 33), die Löhne sich an den Festsetzungen der Gewerkschaften für vergleichbare Arbeit Freier im gleichen Gebiet zu orientieren hätten und die Abzüge für Versorgung (Verpflegung und Kleidung), Unterkünfte, Verwaltung und Bewachung, zwei Drittel des Lohns nicht übersteigen dürften (Art. 34), die Ausgaben für den Unterhalt des Lagers durch die Gefangenenarbeit voll zu kompensieren seien (Art. 35). Zum Erlaß siehe auch: Jakobson, Origins, S. 45.

85 Jakobson weist zu Recht darauf hin, daß im Erlaß vom 15. April 1919 eine *Zentralverwaltung der Zwangsarbeitslager (Zentralnoje uprawlenije lagerei prinuditelnych rabot) des NKWD*, in jenem vom 17. Mai 1919 aber eine *Abteilung für Zwangsarbeit (Otdel prinuditelnych rabot, OPR) des NKWD* als zuständige Institutionen des NKWD genannt werden. Er hält die zweite Bezeichnung für die zutreffendere (Ders., Origins, S. 45). Zur OPR Leggett, Cheka, S. 177. Solschenizyn (Ders., Archipel GULag II, S. 16-17, unter Bezug auf zwei „Amtliche Gesetzblätter der RSFSR", 1919, Nr. 12 und 20) spricht in einer sehr ungenau gehaltenen Darstellung davon, daß die Zwangsarbeitslager einer „Gouvernements-Strafabteilung" – welche wie geschildert für den Zeitraum von Mai 1918 bis Frühjahr 1921 eine der regionalen Untergliederungen der ZKO des NKJu war – unterstellt werden sollten. Heller, Stacheldraht, S. 55, nennt, wenn auch in anderem Zusammenhang, ebenfalls eine „Direktion der Zwangsarbeit im Innenministerium". Christopher Andrew und Oleg Gordiewsky sprechen unter Verweis auf Leggett, Cheka, ebenfalls von einer solchen Abteilung, nennen aber als Belegstelle eine falsche Seite (S. 443) (Dies., KGB. Die Geschichte seiner Auslandsoperationen von Lenin bis Gorbatschow. München, 1990. Hier: S. 113). Rossi berichtet, daß es zu den Aufgaben der Zwangsarbeitsabteilung gehört habe, Zwangsarbeit in Abstimmung mit dem Volkskommissariat für Arbeit zu organisieren (Ders., GULAG Handbook, S. 279). Auf S. 489 nennt er eine Zentralverwaltung der Zwangsarbeitslager des russischen NKWD mit der offiziellen Bezeichung *Zentralnoje uprawlenije lagerei prinuditelnych rabot pri NKWD RSFSR*. Dieser hätten die Moskauer und die anderen Gebietsverwaltungen für Zwangsarbeitslager unterstanden. Er ordnet diese jedoch weder organisatorisch ein, noch nennt er eine Zeit, in der diese bestanden habe. Sehr wahrscheinlich handelt es sich dabei aber um die auch im Erlaß vom 15. April 1919 genannte Institution.

86 Jakobson, Origins, S. 45.

87 Vgl. dazu Jakobson, Origins, S. 50-51.

11. Juni 1919 die Zusammenarbeit der beiden vorher oft konkurrierenden Behörden neu. Unter anderem wurde darin bestimmt, daß die Zwangsarbeitsabteilung (OPR) des NKWD, von LEGGETT als „Forerunner" der GULag bezeichnet, eng mit dem Zentralkollegium des NKWD für Kriegsgefangene und Flüchtlinge zusammenarbeiten sollte[88]. Überhaupt ist zu betonen, daß für den Zeitraum von März 1919 bis 1922 eine klare Trennung zwischen Tscheka und NKWD nicht möglich ist. Viele Abteilungen wurden zusammengelegt oder auf engste Zusammenarbeit angewiesen, so daß eher von einer Großbehörde Tscheka-NKWD als von zwei getrennten Organisationen auszugehen ist. Dies gilt auch für den Verantwortungsbereich der Zwangsarbeitslager. Die zuständigen Stellen, Kommendantur (*komendatura*) der Tscheka und OPR des NKWD, wurden faktisch vereint und erst im Dezember 1921 wieder organisatorisch getrennt[89]

Mitte 1919 übernahm das NKWD die meisten Konzentrationslager der Tscheka[90]. Bedenkt man, daß die bestehenden Konzentrationslager der Tscheka sich in ihrer Innenstruktur den Zwangsarbeitslagern stark angenähert hatten und die neuen Zwangsarbeitslager ohnehin nur für eine Übergangszeit der Tscheka unterstehen sollten, so ist diese Unterstellung vieler Tscheka-Lager beider Typen unter das NKWD, das bekanntlich ebenfalls vom Tscheka-Chef geführt wurde, konsequent[91]. Mit der Übertragung der Konzentrationslager der Tscheka stieg die Bedeutung der Zwangsarbeitsabteilung des NKWD. Welchen Rang sie bereits im Januar 1920 hatte, zeigt sich daran, daß sie von *M.S. Kedrow*, einem der höchstrangigen Tschekisten und Mitglied im Kollegium von Tscheka und NKWD, geleitet wurde[92].

Seitens der Partei wurde der Aufbau des Lagersystems unterstützt. Nachdem schon 1919 die „Besserungsarbeit" befürwortet worden war, habe der 9. Parteitag der KPR (B) (29. März bis 5. April 1920), so eine russische publizistische Darstellung, „ein ausgefeiltes Programm zum Aufbau eines Systems von Zwangsarbeitslagern" angenommen[93]. Mit Dekret vom 18. März 1920 behielt die Tscheka die Möglichkeit, zur Aufrechterhaltung der Arbeitsdisziplin, zur Sicherung der „revolutionären Ordnung" und zum Kampf gegen „parasitäre Elemente innerhalb der Bevölkerung" Personen für bis zu fünf Jahren in ein Zwangsarbeitslager zu schicken, auch wenn ausreichende Beweise für ein Gerichtsverfahren nicht vorlagen[94]. Diese Bestimmungen wurden in einem Befehl Nr. 48 vom 17.

88 Leggett, Cheka, S. 154, nach einer sowjetischen Darstellung.

89 Dazu: Jakobson, Origins, S. 45-47.

90 Conquest, Anfang, S. 406, 648. Ebenso: Melville/Steffens, Bevölkerung, S. 1100. Oppenheim, Labor camps, S. 236-237. Solomon, Policy, S. 200. Leggett kennt eine solche Übertragung nicht.

91 Dazu: Leggett, Cheka, S. 177. Jakobson, Origins, S. 46.

92 Leggett, Cheka, S. 177.

93 Vgl. den Artikel „Macht und Politik der KPdSU" in: Wostok 5/1992, S. 22-25. Hier S. 24. Weiter heißt es dort: „In etwas veränderter Form wurde dieses Programm in den 30er Jahren verwirklicht." (Ebd. S. 24-25). Die Aussage wird nicht belegt und taucht an keiner anderen Stelle in der bearbeiteten Literatur auf.

94 Hier nach Leggett, Cheka, S. 147, 177. In der Literatur sind unterschiedliche Versionen dieses Dekrets zu finden. Leggett betont ausdrücklich, daß es sich beim Dekret vom 18. März 1920 um „Zwangsarbeitslager" handele, während in dem Dekret vom 17. Februar 1919 eindeutig von „Konzentrationslagern" gesprochen wurde. Er bezieht sich dabei auf die sowjetische Originalquelle.

April 1920 des Präsidiums der Tscheka über die Beziehungen der Tscheka zu den Gerichten den Gouvernement-Tschekas mitgeteilt. Danach sollten die Tschekas in ihren Fällen nach Abschluß der Untersuchung entscheiden, ob der Beschuldigte an Volksgerichte oder Revolutionstribunale überwiesen oder in ein Zwangsarbeitslager eingeliefert werden sollte[95].

Im Mai 1920 wurde die Zwangsarbeitsabteilung in ihrem Status erhöht und zur *Hauptverwaltung für Zwangsarbeit (Glawnoje uprawlenije prinuditelnych rabot, GUPR)* des NKWD umbenannt. Jedoch folgte noch im gleichen Monat eine abermalige Namensänderung in *Hauptverwaltung für Öffentliche Arbeit und Arbeitsdienstpflicht (Glawnoje uprawlenije obstschestwennych rabot i powinnostei, GUORP)* des NKWD. Doch schon Ende 1920 entschied man sich wieder für die Rückbenennung in GUPR[96].

Nach Rossis Darstellung war die GUPR für Errichtung und Unterhalt von Zwangsarbeitslagern zuständig. Ihre Aufgabe sei auch gewesen, in Abstimmung mit dem Volkskommissariat für Arbeit die Zwangsarbeit auf verschiedene Projekte zu verteilen. Für die Detailorganisation der Zwangsarbeit sei eine *Technische Produktionsabteilung (Proiswodstwenno-technitscheski otdel, PTO)* der GUPR zuständig gewesen[97]. Jakobson bezeichnet den Chef der GUPR als Mitglied des NKWD-Kollegiums, somit zur obersten Führung des Innenministeriums gehörig. Die GUPR war nach seinen Angaben in drei große Abteilungen gegliedert: die *Verwaltungsabteilung* für Personal, Statistiken und allgemeine Aufgaben, die *Organisations- und Vorschriftenabteilung* kümmerte sich um den Aufbau der Lager, die Ausbildung und Überwachung des Personals und die *Unterhalts- und Versorgungsabteilung* – sehr wahrscheinlich identisch mit Rossis PTO –, deren Auftrag der Bau und der Betrieb (Unterhalt) der Lagerbauten sowie die Arbeitsorganisation war. Der OPR/GUPR unterstanden Vertretungen in den einzelnen Gouvernements, die den Verwaltungsabteilungen der dortigen Gouvernementsowjets zugeordnet waren, und zwei Lagerebenen: Zwangsarbeitslager auf Gouvernementsebene und solche auf Bezirks- und Kreisebene[98].

Auch Tischkow nennt „Verletzer der Arbeitsdisziplin" und „parasitäre Elemente" und „Arbeitslager" (Tischkow, Tschekist, S. 84-85 und S. 85, Anmk. 88). Heller spricht von politischen Gefangenen, Kriminellen und Konzentrationslagern. Bei ihm lautet der Passus: „Wenn die Untersuchung nicht ausreichende Tatsachen zur Begründung eines Strafantrages ergibt, ist die Tscheka-Zentrale und sind die Tschekas der Gouvernements mit Genehmigung der Zentrale berechtigt, die betreffenden Personen auf die Dauer von höchstens fünf Jahren in ein Konzentrationslager zu sperren" (Ders., Stacheldraht, S. 58-59). Da Heller aber mehrmals ungenau in der Terminologie ist, wird in diesem Fall dem stets sehr genau belegenden Leggett gefolgt.

95 Leggett, Cheka, S. 147. Heller, S. 282, Anmk. 38.

96 Leggett, Cheka, S. 177-178. Jakobson, Origins, S. 45. Solschenizyn, Archipel GULag II, S. 24, erwähnt ebenfalls die GUPR, sagt aber, daß die GUMS später so bezeichnet worden sei und bleibt sehr ungenau. Rossi, GULAG Handbook, S. 279, sagt hingegen, daß die Zwangsarbeitsabteilung des russischen NKWD erst 1922 durch die GUPR ersetzt worden sei. Er belegt dies allerdings nicht. Bacon, Gulag, S. 53, nennt für die Zeit vor 1922 ebenfalls eine Hauptverwaltung für Zwangsarbeit des NKWD.

97 Rossi, GULAG Handbook, S. 95-96, 339 (PTO).

98 Jakobson, Origins, S. 47-48. Zu den administrativen Strukturen in Sowjetrußland und der Sowjetunion in den zwanziger Jahren: Die Bolschewiki hielten zunächst an der aus dem Zarenreich übernommenen Gouvernements-Struktur fest. Diese Gouvernements (*gubernija*) gliederten sich in

Kurz vor ihrer Auflösung wurde die GUPR noch einmal geringfügig umstrukturiert. Mit Gesetz vom 24. Mai 1922 ordneten das ZEK und der Rat der Volkskommissare an, die Vertretungen der GUPR in den einzelnen Gouvernements in *Unterabteilungen für Zwangsarbeit* umzubenennen und jeweils in drei Abteilungen zu gliedern. Die Einrichtung der Unterabteilungen für Zwangsarbeit durfte nur mit Zustimmung des NKWD und der örtlichen Sowjets erfolgen[99].

Wie bereits geschildert, kam es im gleichen Jahr 1922 zu einer ersten Zentralisierung im sowjetischen Strafvollzugswesen. Am 6. Februar 1922 wurden die Tscheka als GPU und mit ihr die restlichen Konzentrationslager in das russische NKWD eingegliedert. Im Juni oder Juli 1922 übergab das russische NKJu den Großteil seiner Haftanstalten dem russischen NKWD. Die Zentrale Besserungsarbeitsabteilung (ZITO) des russischen NKJu wurde am 12. Oktober 1922 mit der GUPR zusammengelegt, und im November 1922 entstand die *Hauptverwaltung der Haftverbüßungsorte (GUMS) des NKWD* als Nachfolgebehörde beider Institutionen[100].

Kreise/Bezirke (*ujesd*) sowie ländliche Amtsbezirke (*wolost*). Im Zuge einer schrittweisen Verwaltungsreform wurden von 1923 bis 1930 neue Verwaltungsebenen eingeführt: Unter den Gebieten (*oblast*) – den Nachfolgeeinrichtungen der Gouvernements – sowie einigen Ländern (*krai*) standen die Bezirke (*okrug*), die allerdings ab 1930 wieder aufgelöst wurden, und die Rayons. Als Stichjahr für den Wechsel von der Gouvernements- zur Gebietsstruktur ist das Jahr 1924 anzunehmen (Vgl. dazu: Stefan Plaggenborg. Die Organisation des Sowjetstaates. In: Gottfried Schramm (Hg.). Handbuch der Geschichte Rußlands. Band 3. 1856-1945. Von den Autokratischen Reformen zum Sowjetstaat. II. Halbband. Kap. XI. Stuttgart, 1992, S. 1413-1525. Besonders: S. 1469-1478. Volker Rabe. Die Justiz. In: Ebd., Kap. XII. S. 1527-1576. Besonders: S. 1554).

99 Jakobson, Origins, S. 68.

100 Leggett, Cheka, S. 178. Jakobson, Origins, S. 69, 77. Bacon, Gulag, S. 53. Simon Wolin/Robert W. Slusser (Hgg.). The Soviet secret police. London, 1957, S. 43, Anmk. 61, sprechen unter Verweis auf eine Veröffentlichung des Obersten Volkswirtschaftsrates davon, daß GUPR des russischen NKWD und ZITO des russischen NKJu zur neuen GUMS des russischen NKWD zusammengelegt worden seien. Solschenizyn, Archipel GULag II, S. 24, nennt eine GUMS, datiert diese aber nicht. Rossi, GULAG Handbook, S. 95-96, sagt ebenfalls, daß die GUPR 1922 abgeschafft und ihre Aufgaben auf die GUMS übertragen worden seien, spricht aber als einziger nicht von einer Neugründung der GUMS, da diese seiner Ansicht nach bereits bestand. Conquest, Anfang, S. 406, bezeichnet die neue Abteilung falsch als „Hauptverwaltung für Besserungsarbeitseinrichtungen (GUITU)“ des russischen NKWD. Nach Rossi, GULAG Handbook, S. 91, gab es in den zwanziger Jahren bis 1934 lediglich eine GUITU des russischen NKJu, nicht jedoch des russischen NKWD. Erst in den frühen sechziger Jahren habe es eine GUITU, allerdings des sowjetischen MWD gegeben. Auch in Jakobsons Schema gibt es nur eine GUITU: jene des NKJu von 1931 bis 1934 (Ders., Origins, S. 151). Oppenheim, Labor camps, S. 237, nennt eine GUITI, wobei das letzte *i* für das englische Wort *institutions* steht. Diese Anglisierung der russischen Abkürzung ist unzulässig. Falsch auch seine Aussage, daß die GUITU des NKWD unter der Kontrolle der OGPU gestanden habe (Siehe auch die scharfe und berechtigte Kritik Jakobsons an dem völlig fehlerhaften Artikel Oppenheims in: Jakobson, Origins, S. 2, und 152, Anmk. 7). Solschenizyn spricht ebenfalls von einer Umbenennung der GUMS in GUITU (Hauptverwaltung der Besserungsarbeitsanstalten), nennt aber keinen Zeitpunkt. „Später“ sei aus dieser die GUITL der OGPU (Hauptverwaltung der Besserungsarbeitslager) und aus dieser schließlich die GULag gegründet worden (Ders., Archipel GULag II, S. 24-25). Wheatcroft, Size, S. 287, spricht von der Hauptverwaltung der Haftverbüßungsorte (Gumsak), also GUMS, des russischen NKWD und von einer GUITU erst ab Dezember 1930, als die NKJu die Haftverbüßungsorte der aufgelösten republikanischen NKWD

Die GUMS des NKWD unter ihrem aus dem NKJu kommenden Chef, *E.G. Shirwindt*, gliederte sich in fünf Abteilungen (*Sekretariat*, *Verwaltungs- und Strafabteilung*, *Arbeitsabteilung*, *Unterhaltsabteilung*, *Abteilung für Konvoitruppen*) und neun Unterabteilungen[101], darunter eine für Statistik[102]. In den einzelnen Gebieten Sowjetrußlands war sie durch „Inspektionen" vertreten, denen wiederum die einzelnen Haftverbüßungsorte unterstanden[103]. Die alten Verteilungskommissionen blieben bestehen, verloren aber immer mehr an Einfluß, wurden 1929 aufgelöst und ihre Aufgaben auf die Aufsichtskommissionen übertragen[104].

Nach BACON untergliederte sich die GUMS auf regionaler Ebene in *Verwaltungen der Besserungsarbeitslager und Besserungsarbeitskolonien (Uprawlenije isprawitelno-trudowych lagerei i koloni, UITLK)*, diese wiederum auf örtlicher Ebene in *Abteilungen für Besserungsarbeitskolonien (Otdel isprawitelno-trudowych koloni, OITK)*[105]. Ungewiß ist, ob, wie ROSSI ausführt, im Zusammenhang mit dieser Umorganisation 1922 eine *Hauptverwaltung der Besserungsarbeitskolonien (Glawnoje uprawlenije isprawitelno-trudowych koloni, GUITK)* des russischen NKWD gegründet wurde. Dieser unterstanden nach ROSSI die Arbeitskolonien, die vor dem 12. Oktober 1922 der ZITO des NKJu zugeordnet waren. Sie seien nun als „Besserungsarbeitskolonien" bezeichnet worden[106]. Wäre dies der Fall, dann wären der GUMS die Gefängnisse und alten NKWD-Zwangsarbeitslager, der GUITK aber die Besserungsarbeitskolonien zuzuordnen. Zu fragen wäre dann, in welchem Verhältnis ROSSIS GUITK und die von BACON erwähnten OITK und UITLK standen. Anzumerken ist, daß JAKOBSON der sich genau mit der Organisationsstruktur der Strafvollzugseinrichtungen der sowjetischen Frühzeit beschäftigt hat, die Institutionen UITLK, OITK oder GUITK nicht nennt. Eine abschließende Bewertung dieser Frage ist zur Zeit nicht möglich. Ungeachtet dieser Schwierigkeiten ist festzuhalten, daß ab dem 12. Oktober 1922 das russische NKWD mit seiner Hauptverwaltung GUMS die maßgebliche Institution für das Zwangsarbeitslagersystem war.

übernahmen und diese mit Hilfe ihrer Hauptverwaltung der Besserungsarbeitseinrichtungen (GUITU) verwalteten.Vgl. Kap. 4.1.2.

101 Jakobson, Origins, S. 71-72.

102 Jakobson, Origins, S. 75.

103 Jakobson, Origins, S. 77. Siehe auch Schema Nr. 7 (Ebd., S. 72).

104 Jakobson, Origins, S. 78. Solschenizyn bezeichnet die von ihm *Beobachtungskommissionen* genannten Aufsichtskommissionen als Nachfolgeeinrichtungen der Verteilungskommissionen des NKJu. Diese hätten wie diese ebenfalls auf regionaler Ebene operiert, aber nichts mehr mit der Verteilung der Häftlinge zu tun gehabt. Er spricht davon, daß sie ihre Aufträge vom NKWD entgegengenommen hätten. Neben anderen Funktionen seien sie mit Fragen der Zeitanrechnung und vorfristigen Entlassungen beauftragt gewesen und zu Beginn des Zweiten Fünfjahresplanes aufgelöst worden (Solschenizyn, Archipel GULag II, S. 116-117).

105 Bacon, Gulag, S. 54 und S. 180, Anmk. 36.

106 Rossi, GULAG Handbook, S. 90-91. Diese sei nach der Auflösung der Republik-NKWD (1930) 1931 ebenfalls abgeschafft worden. Auf S. 466 bezeichnet er abweichend dieselbe Institution für 1922-1930 als *Uprawlenije isprawitelno-trudowych koloni (UITK)* des russischen NKWD. Es ist trotz dieser Ungenauigkeit bei Rossi nicht auszuschließen, daß eine Organisation mit dieser Bezeichnung existierte, da eine solche auch für die spätere Zeit, als UITK der GULag des NKWD, belegt ist.

Die Konzentrationslager der GPU, formal nun dem russischen NKWD unterstellt, und die Gefängnisse, Besserungsarbeitskolonien und Zwangsarbeitslager des russischen NKWD existierten auch nach der Gründung der UdSSR fort. Da kein Unions-NKWD geschaffen worden war, gab es fortan, läßt man die Haftanstalten des russischen NKJu beiseite, zwei wichtige Strafvollzugssysteme. In die Gefängnisse, Besserungsarbeitskolonien und Zwangsarbeitslager der Republik-NKWD wurden vorwiegend Kriminelle eingeliefert. Alle politischen Häftlinge der gesamten Sowjetunion wurden der OGPU überstellt und in hoher Zahl in deren „Nördliche Lager zur besonderen Verwendung" (SLON) gebracht[107]. Im Unterschied zur geringen Zahl der Insassen in den Konzentrationslagern, die der Tscheka unterstanden, nahmen die Insassenzahlen der NKWD-Zwangsarbeitslager zu und erreichten bis zur Umstrukturierung 1922 fast die der NKJu-Haftanstalten[108]. Nach 1922 überstiegen die Insassenzahlen der Haftanstalten des NKWD die der Konzentrationslager und Sondergefängnisse der OGPU nach wie vor bei weitem[109]. Dies lag auch darin begründet, daß in den Zeiten der Arbeitslosigkeit immer weniger Personen zur Besserungsarbeit am alten Arbeitsplatz verurteilt wurden, sondern stattdessen direkt in die dem NKWD unterstehenden Gefängnisse geschickt wurden.

Ein Wort sollte noch zum inneren Aufbau der Zwangsarbeitslager gesagt werden. Diese waren bei ihrer Errichtung 1919 vornehmlich für Arbeiter mit Verurteilungen wegen arbeitsdisziplinarischer Verfehlungen vorgesehen[110]. Dementsprechend setzte sich auch die Insassenschaft zusammen. Die meisten von ihnen waren Arbeiter und Bauern, von denen die Mehrheit nicht wegen „konterrevolutionärer", sondern anderer Delikte einsaß[111]. Ihr Strafmaß betrug üblicherweise weniger als drei Jahre[112]. Bei diesen Gefangenen handelte es sich also um Personen, die aus sowjetischer Sicht keine Klassenfeinde, sondern der Arbeiterklasse Angehörende oder „sozial-nahe Elemente" waren. Das Regime in den

---

[107] H.J. Torke (Hg.). Historisches Lexikon der Sowjetunion. 1917/22 bis 1991. München, 1993. S. 105. Melville/Steffens, Bevölkerung, S. 1100. Fainsod, Russia, S. 362.

[108] Nach Leggett: 1.1.1920: 8660 Insassen in 34 Zwangsarbeitslagern; Ende 1920: 25.336 Insassen in 84 Lagern; 1.1.1921: 51.158 Insassen in 107 Lagern oder 35.703 Insassen in 99 Lagern; 1.9.1921: 60.457 Insassen in 117 Lagern; 1.12.1921: 40.913 Insassen in 120 Lagern und Oktober 1922: schätzungsweise 60.000 Insassen in 132 Lagern (Ders., Cheka, S. 178, und S. 398, Anmkk. 41 bis 45. Als „Cheka forced labour camps statistics" auch in: Jakobson, Origins, S. 48 [Tabelle 2]). Jakobson: Ende 1920: 49.736 Gefangene in 84 Haftverbüßungsorten des NKWD; Ende 1921: 40-60.000 Gefangene des NKWD (Ders., Origins, S. 24).

[109] Jakobson berichtet für 1926 von 112.000 Gefangenen in der Einrichtungen der GUMS der RSFSR. Weitere 76.000 Personen hätten in den Haftanstalten anderer Republiken und der OGPU eingesessen (Ders., Origins, S. 80). An anderer Stelle spricht er von 100.000 GUMS-Häftlingen 1923 und 240-270.000 1928 (Ebd., S. 113). Solomon, Policy, S. 202, nennt für 1927-28 für das russische NKWD 390 Gefängnisse und Kolonien, weitere 82 in Autonomen Republiken, für die OGPU nur einige Lager und rund ein Dutzend Gefängnisse. In den Einrichtungen des russischen NKWD hätten 1927 122.700 Personen, weitere 70.000 in der Ukraine, Weißrußland und den autonomen Republiken eingesessen, in den Lagern und Gefängnissen der OGPU 1928 etwa 25.000 bis 30.000.

[110] So Leggett, Cheka, S. 177.

[111] Ebd., S. 178.

[112] Bacon, Gulag, S. 54.

Lagern war daher weit weniger streng als in den Konzentrationslagern der Tscheka. Die Zwangsarbeitslager des NKWD wurden nicht in abgelegenen, sondern vielmehr in dicht besiedelten Gebieten des europäischen Rußlands eingerichtet. Manche Insassen lebten sogar außerhalb des Lagers[113].

Im Unterschied zu den Tscheka-Lagern und den späteren Lagern des GULag unterstanden die NKWD-Zwangsarbeitslager nach den Bestimmungen des Mai-Dekretes den republikanischen Gesetzen über Arbeit, Gesundheitsfürsorge, medizinische Versorgung und Erziehung. Sie wurden in diesen Dingen von den zuständigen Abteilungen der lokalen Exekutivkomitees kontrolliert. Die Kommandanten der Zwangsarbeitslager wurden von den lokalen Exekutivkomitees ausgesucht und von der GUPR/GUMS des russischen NKWD bestätigt. Im Gegensatz zum späterem GULag des Unions-NKWD besaßen bei den Zwangsarbeitslagern des russischen NKWD andere Behörden und Gremien Mitsprache- und Kontrollrechte. Dennoch hatten die Kommandanten der NKWD-Zwangsarbeitslager immer viel freiere Hand als die Direktoren der Haftanstalten der ZKO/ZITO des NKJu, die in weitaus stärkerem Maße kontrolliert wurden[114]. Wie in den Haftanstalten des NKJu wurde darauf abgezielt, die Unterhalts- und Verwaltungskosten der Zwangsarbeitslager durch Häftlingsarbeit zu senken und auszugleichen[115]. Der Unterschied war freilich der, daß – wie oben gesagt – in den Lagern des NKWD auf den Besserungsgedanken weitaus weniger Wert gelegt wurde als beim NKJu. Die Häftlinge waren für die Zeit der Inhaftierung verpflichtet, körperliche Arbeit zu leisten. Die tägliche Arbeitszeit betrug wie unter Freien acht Stunden, Verlängerungen waren möglich. Die Häftlinge wurden nach Sätzen entlohnt, die die Gewerkschaften für vergleichbare Arbeit Freier im gleichen Rayon festgesetzt hatten. Von diesem Lohn wurden die Ausgaben für Verpflegung, Unterbringung, Verwaltungskosten und Bewachung abgezogen, jedoch durften diese Abzüge zwei Drittel des Lohns nicht überschreiten[116].

Die Zwangsarbeitslager des NKWD existierten bis zur Auflösung der republikanischen NKWD im Dezember 1930 und gingen dann an das NKJu über. Sie sind, wie an vielen der genannten Merkmale zu erkennen ist, nicht als Vorgänger der GULag-Lager anzusehen. Jedoch sammelte sich in ihnen seit 1922 ein großer Teil der Häftlinge, welcher 1934 mit der Unterstellung der Zwangsarbeitslager unter das NKWD zum Bestandteil des Zwangsarbeitskräftepotentials des GULag wurde.

2.3.3 Die Lager von Tscheka, GPU und OGPU

Um die Lagerorganisation der Staatssicherheitsbehörden in den Kontext dieser Organisationen einordnen zu können, seien kurz deren wichtigste Strukturen genannt.

113 Solomon, Policy, S. 200-201.
114 Jakobson, Origins, S. 48.
115 Rossi, GULAG Handbook, S. 194.
116 Heller, Stacheldraht, S. 55-56. Dazu auch Leggett, Cheka, S. 177.

Grundsätzlich bestand ein Nebeneinander von regulären Gerichten und administrativer Sicherheitsbehörde mit Sonderbefugnissen. Die am 7. (20). Dezember 1917 mit Felix E. Dsershinski an der Spitze gegründete „Allrussische Außerordentliche Kommission zum Kampf gegen Konterrevolution und Sabotage" (Tscheka) wurde in der Zeit von Krieg und Bürgerkrieg als Terror- und Straforgan der Diktatur gegen tatsächliche und vermeintliche Gegner eingesetzt und direkt dem Rat der Volkskommissare der RSFSR unterstellt[117]. Die Tscheka hatte seit Anfang 1919 weitreichende Befugnisse, zu verhaften, zu verhören und zu bestrafen. Zuständige Organe waren ein Justizkollegium (1918-1922) und auf untergeordneter Ebene die „Troikas" genannten Sondertribunale aus drei Personen der lokalen Tscheka. Diese Institutionen konnten Verbannungen aussprechen, in Gefängnisse einweisen, Lagerhaft anordnen und in Abwesenheit zum Tode verurteilen[118]. Der Tscheka- und spätere GPU-Chef war vom 16. (30). März 1919 bis zum 6. März 1923 zusätzlich Volkskommissar des Innern[119].

Mit Erlaß vom 6. Februar 1922 wurde die Tscheka aufgelöst und eine neue Staatssicherheitspolizei, die „Staatliche Politische Verwaltung" (GPU), als Teil des russischen Republik-Volkskommissariates für Innere Angelegenheiten (NKWD) geschaffen[120]. Die Kompetenzen des Justizkollegiums der Tscheka wurden auf eine Sonderkommission des russischen NKWD, in der Vertreter von NKWD, de facto der GPU, und NKJu saßen, übertragen[121]. Der Hauptauftrag der GPU bestand weiterhin im „Schutz der revolutionären Ordnung"[122]. Da bei der Gründung der Sowjetunion am 30. Dezember 1922 kein Allunions-Volkskommissariat des Innern, sondern nur Republik-NKWDs errichtet worden waren, wurde die russische GPU 1923 zur Unionsbehörde OGPU (Vereinigte Staatliche Politische Verwaltung) umgegliedert[123]. Sie bildete jetzt eine selbständige Organi-

[117] Gründungsverordnung in: Altrichter, Sowjetunion I, Dok. 44, S. 101. Vgl. Wolin/Slusser, Secret Police, S. 3-4. Conquest, Anfang, S. 645-648. Jakobson, Origins, S. 22. Gliederung der Tscheka 1921: *Administrativ-Organisatorische Verwaltung*, *Geheim-Operative Verwaltung* mit *Geheimabteilung*, *Informationsabteilung*, *Operativabteilung*, *Abteilung für Gegenspionage (KRO)*, *Auslandsabteilung (INO)*, *Transportabteilung*, *Spezialabteilung (SpezO)*, *Sonderabteilung (OO)*, *Grenzabteilung* und *Abteilung zur Bekämpfung des Banditentums*, *Wirtschaftsverwaltung* (Leggett, Cheka, S. 230-232). Weitere Gliederungen: Dezember 1917: Ebd., S. 30. Sofinow, Abriß, S. 25-26. Ende 1918: Leggett, Cheka, S. 100-101. Anfang 20er: Mund, GPU, S. 93-96.

[118] Siehe dazu: Rossi, GULAG Handbook, S. 440, 453. Jakobson, Origins, S. 23.

[119] Er wurde am 16. März 1919 von ZK und Rat der Volkskommissare bestimmt und am 30. März 1919 vom ZEK bestätigt (Leggett, Cheka, S. 151). In der Literatur kursieren daher mehrere Daten: Sofinow, Abriß, S. 150. Tischkow, Tschekist, S. 63 (16. März 1919). Dzierzynski, Biographie, S. 225 (30. März 1919). Osteuropa-Handbuch. Wirtschaft, S. 540, nennt nur den 6. März 1923.

[120] Helmut Altrichter (Hg.). Die Sowjetunion. Von der Oktoberrevolution bis zu Stalins Tod. Band 1. Staat und Partei (dtv dokumente). München, 1986. Hier: Dok. 55, S. 118-121. Leggett, Cheka, S. 344-345.

[121] Leggett, Cheka, S. 347-348.

[122] Wolin/Slusser, Secret Police, S. 9-10. Conquest, Anfang, S. 648-649. Siehe zu den Staatssicherheitsbehörden in den Zeiten der NÖP: Lewytzkyj, Inquisition, S. 59-63.

[123] Es liegen verschiedene zeitliche Angaben vor: 30. Dezember 1922 (Organisationsübersicht in Osteuropa-Handbuch, Wirtschaft, S. 540). 15. November 1923 (Bey, Verschwörung, S. 153-155. Mund, GPU, S. 93. Leggett, Cheka, S. 352. Dzierzynski, Biographie, S. 280). 23. November 1923 (William R. Corson/Robert T. Crawley. The new KGB. Engine of Soviet power. New York, 1985. Hier: S. 125). Plaggenborg (Stefan Plaggenborg. Die Organisation des Sowjetstaates. In: Schramm,

sation unter der Leitung Dsershinskis, gehörte dem Rat der Volkskommissare der Sowjetunion mit beratender Stimme an und war bei den Räten der Volkskommissare der Unionsrepubliken durch Bevollmächtigte vertreten[124]. Nach Dsershinskis Tod am 20. Juli 1926 folgte als nomineller Leiter der OGPU W.R. Menschinski nach, die faktische Machtposition hatte aber G.G. Jagoda inne[125].

2.3.3.1 Die Konzentrationslager der Tscheka

Neben den den Besserungsarbeitsgedanken vollziehenden Einrichtungen von NKJu und NKWD ist in den Konzentrationslagern der Tscheka der sowjetischen Frühzeit die Wurzel der zweiten Traditionslinie des GULag zu sehen[126]. Die ersten sowjetrussischen Konzentrationslager entstanden 1918. Da die alten Gefängnisse überfüllt waren und Ausweichquartiere geschaffen werden mußten, wurden, so HELLER, bereits im Frühjahr 1918 erste Konzentrationslager eingerichtet[127]. Die ersten bekannten Verfügungen bezüglich der Einweisungen von politischen Gegnern und Angehörigen der „Bourgeoisie" in Konzentrationsla-

---

Handbuch, Kap. XI, S. 1413-1525. Hier: S. 1465) nennt erst die Unionsverfassung von 1924. Siehe dazu das 9. Kapitel der Unionsverfassung vom 6. Juli 1923 mit den Artikeln 61-63, die die OGPU betreffen in: Altrichter, Sowjetunion I, Dok. 64, S. 174, und in: von Borcke, KGB, S. 25.

124 Gliederung OGPU: *Geheim-Operative Verwaltung* mit der *Abteilung für Gegenspionage (KRO)*, der *Geheimabteilung (SO)* mit drei *Unterabteilungen für die Überwachung von Militärangehörigen, der Wirtschaft und Ausländern*, der *Abteilung für politische Arbeit*, der *Religiösen Abteilung*, der *Literarischen Abteilung*, die *Sonderabteilung (OO)*, *Spezialabteilung (SPEO)*, *Wirtschaftsverwaltung (EKU)*, *Informationsabteilung (INFO)*, *Operativabteilung (OPO)*, *Grenzabteilung (PO)*, *Auslandsabteilung (INO)* mit *Europaabteilung (EO)* und *Ostabteilung oder „Orientalische Abteilung" (WO)*, Hilfsabteilungen (Kommandantur, Gefängnisverwaltung, Wirtschaftsabteilung, Klubwesen, Druckerei etc.) (Nach: Bey, Verschwörung, S. 162-177, 213, und nach ihm: Mund, GPU, S. 104, 106-109, 113-116). Agabekov nennt die *Abteilung für Gegenspionage (KRO)* mit sechs Sektionen, die *Geheimabteilung (SO)*, die *Auslandsabteilung (INO)*, die *Ostabteilung (WO)* (als eigenständige und im Gegensatz zu Mund nicht der INO untergeordnete Abteilung), die *Spezialabteilung (SPEZO)*, *Wirtschaftsverwaltung (EKU)*, die *Sonderabteilung (OO)*, die *Grenzabteilung (PO)* und die *„Execution Section"* (Ders., OGPU, S. 255-267).

125 Wolin/Slusser, Secret Police, S. 10, 13. Conquest, Anfang, S. 649.

126 Diese Ansicht, die auch Solschenizyn (Ders., Archipel GULag II, S. 71) vertritt, wird von Solomon, Policy, und Beyrau, „Archipel GULAG", abgelehnt. Aus ihrer Sicht besteht keine Kontinuität von den ersten Konzentrationslagern über die späteren Solowezki-Lager zu Stalins GULag-Imperium. Die ersteren seien nicht hermetisch abgeriegelt, sondern vielmehr in Städten errichtet worden, und Zwangsarbeit habe in ihnen keine Rolle gespielt. Erst mit den Solowezki-Lagern, von denen Solomon als eigentlichen Vorgängern der GULag-Lager spricht (Ebd., S. 217), begänne die Vorgeschichte des GULag. Zuzustimmen ist den beiden Kritikern, daß es keinen „Wesenskern des Lagers" gibt, der durch diese drei Lagertypen hindurch tradiert worden wäre. Jedoch ist nicht zu leugnen, daß Tscheka, GPU und OGPU in den wenigen ihnen seit Mitte 1919 verbleibenden Lagern ihre Terrortradition fortsetzten, auf den Solowezki neu fundamentierten und schließlich diese Erfahrungen seit 1928 in den sich bildenden GULag einbrachten. Darin ist sicherlich nicht der einzige, aber einer der Traditionsstränge des GULag zu erblicken.

127 Heller, Stacheldraht, S. 9.

ger stammen von Trotzki[128]. Dies ist von Bedeutung, denn mit seiner Person sind auch die Militarisierung der Arbeit und besonders die Arbeitsarmeen der Zeit des Kriegskommunismus verbunden. Trotzki sah von den ersten Tagen der Existenz der Konzentrationslager deren Sinn nicht nur in Isolation der Gegner, sondern auch darin, diese zur Straf-Zwangsarbeit heranzuziehen[129]. In seiner Vorstellung waren, wie später in der Stalinzeit, die Lager nur ein Teil eines die gesamte Sowjetgesellschaft und Sowjetwirtschaft umfassenden Arbeitszwangssystems.

Nach JAKOBSON wurde im Juli 1918 angeordnet, der Tscheka einige bislang dem NKJu unterstehende Gefängnisse zu übergeben, und ihr gleichzeitig ausdrücklich erlaubt, Konzentrationslager einzurichten[130]. Vom 9. August 1918 liegt schließlich auch ein erster Befehl Lenins, Verdächtige in „Konzentrationslager" einsperren zu lassen, vor[131]. Rapide stieg die Zahl sowjetrussischer Konzentrationslager dann im Herbst 1918 mit Ausrufung des „Roten Terrors" an. Nach den Attentaten auf Lenin und den Petrograder Tscheka-Chef Uritzki (30. August 1918) verlautbarte die Tscheka am 3. September 1918, daß jeder, der gegen die Autorität der Sowjets agitiere, unverzüglich verhaftet und in ein Konzentrationslager gebracht werden würde[132]. Im Erlaß des Rates der Volkskommissare „Über den roten Terror" vom 5. September 1918 wurde die Tscheka ermächtigt, „die Sowjetrepublik vor ihren Klassenfeinden zu schützen, indem diese in Konzentrationslagern isoliert wer-

[128] Er gab als Volkskommissar für den Krieg am 4. Juni 1918 eine Verordnung heraus, in der er die Angehörigen der Tschechoslowakischen Legion aufforderte, die Waffen abzugegeben, und befahl, diejenigen, die sich weigern sollten, in ein Konzentrationslager zu sperren (Heller, Stacheldraht, S. 45-46). Über eine weitere Anweisung Trotzkis gibt es unterschiedliche Auslegungen. Nach Heller schlug er am 22. Juni 1918 in einem Memorandum an den Rat der Volkskommissare ein Regime des Zwanges gegen alle „Parasiten" vor: Die unangenehmsten Arbeiten sollten durch Angehörige der „Bourgeoisie" verrichtet werden, Offiziere, die sich weigerten, in die Rote Armee einzutreten, sollten in ein Konzentrationslager eingeliefert werden (Heller, Stacheldraht, S. 45-46). Bunyan, Forced labor, S. 54, nennt abweichend eine fast gleichlautende Forderung Trotzkis von „Frühjahr 1918", in dem er den Einsatz der „Angehörigen besitzender Klassen" bei „niedrigsten Arbeiten" in rückwärtigen Einheiten anordnet und befiehlt, daß Offiziere, die sich weigerten, in die Rote Armee einzutreten, in Zwangsarbeitslager, bei weiterer Aufsässigkeit in Konzentrationslager einzuweisen sein. Wahrscheinlich handelt es sich bei Hellers und Bunyans Trotzki-Text um ein und denselben. Bunyan gibt das Memorandum wahrscheinlich genauer wieder. In einem Tagesbefehl vom 8. August 1918 spricht Trotzki von Konzentrationslagern an mehreren Orten für „Verdächtige, Agitatoren, Schmarotzer und Spekulanten" (Heller, Stacheldraht, S. 45-46).

[129] Bunyan, Forced labor, S. 54.

[130] Jakobson, Origins, S. 37. Er weist aber darauf hin, daß dieses Dekret „unavailable" sei und nennt seine Quelle nicht.

[131] Es handelte sich um ein Telegramm Lenins an das Exekutivkomitee im Gouvernement Pensa: „Übt massiven Schrecken gegen Kulaken, Popen und weiße Garden. Steckt die Unsicheren in ein Konzentrationslager." (Nach: Heller, Stacheldraht, S. 46. Auch in: Leggett, Cheka, S. 103). Siehe dazu auch: Wolin/Slusser, Secret police, S. 5. Solschenizyn, Archipel GULag II, S. 18-19. Jakobson, Origins, S. 37. Leggetts Aussage, wonach in Lenins Telegramm „the first significant reference to concentration camps under the Soviet regime" sei (Ders., Cheka, S. 179), ist angesichts der vielen früheren Trotzki-Anordnungen nicht haltbar. Diese sind Leggett offenbar nicht bekannt, zumindest erwähnt er sie nicht.

[132] Die Proklamation wurde am 31. August 1918 verfaßt und am 3. September 1918 veröffentlicht (Leggett, Cheka, S. 179).

den"[133]. Diese „Absonderung" in ein Konzentrationslager galt nach der Erschießung als zweitschärfste Strafform. Nach dem Terrordekret begann die Tscheka in weit größerem Maße als bisher, Personen in Konzentrationslager einzusperren und dafür ein Konzentrationslagersystem aufzubauen[134]. Aus diesem Verfahren wurde kein Hehl gemacht. Der führende Tschekist Lazis bezeichnet in einem 1921 erschienenen Buch neben Hinrichtung und Überweisung an Gerichte als eine der wichtigsten Aufgaben der Tscheka, Personen in „Konzentrationslager" zu inhaftieren, um sie von der Gesellschaft zu isolieren[135]. Betrachtet man diese frühzeitig einsetzende Entwicklung, dann ist festzuhalten, daß bereits im Sommer 1918 das Konzentrationslager als gebräuchliches Straf- und Isolationsmittel in Sowjetrußland eingesetzt wurde[136].

Für diese frühe Sowjetzeit hat man sich die Konzentrationslager noch nicht als Einheiten innerhalb eines voll ausgebauten Lagersystems vorzustellen, vielmehr handelte es sich oftmals um spontane Gründungen örtlicher oder regionaler Instanzen[137]. Konzentrationslager entstanden an vielen Orten, oftmals stadtnah in ehemaligen Klöstern[138]. Die Insassenzahlen bewegten sich je Lager von mehreren Hundert bis zu einigen Tausend[139].

Die ersten Konzentrationslager dienten der Internierung und Isolierung politischer Gegner und wurden nicht aus wirtschaftlichen Überlegungen oder aus

[133] Leggett, Cheka, S. 110, 179. Jakobson, Origins, S. 23. In der offiziellen Geschichte der Tscheka heißt es dazu: „Die Sowjetregierung beauftragte die Tscheka, die Klassenfeinde in Lagern zu isolieren." (Sofinow, Abriß, S. 120). Zum Dekret über den „Roten Terror": Conquest, Anfang, S. 406 und 646. Lewytzkyj, Inquisition, S. 35. Solschenizyn, Archipel GULag II, S. 18-19. Dallin, Sowjetrußland, S. 194. Wolin/Slusser, Secret police, S. 6. Rossi, GULAG Handbook, macht widersprüchliche Angaben. Auf S. 175 nennt er ebenfalls das Dekret vom 5. September 1918, auf S. 66 sagt er hingegen, daß erst der Erlaß des ZEK der Arbeiter-, Bauern- und Soldatenräte vom 17. Februar 1919 die Lagereinweisungen der Tscheka legalisiert habe.

[134] Leggett, Cheka, S. 174. Heller, Stacheldraht, S. 47. Lewytzkyj, Inquisition, S. 23, 46-47. Dieser verwendet die Begriffe „Besserungsarbeitslager" und „Konzentrationslager" synonym, obwohl sie zwei unterschiedliche Kategorien bezeichnen.

[135] M.A. Lazis. Tschreswytschainye komissii po borbe s kontrrewoljuziei. Moskau, 1921. S. 8. Hier nach: Leggett, Cheka, S. 171.

[136] Heller, Stacheldraht, S. 50.

[137] Heller, Stacheldraht, S. 50.

[138] Beispiele: Pjatogorsk (Mund, GPU, S. 53, für 1918), Nishni Nowgorod (Leggett, Cheka, S. 179, unter Bezug auf Solschenizyn für 1918/19), Charkow (Leggett, Cheka, S. 200, für 1919), Rjasan (Solschenizyn, Archipel GULag II, S. 21, für 1921). Beispiele für die Unterbringung in Klöstern: Solowezki-Kloster, Cholmogory (Frauenkloster), Pertominsk, Nishni Nowgorod. Ähnliche Beurteilung bei Bey, Verschwörung, S. 243 (Stadtnähe), und Bey, Verschwörung, S. 257, Heller, Stacheldraht, S. 65, Leggett, Cheka, S. 179 (Nutzung von Klöstern).

[139] Leggett, Cheka, S. 112, nennt die Vollzugsmeldung einer regionalen Tscheka, ein Konzentrationslager mit 1000 Inhaftierten eingerichtet zu haben. Er datiert diese Meldung nicht genau, spricht von ihr aber im Zusammenhang mit den Maßnahmen des „Roten Terrors". Es ist daher davon auszugehen, daß dieses Konzentrationslager Ende 1918 errichtet wurde. An anderer Stelle (S. 179) berichtet er von einem Konzentrationslager in Nishni Nowgorod 1918/19, in dem 5000 Menschen eingesessen hätten. In Tche-Ka, S. 289-290, wird für Cholmogory für Mitte November 1920 von 1200 Insassen gesprochen.

dem Besserungsarbeitsgedanken heraus errichtet[140]. Es besteht in diesem Punkt ein klarer Gegensatz zwischen der Strafvollzugspraxis der Tscheka und der des NKJu. Zwar wurde in den Konzentrationslagern der Tscheka von Beginn an Straf-Zwangsarbeit geleistet, jedoch bot diese vielen Häftlingen Gelegenheit zur Flucht. Die Tscheka untersagte daher im November/Dezember 1918 die Arbeit ihrer Gefangener innerhalb größerer Städte, da dort das Untertauchen besonders leicht war, und begann, Konzentrationslager in die nördlichen Teile des Landes, insbesondere in das Gouvernement Archangelsk zu verlegen[141]. Die bekanntesten der frühen Konzentrationslager lagen alle in dieser Region: auf den Solowezki-Inseln[142], in Archangelsk[143], in Cholmogory bei Archangelsk[144] und Pertominsk bei Archangelsk[145].

In den Konzentrationslagern saßen Angehörige der im Zarismus herrschenden Schichten, politische Gegner, Mißliebige und Geiseln. Auch die von BUNYAN erwähnten Arbeiter, die sich der Arbeitsmobilisierung während des Bürgerkrieges entzogen und dafür als „Deserteure" mit Konzentrationslagerhaft bestraft wurden, sind zu nennen[146]. Diese Gefangenen wurden, wie später auf den SLON, in Kriminelle, „Konterrevolutionäre" und „Politische" unterteilt[147].

---

[140] Siehe dazu: Solschenizyn, Archipel GULag II, S. 135. Kostantin Shteppa. Feliks Dzerzhinski. Creator of the Cheka and founder of „Chekism". In: Wolin/Slusser, Secret police, S. 65-95. Hier S. 94. Rossis Vorwort in: Ders., GULAG Handbook. Heller, Stacheldraht, S. 50 irrt, wenn er das Konzentrationslager der Frühzeit mit den Lagern der Stalinzeit völlig gleichsetzt und behauptet, beide seien als „außergerichtliche Maßnahme" Lager für potentielle Feinde, nicht für Personen, die Verbrechen begangen hätten, gewesen (Ebd., S. 9). Zum ersten gab es nicht „das" Lager der Stalinzeit, sondern, wie noch zu zeigen sein wird, eine Vielfalt unterschiedlicher Lagertypen für unterschiedliche Zielgruppen. Zum zweiten kamen in diese sehr wohl auch Personen, die wegen krimineller Taten verurteilt worden waren. Die Lager der Stalinzeit sind nicht ausschließlich als „außergerichtliche Maßnahme" zu werten. In sie wurden Menschen durch Verwaltungsbeschluß, aber auch aufgrund eines „regulären" Gerichtsurteils verbracht.

[141] Jakobson, Origins, S. 39. Zu den Verhältnissen in den nördlichen Lagern der Tscheka: Ebd., S. 40-43, darunter Auszüge von Insassenberichten (Ebd., S. 41-43).

[142] Popoff, Tscheka, S. 236, berichtet für November 1921 von der Existenz des „Gefangenenlagers auf der Solowezk-Insel", welches „als das schlimmste im bolschewistischen Rußland" gelte. Mund, GPU, S. 75, nennt das Konzentrationslager auf den Solowezki-Inseln als „erste Strafkolonie". Seinen anderen Angaben zufolge müßte es bereits 1918 eingerichtet worden sein. In Rossi, GULAG Handbook, S. 403, ist jedoch davon die Rede, daß erst 1922 im Zuge der SLON-Gründung die Klostergebäude zur Errichtung eines Lagers an die GPU übertragen worden sei

[143] Popoff erwähnt das Konzentrationslager in Archangelsk sehr oft (Ders., Tscheka, S. 143, 165, 223, 232-240). Nach Leggett, Cheka, S. 328, waren dort, wie in Cholmogory, Tausende Kronstadt-Matrosen inhaftiert.

[144] Nach Rossi bestand in Cholmogory seit 1919 eines der ersten Konzentrationslager der Tscheka (Ders., GULAG Handbook, S. 482). Mund, GPU, S. 74, nennt ebenfalls das Jahr 1919. Nach Tche-Ka, S. 289-290, wurde das Lager in Cholmogory hingegen erst im Mai 1920 eingerichtet. In Cholmogory waren besonders viele der Kronstadt-Aufständischen inhaftiert (Leggett, Cheka, S. 328).

[145] Mund, GPU, S. 87, spricht von „Portaminsk" für spätestens 1921.

[146] Bunyan, Forced labor, S. 127, 166. Bunyan nennt in bezug auf die Mobilisierung des Eisenbahnpersonals eine Strafandrohung von fünf Jahren Konzentrationslagerhaft bei Desertion (Ebd., S. 184).

[147] Zu Insassen: Heller, Stacheldraht, 50. Zu Kategorien: Legget, Cheka, S. 175. Bunyan, Forced labor, S. 139.

Die „Politischen", meist Angehörige nichtbolschewistischer sozialistischer Gruppierungen, nahmen, noch aus zaristischer Tradition herrührend, eine privilegierte Stellung ein[148]. Bis auf sie wurden alle Insassen zur Straf-Zwangsarbeit herangezogen[149]. Das Lagerregime bot den Häftlingen noch relativ viel Freiraum, eine Isolation von der freien Bevölkerung war zwar beabsichtigt, wurde aber nicht erreicht[150]. Wie auch später auf den SLON und dann im GULag bestand die Verwaltung der Lager aus Häftlingen, im Falle Cholmogory aus verhafteten Kommunisten[151]. Abweichend von den Zwangsarbeitslagern des NKWD blieben die Konzentrationslager der Geheimpolizei völlig autonom. Keine andere Behörde hatte dort Mitbestimmungsrechte[152].

Bis Mitte des Jahres 1919 war es der Tscheka gelungen, eigene Gefängnisse und Konzentrationslager in allen größeren Städten zu errichten. Sie nutzte dabei meist frühere *katorga*-Gebäude der Zarenzeit, Einrichtungen, die früher dem zaristischen Justizministerium unterstanden, Klöster oder Verwaltungsgebäude[153].

Der massive Terror und die Eigenmächtigkeiten der Tscheka mit Massenerschießungen und Einlieferungen vieler Personen in Konzentrationslager riefen jedoch den Widerstand von NKWD, NKJu, Generalstaatsanwalt und Wirt-

---

148 Das politische Regime war das mildeste aller sowjetischen Strafregime. Es stammte noch aus der Zarenzeit und existierte offiziell bis 1930. Politische Häftlinge dieses Regimes wurden nicht mit Kriminellen zusammengelegt und konnten einen Ältesten als Vertreter wählen, der sie bei Verhandlungen und Besprechungen mit der Lagerleitung vertrat und sogar Kontrollfunktionen, so in der Küche, besaß. Sie bekamen eine spezielle „Politration", durften unbegrenzt Pakete und Briefe empfangen, Sport treiben, Zeitungen abonnieren und lesen und Diskussionszirkel unterhalten. Sie hatten unbegrenzten Ausgang, brauchten nicht zu arbeiten, einige konnten alleine, manchmal sogar mir ihren Familien wohnen (Zu den Privilegien: Rossi, GULAG Handbook, S. 321, 405).

149 Heller, Stacheldraht, S. 50. Leggett irrt, wenn er sagt, daß in den Konzentrationslagern alle Häftlinge zur Arbeit verpflichtet gewesen seien (Ders., Cheka, S. 175-176). Er übersieht die privilegierte Stellung der „Politischen". Dallin/Nicolaevsky, Arbeiter, S. 67-68, weisen die Zwangsarbeit der frühen Jahren ausschließlich den Haftstätten der Kriminellen und ausdrücklich nicht den Konzentrationslagern für die politischen Gegner zu. Dies ist falsch.

150 Solschenizyn, Archipel GULag II, S. 21, beschreibt das Konzentrationslager in Rjasan im Jahr 1921: Die Häftlinge seien in Lagerwerkstätten (Weberei, Schneiderei, Schuhmacherei), seit 1921 auch zu „Allgemeinen Arbeiten" eingesetzt worden. Letztere hätten in Bau- und Reparaturarbeiten in der Stadt bestanden. Während der Marsch dorthin unter Bewachung vonstatten gegangen sei, seien die Arbeiten in der Stadt völlig unbeaufsichtigt erfolgt, so daß ein enger Kontakt zur Bevölkerung entstanden sei. Selbst die Möglichkeit der faktisch freien Arbeit in einem Büro oder bei der Eisenbahn sei vorgekommen. Diese Freigänger hätten sich dann lediglich zum Schlafen wieder im Lager eingefunden. In einem Kapitel einer Exil-Publikation der russischen Sozialrevolutionäre (Kapitel XII „Le camp de concentration de Kholmogory" in: Tche-Ka, S. 289-296) werden die Zustände in einem der ersten Konzentrationslager, Cholmogory, beschrieben. Danach wurde das Lager im Mai 1920 in einem ehemaligen Frauenkloster eingerichtet. Vorher habe sich das Konzentrationslager auf den Solowezki befunden. Möglicherweise war die Verlegung im Zuge des Bürgerkrieges notwendig geworden. Im Konzentrationslager Cholmogory waren nach den Angaben der Publikation Mitte November 1920 insgesamt 1200 Personen inhaftiert, von denen sich 600 im Hauptlager und weitere 600 in vier Außenstellen befanden. Insgesamt seien von Mai bis November 1920 3000 Personen durch das Lager geschleust worden (Ebd., S. 289-290).

151 Für Cholmogory: Tche-Ka, S. 291.

152 Rossi, GULAG Handbook, S. 191.

153 Jakobson, Origins, S. 38.

schafts-Volkskommissariaten hervor. Die einen sahen ihre eigenen Befugnisse eingeschränkt, die anderen kritisierten die Inhaftierung der in der Wirtschaft dringend benötigten „bürgerlichen Spezialisten“[154]. Dennoch wurden die Rechte der Tscheka, Personen in Lager einzuweisen, in dem bereits erwähnten ZEK-Beschluß vom 17. Februar 1919 bestätigt. Die Mehrheit der von der Tscheka errichteten Lager wurde jedoch Mitte 1919 direkt dem russischen NKWD unterstellt[155]. Dies ist aus zweierlei Gründen verständlich. Im Februar-Dekret war ohnehin vorgesehen, daß die neuen Zwangsarbeitslager nur zeitweilig der Tscheka unterstellt werden sollten; außerdem waren in den Zwangsarbeitslagern, die einen neuen Lagertyp darstellten, nicht mehr nur besonders gefährliche Feinde, für die die Tscheka zuständig war, sondern auch normale Arbeitsverweigerer inhaftiert.

Dennoch blieben einige wenige Lager weiterhin direkt der Tscheka unterstellt und die Kompetenz, auf dem Verwaltungswege in diese einzuweisen, bestehen. In den bei der Tscheka verbliebenen Konzentrationslagern dauerte der Typ des Konzentrationslagers fort. Zwar hatte ein Dekret vom 14. November 1919 erlaubt, auch besonders hartnäckig undisziplinierte Arbeiter in Konzentrationslager zu sperren, jedoch wurden im Unterschied zu den Zwangsarbeitslagern des NKWD in die wenigen Tscheka-Konzentrationslager in der großen Mehrheit weiterhin Personen eingeliefert, die als politisch gefährlich galten[156].

Mit dem großem Umschwung 1921/1922 setzte auch im Tscheka-Lagersystem ein Wandel ein. Der Bürgerkrieg war beendet. Die Sowjetregierung bemühte sich um die Rückkehr zu geordneteren Verhältnissen. Am 8. Januar 1921 erließ Dsershinski eine Verordnung „Über die Strafpolitik der Tscheka unter den neuen Bedingungen“. Darin ordnete er an, daß gegenüber Arbeitern und Bauern künftig nachsichtiger als bisher verfahren, die „Bourgeoisie“ aber weiterhin mit aller Härte unterdrückt werden solle. In den überfüllten Sondergefängnissen und Konzentrationslagern der Tscheka sollten Arbeiter und Bauern von den „Klassenfeinden“ getrennt und letztere in Konzentrationslagern abgesondert werden[157].

Dies führte zur Auflösung der bisherigen allgemeinen Konzentrationslager und Errichtung besonderer Konzentrationslager für „Bürgerliche“ und politische Gegner. Bei dieser Entscheidung spielten aber auch andere Gründe eine Rolle. Während die Zwangsarbeitslager des NKWD offiziell den Charakter von „Besserungsarbeitseinrichtungen“ annahmen und Normalität suggerierten, la-

[154] Siehe dazu Leggett, Cheka, S. 121-157 (Kapitel 7 „State within state: Vecheka versus NKWD and Judicary“) und Lewytzkyj, Inquisition, S. 46, 54-55.

[155] Conquest, Anfang, S. 406. Oppenheim, Labor camps, S. 236-237. Solomon, Policy, S. 200.

[156] Leggett, Cheka, S. 179-180, 242, 410, Anmk. 21. Heller, Stacheldraht, S. 55, sieht vornehmlich „Feinde der Partei“ als Insassen der bei der Tscheka verbleibenden Konzentrationslager.

[157] Zum Befehl Dsershinskis vom 8. Januar 1921 über die Absonderung der „Bourgeoisie“: Heller, Stacheldraht, S. 64. Leggett, Cheka, S. 180. Lewytzkyj, Inquisition, S. 55. Die bei Rossi genannten Lager z.b.V. (*Lagerja osobogo nasnatschenija*), die ab 1920 während des Bürgerkrieges errichtet worden und nach Ende des Krieges unter Tscheka-Aufsicht geblieben seien (Ders., GULAG Handbook, S. 193-194), gehörten sehr wahrscheinlich zur Gruppe dieser besonderen Konzentrationslager. Der Begriff *osobogo nasnatschenija* taucht im übrigen nur wenig später, 1921, auch in der Bezeichung „SLON“ (*Sewernye lagerja osobogo nasnatschenija)* auf.

gen die verbliebenen Konzentrationslager der Tscheka weiterhin in Stadtnähe. Bei dem Entschluß, die Konzentrationslager aus dem Blickfeld der Öffentlichkeit zu verbannen, stand sicherlich auch der Gedanke Pate, daß stadtnahe Konzentrationslager keine Werbung für den jungen sozialistischen Staat seien[158]. Die Konzentrationslager alter Prägung wurden auch nicht mehr als zweckmäßig angesehen, da eine vollständige Isolation der politischen Gefangenen von der Umgebung des Lagers nicht gewährleistet werden konnte. Hinzu kam die Kritik, daß in den Konzentrationslagern nur wenig gearbeitet und freie Verpflegung gewährt werde, während die Bevölkerung hungerte[159]. Noch im gleichen Jahr 1921 wurden die Lager im Gouvernement Archangelsk in „Nördliche Lager zur besonderen Verwendung“ *(Sewernye lagerja osobogo nasnatschenija, SLON)* der Tscheka umbenannt[160]. Alle andere Konzentrationslager der Tscheka bestanden allerdings bis 1922 unter ihren alten Namen weiter[161].

Nur wenig später, am 6. Februar 1922[162], ging die Tscheka samt den Konzentrationslagern und neu errichteten SLON als GPU im russischen NKWD auf. Diese Unterstellung änderte allerdings nichts an den Sonderkompetenzen der Geheimpolizei.

Wie bereits berichtet, war im Zeitraum zwischen Februar und 2. Mai 1922 angeordnet worden, mit der Ausnahme zweier Gefängnisse in Moskau und Petrograd alle Lager und Gefängnisse der GPU, also faktisch auch die Konzentrationslager der GPU, bis zum 1. Juli 1922 an das NKJu zu übergeben[163]. Die Übergabe der GPU-Institutionen an das NKJu ging hingegen nur schleppend voran, und in Ausführung der obengenannten gegenläufigen Anordnung vom 12. Oktober 1922 übergab nun das NKJu alle Haftanstalten wiederum an das NKWD. Innerhalb des NKWD behielt die GPU mit Erlaubnis Dsershinskis ein

---

158 So auch Bey, Verschwörung, S. 243.

159 Rossi, GULAG Handbook, S. 175.

160 Lewytzkyj, Inquisition, S. 55. Solschenizyn, Archipel GULag II, S. 20. Jakobson, Origins, S. 43, 38 (Schema Nr. 5), datiert die Errichtung der SLON falsch auf 1920 statt 1921, obwohl er sich auf Solschenizyn bezieht, der eindeutig von 1921 spricht. Zum Namen: Rossi, GULAG Handbook, S. 396, und Jakobson, Origins, S. 43. Angemerkt sei bereits hier, daß die Nördlichen Lager zur besonderen Verwendung (SLON) in den Jahren 1922 oder 1923 in „Solowezker Lager zur besonderen Verwendung (SLON)“ umbenannt wurden. Die Bezeichnung änderte sich somit, die Abkürzung SLON blieb aber die gleiche (Dazu: Jakobson, Origins, Schema Nr. 5, S. 38. Solschenizyn, Archipel GULag II, S. 38, 670).

161 Jakobson, Origins, S. 43-44.

162 Rossi nennt dieses Datum nicht. Stattdessen berichtet er – wie bereits ausgeführt (Vgl. Kap. 2.3.1) – von dem Beschluß des Rates der Volkskommissare vom 25. Juni 1922, den er allerdings auf den 25. Juli 1922 datiert, wonach die GPU-Konzentrationslager dem NKWD übertragen worden seien. Als dies von der GPU ignoriert worden sei, seien die Konzentrationslager am 23. August 1922 mit einem Erlaß des ZEK dem NKJu unterstellt worden. Auch dies sei aber von der GPU nicht beachtet worden (Rossi, GULAG Handbook, S. 175). Rossi übersieht, daß bereits seit dem 6. Februar 1922 die GPU ein Teil des russischen NKWD war und innerhalb des NKWD die eigenen Lager weiterführte. Die von Rossi genannte Anweisung vom 25. Juni 1922 betraf die Unterstellung von NKJu-Hafteinrichtungen und nicht die der GPU-Konzentrationslager unter das NKWD. Dies war bereits am 6. Februar 1922 geschehen. Das zweite von Rossi genannte Datum 23. August 1922 wird bei keinem anderen Autor erwähnt.

163 Jakobson, Origins, S, 67-68, 111. Vgl. Kap. 2.3.1.

eigenes Strafvollzugssystem, das die SLON, Isolatoren in Moskau und anderen Städten sowie etwa zehn kleinere Lager umfaßte[164]. Am 16. Oktober 1922 wurde festgesetzt, daß innerhalb des russischen NKWD eine zur GPU gehörige Kommission über Ausweisungen zu befinden hatte und die Befugnis bekam, „sozialgefährliche Personen" „in Zwangsarbeitslagern für die .. Dauer (nicht über drei Jahre) unterzubringen"[165]. Die GPU hatte somit weiterhin eigene Möglichkeiten, Personen in die ihr verbleibenden Lager einzuweisen

Die Zahl der Insassen in diesen GPU-Einrichtungen war jedoch erheblich geringer als die der NKWD-Zwangsarbeitslager[166].

Es liegen widersprüchliche Informationen darüber vor, welche Dienststellen von Tscheka, GPU und OGPU für die der Geheimpolizei unterstehenden Hafteinrichtungen zuständig waren[167]. Von 1918 bis 1921 wurde die zuständige Dienststelle der Tscheka wahrscheinlich als *Kommandantur* (*komendantura*) oder *Operativabteilung und Kommandantur (Operatiwny otdel i komendatura)* bezeichnet[168]. Im Jahre 1921 erfolgte dann die Umbenennung in *Spezialabteilung (Spezialny otdel, SpezO)*[169], deren Leiter *Gleb Boki*, sein Stellvertreter *J. P. Feldman* waren[170].

Die SpezO hatte neben der Aufsicht über Lager, Gefängnisse und Verbannungsorte von Tscheka und GPU eine Fülle weiterer Aufgabe, so die Dechiffrierung von Dokumenten anderer Staaten und Fälschungen[171]. Möglicherweise

---

164 Jakobson, Origins, S. 112.

165 Altrichter, Sowjetunion I, Dok. 56, S. 121-122. Dreijahresfrist und Lagerhaft/Lagereinweisung standen somit schon sehr früh in einem engen Zusammenhang. Es ist allerdings zu unterscheiden, ob die GPU und ihre Nachfolger Gefangene auf administrativem Wege für höchstens drei, später dann fünf, Jahre in ein Lager einweisen durfte oder ob, wie spätestens ab 1930 der Fall, die Justiz Mindeststrafen von drei Jahren, die dann ebenfalls die Einweisung in ein Lager zur Folge hatte, erteilte.

166 Jakobson nennt für 1920 40-60.000 Insassen in Gefängnissen und Lagern der Tscheka (Ders., Origins, S. 39), für Ende 1923 nur noch 7.000 GPU-Häftlinge (Ebd., S. 112). Offizielle Zahlen liegen für 1922 bei 24.750 in 56 Konzentrationslagern und 1923 bei 23 Lagern (Leggett, Cheka, S. 180). Leggett bemerkt zu Recht, daß die SLON-Insassen in diesen Zahlen nicht enthalten sind.

167 Siehe dazu das Schema Nr. 5 in: Jakobson, Origins, S. 38.

168 Jakobson, Origins, S. 37, unter Bezug auf den früheren Tschekisten Dumbadze.

169 Jakobson, Origins, S. 37-38, unter Bezug auf den früheren Tschekisten Agabekov. Agabekov nennt als Aufgabe der SpezO ebenfalls „surveillance of prisons and deportation places" (Ders., OGPU, S. 257, 263-264). Auch Bey weist der „SPEKO, Spezialabteilung" die Verantwortung für „Gefängnisse, Verbannungsorte und Hinrichtungen" zu (Ders., Verschwörung, S. 213). Nach Leggett, Cheka, S. 232, und 408, Anmk. 184, wurde die SpezO spätestens 1921 gegründet. Ihre Hauptaufgabe sei die Kontrolle der Konzentrationslager und anderer Haftorte der Tscheka gewesen. Ebenso: Andrew/Gordiewsky, KGB, S. 119.

170 Jakobson, Origins, S. 47. Siehe auch Bild Bokis: Ebd., S. 7. Nach Bey war „Gleb Bokia" als einziger Abteilungsleiter Stalin persönlich unterstellt (Ders., Verschwörung, S. 213).

171 Agabekov führt die Aufsicht über Hafteinrichtungen erst nach den aus seiner Sicht offensichtlich bedeutsameren Dechiffrierarbeiten an. Nach seinen Angaben war die SpezO formal Teil der OGPU, faktisch aber direkt dem ZK der KPdSU unterstellt (Ders., OGPU, S. 257, 263-264). Die direkte Unterstellung unter das ZK oder Stalin beruhte auf der Dechiffriertätigkeit und erfolgte nicht wegen der Aufsicht über die Hafteinrichtungen der OGPU. Die SpezO darf nicht mit der für militärische Gegenspionage zuständigen Sonderabteilung (Osoby Otdel, OO) verwechselt werden. (Da im Deutschen die englischen Begriffe „section" und „department" beide mit „Abteilung" übersetzt werden und die russischen Begriffe für „Sonder-" [osoby] und „Spezial-" ebenfalls oft gleich bezeichnet werden, tauchen in der Literatur Verwechslungen auf.).

hatten neben der SpezO noch andere Dienststellen Verantwortung für Gefängnisse[172]. Indem die Aufsicht über die Lager nur eine unter vielen Aufgaben einer Abteilung war und nicht einer besonderen Dienststelle zugeordnet wurde, zeigt sich, daß die Lager in den zwanziger Jahren innerhalb der GPU/OGPU bei weitem noch nicht die Bedeutung wie ab Ende der zwanziger Jahre hatten.

2.3.3.2 *Die „Nördlichen Lager zur besonderen Verwendung" (SLON) von Tscheka/GPU/OGPU (1921 bis 1928/29)*[173]

2.3.3.2.1 Die SLON als Konzentrationslager (1921-1925)

Die ab 1921 gegründeten SLON sind als Urzelle des späteren sowjetischen Lagersystems der Stalinzeit anzusehen[174]. Die ersten SLON entstanden 1921, oftmals am Ort bereits bestehender Konzentrationslager, in Pertominsk, Cholmogory[175] und in und unmittelbar bei Archangelsk. Bald darauf folgten Kem an der karelischen Ostküste und die Solowezki-Inseln. Die zentrale Verwaltung (USLON) lag bis 1923 in Archangelsk. Die SLON-Hafteinrichtungen trugen zunächst eher den Charakter von Politisolatoren, also Isolationsgefängnissen für

172 Mund, GPU, S. 104, erwähnt bei seiner Übersicht über die Gliederung der OGPU in der zweiten Hälfte der zwanziger Jahren neben der bei ihm „SPEO (Spezielle Abteilung)" genannten SpezO noch eine „Gefängnisverwaltung", die zu den „Hilfsabteilungen" gezählt habe. Nach Agabekov unterstanden Gefängnisse besonders strikten Regimes, in denen die Gefangenen in Dunkelzellen saßen und keine Erlaubnis zum Hofgang hatten, einer „Exekutionsabteilung". Diese sei für die Bewachung und Erschießung der dort Einsitzenden zuständig gewesen (Ders., OGPU, S. 265-266). Diese Abteilung wird ansonsten nirgendwo erwähnt.

173 Zu den Solowki siehe besonders Solschenizyn, Archipel GULag I, S. 438-442, II, S. 20, 26-66. Bey, Verschwörung, S. 239-258, der sich dabei auf Berichte von Ex-Solowki-Häftlingen stützt (General I. M. Saizew. Solowki. Shanghai, 1931. Klinger. In: Archiv der russischen Revolution Band 19, Berlin, 1928. Bessonow, 26 Gefängnisse und die Flucht von Solowki, Paris, 1930). Rossi, GULAG Handbook, S. 403-408. Allgemeine Angaben weiter bei: Dallin/Nicolaevsky, Arbeiter, S. 68, 77, 79, 95, 117. Melville/Steffens, Bevölkerung, S. 1100. Dallin, Sowjetrußland, S. 196. Lewytzkyj, Inquisition, S. 75-76. Beyrau, „Archipel GULAG", S. 549. Swianiewicz, Forced labour, S. 59-60. Eine Liste wichtiger Memoiren zu den Solowki nennt Rossi, GULAG Handbook, S. 408. Gut recherchierter publizistischer Bericht über die SLON: Joachim Jung. Die Flüche und Seufzer der Ermordeten. Ein Besuch auf dem Archipel GULag. In: FAZ v. 21. November 1992. Allgemeiner: Meinrad von Ow. Ein Denkstein im Weißen Meer. Als Klosterreich Außenposten des Zaren, als Gulag Symbol des Schreckens: die Solowezki-Inseln am Rande des Polarkreises. In: FAZ v. 5. Dezember 1991. Zu einem sowjetischen Dokumentarfilm des Drehbuchautors Viktor Listow über die SLON unter dem Titel „Solowezkische Macht" und Informationen über einen zwischen 1925 und 1927 von den sowjetischen Staatssicherheitsbehörden erstellten und im Filmarchiv von Krasnogorsk liegenden Film „Solowezki": Josef Nyary. Erster sowjetischer Bericht über Stalins erstes Todeslager. In: Welt am Sonntag v. 9. April 1989, und Laqueur, Stalin, S. 101-103.

174 Fainsod, Russia, S. 362, wertet die SLON als „ the primary base of the OGPU detention system". Solschenizyn bezeichnet die SLON als „die Alma mater des GULag" (Ders., Archipel GULag II, S. 130). In der Filmkritik Korneschows bewertet dieser die SLON als „eine[n] der wichtigsten Herde des GULAG" (In: Iswestija vom 21. Dezember 1988). Bacon, Gulag, S. 54, spricht vom „OGPU camp network" als „forerunner of the Gulag".

175 Leggett, Cheka, S, 180, nennt Ende 1921 als Zeitpunkt der Umwandlung des dortigen Konzentrationslagers in ein SLON-Lager. Bis zur Schließung Cholmogorys im August 1922 habe es dort Massenerschießungen gegeben.

politische Gegner, als von Lagern[176]. Über die inneren Verhältnisse in diesen frühen SLON ist kaum etwas bekannt[177].

1923 erfolgte eine größere Umorganisation innerhalb des SLON-Lagersystems. Da die bisherigen SLON-Lager zu klein geworden waren, löste man bis Sommer 1923 die SLON-Festlandslager auf, transportierte deren Insassen auf die Solowezki-Inseln[178] und nutzte diese Gelegenheit, um einen großen Teil der Häftlinge zu ermorden[179]. Die USLON wurde aus Archangelsk auf die Große Solowezki-Insel verlegt, aus den „Nördlichen Lager zur besonderen Verwendung (SLON)" wurden nun die „Solowezker Lager zur besonderen Verwendung (SLON)"[180]. Zur gleichen Zeit wurden auch die meisten der noch bestehenden Konzentrationslager in anderen Orten der Sowjetunion geschlossen; die Lager, die in Betrieb blieben, wurden zu Außenstellen der SLON, so daß unter diese bis zur Ausdehnung des Lagersystems 1928/29 alle Lager der Tscheka und ihrer Nachfolgeorganisationen fielen[181].

Der personelle Umfang der SLON hielt sich zunächst in engen Grenzen. Die durchschnittliche Insassenzahl der Solowezki-Lager der ersten Hälfte der zwan-

[176] Wenn Mund, GPU, S. 90, davon spricht, daß in Pertominsk Ende 1922 ein Lager „zur langsamen Ermordung des bürgerlichen Elementes" entstanden sei, so ist daran wahrscheinlich eine propagandistische Deutung der Einrichtung des SLON-Lagers Pertominsk zu sehen.

[177] Mund, GPU, S. 90, spricht für Pertominsk von einem „halbverfallenen Klostergebäude, ohne Öfen, ohne Pritschen, fast ohne Süßwasser". Er belegt dies aber nicht, und angesichts des nationalsozialistischen Propagandacharakters der Schrift ist Vorsicht geboten.

[178] Heller, Stacheldraht, S. 78-79, nennt das Jahr 1923, in dem die ersten größeren Gefangenentransporte aus Archangelsk und Cholmogory, darunter die inhaftierten Kronstädter Matrosen, sowie aus Pertominsk, von wo vor allem nichtbolschewistische Sozialisten und Anarchisten gekommen seien, eingetroffen seien. Leggett datiert die Verlegung des Lagers Cholmogory auf die Inseln mit August 1922. Er nennt den Zeitraum 1921-23, in dem die Konzentrationslager auf die Solowezki-Inseln verlegt worden seien. Zuerst seien „weiße" Offiziere, dann Kronstadt-Matrosen, im Februar 1922 Anarchisten und dann Sozialisten auf der Insel eingetroffen (Ders., Cheka, S. 180-181). Rossi berichtet, daß die Klostereinrichtungen auf den Solowki 1922 von der Sowjetregierung an die GPU übergeben worden seien. Die dort lebenden Mönche seien erschossen, ins Innere Rußlands deportiert oder zum Aufbau des Lagers eingesetzt worden. Als erstes seien Häftlinge aus den Konzentrationslagern Cholmogory und Pertominsk 1922 in das neue Solowezki-Lager verlegt worden (Ebd., S. 403, 482). Dieser erste Transport von 159 Häftlingen sei am 1. Juli 1923 auf der Insel eingetroffen (Ebd., S. 404).

[179] Popoff, Tscheka, S. 232-240, schildert eine vorgetäuschte Verlegung von 800 zaristischen Offizieren im November 1921 aus einem Konzentrationslager in Archangelsk in das Lager auf den Solowezki-Inseln. Diese Verlegung sei jedoch nicht durchgeführt worden, da die Offiziere, darunter Popoffs Bruder, am Strand erschossen worden seien.

[180] Dazu: Jakobson, Origins, Schema Nr. 5, S. 38. Solschenizyn, Archipel GULag II, S 38, 670. Auch in einem Beitrag in der Iswestija vom 21. Dezember 1988 (Lew Korneschow. Slye wetry is proschlogo. Sostojalas premera chudoshestwenno-publizistitscheskogo filma „Wlast Solowezkaja") werden die SLON mit „Solowezker Lager zur besonderen Verwendung" benannt.

[181] Solschenizyn, Archipel GULag II, S. 22, berichtet, daß mit der Errichtung der SLON die Konzentrationslager überflüssig geworden und abgeschafft worden seien. Rossi, GULAG Handbook, S. 473, spricht für 1923 von einem OGPU-Konzentrationslager im Flußgebiet von Uchta und Petschora, nennt dieses an anderer Stelle gemeinsam mit SOLIKAMLag und anderen eine Außenstelle der Solowezki-Lager auf dem Festland. Bis 1929 seien die SLON-Hauptlager und SLON-Außenstellen die einzigen Konzentrationslager geblieben (Ebd., S. 404). Heller, Stacheldraht, S. 260-261, bezeichnet ein Lager an der Wischera, in dem Schalamow 1929 bis 1934 einsaß, als SLON-Lager.

ziger Jahre umfaßte einige Tausend[182]. Der Anteil der finanziellen Mittel für die Gefangenenbewachung[183] und für das Lagersystem allgemein vom Gesamtetat der OGPU war aus diesem Grund wahrscheinlich sehr gering. Die SLON der ersten Hälfte der zwanziger Jahre wurden zwar schon bald ein Synonym für den Terror der Sicherheitsorgane, sie waren aber, im Unterschied zum GULag der Stalinzeit, nur eine nachrangige Aufgabe von Tscheka, GPU und OGPU.

Mit dem jahrhundertealten Kloster samt seinen Gebäuden, Wegen und Werkstätten boten die Solowki ausreichende infrastrukturelle Grundlagen, um einen größeren Lagerkomplex dort anzusiedeln. Neben der logistisch günstigen Lage sprach die Möglichkeit der perfekten Isolation dafür, die Häftlinge auf der abgelegenen Inselgruppe, von der zu fliehen fast ausgeschlossen war, zu konzentrieren. Sammelstelle und Verteilungs- und Transitpunkt für die Solowki-Lager waren zunächst die östlich gelegenen Popow-Inseln, dann ein Lager in der karelischen Stadt Kem[184]. Zentralpunkt des Lagersystems war die Große Solowezki-Insel mit dem ehemaligen Kreml des Klosters, wo die SLON-Verwaltung (USLON), die im Zuge der Umorganisation von Archangelsk 1923 dorthin verlegt worden war, residierte[185]. Das Solowezker Lager selbst trug innerhalb der SLON die offizielle Bezeichnung *SLag (Solowezkije lagerja OGPU)*[186]. Im Inselinneren und auf den kleineren umliegenden Inseln (Bolschoi Muskalma, Maly Muskalma, Ansherski, Kond) wurden Lageraußenstellen errichtet[187]. In den zwanziger Jahren gliederte sich das Lagergebiet SLON schließlich in sechs Lagerabteilungen. Auf der Großen Solowezki-Insel waren dies der Kreml, die Einsiedelei Sawwatiewski und der Berg Sekirny, wo auch die Strafabteilung lag; dazu kamen Muksolski, Ansherski und die Kond-Inseln[188].

[182] Folgende Angaben liegen vor: Solschenizyn, Archipel GULag II, S. 41: Dezember 1923 mehr als *2000* Häftlinge; Ebd., S. 68: 1923 „höchstens *3000* Häftlinge"; Rigoulot, Des Francais, S. 57, Anmk. 13: 1924 *6000* „déportés politiques"; Solomon, Policy, S. 202: durchschnittlich *8500* Häftlinge in den zwanziger Jahren; S., Bericht, S. 1163: 1923 „*viertausend* Zwangsarbeiter"; Rossi, GULAG Handbook, S. 407: 1923 *4000* Häftlinge (Auch in: Jakobson, Origins, S. 113).

[183] Slusser gibt folgende Zahlen: 1923/24: keine Angaben; 1924/25: 362.000 von 28,8 Mio.; 1925/26: 1,2 Mio. von 37,1 Mio. und 1926/27: 1,04 Mio. von 38,5 Mio. Rubel Gesamtetat (Vgl. Robert M. Slusser. The budget of the OGPU and the Special troops from 1923-4 to 1928-9. In: Soviet Studies 4/1959, S. 375-383. Hier: S. 377-378).

[184] Vgl. Rossi, GULAG Handbook, S. 159. Tuominen nennt für einen späteren Zeitpunkt (1933) den Leiter des Lagers Kem stellvertretenden Leiter des Solowezki-Lagers (Arvo Tuominen. Stalins Schatten über Finnland. Erinnerungen des ehemaligen Führers der finnischen Kommunisten. Freiburg i.Br., 1986. Hier: S. 52). Möglicherweise traf dies bereits für die zwanziger Jahre zu. Die herausgehobene Stellung war wahrscheinlich in der Funktion des Lagerpunktes Kem als Transitlager begründet.

[185] Jakobson, Origins, S. 114.

[186] Rossi, GULAG Handbook, S. 394.

[187] Rossi, GULAG Handbook, S. 403, 473. Bey, Verschwörung, S. 249, nennt nur „ehemalige Tschekisten und GPU-Leute" in der USLON.

[188] Jakobson, Origins, S. 114.

Die SLON der ersten Hälfte der zwanziger Jahre glichen von der Zusammensetzung der Insassenschaft, vom inneren Aufbau und vom Lageralltag her den Konzentrationslagern. Sie setzten diesen Lagertyp fort[189]. Die SLON-Häftlinge waren im Vergleich zur Stalinzeit meist zu kurzen Haftstrafen verurteilt. In der Regel waren dies drei bis fünf, nur selten zehn Jahre[190]. Wie schon bei den Konzentrationslagern sind auch in den SLON drei Kategorien von Häftlingen zu unterscheiden: Kriminelle, „Politische" und „Konterrevolutionäre"[191].

Die *Kriminellen* waren anfangs ohne größere Bedeutung. Erst ab 1926 kamen größere Kontingente an Kriminellen auf die Inseln. Im Unterschied zur späteren Stalinzeit spielten sie somit in den ersten Jahren der SLON nicht die führende Rolle unter den Lagerinsassen. Von weitaus größerer Bedeutung waren die beiden anderen Gruppen. Die „politischen" und „konterrevolutionären" Häftlinge (*K/R* oder *kaery*) waren meist Menschen mit politischem, kulturellem, religiösem und militärischem Hintergrund. Sie machten gemeinsam 80 Prozent aller Häftlinge aus[192].

Am einflußreichsten und privilegiertesten war zunächst die kleine Gruppe der *„Politischen"*. Es handelte sich um Sozialrevolutionäre, Menschewiki und Anarchisten, die in den Politisolatoren und Konzentrationslagern, aus denen sie kamen, Selbstverwaltung und weitgehende Sonderrechte genossen hatten[193], was BEY vor allem auf deren enge Verbindung zu westeuropäischen Parteien und zur westeuropäischen Öffentlichkeit zurückführt[194]. Bis Mitte der zwanziger Jahre galten diese Vorrechte auch auf den Solowki[195]. Bestrebungen der SLON-Verwaltung, diese Privilegien seit Dezember 1923 zu beschneiden, wurden seitens der Häftlinge mit Protesten und Hungerstreiks beantwortet. Die OGPU reagierte mit Erschießungen. Auch ein erneuter Versuch Ende 1924 traf auf zähen Widerstand der Häftlinge, deren Wortführer oft nichtbolschewistische Sozialisten waren, die auf ihren Vorrechten bestanden. Die meisten politischen Häftlinge wurden daraufhin im Frühjahr 1925 samt ihrer Anführer von den SLON weg in zwei Politisolatoren im Inneren Rußlands verlegt[196].

Zu den *„Konterrevolutionären"*, die mit Abstand den größten Anteil der frühen SLON-Gefangenen stellten, zählten Mitglieder „reaktionärer" Parteien, so der Konstitutionell-Demokratischen Partei und anderer nichtrevolutionärer

---

[189] Noch in einer Verfügung vom 10. Mai 1925 wird von ihnen als *Solowezkije konzentrazionnye lagerja OGPU (Solowezker Konzentrationslager der OGPU)* gesprochen (Rossi, GULAG Handbook, S. 404).

[190] Solschenizyn, Archipel GULag II, S. 43. Heller, Stacheldraht, S. 78-79.

[191] Siehe zur Zusammensetzung der SLON-Gefangenen auch: Jakobson, Origins, S. 114-117.

[192] Allgemein: Leggett, Cheka, S. 180. Solschenizyn, Archipel GULag II, S. 41-42. Zum Anteil von 80 Prozent: Rossi, GULAG Handbook, S. 404-405. An anderer Stelle (S. 407) bestätigt Rossi erneut, daß die Kriminellen nur 20 Prozent ausgemacht hätten.

[193] Solschenizyn, Archipel GULag I, S. 436-437. Vgl. Kap. 2.3.3.1.

[194] Ders., Verschwörung, S. 244-245.

[195] Rossi, GULAG Handbook, S. 405. Siehe auch: Heller Stacheldraht, S. 79.

[196] Zu der Auseinandersetzung zwischen politischen Häftlingen und OGPU: Solschenizyn, Archipel GULag I, S. 439-442. Rossi, GULAG Handbook, S. 405. Jakobson, Origins, S. 117. Rossi datiert die Verfügung zum Abtransport der Führer der politischen Häftlinge auf den 10. März 1925 (Ebd., S. 404).

Parteien, zaristische Offiziere, leitende Beamte, Wohlhabende, Priester, „Nationalisten", Auslandsrussen, Kronstadt-Matrosen, Geschäftsleute, Schwarzhändler und andere Untergruppen[197].

Die Verwaltungsstruktur der SLON war zunächst die eines normalen Konzentrationslagers. Manche ihrer Dienststellen tauchen später, wenn auch in differenzierterer Form, auch im GULag auf. Die beiden wichtigsten Institutionen waren die Lagerverwaltung und die Informations- und Untersuchungsstelle, Vorläufereinrichtung der späteren Operativ-Tschekistischen Stellen im GULag des NKWD. Während die Lagerverwaltung für die Arbeitseinteilung, die Verlegungen innerhalb der Hauptinsel und den Abtransport zu Außenstellen verantwortlich war, lagen im Kompetenzbereich der Informations- und Untersuchungsstelle Strafen, Spitzelberichte, Personalakten, vorzeitige Entlassungen, Erschießungen und die Zensur. Neben diesen beiden Dienststellen verfügte der Solowezki-Lagerkomplex über eine Stelle für Kultur und Erziehung, eine Sanitätsstelle und eine Wirtschaftsstelle.

Die Eigentümlichkeit der SLON war, daß die Lagerverwaltung in Form einer Häftlingsselbstverwaltung arbeitete[198]. Die Häftlinge waren mit Ausnahme der „politischen" Häftlinge in militärähnliche Einheiten (Gruppen, Züge, Kompanien) gegliedert[199], in denen Häftlinge als Gruppen-, Zug- und Kompanieführer die innere Ordnung gewährleisteten[200]. Es gelang den Machthabern, mit Hilfe der Formeln von „Selbsterziehung", „Selbstverwaltung" und „Selbstbeaufsichtigung" Tausende von Häftlingen mit einer geringen Zahl an Tscheka-Funktionären zu kontrollieren[201]. Möglicherweise waren sogar diese wenigen Tsche-

---

[197] Heller, Stacheldraht, S. 78-79. Rossi, GULAG Handbook, S. 404-405. Bey, Verschwörung, S. 245, zählt auch die Gewohnheitsverbrecher (*blatnye*) und die bei ihm „Zufallsdiebe" genannten Landstreicher (*schpana*) zu den „Konterrevolutionären".

[198] Heller sieht die Häftlingsselbstverwaltung auf den Solowki in erster Linie mit gegenseitiger Schikane unter den Häftlingen verbunden (Ders., Stacheldraht, S. 80). Auch Rossi erkennt in dieser keine Blüte der Liberalität, sondern ein brutales System gegenseitiger Unterdrückung, Herabwürdigung und Bereicherung zum Vorteil der Lagerleitung (Ders., GULAG Handbook, S. 379).

[199] Nach Solschenizyns Quellen für die Jahre 1923 und 1925 waren die Häftlinge noch nicht in „Brigaden", sondern in „Kompanien" eingeteilt (Ders., Archipel GULag II, S. 32-33). Diese „Kompanien" waren jedoch weitaus größer als die gleichnamigen militärischen Einheiten. Für 1928 weist Solschenizyn der „13. Kompanie (allgemeine Arbeiten)" 3760 Häftlinge zu. Rossi, GULAG Handbook, S. 501, nennt nur für die frühen zwanziger Jahre Kompanien, von denen es anfangs fünfzehn gegeben habe, auf den Solowki. Bey, Verschwörung, S. 247, spricht von einer militärischen Organisation des Lebens und Einteilung in „Abteilungen".

[200] Vgl. Solschenizyn, Archipel GULag II, S. 41, 44-46.

[201] Solschenizyn, Archipel GULag II, S. 40, spricht von „zwanzig, höchstens vierzig [Tschekisten]". Höhere Funktionäre: *Eichmans* (Kommandant der SLON bis Ende 1929) (Ebd., S. 32, 50, 62. Ders., Archipel GULag I, S. 439. Auch in: Jakobson, Origins, S. 114), *Sarin* (Kommandant der SLON Ende 1929-1930) (Solschenizyn, Archipel GULag II, S. 62-63). Auch in: Jakobson, Origins, S. 127, der ihn aber als Kommandant ab 1930 nennt.), *Nogtew* (Kommandant des Lagerpunktes Kem, seit 1930 Kommandant der SLON) (Solschenizyn, Archipel GULag II, S. 20, 53). Ders., Archipel GULag I, S. 439. Er wird von Albrecht für den Winter 1928/29 als „Kommandant der Hauptverwaltung aller Zwangsarbeitslager Kareliens und Nordrußlands" bezeichnet (Ders., Sozialismus, S. 91. Zu späteren Funktionen Nogtews: Ebd., S. 104-105), *Degtjarjow* (Chef der Wache oder Truppenkommandant der SLON) (Solschenizyn, Archipel GULag II, S. 37, 61) und *Potemkin* (Kommandant des Lagerpunktes Kem) (Ebd., S. 50). *Uspenski* (Chef der Kultur- und Erziehungsstelle, Ex-Häftling und Freier, kein Tschekist) (Ebd., S. 61-62). Rossi, GULAG Handbook, S. 404, berichtet von „a handful of Chekists". Er nennt Nogtew, den er 1938 im Butyrki-

kisten keine völlig Freien, sondern ebenfalls Häftlinge oder Verbannte[202]. Die Funktionen innerhalb der Häftlingsselbstverwaltung waren vielfältig. Die Gruppen-, Zug- und Kompanieführer gehörten formal nicht zur Verwaltung, waren aber für diese eine wichtige Hilfe. Regelrechte Selbstverwaltungsposten waren jene in den Dienststellen und Einrichtungen des Lagers. Dabei fällt auf, daß nach ROSSI sogar die Lagerwache, nach SOLSCHENIZYN die Mitarbeiter der Informations- und Untersuchungsstelle, mithin der beiden wichtigsten Unterdrückungseinrichtungen, Gefangene waren[203]. Völlig freiwillig gelangten die Häftlinge indes nicht in ihre Verwaltungsfunktion, vielmehr wurde, so BEY, die Häftlingsselbstverwaltung zwangsrekrutiert. Nach seinen Angaben wurden nur die Häftlinge nach Ablauf ihrer Haftzeit entlassen, die zu drei Jahren verurteilt worden waren. Alle anderen mit Haftstrafen von fünf oder zehn Jahren hätten keine Aussicht gehabt, nach Ablauf der Zeit die Insel zu verlassen, sondern bereits als Häftlinge und nachher als Verbannte in der Lagerverwaltung Dienst tun müssen[204].

Über die Häftlingshierarchie und die wesentlichen Träger in der Häftlingsselbstverwaltung gibt es unterschiedliche Angaben. Nach SOLSCHENIZYN dominierten nach der Verschickung der sozialistischen Gefangenen (1925) bis 1927 in der Häftlingsselbstverwaltung zunächst Offiziere der „weißen“ Einheiten der Bürgerkriegszeit. Diese Zusammenarbeit habe sich jedoch immer mehr zur Konkurrenz zwischen der „weißgardistischen“ Lagerverwaltung und der OGPU entwickelt[205]. HELLER und ROSSI erwähnen diese Rolle der „weißen“ Offiziere nicht, stattdessen nennt HELLER ehemalige Mitarbeiter von Tscheka, GPU und OGPU, ROSSI nichtpolitische Häftlinge und ehemalige Tschekisten als Inhaber der wichtigsten Funktionsposten[206].

Ebenso wie später im GULag waren die Unterkünfte, Bekleidung, Verpflegung und medizinische Versorgung völlig unzureichend[207]. Dies galt insbesondere für die Außenstellen im Inneren der Hauptinsel und auf entfernteren In-

Gefängnis selbst noch habe befragen können, als SLON-Kommandant und Eichmans als dessen Stellvertreter (Ebd., S. 405, 408). Nach Auskunft Hellers waren nur der Lagerkommandant, sein Stellvertreter und der Staatssicherheitsmann im Lager Freie (Ders., Stacheldraht, S. 80).

202 So: Bey, Verschwörung, S. 246. Alle Leitungsfunktionen würden von verbannten Tschekisten ausgeübt, die ihrerseits verhaftete Ex-Tschekisten als Lagerwachen und bei untergeordneten Funktionen einsetzten. Leggett Cheka, S. 181, berichtet unter Bezug auf Malsagoff, daß es sich um Ex-Tschekisten, die selbst Lagerinsassen gewesen seien, gehandelt habe.

203 Lagerwache: Bey, Verschwörung, S. 246, nennt ehemalige Tschekisten, Rossi nichtpolitische Häftlingen, frühere Rotarmisten und frühere Tschekisten (Ders., GULAG Handbook, S. 404). Informations- und Untersuchungsstelle: Solschenizyn, Archipel GULag II, S. 40.

204 Bey, Verschwörung, S. 254-255.

205 Vgl. Solschenizyn, Archipel GULag II, S. 46-47. Ab 1927 seien die bisherigen Träger der Häftlingsselbstverwaltung durch Kriminelle ersetzt und Hunderte der „weißgardistischen“ Führungskräfte im Oktober und November 1929 erschossen worden (Ebd., S. 61-62).

206 Heller, Stacheldraht S. 80. Rossi, GULAG Handbook, S. 404. Wenn Rossi aber nichtpolitische Häftlingen in der Häftlingsselbstverwaltung nennt, könnten darunter auch die ‚konterrevolutionären“ „weißen“ Offiziere fallen.

207 Viele der Gefangenen mußten ihre für die nördlichen Regionen ungeeignete Zivilkleidung behalten, da kein Materialnachschub vorhanden war, oder Säcke anziehen (Solschenizyn, Archipel GULag II, S. 32, 35). Die Nahrung bestand aus „verfaultem Dorsch“ und dünnen Graupensuppen. Die Folgen waren Skorbut und andere Mangelkrankheiten. Als Unterkünfte wurden die Kirchen und Klostergebäude der Inselgruppe genutzt. Hier lagen die Häftlinge auf Pritschen in bis zu

seln. Die Häftlinge, die dorthin verlegt wurden, mußten sich in völlig unbewohntem Gebiet einrichten und überlebten diese Anstrengungen in der Regel nicht[208].

Waren die Sowjetstellen in der Stalinzeit bestrebt, keine Informationen über den GULag nach außen dringen zu lassen, so galt dieses Schweigegebot für die SLON noch nicht. Im Gegenteil – die Solowki stellten sich in zwei Lagerzeitschriften[209] dar und wurden durch eine weitreichende Propaganda in ganzen Land bekanntgemacht. Diese Lagerzeitschriften der SLON wurden, was sie von den ausschließlich lagerinternen Lagerzeitschriften des GULag unterschied, auch außerhalb des Lagers vertrieben. Ziel war nicht allein die Abschreckung. Hervorgehoben wurde in den Veröffentlichungen immer wieder die von den Sowjetkommunisten als vorbildlich dargestellte Form des sowjetischen Strafvollzugs mit gesellschaftlich nützlicher Arbeit und Häftlingsselbstverwaltung.

Entgegen der Propaganda über die „Besserungsarbeit" spielte die politische Erziehung auf den Solowki aber die längste Zeit keine besondere Rolle. Die Teilnahme war anfangs sogar freiwillig. Da der größte Teil der dortigen Sträflinge als „konterrevolutionär" angesehen wurde, versprachen sich die Sowjetbehörden nur wenig von deren Beeinflussung. Erst mit der Zunahme des kriminellen Elementes Ende der zwanziger Jahre verstärkten sich die Aktivitäten der Kultur- und Erziehungsstelle[210].

Die Straf-Zwangsarbeit galt fast ausschließlich für „Konterrevolutionäre". Die „politischen" Häftlinge waren von ihr befreit, und die wenigen Kriminellen weigerten sich, wie später auch im GULag, erfolgreich[211]. Insgesamt gesehen, spielte die Gefangenenarbeit bis zur Einführung der Planwirtschaft nur eine unwesentliche Rolle in den SLON. Die Tätigkeiten wurden nicht nach einem festgelegten Wirtschaftsplan durchgeführt und dienten neben der Lagerversorgung der Beschäftigung, der Bestrafung und als Willkürmaßnahme[212].

---

vier Reihen übereinander (Ebd., S 48). Zur medizinischen Versorgung bemerkt Solschenizyn: „Im Kreml befindet sich eine miese Sanitätsstelle mit einem miesen Krankenrevier, im Innern der Solowki fehlt jede Medizin." (Ebd., S. 49). Bey berichtet von „großen, ungeheizten, baufälligen Baracken" und Kirchen, in denen die Häftlinge wegen der Kälte in „Wärmegruppen", d.h. vier bis fünf Gefangene, die sich nachts eng aneinanderlegten, um sich gegenseitig Körperwärme zu geben, schliefen. Als Frühstück habe es nur warmes Wasser, als Mittagessen ein Pfund Schwarzbrot und einen Teller Suppe gegeben (Ders., Verschwörung, S. 246-249). Für Waldarbeiter habe es als erhöhte Ration einen Teller Hering oder Pferdefleischsuppe und einmal wöchentlich Pferdefleisch gegeben (Ebd., S. 252).

208 Solschenizyn, Archipel GULag II, S. 52.

209 Die Zeitschrift *SLON* erschien ab 1924, die Zeitschrift *Die Solowezki-Inseln* mit der Beilage *Die Neuen Solowki* ab 1925. (Ebd., S. 20, 29, 38). Eine systematische Auswertung dieser Zeitschriften ist in der Forschung bislang nicht erfolgt.

210 Solschenizyn, Archipel GULag II, S. 64, 91. Nach Rossis Angaben wurde auf den SLON eine „Solowezker Gesellschaft zum Studium der örtlichen Überlieferungen, Geschichte und Wirtschaft" gegründet, welche neben anderen Untersuchungsgegenständen auch die Sprache der Gefangenen beobachten sollte (Ders., GULAG Handbook, S. 405-406).

211 Dazu: Rossi, GULAG Handbook, S. 405. Heller, Stacheldraht, S. 79. Äußerungen bei Bey, Verschwörung, S. 250, lassen darauf schließen, daß dies auch noch für Ende der zwanziger Jahre galt.

212 So auch: Fainsod, Russia, S. 362. Solschenizyn, Archipel GULag II, S. 52, nennt Arbeiten in Lagerwerkstätten, in der Fischerei und Holzfällerarbeiten auf den Außenstellen. Rossi, GULAG Handbook, S. 405, berichtet von Torfstechen, Bäumefällen, Flößarbeiten, Fischerei, Landwirtschaft, Werkstätten, Ziegeleiarbeit.

2.3.3.2.2 Die SLON in der zweiten Hälfte der zwanziger Jahre: Vorbild und Versuchsfeld des GULag

In der zweiten Hälfte der zwanziger Jahre und besonders seit 1928/29 änderte sich die Situation auf den SLON grundlegend[213]. Nach der Entmachtung der „Politischen" kamen die Kriminellen an die Spitze der Häftlingshierarchie. Sie begannen, Kasten aufzubauen und ihre Mithäftlinge zu terrorisieren[214]. Mit der Vorherrschaft der Kriminellen, ihrem Privilegiensystem und einer engen Zusammenarbeit zwischen Häftlingsselbstverwaltung und OGPU wurde das Innengefüge des einzelnen Lagers geschaffen, welches sich bald darauf auch im Lagersystem der Stalin-Ära fortsetzen sollte.

Die Verwaltung durch Häftlinge wurde beibehalten, die Lebensbedingungen verschlechterten sich jedoch immer mehr[215]. Von den Hafteinrichtungen von NKJu und NKWD völlig getrennt, nicht den dort geltenden Regularien unterworfen und nicht an die Bestimmungen des Besserungsarbeitskodex von 1924 gebunden, errichtete die OGPU in den SLON ein Regime, das sich fundamental von dem der früheren Politisolatoren oder der Zwangsarbeitslager des russischen NKWD unterschied. Die Lagerordnung wurde härter, die Strafen reichten von Prügel über unterschiedliche Foltermethoden bis zu Hinrichtungen in verschiedensten Formen[216]. Moskauer Kommissionen und Versetzung oder Erschießungen von Solowezker OGPU-Personal konnten daran kaum etwas ändern[217].

---

[213] Vgl. allgemein zu den Zuständen auf den SLON zum Zeitpunkt 1928/29 den trotz der nationalsozialistischen Färbung informativen Bericht Albrechts, der die Solowki im Winter 1928/29 als hoher Funktionär der sowjetischen Holzindustrie für zwei Tage besuchte und dabei vom SLON-Chef Nogtew begleitet wurde. In: Ders., Sozialismus, S. 91-106 (Vgl. Laqueurs zustimmende Wertung zu Albrechts Schilderung: Ders., Stalin, S. 412, Anmk. 9).

[214] Zum Bedeutungsgewinn der Kriminellen: Solschenizyn, Archipel GULag II, S. 50-51, 63-64. Rossi, GULAG Handbook, S. 405.

[215] Jakobson spricht für 1924 von einer Lebenserwartung von zwei Jahren bei „Konterrevolutionären", drei bis vier Jahren von Kriminellen und vier bis fünf Jahren bei „Politischen" (Ders., Origins, S. 117). Für 1928 spricht er generell für alle OGPU-Lager nur noch von einer Lebenserwartung von einem Jahr (Ebd., S. 122).

[216] Hier eine kurze Auflistung von Straf- und Terrormethoden, die Solschenizyn nennt: Die Häftlinge wurden gezwungen, im Karzer auf „handbreiten Holzstangen" zu sitzen und beim Herunterfallen verprügelt. In anderen Fällen wurden Sträflinge im Winter mit kaltem Wasser übergossen und im Sommer an Bäume gebunden, um sie den Mücken auszuliefern. Beliebte Terrormethoden waren weiterhin, die Häftlinge kompanieweise im Winter stundenlang im Schnee liegen zu lassen, einzelne Gefangene mehrere Stunden auf kleinen Feldsteinen oder nackt auf Baumstümpfen stehen zu lassen sowie sie bis zum Kopf im Sumpf einzugraben (Solschenizyn, Archipel GULag II, S. 36-37). An Tötungsarten nennt er neben Erschießungen auf einem „Erschießungsweg" Fälle, in denen Delinquenten an einen Baumstamm gebunden wurden und eine mehrhundertstufige steile Treppe hinabgestoßen oder an eine Deichsel gebunden und von einem Pferd zu Tode geschleift wurden (Ebd., S. 36, 37, 39-40). Üblich waren Erschießungen von auf dem Eis ausrutschenden Häftlingen wegen „Fluchtversuchs" (Ebd., S. 34). Eine ähnliche Schilderung gibt Bey, Verschwörung, S. 250-252. Rossi kennt gleichartig brutale Methoden und ergänzt diese um eine besondere Solowezker Art der Einzelzelle. Danach wurden die Delinquenten in Mauernischen der Klosterummauerung eingeschlossen (Ders., GULAG Handbook, S. 150, 406). Besonders berüchtigt seien der Sekirka-Berg mit dem dortigen Kloster, wo sich 1928 bis 1939 der zentrale Strafisolator für die Solowezki-Lager befunden habe, gewesen (Ebd. S. 387). Über Sekirka auch Bey, Verschwörung, S. 256-257, und Jakobson, Origins, S. 114.

[217] Zu den Kommissionen: Rossi, GULAG Handbook, S. 406-407. Albrecht, Sozialismus, S. 103-104.

Die Berichte über die Verhältnisse auf den Solowki erreichten auch das Ausland. Um Vorwürfe und Häftlingsberichte zu entkräften, wurde Maxim Gorki, der bereits 1928 OGPU-Arbeitskolonien in Bolschewo und Charkow besichtigt hatte und sich später durch eine blumige Darstellung der Häftlingsarbeit am Weißmeer-Ostsee-Kanal ein weiteres Mal im sowjetkommunistischen Sinne bewähren sollte, für Juni 1929 zu einem viertägigen Besuch auf die Solowki eingeladen. Der kommunistische Schriftsteller hielt sich vom 20. bis 23. Juni 1929 auf den Solowki auf und publizierte Ende 1929 einen Artikel über diesen Besuch. Darin erfüllte er die ihm zugewiesene Aufgabe: Er lobte die „Weisheit und Humanität der Tschekisten", erklärte, daß das „Lager von Solowetz .. als Vorbereitungsschule angesehen werden" müsse und traf die Feststellung, daß die „Internierung richtig" und „Lager wie Solovki .. unentbehrlich" seien[218].

Eine andere Propaganda-Reaktion war eine erzwungene Protesterklärung der Solowezki-Häftlinge, in der ausländische Berichte über die menschenunwürdigen Zustände auf den Solowezki als „verlogene Erfindungen der Banditen der Feder aus den kapitalistischen Ländern" bezeichnet wurden[219].

Nicht nur das Lagerregime nahm Züge des späteren GULag an; auch die bislang ausschließlich auf die Lagerversorgung ausgerichtete und volkswirtschaftlich nicht erwähnenswerte Straf-Zwangsarbeit wurde nun immer wichtiger. Die Vorbereitungen für die Planwirtschaft begannen nun auch auf den Solowki. Seit 1925/26 wurde die Zwangsarbeit, nach BEY meist Holzfällerarbeiten, Holztransport und Straßenbau, systematisiert[220]. Es wurden Abteilungen zur Ausführung auswärtiger Arbeiten gebildet, die Arbeitsaufträge der SLON-Häftlinge in Karelien, Kola und Nordrußland nahmen immer mehr zu[221]. Die USLON schloß Lieferverträge mit anderen staatlichen Stellen ab, unter deren Namen das Holz dann ins Ausland exportiert wurde. Nach der Schilderung BEYs kam es auch vor, daß Lagerinsassen an den „Sowjet-Holz-Trust" vermietet und auf dem Festland eingesetzt wurden[222].Wie auch später bei den großen Kanalbauten wurde bei vielen dieser Arbeitsaufträge das Prinzip der Selbstbewachung genutzt[223]. Auf den Solowki wurde zur gleichen Zeit erstmals ein System ausprobiert, das später im gesamten GULag Gültigkeit besitzen sollte: die Koppelung der Essensrationen an die Normerfül-

[218] Vgl. die Schilderung des Gorki-Besuches bei Solschenizyn, Archipel GULag II, S. 58-60, und Heller, Stacheldraht, S. 82-92. Zitate nach: Rossi, GULAG Handbook, S. 406. Heller, Stacheldraht, S. 89. Siehe auch Jakobson, Origins, S. 123, der Gorki als „fool" bezeichnet, von dem man nicht wisse, ob er sich von der OGPU habe täuschen lassen, oder selbst das Ziel hatte, seine Leser zu betrügen.

[219] Bey, Verschwörung, S. 258, unter Bezug auf Saizew.

[220] Bey, Verschwörung, S. 248. Zur Jahreszahl 1925/26: Heller, Stacheldraht, S. 81. Bacon, Gulag, S. 45, bezeichnet das Jahr 1926 als „true birth of a forced labour network" und bezieht sich dabei auf einen Bericht des späteren GULag-Chefs Nasedkin sowie einen Häftlingsbericht. Depretto verweist auf Heller (Jean-Paul Depretto. Construction workers in the 1930s. In: Nick Lampert/Gábor T. Rittersporn (Ed.). Stalinism. Its nature and aftermath. Essays in honour of Moshe Lewin. Armonk, N.Y., 1992, S. 184-210. Hier: S. 207, Anmk. 55), nennt aber als „turning point" das Jahr 1928 (Ebd., S. 195).

[221] Bey, Verschwörung, S. 248. In einer Ausgabe der Zeitschrift *„Die Solowezki-Inseln"* aus dem Jahr 1930 wird für 1929 vom Bau eines 27 km langen Straßenabschnittes und einer Eisenbahnlinie gesprochen (Auszugsweise in: Solschenizyn, Archipel GULag II, S. 54).

[222] Bey, Verschwörung, S. 250.

[223] Heller, Stacheldraht, S. 81.

lung. SOLSCHENIZYN und ROSSI führen diese Idee auf den SLON-Häftling und späteren GULag-Funktionär *N.A. Frenkel*, eine der wenigen bekannteren und zugleich schillerndsten Führungspersonen im GULag, zurück[224].

Mit der Zunahme an harter Arbeit wurde immer folgenreicher, daß die Verpflegung unzureichend, die Unterkünfte nicht winterfest und medizinische Versorgung kaum vorhanden waren[225]. Über die Zahl der Toten gibt es keine genauen Angaben. Es ist jedoch davon auszugehen, daß sie ähnlich hoch waren wie im späteren GULag[226].

Das Prinzip der isolierten Inhaftierung verlor unterdessen immer mehr an Bedeutung. Die Aufnahmekapazität der Klosteranlagen war bereits erheblich überschritten, und im Juni 1925 bestimmte der Rat der Volkskommissare, daß keine politischen Häftlinge mehr auf die Solowezki-Inseln gebracht, sondern auf an-

---

224 Zu Frenkel: Nach Solschenizyns Angaben war Frenkel ein Kaufmann aus dem Schwarzmeergebiet, der als Häftling 1927 auf den SLON eingetroffen, dort aber von Beginn an privilegiert behandelt worden sei. Zum Chef der Wirtschaftsstelle ernannt, habe er die These formuliert, daß der Häftling gezwungen werden müsse, in den ersten drei Monaten Lagerhaft seine volle Arbeitskraft bis zur völligen Erschöpfung oder bis zum Tod einzusetzen. Nach dieser Zeit werde er, da völlig entkräftet, für den Arbeitsablauf im Lager wertlos. Nachdem Frenkel bereits 1928 von Kem aus Lederwaren und Schuhe, die von Häftlingen hergestellt worden seien, nach Moskau geliefert habe, sei er „so um 1929" zu Stalin zitiert worden und habe diesem einige Änderungen zur Effizienzsteigerung vorgeschlagen. Diese hätten folgende Punkte umfaßt: Änderung der Lagerbuchhaltung im Hinblick auf eine wirtschaftliche Rechnungsführung, Einteilung der Häftlinge nach vier Kategorien (A = Einsatz bei den Allgemeinen Arbeiten, B = Einsatz bei Arbeiten im Lagerinnendienst, C = krank geschrieben, D = Karzerstrafe) und die Bindung der Essensration an die Normerfüllung (Brotskala und Warmkostskala). Diese Änderungen seien erstmals beim Bau des Weißmeer-Ostsee-Kanals, zu dem Frenkel als „Arbeitsleiter" versetzt worden sei, praktiziert und erprobt worden. Frenkel sei dann mit Baubeginn 1931 freigelassen worden, habe den Leninorden verliehen bekommen und sei später als Bauleiter in das BAMLag, das zu diesem Zeitpunkt am zweiten Gleis der Transsib baute, versetzt worden (Ders., Archipel GULag II, S. 48, 71-74). Heller, Stacheldraht, S. 81, erwähnt zwar den Zusammenhang von Normerfüllung und Verpflegung, nennt aber nicht den Namen Frenkel. Rossi folgt Solschenizyns Darstellung, sagt aber, daß das Frenkelsche System bereits Mitte der zwanziger Jahre auf den Solowki eingeführt und in frühen dreißiger Jahren auf alle Zwangsarbeitslager der Sowjetunion übertragen worden sei (Ders., GULAG Handbook, S. 178, 502). Bacon, Gulag, S. 45-46, nennt Frenkel ebenfalls, bemerkt aber ähnlich wie Rossi, daß bereits 1926 – ein Jahr vor Frenkels Ankunft 1927 – das Arbeitssystem auf den Solowki umgestellt worden sei. Zu Frenkel auch: Armanski, Maschinen, S. 151, und Jakobson, der noch einen zweiten SLON-Häftling namens Seletski nennt, der an der Entwicklung des Systems gemeinsam mit Frenkel beteiligt gewesen sei (Ders., Origins, S. 121). Tuominen schildert eine persönliche Begegnung mit „Fraenkel" beim Bau des BBK. Danach habe dieser angegeben, als Ingenieur 1929 verhaftet, zum Tode verurteilt, dann zu zehn Jahren Lagerhaft begnadigt und auf die Solowezki geschickt worden zu sein. Von dort aus sei er dann als Chefingenieur zum BBK versetzt worden (Ders., Schatten, S. 49-50). Frenkel hatte später hohe Führungsfunktionen im GULag inne. So war er nicht nur Chefingenieur, sondern auch Chef des BAMLag und leitete die GULShDS, die Branchen-Lagerhauptverwaltung für den Bau von Eisenbahnstrecken (Vgl. Kap. 4.2.1.2.1, 4.2.1.2.1.1, 4.5 und 7.7.5).

225 Bey, Verschwörung, S. 257, nennt unter Bezug auf einen Bericht in der „Times" ein Lazarett von 445 Betten für rund 662.000 Häftlinge (1930). Tuominen, der als hochrangiger finnischer Kommunist 1933 die Gelegenheit hatte, das Lager Kem zu besichtigen, spricht von einem „Friedhof für Lebende": „Die Insassen standen alle kurz vor dem Hungertod und waren offensichtlich physisch und psychisch schwer krank." (Ders., Schatten, S. 54).

226 Bey, Verschwörung, S. 252, sagt mit Bezug auf die obengenannten Bericht, daß allein im Winter 1929/1930 72.000 Gefangene gestorben seien. Rossi führt aus, daß nach 1945 „tens of thousands of corpses" gefunden und ins Meer geworfen worden seien und allein 1929 fast 20.000 „ Häftlinge an Typhus gestorben seien (Ders., GULAG Handbook, S. 407), hat aber keine konkreten Angaben.

dere OGPU-Haftstätten verteilt werden sollten[227]. Dennoch wuchsen die Insassenzahlen weiter. Die Angaben für die Jahre 1927 bis 1929 schwanken zwischen 20.000 und 60.000 Häftlingen[228]. Seit 1929 wuchs der Zulauf an Häftlingen dann in bislang nicht erreichte Höhen. Die Zahlen schwanken zwischen 80.000 und 650.000[229]. Eine Reorganisation der Lagerstrukturen wurde notwendig.

Das Konzept der auf einer Inselgruppe isolierten Lager wurde nun aufgegeben, und die SLON verloren ihre einzigartige Stellung innerhalb der sowjetischen Herrschafts- und Strafvollzugspraxis. Ab 1928/1929, besonders ab Mitte der dreißiger Jahre, wurden immer mehr Häftlinge von den Solowki nach Kem und von dort aufs Festland in neue SLON-Außenstellen geschickt. Neue Häftlinge kamen erst gar nicht mehr auf die Solowki, sondern direkt in die SLON-Lager auf dem Festland. Die dortigen Außenstellen bauten eigene Lagergebiete auf und entwickelten sich besonders im nordöstlichen Teil des europäischen Rußlands zu einem großen Lagerverbundsystem[230]. Es war dies die Zeit, in der der GULag der Stalinzeit entstand[231].

---

227 Sehr wahrscheinlich ist, daß diese Anordnung nicht ausschließlich dazu erfolgte, um die Kapazitätsüberlastung zu mindern, sondern auch, um den Prozentsatz der Kriminellen zu Lasten der bis dahin in Solowki dominierenden selbstbewußten Offiziere und politischen Gefangenen zu erhöhen.

228 Zeuge Chjomjakov nennt in Sklavenarbeit, S. 64, für 1927 bis 1929 rund 20.000 Sträflinge auf den Solowezki-Inseln. Fainsod, Russia, S. 362, berichtet unter Bezug auf einen früheren Häftling für 1925 von 7.500, für 1927/28 von über 20.000 Lagerinsassen. Im Bericht eines ehemaligen Solowki-Häftlings ist für einen Zeitpunkt nach 1928 von rund 50.000 Häftlingen die Rede (Alexander Schwarz. In Wologdas weißen Wäldern. Ein Buch aus dem bolschewistischen Bann. Altona, o.D. Hier: S. 166). Solschenizyn, Archipel GULag II, S. 41, spricht für 1928 von 60.000 Häftlingen. Solomon weist den Lagern und Gefängnissen der OGPU 1928 25.000 bis 30.000 zu (Solomon, Policy, S. 202). Rossi, GULAG Handbook, S. 407, nennt für 1927 20.000 Häftlinge auf den Solowki. Jakobson: 1925: 7.093 SLON-Häftlinge; 1927/28: über 22.176 (Ders., Origins, S. 113). Depretto berichtet unter Bezug auf Heller und Dallin/Nicolaevsky für Mitte der zwanziger Jahre von durchschnittlich 8.500 und 1928 als höchster Schätzung 25-30.000 Lagerinsassen in den SLON (Depretto, Construction workers, S. 195).

229 Bey, Verschwörung, S. 250, nennt für den 1. Mai 1930 662.000, anderenorts genauer 662.199 Insassen, davon 569 982 Männer, 73 285 Frauen und 18.932 Kinder im Alter von 13 bis 17 Jahren (Ebd., S. 254), auf den Solowki-Inseln. Er bezieht sich dabei auf Artikel in der „Times" vom Januar 1931 und „Les Derniers Nouvelles" vom 31.1.1931. Es gebe zwar andere Zahlen, jedoch seien die der „Times" die offizielle Zahl aus dem Bericht eines „Helsingforser Berichterstatters". Chjomjakov spricht von Massenzuweisungen ab 1929 (Sklavenarbeit, S. 64). Solschenizyn, Archipel GULag II, S. 68, nennt für 1930 50.000 Häftlinge auf den Solowki und 30.000 in Kem. Rossi spricht für die Zeit Anfang der dreißiger Jahre von mehr als 650.000 SLON-Häftlingen auf den Solowezki und den Festlandsaußenstellen (GULAG Handbook, S. 407). S., Bericht, S. 1164, berichtet für die Solowezki-Inseln für 1927/28 von 20.000 Gefangenen.

230 Nach Rossi wurde 1931 die Nordural-Abteilung der SLON (*Sewero-Uralskoje otdelenije USLON OGPU*) gegründet. Dieses Lagergebiet sei hauptsächlich mit holzwirtschaftlichen Arbeiten beschäftigt und für seine hohe Todesquote berüchtigt gewesen. Kurz nach seiner Gründung sei es in die beiden Lagergebiete SEWURALLag und SOLIKAMLag geteilt worden (Rossi, GULAG Handbook, S. 385). An anderer Stelle spricht Rossi für die späten zwanziger Jahre von einem *Vierten Distrikt der SLON* oder *Ural-Abteilung der Solowezki-Konzentrationslager* an der Wischera (Ebd., S. 47). Dabei dürfte es sich ebenfalls um die Nordural-Abteilung der SLON handeln. Zum Arbeitsbegriff „Lagerverbundsystem": Vgl. Kap. 7.1. Zur weiteren Entwicklung des Solowezki-Lagers: Vgl. Kap. 7.7.3.1.

231 Armanski läßt bereits mit dem Jahre 1923 auf den SLON die „Geschichte des GULag" beginnen (Ders., Maschinen, S. 144). Betrachtet man jedoch den organisatorischen Aufbau der Lager und die besonderen Merkmale der Lagerverfassung, so ist mit weitaus größerer Berechtigung von den Jahren 1925 bis 1928 als Vorphase und in dem Zeitraum 1928 bis 1930 als Gründungsphase des GULag zu sprechen.

Von einem Konzentrationslager im Sinne der ersten Hälfte der zwanziger Jahre kann für die SLON in der zweiten Hälfte, besonders ab 1925/26, nicht mehr gesprochen werden. Indem das Lagerregime verschärft wurde, die SLON-Lager ab 1926 immer stärker in die sich entwickelnde Planwirtschaft einbezogen wurden und ab 1928/29 immer mehr Lager auf dem Festland entstanden, begann sich der Charakter des SLON-Lagersystems zu wandeln. Es waren nun alle Strukturen geschaffen, um ein volkswirtschaftlich nutzbares Zwangsarbeitslagersystem größten Umfanges zu errichten. Das Wissen, das die OGPU auf den Solowezki erwarb, und die Methoden, die sie anwendete, wurden ab Anfang der dreißiger Jahre zunächst beim Bau des Weißmeer-Ostsee-Kanals und besonders ab 1934 im GULag eingesetzt[232].

Bevor dessen Entstehung geschildert wird, wird zunächst ein Blick auf das Umfeld des Lagersystems der Stalinzeit, die wirtschaftlichen, rechtlichen und politischen Rahmenbedingungen, unter denen es entstand und die auf seine Entwicklung einwirkten, geworfen.

[232] Rossi ist zuzustimmen, wenn er die SLON als „the most important landmark en route to creation of the purely Soviet method of construction of communism using forced labor" bezeichnet (Ders., GULAG Handbook, S. 407). Zu den SLON-Spezifika, die sich später im GULag wiederfanden, zählt er die Unterordnung der politischen unter die kriminellen Häftlinge, die Nutzung von Zwangsarbeit zur Kostenminderung, die faktische Verlängerung der Haftzeit durch Verbannung im Anschluß an die Lagerhaft, die Koppelung von Rationen an Normen und das auf Einschüchterung abzielende brutale Lagerregime (Ebd., S. 408). Siehe auch Heller, Stacheldraht, S. 80-81, der die SLON für die Zeit Ende der zwanziger Jahre als „Fundament, auf dem die neuen Formen und Methoden des Freiheitsentzugs und des Zwangs ausprobiert wurden", bezeichnet und S. 144 herausstellt, daß die Lager für den Bau des Weißmeer-Ostsee-Kanals nach dem Muster der SLON organisiert worden seien.

3 Voraussetzungen und Rahmenbedingungen des Lagersystems der Stalinzeit in Wirtschaft, Recht, Propaganda und Sicherheitsapparat

In den folgenden Kapiteln wird zunächst auf die Wirtschaftspolitik und das Arbeitszwangssystem der Stalinzeit eingegangen, dann in einem zweiten Schritt geschildert, welche Funktion Strafrecht und Rechtspraxis in Bezug auf den GULag hatten und wie der GULag in der staatlichen Propaganda behandelt wurde, sowie abschließend der Staatssicherheitsapparat und dessen frühe Verbindung zur Wirtschaft vorgestellt. Dabei wird deutlich werden, daß Planwirtschaft, Rechtspraxis, Staatssicherheit und GULag in einem engen Abhängigkeits- und Einflußverhältnis standen.

3.1 Das Wirtschaftssystem und seine Erfordernisse

Herrschaftssystem und Wirtschaftssystem sind in der Stalinzeit nicht voneinander zu trennen. Es wäre falsch, Funktion und Organisation des Herrschaftsinstruments und Wirtschaftsimperiums GULag zu beschreiben, ohne einen Blick auf die wirtschaftlichen Strukturen, in welches es eingebettet war, zu werfen.

3.1.1 Die Grundlinien der Wirtschaftspolitik Stalins

Hintergrund der rapiden wirtschaftlichen und gesellschaftlichen Umwälzung in der Sowjetunion unter Stalin ab Ende der zwanziger Jahre waren neben machtpolitischen Motiven die auch während der Neuen Ökonomischen Politik (NÖP) nicht gelösten strukturellen wirtschaftlichen Probleme[1]. Es mangelte an ausreichenden Finanzmitteln für industrielle Investitionen und an ausgebildeten Industriefacharbeitern. Die Produktionsanlagen waren veraltet, die Produktionsergebnisse gering, eine moderne Schwerindustrie fehlte völlig. In den Regionen mit großen Rohstoffvorkommen – wie im Hohen Norden und Fer-

[1] Vgl. zur NÖP: von Rauch, Geschichte, S. 149-152. Stökl, Geschichte, S. 685-687. Lorenz, Sowjetunion, S. 310-311. Zur Agrarsozialstruktur und agrarischen Überbevölkerung: Ebd., S. 304-308.

nen Osten, den späteren Schwerpunktregionen des GULag – behinderten extreme Klimaverhältnisse, schlechte Verkehrsanbindungen und fehlende Infrastruktur deren Abbau. Bergbau, Ölbohrungen, Verlegung von Leitungen, Hochbauten jeder Art waren unmöglich oder außerordentlich kostspielig. Die Wege zwischen Rohstoff- und Brennstofflager, Verarbeitungsort und Absatzmarkt waren sehr lang und mußten zum größten Teil auf dem teuren Landweg bewerkstelligt werden. Die Industriereviere lagen oft Hunderte von Kilometern von ihren Ernährungsgrundlagen entfernt. Ein industrieller Aufschwung war somit mit außergewöhnlich hohen Kosten für das Transportwesen, die Schaffung der notwendigen Infrastruktur, die Erschließung und Verarbeitung von Rohstoffen und die Anwerbung der Arbeiter und Ingenieure verbunden. Wegen ihrer Importabhängigkeit bei Maschinenausrüstungen und anderen Sparten wies die Außenhandelsbilanz der Sowjetunion stets ein Defizit aus[2]. Hinzu kamen die durch die Rückständigkeit der Landwirtschaft verursachten Schwierigkeiten. Traditionelle Aufgabe der Landwirtschaft war es, die Nahrung für die Städte und die Industriezentren zu beschaffen, wichtige Rohstoffe zu liefern, Arbeitskräfte zu stellen, Industriewaren zu kaufen und durch den Export landwirtschaftlicher Produkte Devisen zu erwirtschaften. Diese an sie gestellten Aufgaben konnte die sowjetische Landwirtschaft nur unzureichend erfüllen[3]. Die sowjetische Wirtschaft war aus diesen Gründen Mitte der zwanziger Jahre an die Grenzen ihrer strukturellen Möglichkeiten gelangt[4].

In den nun einsetzenden Debatten stellte sich die grundsätzliche Frage, ob der Schwerpunkt der Industrialisierung zunächst in einer Modernisierung der Landwirtschaft und dem Ausbau der Konsumgüterindustrie oder der Konzentration auf den Ausbau der Produktionsgüterindustrie liegen sollte[5]. Das Industrialisierungstempo war von einer inneren Kapitalakkumulation abhängig, da ausländisches Kapital nicht zu erwarten war. Die Planungen konzentrierten sich zunächst auf den Mittelweg eines „dynamischen wirtschaftlichen Gleichgewichts". Der Ausbau der Schwerindustrie sollte nicht zu Lasten anderer Wirtschaftszweige gehen, die Leichtindustrie gleichzeitig ausgebaut, die Landwirtschaft nicht ausgebeutet werden, sondern als innerer Markt, Rohstoffproduzent und Nahrungsmittellieferant dem industriellen Aufbau dienen[6].

1925 erging der Auftrag an die Staatliche Plankommission und den Obersten Volkswirtschaftsrat, einen Fünfjahresplan auszuarbeiten. Grundlegendes Ziel dieses ersten Fünfjahresplans (1928/29-1932/33) war der krisenlose Aufbau der

---

2 Heiko Haumann. Die Wirtschaft. In: Schramm, Handbuch, Kap. IX, S. 1193-1297. Hier: S. 1209-1211, 1248-1249. Hans Raupach. Grundlagen. In: Osteuropa-Handbuch. Sowjetunion. Wirtschaftssystem, S. 1-25. Hier: S. 3-8. Lorenz, Sowjetunion, S. 311-312.

3 Hofmann, Arbeitsverfassung, S. 9-18. Lorenz, Sowjetunion, S. 302-303, 316 ff. Haumann, Wirtschaft, S. 1197, 1202, 1209-1211. Vgl. Diagramm auf S. 1198/9, Tabelle, S. 1200-1201. Lorenz, Sowjetunion, S. 300. Vgl. Swianiewicz, Forced labour, S. 65-74.

4 Hofmann, Arbeitsverfassung, S. 19-20. Lorenz, Sowjetunion, S. 301-302, 315-316. Ruffmann, Sowjetrußland, S. 109.

5 Zur Industrialisierungsdebatte: Hofmann, Arbeitsverfassung, S. 7-8. Haumann, Wirtschaft, S. 1229, 1222. Ruffmann, Sowjetrußland, S. 110. von Rauch, Geschichte, S. 198-199. Swianiewicz, Forced labour, S. 75-86.

6 Haumann, Wirtschaft, S. 1219, 1222. Lorenz, Sowjetunion, S. 312-313.

Volkswirtschaft auf der Basis der Industrialisierung. Im Bereich der Industrie sollten vor allem Maschinenbau und Energiewirtschaft gefördert, im Zuge einer Standortverlagerung nach Osten die Industrieanlagen in der Form riesiger Großbauten in der Nähe der Rohstoff- und Energiequellen errichtet werden. Wenn auch der Schwerpunkt bei der Produktionsgüterindustrie lag, so wurde gemäß der Vorgabe des „dynamischen wirtschaftlichen Gleichgewichts" die Konsumgüterindustrie nicht vernachlässigt. Deren Produktion sollte ansteigen, das Angebot an Konsumwaren verbreitert werden, um die Kauflust gerade auch der Bauern anzureizen. Ziel des ersten Fünfjahresplans war es, die Entwicklung der technischen Produktivkraft mit einer ständigen Hebung des Lebensstandards zu verknüpfen[7].

Achillesferse der gesamten Wirtschaft blieb jedoch weiterhin die Landwirtschaft. Die Bauern hielten ihre Produkte zurück, der Getreideexport mußte eingestellt werden, die Lebensmittelknappheit in den Städten nahm derart zu, daß 1928 Getreideimporte notwendig wurden. Dies bot der Sowjetführung 1929/1930 die Möglichkeit, in einer „Dekulakisierungs"-Kampagne das Mittelbauerntum zu beseitigen und die gesamte Landwirtschaft mit der Kollektivierung in eine staatlich geleitete Agrarindustrie umzuwandeln. Millionen Bauern wurden in Lager eingewiesen oder zu Zwangsarbeit in entlegene Gebiete verbannt[8]. Die Sowjetunion verfügte nun zum ersten Mal über unfreie Zwangsarbeitskräfte in Millionenzahl; zur gleichen Zeit (1930) entstand die GULag der OGPU.

Im Umbruchsjahr 1929 wurde auch das Leitprinzip des „dynamischen wirtschaftlichen Gleichgewichts" aufgegeben und mit der forcierten Industrialisierung begonnen[9]. Die Grundzüge der Wirtschaftspolitik Stalins waren seitdem die kompromißlose Durchsetzung des Sozialismus in allen nichtagrarischen Zweigen der Wirtschaft, die Zwangskollektivierung über das Kolchossystem, der radikale Industrialisierungskurs unter einseitiger Bevorzugung der aus rüstungspolitischen Gründen wichtigen Schwerindustrie, der Metallproduktion und –verarbeitung, des Kohleabbaus, des Maschinenbaus und der Energieerzeugung (Erdöl) – dies alles unter völliger Vernachlässigung der Konsumgüterindustrie, der Leichtindustrie und des Dienstleistungssektors[10].

Ohne Rücksicht auf gesamtgesellschaftliche Zusammenhänge wurde der Ausbau einzelner Schlüsselindustrien durchgeführt[11]. Produktionsmaximierung um

[7] Lorenz, Sowjetunion, S. 313-315.

[8] Ebd., S. 308-310, 316-322. Ruffmann, Sowjetrußland, S. 112. Lewytzkyj, Inquisition, S. 77. Nove, History[1], S. 167-168. Swianiewicz, Forced labour, S. 114-121. Nove geht von insgesamt 4,5 Millionen, Swianiewicz, Forced labour, S. 123, von 10-11 Millionen, Conquest, Anfang, S. 407, von insgesamt zehn Millionen deportierten „Kulaken" aus, von denen ein Drittel in Arbeitslager verschickt worden sei.

[9] Vgl. allgemein: von Rauch, Geschichte, S. 205-216. Stökl, Geschichte, S. 712-721.

[10] Karl C. Thalheim. Grundzüge des sowjetischen Wirtschaftssystems. Köln, 1962. Hier: S. 32-33. Wein, Sowjetunion, S. 164.

[11] Hofmann, Arbeitsverfassung, S. 7-8. In der Wirtschaftswissenschaft wird diese zweite Hälfte des ersten Fünfjahresplans als „primäre sozialistische Akkumulation" bezeichnet. Vgl. Hans Raupach. Das Planungssystem. In: Osteuropa-Handbuch. Sowjetunion. Wirtschaftssystem, S. 140-179. Hier: S. 145-146.

jeden Preis und eine riesige Akkumulationsanstrengung zu Lasten des Massenkonsums und ohne Nutzeffekt für die Gesamtwirtschaft waren die Konsequenz. Das Grundprinzip war, vorhandene Anlagen und ungenutzte Rohstoffressourcen extensiv zu nutzen oder zu erschließen, anstatt in ihren Betrieb zu investieren[12]. Besonders wichtig für die forcierte Industrialisierung war es, durch den Export von Holz, Getreide und Bodenschätzen die Finanzmittel zu erwirtschaften, die man für den Kauf der Erstausstattung an Maschinen benötigte[13]. Es wurde versucht, Brennstoffquellen in der Nähe von Rohstoffvorkommen zu erschließen, um die Rohstoffe dort direkt verarbeiten zu können. Um das Energieproblem zu lösen, begann man, das Transportwesen zu elektrifizieren und durch neue Fernleitungen für Erdöl, Erdgas und Elektroenergie zu ergänzen. Eisenbahn- und Kanalbauten wurden vorangetrieben, riesige Metall- und Hüttenzentren und Großkraftwerke errichtet.

Von besonderer Bedeutung waren der Bau des Hüttenwerkes Magnitogorsk, der Ausbau der Transsib und der Bau der Stadt Komsomolsk am Amur[14]. Die Verwirklichung dieser drei Großprojekte wäre ohne das Lagersystem in dieser Schnelligkeit nicht möglich gewesen. Der Weißmeer-Ostsee-Kanal war sogar ein reines OGPU-Unternehmen. Verwunderlich ist, daß die Verwirklichung dieses Großprojektes bei der Beurteilung der Wirtschaftspolitik der Stalinzeit oft herausgestellt, nicht aber davon gesprochen wird, daß ein großer Teil der Arbeitskräfte, die auf diesen Großbaustellen eingesetzt wurden, Häftlinge des GULag waren.

Erfolgen in Großbauprojekten, Schwerindustrie, Maschinenbau und Energiebereich standen Planrückstände in wichtigen Bereichen wie Kohleförderung und Eisenerzgewinnung gegenüber. Die Gründe lagen in dem weiterhin völlig unzureichend ausgebauten Verkehrswesen, der niedrigen Arbeitsproduktivität, der hohen Quote an Ausschußprodukten und der Vernachlässigung kleinerer und mittlerer Anlagen zugunsten der Großprojekte[15].

Bei den Vorbereitungen zum zweiten Fünfjahresplan (1933-1937) sah man ein, daß das hohe Industrialisierungstempo nicht fortzuführen war, ohne einen Bruch in der Gesamtwirtschaft zu riskieren. Der Schwerpunkt in dieser „Konsolidierungsphase der Industriepolitik" 1934-1936 wurde nun darauf gesetzt, das Bestehende und Erreichte zu verbessern, die Arbeitsproduktivität zu heben, die Selbstkosten zu senken und die Qualität der Erzeugnisse zu verbessern[16]. In dem Bestreben, neue Rohstoffbasen zu erschließen und in ihrer Nähe neue

12 Lorenz, Sowjetunion, S. 336, 338. Haumann, Wirtschaft, S. 1222. Alec Nove. The Soviet economy. New York, 1961. Hier: S. 121-122.

13 Werner von Knorre. Der Ausbau des Außenhandelsmonopols. In: Osteuropa-Handbuch. Sowjetunion. Wirtschaft, S. 461-483. Hier: S. 463-464. Ruffmann, Sowjetrußland, S. 113.

14 Haumann, Wirtschaft, S. 1248-1249. Raupach, Grundlagen, S. 8. Wein, Sowjetunion, S. 239. Zu den wichtigsten weiteren Großprojekten vgl. von Rauch, Geschichte, S. 252, und Stökl, Geschichte, S. 713-714.

15 Schramm, Industrialisierung, S. 794, Anmk. 2, 808. Holland Hunter. Priorities and shortfalls in prewar Soviet planning. In: Jane Degras und Alec Nove (Hgg.). Soviet planning. Oxford, 1964, S. 1-31. Hier S. 27. Haumann, Wirtschaft, S. 1197, 1202. Lorenz, Sowjetunion, S. 338-340. Hofmann, Arbeitsverfassung, S. 7-8. Nove, Economy, S. 294. Raupach, Grundlagen, S. 10.

16 Lorenz, Sowjetunion, S. 340-341. von Rauch, Geschichte, S. 253-254 und S. 293.

Industriezentren für die weiterverarbeitende Industrie zu errichten, sowie aus strategischen Gründen griff die Industrie immer weiter nach Osten aus. Lagen noch zu zaristischen Zeiten die Industriezentren in den südlichen und zentralen Gebieten Rußlands, so wurden nun der Ural, die Steppen Mittelasiens, die Taiga und Tundra im Hohen Norden industriell erschlossen[17]. Wie später zu zeigen sein wird, ist in einer Reihe dieser neuen Siedlungsgebiete (Ostgebiete Sibiriens, Kasachstan, Europäischer Norden Rußlands) eine auffällig hohe Dichte an Zwangsarbeitslagern festzustellen, und auch die Großprojekte des zweiten Fünfjahresplanes (Moskwa-Wolga-Kanal, Kotlas-Petschora-Eisenbahn, Verlängerung der Turksib) wurden fast ausschließlich durch Lagerinsassen errichtet. Die Erschließung gewaltiger Goldvorkommen im Fernen Osten, die es der sowjetischen Wirtschaft ermöglichte, große Devisenreserven anzulegen, war ein Monopol des GULag.

Trotz dieser Anstrengungen setzte 1937 ein Abschwung in der wirtschaftlichen Entwicklung ein[18].

Die Rezession ist nicht ausschließlich aus wirtschaftlichen Ursachen zu erklären. Einen wesentlichen Faktor stellte der Massenterror 1936-1938 dar. Seit Beginn der zentralen Planwirtschaft betrieb die Sowjetführung eine massive Propaganda gegen die frühere vorrevolutionäre Wirtschafts- und Industrieelite. Auf den Schachty-Prozeß 1928 folgten 1929 und Anfang 1930 Todesurteile gegen als Eisenbahnsaboteure verurteilte Eisenbahnexperten und andere Wirtschaftsführer. Nach dem Prozeß gegen die „Industriepartei" 1930 und weiteren Verurteilungen 1931 bis 1933 war die gesamte industrielle Führungsschicht abgelöst, inhaftiert oder getötet. In die freiwerdenden Stellen rückten in der Regel kaum qualifizierte kommunistische Funktionäre nach[19].

Nachdem die bürgerliche Elite und damit auch ihre Fachkompetenz beseitigt worden war, wandte sich der Terror seit dem Mord an Kirow von 1934 bis 1938 gegen politische Gegner Stalins. Unter diesen Altkommunisten traf die Verfolgung vor allem im zweiten (1937) und dritten Schauprozeß (1938) auch solche, die führende Positionen im Wirtschaftsbereich innehatten, aber auch einen großen Teil der jüngeren Funktionselite, die erst unter Stalin in ihre Positionen gelangt war[20]. Dieser Terror mit seinen Opfern in Partei, Wirtschaft, Verwaltung und Militär trug entscheidend dazu bei, daß die Sowjetwirtschaft nicht wieder gutzumachende Einbußen an Fachkompetenz erlitt. Unter den Millionen, die in die Lager geschickt wurden, besaß ein hoher Anteil überdurchschnittlich viel Intelligenz, Energie und technisches Wissen. Es handelte sich

[17] Schramm, Industrialisierung, S. 832-835. Lorenz, Sowjetunion, S. 341-343. Hofmann, Arbeitsverfassung, S. 132-133, 135-137.

[18] Lorenz, Sowjetunion, S. 343-344. Schramm, Industrialisierung, S. 835-837. Nove, History[1], S. 235-236. Nove, Economy, S. 294.

[19] Schramm, Industrialisierung, S. 810. Alexander Baykov. The development of the Soviet economic system. Cambridge und New York, 1947. S. 174. Swianiewicz, Forced labour, S. 139, 141-142.

[20] Conquest, Anfang, S. 321-322, führt jene Kommissare und Vizekommissare von Wirtschaftsressorts auf, die den Verfolgungen zum Opfer fielen. Es handelte sich um die Leiter der Volkskommissariate für Leichtindustrie, Landwirtschaft, Finanzen, Holzindustrie, Verteidigungsindustrie, Fernmeldewesen, Binnenverkehr, Schwerindustrie, Außenhandel und See- und Flußtransport.

nicht nur um Parteikader und Offiziere, sondern auch um Verwaltungsfachleute, Manager, Techniker, Ingenieure, Statistiker, Planungsspezialisten, Facharbeiter der Verteidigungsindustrie, Fabriken und Planungszentren. Fast die gesamte wirtschaftliche Führungsspitze der frühen Planzeit wurde verhaftet. Diese war in den Lagern natürlich von weitaus geringerem Nutzen für die Volkswirtschaft als in der Ausübung ihrer vorherigen normalen Arbeit[21]. Zu diesem Kompetenzverlust kamen der Arbeitskräftemangel in der Wirtschaft und die psychischen Folgen des Terrors. Eine alles überdeckende Furcht vor Fehlern und neuen Überlegungen, Risikoangst und eine allgemeine Lähmung machten sich breit. Desorganisation und Schwächen waren die Folge. Kontinuierliche Entwicklungen brachen ab, Pläne wurden nicht mehr erfüllt. Die industriellen Zuwachsraten gingen 1937 bis 1941 zurück[22].

Mit dem dritten Fünfjahresplan (1938-1941/42) besserte sich die Situation nicht. Der Ausbau von Rüstungs- und Schwerindustrie, umfangreiche Infrastrukturmaßnahmen, hier vor allem zwei von GULag-Häftlingen durchgeführte Projekte (Baubeginn der BAM, Ausbau der Transsib zur Doppelgleisigkeit), die Erschließung neuer Erdölvorkommen und die Verlagerung des industriellen Schwerpunktes nach Osten wurden wegen der drohenden Kriegsgefahr weiter forciert[23]. Mit dem deutschen Angriff brach der Fünfjahresplan ab. Die beiden ständigen Problembereiche Arbeitskräftemangel und Produktionsrückgang überstiegen nun jedes bis dahin gekannte Maß. Millionen Arbeitskräfte fielen wegen ihrer Einberufung für den Arbeitsprozeß aus. Die Ostverlagerung der Wirtschaft wurde nun noch mehr beschleunigt. Rund 2500 Betriebe, in erster Linie Rüstungsunternehmen und deren Zulieferindustrie, wurden während des Krieges samt Belegschaft in den Ural, nach Kasachstan, Westsibirien, in das Wolgagebiet und Ostsibirien verlegt[24]. Immer mehr Mittel wurden dem Militär- und Rüstungsbereich zur Verfügung gestellt. Alle nicht unmittelbar kriegswichtigen oder verbraucherrelevanten Bereiche wie Landwirtschaft, Konsumgüter, Wohnungsbau wurden vernachlässigt[25]. Während dieser Jahre, in denen sich die Wirtschaft noch mehr als zuvor auf die Rüstungsindustrie, Schwerindustrie und den Abbau von Bodenschätzen konzentrierte, gewannen Mobilität und Umfang

[21] Joel Carmichael. Säuberung. Frankfurt/M., 1972. S. 209-210. Lewytzkyj, Inquisition, S. 128. Nove, History², S. 239. Nove, History¹, S. 236-237. Hunter, Priorities, S. 14. Lorenz, Sowjetunion, S. 345.

[22] Schramm, Industrialisierung, S. 785-786, 840-844. Baykov, Development, S. 280-281. Nove, History¹, S. 255-256, 377. Schwarz, Arbeiterklasse, S. 213. Lorenz, Sowjetunion, S. 345. Naum Jasny. Soviet industrialization. Chicago, 1961, S. 179-180, hält die durch den Terror bewirkte Lähmung für schädlicher als die Inhaftierung von aus seiner Sicht rund 3,5 Millionen Lagerinsassen.

[23] Bernd Bonwetsch. Der „Große Vaterländische Krieg". Vom deutschen Einfall bis zum sowjetischen Sieg (1941-1945). In. Schramm: Handbuch, Kap. VII, S. 909-1008. Hier: S. 971. Thalheim, Grundzüge, S. 37-38.

[24] Zur Ostverlagerung allgemein: Bonwetsch, Krieg, S. 912-913, 952, 957-958. Ruffmann, Sowjetrußland, S. 118-119. von Rauch, Geschichte, S. 456. Karger nennt 1300 Betriebe, die in „in den ersten Wochen" des Krieges nach Osten verlegt worden und dort geblieben seien (In: Sowjetunion (1979), S. 42). Wein, Sowjetunion, S. 187, 281, spricht von 1500 Betrieben, meint damit aber wahrscheinlich ebenfalls jene, die nach Ende des Krieges im Osten blieben.

[25] Bonwetsch, Krieg, S. 953-955, 963, 965.

des Arbeitskräftepotentials des GULags eine zentrale Bedeutung bei Planung und Realisierung der Kriegswirtschaft.

Im vierten (1946-1950) und fünften Fünfjahresplan (1951-1955) hatten der Wiederaufbau der Produktionsgüterindustrie in den wiedergewonnenen Gebieten und der Ausbau der Schwerindustrie eindeutig Vorrang vor einer verbraucherfreundlichen Politik. Ein umfangreiches Wohnungsbauprogramm, die Fortführung intensiver Rüstungsanstrengungen und die sogenannten „Stalinbauten", fünf Großbauprojekte zur Verbesserung der Kraftstromversorgung, des Bewässerungssystems und des Verkehrsnetzes waren die maßgeblichen Ziele der Nachkriegspläne[26]. Wie früher, so wurden auch hier in großem Stil Lagerzwangsarbeiter eingesetzt. Zu nennen ist der von Häftlingen erbaute Wolga-Don-Kanal.

Betrachtet man die Sowjetökonomie der Stalinzeit im Überblick, so zeichnet sie sich durch eine Militarisierung der Ziele, durch ihren Charakter als „Kriegswirtschaft im Frieden" aus. In einem ständigen wirtschaftlichen und gesellschaftlichen Ausnahmezustand lösten die Umwälzung der ersten Fünfjahrespläne, Massenterror und Kriegsvorbereitungen, Zweiter Weltkrieg, Wiederaufbau und eine erneute Rüstungsphase bis zu Stalins Tod einander ab[27].

3.1.2 Die Prinzipien des Stalinschen Wirtschaftssystems: Arbeitszwang und Zwangsarbeit

Die sowjetische Wirtschaftspolitik arbeitete mit einem Wirtschaftssystem, das, mit Ausnahme der kurzen Episode der NÖP, ein gigantisches Arbeitszwangssystem war. Das Lagersystem war seit 1919 Teil dieses Arbeitszwangssystems, welches auch in der NÖP-Zeit nicht abgeschafft wurde. Seine Bedeutung stieg vielmehr kontinuierlich an.

Dem in der Phase von Kollektivierung und Industrialisierung errichteten sowjetischen Planungssystem gelang unter Zuhilfenahme immenser Brutalität, verbunden mit vielen Opfern, innerhalb kurzer Zeit ein starker Anstieg der Produktionszahlen[28]. Staat und Partei waren alleinige Träger der Industrialisierung, konnten die wirtschaftspolitischen Prioritäten bestimmen und unter massiver Unterstützung der Sicherheitsbehörden durchsetzen. Auf Konsumbedürf-

---

26 Haumann, Wirtschaft, S. 1197, 1202. Bonwetsch, Krieg, S. 955. Ruffmann, Sowjetrußland, S. 120. von Rauch, Geschichte, S. 456-462, 487-488.

27 Nove, Economy, S. 149, Hofmann, Arbeitsverfassung, S. 7-8. Auf S. 244 spricht er vom „paramilitärischen Charakter der ganzen Sowjetwirtschaft".

28 Von Rauch, Geschichte, S. 273. Er spricht vom „terroristischen Charakter", von Kollektivierung und Industrialisierung. Steven Rosefielde (Ders., The First „Great leap forward" reconsidered: Lessons of Solzhenitsyn's *Gulag Archipelago*. In: Slavic Review 4/1980, S. 559-587. Hier: S. 560-562, 587) wirft gegen die vornehmlich von Nove vertretene vorherrschende Schule die Frage auf, ob die Industrialisierungsfortschritte insbesondere in der Schwerindustrie statt auf Investitionen und Export von Agrarüberschüssen nicht in weit größerem Maße auf die mit Zwangsmaßnahmen herbeigeführte Bevölkerungsumverteilung vom Land in die Städte und die als Wirtschaftsunternehmen arbeitenden Zwangsarbeitslager zurückzuführen seien. Hunter weist diese Kritik zurück und bestätigt die herrschende Lehrmeinung, nach der der Produktionsanstieg in Schwerindustrie und anderen ausgewählten prioritären Bereichen vor allem durch Konsumverzicht, Vernachlässigung anderer industrieller Sparten und nur unwesentlich steigender Agrarproduktion erkauft

nisse[29] der Bevölkerung brauchte keine Rücksicht genommen zu werden, Gewerkschaften die ihrer eigentlichen Aufgaben gerecht werden können, und Streikmöglichkeiten gab es nicht[30].

Dennoch sahen sich die Wirtschaftsplaner während der gesamten Stalin-Ära mit zu geringer Produktion, unzulänglicher Arbeitsproduktivität und Arbeitskräftemangel konfrontiert. Hauptgründe für die mangelhafte Effizienz der Sowjetwirtschaft waren Fehlplanungen innerhalb der Wirtschaftsverwaltung, sehr hohe Produktionskosten, häufiger Arbeitsplatzwechsel, ungenügende Arbeitsdisziplin verbunden mit hohen Ausschußquoten, vielen Fehlstunden, Freischichten und außerökonomische Störungen, der Vorrang der planwirtschaftlich besser nachprüfbaren Quantität vor der Qualität, der Raubbau an den natürlichen und menschlichen Ressourcen, der Masseneinsatz ungelernter Arbeiter, die Verunsicherung und der Motivationsmangel durch die Zwangs- und Terrormaßnahmen[31].

Der Staat versuchte, dieser Probleme mit arbeitsrechtlichen und arbeitsdisziplinarischen Maßnahmen sowie verbesserten Methoden der Erfassung, Aushebung und Lenkung der Arbeitskräfte Herr zu werden[32]. Das Wirtschaftssystem des Stalinismus knüpfte dabei an die Erfahrungen des Kriegskommunismus an. Dies gilt besonders für die Arbeitsmobilisierung und den Arbeitszwang. Stalin nutzte Ende der zwanziger Jahre ein Grundgerüst, welches von Trotzki und Lenin bereits 1920 entwickelt worden war[33].

Besonders zu nennen sind die von Trotzki propagierten „Armeen der Arbeit“. In ihnen herrschte Arbeitszwang, die Zwangsverpflichteten wurden meist bei einfacher Handarbeit eingesetzt, es gab schon hier eine an eine Norm gekoppelte Essensration und ein Prämiensystem[34]. Stalin, als Verantwortlicher für die

---

worden sei (Ders., The economic costs of the GULag Archipelago. In: Soviet Review 4/1980, S. 588-592. Hier: S. 588). R.W. Davies und Stephen G. Wheatcroft sehen in der Zwangsarbeit nicht den ausschlaggebenden Faktor für das industrielle Wachstum und weisen Rosefieldes Kritik an Bergson, Nove, Jasny und Eason zurück (Dies., Steven Rosefielde's Kliuvka. In: Slavic Review 4/1980, S. 593-602. Hier: S. 600). Rosefieldes Gegentheorie wurde somit weitgehend abgelehnt; in seinen späteren Artikeln wiederholt er sie nicht. Allerdings sieht auch Swianiewicz, Forced labour, S. 1-3, 216, in den Zwangsarbeitslagern einen wesentlichen Teil des totalitären Arbeitszwangssystems, mit dessen Hilfe die Sowjetführung versuchte, die Industrialisierung durchzusetzen.

29 Raupach, Grundlagen, S. 6, vertritt die fragwürdige Auffassung, daß die sowjetische Bevölkerung über eine „relativ unterentwickelte Bedürfnisskala“ verfüge. Diese sei nicht angeboren, sondern resultiere aus einer seit Jahrhunderten bekannten klimatischen und wirtschaftsgeographischen Problematik. Es sei der Sowjetregierung daher leicht gefallen, Konsumverzicht zu fordern und einen hohen Teil des Sozialprodukts in die Kapitalakkumulation zu stecken; höhere Ansprüche habe es nur in den Großstädten gegeben. Hier schimmert bei Raupach zu sehr der alte Mythos der „Leidensfähigkeit des russischen Volkes“ durch.

30 Nove, Economy, S. 145, 149. Haumann, Wirtschaft, S. 1209-1212. Schramm, Industrialisierung, S. 856-857.

31 Lorenz, Sowjetunion, S. 345-346. Schramm, Industrialisierung, S. 805.

32 Vgl. dazu: Hofmann, Arbeitsverfassung, S. 28-30, 227-228. Carlton, Forced labor, S. 32-38. Ruffmann, Sowjetrußland, S. 114. von Rauch, Geschichte, S. 260-262.

33 Diese Ansicht vertritt besonders dezidiert und überzeugend Bunyan, Forced labor. Hier: S. VI-VII. Auch Wolkogonow, Triumph, Band 1/2, S. 60, verweist auf Trotzkis Idee, „staatsfeindliche Elemente“ in Massen zu gliedern und in militärischer Ordnung bei Bauprojekten einzusetzen.

34 Heller, Stacheldraht, S. 61-62. Zu nennen sind hier auch die Arbeitsarmeen, die während des Zweiten Weltkrieges aus den Angehörigen deportierter Völker, so der Rußlanddeutschen, gebildet wurden.

ukrainische Arbeitsarmee, kannte diese genau[35]. Es ist daher durchaus begründet, neben den Strafvollzugssystemen auch in den Arbeitsarmeen Institutionen zu sehen, die denen, die später den GULag aufbauten, Ideen gaben[36].

Gleichfalls hatte es harte Maßnahmen zur Disziplinierung der Arbeiter bereits in den Jahren des Kriegskommunismus (1919-1921) gegeben[37]. Wie auch später zu Zeiten der Fünfjahrespläne und des GULag der Stalinzeit hatten Lager, hier die Zwangsarbeitslager des NKWD, ihren Beitrag zur Disziplinierung der Bevölkerung geleistet[38].

Die *arbeitsrechtlichen* und *arbeitsdisziplinarischen Neuerungen* sind von ausschlaggebender Bedeutung für das Verständnis des Arbeitszwangssystems. Durch eine ganze Reihe von Veränderungen wurden die Rechte der Arbeiter erheblich beschnitten. Die Gewerkschaften wurden entmachtet, die Stellung der Direktoren in den Betrieben gestärkt. Zu den wichtigsten Neuerungen zählten weiterhin drastische Maßnahmen zur Verbesserung der Arbeitsdisziplin und der Pünktlichkeit, eine strenge Arbeitsplatzbindung und die Erhöhung der Arbeitszeit, hier besonders das Dekret vom 26. Juni 1940, Einführung eines Prämiensystems und einer Lohndifferenzierung, der „sozialistische Wettbewerb", „Neuererwesen" und Stachanowbewegung, „Schädlingskampagnen", bessere Überwachungsmöglichkeiten durch neue Arbeitsbücher (20. Dezember 1938)[39].

Die Versuche, mittels einer besseren *Arbeitsmobilisierung* und *Arbeitskräftelenkung* das Arbeitskräftepotential der Bevölkerung besser auszuschöpfen, berühren noch direkter den Problembereich, der mit zum Ausbau des GULag führte. Die Sowjetunion hatte als Folge von Erstem Weltkrieg, Bürgerkrieg, Hunger und Seuchen der Jahre 1921-1922, Liquidationen und Emigration bereits 1926 einen Fehlbestand von vier Millionen arbeitsfähigen

---

35 Bunyan, Forced labor, S. 118.

36 Solschenizyn sieht im System von Zwangsverpflichtung zur Arbeitsleistung unter militärähnlichen Bedingungen zwar keinen institutionellen Vorläufer des Lagersystems der Stalinzeit, bemerkt aber zu Recht, daß diese in bezug auf Mobilität, Disziplin und geringe Kosten Ähnlichkeiten mit dem späteren GULag-Arbeitssystem aufwiesen (Ders., Archipel GULag II, S. 67). Heller, Stacheldraht, S. 139, sieht in den ab Ende der zwanziger Jahre entstehenden Lagern des GULag-Typs die Nachfolger der Arbeitsarmeen. Aus „Arbeitssoldaten" seien „Kanalarmisten" , aus der von Trotzki geforderten „Militarisierung der Arbeit" sei die Lagerarbeit geworden. Auch Rossi verweist darauf, daß bei den ersten großen OGPU-Bauprojekten militärähnliche Organisationsformen und Bezeichnungen („Kanalarmist") übernommen wurden, um eine Nähe zur Roten Armee herzustellen (Ders., GULAG Handbook, S. 151). Armanski, Maschinen, S. 144, bezeichnet die Arbeitsarmeen als „Vorbild massenhafter Zwangsarbeit".

37 Siehe dazu besonders Bunyan, Forced labor.

38 Vgl. Kap. 2.3.2.

39 Siehe dazu: Salomon M. Schwarz. Arbeiterklasse und Arbeitspolitik in der Sowjetunion. Hamburg, 1953. S. 98-124, 159-166, 202-213. Hoffmann, Arbeitsverfassung, S. 95-121, 146-150, 347-475. Haumann, Wirtschaft, S. 1264-1265. Walter Meder. Das sowjetische Wirtschaftsrecht. In: Osteuropa-Handbuch. Sowjetunion. Wirtschaftssystem, S. 290-337. Hier: S. 326-329. Swianiewicz, Forced Labour, S. 149-158. Schramm, Industrialisierung, S. 863-865. Lorenz, Sowjetunion, S. 336-338. von Rauch, Geschichte, S. 457. Bonwetsch, Krieg, S. 973-975. Heller Stacheldraht, S. 113-116, 163. Zur neueren Literatur: Baberowski, Wandel, S. 114. Strittig ist in der Forschung, ob die harten arbeitsdisziplinarischen Maßnahmen aus wirtschaftlicher Notwendigkeit getroffen oder mit herrschaftsstabilisierender Zielsetzung veranlaßt wurden (Vgl. Schramm, Industrialisierung, S. 864, und Schwarz, Arbeiterklasse, S. 120).

Männern[40]. Nach Kollektivierung und Beginn des ersten Fünfjahresplans war ab Mitte 1930 plötzlich ein akuter Arbeitskräftemangel festzustellen. Besonders betroffen waren die Bauwirtschaft, die Bauholzindustrie im russischen Norden, die Kohleindustrie, Verladearbeiten bei Wasser- und Eisenbahntransport und Flößarbeiten. Es waren dies gerade solche Sparten, in denen schon bald Massen an Lagerhäftlingen Dienst verrichten sollten. Versuche, die Arbeitsproduktivität zu steigern, griffen nicht, mehr Arbeitskräfte wurden dringend erforderlich, die Arbeitskräfteverteilung mußte neu organisiert, die Arbeitskräfterekrutierung und –mobilisierung intensiviert werden[41]. Der Arbeitskräftemangel führte in der Beschäftigungspolitik seit 1930 zu einem Wandel zu aktiver staatlicher Arbeitskräftelenkung[42].

Es ist kein Zufall, daß im gleichen Jahre 1930 das Statut über Besserungsarbeitslager bekanntgegeben und innerhalb der OGPU die GULag gegründet wurde. Die mit der Planwirtschaft einsetzende Umwandlung der Sowjetwirtschaft forderte alle gesellschaftlichen Potentiale und konnte es sich nicht leisten, auf die Arbeitskraft der Häftlinge zu verzichten. Noch im gleichen Jahr wurden Verordnungen erlassen, um die Verteilung der beschäftigten Arbeitskräfte zu kontrollieren und die bestmögliche Verwendung der Arbeitskräfte sicherzustellen, Arbeitskräfte je nach gesamtwirtschaftlichen Gesichtspunkten und Prioritäten zu versetzen und sie im Rahmen der Produktionsplanung zu verteilen[43]. Das Volkskommissariat für Arbeit erhielt die Kompetenz, Facharbeiter und Ingenieure zu versetzen. Am 27. Dezember 1932 wurden Inlandspässe für die Stadtbevölkerung eingeführt, mit deren Hilfe die Bevölkerungsbewegung besser kontrolliert werden konnte. Der ländlichen Bevölkerung, die diesen Paß nicht erhielt, waren Ortswechsel nicht gestattet[44].

Dennoch war die Arbeitskräftereserve ab 1939 fast völlig erschöpft[45]. Die Sowjetführung reagierte mit weiteren Verschärfungen. Am 26. Juni 1940 verordnete das Präsidium des Obersten Sowjets der UdSSR, daß Arbeitsplätze für Arbeiter und Angestellte zugewiesen werden konnten, und drohte denen, die diesen Zuweisungen nicht Folge leisteten, und denen, die eigenmächtig ihren Arbeitsplatz verließen, harte Strafen an[46]. Obwohl den Behörden durch Dekret vom 19. Oktober 1940 die Zwangsversetzung erlaubt wurde, sank ab 1941 als

[40] Siehe dazu: Gunther Ipsen. Arbeitskraft und Arbeitsvermögen. In: Osteuropa-Handbuch. Sowjetunion. Wirtschaftssystem, S. 26-76. Hier: S. 34-35.

[41] Swianiewicz, Forced labour, S. 111-114.

[42] Vgl. dazu die Übersicht bei Peter Wiles. Zentrale und dezentrale Elemente der Wirtschaftssteuerung. In: Osteuropa-Handbuch. Sowjetunion. Wirtschaftssystem, S. 433-460. Hier: S. 447.

[43] Schwarz, Arbeiterklasse, S. 129-134.

[44] Heller Stacheldraht, S. 113-116. Baberowski, Wandel, S. 109-110, 114, mit Verweisen auf neuere Literatur.

[45] Nove, History[1], S. 255. Swianiewicz, Forced labour, S. 15, 134, stellt das zeitliche Übereintreffen von Arbeitskräfteverknappung 1934 bis 1937 und Beginn der großen Terrorwelle 1936 heraus und sagt S. 162, daß die Verhaftungen nicht nur, aber auch, von dem Willen geleitet wurden, Arbeitskräfte für das NKWD und die von ihm in der Frage des Personalnachschubes abhängigen Staatsunternehmen zu liefern.

[46] Heller, Stacheldraht, S. 163.

Folge der Einziehung vieler Industriearbeiter zum Kriegsdienst[47] die Zahl der in der Industrie Beschäftigten enorm. Von ausschlaggebender Bedeutung für die Kriegführung war es, zumindest die für die Kriegführung wichtigen Industriebetriebe mit einer ausreichenden Zahl an Arbeitskräften zu versorgen. Um dies sicherzustellen, wurden 1941 bis 1943 Verordnungen erlassen, mit denen es möglich wurde, Arbeiter und Angestellte gemäß kriegswirtschaftlicher Prioritäten zwangszuversetzen, diese dort als Mobilisierte zu binden (26. Dezember 1941). Zudem wurde eine Arbeitsdienstpflicht für die gesamte arbeitsfähige Stadtbevölkerung eingeführt (13. Februar 1942). Trotz all dieser Versuche gelang keine optimale und zentrale Bewirtschaftung des Arbeitskräftepotentials[48]. Gegen Kriegsende und in den ersten Jahren der Nachkriegszeit änderte sich die Situation zunächst nicht. Der Arbeitskräftemangel bestand weiter, und auch die „vollkommenste Form der Arbeitslenkung“[49], der GULag, war nicht in der Lage, diesen zu beseitigen.

Der in den arbeitsrechtlichen und arbeitskräftepolitischen Maßnahmen erkennbare Zwangscharakter der sowjetischen Gesellschaft und Wirtschaft der Stalinzeit existierte in beiden Bereichen der Wirtschaft: der freien Wirtschaft und dem Zwangsarbeitslagerimperium. Freie Arbeit und Lagerzwangsarbeit sind als zwei Aspekte des totalitären Verständnisses von Wirtschaftspolitik und Arbeitsverfassung und des Arbeitszwangssystems anzusehen. Die Unterschiede zwischen freier Arbeit, der Zwangsarbeit im allgemeinen und der Lagerzwangsarbeit im besonderen waren fließend. Entscheidend waren Normerfüllung und Normübererfüllung, der Status des Arbeiters, ob frei oder Lagerhäftling, war demgegenüber von nachrangiger Bedeutung[50]. Die Zwangsarbeit der Lagerinsassen war, hierin ist HOFMANN zuzustimmen, der „Arbeitszwang in seiner vollendeten Form“[51].

---

[47] Die Rote Armee bestand Anfang 1942 aus 10,9 Mio, später aus 14 Mio. Mann (Vgl. Bonwetsch, Krieg, S. 966-967).

[48] Ebd., S. 973-975.

[49] Wiles, Wirtschaftssteuerung, S. 447.

[50] Von Trotzki ist eine Aussage überliefert, wonach Sozialismus und Zwangsarbeit zusammengehörten, andernfalls der Sozialismus zu „begraben“ sei (Nach: Heller, Stacheldraht, S. 62-63). Auch die kommunistischen Autoren der Chruschtschow-Zeit, die über das Lagerleben berichteten, unterschieden nicht zwischen freier Arbeit und Gefangenenarbeit (Ebd., S. 246-248). Armanski spricht von einem „umfangreichen und beständigen personellen Austausch zwischen der ‚großen‘ und der ‚kleinen‘ Zone“. Die freie Sowjetgesellschaft und die Lagerwelt seien nach den gleichen Grundprinzipien streng reglementierter Arbeit und drakonischer Strafandrohung aufgebaut gewesen. Die Lager könnten daher als „Spitze des Eisberges“ verstanden werden. Sie hätten in „konzentrierter Form die Funktionsweise der sowjetischen Gesellschaft zusammenfaßt“ (Ders., Maschinen, S. 152). Hannah Arendt ist ebenso der Überzeugung, daß „Zwangsarbeit [die] normale Lebensbedingung des gesamten russischen Proletariats“ war und keine besondere Eigenschaft der Lager (Dies., Elemente, S. 684).

[51] Hofmann, Arbeitsverfassung, S. 265-266, 274. Zitat: Ebd., S. 160. Carlton, Forced labor, S. 19-21, 32.

3.2 Das Sowjetrecht der Stalinzeit: Rekrutierungsinstrument für den GULag

Die Maßnahmen zur Neuorganisation in der Wirtschaft und zur Verbesserung der Arbeitsdisziplin und effizienteren Ausnutzung des Arbeitskräftepotentials wurden durch eine enorme Verschärfung des Strafrechtes flankiert. Diese hatte nicht nur den Zweck, die Herrschaft der Partei im allgemeinen und Stalins im besonderen abzusichern. Mit Einführung der zentralen Planwirtschaft begann das Strafsystem, mehr einen wirtschaftlichen, auf Produktion ausgerichteten als einen klassischen Strafcharakter anzunehmen. Strafrecht und Arbeitsrecht hatten nicht nur die Aufgabe, tatsächliche oder potentielle Staatsfeinde zu bestrafen, sondern dienten immer mehr dazu, einen steten Zufluß an Häftlingen sicherzustellen, damit der GULag seine Aufgaben im Rahmen der Staatswirtschaft erfüllen konnte. Die Rechtsorgane wurden faktisch zu Rekrutierungsbehörden für den GULag[52].

Entgegen den Vorstellungen der leninistischen Straftheorie wurde die Haft nicht immer unwichtiger. Ganz im Gegenteil stiegen die Insassenzahlen und die Dauer der Haftstrafen stetig an. Waren 1921 als Höchststrafe fünf Jahre vorgesehen, so enthielt das im Strafgesetzbuch der RSFSR von 1922 bereits Strafen von sechs Monaten bis zehn Jahren, jenes von 1926 solche von einem Jahr bis zehn Jahren. Innerhalb des Strafrahmens orientierten sich die verhängten Haftzeiten immer mehr zum oberen Rand. Insgesamt stieg die Zahl der zu längeren Haftstrafen Verurteilten sehr stark an[53].

Die Haftanstalten füllten sich indes nicht nur, da das Strafmaß erhöht wurde, sondern auch, da ab der zweiten Hälfte der zwanziger Jahre eine Fülle neuer Strafbestimmungen, die sehr weit ausgelegt werden konnten, eingeführt wurden.

Der erste entscheidende Schritt auf diesem Weg war die Einführung des neuen Strafgesetzbuches der RSFSR vom 22. November 1926, welches mit Änderungen bis 1960 in Kraft blieb[54]. In dieses wurde durch einen Erlaß des ZEK vom 27. Februar 1927 ein Kapitel über Staatsverbrechen eingefügt[55], das den schon bald berüchtigten *Artikel 58*[56] enthielt. Er wurde 1934 verschärft und galt bis 1959[57]. Neben den Sonderkollegien des NKWD (OSO) und dem Gesetz vom

[52] Siehe zur neueren Literatur: Baberowski, Wandel, S. 115. Dieser wertet ebenfalls den „durch die Gigantomanie der Planbehörden hervorgerufenen Bedarf an Zwangsarbeitern" als Hintergrund der immer stärkeren Kriminalisierung der Bevölkerung (Ebd.).

[53] Solomon, Policy, S. 209, 210.

[54] Hösch/Grabmüller, Daten, S. 67. Heller, Stacheldraht, S. 74.

[55] Nach Rossi, GULAG Handbook, S. 539, Anmk. 3.

[56] Der Wortlaut des Artikels 58 ist in deutscher Übersetzung abgedruckt in: Altrichter, Sowjetunion I, Dok. 83, S. 215-220; Conquest, Anfang, S. 663-667; Schalamow, „Artikel 58", S. 189-195 (unter Mitarbeit von Georg Brunner). Eine knappe Zusammenfassung der Unterpunkte in: Armanski, Maschinen, S. 146-147. Dieser datiert die Einführung des StGB allerdings falsch nach 1928 (S. 146). In englischer Übersetzung: Silde, Profits, S. 291-294 (in der am 1. Oktober 1953 gültigen Fassung). Siehe dazu auch den Wortlaut in englischer Sprache mit Kommentierungen: Rossi, GULAG Handbook, S. 539-550.

[57] Diese Daten finden sich in einer kurzen Hinführung zur Übersetzung des Artikeltextes in Schalamow, „Artikel 58", S. 189.

7. August 1932 ist der „Artikel 58“ der am häufigsten im Zusammenhang mit Lagern genannte Terminus aus dem Strafrecht. Seine Bedeutung für den GULag ist nicht zu überschätzen.

Der Artikel 58 war in vierzehn weit auslegbare Unterpunkte gegliedert und schrieb fest, was als „konterrevolutionäre Tätigkeit“ angesehen werden könne und welche Strafmaße dieser zukamen[58]. Wenn auch manche dieser Punkte bereits im Strafgesetzbuch von 1922 und in seinen nachfolgenden Änderungen enthalten waren, so wurde der Artikel 58 jedoch in weitaus größerem Maße als diese genutzt[59]. Die Mindeststrafe war oft drei Jahre, und auch in anderen Fällen

---

[58] Die vierzehn Unterpunkte umfaßten konterrevolutionäre Handlungen, „die auf den Sturz, die Unterhöhlung oder die Schwächung“ des Sowjetstaates, die Gefährdung seiner Sicherheit und seiner „wirtschaftlichen, politischen und nationalen Errungenschaften“ abzielten *(58.1)*. Darunter fielen „Vaterlandsverrat“ in Form von Spionage, Geheimnispreisgabe, Überlaufen, Flucht ins Ausland: Erschießung oder zehn Jahre Freiheitsentzug *(58.1a)*; „Vaterlandsverrat“ durch Militärangehörige: Erschießung *(58.1b)*; Sanktionen für Familienangehörige eines geflohenen Militärangehörigen bei Mitwisserschaft und nicht erfolgter Meldung an die Behörden: fünf bis zehn Jahre Freiheitsentzug oder fünf Jahre Verschickung „in entlegene Bezirke Sibiriens“ *(58.1c)*; Sanktion für eine Militärperson bei Kenntnis eines in Vorbereitung befindlichen oder vollendeten Verrats und nicht erfolgter Meldung an die Behörden: zehn Jahre Freiheitsentzug (bei Zivilisten: Freiheitsentzug nicht unter sechs Monaten) *(58.1d)*. Mit „Maßnahmen des sozialen Schutzes“ in Form der Erschießung oder der Erklärung zum Feind der Werktätigen und Ausweisung oder von mindestens drei Jahren Freiheitsentzug wurden folgende Vergehen bestraft: Bewaffneter Aufstand oder konterrevolutionäre Bandentätigkeit *(58.2)*; Kontakte zu ausländischen Staaten in konterrevolutionärer Absicht *(58.3)*; Unterstützung der internationalen Bourgeoisie *(58.4)*; Hinwirken auf einen anderen Staat, der Sowjetunion den Krieg zu erklären, Gebiete zu okkupieren, Verträge zu brechen, Blockaden auszusprechen oder die diplomatischen Beziehungen abzubrechen *(58.5)*; Spionage und Geheimnisverrat (in weniger schweren Fällen der Wirtschaftsspionage): Freiheitsentzug bis zu drei Jahren *(58.6)*; „Unterhöhlung“ der staatlichen Wirtschaft in konterrevolutionärer Absicht *(58.7)*; Terroristische Handlungen gegen Staats- und Parteifunktionäre *(58.8)*; Sabotage in konterrevolutionärer Absicht *(58.9)*; Mitgliedschaft in einer konterrevolutionären Organisation *(58.11)*; Beteiligung an konterrevolutionären Handlungen auf verantwortlichen Posten in der Zarenzeit oder im Bürgerkrieg *(58.13)*. Die auf Schwächung der Sowjetmacht abzielende Agitation und Propaganda wurde allgemein mit Freiheitsentzug nicht unter sechs Monaten bestraft, wenn sie jedoch während eines Krieges oder Kriegszustandes oder bei Massenaufruhr oder religiös oder national motivierten Wirren benutzt werden sollte, drohte wieder die Höchststrafe (wie 58.2-58.9, 58.11, 58.13) *(58.10)*. Die Nichtanzeige geplanter oder ausgeführter konterrevolutionärer Verbrechen wurde mit Freiheitsentzug nicht unter sechs Monaten geahndet *(58.12)*, und bei konterrevolutionärer Sabotage drohten Freiheitsentzug nicht unter einem Jahr, bei schweren Fällen schärfere Strafen bis zur Erschießung *(58.14)* (Nach der Übersetzung in Schalamow, „Artikel 58“, S. 189-195. Siehe dazu auch die Auflistung in: Lipper, Jahre, S. 30-31). Solschenizyn, Archipel GULag I, S. 69-76, gibt eine Fülle von Beispielen für die Anwendung der vierzehn Unterpunkte des Artikels 58. Siehe auch ders., Archipel GULag III, S. 35, wo er in anderem Zusammenhang die Unterpunkte nennt und mit den damals gebräuchlichen Termini charakterisiert: 58.1a, 1b: „Vaterlandsverräter“; 58.2: „bourgeoise Nationalisten und Separatisten“; 58.3: „Begünstiger des Feindes“; 58.4: „Agenten der Weltbourgeoisie“; 58.6: „Spione“; 58.7: „Diversanten“; 58.8: „Terroristen“; 58.9: „Schädlinge“; 58.10: „einfache antisowjetische Agitation“; 58.11: „antisowjetische Organisation“; 58.12: „Nichtdenunzianten“; 58.14: „Wirtschaftssaboteure“.

[59] Nach Rossi waren wesentliche Inhalte des Artikels 58 des Strafgesetzbuches von 1926 bereits in den Artikeln 57-72 und 76 des Strafgesetzbuches von 1922 enthalten (Siehe dazu Rossi, GULAG Handbook, S. 534-537 [Wortlaut der Artikel 57-73] und 538 [Vergleichstabelle]). Ähnlich äußert sich Heller, Stacheldraht, S. 74. Danach wurden mit Gesetz vom 10. Juli 1923 die Definitionen konterrevolutionärer Delikte erheblich ausgeweitet und diese Bestimmungen am 31. Oktober 1924 in die Grundsätze der sowjetischen Strafgesetzgebung übernommen.

war eine Verurteilung von bis zu oder mehr als drei Jahren möglich[60]. Da eine Freiheitsstrafe ab drei Jahren seit dem Statut über Besserungsarbeitslager vom 7. April 1930 die Einweisung in ein Lager zur Folge hatte, wurde der Artikel 58 in der Rechtspraxis bald zu *dem* Rekrutierungsinstrument für unfreie Arbeitskräfte[61].

Neben dem Artikel 58 wurde eine ganze Reihe weiterer Gesetze und Verordnungen erlassen, welche große Verhaftungszahlen nach sich zogen. Zu nennen ist an erster Stelle das Dekret vom 7. August 1932 gegen den „Raub sozialistischen Eigentums", auf das zehn Jahre Zwangsarbeit oder der Tod standen.[62]. Es folgten eine Fülle weiterer Strafverschärfungen in den Jahren 1935 bis 1938[63].

Der allgemeinen Tendenz zur Strafverschärfung entsprach, daß mit dem Gesetz über den Vaterlandsverrat vom 8. Juni 1934 der bislang aus der Rechtsterminologie verbannte Begriff „Strafe" wieder eingeführt wurde[64]. Im gleichen Jahr wurden die Strafen für Verstöße gegen Artikel 58 auf bis zu zehn Jahre erhöht. Ein Grund für die Ausdehnung der Höchststrafen, darin ist SOLSCHENIZYN zuzustimmen, ist sicherlich darin zu sehen, daß Langzeithäftlinge in der langfristigen Arbeitsplanung besser zu organisieren waren. SOLSCHENIZYN ist der Überzeugung, daß die Sowjetführung während des Baus des Weißmeer-Ostsee-Kanals festgestellt habe, daß für längere Bauprojekte die Dreijahresfrist zu kurz und eine Frist von zwei Fünfjahresplänen für Planung und Durchführung solcher Großprojekte nutzbringender sei[65]. Dieses Argument muß umso größere Aufmerksamkeit finden, als im gleichen Jahr 1934 das Unions-NKWD und das Sonderkollegium des NKWD (OSO), das für viele der Lagereinweisungen nach Artikel 58 verantwortlich wurde, geschaffen wurden.

Die Strafmaße wurden jedoch schon bald über die seit 1926 auf zehn Jahre festgelegte Höchststrafe hinaus erhöht. Mit Beschluß von ZEK und SNK der

---

60 Insgesamt sah der Artikel nach der Verschärfung 1934 siebzehn Strafzumessungen vor. Im härtesten Fall (58.1b) drohte ausschließlich die Erschießung. In neun und damit der weit überwiegenden Zahl der Fälle galt gewissermaßen als Standardstrafe ein Strafmaß vom Freiheitsentzug von mehr als drei Jahren bis hin zur Erschießung (58.2, 3, 4, 5, 7, 8, 9, 11, 13). In weiteren vier Fällen drohten Mindeststrafen von sechs Monaten, einem Jahr, bis zu drei Jahren und zehn Jahren und als Höchststrafe die Erschießung (58.10, 14, 6, 1a). Die wenigen Sanktionen, die keine Hinrichtung beinhalteten, umfaßten Freiheitsstrafen von mindestens sechs Monaten bis zehn Jahren, in einem Fall eine fünfjährige Verbannung (58.12, 1d, 1b).

61 So einhellige Meinung von Melville/Steffens, Bevölkerung, S. 1100-1101; Solschenizyn, Archipel GULag I, S. 68-69; Schalamow, „Artikel 58", S. 189. Nach Rossis Angaben wurden in den dreißiger Jahren rund ein Viertel aller GULag-Insassen nach Art. 58.10 verurteilt. Er belegt dies aber nicht. (Ders., GULAG Handbook, S. 1).

62 Solschenizyn, Archipel GULag I, S. 67. Baberowski, Wandel, S. 114. Solschenizyn weist in Archipel GULag II, S. 412, darauf hin, daß die Strafandrohungen für den Diebstahl privaten Eigentums mit sechs Monaten bis zu einem Jahr weit niedriger gelegen hätten als die bei Diebstahl allgemeinen Eigentums, wofür zehn Jahre, ab 1947 sogar zwanzig Jahre angedroht worden seien. Auch bei: Anton Antonow-Owsejenko. Der Weg nach oben. Skizzen zu einem Berija-Protrát. In: Vladimir F. Nekrassow (Hg.). Berija. Henker in Stalins Diensten. Ende einer Karriere. Berlin, 1992. S. 11-172. Hier: S. 138-139.

63 Siehe dazu: Dallin/Nicolaevsky, Forced labor, S. 256. Heller, Stacheldraht, S. 152-153.

64 Heller, Stacheldraht, S. 116.

65 Solschenizyn, Archipel GULag II, S. 558. So auch: Heller, Stacheldraht, S. 108.

UdSSR vom 8. August 1936 wurden zunächst 20 Jahre und am 8. Oktober 1937 25 Jahre festgelegt[66]. Im gleichen Herbst 1937 wurden auch in das Strafgesetzbuch der RSFSR Strafmaße von 15 und 20 Jahren aufgenommen[67].

In außerordentlicher Weise wurde das Recht seit 1941 in den Zeiten des „Großen Vaterländischen Krieges" verschärft[68]. Alle Lebensbereiche wurden einer tiefgreifenden Militarisierung, die mit scharfen Strafandrohungen bei Verstößen verbunden war, unterworfen. Besonderes Augenmerk wurde darauf gerichtet, den Arbeitskräftebestand in den Lagern auf hohem Niveau möglichst stabil zu halten. Im April 1943 führte der Oberste Sowjet der UdSSR die Todesstrafe durch Erhängen sowie eine neue und härtere Variante der Lagerzwangsarbeit, die nach zaristischem Vorbild wieder *katorga* genannt wurde, ein[69]. Zur Katorga verurteilt wurden Personen, denen Vaterlandsverrat vorgeworfen wurde. In der Regel erhielten sie Haftstrafen von 15 oder zwanzig Jahren, in seltenen Fällen von zehn Jahren[70] und kamen in eigene Lager mit schärferem Regime, die *katorga*-Lager.

Das Ende des Krieges brachte keine Entspannung. Vielmehr traten in den Jahren 1947 und 1948 weitere Rechtsvorschriften in Kraft, die dafür sorgten, daß neue Massen an Häftlingen in die Lager eingewiesen werden konnten: Am 26. Mai 1947 wurde die Todesstrafe abgeschafft und durch 25 Jahre Besserungsarbeitslager ersetzt, die Haftzeiten vieler Häftlinge, die zu zehn Jahren verurteilt worden waren, wurden auf 25 Jahre erhöht[71], und das Gesetz vom 7. August 1932 wurde durch drei neue Dekrete vom 4. und 9. Juni 1947 zum Schutz des persönlichen, staatlichen und öffentlichen Eigentums sowie von Staatsgeheimnissen, die Besserungsarbeitslagerstrafen von fünf bis zwanzig Jahren vorsahen,

---

[66] Rossi, GULAG Handbook, S. 423, 530-531.

[67] Solschenizyn, Archipel GULag I, S. 76.

[68] Beispielsweise wurde Art. 162 StGB um einen Punkt e ergänzt, der die Einlieferung in Lager für bis zu fünf Jahren bei Diebstahl in der Produktion ermöglichte (Antonow-Owsejenko, Weg, S. 138).

[69] Zum Datum: Dazu: Solschenizyn, Archipel GULag III, S. 7, der allgemein von „April 1943" spricht. Rossi, GULAG Handbook, S. 47, mit dem 17. April 1943 und Heller, Stacheldraht, S. 238, mit dem 19. April 1943. Semskow nennt einen Befehl des Präsidiums des Obersten Sowjets der Sowjetunion vom 22. April 1943 (Interviewäußerung in: W.W. Zaplin. Dokumenty tragitscheskogo wremeni: archiwy otkrywajut tainy. In: Argumenty i fakty, Nr. 35/1990) [Seitenzahlangaben fehlen für diesen Artikel, da der benutzte Mikrofilmausschnitt unvollständig war.]). Zur Katorga: Solschenizyn, Archipel GULag III, S. 567, Anmk. 1. Nach Roeder war in der Behördensprache der Begriff *katorga* nur den dazu gesondert Verurteilten vorbehalten, in der Sträflingssprache seien damit aber alle politischen Gefangenen bezeichnet worden (Bernhard Roeder. Der Katorgan. Traktat über die moderne Sklaverei. Köln, Berlin, 1956. Hier: S. 18-20).

[70] Unter die zur Katorga-Haft Verurteilten fielen Menschen, die wegen Kollaboration mit der deutschen Besatzungsmacht verurteilt worden waren, Frauen, die ein Verhältnis mit Deutschen gehabt hatten, oder Personen, die sich zur Zeit des deutschen Vormarsches nicht hatten evakuieren lassen (Solschenizyn, Archipel GULag III, S. 10. Rossi, GULAG Handbook, S. 184-185).

[71] Altrichter, Sowjetunion I, Dok. 76, S. 206-207. Heller, Stacheldraht, S. 238, datiert die Abschaffung der Todesstrafe bereits auf 1946. Solschenizyn, Archipel GULag III, S. 38, bemerkt, daß sich die Erhöhung auf 25 Jahre in den Lagern bemerkbar gemacht habe, da dort so lange Fristen bislang unbekannt gewesen seien.

ersetzt[72]. 1948 wurde das sowjetische Strafrecht erneut verschärft Alle Häftlinge, die wegen besonders schwerer politischer Vergehen wie Spionage und „antisowjetischer Organisation“ einsaßen, also die meisten der Häftlinge, die nach Artikel 58 verurteilt worden waren, wurden fortan in eigene Speziallager eingewiesen[73], wodurch die Katorga als Strafform an Bedeutung verlor.

Die Verschärfung der Rechtspraxis wurde in den Lagern daran ersichtlich, daß ab 1949 fast alle neuankommenden „58er“ Haftstrafen von 25 Jahren hatten, während sie vor 1949 in der Regel zu zehn Jahren verurteilt wurden[74]. Gleichzeitig trafen ab 1948 immer mehr Häftlinge in den Lagern ein, die von den OSO zu lebenslanger Haft verurteilt worden waren, obwohl es diese Strafform offiziell nicht gab[75].

Selbst in der Zeit, in der, mit maßgeblicher Unterstützung des GULag, die ersten Wiederaufbauleistungen nach dem Krieg vollbracht wurden, wurden das Strafrecht nicht gelockert und die Verurteilungen und Verwaltungsanweisungen zur Lagerhaft nicht reduziert. Stattdessen wurde in neuen Versionen des russischen Strafgesetzbuches aus dem Jahre 1948 und vom 1. Juli 1950 das Strafinstrument der Lagerhaft noch einmal ausdrücklich bestätigt[76].

Überschaut man diese Entwicklung, so läßt sich feststellen, daß das Strafrecht seit 1922, besonders aber ab 1926 stetig verschärft wurde. Diese Entwicklung wurde auch nicht gestoppt oder gar umgekehrt, nachdem die Zwangskollektivierung durchgeführt und die „Große Säuberung“ abgeschlossen war. Die Spirale drehte sich stattdessen weiter. Neben dem aus Sicht der Sowjetführung unbedingt notwendigen Terrordruck war es auch das Lagersystem, dessen Personalbestand unter allen Umständen gesichert werden mußte. HOFMANN ist daher zuzustimmen, wenn er folgert, daß das „System .. Zwangsarbeiter [produzierte], weil es ihrer bedurfte“[77].

72 Altrichter, Sowjetunion I, Dok. 77, S. 207, Dok. 78, S. 208 und Dok. 80, S. 211-212. Solschenizyn erwähnt für den 4. Juni 1947 eine Verschärfung des Strafmaßes für „Zusammenrottung“, Diebstahl und Nichtanzeige von Verbrechen auf bis zu 25 Jahre (Ders., Archipel GULag I, S. 95). Heller, Stacheldraht, S. 238-239, nennt für die Plünderung von Staatseigentum sieben bis 25 Jahre Lagerhaft, Plünderung des Eigentums von Kolchosen und Kooperativen acht bis zwanzig Jahre Lagerhaft, bei kleineren Diebstählen, versäumten Anzeigen oder Hinweisen auf Plünderung zwei bis fünf Jahre Lagerhaft und bei Verstoß gegen eine Verordnung zum Schutz privaten Eigentums fünf bis zehn Jahre Lagerhaft.

73 Lewytzkyj, Inquisition, S. 205-206. Conquest, Anfang, S. 440. Ders., Kolyma, S. 60. Oppenheim, Labor camps, S. 236-237. Slave labor II, S. 83, unter Bezug auf Lipper. Alle diese Autoren benutzen die Begriffe „Katorga-Lager“ oder Sonderlager.

74 Solschenizyn, Tag, S. 49.

75 Rossi, GULAG Handbook, S. 423, 531.

76 Artikel 20 bestimmte als eine der Methoden zur sozialen Verteidigung und strafrechtlichen Besserung in Art. 20b die Einweisung von Sträflingen in Besserungsarbeitslager in abgelegenen Gebieten der UdSSR. Artikel 28 legt in der Version des Jahres 1948 fest, daß der Freiheitsentzug bei Strafen, die länger als drei Jahre sind, in Besserungsarbeitslagern (ITL) abgeleistet werden müsse (In englischer Übersetzung in: Slave labor in the Soviet world. o.O., o.D., S. 9 [Art 20b] und Orr, Camps, S. 11-12. [Art 20b und 28]).

77 Hofmann, Arbeitsverfassung, S. 267.

3.3 Der GULag in der Sowjetpropaganda

Die Propaganda in und um die Lager folgte grundsätzlich der allgemeinen sowjetischen Propagandapolitik. Die Agitation in den Lagern und die Sowjetpropaganda über die Lager standen in einem engen Verhältnis, und beide erlebten das gleiche Auf und Ab je nach der Leitlinie der sowjetischen Politik.

Bis zum Beginn der Terrorwelle Mitte der dreißiger Jahre war das Besserungsarbeitslager-System, dessen Existenz nicht verneint wurde, Gegenstand propagandistischer Agitation. Während dieser gesamten Zeit wurden die sowjetischen Haftanstalten von denen der Zarenzeit positiv abgehoben[78] und der Besserungsarbeitsgedanke herausgestellt[79]. Nicht verleugnet wurde, daß die Lager auch als Herrschaftsinstrument angesehen wurden[80]. Seitdem die Lager mit Beginn der Planperiode in die staatliche Wirtschaftsplanung einbezogen wurden, kam als dritter Punkt der „Beitrag der Häftlinge zum sozialistischen Aufbau" hinzu[81].

Während des ersten Fünfjahresplans beschäftigte sich der sowjetische Propagandaapparat besonders intensiv mit dem Leben in den Lagern und deren Arbeit. Die ersten Lager, die stärker Berücksichtigung in der sowjetischen Pressearbeit fanden und durch Propagandaaktionen wie dem Gorki-Besuch 1929 bekanntgemacht wurden, waren die SLON. Ab Anfang der dreißiger Jahre waren dann vor allem die ersten großen Bauprojekte, die mit Hilfe des GULag rea-

---

78 Im Vorwort eines Sammelbandes des Instituts für Kriminalpolitik unter dem Titel „Ot tjurem k wospitatelnym utschreshdenijam". (Dt.: „Von der Straf- zur Erziehungsanstalt"). Moskau 1934, spricht A.J. Wyschinski, Generalstaatsanwalt der RSFSR, dann der Sowjetunion, von der „Errichtung von neuen Anstalten mit neuem sozialen Inhalt auf den Ruinen des bürgerlichen Gefängnissystems, der von den Ausbeutern für die Werktätigen gebauten ‚Totenhäuser'". (Nach: Solschenizyn, Archipel GULag II, S. 15).

79 Im selben Werk behauptet Wyschinski: „Gerade wegen seiner erzieherischen Aufgabe unterscheidet sich unser Besserungsarbeitslager grundsätzlich vom bürgerlichen Gefängnis, in dem die rohe Gewalt herrscht.". An anderer Stelle postuliert er, daß „im Gegensatz zum bürgerlichen Staat" im Sowjetrecht „im Kampf gegen das Verbrechertum der Zwang eine zweitrangige Rolle" spiele und „der Schwerpunkt .. auf die organisatorisch-materiellen, volksbildnerischen und politisch-erzieherischen Maßnahmen verlagert" worden sei (Nach: Solschenizyn, Archipel GULag II, S.99). In dem anderen, von I.L. Awerbach, dem Co-Redakteur des Gorki-Buches über den Kanalbau, 1934 herausgegebenen Werk „Vom Verbrechen zur Arbeit" zitiert Solschenizyn aus einem abermaligen Vorwort Wyschinskis: „Unser Ziel .. besteht in der tatsächlichen Besserung; das Lager soll bewußte Werktätige aus den Häftlingen machen". (Ebd., S. 136). Weiter heißt es in diesem Werk, daß die Aufgabe der Besserungsarbeitspolitik die „Umwandlung allerübelsten Menschenmaterials in vollwertige aktive und bewußte Erbauer des Sozialismus" sei (Nach: Ebd., S. 99). Dsershinski nannte die Konzentrationslager der Tscheka 1919 „Schulen der Arbeit" (Nach: Heller, Stacheldraht, S. 10, 53).

80 Zitiert sei hier noch einmal Wyschinski: „Die sowjetischen Haftverbüßungsorte verlieren an der Schwelle des zweiten Fünfjahresplans keineswegs an Bedeutung, ganz im Gegenteil. In der Periode des beginnenden Sozialismus muß die Rolle der Besserungsarbeitsanstalt als eines Instrumentes der proletarischen Diktatur, eines Organs der Represssion, als eines Mittels des Zwanges und der Erziehung weiter entwickelt und gefestigt werden." (Nach: Solschenizyn, Archipel GULag II, S. 113-114).

81 Vgl. Solschenizyn, Archipel GULag II, S. 64, wo er für 1930 von Spruchbändern der Kultur- und Erziehungsstelle auf den Solowki mit der Aufschrift „Der Häftling ist ein aktiver Teilnehmer am sozialistischen Aufbau!" berichtet.

lisiert wurden, Gegenstand einer umfassenden AgitProp-Kampagne. Große Werbefeldzüge für die Lager fanden im Zusammenhang mit den großen Kanalbauten und Eisenbahnbauten statt[82], höchste Partei- und Staatsfunktionäre besuchten die Großbauten[83], und namentlich der Weißmeer-Ostsee-Kanal-Bau wurde als Umerziehungsprojekt und Musterexemplar moderner sowjetischen Strafvollzugs vorgestellt[84]. Für eines der herausragendsten Propagandawerke zeichnete Gorki mitverantwortlich. Das 1934 von ihm mitherausgegebene Werk preist das Bauvorhaben in der angesprochenen Weise und läßt jegliche kritische Distanz vermissen[85]. In die gleiche Richtung gingen eine ganze Reihe von literarischen Werken, von denen eines der bekanntesten das Schauspiel „Aristokraten" Nikolaj F. Pogodins aus dem Jahre 1934 ist, das wie Gorkis Sammelwerk den Umerziehungsgedanken glorifiziert[86]. Die Propaganda ging zu dieser Zeit soweit, daß um die GULag-Bediensteten ein regelrechter Kult betrieben und Skulpturen von „Lagerwächtern" geschaffen wurden[87].

Aufgabe der Propaganda war auch, Vorwürfen aus dem Ausland wegen menschenunwürdiger Zustände in den Lagern und des Einsatzes von Zwangsarbeitern in Exportbranchen, besonders in der Holzindustrie[88], zu begegnen. Ein Mittel hierzu waren Einladungen zu Informationsreisen von prominenten Ein-

[82] Der hohe GULag-Funktionär S. Firin bezeichnete 1935 in einem Werk zur „Besserungsarbeitspolitik" (B.S. Utewski. Sowjetskaja isprawitelno-trudowaja politika. Moskau, 1935) die „corrective labour camps of the OGPU" als „pioneers in the cultural development of our remote perepheries" und nannte ausdrücklich die Lagergebiete Uchta (Öl und Kohle), Workuta (Kohle), Karaganda (Landwirtschaft) sowie zwei weitere Lager (Nach: Depretto, Constructions workers, S. 197 und 208, Anmk. 69). Firin war stellvertretender Chef der GULag des NKWD und Leiter der BBK-Lager (Vgl. Kap. 4.5). Berman, Chef der GULag des NKWD, nannte das BAMLag 1935 in der Tradition Dsershinskis eine „Schule" der Erziehung und Ausbildung (O.P. Jelenzewa. Perioditscheskaja Petschat BAMLaga. In: Otetschestwennaja istorija, 4/1993. S. 167-175. Hier: S. 167-168). Vgl. auch das Bildmaterial aus dem Propaganda-Dokumentarfilm „Moskwa-Wolga" in: Wolkogonow, Triumph, Band 1/2, S. 183, 186-187.

[83] So Lewytzkyj, Inquisition, S. 93.

[84] So beispielsweise auch Sacharow: „Etwa um dieselbe Zeit nannte die Zeitung Iswestija Jagoda einen ‚großen Humanisten unserer Zeit'. Das war anläßlich der Kampagne zur Umerziehung der Häftlinge beim Bau von Kanälen und auf anderen Baustellen." (Andrej Sacharow. Mein Leben. München, 1991. S. 43).

[85] Siehe Kap. 7.7.3.2. Zur Rolle Gorkis als Apologet des GULag siehe auch: Heller/Nekrich, Geschichte, S. 258-262.

[86] Das „erfolgreiche Zeitstück" spielt in einem Lager am Weißen Meer, wo „arbeitsscheue Aristokraten (Banditen, Diebe, Prostituierte, Geistliche, „Kulaken", „Schädlinge" aus den Reihen der Intelligenzija) „umerzogen" werden . Held des Schauspiels ist ein Tschekist namens Gromow, der dem Idealbild des „sozialistischen Humanisten" entspricht: „unerbittliche Gerechtigkeit, menschliche Wärme und Anteilnahme, Glaube an das Gute im Menschen". Von seiner vorbildlichen Tätigkeit profitieren die Häftlinge, was am Beispiel dreier Gefangener besonders herausgestellt wird. Das gesamte Stück hat den Charakter einer Komödie, Pfarrer werden beim Holzhacken verspottet und eine Reihe von Klischees über Bürgerliche, Weißgardisten und andere Personenkreise weidlich genutzt (Vgl. Kindlers Literaturlexikon. Band I. Werke Aa-Ben. Weinheim, 1982. S. 1167-1168). Allgemein: Rossi, GULAG Handbook, S. 18.

[87] Vgl. den Artikel „Agitation zum Glück. Sowjetische Kunst der Stalinzeit in der documenta-Halle". In: Wostok 6/93, S. 99.

[88] Siehe zu den Maßnahmen zur Verschleierung der Lagerzwangsarbeit in der Holzindustrie auch Kap. 11.6.

zelpersonen oder Delegationen, denen Gefängnisse und Lager präsentiert wurden, die nichts mit der Realität im normalen GULag zu tun hatten[89].

Ab Mitte der dreißiger Jahre erlahmten die Propagandaaktivitäten. Wie in den Lagern die Agitation für den Besserungsarbeits- und Erziehungsgedanken nachließ und der Häftling nunmehr ausschließlich als Zwangsarbeitskraft angesehen wurde, so verschwanden die Lager auch aus der staatlichen Propaganda und der Publizistik. Die Ausbeutung durch Arbeit war weniger gut nach außen zu verkaufen als Besserungsarbeit und Erziehungsgedanke. Mit Beginn der Massenverhaftungen seit 1936 wurden die Lager offiziell nicht mehr erwähnt[90] und eine Vielzahl von Maßnahmen ergriffen, um das Vorhandensein der Lager zu verschleiern[91].

Dieser Zustand änderte sich kurzzeitig während des Zweiten Weltkrieges, als die Sowjetführung versuchte, im Abwehrkampf gegen das Deutsche Reich alle Reserven zu mobilisieren. Für die Zeit von 1943 bis Kriegsende wurden die Besserungsarbeitslager zu wirtschaftlichen Einrichtungen zur „Verteidigung des Sozialismus" aufgewertet, wodurch die Sowjetführung offiziell die wirtschaftliche Funktion des GULag bestätigte. Nicht einbezogen in diese kurzzeitige Statuserhöhung wurden die 1943 neugegründeten *katorga*-Lager. Die apologetischen Wertungen der Kriegszeit erlebten im übrigen in der Gorbatschow-Ära eine Renaissance[92].

Mit dem Neuzugang von Massen neuer Häftlinge zu Ende des Krieges wurde die Disziplin auch in den Besserungsarbeitslagern wieder verschärft und in der Nachkriegszeit erneut der Strafcharakter der Lager herausgestellt[93]. Dem Schweigegebot, das nun wieder über das Lagersystem verhängt wurde, unterlagen in besonderer Weise die 1948 neuerrichteten Speziallager.

Es läßt sich somit festhalten, daß das Lagersystem der OGPU (bis 1934) propagiert, der GULag des NKWD (1934-1956) verschwiegen wurde. Dieser Zustand änderte sich erst Mitte der fünfziger Jahre, als mit der gesamten Sowjetunion auch der GULag den weitreichenden Umstrukturierungsmaßnahmen der Chruschtschow-Ära unterworfen wurde. Jetzt, wo die Umkehr zu Lenin propagiert wurde, wurde wieder der Besserungsgedanke aus dem Repertoire der Propagandafachleute hervorgeholt. Die in „Kolonien" umbenannten Lager, seit

---

89 Dies bestätigt der frühere finnische Kommunistenführer und Komintern-Funktionär Tuominen, der für solche Besuchsreisen Programme zusammenstellte und betreute (Ders., Schatten, S. 166).

90 Allerdings wurden noch am 14. Juli 1937 die führenden Funktionäre beim Bau des Moskwa-Wolga-Kanals mit Orden prämiert, darunter E.M. Genkin, Schriftleiter der Zeitung *Moskwa-Wolga-Kanal* (Mund, GPU, S. 180). Somit wurde zumindest bis 1937 noch Propaganda für den Kanalbau und damit den GULag gemacht. Dabei ist aber die Möglichkeit zu beachten, daß diese Zeitung nicht nach außen verbreitet, sondern nur lagerintern gelesen werden durfte.

91 Darunter zählten Chiffrenummern im Postverkehr (Siehe Kap. 8.6.4) und Tarnnamen wie „Bäume" oder „Formen" im Schriftverkehr mit Dienststellen, die nicht Teil des GULag waren (Zu letzterem: Rossi, GULAG Handbook, S. 24).

92 So sprach Gorbatschow vom Einsatz der Lagerinsassen „für den Sieg", Semskow von der „Verteidigung des Vaterlandes und der Ideale von Oktoberrevolution und Sozialismus" (Nach: Bacon, Gulag, S. 123).

93 Vgl. allgemein dazu Lewytzkyj, Inquisition, S. 223-225.

Mitte der dreißiger Jahre als Strafeinrichtung gefürchtet und mit Ausnahme weniger Kriegsjahre negiert, galten nun wieder als Erziehungsanstalten[94].

3.4 Der Staatssicherheitsapparat

3.4.1 Organisationsgeschichtlicher Abriß[95]

Die für das sowjetische Lagersystem bestimmenden Oberbehörden waren bis 1934 die OGPU und ab 1934 das Volkskommissariat des Innern der Sowjetunion (NKWD). 1934 waren die Kollektivierung und der erste Fünfjahresplan mit sichtbaren Steigerungsraten abgeschlossen, der bäuerliche Widerstand gebrochen und die innerparteiliche Opposition zerschlagen. Die Position der Sowjetregierung war gefestigt, und sie versuchte nun, einen gemäßigten Kurs einzuschlagen. Als Symbol für mehr Rechtssicherheit wurde nach dem Tode Menschinskis im Mai 1934 die in der Bevölkerung verhaßte OGPU aufgelöst und am 10. Juli 1934 einem neustrukturierten und von Jagoda geleiteten Allunions-Volkskommissariat des Innern eingegliedert[96].

Die Gründung des Unions-NKWDs 1934 ist im Zusammenhang mit den Maßnahmen zur Umstrukturierung und Verbesserung der Effizienz in der Wirtschaft 1934-1936 zu sehen. Sowohl dort als auch in der Innenbehörde wurde auf eine verstärkte Zentralisierung des Staats- und Wirtschaftswesens abgezielt. Es wird darzulegen sein, in welchem Maße auch die Notwendigkeit einer zentral gelenkten Häftlingsverteilung zur Entscheidung, ein zentral geführtes Unions-NKWD mit einer ebenso zentral zuständigen GULag zu gründen, beigetragen hat. Innerhalb des Unions-NKWD wurde die ehemalige OGPU, danach Hauptverwaltung für Staatssicherheit (GUGB), mit Geheimpolizeitätigkeiten als Hauptaufgabenfeld betraut und hatte im ganzen NKWD einen vorherr-

---

94 Dem entspricht, daß Pogodins „Aristokraten" 1956/57 im Moskauer Majakowski-Theater neu herausgebracht wurde (Kindler, Band I, S. 1167).

95 Wegen der mangelhaften Quellenlage liegen detaillierte organisationsgeschichtliche Studien über NKWD und die früheren Institutionen der Geheimpolizei nur in geringer Anzahl vor (Plaggenborg, Organisation, S. 1464, Anmk. 11 und 1467, Anmk. 15). Vgl. zu den folgenden Angaben neben Wolin/Slusser, Secret Police, und Lewytzkyj, Inquisition, besonders das Organisationsschema der sowjetischen Sicherheitsbehörden in Lewytzkyj, Inquisition, S. 364, die Organisations- und Stellenübersicht der Sowjetregierungen und zentralen Wirtschaftsbehörden in: Osteuropa-Handbuch. Sowjetunion. Wirtschaftssystem, S. 537-557. Allgemein zu NKWD und Geheimpolizei: Plaggenborg, Organisation, S. 1463-1467.

96 Zur Gründung des Unions-NKWD: Wolin/Slusser, Secret Police, S. 15. Conquest, Anfang, S. 651. Dallin/Nicolaevsky, Forced Labor, S. 249-250. Lewytzkyj, Inquisition, S. 91. Munc, GPU, S. 143, spricht von einem „Präsidium des NKWD", dem neben dem Vorsitzenden Jagoda die hohen Parteifunktionäre Woroschilow, Kalinin, Kaganowitsch, Mechlis und von der OGPU Bjelski, Berman und Frenkel, wobei die beiden letzteren, wie auch Jagoda selbst, ehemals leitende GULag-Funktionäre waren. Gliederung des NKWD 1934: *Hauptverwaltungen und Verwaltungen für Staatssicherheit (GUGB)*, *Miliz*, *Grenzschutz und Inneren Schutz*, *Feuerschutz*, *Besserungsarbeitslager und Arbeitssiedlungen*, *Abteilung für Zivilregister* und *Abteilung für Verwaltung und Wirtschaft* (Wolin/Slusser, Secret police, S. 46, Anmk. 68. Corson/Crowley, KGB, S. 169).

schenden Einfluß. Mit der Eingliederung in das neue NKWD wurde das frühere Justizkollegium der OGPU aufgelöst, die Kompetenzen an die Gerichtsbehörden übertragen, aber noch 1934 durch ein neues Sonderkollegium des NKWD (*Osoboje Sowestschanije, OSO*) ersetzt.

Jagoda war gleichzeitig Volkskommissar des Innern, Chef der GUGB und Vorsitzender der OSO. In allen drei Posten wurde er am 26. September 1936 durch N.I. Jeshow abgelöst[97]. Unter ihm entwickelten sich die Sicherheitsorgane zu einem wichtigen Ordnungselement in der Gesellschaft, und die Institutionalisierung des Terrors wurde das wichtigste Mittel zum Aufbau des Kommunismus[98]. Die „Jeshowschtschina" wurde mit Jeshows Sturz und Ablösung durch L.P. Berija, bereits seit August 1938 stellvertretender Volkskommissar und Leiter der GUGB, am 26. November 1938 oder 8. Dezember 1938 beendet[99]. Das NKWD wurde umstrukturiert. Hatten unter Jagoda und Jeshow die „Säuberungen" im Vordergrund gestanden, so konzentrierte sich das NKWD nun auf Spionage, Gegenspionage und vor allem auf den Ausbau des Wirtschaftsimperiums GULag[100]. Seit der Stalinverfassung vom Dezember 1936 war das NKWD ein Unions- und Republik-Volkskommissariat. Aus diesem wurde am 3. Februar 1941 die Hauptverwaltung für Staatssicherheit (GUGB) ausgegliedert und zum Unions- und Republik-Volkskommissariat für Staatssicherheit (NKGB) unter Leitung W.N. Merkulows, eines der Stellvertreter Berijas, erhoben. Berija wurde Generalkommissar für Staatssicherheit und weiterhin der oberste Verantwortliche für diesen Bereich.

Diese Auslagerung wurde jedoch angesichts des Krieges zunächst am 20. Juli 1941 wieder rückgängig gemacht und beide Volkskommissariate wieder unter Berija vereinigt[101], dann aber am 14. April 1943 erneut verfügt[102]. Zum selben Zeitpunkt spaltete sich die SMERSCH unter W.S. Abakumow als Gegenspionageorganisation des Militärs ab[103].

---

[97] Starkov spricht von einem Telegramm Stalins vom 25. September 1936 (Boris A. Starkov. Narkom Ezhov. In: J. Arch Getty/Roberta Manning (Ed.). Stalinist terror. New perspectives. Cambridge, 1993, S. 21-39. Hier: S. 27. Dort auch Kurzbiographie und Charakterisierung Jeshows). Rossi, GULAG Handbook, S. 89, nennt den 30. September 1936.

[98] Lewytzkyj, Inquisition, S. 158.

[99] Dallin/Nicolaevsky, Forced Labor, S. 258-259. Wolin/Slusser, Secret Police, S. 17, 18. Antonow-Owsejenko, Weg, S. 79. Starkov, Ezhov, S. 38, nennt den August 1938 und den 26. November 1938. Zu Berija allgemein: Amy W. Knight. Beria. Stalin's first lieutenant. Princeton, N.J., 1993.

[100] Lewytzkyj, Inquisition, S. 166-168.

[101] Dazu: Lewytzkyj, Inquisition,, S. 172-174. Lewytzkyj nennt S. 194 und 364 den 30. Juli 1941 als Datum der Rückgliederung. Fainsod, Russia, S. 378. Fainsod nennt als Untergliederungen des NKWD für die Jahre 1939-1941: *Erste Hauptverwaltung* (Sicherheit der Staats- und Parteiführung), *Hauptverwaltung für Wirtschaft (EKU)* (Überwachung und Sicherheit des Wirtschaftssystems, Außenwirtschaftsspionage), *Geheime Politische Hauptverwaltung* (Bekämpfung politischer Gegner), *Spezialabteilung* (Überwachung der Streitkräfte), *Hauptverwaltung für Gegenspionage*, *Hauptverwaltung Transport* (Überwachung und Sicherung der Transportwege), *Auslandsverwaltung* (Spionage im Ausland) (Fainsod, Russia, S. 379-380).

[102] Wolin/Slusser, Secret Police, S. 19. Fainsod, Russia, S. 378. Knoll/Kölm nennen den 14. April 1943 (Viktor Knoll/Lothar Kölm (Hgg.). Der Fall Berija. Protokoll einer Abrechnung. Das Plenum des ZK der KPdSU Juli 1953. Stenographischer Bericht. Berlin, 1993. Hier: S. 560. Anmk. 1).

[103] Lewytzkyj, Inquisition, S. 217 und 364.

Nach Kriegsende wurden dann am 19. März 1946 wie alle Volkskommissariate auch das NKGB und das NKWD zu Ministerien (MGB und MWD), ohne daß sich inhaltlich etwas änderte. Schon vorher war S.N. Kruglow, nach 1938 Chef der GULag und seit 1943 stellvertretender Leiter der SMERSCH, am 14. Januar 1946 Berija als Chef des NKWD nachgefolgt, und am 18. Oktober 1946 löste der SMERSCH-Chef W.S. Abakumow Merkulow als Leiter des MGB ab. Die SMERSCH wurde dem MGB wieder eingegliedert[104]. Diese organisatorische Struktur von MWD und MGB, in dem Anfang 1952 auf Abakumow S.D. Ignatjew folgte, bestand bis unmittelbar vor Stalins Tod (5. März 1953).

Spätestens am 15. März 1953 wurden beide Ministerien unter Berija wieder zu einem Innenministerium (MWD) vereint[105]. Unter ihm wurde zunächst versucht, zur „sowjetischen sozialistischen Gesetzlichkeit" zurückzukehren und durch umfassende Personaländerungen den alten stalinistischen Apparat aufzulösen[106]. Nach Berijas Sturz folgte im Juli 1953 zum zweiten Mal Kruglow als Chef des vereinten MWD[107]. Im gleichen Jahr wurde das Sonderkollegium (OSO) aufgelöst. Die Hauptverwaltung für Staatssicherheit (GUGB) erhielt am 13. März 1954 als KGB (Komitee für Staatssicherheit des Ministerrates der UdSSR) endgültig ihre Selbständigkeit[108]. Diese Trennung von MWD und KGB dauerte schließlich bis zur Auflösung der Sowjetunion an[109].

---

104 Ebd., S. 217 und 364.

105 Ebd., S. 253, 262-263 und 364. Dieser nennt den 7. März 1953 als Tag, an dem eine Regierungsumbildung beschlossen wurde, und den 15. März 1953 als Zeitpunkt der Zusammenlegung. Der 15. März 1953 wird auch von Andreevich und Nekrassow genannt (E.A. Andreevich. Structure and functions of the Soviet secret police. In: Wolin/Slusser, Secret police, S. 96-151. Hier S. 105. Vladimir F. Nekrassow. Das Finale der Macht (Nach Akten des Gerichtsprozesses). In: Nekrassow, Berija, S. 454-490. Hier: S. 474). In Osteuropa-Handbuch. Sowjetunion. Wirtschaftssystem, S. 556, und Knoll/Kölm, Fall Berija, S. 50, Anmk. 1, ist hingegen vom 5. März 1953 die Rede.
Gliederung des MWD nach Vereinigung mit dem MGB (Stand 1953): 1946-1953 zum MGB gehörig (zwölf Spezial- und Hauptverwaltungen und Abteilungen): *Erste Spezialverwaltung, Zweite Spezialverwaltung, „Dritte Abteilung" oder Operativ-Tschekistische Abteilung* (formal eine Abteilung der GULag), *Abteilung zum Schutz der politischen Führer, Hauptverwaltung für Wirtschaft (EKU), Geheime Politische Hauptverwaltung (SPU), Spezial-Hauptverwaltung, Hauptverwaltung für Miliz (GUM), Hauptverwaltung für Gegenspionage (KRU), Hauptverwaltung für Grenztruppen und Innere Truppen (GUPWO), Hauptverwaltung Transport (TU), Auslandsverwaltung (INU)*. Ursprünglich zum NKWD/MWD gehörig (acht Hauptverwaltungen): *Hauptverwaltung für Archive (GAU), Hauptverwaltung der Haftverbüßungsorte (GUMS), Hauptverwaltung für Feuerschutz (GUPO), Hauptverwaltung der Besserungsarbeitslager (GULag), Hauptverwaltung für den Bau von Fernstraßen (GUSchossDor), Hauptverwaltung für den Bau von Eisenbahnstrecken, Hauptverwaltung für Kriegsgefangene und Internierte (GUPI)* [Gemeint ist die GUPWI. R.S.], *Hauptverwaltung für Siedlung* (Andreevich, Structure, S. 108-110).

106 Lewytzkyj, Inquisition, S. 267-269.

107 Nach Andreevich, Structure, S. 105, und Corson/Crowley, KGB, S. 516, folgte Kruglow bereits im Juni 1953.

108 Lewytzkyj, Inquisition, S. 280-282. Zur Gliederung des KGB siehe: V.P. Artemiev/G.S. Burlutsky. Structure and condition of the Soviet organs of State security after World War II. In: Wolin/Slusser, Secret police, S. 322-337. Hier: S. 165-172, und die Übersichten bei Corson/Crawley, KGB und Andrew/Gordiewsky, KGB.

109 *Gliederung des MWD (Stand 1955)*: Elf Hauptverwaltungen: 1. *Hauptverwaltung für Grenztruppen (GUPWO)*, 2. *Hauptverwaltung für Innere Wachtruppen (GUWWO)*, 3. *Hauptverwaltung für die (sowjetische) Miliz (GUSM oder GUM)*, 4. *Hauptverwaltung der Besserungsarbeits-*

3.4.2 *Das Justizkollegium der OGPU und das Sonderkollegium des NKWD*

Von besonderer Bedeutung für das Lagersystem war, daß die Sonderbefugnisse zur Inhaftierung, die bereits Tscheka und GPU gehabt hatten, auf OGPU und NKWD übertragen wurden. Auf die Sonderkommission der GPU folgte 1923 ein Sonderkollegium der OGPU, welches ab Dezember 1923 Justizkollegium der OGPU (*Sudebnaja kollegija OGPU*) genannt wurde. Die alten Tscheka-Troikas existierten als GPU-, dann OGPU-Troikas bis 1934 fort. Das Justizkollegium hatte die gleichen Aufgaben und Kompetenzen wie seine Vorgängerinstitutionen. Es hatte das Recht, in Abwesenheit zu richten und die Betroffenen in Lager einzuweisen. Bis 1924 durfte diese Lagerhaft die 1922 festgesetzten drei Jahre nicht überschreiten, 1924 wurde diese Frist dann auf fünf Jahre erhöht[110]. Seit dem Statut über Besserungsarbeitslager aus dem Jahr 1930 war, unabhängig von der Haftdauer, ein Verwaltungsurteil des OGPU-Justizkollegiums automatisch mit der Einweisung in ein Besserungsarbeitslager verbunden[111].

Mit der Auflösung der OGPU und deren Eingliederung als GUGB in das neue Unions-NKWD 1934 verschwand zwar auch das Justizkollegium der OGPU, jedoch wurde angeordnet, als Ersatz ein „Sonderkollegium" (OSO) mit gleichem Auftrag zu schaffen[112]. Dieses geschah mit Verordnung des ZEK und des Rates der Volkskommissare der UdSSR vom 5. November 1934[113]. Das OSO setzte sich zu Beginn seiner Existenz aus dem Volkskommissar des Innern als Vorsitzendem, einem seiner Stellvertreter, einem Vertreter des Volkskommissars für die RSFSR, dem Leiter der Hauptverwaltung für Miliz des NKWD,

---

lager (GULag), 5. *Hauptverwaltung der Haftverbüßungsorte (GUMS)*, 6. *Hauptverwaltung für Feuerschutz (GUPO)*, 7. *Hauptverwaltung für Örtliche Luftverteidigung (GUMPWO)*, 8. *Hauptverwaltung für den Bau von Fernstraßen und Straßentransport (GUSchossDor)*, 9. *Hauptverwaltung für den Bau von Eisenbahnstrecken (GUShelDoss)*, 10. *Hauptverwaltung für staatliche Archive (GUGA)*, 11. *Hauptverwaltung für staatliche Übersichten und Kartographie (GUSK)*, zwölf Hilfsabteilungen, ein Feldkommunikationskorps, den Sportverein „Dynamo" und zahlreiche wissenschaftliche und künstlerische Einrichtungen, Freizeitstätten und andere kleinere Stellen (Artemiev/Burlutsky, Structure, S. 158-164).

[110] Zu den Troikas und dem Justizkollegium der OGPU: Solschenizyn, Archipel GULag I, S. 272-274. Rossi, GULAG Handbook, S. 164-165, 440, 453.

[111] Rossi, GULAG Handbook, S. 273.

[112] Paragraph 8 des Gründungsdekrets des Unions-NKWD vom 10. Juli 1934 ordnete an, ein „Sonderkollegium" zu gründen, das das Recht besäße, gegen Personen, die als „sozial gefährlich" eingestuft wurden, „auf administrativem Wege Verbannung, Deportierung, Haftstrafen in Besserungsarbeitslagern bis zu fünf Jahren und Ausweisung aus dem Staatsgebiet der UdSSR zu verhängen". Zum Dekret vom 10. Juli 1934: Altrichter, Sowjetunion I, Dok. 70, S. 193.

[113] Zum Dekret vom 5. November 1934: Altrichter, Sowjetunion, I, Dok. 71, S. 194-195. Teilweise abgedruckt in: The case against slave labor. In: American labor looks at the world September 1952, S. 79-93. Hier: S. 89, und Orr, Camps, S. 10. Zum OSO siehe: Dallin/Nicolaevsky, Forced Labor, S. 249-250. Andreevich, Structure, S. 106. Hofmann, Arbeitsverfassung, S. 266-267. Wolin/Slusser, Secret police, S. 15 und S. 48, Anmk. 71. Lewytzkyj, Inquisition, S. 93-94. Solschenizyn, Archipel GULag I, S. 272-275. Rossi, GULAG Handbook S. 272-275. E.N. Pribkow. O wnesudebnych organach. In: Iswestija ZK KPSS 10/1989, S. 80-82. Knoll/Kölm, Fall Berija, S. 57, Anmk. 1.

dem Volkskommissar des Innern der Republik, in der der Fall anhängig war, und dem Staatsanwalt der UdSSR oder einem seiner Stellvertreter als Mitgliedern zusammen. Tatsächlich aber tagte das OSO vor und während des Zweiten Weltkrieges meist unter Vorsitz des stellvertretenden NKWD-Volkskommissars, den Leitern verschiedener NKWD-Verwaltungen, einem Vertreter der betreffenden Gebiets- oder Republikverwaltung des NKWD, einem Vertreter des Staatsanwaltes der UdSSR und einem Verteter des Parteikomitees innerhalb des NKWD[114].

Unterstützt wurde das OSO in seiner Arbeit seit 1936 durch NKWD-Troikas, die sich aus je einem Vertreter der Staatsanwaltschaft, der Partei und der Sicherheitsbehörden der jeweiligen Ebene zusammensetzten[115] und auf Republik-, Gebiets- und Kreisebene operierten. Seit dem 30. Juli 1937 durften diese zur Erschießung oder zu acht bis zehn Jahren Gefängnis oder Lagerhaft verurteilen[116]. Kennzeichnend für die Arbeit der OSO und ihrer regionalen Untereinheiten, der NKWD-Troikas, war, daß der Häftling gegen die Verwaltungsstrafen, die ausdrücklich nicht als Urteil gewertet wurden, keine Berufung einlegen konnte.

Entscheidender Vorteil der OSO und ihrer Vorläuferorganisationen war ihre Schnelligkeit. Man hielt sich nicht mit Formalien auf, verkündete die Haftstrafe und schickte den Häftling auf den schnellsten Wege in die Lager Bei den vom OSO verurteilten Häftlingen handelte es sich meist um solche Fälle, die von normalen Gerichten aufgrund der dürftigen Beweislage nicht hätten verurteilt werden können. Darunter fielen vor allem politische Häftlinge[117]. Die Höhe der Strafe war unerheblich, da nach Verbüßen der Strafe das Sonderkollegium, besonders seit Oktober 1937, in den meisten Fällen eine weitere Strafe von fünf oder zehn Jahren anordnete[118].

Die Kompetenzen des OSO erweiterten sich während der „Großen Säuberung" und besonders während des Krieges erheblich. Zunächst stieg im Oktober 1937 die Obergrenze für die vom OSO zu verhängende Lagerhaft auf zehn Jahre. Am 17. November 1941 bekam es durch Beschluß des Staatlichen Verteidigungskomitees die Erlaubnis, bei „konterrevolutionären Verbrechen und besonders gefährlichen Verstößen gegen die Ordnung der UdSSR" den Tod durch Erschießen anzuordnen. Die Höchststrafe erhöhte sich weiter auf zwanzig,

[114] Andreevich, Structure, S. 106.

[115] Rossi, GULAG Handbook, S. 276, nennt für die Gebietsebene je einen Vertreter von ZK, NKWD und Staatsanwaltschaft, Gnedin für die Ebene der Unionsrepubliken und autonomen Gebiete „je einen Vertreter der Straforgane, der Staatsanwaltschaft und der Parteiorganisationen" (Jewgenij Gnedin. Das Labyrinth. Hafterinnerungen eines führenden Sowjetdiplomaten. Freiburg i.Br., 1987. Hier: S. 95). Die Troikas sind identisch mit dem von Andreevich, Structure, S. 106, genannten „Special Boards composed of lesser officials".

[116] Pribkow, Organach, S. 81-82.

[117] Andreevich, Structure, S. 106, sieht „the overwhelming majority of „politicals' sentenced by the Special Board". Rossi schätzt, daß über die Hälfte aller „politischen" Häftlinge vom OSO verurteilt worden seien. Es handelt sich seiner Auffassung nach um vier bis sechs Millionen Häftlinge. Die Zahl der vom OSO verurteilten Kriminellen sei sehr viel geringer gewesen (Ders., GULAG Handbook, S. 274).

[118] Vgl. Weissberg-Cybulski, Hexensabbat, S. 496-497.

dann 25 Jahre. 1953 erhielt das OSO die Möglichkeit, anstelle der Erschießung eine lebenslange Haftzeit anzuordnen[119]. Der Neuorganisation des Sicherheitsapparates fiel dann jedoch auch das Sonderkollegium zum Opfer. Am 1. September 1953 wurde es im Rahmen des Kurses der „Rückkehr zur sozialistischen Gesetzlichkeit" aufgelöst[120]. Wie später zu zeigen wird, war es, da auch das Lagersystem grundlegend umgestaltet wurde, unnötig geworden.

3.4.3 Die Beziehungen zwischen Staatssicherheit und Wirtschaft vor 1930: Lehrzeit für den GULag

Die Lagerzwangsarbeit sollte in der Stalinzeit eine Domäne der Staatssicherheitsbehörden werden. Es gab jedoch schon seit der frühen Sowjetzeit eine Reihe von Verknüpfungspunkten zwischen Staatssicherheit, Wirtschaft und Arbeitskräftepolitik. Bereits zu Zeiten der Tscheka erlangte die Geheimpolizei die Kontrolle weiter Bereiche von Wirtschaft und Verwaltung. Dabei handelte es sich vornehmlich um die Sparten Transportwesen und Industrie[121]. Dies schlug sich auch organisatorisch nieder, als im Juli 1918 eine Eisenbahnabteilung der Tscheka zur Bewachung von Eisenbahnlinien und Zügen errichtet wurde. Am 1. Oktober 1919 folgte der Aufbau einer Wirtschaftsabteilung der Tscheka[122]. Erweitert um den Schutz der Wasserwege wurden diese Funktionen auf die GPU übertragen[123]. Am deutlichsten zeigt sich jedoch in der Person Dsershinskis die frühe enge Verzahnung von Staatssicherheit, Volkskommissariat des Innern, Wirtschaft und Arbeitskräftepolitik. Es waren dies genau die Fachbereiche, die auch in der Stalinzeit sehr eng miteinander kooperierten.

Seit dem 19. Februar 1920 amtierte Dsershinski als Präsident von GlawKomTrud (Hauptkomitee für die Pflichtarbeit). Mit dieser Organisation setzte er die am 29. Januar 1920 vom Rat der Volkskommissare verordnete Mobilisierung der gesamten arbeitsfähigen Bevölkerung durch. Er hatte damit die oberste Leitung über den Einsatz von Rotarmisten beim Wiederaufbau von Wirtschaftsbetrieben, Heranziehung von Facharbeitern und Spezialisten und Umsetzungen von Arbeitskräften in verschiedenen Wirtschaftszweigen[124]. Vom 14. April 1921 bis zum 5. Februar 1924 war er Volkskommissar für den Verkehr. In dieser Zeit be-

[119] Zu den Kompetenzen der OSO: Rossi, GULAG Handbook, S. 274. Heller, Stacheldraht, S. 152. Andreevich, Structure, S. 106, nennt für die Kriegsjahre eine Höchststrafe von nur acht Jahren, die das OSO habe verhängen dürfen. Zum 17. November 1941: Knoll/Kölm, Fall Berija, S, 57, Anmk. 1.

[120] Pribkow, Organach, S. 82. Lewytzkyj, Inquisition, S. 285. Swianiewicz, Forced Labor, S. 49-50. Knoll/Kölm, Fall Berija, S. 57, Anmk. 1.

[121] Wolin/Slusser, Secret Police, S. 8.

[122] Ebd., S. 37, Anmk. 27. Bereits auf einer IV. Konferenz der Tschekisten der Transport- und Spezialabteilungen am 3. Februar 1920 stellten Lenin und Dsershinski die neue Rolle der Wetscheka bei der Reorganisation des Transportwesen heraus und befahlen, daß sich die gesamte Aufmerksamkeit auf den wirtschaftlichen Sektor zu richten habe (Lewytzkyj, Inquisition, S. 55-57).

[123] Wolin/Slusser, Secret Police, S. 10.

[124] Siehe dazu vor allem: Bunyan, Forced labor, S. 90, 110-114. Leggett, Cheka, S. 241-245. Allgemein: Heller, Stacheldraht, S. 61. Dzierzynski, Biographie, S. 246.

schäftigten sich Dsershinski und seine Mitarbeiter nicht nur mit Fragen zur Verbesserung der Transportorganisation, sondern beaufsichtigten auch den Neubau von Eisenbahnstrecken[125].

Gegen Ende seines Lebens nahm die Zahl der Positionen in der Wirtschaft dann in außerordentlichem Maße zu. Vom 2. Februar 1924 bis zu seinem Tod am 20. Juli 1926 war Dsershinski Vorsitzender des Obersten Volkswirtschaftsrates der UdSSR, vom 23. November 1923 bis 5. Februar 1926 Vorsitzender des Obersten Volkswirtschaftsrates der RSFSR, vom März bis September 1924 Leiter einer Kommission des Politbüros für die Metallindustrie und vom 13. November 1924 bis zu seinem Tod Vorsitzender des Vorstandes der Hauptverwaltung Metallindustrie des Obersten Volkswirtschaftsrates der UdSSR. Als entschiedener Anhänger einer raschen Industrialisierung konzentrierte sich seine Aufmerksamkeit auf das Transportwesen und die Industrie, besonders die Schwerindustrie[126]. Eine Reihe von Planungen für spätere Großprojekten des ersten Fünfjahresplans, so für das das Stalingrader Traktorenwerk (Grundsteinlegung 12. Juli 1926), das Wolchow-Kraftwerk und das Dnepr-Wasserkraftwerk, standen unter seiner persönlichen Oberleitung[127]. Von diesen waren beim Dnepr-Wasserkraftwerk wahrscheinlich, beim Stalingrader Traktorenwerk möglicherweise in großer Zahl Lagerinsassen eingesetzt[128].

Dsershinski hielt eine enge Verflechtung von Wirtschaftsapparat und Sicherheitsbehörden zur Verwirklichung der Industrialisierung für unerläßlich[129]. Zwar waren Tscheka und GPU/OGPU in der Zeit vor Einführung der zentralen Planwirtschaft noch reine (Geheim-) Polizei- und Terrororganisationen und verfügten weder inhaltlich noch organisatorisch über die Charakteristika einer Wirtschaftsorganisation, wie sie das NKWD der 30er bis 50er Jahre darstellte. Jedoch häuften sich seit Mitte der 20er Jahre die Personalüberlappungen zwischen Staatssicherheit, Wirtschaftsbehörden und Industriemanagement, da Dsershinski viele leitende Funktionen Vertrauten aus der Geheimpolizei übertrug[130]. Spitzel und Verbindungsmänner wurden in die einzelnen Fachministerien und Betriebe gesetzt[131]. So wie auf den SLON Erfahrungen in wirtschaftlich nutzbarer Lagerorganisation gemacht wurden, so erwarben die Tschekisten in ihren Verwendungen als Funktionäre im Verkehrswesen, Arbeitsmobilisierungsapparat, in der Wirtschaftsleitung und Schwerindustrie Wissen über volkswirtschaftliche Zusammenhänge, wirtschaftliche Langzeitplanungen, Großbetriebe

[125] Zur Tätigkeit Dsershinskis als Volkskommissar für das Verkehrswesen: Dzierzynski, Biographie, S. 315-355. Leggett, Cheka, S. 247.

[126] Zu diesen Funktionen: Dzierzynski, Biographie, S. 356-416. Hier: S. 357, 368, 373-374. Popoff, Tscheka, S. 171, bezeichnet bereits 1925 die Tscheka aufgrund der Vielzahl an Leitungsfunktionen im Wirtschaftsbereich, die Dsershinski bekleidete, als „Retterin in kommunistischen Wirtschaftsnöten".

[127] Dzierzynski, Biographie, S. 375, 381-382.

[128] Vgl. Kap. 11.3.

[129] Lewytzkyj, Inquisition, S. 65, 72-73.

[130] Beispiele dafür in: Leggett, Cheka, S. 268 (Lazis), 270 (Kedrow), 273 (Unschlicht), 449 (Fomin), 435 (Manzew), 456 (Pawlunowski), 457 (Samsonow).

[131] Conquest, Anfang, S. 649. Wolin/Slusser, Secret Police, S. 13. Swianiewicz, Forced Labour, S. 142-143.

und Großprojekte. Die Kenntnisse, die während der zwanziger Jahre auf der taktischen und operativen (SLON) sowie der strategischen Ebene (Spitzenfunktionen im Wirtschaftsapparat) gewonnen wurden, wandten die Mitarbeiter von Geheimpolizei und NKWD im GULag der Stalinzeit im großen Maßstab an.

B Die Organisation des sowjetischen Lagersystems

Aufbau und Arbeitsweise des sowjetischen Lagersystems sind Thema des zweiten Abschnitts dieser Arbeit. Zu betonen ist, daß es mangels einer Gesamtdarstellung auf viele Fragen noch keine Antworten gibt und den Betrachter Unwägbarkeiten und Zweifel in großer Zahl begleiten.

4 Die Spitzenorganisation des Lagersystems in der Stalinzeit

4.1 Die Umbruchjahre 1928 bis 1934

4.1.1 Die Integration der Lagersysteme in die Sowjetwirtschaft 1928 bis 1930

Die fundamentalen Umwälzungen im sowjetischen Strafvollzugswesen und im Lagersystem fanden 1928 bis 1930 statt. Es war die Zeit der „großen Wende" in der Sowjetunion. Die Zwangskollektivierung lief auf Hochtouren, die „Dekulakisierung" wurde durchgeführt, der erste Fünfjahresplan hatte begonnen, die innerparteiliche Opposition war entmachtet. Während die OGPU bei der Durchsetzung der Zwangskollektivierung, der Erfassung der Getreideernte und den Maßnahmen gegen angebliche Verschwörer in der Industrie erstmals nicht mehr nur über Personalunionen, sondern direkt als Ordnungsfaktor im Wirtschaftsleben tätig wurde[1], wurden die rechtlichen und organisatorischen Voraussetzungen für den volkswirtschaftlich nutzbaren Einsatz der Lagerhäftlinge geschaffen[2].

---

1 Lewytzkyj, Inquisition, S. 79-83.

2 Eine ähnliche Einschätzung liegt bei vielen Autoren und unter diesen besonders bei ehemaligen Häftlingen vor. Roeder, Katorgan, S. 25: „Die Geschichte der heutigen sowjetischen Lager beginnt mit den Fünfjahresplänen". Der Zeuge Margolin spricht in: Sklavenarbeit, S. 62, von 1929 für die Solowezki-Lager und von 1932 für das gesamte übrige Lagersystem als Wendepunkt. Heller, Stacheldraht, S. 107, bezeichnet das Jahre 1928 als „große Wende" und führt dies auf den jetzt gewünschten volkswirtschaftlich nutzbaren Einsatz der Gefangenenarbeit zurück. Lewytzkyj, Inquisition, S. 75, sieht ebenfalls 1928 den Zeitpunkt, zu dem nicht mehr nur an Bestrafung und „politische Umschulung" der Lagerinsassen, sondern auch an eine „‚rationale Auswertung' der Arbeitskraft der Inhaftierten für die Volkswirtschaft" gedacht worden sei. Depretto, Construction workers, S. 195, wertet die Jahre 1928-1930 als die Zeit in der „the important sector of forced labour was created in the Soviet economy".

Stalins Allmacht, der Aufbau der Zentralen Planwirtschaft und die Einrichtung des GULag begannen zur gleichen Zeit.

Bereits in der Debatte um die Neuorientierung der sowjetischen Wirtschaftspolitik hatten Befürworter eines raschen Industrialisierungskurses seit 1926 gefordert, die Häftlingszwangsarbeit erheblich auszuweiten. Sie argumentierten nicht mehr nur mit dem Besserungsarbeitsgedanken, sondern auch mit den geringen Kosten dieser Arbeit[3]. Im Lagersystem fand dies, wie für NKWD und SLON geschildert, seinen Niederschlag in einer vermehrten Lagerzwangsarbeit. Der Auftakt zur Eingliederung der Strafvollzugssysteme in die sich nun entwickelnde Zentrale Planwirtschaft begann im Frühjahr 1928.

Am 3. März 1928 erließen der Sowjetkongreß und der Rat der Volkskommissare der RSFSR eine Verordnung über „Politische Strafmaßnahmen und die Einrichtung der Haftanstalten", in der scharfe Kritik an der bisherigen Strafvollzugspraxis, insbesondere an den zu kurzen Haftzeiten geübt wurde. Vorgeschlagen wurden strengere Strafmaßnahmen gegen Klassenfeinde und „asoziale" Berufsverbrecher, längere Haftzeiten und die Einschränkung der Möglichkeit vorzeitiger Entlassung[4]. Vor dem Hintergrund der Fünfjahrespläne ist es verständlich, daß kurze Haftzeiten abgelehnt wurden. Wie schon von SOLSCHENIZYN und HELLER genannt, ließ sich mit längeren Haftzeiten die Häftlingsarbeit besser planen und bei langfristigen Projekten einsetzen.

Noch im gleichen Monat, am 26. März 1928, folgte ein Gesetz des Allrussischen Zentralexekutivkomitees (ZEK) und des Rates der Volkskommissare der RSFSR „Über die Strafpolitik und die Zustände in den Haftverbüßungsorten" („O karatelnoi politike i sostojanii mest sakljutschenija")[5]. Über die Auslegung dieses Aktes gibt es unterschiedliche Ansichten[6]. Keiner der

---

[3] Solomon, Policy, S. 207. Zu Lagersystem und der Strafrechtspraxis 1926-1934 siehe: Scherer/Jakobson, Collectivisation, und Jakobson, Origins.

[4] Heller, Stacheldraht, S. 107-108. Als Herausgeber nennt er den „Sowjetkongreß und den Rat der Volkskommissare", läßt aber offen, ob er jene der UdSSR oder der RSFSR meint. Da im März 1928 kein Unionskongreß tagte, ist davon auszugehen, daß es sich bei den Institutionen um jene der RSFSR handelte.

[5] Jakobson, Origins, S. 81-82, spricht von einem Gesetz („law"). Rossi, GULAG Handbook, bezeichnet die Verordnung in seinem Abkürzungsverzeichnis als „enactment" des Allrussischen ZEK und des Rates der Volkskommissare der RSFSR unter dem Titel „On a punitive policy and the state of places of confinement". Diese habe auf Berichten von NKJu und NKWD basiert. Voslensky, System, spricht von einem „Beschluß". Laut S., Bericht, S. 1175, wurde der „Erlaß des ZEK" vom 26. März 1928 in einem offiziellen Rundschreiben des ZEK vom 21. Mai 1928 veröffentlicht.

[6] Nach Solschenizyn sah das Gesetz vor, das Lagerregime zu verschärfen und eine Organisation der Lagerarbeit zu entwickeln, nach der die Häftlinge keinen Lohn erhalten sollten, deren Arbeit aber für den Staat rentabel sein solle. Die Aufnahmekapzitäten der bisherigen Arbeitskolonien sollten erweitert werden und mehr Lager für geplante Aushebungen bereitgestellt werden (Ders., Archipel GULag II, S. 67, unter Bezug auf ZGAOR-Material). Ähnlicher Auffassung sind Leonhard, Fahrt, S. 155-156; Rossi, GULAG Handbook, S. 191; Voslensky, System. Heller, Stacheldraht, S. 108, sieht in der Verordnung den Willen, die Zwangsarbeit nunmehr nicht mehr in erster Linie auf jene am alten Arbeitsplatz bei reduziertem Lohn, sondern auswärts „in Fabriken, auf Baustellen, in der Forstwirtschaft" zu beziehen. Solomon ist der Ansicht, daß mit Zwangsarbeit nicht in erster Linie Zwangsarbeit in den Gefängnissen und Kolonien, sondern außerhalb derselben gemeint gewesen sei und sich am 26. März 1928 zum letzten Mal die alte leninistische Strafvollzugsauffassung

Autoren verneint aber, daß das Gesetz wesentlich zur Integration der Häftlinge in die Staatswirtschaft beitrug. Unabhängig von der Frage, ob die Sowjetbehörden zu diesem Zeitpunkt auf eine Steigerung der Insassenzahlen der Hafteinrichtungen abzielten oder diese reduzieren wollten, bleibt festzuhalten, daß durch das Gesetz vom 26. März 1928 erstmals der „größere Gebrauch von Häftlingen“ bei der Erfüllung wirtschaftlicher Aufgaben angeordnet wurde.

Die Republik-Volkskommissariate des Innern und der Justiz wurden beauftragt, Pläne zur besseren Ausnutzung der Arbeitskraft der Insassen zu erarbeiten. Angeordnet wurde weiter, die bereits vorhandene Arbeitskraft der Häftlinge länger zu nutzen, als es die Haftzeiten erlaubten. Dazu wurde der Passus aufgenommen, daß die Haftzeiten verlängert oder neue „Maßnahmen zum sozialen Schutz“ ergriffen werden durften, wenn eine Besserung des Häftlings nicht erkennbar sei[7].

Indem die Haftzeiten länger werden sollten (3. März 1928) und die Einsatzbereiche der Lagerzwangsarbeit erweitert wurden (26. März 1928), wurde mit den beiden März-Verordnungen der Weg für einen volkswirtschaftlich erkennbaren Beitrag der Lagerzwangsarbeit innerhalb der Fünfjahrespläne und damit zum Aufbau des Sozialismus gebahnt[8].

Beide Verordnungen wurden verwirklicht[9]. Seit 1928 wurden immer mehr Personen zu Lagerzwangsarbeit statt Gefängnishaft verurteilt und immer längere Haftstrafen ausgesprochen. Im Januar 1929 verbot der russische Volkskommissar der Justiz den Richtern streng, kurze Haftstrafen zu verhängen, wodurch das Strafgesetzbuch der RSFSR in Teilen faktisch außer Kraft gesetzt wurde[10].

Während durch diese Maßnahmen die Bemühungen um eine Stabilisierung der Haftzeiten auf hohem Niveau vorangebracht und der „Nachschub“ für die Lager gesichert wurden, setzten NKWD-Hafteinrichtungen und die SLON ihre Zwangsarbeitsexperimente fort. Die Solowezki-Lager bauten ihre Arbeitsaktivitäten bedeutend aus und traten in wirtschaftliche Kontakte mit ihrem Umland

gezeigt habe (Ders., Policy, S. 206). Nach Jakobson hatte das Gesetz zwei Ziele: Kostenreduzierung und Verminderung der Insassenzahlen. Er verweist aber darauf, daß diese Ziele umstritten gewesen seien und die Sowjetregierung spätestens mit der Errichtung der OGPU-Besserungsarbeitslager ab April 1930 ihre Einwilligung zum Ausbau des Lagersystems gegeben habe (Ders., Origins, S. 81-82). Zur Auslegung des Erlasses auch: Scherer/Jakobson, Collectivisation, S. 535 und 544-545, Anmk. 26.

7 Rossi, GULAG Handbook, S. 302.

8 Heller, Stacheldraht, S. 109, sieht in den Verordnungen vom 3. März 1928 und 26. März 1928 zu Recht die Bestimmung, die „Nutzung der Gefangenenarbeit im Rahmen des Fünfjahresplanes vorzubereiten“.

9 Vgl. zum Streit zwischen NKJu und NKWD über die Auslegung des Gesetzes: Jakobson, Origins, S. 82-86.

10 Heller, Stacheldraht, S. 109. Solschenizyn berichtet, daß das russische NKJu Anfang 1929 verordnet habe, daß kurze Haftstrafen (bis sechs Monate) nicht mehr verhängt werden durften. Am 6. November 1929 habe ein Dekret des Zentralexekutivkomitees und des Rates der Volkskommissare der RSFSR ergänzt, daß keine Haftstrafen mehr mit Dauer unter einem Jahr ausgesprochen werden durften (Solschenizyn, Archipel GULag I, S. 278-279).

ein[11]. Das russische NKWD errichtete eine Holzfällermodellkolonie in Nadeschdinsk im Ural[12] und erprobte dort die Umstellung ihres Strafsystems auf Wirtschaftszwecke[13]. Diese Versuche wurden jedoch schon bald von der wirtschaftspolitischen Entwicklung überholt. Nachdem Stalin auf der XVI. Parteikonferenz der KPdSU im April 1929 die Konzeption der forcierten Industrialisierung durchgesetzt hatte, wurden auch der Strafvollzug dem Ziel der wirtschaftlichen Transformation unterworfen und die Häftlinge fortan vorrangig als Arbeitskräfte angesehen[14].

Entscheidend für den Ausbau der Lagerorganisation wurde das Jahr 1929. Über den genauen Ablauf der Entscheidungsprozesse herrscht keine Klarheit, verknüpft man jedoch die einander ergänzenden Schilderungen, so kommt man dem damaligen Geschehen wahrscheinlich sehr nahe.

Nach Bacon wurden im Jahre 1929 die Volkskommissariate der Justiz und des Innern sowie der stellvertretende OGPU-Chef, Jagoda, beauftragt, für den Rat der Volkskommissare der UdSSR eine Reform der Strafvollzugspraxis auszuarbeiten. Der von diesen vorgelegte Reformvorschlag sah vor, eine Unterscheidung zwischen Häftlingen, die zu Strafen von mehr als drei Jahren verurteilt worden waren und in die nördlichen Regionen gebracht werden sollten, und jenen, deren Strafmaße darunter lagen, zu treffen. Bacon führt weiter aus, daß der Rat der Volkskommissare dieser Idee zugestimmt habe und sie im Mai 1929 abschließend in einer Politbürositzung beraten worden sei. Nach des-

[11] Solschenizyn berichtet unter Bezug auf die Zeitschrift *Die Solowezki-Inseln* von einer Rede des SLON-Kommandanten Nogtew. Darin spricht dieser 1930 nicht nur von „USLON-eigenen, sich enorm vergrößernden Holzaufbereitungsstellen", sondern auch von einer Steigerung der Holzaufbereitung der SLON im Auftrag zweier Holztrusts von 1926 bis 1930 von rund 63.000 Rubel auf mehr als sieben Millionen Rubel. Im gleichen Zeitraum seien die Mittel für den Straßenbau durch SLON-Arbeitskräfte in der Region Murmansk-Karelien von 105.000 auf sechs Millionen Rubel gestiegen. An anderer Stelle nennt er von diesen SLON-Aktivitäten den Neubau der Straße Kem-Uchta (1929), Straßenbauten auf der Kola-Halbinsel (1928), später auch Eisenbahnbauten (Ders., Archipel GULag II, S. 53-54). Dazu auch: Depretto, Construction workers, S. 195.

[12] Zu einem mit Holzarbeiten beschäftigten Zwangsarbeitslager in Nadeschdinsk im Herbst 1930 auch: Albrecht, Sozialismus, S. 139.

[13] Wie stark die Wirtschaftsaktivitäten der Lager zu diesem Zeitpunkt war, kann nicht mit Bestimmtheit gesagt werden. Wenn jedoch auf einer 1928 abgehaltenen I. Unionstagung der „Funktionäre des Strafvollzugs" die „unbedingte Rückzahlung der in die Haftverbüßungsorte vom Staat investierten Mittel durch die den Haftanstalten angeschlossenen Betriebe" verlangt wird (Solschenizyn, Archipel GULag II, S. 561), so zeigt dies, daß solche Betriebe bereits vor 1928 bestanden hatten. Sie spielten nur eine geringe volkswirtschaftliche Rolle, waren aber offenbar wirtschaftlich so aktiv, daß ihnen die Kostendeckung zugetraut wurde.

[14] Solomon, Policy, S. 195-196, 209-210. Dallin/Nicolaevsky, Arbeiter, S. 113-114. Bacon, Gulag, S. 46-47. Im Juni 1928 bestimmte das russische Volkskommissariat der Justiz, daß für alle Inhaftierten mit Ausnahme politischer Schwerverbrecher die Arbeitspflicht gelte. Das Aufsichtspersonal in Strafanstalten wurde seit Januar 1929 für die Durchführung der Arbeitspflicht haftbar gemacht, und im November 1929 wies man die Richter an, keine Haftstrafen ohne gleichzeitige Verhängung der Arbeitspflicht des Häftlings auszusprechen. Verfahren, in denen ein zu mildes Urteil gefällt worden sei, wurden wiedereröffnet (Hofmann, Arbeitsverfassung, S. 266-267). Solomon zitiert den damaligen Leiter der NKWD-Hauptverwaltung der Haftverbüßungsorte (GUMS), Shirwindt, der 1929 davon spricht, daß seine Behörde nun die Aufgabe habe, für einen „pool of labor for the economy" zu sorgen (Ders., Policy, S. 211).

sen Zustimmung sei eine Kommission, bestehend aus den Vertretern von OGPU, den beiden obengenannten Volkskommissariaten, einem Bevollmächtigten der RSFSR und dem Unions-Volkskommissar für Arbeit, Uglanow, gegründet worden. Am 27. Juni 1929 habe diese Kommission ihren Bericht vorgelegt, der dann Grundlage für die nun folgende Umgestaltung im sowjetischen Strafvollzugswesen geworden sei[15].

SOLOMON erwähnt diese Aktivitäten der ersten Jahreshälfte 1929 nicht, spricht aber von einem Geheimerlaß des Rates der Volkskommissare der UdSSR vom 11. Juli 1929[16], der sehr wahrscheinlich das umsetzte, was in der von BACON genannten Kommission vorgeschlagen worden war. In dem Geheimerlaß, so SOLOMON, sei das NKWD angewiesen worden, die bislang kleine Zahl an landwirtschaftlichen und industriellen Kolonien um Holzfäller- und Baukolonien zu ergänzen[17]. Alle kleineren Gefängnisse mit Insassenzahlen unter 200 sollten aufgelöst werden. Der OGPU sei aufgetragen worden, Holzfällerlager in abgelegenen Gebieten zu errichten. In diese sollten unabhängig vom Grund der Verurteilung alle Häftlinge und Verurteilten mit Haftstrafen, die drei Jahre überschritten, aus den Gefängnissen und Kolonien überstellt werden. Alle Häftlinge mit kürzeren Haftstrafen sollten in die Kolonien des NKWD überwiesen werden[18].

Wesentliche Teile des Inhalts des Geheimerlasses seien, so SOLSCHENIZYN, am 6. November 1929 als Verordnung publik gemacht worden[19]. Darüber hinaus

---

[15] Bacon, Gulag, S. 46. Zu prüfen wäre, in welchem Zusammenhang dazu ein von Viola genanntes Dekret des ZEK des Rates der Volkskommissare der UdSSR vom Juni 1929, in welchem die Verhaftung von „Kulaken" stark vereinfacht wurde, steht (Lynne Viola. The second coming. Class enemies in the Soviet countryside. 1927-1935. In: Getty/Manning, Terror, S. 65-98. Hier: S. 66-67).

[16] Siehe als einzigen zu dieser Verordnung, die seiner Angabe nach im Westen bislang unbeachtet geblieben sei: Solomon, Policy, S. 209. Er weist auf die Theorie hin, daß Stalin mit seinem Geheimerlaß vom Juli 1929 fünf Monate *vor* Beginn der Kollektivierung deren Massenverhaftungen bereits organisatorisch vorbereitet haben könnte. Er verneint diese Möglichkeit nicht, ist aber der Auffassung, daß der Juli-Erlaß nicht im Hinblick auf eine zukünftige Kollektivierung, sondern auf einen wirtschaftlichen Einsatz der sich damals in den Strafanstalten Befindlichen herausgegeben worden sei.

[17] Dallin/Nicolaevsky berichten von einer Konferenz im Oktober 1929, auf der beschlossen worden sei, „Holzsammelkolonien" vorzubereiten. Beteiligt gewesen seien die Verwaltungschefs des „Uralgebietes" und des „Nördlichen Gebietes" sowie der Chef des „karelischen NKWD" (Dies., Arbeiter, S. 113-114). In dem Erlaß wird stets von „Kolonien", nicht aber von den seit 1919 eingerichteten „Zwangsarbeitslagern" des russischen NKWD gesprochen. Die wahrscheinlichste Erklärung ist, daß „Kolonie" ein propagandistisch besser zu nutzender Sammelbegriff war, zumal dieser im BessArbK von 1924 verwandt wurde und in dem von „Zwangsarbeitslagern" keine Rede war. Hinter dem Wort „Kolonie" verbargen sich somit sowohl die alten Zwangsarbeitslager des NKWD, als auch die Kolonien im engeren Sinne, die ehemaligen NKJu-Arbeitskolonien, die seit der Eingliederung der NKJu-Haftanstalten in das russische NKWD (12. Oktober 1922) ebenfalls dem NKWD unterstanden.

[18] Solomon, Policy, S. 208. Zu den Kolonien: S. 211, Anmk. 71. Siehe auch: Stephen G. Wheatcroft. Towards a thorough analysis of Soviet forced labour statistics. In: Soviet studies 2/1990, S. 335-367. Hier: S. 225 und ders., Size, S. 287.

[19] Solschenizyn nennt unter Berufung auf eine Gesetzessammlung der UdSSR einen Beschluß des Rates der Volkskommissare und des Zentralexekutivkomitees der UdSSR vom 6. November 1929, der zum Inhalt gehabt habe, die strenge Insolation aufzuheben, alle Verurteilten mit Strafen bis drei Jahren in „allgemeine Lager" und jene mit Strafen von drei bis zehn Jahren „in entferntere

gab es im Herbst 1929 noch weitere Veröffentlichungen, Entschließungen und Stellungnahmen ähnlichen Inhaltes[20]. Festzuhalten ist somit, daß im Jahre 1929 der Aufbau eines weitreichenden, wirtschaftlich einsetzbaren Zwangsarbeitslagersystems der OGPU begann[21].

Vergegenwärtigt man sich, daß exakt zur gleichen Zeit Millionen Menschen durch „Dekulakisierung" und Zwangskollektivierung aus ihren Dörfern herausgerissen wurden und dem Staat als unfreie Zwangsarbeitskräfte zur Verfügung standen, dann ist offensichtlich, daß die Vernichtung des Bauerntums, die Industrialisierung und der Aufbau eines ökonomisch nutzbaren Zwangsarbeitslagersystems in enger Verbindung standen[22].

Den Neuregelungen des Jahres 1929 folgte am 7. April 1930 ein Statut des Rates der Volkskommissare des UdSSR über „Besserungsarbeitslager" der OGPU. Der Begriff wurde hiermit offiziell eingeführt[23]. Danach sollten Personen, die zu mehr als drei Jahren Freiheitsentzug durch ordentliche Gerichte verurteilt, und alle Personen, die durch das Justizkollegium der OGPU administrativ bestraft wurden, ihre Strafe in Besserungsarbeitslagern *(Isprawitelno-trudowye lagerja, ITL)* der OGPU ableisten. Alle Personen, die Freiheitsstrafen unter drei Jahren erhalten hatten, sollten in Besserungsarbeitskolonien *(Isprawitelno-trudowye kolonii, ITK)* des NKWD eingeliefert werden. Die Häftlinge in den ITL der OGPU sollten nach den Bestimmungen des Statutes in drei Kategorien eingeteilt werden, von denen die beiden ersten den Häftlingen, die „werktätigen Klassen"

Gegenden" zu überführen. Gemeint sein dürften Kolonien (für diejenigen mit Strafen bis drei Jahre) und Lager (für diejenigen mit Strafen über drei Jahre) (Ders., Archipel GULag II, S. 70, unter Bezug auf „Gesetzsammlung der UdSSR", 1929, Nr. 72). Voslensky nennt diesen Beschluß von ZEK und SNK der UdSSR ebenfalls zum 6. November 1929, spricht aber deutlich von der Teilung der Insassen nach solchen mit Strafen unter drei Jahren, die in Besserungsarbeitskolonien eingewiesen werden sollten, und solchen mit Strafen über drei Jahren, die ihre Haft in „Besserungsarbeitslagern in entfernten Gegenden der Sowjetunion" abzuleisten hätten (Ders., System). Heller, Stacheldraht, S. 109, datiert den Beschluß falsch auf den 6. Januar 1929. Rossi, GULAG Handbook, verwirrt den Leser besonders, indem er S. 97 den 6. Januar 1929 und S. 223 den 6. Januar 1928 nennt.

[20] Jakobson erwähnt eine 1. Allunions-Konferenz der GUMS des NKWD, die den Beschluß gefaßt habe, alle Verurteilten mit mehr als drei Jahren Strafe, die nicht in regionalen Lagern im Arbeitseinsatz seien, in die Lager in entlegenen Gebieten – somit in die Lager der OGPU – zu überstellen (Ders., Origins, S. 87-88). Depretto berichtet von einem Artikel E.G. Shirwindts, den er sehr ungenau als „director of the prison camp administration" bezeichnet und keinem Volkskommissariat zuordnet, der aber Chef der GUMS des NKWD war, vom 28. November 1929 in einem Organ des NKJu. Shirwindt habe darin die Errichtung von „corrective labour camps" für Personen mit Strafen über drei Jahren mitgeteilt und Ausführungen darüber gemacht, daß diese Häftlinge als ungelernte Arbeitskräfte dringend zur Erfüllung des Fünfjahresplans benötigt würden (Ders., Construction workers, S, 197 und 208, Anmk. 66).

[21] Schröder spricht von einer „prisoner economy" der OGPU, die ab 1929/30 aufgebaut worden sei (Hans-Henning Schröder. Upward social mobility and mass repression: The Communist party and Soviet society in the thirties. In: Nick Lampert/Gábor T. Rittersporn (Ed.). Stalinism. Its nature and aftermath. Essays in honour of Moshe Lewin. Armonk, N.Y., 1992. S. 157-183. Hier: S. 170).

[22] Vgl. dazu: Fainsod, Russia, S. 365 („The mass deportation of the kulaks meant a tremendeous growth in the network of OGPU forced labor camps.") und Tepzow, der einen unmittelbaren Zusammenhang zwischen der „Dekulakisierung" und dem Aufbau des ITL-Systems sieht (N.W. Tepzow. Prawda o raskulatschiwanii [Dokumentalny otscherk]. In: Kentawr, März/April 1992, S. 46-62. Hier S. 52).

[23] Dies betont Jakobson (Ders., Origins, S. 112).

entstammten und nicht wegen konterrevolutionärer Vergehen verurteilt waren, vorbehalten waren. Jene mit Strafen von über fünf Jahren fielen in die erste Kategorie, die mit weniger als fünf Jahren in die zweite Kategorie. Am Ende der Skala – in der dritten Kategorie – standen Personen „nicht-werktätiger Herkunft" und alle, die wegen „Konterrevolution" verurteilt worden waren[24].

Mit dem Statut über Besserungsarbeitslager wurden viele Bestimmungen, die bereits im Bericht der Kommission, im Geheimerlaß vom 11. Juli 1929 und weiteren Verordnungen des Jahres 1929 festgelegt worden waren, zum Gesetz. Die Konzentrationslager und Lager zur besonderen Verwendung der OGPU wurden nun in „Besserungsarbeitslager" umbenannt[25]. Die Entscheidung vom 7. April 1930 hatte zur Folge, daß die OGPU nun neben NKWD, bald darauf NKJu, endgültig und offiziell zum zweiten wichtigen Pfeiler im Strafvollzugssystem der Sowjetunion wurde.

Trotz des Statutes verblieben zunächst viele Häftlinge mit langen Haftstrafen in den Gefängnissen, Kolonien und Zwangsarbeitslagern des russischen NKWD und seines Nachfolgers bei der Verwaltung dieser Haftanstalten, des NKJu[26]. Grundsätzlich ging die Tendenz jedoch dahin, alle Gefängnisse aufzulösen und durch Arbeitslager und Arbeitskolonien, die sich finanziell selbst trugen und in die Wirtschaftsplanung eingebunden werden konnten, zu ersetzen[27].

4.1.2 Die GULag der OGPU und das Koloniesystem der GUITU des NKJu 1930-1934

Nachdem viele ehemalige Insassen von Gefängnissen, Kolonien und Zwangsarbeitslagern der OGPU unterstellt und gemäß den neuen Bestimmungen des Jah-

---

[24] Zu den Bestimmungen des Statuts über „Besserungsarbeitslager" der OGPU: Dallin, Sowjetrußland, S. 198. Lewytzkyj, Inquisition, S. 93. Jakobson, Origins, S. 125. Rossi, GULAG Handbook, S. 91. Für Wolin/Slusser, Secret police, S. 42, Anmk. 61, markiert dieses Statut über Besserungsarbeitslager vom 7. April 1930 den Übergang zum umfassenden Gebrauch der Lagerzwangsarbeit in Fünfjahresplänen. Auch Jakobson, Origins, S. 82, sieht in dem Gesetz eine Wendemarke, da die Sowjetbehörden nun den Weg zu einer Vergrößerung des Lagersystems geöffnet hätten. Vgl. auch: Rossi, GULag Handbook, Abkürzungsverzeichnis, Rossi, GULAG Handbook, S. 91, 145. Er bemängelt, daß die OGPU die im Statut enthaltenen Vorschriften (Achtstunden-Tag, Absprachen mit Volkskommissariat für Arbeit) nicht eingehalten habe (S. 145). Zu kritisieren ist, daß Rossi an manchen Stellen von einem „Statute of Corrective Labor camps" (S. 145), an anderer Stelle von „Statute of OGPU Corrective Labor camps" (S. 158) spricht.

[25] In der Bevölkerung sei bis Anfang der fünfziger Jahre für Lager weiterhin von „Konzentrationslagern" gesprochen worden, so Rossi, GULAG Handbook, S. 175.

[26] Solomon, Policy, S. 210, spricht von 63.823 Häftlingen, die von den Volkskommissariaten des Innern an die OGPU überstellt wurden. Nach Wheatcroft, Analysis, S. 225, waren bis November 1931 27,5 % der in den NKJu-Kolonien einsitzenden Häftlinge, die Haftstrafen über drei Jahren hatten, trotzdem nicht an die OGPU überstellt worden.

[27] Dies wird auch aus einem Zusatz zu Artikels 28 des Besserungsarbeitskodex (BessArbK) vom 20. September 1936 deutlich, nach dem „Personen, die mit Freiheitsentzug bestraft worden sind, ... nur dann in ein Gefängnis eingeliefert werden [dürfen], wenn das Urteil dies ausdrücklich verfügt" (Vgl. BessArbK in: Sklavenarbeit, S. 177). Nach Dallin/Nicolaevsky, Arbeiter, S. 113-114, stieg der Anteil der zu Lagerhaft Verurteilten stark an: 1926: 14,3 %, 1927: 21,2 %, 1929: 48,1 %, 1931: 56 %, 1932; 58 %. Der Anteil der zu Gefängnistrafen Verurteilten sank 1929 auf 11 %.

res 1929 in „entfernte Gegenden" abtransportiert worden waren sowie alle Neuverurteilten mit Strafen über drei Jahren ebenfalls an die OGPU übergeben wurden, weitete sich das Geflecht der OGPU-Lager erheblich aus. Es erfaßte bis Mitte der dreißiger Jahre weite Teile Nordrußlands[28]. Die Zahl der Insassen vervielfachte sich[29], der Anteil der OGPU-Insassen an der Gesamtzahl der Gefangenen in der Sowjetunion nahm ständig zu[30]. Mit dem Anstieg der Insassenzahlen gewannen auch die bisherige wirtschaftliche Tätigkeit und die infolge der nun vorhandenen Massen an Gefangenen neuen Möglichkeiten des Arbeitseinsatzes an Bedeutung. Hatten die Häftlinge der OGPU bislang vorwiegend in der Holzwirtschaft gearbeitet, so erschienen nun Großeinsätze beim Bau von Eisenbahnen, Straßen und anderen Projekten möglich[31].

Die neuen Aufgaben für die OGPU-Lager machten organisatorische Änderungen notwendig. Bislang war die Spezialabteilung (SpezO) – neben einer Fülle anderer Aufgaben – für die Lager zuständig. Jetzt wurde eine Dienststelle notwendig, die sich ausschließlich mit dem immer größer werdenden Lagersystem beschäftigte. Als Konsequenz erfolgte im April 1930 innerhalb der OGPU die Gründung einer besonderen Hauptverwaltung für die der OGPU unterstehenden Lager. Über den genauen Termin und die genaue Bezeichnung dieser neuen Institution gibt es unterschiedliche Angaben.

In der Mehrzahl spricht die Forschung von der *Hauptverwaltung der Besserungsarbeitslager (Glawnoje uprawlenije isprawitelno-trudowych lagerei, GUITL oder GULag)* der OGPU[32].

---

28 Erste Ableger der SLON wurden in Karelien bereits 1928 errichtet. 1929 folgten SLON-Lagerpunkte an der Murmansk-Bahn und 1930 das bereits eigenständige SWIRLag mit Zentrum in Lodejnoje Pole, 1931 mit dem Verwaltungskopf Medweshegorsk der große Komplex des BELBALTLag zum Bau des Weißmeer-Ostsee-Kanals. Nach Osten hin wurden zunächst das KOTLag mit dem Mittelpunkt Kotlas an der Dwina und weiter nördlich am gleichen Fluß das SEWDWINLag errichtet. Östlich der Dwina entstanden im Flußgebiet der Uchta das UCHTLag, welches sich zur nordöstlich gelegenen Petschora ausdehnte und zum UCHTPETSCHLag erweitert wurde, jenseits des Urals 1931 zunächst die Nordural-Abteilung der SLON, aus der dann SOLIKAMLag und SEWURALLag hervorgingen. Entlang der Bauabschnitte der Eisenbahnlinie Kotlas-Workuta wurden Eisenbahnbaulager errichtet, die zum SEWSHELDORLag im Abschnitt Kotlas-Petschora und PETSCHORLag für den Abschnitt Petschora-Kotlas vereinigt wurden (Solschenizyn, Archipel GULag II, S. 68-70). Siehe zur Ausdehnung der Lager nach Norden und Nordosten auch: Dallin/Nicolaevsky, Forced labor, S. 260. Dallin, Sowjetrußland, S. 203. Bacon, Gulag, S. 46-47. Vgl. Kap. 7.7.

29 Jakobson nennt unter Bezug auf Dallin/Nicolaevsky für das Frühjahr 1928 30.000 Häftlinge, für das Frühjahr 1930 aber 300.000 Häftlinge in den Einrichtungen der SpezO der OGPU (Ders., Origins, S. 120).

30 Dazu Jakobson: 1928 waren 10 Prozent, 1930 50 Prozent aller Gefangenen in OGPU-Einrichtungen (Ders., Origins, S. 122).

31 Jakobson, Origins, S. 117, 120.

32 Vgl. dazu: Conquest, Anfang, S. 650. Torke, Lexikon, S. 105. Lewytzkyj, Inquisition, S. 75, 92. Rossi, GULAG Handbook, S. 92. Der ehemalige OGPU-Mitarbeiter Agabekov, der seinen Bericht (Ders., OGPU) im August/September 1930 in Paris niederschrieb, nennt die GULag noch nicht. Entweder existierte diese zum Zeitpunkt seiner Flucht nicht oder war ihm unbekannt. Mund führt aus, daß bereits 1929 eine „zentrale Hauptverwaltung aller Zwangsarbeitslager" innerhalb der OGPU entstanden sei. Deren Leiter habe „Garbokin" geheißen (Ders., GPU, S. 129). Diese Angabe ist unzutreffend, da Munds Schrift voller Datierungsfehler ist und sich hinter „Garbokin" mit Sicherheit G.I. Boki verbirgt. Dieser war Leiter der Spezialabteilung und als solcher bis 1930

Scherer und Jakobson datieren die Errichtung einer *Hauptverwaltung der Besserungsarbeitslager und Arbeitssiedlungen (Glawnoje uprawlenije isprawitelno-trudowych lagerei i trudowych poseleni, GUITLTP)* der OGPU auf den 7. April 1930, den Tag der Verkündigung des Statutes über die Besserungsarbeitslager der OGPU[33]. Da die Abkürzung „GUITLTP" schwer auszusprechen gewesen sei, sei inoffiziell die Abkürzung „GULag" benutzt worden[34]. Ab dem Jahre 1936 sei die bis dahin nur inoffiziell gebräuchliche Abkürzung „GULag" dann offiziell geworden[35]. Bacon nennt eine *Verwaltung der Lager (Uprawlenije lagerjami, ULag)* der OGPU, die am 24. April 1930 eingerichtet und am 15. Februar 1931 in *Hauptverwaltung der Lager (Glawnoje uprawlenije lagerei, GULag)* der OGPU umbenannt worden sei[36].

Unabhängig von den hier genannten unterschiedlichen Angaben zu Gründungsdatum und genauer Bezeichnung der Hauptverwaltung der Lager der OGPU ist von entscheidender Bedeutung, daß im April 1930 innerhalb der OGPU die Verwaltungseinrichtung geschaffen wurde, die fortan für die Lager der Staatssicherheitsbehörden zuständig war und – unabhängig von ihrer im Laufe der Jahre wechselnden exakten Dienststellenbezeichnung – ab 1930/31 den Namen „GULag" trug.

Vergleicht man Aufbau und Kompetenzen der GULag der OGPU mit denen ihrer Vorläufer- und Nachfolgerorganisationen, der GUMS des NKWD für die Zeit vor 1929/30 und der GULag des Unions-NKWD ab 1934, so erweist sich die GULag der OGPU eindeutig als Organisation des Übergangs. Die Gliederung der GULag der OGPU ähnelte der der GULag des NKWD bis zur Umgestaltung unter Berija ab Ende der dreißiger Jahre,

---

für die OGPU-Lager zuständig. Lewytzkyj, Inquisition, S. 75, irrt, wenn er ausführt, daß mit der Gründung der GULag der OGPU 1930 dieser die „Konzentrationslager, die bisher den Justizbehörden unterstanden hatten", unterstellt worden seien. Richtig ist vielmehr, daß Konzentrationslager und SLON bereits vor 1930 der OGPU unterstanden und die Besserungsarbeitskolonien erst nach Auflösung der republikanischen NKWD im Dezember 1930 in die republikanischen NKJu integriert wurden.

[33] Jakobson, Origins, S. 119, 124. Scherer/Jakobson, Collectivisation, S. 540 (Hier aufgrund eines Druckfehlers „GUITLP" statt wie in Jakobson, Origins, richtig „GUITL*TP*"), unter Verweis auf eine sowjetische Gesetzessammlung. Sie sind die einzigen, die die Gründung der GULag der OGPU und den Erlaß des Statuts über Besserungsarbeitslager auf denselben Tag legen. Über den genauen Zeitpunkt der Gründung gibt es an keiner anderen Stelle Informationen. Es ist allerdings wahrscheinlich, daß dies nach der Veröffentlichung des Statuts über Besserungsarbeitslager vom 7. April 1930 geschah, da der Terminus „Besserungsarbeitslager" vorher für die OGPU-Lager offiziell noch nicht auftaucht.

[34] Scherer/Jakobson, Collectivisation, S. 540. Jakobson, Origins, S. 124.

[35] Jakobson, Origins, S. 125, allerdings ohne Beleg.

[36] Bacon, Gulag, S. 55. Er stützt sich dabei auf den von ihm ausgewerteten Bericht des GULag-Chefs Nasedkin. Siehe dazu: GULAG w gody wojny. Doklad natschalnika GULAGa NKWD SSSR W. G. Nasedkina Awgust 1944 g. In: Istoritscheski Archiw, Nr. 3 (1994), S. 60-86. Hier: S. 60, wo ebenfalls gesagt wird, daß die GULag 1931 „auf Basis" der ULag gebildet worden sei. Eine ULag wird auch in S., Bericht, S. 1162, erwähnt. Sie wird dort aber neben „UGDS" und „GUSHOSDOR" als eine von drei Verwaltungen der GULag des NKWD für die Zeit ab 1934 bezeichnet. Eine „ULAG (Verwaltung für die Verbrechenslager)" als „selbständige Abteilung innerhalb der NKWD-Organisation" für die dreißiger Jahre auch in: John Scott. Jenseits des Ural. Die Kraftquellen der Sowjetunion (Bücher zur Weltpolitik). Stockholm, 1944. S. 232-233.

hatte aber andere Bezeichnungen und war wahrscheinlich nicht so differenziert[37]. Sie war nicht so autonom, wie die spätere GULag des NKWD, sondern mußte wie die GUMS anderen Behörden erhebliche Mitspracherechte einräumen. So hatte 1930 bis 1934 das Volkskommissariat für Erziehung die Oberaufsicht über die kulturelle und erzieherische Arbeit der Kultur- und Erziehungsstellen (KWTsch) in den OGPU-Besserungsarbeitslagern[38]. Gleichfalls hatte das Volkskommissariat für Gesundheit lange Zeit das Sanitätswesen in den Konzentrationslagern und Lagern zur besonderen Verwendung der OGPU, aber auch den Zwangsarbeitslagern von NKWD und NKJu (ab 1930) unter sich. Ende der zwanziger Jahre (Rossi) oder 1932 (Solschenizyn) übernahm die OGPU ihre Lagersanitätsstellen selbst, wenig später folgten NKWD und NKJu[39].

Die Lagerorganisation der GULag der OGPU entsprach in ihrer Untergliederung nach Lagerverwaltungen und Lagergebieten der der späteren GULag des NKWD[40]. In den nun zentral geleiteten Lagern der GULag der OGPU wurden die Lagerinsassen immer mehr als Mengenverbrauchsgut innerhalb der Wirtschaftsplanung und weniger als Klassenfeinde oder gar als Umzuerziehende angesehen[41]. Sofort nach Gründung der zentralen Dienststelle wurden GULag-Lagerinsassen bei einem ersten Großprojekt, dem Bau des Weißmeer-Ostsee-Kanals (BBK) eingesetzt. Für dieses Vorhaben stellte die GULag der OGPU nicht nur die Arbeitskräfte, sondern der Bau wurde unmittelbar von ihr organisiert und geleitet. Der BBK-Bau war gewissermaßen das Gesellenstück der GULag. Weitere Großprojekte sollten folgen.

Parallel zu den Lagern der GULag der OGPU bestanden die Hafteinrichtungen der GUMS der Republik-NKWD fort[42]. Zwischen der OGPU, der GUMS und

---

37 Über die innere Struktur der GULag der OGPU ist nur wenig bekannt. Als einziger nennt Rossi einige Abteilungen: Die *Informations-und Untersuchungsabteilung (ISO)*, die die Funktionen innehatte, die später die Operativ-Tschekistische Verwaltung übernahm (Rossi, GULAG Handbook, S. 147). Weiter hätten eine *Militarisierte Feuerwache (Wojenisirowannaja posharnaja ochrana) (WPO)* und eine *Erzieherische und Politische Abteilung (WPO) der GULag der OGPU* bestanden (Rossi, GULAG Handbook, S. 28, 59). Nach Semskow gab es 1931-34 eine *Abteilung für Spezialumsiedler der GULAG der OGPU* (Ders., Sakljutschennye, S. 162, Anmk. 4).

38 Rossi, GULAG Handbook S. 158. Bis 1930 hatte die Erzieherisch-Politische Abteilung (WPO) der OGPU die erzieherische und politische Arbeit der Politischen Erziehungsstellen (PWTsch) in den OGPU-Lagern überwacht (Ebd., S. 59). Ihr folgte 1930 bis 1934 die WPO der GULag der OGPU und ab 1934 die Abteilung für Kultur und Erziehung (KWO) der GULag des NKWD.

39 Solschenizyn, Archipel GULag II, S. 204. Rossi, GULAG Handbook, S. 381. Mit der Unterstellung des Sanitätswesens unter die GULag der OGPU verschlechterte sich die medizinische Versorgung der Häftlinge. Vgl. Kap. 8.6.3.3.

40 Vgl. Kap.7.1.

41 Der Lagerchef des Lagers Kem 1933 vertraute seinem damaligen kommunistischen Genossen Tuominen an: „Es hätte doch keinen Sinn, sie [die Lagerinsassen. R.S.] länger als notwendig zu ernähren und am Leben zu erhalten. Am besten nutzt man ihre Arbeitskraft noch so lange wie möglich. Diese Leute hier im Lager Kem und in Solowetzkije sind die schlimmsten Elemente; ... Es ist nur natürlich, daß man diese Leute umkommen läßt. Sie sind ausnahmslos ein solcher Abschaum, daß es am besten ist, ihre Arbeitskraft bis zum letzten auszunutzen und sie dann in die Grube zu werfen." (Nach: Tuominen, Schatten, S. 54-55).

42 Wheatcroft, Size, S. 287, nennt unter Bezug auf sowjetische Statistiken als Zahl der Häftlinge im russischen NKWD im Juni 1929 109.000 und schätzt für die anderen republikanischen NKWD weitere 50.000.

dem NKJu war es auch nach 1922 immer wieder zu Spannungen gekommen. Schwerwiegend war zu Ende der zwanziger Jahre besonders, daß nun nicht mehr das NKJu den Besserungsarbeitsgedanken forcierte, sondern das NKWD dies tat. Dieses stand im innerparteilichen Streit zudem auf der Seite Bucharins. Von Seiten des NKJu wurde immer stärker die Forderung vorgebracht, die Haftanstalten des NKWD auf das NKJu zurückzuübertragen. Ein entsprechender Versuch hatte von September bis Dezember 1928 in Turkmenistan stattgefunden, war aber gescheitert, da das dortige NKJu nicht genügend Kräfte und Mittel hatte, die Haftanstalten zu übernehmen und diese dem turkmenischen NKWD zurückgegeben werden mußten[43].

Zwischen den Verantwortlichen von OGPU und NKWD kam es 1930 zum Konflikt, als der stellvertretende Chef des NKWD der RSFSR und Leiter der GUMS, Shirwindt, in dessen Verantwortungsbereich nun ebenfalls immer mehr Zwangsarbeitskräfte benötigt wurden, eine Änderung der gängigen Praxis forderte. In Zukunft, so Shirwindts Vorschlag, sollten nicht mehr alle Häftlinge, die zu mehr als drei Jahren Haft verurteilt worden waren, an die OGPU überstellt werden, sondern in Lagern der Republik-NKWDs verbleiben. Der Rat der Volkskommissare befürwortete dieses Plan, jedoch setzte sich die von Stalin unterstützte OGPU durch[44]. Die Absicht der NKWD, ihren Machtbereich zu erweitern, wurde nicht nur verworfen, sondern verkehrte sich in das völlige Gegenteil: Die Volkskommissariate des Innern der Republiken wurden per Dekret des Rates der Volkskommisssare und des ZEK der UdSSR vom 15. Dezember 1930 aufgelöst und deren Hafteinrichtungen und Institutionen zur Überwachung Verbannter und zur Zwangsarbeit ohne Freiheitsentzug Verurteilter den republikanischen Volkskommissariaten der Justiz übertragen[45].

Die Hauptverwaltung für Haftverbüßungsorte (GUMS) des NKWD wurde somit dem NKJu unterstellt, ihr bisheriger Leiter Shirwindt durch *P. Apeter*, der zum stellvertretenden Volkskommissar der Justiz ernannt wurde, um die Bedeutung der GUMS auch gegenüber der OGPU zu unterstreichen, ersetzt. Ein Jahr später, 1931, wurde die GUMS in *Hauptverwaltung der Besserungsarbeitseinrichtungen (Glawnoje uprawlenije isprawitelno-trudowych utschreshdeni, GUITU)* des NKJu umbenannt[46]. Die ehemaligen Hafteinrichtungen des NKWD behielten auch im NKJu ihre Bezeichnung „Besserungsarbeitskolonien“ (ITK)[47].

Im Unterschied zum Lagersystem der späteren GULag des Unions-NKWD waren die GUITU des NKJu nicht zentralisiert, sondern nach Republiken ge-

---

[43] Dazu: Jakobson, Origins, S. 86-87.

[44] Bacon, Gulag, S. 55.

[45] Jakobson, Origins, S. 89-90. Rossi, GULAG Handbook, S. 252, datiert die diesbezügliche Verfügung von ZEK und Rat der Volkskommissare ebenfalls auf den 15. Dezember 1930 In diesem Zusammenhang sei auch die für diese Zeit einzig von ihm erwähnte GUITK des russischen NKWD aufgelöst worden (Ebd., S. 91).

[46] Jakobson, Origins, S. 92-93, 97. Bereits Shirwindt war als Leiter der GUMS stellvertretender NKWD-Chef gewesen.

[47] Jakobson, Origins, S. 125.

gliedert[48]. Sie hatten trotz dieser dezentralen Struktur in manchen Fragen größere Freiheit als die GULag der OGPU, in der bis 1934 andere Volkskommissariate größere Mitwirkungsrechte hatten[49]. Über die Zahlen der in den GUITU-Einrichtungen Einsitzenden schwanken die Angaben zwischen 150.000 und 600.000[50].

Die Sowjetführung bemühte sich, die unzähligen Häftlinge, die während der Zwangskollektivierung und der Kulakenverfolgung in die Haftanstalten eingeliefert worden waren, auf die beiden, oftmals im Streit miteinander liegenden[51] Strafvollzugssysteme von OGPU und NKJu zu verteilen. Beide Institutionen bemühten sich um die arbeitskräftigsten Häftlinge, mit denen sie am ehesten hofften, ihre Planvorgaben zu erfüllen. Besonders die Justizvolkskommissariate standen dabei vor großen Problemen, da deren Gefängnisse völlig überfüllt waren, was eine effiziente Arbeitsorganisation erschwerte. Es wurde daher versucht, den Zulauf an neuen Häftlingen zu regulieren und die einsitzenden Gefangenen rationeller einzusetzen. Die Sowjetführung entschied sich im Wettkampf der beiden Strafvollzugseinrichtungen im Februar 1932 für eine Bevorzugung der OGPU. Fortan kamen die jüngsten, kräftigsten und arbeitsfähigsten Häftlinge in die ITL der OGPU, die Älteren und Schwächeren wurden in die Gefängnisse und ITK der GUITU eingewiesen. JAKOBSON begründet dies damit, daß die Sowjetführung der OGPU eher zutraute, die Massen an Häftlingen effizient einzusetzen[52]. Erinnert sei daran, daß bereits seit 1929/30 Verurteilte mit Strafen über drei Jahren in die Lager der OGPU kamen.

Angesichts der großen Menge der während der Zwangskollektivierung Verhafteten bemühten sich die Sowjetbehörden um eine bessere Kontrolle der Verhaftungspraxis und einen reibungsloseren Ablauf der Gefangenenverschickung. Besonders deutlich wird dieses Bestreben in der „Geheimen Instruktion an alle Funktionäre der Partei und der Verwaltung sowie an alle Organe der OGPU, der Gerichte und der Staatsanwaltschaften“ Stalins und Molotows vom 8. Mai 1933[53]. Diese wiesen darauf hin, daß die Politik der massiven Unterdrückung, die wegen des Widerstandes der Kulaken und der Sabotage in der Landwirt-

---

[48] Solomon, Policy, S. 212, und ebd., Anmk. 78. Jakobson, Origins, S. 101. Informationen über die regionale und republikanische Gliederung der GUITU gibt der Besserungsarbeitskodex von 1933. Rossi, GULAG Handbook, S. 147, nennt eine *Besserungsarbeitsabteilung des NKJu (Isprawitelno-trudowoi otdel, ITO)* an zentraler Stelle in Moskau und auf regionaler Ebene. Eine genaue Zeitangabe fehlt allerdings.

[49] So leitete nicht das Volkskommissariat für Erziehung, sondern die GUITU selbst die Politische und Erziehungsarbeit in den ihr unterstehenden Haftanstalten (Rossi, GULag Handbook, S. 317).

[50] Wheatcroft, Size, S. 288, gibt die Zahl der in NKJu-Besserungsarbeitseinrichtungen inhaftierten Gefangenen 1930-1934 mit maximal 150-160.000 an. Jakobson, Origins, S. 107, spricht hingegen für 1933 von 600.000 Gefangenen in GUITU-Hafteinrichtungen.

[51] Vgl. Scherer/Jakobson, Collectivisation, S. 541-542. Letztere kritisieren an Solomon, daß dieser den Gegensatz in einer humaneren Strafauffassung des NKJu begründet sieht. Tatsächlich, so Scherer/Jakobson, habe der Machtkampf eine weitaus größere Rolle gespielt (Ebd., S. 541). Zur Rivalität OGPU-NKJu 1930-1934: Jakobson, Origins, S. 91-118.

[52] Dazu: Jakobson, Origins, S. 97-102.

[53] Der Inhalt dieser Instruktion wird, zum Teil widersprüchlich, wiedergegeben bei: Fainsod, Smolensk, S. 186. Lewytzkyj, Inquisition, S. 77-78. Heller, Stacheldraht, S. 117-118. Wheatcroft, Analysis, S. 225. Jakobson, Origins, S. 105-106.

schaft notwendig gewesen sei, nun aufhören müsse. Die Durchführungen von Verhaftungen sollten wieder korrekt gehandhabt werden[54]. Beide Sowjetführer ordneten an, die Insassenzahl der völlig überfüllten Gefängnisse von 800.000 auf 400.000 binnen zweier Monate zu reduzieren. Die Höchstzahl für Gefängnisinsassen sollte künftig bei 400.000 liegen[55]. Die Verringerung der Gefängnisinsassen sollte allerdings nicht durch Entlassung geschehen. Vielmehr bestimmte die Instruktion, daß alle Gefängnisinsassen mit Haftstrafen von drei bis fünf Jahren, unter denen sich vorwiegend Kulaken befanden, in „Arbeitssiedlungen", die mit hoher Wahrscheinlichkeit der OGPU unterstanden, zu verbringen seien[56]. Alle Gefängnisinsassen mit Haftstrafen über fünf Jahren sollten in Lager der OGPU abtransportiert werden[57]. Um diese Anordnung schnellstens durchzusetzen, wurden Spezialkommissionen auf Gebietsebene geschaffen, die sich unter der Leitung der Gebietsstaatsanwaltschaft aus Vertretern der Gerichte, der OGPU und der Polizei zusammensetzten[58]. Weiter wurde angeordnet, alle anhängigen Verfahren zu überprüfen[59].

Für die in den GUITU-Hafteinrichtungen des NKJu verbleibenden Häftlinge mit Strafen bis drei Jahren wurde am 1. August 1933 ein neuer Besserungsar-

---

54 Nach: Heller, Stacheldraht, S. 117-118.

55 So gleichlautend bei Fainsod, Smolensk, S. 186, und Heller, Stacheldraht, S. 117-118. Anders bei Lewytzkyj: Unter Bezug auf einen Artikel Wolins in der Februar/März-Ausgabe des Jahres 1955 von „Sozialistitscheski westnik", dem Exil-Zentralorgan der Menschewiki, führt er aus, daß in der Instruktion mitgeteilt worden sei, daß infolge der Maßnahmen gegen die Kulaken 800.000 Personen in Konzentrations- und Arbeitslagern einsäßen. Dies übersteige die geplanten Zahlen. Die Instruktion habe angeordnet, die Zahl der bäuerlichen Häftlinge auf 400.000 zu reduzieren. Weiter seien mittels einer Liste zulässige Höchstzahlen an jährlichen Verhaftungen für die einzelnen Gebiete angeordnet worden (Ders., Inquisition, S. 77-78). Der grundsätzliche Unterschied zwischen Fainsod und Heller auf der einen und Lewytzkyj auf der anderen besteht darin, daß erstere die Zahl von 800.000 den Gefängnisinsassen, letzterer aber Konzentrations- und Arbeitslagerinsassen zuordnet. Zu folgen ist hier Fainsod, da dieser Einsicht in die Bestände des Smolensker Archives hatte. Lewytzkyj ist sich offensichtlich nicht bewußt, daß es bei der Instruktion nicht um Lager- und Kolonieinsassen ging, sondern um eine Überstellung von Gefängnisinsassen in Lager und Kolonien.

56 Jakobson, Origins, S. 106, spricht ausdrücklich von „OGPU labor settlements". Vorsichtigere Äußerungen: Fainsod, Smolensk, S. 186. Heller bezeichnet diese „Arbeitssiedlungen" als „Arbeitskolonien" (Ders., Stacheldraht, S. 117-118). Wheatcroft, Analysis, S. 225, folgt Fainsod und spricht für die Häftlinge mit drei- bis fünfjähriger Strafe von „labour settlements (colonies)". Keiner der drei Autoren ordnet diese Arbeitssiedlungen ausdrücklich der OGPU zu. Da die Dreijahresfrist in diesem Punkt der Instruktion ausdrücklich überschritten wurde und der nur drei Monate später veröffentlichte Besserungsarbeitskodex von 1933 den NKJu-Haftanstalten ausdrücklich nur Insassen mit Haftstrafen bis drei Jahren zuordnet, ist anzunehmen, daß die „Arbeitssiedlungen" der OGPU unterstellt waren. Diese Vermutung wird bekräftigt durch Scherer/Jakobson und Jakobson, die nicht von der GUITL oder GULag der OGPU, sondern der „GUITLTP" (Hauptverwaltung der ITL und Arbeitssiedlungen) der OGPU sprechen (Dies., Collectivisation, S. 540. Ders., Origins, S. 124). Nach Bacon, Gulag, S. 56, unterstanden die bei ihm „Spezialsiedlungen" genannten Arbeitssiedlungen ab Juli 1931 der OGPU.

57 So übereinstimmend: Fainsod, Smolensk, S. 186. Heller, Stacheldraht, S. 117-118. Wheatcroft, Analysis, S. 225.

58 Fainsod, Smolensk, S. 186.

59 Heller, Stacheldraht, S. 117-118.

beitskodex (BessArbK)[60] erlassen. Mit seiner Einführung wurde der Begriff „Zwangsarbeit“ verboten und unter Strafe gestellt. Damit wurde die seit den zwanziger Jahren bestehende Trennung zwischen Besserungsarbeit (*isprawitelny trud*) für Angehörige der Arbeiterklasse und Zwangsarbeit (*prinuditelny trud/prinuditelnaja rabota*) für „Konterrevolutionäre“, „Klassenfeinde“ und „sozial-gefährliche Elemente“ aufgehoben[61]. Der in seinem Wortlaut sehr moderat gehaltene BessArbK von 1933 erinnert in weiten Teilen eher an die marxistische und leninistische Rechtsauffassung als an die Lagerrealität im späteren GULag. Da ab 1934 nicht mehr das NKJu, sondern das NKWD für das Koloniesystem zuständig war, wäre es falsch, den BessArbK des NKJu als Rechts- und Lagerwirklichkeit des GULag des NKWD aufzufassen[62]. Es muß vielmehr von einer erheblichen propagandistischen Intention ausgegangen werden[63]. Festzuhalten ist, daß im Besserungsarbeitskodex von 1933 neben vier anderen „Orten des Freiheitsentzugs“ oder Haftverbüßungsorten (Isolatoren, Transitgefängnisse, Krankenanstalten, Anstalten für Minderjährige) als fünfter die „Besserungsarbeitskolonie“ mit vier Unter-

60 Siehe dazu: Hofmann, Arbeitsverfassung, S. 268, Anmk. 37. Jakobson, Origins, S. 108-109. Zum Datum: Rapport, S. 89. Orr, Camps, S. 11. Rossi, GULAG Handbook, S. 145. Jakobson, ebd. Eine undatierte, frühestens ab dem 27. Oktober 1935 geltende und durch Korrekturen vom 20. September 1936 modifizierte Fassung mit 147 „Artikeln“ ist in deutscher Übersetzung in Sklavenarbeit, S. 173-192, enthalten. Wesentliche Inhalte des BessArbK auch in einer 1949 von der britischen Regierung vorgelegten Fassung: Silka-Rußland klagt sich selber an. In: British Bulletin v. 28. Juni 1950, S. 7-10. Conquest verwechselt den Besserungsarbeitskodex (1933) mit dem Statut über Besserungsarbeitslager (1930) (Ders., Anfang, S. 403) und datiert ihn daher nach 1930 (S. 407). Dieser Fehler auch bei: Oppenheim, Labor camps, S. 236.

61 Rossi, GULAG Handbook, S. 336. Folgerichtig hieß es 1934, daß „verbrecherische Elemente der alten Gesellschaft ... in den Besserungslagern .. unschädlich“ zu machen seien (Solschenizyn, Archipel GULag II, S. 136-137). Vor 1933 seien diese nicht zu Besserung und Besserungsarbeit, sondern zur Zwangsarbeit eingewiesen worden.

62 Dies ist besonders gegenüber Hofmann zu betonen. Beispielsweise ist von einer „Obersten Leitung der Arbeitserziehungsorganisation“ und von „Leitungen der Arbeitserziehungsorganisationen“ der autonomen Republiken die Rede (Artikel 36). Diese NKJu-Einrichtungen wurden kurz darauf durch die streng zentralisierte GULag-Verwaltung im Unions-NKWD ersetzt. Solschenizyn, Archipel GULag II, S. 115, behauptet, daß der Besserungsarbeitskodex von 1933 bereits im zweiten Fünfjahresplan ohne jede Bedeutung gewesen sei. Rossi, GULAG Handbook. S. 145, bezeichnet ihn als „dead letter“, da er nur für die NKJu-Haftanstalten 1933 bis 1934 gegolten habe und mit deren Unterstellung unter das NKWD 1934 hinfällig geworden sei.

63 So zielte die Besserungsarbeitspolitik offiziell darauf ab, den Straffälligen „wieder in die arbeitende Gemeinschaft zurückzuführen, indem sie seine Arbeit sozial wertvollen Zwecken dienstbar macht“ (Art 2b BessArbK) (Siehe dazu auch: Heller, Stacheldraht, S. 110). Sowjetische und sowjetfreundliche westliche Berichte und Belletristik hoben zu Beginn der Lagerperiode den von der Sowjetunion propagierten erzieherischen Wert der Lagerzwangsarbeit immer wieder hervor (Vgl. Conquest, Anfang, S. 404). In einer Rede vom 8. März 1931 wies der Vorsitzende des Rates der Volkskommissare der UdSSR, Molotow, ausländische Vorwürfe der Zwangsarbeit zurück und sprach von Besserungsarbeit zum Nutzen der Gesellschaft (Vgl. Dallin/Nicolaevsky, Forced labor, S. 222-224). Swianiewicz, Forced labour, S. 17-19, ist der Auffassung, daß die Idee der Besserungs- oder Erziehungsarbeit in Wahrheit dazu diente, die wirtschaftlichen Zielsetzungen der Lagerzwangsarbeit zu verschleiern. Bedeutung habe diese höchstens für die Besserungsarbeitskolonien (ITK), in denen Häftlinge mit geringeren Haftstrafen einsaßen, gehabt. Genauso: Dallin/Nicolaevsky, Forced labor, S. 232.

arten vorgesehen war[64]. In alle diese Haftstätten sollten Personen gebracht werden, die zu weniger als drei Jahren Haft verurteilt waren, gegen die eine Untersuchung geführt wurde und, in Ausnahmefällen, auch solche, die mit mehr als drei Jahren Haft bestraft worden waren (Art. 44). Seine wirtschaftliche Ausrichtung wird in den einzelnen Artikeln deutlich[65]. Nicht im Kodex enthalten ist, daß die große Masse der Häftlinge mit mehr als drei Jahren Haft, wie oben geschildert, an die OGPU und ab 1934 das Unions-NKWD übergeben wurde.

4.1.3 Die Unterstellung aller Lagersysteme unter die GULag des NKWD im Juni/Juli 1934

Endgültig zentralisiert wurde das Strafvollzugswesen 1934[66]. Nachdem die Sowjetregierung im April 1934 beschlossen hatte, ein Unions-NKWD zu errichten, wurde dieses am 10. Juli 1934 gegründet und in Paragraph 3e der Verordnung die Errichtung einer *Hauptverwaltung der Besserungsarbeitslager und Arbeitssiedlungen (Glawnoje uprawlenije isprawitelno-trudowych lagerei i*

[64] *Werk- oder Fabrikkolonien* und *landwirtschaftliche Kolonien* sollten als leichteste Art erzieherisch wirken, die Häftlinge gemäß ihrer bisherigen Lebensverhältnisse (Stadt oder Land) in eine der beiden Koloniearten verbracht werden (Art 33). Als zweite Strafform wird von *Kolonien für Masseneinsätze* gesprochen. Hier gab es zwei Unterarten. „In Kolonien für Masseneinsätze, die in entfernten Gegenden angelegt sind, werden klassengefährliche Elemente" und, so im BessArbK weiter, „besonders klassenfeindliche Arbeiter" eingewiesen. In normale Kolonien für Masseneinsätze, also solche, die nicht in entfernten Gegenden lagen, sollten neben diesem Personenkreis auch wegen nichtpolitischer Delikte verurteilte Arbeiter eingeliefert werden. Diese sollten dort aber so behandelt werden, als ob sie in landwirtschaftlichen Kolonien lebten (Art. 34). Als härteste Form wurden die *Strafkolonien* genannt. In diese sollten Häftlinge, die vorher in anderen Kolonien waren und sich dort widersetzt hatten, verbracht werden. „Strenge Isolierung" dieser Häftlinge war Aufgabe der Strafkolonien (Art. 35-37). (Siehe dazu auch: Jakobson, Origins, S. 108-109). In der von der britischen Regierung 1949 vorgelegten Fassung werden drei Arten der Besserungsarbeit (Besserungsarbeit am alten Arbeitsplatz, Besserungsarbeit in der Verbannung, Besserungsarbeit in einem „Internierungslager") genannt. Die „Internierungsstätten" wiederum waren in drei Hauptgruppen gegliedert: Einzelhaftzellen für Untersuchungshäftlinge, Deportationslager für Häftlinge, die bereits früher einmal in Haft waren, und „Besserungsarbeitssiedlungen", die sich in die drei obengenannten Typen unterteilt (Fabrik- und landwirtschaftliche Siedlungen, Massenarbeitslager und Strafkolonien) (Silka, S. 9).

[65] Die Häftlinge seien gemäß ihren früheren Arbeitsgewohnheiten und ihrer Ausbildung zu verteilen und einzusetzen. Dies gelte auch innerhalb der Kolonie. Die Erzeugnisse der landwirtschaftlichen Kolonien sollten der „Arbeitserziehungsorganisation" zur Verfügung stehen, Überschüsse an die „Handelsorganisationen" verteilt werden (Art. 33). Es wird von „industriellen und finanziellen Plänen des Lagers" gesprochen (Art. 67, 135-136). In den Kolonien seien Industriebetriebe zu errichten, die mit Rohstoffen und Transportmitteln auszurüsten seien (Art 70). Lohnabzüge sollten als Finanzierungsquelle zur Sicherung der Eigenwirtschaftlichkeit der Kolonie dienen (Art 137). Vom Reingewinn der Kolonie sei ein im bestätigten Industrie- und Finanzplan festgelegter Prozentsatz für die Erhöhung des Kapitals und für Investitionen in den Besserungsarbeitsbetrieben zu verwenden (Art 138a). Dazu auch: Hofmann, Arbeitsverfassung, S. 268, Amk. 38 und 39, S. 272, Anmk. 46 und 47.

[66] Zum folgenden besonders: Wolin/Slusser, Secret police, S. 47, Anmk. 70. Solomon, Policy, S. 213. Allgemein: Torke, Lexikon, S. 105. Dallin/Nicolaevsky, Forced labor, S. 249-250, 259. Rossi, GULAG Handbook, S. 92-94. Wheatcroft, Size, S. 287. Melville/Steffens, Bevölkerung, S. 1101.

trudowych poseleni, GUITLTP oder GULag) angeordnet[67]. Wann genau die Gründung dieser Hauptverwaltung erfolgte, ist nicht bekannt. BACON spricht von Juni 1934[68]. Festzuhalten ist hier jedoch, daß im Rahmen der Neustrukturierung der Innenbehörden die Hauptverwaltung der Besserungsarbeitslager (GULag) der OGPU im Juni/Juli 1934 zur GUITLTP/GULag des NKWD umgewandelt wurde.

Mit Verordnung des ZEK und des Rates der Volkskommissare der UdSSR vom 27. Oktober 1934 wurden alle „Besserungsarbeitseinrichtungen" der GUITU der Republik-Justizvolkskommissariate der GULag, die dadurch zur *Hauptverwaltung der Besserungsarbeitslager, Arbeitssiedlungen und Haftverbüßungsorte (Glawnoje uprawlenije isprawitelno-trudowych lagerei, trudowych poseleni i mest sakljutschenija, GULag)* wurde, unterstellt[69]. Bald darauf – am 5. November 1934 – bestätigte das ZEK per Erlaß, daß das NKWD „sozial gefährlichen Elemente" zu fünfjähriger Haft in Besserungsarbeitslager einweisen könne[70]. Die institutionellen und rechtlichen Grundlagen für einen weiteren Ausbau des nun unter der Ägide des Unions-NKWD stehenden GULag-Lagersystems waren somit gelegt.

Die GUITU wurde im Laufe des Novembers 1934 aufgelöst und in die GULag integriert[71]. Auch wenn sich die Übergabe der Hafteinrichtungen in manchen Fällen verzögerte[72], so unterstanden nun sämtliche Gefängnisse, Lager, Kolonien sowie ein Teil der Arbeitssiedlungen der Kontrolle der GULag. Das Strafvollzugssystem der Sowjetunion wurde damit erstmals zentral geleitet.

---

67 Die Verordnung zur Gründung des Unions-NKWD in: Altrichter, Sowjetunion I, Dok. 70, S. 192-194. § 3e: S. 193. Auszugsweise ist die Verordnung auch in Slave labor II, S. 11, und Orr, Camps, S. 10 abgedruckt. Ungenau hier Armanski, Maschinen, S. 149, der die Gründung der GULag des NKWD in das Jahr 1930 verlegt und mit der GULag der OGPU verwechselt. Falsch auch Silde, Profits, S. 15: Er behauptet, daß bis zum 10. Juli 1934 alle „forced labor camps" dem NKJu unterstellt gewesen seien, und spricht erst von 1940 von einer GULag. Scherer/Jakobson, Collectivisation, S. 542, und Jakobson, Origins, S. 137, sprechen davon, daß die OGPU bereits am 6. Juli 1934 im NKWD aufgegangen sei, und verweisen auf eine sowjetische Verordnungssammlung.

68 Bacon, Gulag, S. 56. Er geht davon aus, daß die Abkürzung „GULag" offiziell nur von Februar 1931 bis Juni 1934 für die Hauptverwaltung der Lager der OGPU benutzt worden sei.

69 Wolin/Slusser, Secret police, S. 47 Anmk. 70b, unter Verweis auf eine offizielle sowjetische Verordnung. Das Datum 27. Oktober 1934 ist auch in der von der britischen Regierung 1949 vorliegenden Version des BessArbK enthalten (Silka, S. 8). Ebenso: S., Bericht, S. 1162. Bacon, Gulag, S. 57, spricht ebenfalls von Oktober 1934. Jakobson, Origins, S. 110 (27. Oktober 1934). Scherer/Jakobson nennen hier unter Bezug auf ihre obengenannte Quelle mit „November 1934" ein anderes Datum (Dies., Collectivisation, S. 542). Wahrscheinlich meinen sie damit den Erlaß des ZEK vom 5. November 1934.

70 S., Bericht, S. 1175.

71 Jakobson, Origins, S. 138. Siehe dazu auch Kap. 4.2.1.2.2.

72 Unter Bezug auf eine sowjetische Darstellung des Jahres 1935 sagt Solomon, daß „at first, most of the colonies and prisons ... were not absorbed into the camps administration (GULag) but remained under separate management (GUITU)" (Ders., Policy, S. 213). Die Äußerung ist allerdings so zu interpretierten, daß nach diesem Übergangsstadium die GULag auch die Verantwortung für die Gefängnisse und Kolonien übernahm und die GUITU aufgelöst wurde. Eine GUITU des sowjetischen NKWD hat es nicht gegeben.

4.2 Die zentralen Verwaltungsstellen des sowjetischen Lagersystems der Stalinzeit

4.2.1 Die GULag des NKWD/MWD 1934-1956

Die GULag entwickelte sich im Laufe ihres Bestehens zur größten Hauptverwaltung innerhalb von NKWD und MWD[73]. Ihre Hauptaufgaben entsprachen denen des Lagersystems insgesamt: Isolation oder Vernichtung „politisch Unzuverlässiger" und „politisch Gefährlicher" und Organisation der rücksichtslosen Ausbeutung der Arbeitskraft der ihr unterstellten Personengruppen. Dabei beschränkte sich die GULag, von BUBER-NEUMANN als „gigantische Umschlagstelle für rechtloses Menschenmaterial" bezeichnet[74], nicht nur darauf, Arbeitskräfte zu stellen, sondern leitete wie ihre Vorläuferorganisation, die GULag der OGPU, selbst Großprojekte.

Die GULag war zentralisiert und besaß keine Untergliederungen in den Republiken oder Gebieten. Die einzelnen Lagerebenen waren hierarchisch strukturiert und wurden von der Moskauer GULag-Zentrale aus geleitet. Gleiches galt für die Fachverwaltungen der GULag. Diese hatten die Fachaufsicht über die ihnen nachgeordneten Fachdienststellen in den unteren GULag-Ebenen[75].

Die mittleren und unteren Ebenen des Lagersystems unterstanden samt freiem Personal und Häftlingen weder administrativ noch juristisch den sowjetischen Verwaltungsbehörden, sondern allein der GULag. Das gesamte Lagersystem blieb auch innerhalb des NKWD völlig autonom und war der Kompetenz der örtlichen staatlichen Behörden entzogen. Die der GULag unterstehenden Lagerebenen waren ein administrativer Sonderbereich innerhalb der Sowjetunion.

Wie jede Hauptverwaltung des NKWD wurde die GULag von einem stellvertretenden Minister im Rang eines Generals der Staatssicherheit geführt[76]. Über den Aufbau der GULag sind unterschiedliche Darstellungen zu finden[77]. Grundsätzlich gliederte sie sich von oben nach unten in Verwaltungen (*uprawlenije*) und/oder Abteilungen (*otdel*) und Sektionen. Im Laufe der 22 Jahre ihrer Existenz wurden viele organisatorische Veränderungen innerhalb der GULag vorgenommen. Diensteinheiten wurden aufgelöst, zusammengelegt, in ihrem Status erhöht, ein- und ausgegliedert. Viele diese Maßnahmen sind kaum bekannt und erschweren es, die Organisationsform der GULag zum jeweiligen Zeitpunkt darzustellen.

---

73 Andreevich, Structure, S. 109.

74 Buber-Neumann, Gefangene, S. 121.

75 In der Literatur wird oft nicht exakt zwischen den Zuständigkeitsbereichen der GULag-Ebenen getrennt, zudem werden Diensteinheiten der GULag-Zentrale solchen der dieser nachgeordneten Ebenen (Lagergebietsverwaltungen, Lagerabteilungen, Lagerpunkte) zugeordnet und Bezeichnungen und Abkürzungen vertauscht.

76 Artemjew, Reshim, S. 24. Rossi, GULAG Handbook, S. 92.

77 Die mit Abstand besten Organisationspläne für die GULag-Zentrale und das Lagersystem samt Unterebenen finden sich bei Artemjew, Reshim, S. 203-204, 206, und Jakowlew, Lageri, S. 51-52.

Von Beginn an war die GULag auf die Erfordernisse der Stalinschen Fünfjahrespläne ausgerichtet. Es galt ein Ressortprinzip, in dem jeder wichtige Wirtschaftszweig durch eine zuständige Branchenabteilung[78] vertreten wurde. Dieses Ressortprinzip wurde nach der Übernahme des NKWD durch Berija verbessert, was wahrscheinlich so weit ging, daß manche der Branchenabteilungen aus der GULag ausgeliedert und zu Hauptverwaltungen des NKWD erklärt wurden. Diesen Branchen-Lagerhauptverwaltungen waren Lager unterstellt, und sie arbeiteten wahrscheinlich eng mit besonderen Branchen-Hauptverwaltungen des NKWD zusammen. Die Zentralisierung wurde somit zugunsten einer mehr auf die Wirtschaft ausgerichteten Gliederung zurückgenommen, es ist aber zu vermuten, daß die GULag weiterhin zentrale Aufgaben in nicht direkt wirtschaftlichen Bereichen wahrnahm. Über die Abläufe dieser Umstrukturierung, den Aufbau des Lagersystems und der GULag während der Kriegszeit ist nur wenig bekannt. Förderlich für die GULag war auf jeden Fall, daß im April 1943 der Staatssicherheitsbereich als NKGB vom NKWD abgetrennt wurde und sich das Innenressort stärker auf seine wirtschaftlichen Funktionen konzentrieren konnte[79]. In der Nachkriegszeit wurden die Branchen-Lagerhauptverwaltungen zwar wieder in die GULag eingegliedert, jedoch entstanden neben ihr weitere Spitzenbehörden mit eigenen Lagersystemen.

4.2.1.1 Organisatorischer Aufbau der GULag 1934 bis zur Umgestaltung unter Berija

Am wenigsten ist zur Gliederung der GULag in den ersten Jahren ihres Bestehens bekannt. Nach Rossi gehörten ihr bis zur Umorganisation unter Berija folgende Diensteinheiten an: *Politische Verwaltung* (*PolitUprawlenije*), *Kaderverwaltung*, *Operativ-Tschekistische Verwaltung* (*OperTschekistskoje uprawlenije*), *Staatsanwaltschaft*, *Gerichte*, *Wach- und Regimeverwaltung* (*Uprawlenije ochrany i reshima*), *Finanzverwaltung*, *Medizinische Verwaltung* (*SanUprawlenije*), *Verwaltung für Verwaltung und Versorgung*, *Abteilung für Kultur und Erziehung (KWO)* und andere. Bereits damals gab es nach seinen Angaben spezielle Branchenabteilungen für verschiedene Wirtschaftszweige[80]. Darunter zählten solche für Holzwirtschaft, Großbauprojekte, Landwirtschaft, Bergbau und andere[81]. Andere Autoren machen weitaus weniger konkrete Angaben[82].

[78] Die Arbeitsbegriffe „Branchenabteilung", „Branchen-Hauptverwaltung des NKWD" und „Branchen-Lagerhauptverwaltung des NKWD" sind Prägungen des Autors, die als Sammelbegriffe für Institutionen der GULag und des NKWD, deren Aufgaben in jeweils einem Wirtschaftszweig oder einer Branche lagen, verwandt werden. Sie sind notwendig, um Verwechslungen mit anderen Diensteinheiten zu vermeiden und die Zuordnung verschiedener GULag- und NKWD-Diensteinheiten zu staatlichen Unternehmen, NKWD-Unternehmen und Ministerien, die in der gleichen Branche tätig waren, zu erleichtern.

[79] Lewytzkyj, Inquisition, S. 203-204.

[80] Wichtig ist, daß die Branchenabteilungen der GULag-Zentralebene nicht mit den ihnen nachgeordneten, aber ebenfalls mit der Abkürzung O für *otdel* bezeichneten Fachabteilungen der Lagergebietsverwaltungen verwechselt werden dürfen.

[81] Rossi, GULAG Handbook, S. 93. Zur KWO: Ebd., S. 157.

Nicht völlig geklärt ist, auf welche Art und Weise die ehemaligen NKJu-Einrichtungen in den Apparat der GULag einbezogen wurden, ob und wie lange Besserungsarbeitskolonien der GULag unterstellt waren, welchen Dienststellen sie angehörten und in welchem Verhältnis die Arbeitssiedlungen zur GULag standen[83].

4.2.1.2 Die Umstrukturierung der GULag unter Berija und die Dezentralisierung des Lagersystems während des Zweiten Weltkrieges

Mit der Übernahme des NKWD durch Berija 1938 wurden die Verfahrensabläufe in NKWD und Lagersystem Ende der dreißiger und Anfang der vierziger Jahre effizienter gestaltet und NKWD und die GULag reorganisiert. Grundsätzliches Ziel war es, die Häftlinge rationeller in die Verwirklichung der Wirtschaftspläne einzubinden[84]. Gleichzeitig wurde angeordnet, so wenig Häftlinge als möglich zu entlassen[85]. Im Zuge dieser Maßnahmen erfolgte am 28. Oktober 1938 die Rückbenennung der GULag in *Hauptverwaltung der Besserungsarbeitslager und Arbeitssiedlungen (Glawnoje uprawlenije isprawitelno-trudowych lagerei i trudowych poseleni, GUITLTP oder GULag)*. Inwiefern damit auch eine Abgabe der „Haftverbüßungsorte" an eine andere Institution erfolgte, muß hier offen bleiben[86]. Bereits im Februar 1941 erfolgte eine abermalige Umbenennung. Die GULag wurde nun zur *Hauptverwaltung der Besserungsarbeitslager und- kolonien (Glawnoje uprawlenije isprawitelno-trudowych lagerei i koloni, GUITLK oder GULag)*[87].

Weitaus bedeutsamer als die terminologischen Änderungen war jedoch die Umstrukturierung des gesamten Lagersystems, die in den Jahren ab 1938, besonders aber 1940 und 1941 im GULag erfolgte. Hauptgesichtspunkt war dabei die Frage der wirtschaftlichen Effizienz. Die vermehrte Differenzierung der wirt-

---

82 So ist in S., Bericht, S. 1162, nur sehr grob von drei „Zweigabteilungen" der GULag die Rede: einer „ULAG (Lagerverwaltung)", einer „UGDS (Eisenbahnverwaltung)" und einer „GUSHOSDOR (Verwaltung der Kommunikationswege)" (Sehr ähnlich: Lewytzkyj, Inquisition, S. 170). Die Vielzahl anderer Dienststellen der GULag wird hier nicht genannt oder war unbekannt. Sehr wahrscheinlich sind mit „UGDS" und „GUSHOSDOR" die Branchenabteilungen für Eisenbahnstreckenbau und Fernstraßenbau gemeint, die später wahrscheinlich zur GULShDS und GULSchossDor wurden (Vgl. zur Problematik Branchen-Lagerhauptverwaltungen/Branchen-Hauptverwaltungen Kap. 4.2.1.2.1).

83 Siehe dazu Kap. 4.2.1.2.2.

84 In einem Schreiben Berijas an den Rat der Volkskommissare vom 9. April 1939 teilt der NKWD-Chef mit, daß die wichtigsten Bauarbeiten während des dritten Fünfjahresplanes von Lagerinsassen durchgeführt worden seien. Problematisch sei jedoch, daß infolge der schlechten Versorgungslage allein 200.000 Invaliden (Stand 1. Januar 1939) in den Lagern lebten. Berija, so Iwaschow, kritisierte die „Verwöhntheit" der früheren NKWD-Führung, die, da sie stets über genug Personalnachschub verfügt habe, zu wenig Maßnahmen zum Erhalt der Arbeitskraft der Häftlinge getroffen hätte. Weiter gäbe es erhebliche Mängel hinsichtlich der Aussstattung mit Maschinen, des organisatorischen Aufbaus und der Arbeitseffizienz (Iwaschow/Jemelin, GULAG, S. 18).

85 Jemelin spricht von einer diesbezüglichen NKWD-Verordnung vom 15. Juni 1939 an die „NKWD-Lager" (In: Iwaschow/Jemelin, GULAG, S. 15).

86 Bacon, Gulag, S. 57.

87 Bacon, Gulag, S. 58.

schaftlichen Aufgaben innerhalb des Lagersystems ist dabei im Zusammenhang einer den gesamten Apparat der Sowjetwirtschaft erfassenden Umstrukturierung zu sehen.

Im Zuge dieser Umgliederungen erhöhte sich die Zahl der Branchenabteilungen. Zu den bereits bestehenden traten nun solche für den Bau von Eisenbahnstrecken und Fernstraßen[88], wahrscheinlich auch für Brennstoffindustrie, Zellulose und Papier[89]. Sehr wahrscheinlich waren diesen Fachverwaltungen und -abteilungen für Wirtschaftszweige schon zu diesem Zeitpunkt Lager zugeordnet[90].

Neben der somit noch vor Kriegsausbruch begonnenen Dezentralisierung und Differenzierung vollzog sich ab 1941 auch ein durch die militärischen Ereignisse und die Kriegswirtschaft bedingter Umbau. Das gesamte Lagersystem wurde durch den deutschen Vormarsch zerrüttet, eine große Anzahl von Lagerbehörden und Häftlingen mußte nach Osten verlegt werden[91]. Völlig neue Institutionen entstanden, viele Lagergebiete wurden neuen Behörden innerhalb des NKWD unterstellt[92]. Von ausschlaggebender

---

[88] Lewytzkyj erwähnt für die GULag der Berija-Zeit „zwei Unterabteilungen: .. Lager- und Eisenbahnverwaltung und .. Verwaltung der Verbindungswege“ (Ders., Inquisition, S. 170). Seine Angaben entsprechen denen in S., Bericht, S. 1162, wo von „UGDS“ und „GUSHOSDOR“ die Rede war. Bei den von Lewytzkyj genannten Dienststellen handelte es sich mit großer Wahrscheinlichkeit nicht um GULShDS und GULSchossDor, denn diese unterstanden nicht der GULag und wurden erst während des Krieges gegründet. Vielmehr waren es die entsprechenden Branchenabteilungen der GULag vor der Umgliederung, die durch die Umstrukturierung zur GULShDS und GULSchossDor des NKWD wurden. Diese Vermutung wird bestärkt durch Aussagen Zaplins, wonach es vor Januar 1940 eine UShDS der GULag gegeben habe. Dieser hätten 1939 Lager im Fernen Osten, drei Lagergebiete (BAMLag, SEWSHELDORLag, SOROKALag) und zwei Baustellen sowie in der „Bauorganisation von UShDS“ vier Lagergebiete (WJASEMLag, GORSCHOLag, WLADLag, TSCHABLag) und eine Spezialbaustelle unterstanden. Am 6. Januar 1940 sei die UShDS der GULag zur GUShDS des NKWD umgegliedert worden (Ders., Archiwnye, S. 159). Vgl. zur Problematik des Verhältnisses von GUShDS und GULShDS: Kap. 4.2.1.2.1.

[89] So weist Zaplin für 1939 folgende Dienststellen der GULag nach: Abteilungen für Brennstoffindustrie, Zellulose und Papier, Landwirtschaft, Verwaltung für Holzwirtschaft (Ders., Archiwnye, S. 158).

[90] Zaplin nennt für 1939 17 Lager mit Anfang 1939 361.448 und Ende 1939 370.356 Gefangenen, die der Verwaltung für Holzwirtschaft der GULag, und solche, die der Abteilung für Landwirtschaft der GULag zugeordnet gewesen seien (Ders., Archiwnye, S. 158, 159). Bei diesen „Lagern“ handelte es sich mit Sicherheit nicht um Lagerpunkte, sondern Lagerabteilungen oder Lagergebiete.

[91] Nach Semskow wurden 27 „Lager“, worunter keine Lagerpunkte, sondern Lagerabteilungen und Lagergebietsverwaltungen zu verstehen sind, und 210 „Kolonien“ mit insgesamt 750.000 Gefangenen verlegt (Ders., GULAG I, S. 22. Auch in: Bacon, Glasnost, S. 1079). Zur Ostverlagerung des GULag 1941-1944 siehe auch: Bacon, Gulag, S. 87-90.

[92] Nach Solschenizyn wurden in der ersten Kriegshälfte die GULag nach Ufa, die GULShDS nach Wjatka und weitere höchste Dienststellen der Lageradministration an andere Orte verlegt. Aufgrund der Kriegswirren und der damit eingeschränkten Verbindungslinien sei die zentrale durch eine dezentrale Verwaltung ersetzt worden. Jede der ausgelagerten Branchen-Lagerhauptverwaltungen habe ein Teilterritorium der Sowjetunion zugewiesen bekommen, innerhalb dessen Grenzen die jeweilige Branchen-Lagerhauptverwaltung bestimmt habe. Alle Lagerebenen, die in diesem Teilterritorium gelegen hätten, seien der entsprechenden Branchen-Lagerhauptverwaltung bis auf weiteres unterstellt worden. Erst in der zweiten Kriegshälfte und nach dem Krieg sei dann die zentrale GULag-Leitung wiederhergestellt worden (Solschenizyn, Archipel GULag II, S. 132).

Bedeutung speziell für den GULag war, daß die bislang angestrebte Zentralisierung des Lagersystems zugunsten dezentraler Strukturen aufgegeben wurde.

Die genaueste Beschreibung der administrativen Struktur der GULag in der Zeit des Zweiten Weltkrieges gibt BACON. Danach gliederte sich die GULag in drei Verwaltungen, die wiederum in einzelne Abteilungen unterteilt waren, und neun selbständige Abteilungen[93]. Im einzelnen handelte es sich um die Wach- und Regimeverwaltung (*Uprawlenije ochrany i reshima, UOR*) mit sechs Abteilungen[94], die 1942 errichtete Verwaltung für Versorgung (*Uprawlenije snabshenija*) mit sechs Abteilungen[95] und die Verwaltung für Besserungsarbeitskolonien (*Uprawlenije isprawitelno-trudowych koloni, UITK*) mit sieben Abteilungen[96]. Daneben führt BACON an eigenständigen Abteilungen die in tschekistischer Tradition stehende *Operative Abteilung*[97], die *Abteilung für die Registrierung und Verteilung der Häftlinge (URO)*, die für die gesamte Häftlingspersonalwirtschaft und die Sicherstellung des ständigen Nachschubs an Zwangsarbeitskraft verantwortlich war[98], die *Medizinische Abteilung (SanO)*[99], die *Abteilung für Kultur und Erziehung (KWO)*, deren propagandistischer Auftrag stets vor dem Hintergrund der Pflicht zur Planerfüllung gesehen werden muß[100], die *Veterinärabteilung*[101], die *Politische Abteilung*, die für politische Erziehung des Personals zuständig war[102], die *Kaderabteilung*, die *Rechnungs- und Finanzabteilung* und schließlich die *Aufsichts- und Inspektionsabteilung*, die mit der Kontrolle der anderen Verwaltungen und Abteilungen betraut war[103].

Zu diesen Verwaltungen und Abteilungen kamen das Sekretariat der GULag, praktisch der Führungsstab, eine Unterabteilung für Transport, deren Aufgabe der Transport von Gütern per Schiene oder Wasserstraße innerhalb des Lagersystem war, und die Unterabteilung für Archive[104].

---

[93] Siehe Liste in: Bacon, Gulag, S. 171 (Appendix B).

[94] Im einzelnen: *Wachabteilung*, *Abteilung für Rekrutierung*, *Wach- und Regimeabteilung*, *Abteilung für militärische Ausbildung*, *Feuerschutzabteilung*, *Fliegende Abteilung*. Zu deren Aufgaben: Bacon, Gulag, S. 67-69.

[95] Im einzelnen: *Planabteilung*, *Verpflegungsabteilung*, *Transport- und Bevorratungsabteilung*, *Handelsabteilung*, *Gemüseanbauabteilung*, *Rechnungsprüfungs- und Vorschriftenabteilung*. Zu deren Aufgaben: Bacon, Gulag, S. 70. Zur Jahreszahl 1942: Ebd., S. 69.

[96] Im einzelnen: *Industrieabteilung*, *Technische Abteilung*, *Landwirtschaftliche Abteilung*, *Unterabteilung für Großbauten*, *Planabteilung*, *Abteilung für Technische Versorgung*, *Marktabteilung*. Zur UITK siehe: Ebd., S. 76-77 und 4.2.1.2.2.

[97] Dazu: Bacon, Gulag, S. 67-68.

[98] Dazu: Bacon, Gulag, S. 79.

[99] Dazu: Bacon, Gulag, S. 70-71.

[100] Dazu: Bacon, Gulag, S. 77-78.

[101] Dazu: Bacon, Gulag, S. 72.

[102] Dazu: Bacon, Gulag, S. 78.

[103] Dazu: Bacon, Gulag, S. 79-80.

[104] Bacon, Gulag, S. 80. 1940 bis 1945 habe eine NKWD-Abteilung für Eisenbahn- und Wassertransport die Aufgabe der Transport-Unterabteilung der GULag übernommen.

4.2.1.2.1 Die Frage der Existenz von Branchen-Lagerhauptverwaltungen des NKWD

Im Mittelpunkt der Änderungen der Jahre 1938-1941 standen die Branchenabteilungen der GULag, die sehr wahrscheinlich aus der GULag herausgelöst und zu selbständigen Institutionen umgewandelt wurden. Sie werden im folgenden als Branchen-Lagerhauptverwaltungen des NKWD bezeichnet. Die Existenz dieser Institutionen ist jedoch nicht völlig, gesichert, und die Fragen, ob und wie lange Branchen-Lagerhauptverwaltungen des NKWD tatsächlich bestanden haben, ob diese mit den Branchen-Hauptverwaltungen des NKWD[105] identisch waren und wenn nicht, in welchem Verhältnis sie zu diesen standen, können gegenwärtig nicht abschließend beantwortet werden. Aufgrund der jedoch recht zahlreichen Hinweise auf eine Existenz von Branchen-Lagerhauptverwaltungen des NKWD soll hier trotz der mit diesen Institutionen verbundenen vielen Fragezeichen versucht werden, einen ersten Überblick über diese zu geben.

In der GULag-Literatur werden an vielen Stellen Hinweise auf Hauptverwaltungen für Lager einer bestimmten Branche für die Kriegszeit, möglicherweise schon für die Zeit ab Ende der dreißiger Jahre gegeben. SOLSCHENIZYN nennt für die Kriegszeit Hauptverwaltungen der Lager für den Bau von Eisenbahnstrecken (GULShDS), der Lager in der Bergbau- und metallurgischen Industrie (GULGMP), der Lager in der Holzwirtschaft (GlawLesLag), der Lager in der Landwirtschaft und der Lager für den Bau von Fernstraßen (GULSchossDor)[106]. ROSEFIELDE übernimmt diese Angaben[107], CORSON/CRAWLEY und ANTONOW-OWSEJENKO erwähnen für die Kriegszeit ebenfalls eine GULShDS[108], letzterer auch eine GULesLag[109]. SEMSKOW nennt die GULLP, die GULGMP und die GULShDS[110]. In der neuen Arbeit BACONs werden die Branchen-Lagerhauptverwaltungen nicht nur genannt, sondern für die Kriegszeit als neben der GULag wichtigste Institutionen des Gesamtlagersystems ausführlich vorgestellt[111].

---

105 Siehe zu den Branchen-Hauptverwaltungen des NKWD: Kap. 4.3.1.

106 Solschenizyn, Archipel GULag II, S. 131-132, 264, und Abkürzungsverzeichnis. Nach Solschenizyn wurde in der Moskauer Zentrale und im gesamten Zwangsarbeitslagersystem 1938-1940 eine hierarchisch strukturierte Gliederung nach Ressorts eingeführt. Initiator sei N.A. Frenkel gewesen. Dieser habe als erstes die GULShDS gegründet. Nach dem Vorbild der GULShDS seien dann bis Kriegsbeginn GlawLesLag, GlawPromStroi, GULGMP eingerichtet worden (Solschenizyn, Archipel GULag II, S. 131-132). Solschenizyn hält die Branchen-Lagerhauptverwaltungen GULShDS, GlawLesLag, GULGMP und GlawPromStroi nicht für Dienststellen des NKWD, sondern der GULag.

107 Rosefielde, Lessons, S. 575.

108 Corson/Crawley, KGB, S. 528. Antonow-Owsejenko, Weg, S. 110.

109 Ders., Weg, S. 135. An gleichem Ort nennt er eine ähnliche „Lagerstruktur" auch für die Landwirtschaft, das Hüttenwesen, die chemische Industrie, die Energiewirtschaft, den Flugzeugbau und den Schiffsbau. Er nennt zwar keine besonderen Branchen-Lagerhauptverwaltungen für diese Wirtschaftszweige, was jedoch nicht bedeutet, daß diese nicht existierten. Aus dem Kontext ist eher zu schließen, daß Antonow-Owsejenko auch in diesen Branchen solche für vorhanden erachtet.

110 Ders., GULAG II, S. 7. Er bezeichnet diese als Hauptverwaltungen der Lager für Holzwirtschaft, Erz- und Metallurgische Industrien und Eisenbahnbau.

111 Bacon, Gulag, S. 58-59, 73-76.

Erstaunlich ist, daß diese Branchen-Lagerhauptverwaltungen und ihre Abkürzungen von anderen Autoren, die sich intensiv mit der Organisationsstruktur von NKWD und GULag beschäftigt haben, nicht erwähnt wurden. Zu nennen sind hier ROSSI, ARTEMJEW, JAKOWLEW, ANDREEVICH und der Intelligence Report[112]. Auch ZAPLIN weist in einer neuen Veröffentlichung beispielsweise die Lager des Eisenbahnbau nicht etwa einer GULShDS, sondern der GUShDS des NKWD zu[113]. Die Problematik wird dadurch erschwert, daß manche Autoren bereits bei der Zuordnung der Branchen-Hauptverwaltungen des NKWD Fehler machen und sie zur GULag zählen[114].

Betrachtet man die Abkürzungen, so drängt sich zunächst der Eindruck auf, daß es sich hierbei um eine Verwechslung mit den Branchen-Hauptverwaltungen GUSchossDor (Fernstraßenbau), GUShDS (Eisenbahnstreckenbau), GUGMP (Bergbau und Metallurgie), GlawLes (Holzwirtschaft) und GlawGidroStroi (Bau hydrotechnischer Anlagen) des sowjetischen NKWD handelt. Denkbar wäre auch, daß Branchen-Lagerhauptverwaltungen nichts anderes als die Lagerorganisationen der Branchen-Hauptverwaltungen des NKWD waren und in der Literatur ein ungenauer Umgang mit den Bezeichnungen vorliegt. Hier bestehen in jedem Fall noch erhebliche Unsicherheiten.

Geht man von der Existenz der Branchen-Lagerhauptverwaltungen des NKWD aus, so ist zu prüfen, ob sie reine Koordinationsstellen waren oder ob ihnen tatsächlich Lager und Lagergebiete unterstanden[115], und wenn ja, inwieweit die Verteilung der bisherigen Lagergebiete verändert wurde und welche Lagergebiete weiterhin der GULag unterstanden. Eine weitere Frage ist, ob die La-

---

[112] Rossi führt die Abkürzungen GlawLesLag, GULGMP, GULSchossDor und GULShDS nicht auf. Auch in den Strukturübersichten Artemjews, Jakowlews und Andreevichs werden sie an keiner Stelle erwähnt. Report, S. 33 und 34, kennt zwar „GUSHOSDOR (Main Administration of Paved Highways)" und „GLAVZHELDORSTROI (Main Administration of Railroad construction)", nennt aber keine Branchen-Lagerhauptverwaltung. Da die vier letzteren die Institutionen von NKWD und GULag für die fünfziger Jahre schildern, ist es nicht auszuschließen, daß die Branchen-Lagerhauptverwaltungen während des Krieges bestanden und dann aufgelöst und wieder in die GULag eingegliedert wurden.

[113] Nicht eine GULShDS, wie beispielsweise Bacon ausführt, sondern die GUShDS des NKWD sei mit Befehl vom 4. Januar 1940 aus der Verwaltung zum Bau von Eisenbahnen (UShDS) der GULag entstanden und hätte die Kontrolle über eine große Anzahl von Eisenbahnbaulagern und Baustellen gehabt. Er führt diese auf (Ders., Archiwnye, S. 159).

[114] So beispielsweise Rossi: Nach ihm wurden nach Berijas Amtsantritt im NKWD die alten Branchenabteilungen der GULag durch 15 Branchen-Hauptverwaltungen der GULag ersetzt. Darunter zählten nach seinen Angaben DALSTROI, GUSchossDor, GidroStroi (Gemeint ist GlawGidroStroi, R.S.), GUShDS, GUGMP und andere. Jede dieser Hauptverwaltungen habe örtliche eigene Lager gehabt (Ders., GULAG Handbook, S. 93). An anderer Stelle bezeichnet er DALSTROI hingegen als direkt dem NKWD-Volkskommissar unterstellt (S. 97-98), und auch die anderen Branchen-Hauptverwaltungen tauchen an anderen Stellen seines Wörterbuches als Hauptverwaltungen des NKWD, nicht der GULag, auf. Rossi wirft hier völlig unterschiedliche Institutionen zusammen. DALSTROI war keine Branchen-Hauptverwaltung, sondern ein NKWD-Baukonzern, GUSchossDor, GidroStroi (GlawGidroStroi, R.S.), GUShDS und GUGMP waren zwar Branchen-Hauptverwaltungen, von diesen existierte aber die GUSchossDor bereits lange vor dem Amtsantritt Berijas. Vgl. Kap. 4.3.1.

[115] Zur Unterstellung von Lagern und Lagergebieten unter Branchen-Lagerhauptverwaltungen: Kap. 4.2.1.2.1.1. bis 4.2.1.2.1.5.

gergebietsverwaltungen damit beauftragt waren, die Zwangsarbeitskräfte für die Branchen-Hauptverwaltungen und Unternehmen des NKWD direkt bereitzustellen[116], oder ob, wie früher die Branchenabteilungen, die Branchen-Lagerhauptverwaltungen des NKWD dort zwischengeschaltet waren[117]. Grundsätzlich zu untersuchen ist, wie das Verhältnis von Branchen-Hauptverwaltungen des NKWD zu den Branchen-Lagerhauptverwaltungen des NKWD war, oder ob es sich dabei nicht um identische Organisationen handelt, die in der Literatur nur unterschiedlich benannt wurden.

Erste Antworten auf diese Fragen gibt BACON. Nach seiner Schilderung fanden die weitreichenden Änderungen im inneren Aufbau der GULag in den Jahren 1940 und 1941 statt. Mit der Entstehung selbständiger Branchen-Lagerhauptverwaltungen in den wichtigsten Wirtschaftsgebieten des GULag habe die GULag jedoch nicht ihre Verwaltungsfunktionen für das gesamte Lagersystem verloren. Während die Branchen-Lagerhauptverwaltungen für die wirtschaftliche Seite verantwortlich zeichneten, habe die GULag ihre Aufgaben hinsichtlich der Bewachung, des Nachschubs an Versorgungsgütern, politische Aufsichtsfunktionen über Häftlinge und Bewachungspersonen, Registrierung, medizinische Versorgung, Propaganda und Erziehung, Veterinärwesen, Personalverteilung und weitere grundsätzliche Aufgaben behalten[118]. Für die Lager, die nicht unter die fachliche Verantwortung der neuen Branchen-Lagerhauptverwaltungen fielen, sei innerhalb der GULag eine gesonderte Verwaltung, die UITK, eingerichtet worden[119].

Ungewiß ist, wann die Branchen-Lagerhauptverwaltungen des NKWD – so sie existierten – wieder in die GULag eingeliedert wurden. SEMSKOW nennt sie noch für 1948. Da sie in den Strukturplänen von ANDREEVICH und ARTEMJEW/BURLUTSKY für 1953 und 1955 nicht mehr auftauchen, ist davon auszugehen, daß deren Ausgliederung zwischen 1948 und 1953 wieder rückgängig gemacht wurde, sie wieder als Branchenabteilungen der GULag unterstellt wurden[120].

4.2.1.2.1.1 Die Hauptverwaltung der Lager für den Bau von Eisenbahnstrecken (GULShDS)

Die erste Branchen-Lagerhauptverwaltung, die möglicherweise aus der GULag herausgetrennt wurde, war die *Hauptverwaltung der Lager für den Bau von Ei-*

[116] Beispielsweise SWITLag für DALSTROI, SIBLag für GlawLes und SEWSHELDORLag für einen Teil der GUShDS-Projekte.

[117] Beispielsweise in der Form, daß die Branchen-Hauptverwaltungen den Branchen-Lagerhauptverwaltungen Anträge für Lagerinsassen für ein bestimmtes Projekt gaben und diese Beschaffungsaufträge den ihnen unterstehenden Lagergebietsverwaltungen oder anderen Lagerebenen zuordneten.

[118] Bacon, Gulag, S. 58.

[119] Bacon, Gulag, S. 59, 73.

[120] Diese Vermutung wird auch dadurch gestützt, daß Innenminister Kruglow in einem Schreiben an Stalin vom 3. Januar 1952 nicht mehr von einer ULLP oder GULLP, sondern nur noch von „Besserungsarbeitslagern der Holzindustrie des MdI der UdSSR“ spricht (Wolkogonow, Triumph, Band 2/2, S. 126).

senbahnstrecken (GULShDS) des NKWD. Sie ist gleichzeitig die in der Literatur am häufigsten genannte Branchen-Lagerhauptverwaltung. Nach SOLSCHENIZYN wurde die GULShDS von Frenkel[121] gegründet. Dieser sei 1937 verhaftet, 1939/40 während des Sowjetisch-Finnischen Krieges wieder freigelassen worden und habe den Auftrag erhalten, drei militärstrategisch wichtige Eisenbahnlinien durch Karelien zu bauen. Frenkel habe auf eigenes Drängen die Erlaubnis erhalten, dazu die GULShDS zu gründen, diese „vollständig der Befehlsgewalt des GULag zu entziehen“ und zu einem selbständigen Bereich unter seiner Leitung auszubauen. Innerhalb der GULShDS habe er ein eigenes Regime ohne das übliche Lagerregime mit Prämien, besserer Verpflegung und angemessenerer Bekleidung eingeführt. Nach Ende des Winterkrieges habe die GULShDS weitere Eisenbahnbauaufträge erhalten, diese aber dann unter dem normalen Lagerregime durchgeführt, im Zweiten Weltkrieg ihre Aktivitäten ausgebaut und über 40.000 Häftlinge verfügt[122]. Nach BACONs Angaben entstand die GULShDS mit Anordnung des NKWD vom 4. Januar 1940[123] und war die größte aller Branchen-Lagerhauptverwaltungen[124]. Eine der Strecken, die der GULShDS unterstanden hätten, sei die berüchtigte Kotlas-Workuta-Bahn gewesen[125]. JELANZEWA hingegen nennt die GULShDS bereits für den Februar 1939. Zu diesem Zeitpunkt seien die Lager an der BAM (BAMLag) der GULShDS unterstellt worden.[126]. ROSEFIELDE erwähnt die GULShDS ebenfalls[127]. CORSON/CRAWLEY sprechen für die Zeit während des Krieges ebenfalls von einem „Chief directorate for Railway Construction Camps“ und nennen deren Spitzenfunktionäre[128]. ANTONOW-OWSEJENKO ordnet der GULShDS das mit dem Bau der Kotlas-Workuta-Bahn beauftragte Nördliche Eisenbahnlager (SEWSHELDORLag) an der Petschora zu. Seiner Ansicht nach „befand sich „das größte Häftlingskontingent ... in den Lagerzonen des Eisenbahnbaus GULShDS“[129]. MOROSOW/ROGATSCHEW erwähnen ebenfalls eine „Verwaltung für Lager des Eisenbahnbaus“ für 1943[130]. SEMSKOW nennt die GULShDS noch für 1948[131].

[121] Zu Frenkel: Vgl. Kap. 2.3.3.2.2, 4.5 und 7.7.5.
[122] Solschenizyn, Archipel GULag II, S. 131-132.
[123] Bacon, Gulag, S. 58, 75. Wie bereits erwähnt, ordnet Zaplin dieses Datum nicht einer GULShDS, sondern der GUShDS des NKWD zu.
[124] Dies wird aus seiner Tabelle A.1 deutlich. In dieser sind 23 „camps“ mit Gesamtinsassenzahlen von 396.510 (1942), 220.576 (1. Mai 1943) und 119.964 (1944) Personen aufgeführt, die der GULShDS unterstanden hätten (Bacon, Gulag, S. 163).
[125] Bacon, Gulag, S. 75. Dazu paßen Morosow/Rogatschews Angaben, wonach die Lagergebiete USTISHEMLag, INTALag und WORKUTLag in der Komi ASSR bis zum Herbst 1943 der „Hauptverwaltung der Lager für den Eisenbahnbau“ unterstanden hätten (N.A. Morosow/M.B. Rogatschew. GULag w Komi ASSR (20-50-e gody). In: Otetschestwennaja istorija, 2/1995, S. 182-187. Hier: S. 186).
[126] O.P. Jelanzewa, BAM: Perwoje Desjatiletije. In: Otetschestwennaja istorija, 6/1994, S. 89-103. Hier S. 97.
[127] Rosefielde, Lessons, S. 575.
[128] Dies., KGB, S. 528. Es handelt sich um L.B. Safrasjan (ab 1941) und seine Stellvertreter L.S. Bujanow (ab 1941) und P.W. Tschudjakow (ab 1941).
[129] Ders., Weg, S. 110, 132. Er erwähnt ein Sprichwort der GULShDS-Häftlinge, welche die Abkürzung mit „Gutalinschtik hat das Lagerleben zum Hundeleben gemacht“ übersetzt hätten (Ebd., S. 110).
[130] Dies., GULag Komi, S. 186.
[131] Ders., GULAG II, S. 7.

Angesichts dieser Fülle von Hinweisen ist die Existenz der GULShDS als sehr wahrscheinlich anzusehen, eine abschließende Bewertung über den Zeitpunkt ihrer Entstehung und die Entwicklung dieser wichtigen Lagerorganisation steht jedoch noch aus.

4.2.1.2.1.2 Die Verwaltung/Hauptverwaltung der Lager in der Holzwirtschaft (ULLP/GULLP, GULesLag oder GlawLesLag)

Die *Hauptverwaltung der Lager in der Holzwirtschaft (GULesLag* oder *GlawLesLag)* wird von SOLSCHENIZYN, ROSEFIELDE und ANTONOW-OWSEJENKO genannt[132]. BACON spricht von einer Verwaltung der Lager in der Holzwirtschaft (ULLP), die am 26. Februar 1941 gegründet und am 4. März 1947 zur Hauptverwaltung erhoben worden sei[133]. Dies korrespondiert mit SEMSKOW, der für 1948 eine Hauptverwaltung für Holzwirtschaft (GULLP) nennt[134]. Obwohl es in der Sowjetunion auch ein Volkskommissariat für Holzwirtschaft gab, sei, so BACON, die ULLP/GULLP die weitaus wichtigere Einrichtung der Holzwirtschaft gewesen. Entsprechend der Waldbestände lagen die meisten Lager der ULLP/GULLP im Ural, in Sibirien und den nördlichen Regionen der Sowjetunion[135].

4.2.1.2.1.3 Die Hauptverwaltung der Lager in der Bergbau- und metallurgischen Industrie (GULGMP)

Die *Hauptverwaltung der Lager in der Bergbau- und metallurgischen Industrie (GULGMP)* wird von SOLSCHENIZYN, ROSEFIELDE[136] und, für das Jahr 1948, von SEMSKOW[137] genannt. BACON datiert ihre Entstehung auf den 26. Februar 1941[138]. MOROSOW/ROGATSCHEW sprechen für den Herbst 1943 von einer „Verwaltung der Lager der Berg-Metallurgischen Industrie“ des GULag[139]. Der Schwerpunkt der Arbeit der GULGMP habe in den abgelegeneren nördlichen und östlichen Gebieten der Sowjetunion gelegen. Zu den bedeutendsten Lagerverbundsystemen, die nach BACON der GULGMP unterstanden, gehörten die Kohleabbaulager im Raum Workuta, das Lagergebiet Norilsk, wo Kupfer und Nickel gewonnen wurden, die Lagergruppe zur Gewinnung von Chrom um Aktjubinsk in Kasachstan und seit Ende des Krieges auch der

[132] Solschenizyn, Archipel GULag II, S. 131-132, 264, und Abkürzungsverzeichnis. Rosefielde, Lessons, S. 575. Antonow-Owsejenko, Weg, S. 135.

[133] Bacon, Gulag, S. 59.

[134] Ders., GULAG II, S. 7.

[135] Bacon, Gulag, S. 75. Vgl. seine Tabelle A.4 (Ebd., S. 165), wo elf „Lager“ der ULLP mit 188.762 (1942), 144.335 (1. Mai 1943) und 128.354 (1944) aufgelistet werden.

[136] Solschenizyn, Archipel GULag II, S. 131-132, 264, und Abkürzungsverzeichnis. Rosefielde, Lessons, S. 575.

[137] Ders., GULAG II, S. 7. Er bezeichnet diese als „Hauptverwaltung für Erz- und Metallurgische Industrien“.

[138] Bacon, Gulag, S. 59. Allgemein zu GULGMP: Ebd., S. 73-74.

[139] Dies., GULag Komi, S. 186. Dieser seien ab Herbst 1943 die drei Lagergebiete USTISHEMLag, INTALag und WORKUTLag des Lagerverbundsystems Kotlas-Uchta-Workuta-Petschora unterstellt worden. Vorher hätten diese Lagergebiete zur GULShDS gehört (Ebd.).

DALSTROI[140]. Träfe dies zu, wäre in der GULGMP seit Kriegsende eine der mächtigsten Organisationen der sowjetischen Planwirtschaft zu sehen.

4.2.1.2.1.4 Die Hauptverwaltung der Lager für Industriebauten (GlawPromStroi)

Die von SOLSCHENIZYN und ROSEFIELDE[141] erwähnte GlawPromStroi wurde, so BACON, gleichfalls am 26. Februar 1941 errichtet[142]. Sie wird für 1948 und den 1. Januar 1954 auch von SEMSKOW genannt[143]. Ihre Hauptaufgabe war es, den Bau mehrerer großer Industriebauten zu organisieren, wozu sie Zuständigkeiten, die vorher dem Unionsvolkskommissariat für Bauwesen zugeordnet waren, übernahm. Der Schwerpunkt ihrer Bautätigkeiten lag dabei im Unterschied zur GULGMP in den westlichen Gebieten der Sowjetunion[144]. Im Gegensatz zu den Bezeichnungen der anderen Branchen-Lagerhauptverwaltungen taucht im Namen dieser Einrichtung das Wort „Lager" nicht auf. Es ist in diesem Fall daher besonders schwer auszumachen, ob es sich tatsächlich um eine aus der GULag herausgelöste Branchen-Lagerhauptverwaltung oder nicht vielmehr um eine eigene Branchen-Hauptverwaltung des NKWD handelt,

4.2.1.2.1.5 Die Hauptverwaltung der Lager für den Bau von Fernstraßen (GULSchossDor)

Die *Hauptverwaltung der Lager für den Bau von Fernstraßen (GULSchossDor)* wird von SOLSCHENIZYN und ROSEFIELDE genannt[145]. BACON nennt keine GU*L*SchossDor, jedoch eine GUSchos(s)Dor, erwähnt aber kein Gründungsdatum und schätzt deren Bedeutung im Unterschied zu den großen Einsatzgebieten Rohstoffabbau, Eisenbahnstreckenbau und Industriebau für geringer ein, da der GULag im Straßenbau weniger stark aktiv gewesen sei[146]. Da BACON hier

---

[140] Bacon, Gulag, S. 74. In seiner Tabelle A. 3 führt Bacon zwölf GULGMP-„Lager" auf, darunter WorkutaStroi, welches jedoch kein „Lager", sondern sehr wahrscheinlich ein NKWD-Unternehmen war. Die Gesamtinsassenzahl dieser Lager habe 1942 bei 72.356, am 1. Mai 1943 bei 52.518 und 1944 bei 92.050 Häftlingen gelegen (Ebd., S. 165).

[141] Solschenizyn, Archipel GULag II, S. 131-132, 264, und Abkürzungsverzeichnis. Rosefielde, Lessons, S. 575. Die GlawPromStroi wird bei Solschenizyn nicht als „Hauptverwaltung der Lager für den Bau von Industrieanlagen", sondern als „Hauptverwaltung für den Bau von Industrieanlagen" bezeichnet, aber in eine Reihe mit GULShDS, GlawLesLag und GULGMP gestellt.

[142] Bacon, Gulag, S. 59. Allgemein zu GlawPromStroi: Ebd., S. 73.

[143] Ders., GULAG II, S. 7, 13.

[144] Bacon, Gulag, S. 73. Als Beispiele für „Lager" von GlawPromStroi nennt er TscheljabMetallurg Stroi in Tscheljabinsk, wo eine große metallurgische Fabrik gebaut wurde, und WolgoStroi an der Wolga, wo Häftlinge an Wasserkraftwerken und Flußlaufverbesserungen arbeiteten. Vgl. seine Tabelle A. 2 mit 23 „Lagern" der GlawPromStroi. Deren Gesamtinsassenzahl lag nach dieser Liste 1942 bei 134.570, am 1. Mai 1943 bei 75.886 und 1944 bei 108.499 (Ebd., S. 164). Auch hier ist anzumerken, daß die von Bacon „Lager" genannten Einrichtungen sehr wahrscheinlich NKWD-Wirtschaftsunternehmen waren.

[145] Solschenizyn, Archipel GULag II, S. 131-132, 264, und Abkürzungsverzeichnis. Rosefielde, Lessons, S. 575.

[146] Bacon, Gulag, S. 76. Als Beispiel für ein GUSchossDor-Projekt nennt er die Strecke Rjasan-Kuibyschew. Vgl. seine Tabelle A.5, wo neben vier DALSTROI- und einem OsobStroi-"Lager" auch fünf GUSchossDor-Institutionen aufgeführt sind, deren Gesamtinsassenzahl aber zu keinem Zeitpunkt 15.000 überschreitet (Ebd., S. 166).

statt von GULSchossDor konsequent von GUSchos(s)Dor spricht, stellt sich erneut drängend die Frage, ob beide Institutionen nicht identisch waren.

4.2.1.2.1.6 Die Hauptverwaltung der Lager in der Landwirtschaft

Die *Hauptverwaltung der Lager in der Landwirtschaft* findet einzig bei SOLSCHENIZYN und ROSEFIELDE Erwähnung[147].

4.2.1.2.2 Die Frage der Zuordnung der Besserungsarbeitskolonien und Zwangssiedlungen

Existenz und Einordnung der Branchen-Lagerhauptverwaltungen sind nur eine der zahlreichen Fragen, die sich zum organisatorischen Aufbau des GULag der Berija-Zeit stellen.

Eine weitere Schwierigkeit besteht darin, ob und wie die Besserungsarbeitskolonien (ITK) und Zwangssiedlungen der und dem GULag zuzuordnen sind. Über die administrative Unterstellung beider Einrichtungen liegen ebenfalls unterschiedliche Angaben vor.

Überwiegend werden die *Besserungsarbeitssiedlungen* dem NKWD und nicht der GULag zugeordnet.

JAKOBSON berichtet, daß die GUITU des NKJu nach der Auflösung im November 1934 in eine „new subagency of the GULAG called the *Division of Corrective Labor Colonies*" übernommen worden sei[148]. Dabei handelte es sich möglicherweise um die von BACON genannte UITK.

LEWYTZKYJ nennt für etwa 1940/1941 eine *Abteilung für Haftverbüßungsorte* (*Otdel mest sakljutschenija, OMS*), die er als „Verwaltung der Haftanstalten" und „Sonderabteilung des NKWD" bezeichnet, als zuständig für die ITK[149]. Die OMS wird auch im Bericht der CICRC als verantwortliche Dienststelle für die ITK aufgeführt[150] und außerdem von SEMSKOW genannt[151]. Aufgrund der Namensgleichheit von OMS und GUMS ist von einer Identität oder engen Verbindung beider Einrichtungen auszugehen. So ist möglich, daß OMS und GUMS zwei Bezeichnungen für dieselbe Dienststelle sind, deren Ebene (Abteilung oder Hauptverwaltung) sich in Umorganisationen änderte[152].

BACON unterscheidet für die Zeit des Zweiten Weltkrieges zwei Arten von ITK. Danach unterstanden viele ITK nicht der GULag, sondern lokalen NKWD-Behörden. Zuständig seien regionale *Verwaltungen der Besserungsarbeitslager und Besserungsarbeitskolonien (Uprawlenije isprawitelno-trudowych lagerei i koloni, UITLK)* des NKWD und darunter *Abteilungen für Besserungsarbeitskolonien (Otdel isprawitelno-trudowych koloni, OITK)* des NKWD gewesen[153]. Für

[147] Solschenizyn, Archipel GULag II, S. 131-132, 264, und Abkürzungsverzeichnis. Rosefielde, Lessons, S. 575.
[148] Jakobson, Origins, S. 138.
[149] Ders., Inquisition, S. 171-172.
[150] S., Bericht, S. 1162.
[151] Semskow, Sudba, S. 118.
[152] Vgl. Kap. 4.3.
[153] Bacon, Gulag, S. 26, 80-81. Ein Schreiben einer „Verwaltung der Erziehungs- und Arbeitslager und der Erziehungs- und Arbeitskolonien der NKWD der UdSSR für die Provinz Nowosibirsk" – also

den Fall, daß diese ITK, OITK und UITLK des NKWD tatsächlich bestanden hätten, ist in ihnen eine Fortsetzung der alten regionalen Strukturen aus der Zeit der GUITU des NKJu zu sehen. Wahrscheinlich waren diese Dienststellen – so sie existierten – Untereinheiten der GUMS.

Darüber hinaus nennt BACON für die Zeit von September 1939 bis 1943 eine *Abteilung für Arbeitskolonien für Minderjährige*, von der er aber nicht sagt, ob diese der GULag oder dem NKWD unterstanden habe[154].

Zusätzlich habe es, so BACON, aber auch innerhalb der GULag eine *Verwaltung der Besserungsarbeitskolonien (Uprawlenije isprawitelno-trudowych koloni, UITK)* gegeben. Wie oben bereits genannt, sei diese UITK neben der UOR und der Verwaltung für Versorgung während des Krieges die dritte Verwaltung der GULag und für die ITK zuständig gewesen, die weiterhin direkt der GULag und nicht den Branchen-Lagerhauptverwaltungen unterstanden hätten[155]. Undeutlich drückt sich BACON über den Bedeutung dieser UITK aus. Sagt er an einer Stelle, daß sie lediglich über „thirteen colonies" verfügt habe[156], so berichtet er anderenorts, daß die UITK nach Aussagen des von ihm oft zitierten GULag-Chefs Nasedkin „one of the largest scale industrial administrations of the USSR NKVD" gewesen sei[157]. Sehr wahrscheinlich handelte es sich bei den genannten dreizehn „Kolonien" nicht um einzelne ITK, sondern um größere administrative Einheiten, vergleichbar den Lagergebieten der ITL.

Im Unterschied zu BACON gab es nach Ansicht einiger russischer Forscher keine gesonderten UITLK/OITK des NKWD außerhalb der GULag, sondern waren die Besserungsarbeitskolonien komplett in die GULag integriert. Danach existierte auf zentraler Ebene eine Dienststelle, die als *Verwaltung der Besserungsarbeitskolonien (UITK)* später als *Verwaltung der Besserungsarbeitskolonien und Arbeitssiedlungen (UITKTP)* in der Literatur genannt wird. Diese UITKTP der GULag gliederte sich möglicherweise in je eine Unter-Verwaltung oder Abteilung für ITK und Arbeitssiedlungen in der GULag-Zentrale. Auf regionaler Ebene hätten dieser *Abteilungen für Besserungsarbeitskolonien (Otdel isprawitelno-trudowych koloni, OITK)* und *Abteilungen für Arbeitssiedlungen (OTP)* unterstanden[158]. Gesetzt den Fall, diese administrative Gliederung würde

---

einer UITLK des Gebietes Nowosibirsk – von Mai 1940 findet sich in: Kravchenko, Schwert, S. 196. Dies spricht für Bacons Annahme.

[154] Bacon, Gulag, S. 63.

[155] Bacon, Gulag, S. 26-27, 59, 180, Anmk. 51.

[156] Bacon, Gulag, S. 26. In seiner Tabelle A.6 führt Bacon für 1942-1944 dreizehn „Lager" auf die der UITK unterstanden hätten. Die Gesamtinsassenzahl dieser dreizehn Lager habe 1942 bei 243.270, am 1. Mai 1943 bei 129.766 und 1944 bei 123.091 gelegen (Ders., Gulag, S. 166).

[157] Bacon, Gulag, S. 77.

[158] In einer Darstellung (W.S. Parsadanowa. Deportazija naselenija is sapadnoi Ukrainy i sapadnoi Belorussii w 1939-1941 gg. In: Nowaja i nowejschaja istorija 2/1989, S. 26-44. Hier: S. 33 und 36) werden für 1940 eine *OITK der GULag (Otdel isprawitelno-trudowych koloni GULAGa NKWD)* und eine *Verwaltung der ITK und Arbeitssiedlungen der GULag (Uprawlenije isprawitelno-trudowych koloni i trudowych poseleni GULAGa)* genannt. In einer neueren Dokumentensammlung wird eine Meldung einer OITK der Komi ASSR vom 1. Januar 1946 an die *Verwaltung der ITK und Arbeitssiedlungen der GULag (UITK i TP GULAGa NKWD SSSR)* aufgeführt (40-50 e gody, S. 124 [Meldung Nr. 3]). Semskow bestätigt die Existenz von OTP nur für 1934 bis 1944 (Semskow, Sudba, S. 118 [1938], 130 [1940]). Auch er spricht von ITK-Abteilungen auf Gebiets-

zutreffen, wäre diese UITK/UITKTP der GULag somit als Nachfolgeorganisation der GUITU des NKJu anzusehen. Möglicherweise ist diese UITKTP mit den von BACON und JAKOBSON genannten UITK der GULag gleichzusetzen.

Auch für die fünfziger Jahre herrscht keine völlige Klarheit. ANDREEVICH nennt für 1953 bei der Auflistung der Zuständigkeiten der GUMS des NKWD, daß diese Häftlinge in „labor camps" und „labor colonies" überweise, sagt aber nicht, wem diese „Arbeitskolonien" unterstanden hätten[159]. ARTEMJEV/BURLUTSKY sprechen für 1955 von „some small camps and colonies .. under the jurisdiction of the MVD's of the Union Republics and even of the oblast adminstrations of the MVD" und sagen weiter unten, daß „prisons, local construction camps, colonies, and other places of detention and forced labor, including special and labor settlements" der GUMS des NKWD unterstellt seien[160].

Die Darstellung macht deutlich, daß gegenwärtig nicht mit Bestimmtheit zu sagen ist, ob und welche Arten von ITK-Behörden es gab und ob die Besserungsarbeitskolonien ganz oder teilweise der GUMS des NKWD oder ganz, nur in Teilen oder gar nicht der GULag des NKWD unterstanden.

Ähnliches gilt für die konkrete Form der *Zwangssiedlungen* für Verbannte und deren Zuordnung zu Dienststellen des NKWD. Die in der Literatur zu findenden Informationen sind oft sehr widersprüchlich. Zur Verwirrung trägt zusätzlich bei, daß es verschiedene Arten von Zwangssiedlern und Zwangssiedlungen oder zumindest verschiedene Bezeichnungen für diese gab. Anzutreffen sind „Arbeitssiedler"/„Arbeitssiedlungen", „Spezialsiedler/„Spezialsiedlungen", „Spezialarbeitssiedlungen" und „Spezialumsiedler".

In der älteren Forschung finden sich nur vereinzelt Angaben über die Unterstellung der Zwangssiedlungen, so bei ANDREEVICH, der die „Arbeitssiedlungen" der GULag zuteilt[161]. Für 1955 weisen ARTEMJEV/BURLUTSKY „Arbeitssiedlungen" und „Spezialsiedlungen" dann nicht mehr der GULag, sondern der GUMS zu[162].

Ausführlicher hat sich ROSSI mit verschiedenen Siedlungsarten befaßt. Er nennt „Arbeitssiedlungen", „Spezialarbeitssiedlungen" und „Spezialsiedlungen". *Arbeitssiedlungen (trudowye poselenija, trudposelenija)* für Einzelverbann-

und Republikebene (Ders., GULAG I, S. 13). Zaplin nennt mit Verweis auf Archivmaterial für 1939 eine UITK und eine *OTK (Abteilung für Arbeitskolonien) der GULag*, die er der GULag-Zentralebene zuordnet (Ders., Archiwnye, S. 158, 159). An anderer Stelle teilt er mit, daß der UITK 1939 566 ITK (183 Industriekolonien, 103 landwirtschaftliche Kolonien, 280 Baukolonien) und 1990 BITR mit 1938 229.076 und 1939 210.864 unterstellt gewesen seien (Ders., Archiwnye, S. 159). Da Nekritsch bereits mit Datum vom 5. Juli 1933, also noch vor Eingliederung der NKJu-Haftanstalten, eine Bestätigung des Politbüros über die Errichtung von Arbeitssiedlungen der OGPU und „Verwaltungen für Arbeitsansiedlungen" in Kasachstan nennt (Alexander Nekritsch. Zur Klärung der sowjetischen Vergangenheit. In: Kontinent. Ost-West-Forum 3/1992, S. 91-102. Hier, S. 99), ist es wahrscheinlich, daß die OTP samt ihrer Arbeitssiedlungen zu einem späteren Zeitpunkt der UITK unterstellt wurden und diese zur UITKTP erweitert wurde.

159 Ders., Structure, S. 145.

160 Artemiev/Burlutsky, Structure, S. 159.

161 Er nennt für 1953 *trudposelenija*, nicht aber *spezposelenija* als Institutionen, die der GULag unterstanden hätten (Andreevich, Structure, S. 146, 148, 160).

162 Dies., Structure, S. 159.

te unterstanden nach ROSSI von 1934 bis 1953 der GULag und seien Zwangssiedlungen für Personen, die per Gerichtsurteil oder Verwaltungsstrafe in unterentwickelte und abgelegene Regionen verbannt worden waren, gewesen[163]. Für diese Sicht spricht, daß der Begriff *trudposelenije* tatsächlich von 1934 bis noch 1953 Bestandteil der korrekten Dienststellenbezeichnung war und ab 1955 nicht mehr gebraucht wurde und ARTEMJEV/BURLUTSKY die Arbeitssiedlungen 1955 nicht der GULag, sondern ausdrücklich der GUMS zuordnen[164]. Die von ROSSI ebenfalls erwähnten *Spezialarbeitssiedlungen (spezialnye trudowye poselenija)*, in die einzelne Personen aufgrund einer OSO-Verordnung gekommen seien, sind sehr wahrscheinlich ebenfalls Arbeitssiedlungen gewesen[165]. Als dritte Art nennt ROSSI *Spezialsiedlungen* (*spezpereselenija, spezposelenija*), grenzt Arbeitssiedlungen und Spezialsiedlungen aber nicht deutlich voneinander ab[166]. In letztere seien die als Spezialsiedler bezeichneten Deportationsopfer der Zwangskollektivierung, der Verschickung der sowjetischen Grenzbevölkerung 1936, die Staatsbürger annektierter Staaten und Gebiete 1939/40 und die Angehörigen verdächtigter Völker während des Zweiten Weltkrieges gekommen. Sie hätten in fest umrissenen Gebieten, die sie nicht verlassen durften, gelebt und unter ständiger Aufsicht des NKWD gestanden[167]. Über die für die „Spezialsiedlungen" zuständige Stelle macht ROSSI nur sehr ungenaue Angaben[168].

---

[163] Zu Arbeitssiedlungen: Rossi, GULAG Handbook, S. 454. Kravtschik, ein 1949 zur nach Artikel 58 unbefristeten „Strafansiedlung" Verurteilter, berichtet davon, daß das Kupferbergwerk Uspenski in der weiteren Umgebung Karagandas, in dem er mit anderen Einzelverbannten arbeitete, der GULag unterstanden habe, von dieser geleitet und vom MGB bewacht worden sei (Kravtschik, Dornenwege, S. 108-109. Zum Terminus „Strafansiedlung": Ebd., S. 136). Es dürfte sich bei dieser Verbanntensiedlung, die demnach von den Truppen der GUWWO bewacht wurde, um eine Arbeitssiedlung gehandelt haben.

[164] Siehe zur korrekten Dienststellenbezeichnung: Rossi, GULAG Handbook, S. 92. Wolin/Slusser, Secret police, S. 47, Anmk. 70b (1934). Andreevich, Structure, S. 146. Artemiev/Burlutsky, Structure, S. 159. Zur Zuordnung von Arbeits- und Spezialsiedlungen zur GUMS (1955): Artemiev/Burlutsky, Structure, S. 159.

[165] Zu den Spezialarbeitssiedlungen: Rossi, GULAG Handbook, S. 419. Er verweist als Fundstelle für den Begriff auf eine in der Sowjetunion veröffentlichte Anweisung für das OSO aus dem Jahre 1935.

[166] Einerseits bezeichnet er beide als parallel bestehende Arten von Verbanntensiedlungen, an anderer Stelle spricht er von den Arbeitssiedlungen als „continuation of the special resettlement" (Ders., GULAG Handbook, S. 454). Der Begriff „Fortsetzung" ist schon deshalb falsch, da Rossi die Arbeitssiedlungen der Zeit 1934 bis 1953 zuordnet, die Spezialsiedlungen aber ebenfalls in diesen Zeitraum legt, indem er sie als Instrumentarium während der Massendeportationen bei der Zwangskollektivierung, Aussiedlungen nationaler Minderheiten 1936-37, 1939/40 und während des Zweiten Weltkrieges nennt (Ebd., S. 418, 454). Wenn überhaupt, handelt es sich bei den Arbeitssiedlungen um eine Ausdehnung der Verbanntensiedlungen, die in der Form der Spezialsiedlungen bislang vornehmlich Angehörigen größerer deportierter Bevölkerungsgruppen, wie vor allem der Kulaken, vorbehalten waren, auf Einzelpersonen, nun in der Form der Arbeitssiedlungen.

[167] Rossi, GULAG Handbook, S. 418. Auch Gross, Sowjetisierung, S. 178, nennt deportierte Polen aus den durch die Sowjetunion annektierten polnischen Ostgebieten „spezielle Siedler (*spezpereselenzy*), also .. Zwangsdeportierte".

[168] Er nennt eine „special administration ... within GULag" (Rossi, GULAG Handbook, S. 216). Zu berücksichtigen ist aber, daß Rossi auch an anderen Stellen unsicher in der Zuordnung der Kompetenzen ist und mit „GULag" in manchen Stellen die GULag, oft aber auch den GULag bezeichnet.

Die neuere russische Forschung beschäftigt sich sehr intensiv mit Deportationen, dem Verbannungssystem und den verschiedenen Arten der Zwangssiedlungen[169].

SEMSKOW ist der Ansicht, daß die Verbannten bis 1934 „Spezialumsiedler" (*spezpereselenzy*), von 1934 bis März 1944 „Arbeitssiedler" (*trudposelenzy*) und ab 1944 „Spezialsiedler" (*spezposelenzy*) geheißen hätten. Alle diese Zwangssiedlungen hätten bis 1944 der GULag unterstanden. Er gibt folgende Reihenfolge der für die Zwangssiedlungen zuständigen Dienststellen der GULag: 1931-1934: *Abteilung für Spezialumsiedler der GULag der OGPU*; 1934-1940: *Abteilung für Arbeitssiedler der GULag des NKWD*; 1940-1941: *Verwaltung der ITK und Arbeitssiedlungen der GULag des NKWD*, 1941-1944: *Abteilung für Arbeits- und Spezialsiedlungen der GULag des NKWD*.

Ab 1944 sei dann nicht mehr die GULag, sondern eine der NKWD-Zentralebene direkt unterstellte Einrichtung verantwortlich geworden: die 1944 bis 1950 bestehende *Abteilung für Spezialsiedlungen des NKWD/MWD*. Dieser seien 1950 bis 1953 die *9. Verwaltung des MGB der UdSSR*, 1953 bis 1954 die *Abteilung 2 des MWD der UdSSR* und ab Oktober 1954 die *4. Spezialabteilung des MWD* gefolgt[170].

In einigen Punkten widersprechen eine Reihe von Aussagen und Dokumenten der Darstellung SEMSKOWs. Ungewiß ist, ob vor 1934 ausschließlich der Begriff „Spezialumsiedlungen" gegolten hat. So nennt BUGAI bereits für 1930/31 eine *Abteilung für Spezialsiedlungen der GULag der OGPU* („Otdel spezposeleni GULAGa OGPU")[171]. Er bestätigt damit SEMSKOWs Ansicht von der Existenz einer Einrichtung für Zwangssiedlungen der GULag der OGPU, benennt diese aber anders.

Gleiches gilt für SEMSKOWs Aussage, wonach der Begriff „Arbeitssiedlungen" 1934 eingeführt und 1944 durch „Spezialsiedlungen" ersetzt worden sei. Bereits in der Anweisung Stalins und Molotows vom 8. Mai 1933 wird von „Arbeitssiedlungen" gesprochen[172], und in 40-50 E GODY ist eindeutig noch für den 1. Januar 1946 von Arbeitssiedlungen („UITK i TP GULAGa NKWD SSSR") die Rede. TP steht dort für *T[rud]P[oselenija]*[173]. Somit wäre die GULag entgegen SEMSKOWs Auffassung auch noch *nach* 1944 zumindest für eine Art der Zwangssiedlungen, die „Arbeitssiedlungen", zuständig gewesen. Dem würde entsprechen, daß auch ANDREEVICH noch 1953 im Titel der GULag den Terminus *trudposelenije* führt[174].

---

[169] Siehe dazu neuere Literaturangaben in: W.L. Musatow. Istorija odnoi ssylki („shitije") matiasa rakschi w SSSR (1956-1971 gg.). In: Kentawr, 6/1993, S. 72-81.

[170] Semskow, Spezposelenzy, S. 3. Ders., Sudba, S. 118. Ders., Sakljutschennye, S. 162, Anmk. 4.

[171] N.F. Bugai. 20-40-e gody: Deportazija naselenija s territorii jewropeiskoi rossii. In: Otetschestwennaja istorija, 4/1992, S. 37-49. Hier: S. 41.

[172] Vgl. Kap. 4.1.2. Verwiesen sei hier auf Scherer/Jakobson, welche die GUITLTP, die GULag der OGPU, als *Hauptverwaltung der Besserungsarbeitslager und Arbeitssiedlungen* bezeichnen (Dies., Collectivisation, S. 540). Kritik an Semskow auch in: Bacon, Glasnost, S. 1071. Er übernimmt jedoch dessen Angaben über Spezialum-, Arbeits- und Spezialsiedler (Ebd., S. 1083-1084 [Appendix]).

[173] Ebd., S. 124 (Meldung Nr. 3).

[174] Ders., Structure, S. 160.

BUGAI nennt wie SEMSKOW für 1938 *trudposelenija*[175], für 1941 *spezpereselenija*[176], differenziert dann aber zwischen *spezpereselenija*, in denen Russen, und *spezposelenija*, in denen Angehörige nichtrussischer Völker gelebt hätten[177]. SEMSKOW kennt diese Unterscheidung nicht. An anderer Stelle spricht BUGAI für September 1945 von *Abteilungen für Spezialsiedlungen der Verwaltungen des NKWD des Nowosibirsker Gebietes* („Otdely spezposeleni uprawleni NKWD Nowosibirskoi oblasti")[178]. Seine Ausführungen lassen vermuten, daß es Abteilungen für Spezialsiedlungen als Untergliederungen in den einzelnen Regionalapparaten des NKWD gab. Er äußert sich aber nicht dazu, in welchem Verhältnis diese zur GULag standen. In neueren russischen Arbeiten taucht für 1946 noch eine *Abteilung für Spezialsiedlungen des NKWD (Otdel spezposeleni NKWD, OSP)* auf, die offensichtlich nicht der GULag, sondern direkt der NKWD-Zentralebene unterstand[179].

Zu fragen ist, in welchem Verhältnis die „Spezialsiedlungen" zu den „Arbeitssiedlungen" standen. Handelte es sich hierbei um zwei Arten von Zwangssiedlungen mit unterschiedlichen Verwaltungen, von denen diejenige für „Arbeitssiedlungen" die OTP war und der GULag unterstand, die für „Spezialsiedler" OSP hieß und direkt dem NKWD unterstand? Gab es darüber hinaus noch „Siedlungen für Spezialumsiedler" oder „Spezialarbeitssiedlungen" und wie waren hier die Verwaltungsstrukturen?

Aus dem Geschilderten wird klar ersichtlich, daß es angesichts der einander oftmals widersprechenden und den Betrachter verwirrenden Informationen und Begriffe[180] gegenwärtig nicht möglich ist, über die verschiedenen Arten der Zwangssiedlungen für Verbannte oder über die genauere Organisationsstruktur und die diesbezüglichen Zuständigkeiten der GULag klare Aussagen zu machen.

4.2.1.3 Die GULag und andere oberste Lagerbehörden der Nachkriegszeit

Nach dem Ende des Zweiten Weltkrieges gelangte das Lagersystem nicht wieder zu der Zentralisierung wie vor dem Krieg. Auch wenn die Branchen-Lagerhauptverwaltungen wahrscheinlich wieder eingegliedert wurden, so trugen in der Nachkriegszeit doch neben der GULag weitere Spitzenbehörden Verantwortung für eigene Lagersysteme. Es handelte sich um die Institutionen, die für die *Prüf- und Filtrationslager*, in denen sowjetische Staatsbürger, die verdächtigt

---

175 Ders., Deportazija, S. 43.

176 Ders., Deportazija, S. 44.

177 Ders., Deportazija, S. 46.

178 N.F. Bugai. K woprosu o deportazii narodow SSSR w 30-40-ch godach. In: Istorija SSSR, 6/1989, S. 135-144. Hier: S. 141.

179 Vgl. Meldung der OSP an Kruglow vom Januar 1946. In: 40-50 e gody: Posledstwija deportazii narodow (Swidetelstwujut archiwy – MWD SSSR). In: Istorija SSSR 1/1992, S. 122-143. Hier: S. 128 (Meldung Nr. 12).

180 Folgerichtig bezeichnet Nove die *spezpereselenzy* als „unclear category". Gegenwärtig könne nicht entschieden werden, ob diese mit den *spezposelenzy* identisch seien oder nicht (Ders., Victims², S. 262).

wurden, ihr Land verraten zu haben, inhaftiert und überprüft wurden, die *Kriegsgefangenen- und Interniertenlager* und die ab 1948 in der Sowjetunion eingerichteten *Speziallager* zuständig waren. Dazu kam noch die hier nicht behandelte Dienststelle, der die *Speziallager auf dem Boden der SBZ/DDR* unterstanden.

Die Informationen über die Behörde, der die Prüf- und Filtrationslager (PFL) unterstanden, weichen in vielen Punkten voneinander ab. ROSSI vermutet, daß wahrscheinlich 1942 eine *Verwaltung der Prüf- und Filtrationslager (Uprawlenije prowerotschno-filtrazionnych lagerei, UPFL)* geschaffen wurde. Diese habe die bislang in GULag-Lagern einsitzenden Sowjetsoldaten übernommen und Prüf- und Filtrationslager aufgebaut. Nach ROSSI war diese UPFL nominell Teil des NKWD/MWD, sei aber faktisch von SMERSCH und NKGB/MGB kontrolliert worden. Sie habe bis zur Auflösung der PFL 1947 existiert[181].

SEMSKOW spricht hingegen davon, daß die PFL bis Februar 1945 einer *Abteilung für Speziallager des NKWD* unterstanden hätten[182]. Erst im Februar 1945 sei eine *Abteilung für Prüf- und Filtrationslager (Otdel prowerotschno-filtrazionnych lagerei, OPFL)* gegründet worden, die die PFL übernommen hätte. Im Januar 1946 sei diese OPFL wieder aufgelöst worden[183]. BACON ist ähnlicher Meinung: Das „Department of Special Camps“ sei auch „Department of Verification and Filtration camps“ (*Otdel prowerjanno-filtrazionnych lagerei, OPFL)* genannt worden[184], und im Februar 1945 sei die *Abteilung für Speziallager des NKWD* dann in *Abteilung für Prüf- und Filtrationslager des NKWD (Otdel prowerotschno-filtrazionnych lagerei NKWD)* umbenannt worden[185]. Diese OPFL wird auch in Akten über die Speziallager des NKWD auf dem Gebiet der SBZ/DDR genannt[186].

Angesichts der häufigen Belege einer OPFL ab Februar 1945 ist davon auszugehen, daß die PFL zunächst einer Abteilung für Speziallager des NKWD, ab Februar 1945 dann der OPFL unterstanden. Zu untersuchen ist aber, in welchem Verhältnis die hier genannte Abteilung für Speziallager des NKWD zu den 1941 bis 1944 bestehenden Speziallagern der UPWI, den 1945 bis 1950 existierenden Speziallagern auf dem Boden der SBZ/DDR und den ab 1948 in der Sowjetunion errichteten Speziallagern stand.

Als weitere Lagerverwaltung der Sicherheitsbehörden entstand während der Kriegs- und Nachkriegszeit die *Hauptverwaltung für Angelegenheiten von*

[181] Rossi, GULAG Handbook, S. 348-349, 470. Die UPFL wird in Wolin/Slusser, Secret Police, nicht genannt.
[182] Semskow, GULAG II, S. 4.
[183] Semskow, GULAG II, S. 4, 6.
[184] Bacon, Gulag, S. 62.
[185] Bacon, Gulag, S. 94.
[186] In den bei Agde, Sachsenhausen, abgedruckten Befehlen und Anordnungen wird die „Abteilung Überprüfungs- und Aussonderungslager des NKWD der UdSSR“ zweimal genannt (Befehl des NKWD vom 22. Februar 1945. Ebd., S. 47-48. Befehl des NKWD vom 18. April 1945. Ebd., S. 50-51).

Kriegsgefangenen und Internierten (Glawnoje uprawlenije po delam wojennoplennych i internirowannych, GUPWI)[187]. Mit den GUPWI-Lagern entstand neben dem GULag ein zweites Zwangsarbeitslagersystem des sowjetischen Innenministeriums, dessen Einsatzspektrum sehr dem der Lager des GULag ähnelte[188]. Die spätere GUPWI wurde im September 1939 als UPWI *(Uprawlenije po delam wojennoplennych i internirowannych)* gegründet und mit massiver Hilfe der GULag aufgebaut. Die GULag stellte Ausbilder und Personal ab, wies GUPWI-Funktionäre in die Grundlagen der Organisation eines Lagersystems ein und gab in vielerlei Hinsicht Starthilfe. Nach raschem Aufbau wurde die UPWI in den ersten Kriegswochen 1941 vom deutschen Vormarsch getroffen und völlig zerrüttet, so daß die GULag für einige Wochen die Versorgung der UPWI-Lager übernehmen mußte. Nach dem Stocken der deutschen Offensive stabilisierte sich die Lage, und ab 1943 stiegen Lagerinsassenzahlen und Bedeutung der UPWI ständig. Um der wachsenden Anzahl an Kriegsgefangenen Herr zu werden, wurde immer mehr GULag-Personal in den sich ausbreitenden UPWI-Lagern eingesetzt[189]. Einen Sonderfall stellen in dem insgesamt rund 4-5000 Lager und lagerähnliche Einrichtungen umfassenden System der UPWI die Speziallager der UPWI dar[190]. Im Januar 1945 wurde die UPWI in GUPWI umbenannt, jedoch 1951 wieder in UPWI rückbenannt. Sie mußte Kompetenzen abtreten, wurde dem stellvertretenden GULag-Chef, *A.S. Kobulow*[191], unterstellt und so faktisch der GULag eingegliedert. Im Zuge der Umorganisation des gesamten Sicherheitsapparates im März 1953 wurde die UPWI aufgelöst und als Abteilung in das MWD integriert, die letzten Lager der UPWI 1956 aufgelöst oder in das neue System der ITK des MWD eingegliedert[192]. Sie taucht in der Übersicht von ARTEMJEW/BURLUTSKY mit Stand 1955 folgerichtig nicht mehr auf[193].

Als dritte Kategorie und Institution sind die 1948 in der Sowjetunion eingerichteten Speziallager zu nennen. Über deren organisatorische Zuordnung herrscht keine Klarheit. Als einziger nennt ROSSI eine eigene Institution: eine *Verwaltung der Lager des MGB* (*Uprawlenije lagerei, ULag*), die diese Speziallager unter sich gehabt habe[194]. SCHOLMER nennt die bei ihm als „Regimelager" bezeichneten Speziallager ausdrücklich „MGB-Lager"[195].

In einem von KARNER genannten Bericht des Jahres 1949 wird jedoch dem „Chef des GULAG" über die Speziallager gemeldet[196]. Dies würde dafür spre-

[187] Andreevich, Structure, S. 151, spricht abweichend von „GUPI"; Agde, Sachsenhausen, S. 47, 50, von GUPWI (deutsche Übersetzung der NKWD-Befehle vom 22. Februar 1945 und 18. April 1945). Neu und umfassend zur GUPWI: Karner, GUPVI.

[188] Siehe dazu: Karner, GUPVI, S. 136-169, besonders die Auflistung der Einsatzbereiche S. 142-144.

[189] Karner, GUPVI, S. 55, 56, 61.

[190] Zur Gesamtzahl der GUPWI/UPWI-Lager: Karner, GUPVI, S. 7, 55. Zu den Speziallagern der UPWI: Kap. 9.2.9.

[191] Knoll/Kölm, Fall Berija, S. 31, Anmk. 1. Karner, GUPVI, S. 78.

[192] Karner, GUPVI, S. 68, 77 (Abb. 2.8), 78, 79-80.

[193] Dies., Structure, S. 158-164.

[194] Rossi, GULAG Handbook, S. 414, 468-469. Sie wird in Wolin/Slusser, Secret Police, nicht genannt.

chen, daß zu diesem Zeitpunkt die Speziallager der GULag unterstanden oder zumindest eng mit ihr zusammenarbeiteten. Endgültige Aussagen sind also auch hier nicht möglich.

Zu unterscheiden von diesen Speziallagern sind die auf dem Boden der SBZ/DDR errichteten Speziallager des NKWD. Diese unterstanden einer am 18. April 1945 gegründeten und bis 1950 bestehenden *Abteilung Speziallager des NKWD auf dem Territorium Deutschlands*. Diese Abteilung unterstand bis zum 8. August 1948 dem Ersten Stellvertretenden Minister des NKWD/MWD, ab dem 9. August 1948 der GULag des MWD[197]. Eine Untersuchung über die Einbindung der Speziallager auf dem Boden der SBZ/DDR und der für sie zuständigen Abteilung in das GULag-Lagersystem steht noch aus.

Zu bilanzieren ist, daß von den oben genannten Dienststellen diejenige für die PFL nicht der GULag unterstand, sondern als Abteilung für Speziallager des NKWD, ab Februar 1945 dann als Abteilung für Prüf- und Filtrationslager des NKWD eigenständig war. Die UPWI/GUPWI existierte bis 1951 unabhängig neben der GULag, arbeitete jedoch eng mit dieser zusammen und wurde 1951 faktisch in die GULag eingegliedert. Die ab 1948 in der Sowjetunion errichteten Speziallager unterstanden möglicherweise dem MGB, eventuell aber auch der GULag. Hierzu liegen besonders wenige Angaben vor; noch nicht einmal der genaue Name der diesen Lagern übergeordneten Behörde ist bekannt. Die Speziallager auf dem Boden der SBZ/DDR unterstanden von 1948 bis 1950 der GULag, vorher direkt der NKWD/MWD-Zentralebene.

Wenn somit hinsichtlich der Zuständigkeiten für PFL, Speziallager und Einordnung der Speziallager auf dem Gebiet der SBZ/DDR in den GULag noch erheblicher Aufklärungsbedarf besteht, so liegen hingegen für die GULag und ihren inneren Aufbau in der Nachkriegszeit verhältnismäßig genaue Informationen vor[198]. Nach ANDREEVICH gliederte sich die GULag

---

[195] Ders., Arzt, S. 188. Siehe auch ebd., S. 169, wo er für Workuta von Regimelagern und einer „Verwaltung der Regimelager“ des MGB spricht. Zu Speziallagern: Vgl. Kap. 7.2.3.

[196] Karner, GUPVI, S. 177.

[197] Jan Lipinsky. Sowjetische Speziallager in Deutschland 1945-1950 – ein Beispiel für alliierte Internierungspraxis oder für sowjetisches GULag-System. In: Brigitte Kaff (Hg.). „Gefährliche Gegner“. Widerstand und Verfolgung in der sowjetischen Zone/DDR. Düsseldorf, 1995, S. 27-43. Hier: S. 28. Achim Kilian. Einzuweisen zur völligen Isolierung. NKWD-Speziallager Mühlberg/Elbe 1945-1948. 2. erw. Aufl.. Leipzig, 1993. Hier: S. 231. Bodo Ritscher. Spezlager Nr. 2 Buchenwald. Zur Geschichte des Lagers Buchenwald 1945 bis 1950. Hg. v. d. Gedenkstätte Buchenwald. Arbeitsstelle „Speziallager 2“. 2. Aufl. Weimar-Buchenwald, 1996. S. 24-37. Hier: S. 30-34. Allgemein zu Speziallagern: Michael Klonovsky/Jan von Flocken. Stalins Lager in Deutschland 1945-1950. Dokumentation, Zeugenberichte. München, 1993. Zu einzelnen Speziallagern: Agde. Sachsenhausen. Barbara Kühle/Wolfgang Titz Speziallager Nr. 7. Sachsenhausen 1945-1950. Berlin, 1990. Hanno Müller (Hg.). Recht oder Rache? Buchenwald 1945-1950. Betroffene erinnern sich, Frankfurt/M., 1991. Als Fachbibliographie: Die sowjetischen Speziallager in Deutschland 1945-1950. Eine Bibliographie (Arbeitsfassung). Mit einem Anhang: Literatur zum historisch-sozialen Umfeld der Speziallager. Hg. v. Bodo Ritscher, Rosmarie Hofmann, Gabriele Hammermann, Wolfgang Röll und Christian Schölzel. Weimar-Buchenwald, 1996.

[198] Viele der im folgenden genannten administrativen Einheiten existierten bereits während des Zweiten Weltkrieges und sind daher auch in Bacons Liste zu finden.

1953 in fünf verschiedene Bereiche (Produktionsorgane, Regimeorgane, Verwaltungs-, Wirtschafts- und Hilfsorgane, eine Politische Abteilung und die Straforgane), denen wiederum Fachabteilungen unterstanden[199]. ARTEMJEW nennt für 1955 vier Gruppen von Abteilungen: Produktionsabteilungen, Ordnungsdienstabteilungen, Verwaltungsabteilungen und Hilfsabteilungen. Im einzelnen nennen er und BARTON 23 einzelne Abteilungen, von denen 21 denen von ANDREEVICH entsprechen[200], JAKOWLEW verzeichnet 22 Dienststellen, weist diese aber nicht bestimmten Obergruppen zu[201].

Die „*Produktionsorgane*“ waren die Diensteinheiten, die den wirtschaftlichen Betrieb organisierten. Zu ihnen gehörten eine *Planabteilung*, eine *Verwaltung für größere Bauprojekte (Uprawlenije kapitalnych soorusheni)*, eine *Abteilung für den Bau von Gebäuden*, eine *Abteilung für Holzwirtschaft*, eine *Abteilung für Landwirtschaft*, eine *Abteilung für Fernstraßen* und Abteilungen für alle Branchen, in denen die Lager der GULag tätig waren[202]. JAKOWLEW nennt zusätzlich eine *Abteilung für Bergbau* und eine *Abteilung für Allgemeine Industrie*[203].

Die Produktionsorgane der GULag bestimmten das Arbeitsprogramm, errechneten den Bedarf an Arbeitskräften und wirkten auf die übrigen GULag-Einrichtungen ein, um die an sie gestellten Pläne zu erfüllen. Da die Produktionserfüllung in der Zentralen Planwirtschaft den höchsten Stellenwert hatte, hatten die Produktionsorgane maßgeblichen Einfluß auf die anderen Diensteinheiten der GULag. Es ist davon auszugehen, daß sie mit den Branchen-Hauptverwaltungen des NKWD/MWD, den Unternehmen des NKWD/MWD, den Volkskommissariaten/Ministerien, die für den gleichen Wirtschaftszweig zuständig waren, und den großen staatlichen Unternehmen zusammenarbeiteten.

Zu den „*Regimeorganen*“[204] gehörten eine *Wach- und Regimeabteilung*[205], eine auch „*Zweite Abteilung*“ genannte *Abteilung für Registrierung und Verteilung (URO)*[206] und eine *Abteilung für Kultur und Erziehung (Kulturno-wospitatelny otdel, KWO)*[207].

Die „*Verwaltungs-, Wirtschafts- und Hilfsorgane*“[208] setzten sich aus einer *Kaderabteilung*, einer *Verwaltungs- und Wirtschaftsabteilung (AChO)*[209], einer

---

[199] Andreevich, Structure, S. 147.

[200] Artemjew, Reshim, S. 215. Siehe auch sein Organisationsschema auf S. 203, in dem allerdings viele Fachabteilungen nur angedeutet sind. Barton, L'institution, S. 115-116, unter Bezug auf den Zeugen Andrejew.

[201] Ausgezeichnetes Organisationsschema in: Jakowlew, Lageri, S. 51.

[202] Andreevich, Structure, S. 147.

[203] Jakowlew, Lageri, S. 51.

[204] Andreevich, Structure, S. 147.

[205] Rossi, GULAG Handbook, S. 470, nennt diese *Uprawlenije ochrany i reshima*.

[206] Zur URO: Rossi, GULAG Handbook, S. 11, 64 („Zweite Abteilung“), 471.

[207] Vorläuferin der KWO war die *Erzieherisch-Politische Abteilung (Wospitatelno-polititscheski otdel) (WPO) der GULag der OGPU*. Sie hatte die Aufgabe, die erzieherische und politische Arbeit in den Lagern zu überwachen (Rossi, GULAG Handbook, S. 59). Die KWO wurde 1934 gegründet. Neben ihren Leitungsfunktionen über die KWO der Lagergebietsverwaltungen verfügte die KWO über eigene Chöre, Orchester und Theater, sie verbreitete Propagandaschriften und Informationsmaterial und beschäftigte bildende Künstler, die Häftlinge waren (Rossi, GULAG Handbook, S. 157).

[208] Andreevich, Structure, S. 147.

[209] Zur AChO: Rossi, GULAG Handbook, S. 11.

Abteilung für Medizin und Sanitätswesen (SanO)[210], einer *Veterinärabteilung*, einer *Abteilung für die Unterkünfte*, einer *Transportabteilung*, einer obersten *Stelle für Buchführung*, einer *Finanzabteilung* und weiteren Dienststellen[211] zusammen. Hinzu kommen bei ARTEMJEW, BARTON und JAKOWLEW eine *Inspektionsabteilung* und eine *Technische Abteilung*, bei JAKOWLEW eine *Versorgungsabteilung*[212].

Die *Politische Abteilung* oder *Politische Verwaltung*[213] repräsentierte die KPdSU und nahm eine Sonderstellung ein, da sie für die politische Arbeit in allen Untergliederungen der GULag-Verwaltung zuständig war[214].

Bei den *„Straforganen"*[215] ist an erster Stelle die *Operativ-Tschekistische oder „Dritte Abteilung" (Operatiwno-Tschekistski otdel, OTschO)* zu nennen. Diese gehörte offiziell zur GULag, war aber de facto Teil des eigentlichen Staatssicherheitsbereiches und unterstand direkt der GUGB des NKWD/MWD[216]. Sie repräsentierte die Staatssicherheit im Lagersystem der GULag und überwachte alle Lagerebenen, die darin befindlichen Personen, die wirtschaftlichen Aktivitäten, Arbeitsordnung und Lagerregime. Die OTschO gliederte sich ihrerseits in mehrere Unterabteilungen oder Sektionen, von denen die *Wirtschaftliche Sektion* die wirtschaftlichen Aktivitäten der Lager, die *Geheime Politische Sektion* das angeworbene freie Personal, die *Spezialsektion* das NKWD/MWD-Personal und die *Operative Sektion* die Gefangenen überwachte, Maßnahmen gegen Fluchtversuche traf und das Lagerregime kontrollierte. In jeder Lagerebene gab es eine Untereinheit oder Dienststelle der „Dritten Abteilung", die nicht den GULag-Behörden, sondern nur der jeweils vorgesetzten Stelle der OTschO unterstellt waren[217]. Neben der OTschO sind noch die *Staatsanwaltschaft*[218] und das Oberste

[210] Rossi, GULAG Handbook, S. 11, nennt eine *Medizinische Verwaltung (Sanitarnoje uprawlenije) der GUITL*. Diese habe die Sanitätsabteilungen (SanO) der Lagergebietsverwaltungen überwacht.

[211] So nennt Rossi, GULAG Handbook, S. 59, für die GULag des NKWD eine *Militarisierte Feuerwache (Wojenisirowannaja posharnaja ochrana, WPO)*, welche 1934 durch die GULag des NKWD aufgestellt worden und nicht der Hauptverwaltung für Feuerschutz des NKWD (GUPO) unterstellt gewesen sei. Diese WPO habe sich aus GULag-Funktionären und nichtpolitischen Gefangenen zusammengesetzt. Erst 1953 sei sie dann der GUPO zugeordnet worden. Zu den Verwaltungs-, Wirtschafts- und Hilfsorganen dürfte auch die bei Rossi genannte *Abteilung für Allgemeine Versorgung (Otdel obstschego snabshenija, OOS)* gehört haben (Ebd., S. 263).

[212] Artemjew, Reshim, S. 203. Barton, L'institution, S. 115-116. Jakowlew, Lageri, S. 51.

[213] Andreevich, Structure, S. 147.

[214] Rossi nennt eine *Politische Verwaltung (PolitUprawlenije)* der GULag-Zentralebene. Diese sei 1937 gebildet worden, um die Parteikontrolle über das gesamte Lagersystem sicherzustellen. Diese Kontrolle habe sich jedoch nicht auf die „Dritte Abteilung", also den Staatssicherheitsbereich, bezogen. Die Politische Verwaltung sei nicht der GULag, sondern einer speziellen ZK-Abteilung unterstellt gewesen. Diese habe auch den Chef der Politischen Verwaltung und seine Stellvertreter bestimmt (Rossi, GULAG Handbook, S. 322). Auch Andreevich, Structure, S. 113, nennt die PolitOtdel als eine Unterabteilung des ZK.

[215] Andreevich, Structure, S. 147.

[216] Mund, GPU, S. 146-147, nennt bereits 1942 eine „III. Hauptabteilung, Tsch. O (Tschastny Otdel)" der GUGB, deren „4. Sektion" die Aufgabe habe, „Gefängnisse, Konzentrations-, Zwangsarbeits- und Verbannungslager" zu überwachen, und deren „5. Sektion" „den gesamten Transport des Menschen- und Sachmaterials zu den Lagern" kontrolliert habe.

[217] Andreevich, Structure, S. 108, 112-114.

[218] Artemjew, Reshim, S. 215. Barton, L'institution, S. 115-116, unter Bezug auf den Zeugen Andrejew. Andreevich, Structure, S. 150, nennt „camp procurators" ohne auf deren Funktion oder

Lagergericht[219] als Straforgane zu nennen. Strittig ist, ob es eine Statistik-Abteilung innerhalb von NKWD/MWD oder GULag gegeben hat[220].

Mit den Umstrukturierungen in den fünfziger Jahren veränderte sich der Aufbau der GULag drastisch. Viele Branchenabteilungen und Unternehmen wurden den zuständigen Branchenministerien unterstellt.

4.3 Behörden des Sicherheitsapparates von Bedeutung für das Lagersystem

Innerhalb des NKWD existierten eine Reihe von Institutionen, die eng mit dem Lagersystem zusammenarbeiteten. Zu unterscheiden sind Dienststellen, die zum Staatssicherheitsbereich gehörten, und solche, die vornehmlich wirtschaftliche Aufgaben zu erfüllen hatten und auf den GULag als Arbeitskräftereservoir angewiesen waren. Nachdem den Innenbehörden seit 1928 wichtige Funktionen bei der Kontrolle der wirtschaftlichen Planung und im industriellen Management übertragen worden waren[221], wurden seit Mitte der dreißiger Jahre innerhalb des neuen Unions-NKWD eine Fülle von Wirtschaftsverwaltungen eingerichtet. Mit Hilfe dieser Fachverwaltungen baute das Volkskommissariat des Innern eine auf Zwangsarbeit beruhende, das gesamte Land umspannende Wirtschaft auf[222]. Zu diesen Verwaltungen kamen eine Reihe von NKWD-Unternehmen, von denen viele mit GULag-Arbeitskräften arbeiteten[223].

Gliederung näher einzugehen. Rossi, GULAG Handbook S. 340, nennt ein „GULag Public Prosecutor's Office".

219 Artemjew, Reshim, S. 215. Barton, L'institution, S. 115-116, unter Bezug auf den Zeugen Andrejew. Andreevich, Structure, S. 150, nennt „camp courts", ohne auf deren Funktion oder Gliederung näher einzugehen. Rossi erwähnt zwei Arten von Gerichten: Das *Lagerkollegium des Gebietsgerichtes (Lagernaja kollegija oblastnogo suda)* hätte in der zweiten Hälfte der dreißiger Jahre bestanden und Verfahren wegen Verbrechen gegen Personen, die in Strafisolatoren saßen, geführt. Anfang der vierziger Jahre hätten diese Gerichte ihre Tätigkeit eingestellt und seien durch die *Lagergerichte (Lagsuda)* ersetzt worden. Diese hätten bis 1953 bestanden (Rossi, GULAG Handbook, S. 194-195, 196). Von den Bezeichnungen her ist darauf zu schließen, daß erstere regionale administrative Einrichtungen, die Lagergerichte hingegen Lager-Institutionen waren. Die *Lagernaja kollegija oblastnogo suda* sind wahrscheinlich identisch mit den von Nekritsch genannten „Kreis- (Gebiets-) Gerichten bei den ITL", deren Einführung vom Politbüro im November 1934 zur Beschleunigung der Strafverfahren bestätigt worden sei (Nekritsch, Klärung, S. 97-98).

220 Beck/Godin, Purge, S. 135, nennen eine statistische Abteilung innerhalb des NKWD, die für alle sowjetischen Statistiken verantwortlich gewesen sei. Unklar ist, ob sie damit die EKU meinen. Carmichael, Säuberung, S. 159-160, spricht von der Existenz einer geheimen statistischen Abteilung des NKWD, die die Produktionszweige des GULag statistisch erfaßt habe. Dallin und Artemjew erwähnen in ihren Angaben über die Verteilung der Häftlinge eine Statistische Abteilung innerhalb der GULag-Zentrale. Semskow, GULAG I, S. 17, nennt für 1940 eine „Zentraldatei des GULAG". Jasny, Labor, S. 416, Anmk. 23, bemerkt dagegen, daß es im NKWD-Wirtschaftssystem keine Dienststelle gegeben habe, die eine Statistik oder Schätzungen über das Arbeitskraftpotential in NKWD-Unternehmen geführt habe.

221 Swianiewicz, Forced Labour, S. 139, 141-142.

222 Nove, History, S. 266, spricht von „a big economic empire using forced labour".

223 Wichtige Beispiele: DALSTROI, WolgoDonStroi (NKWD-Unternehmen zum Bau des Wolga-Don-Kanals) und die Unternehmen im Lagerverbundsystem Kotlas-Uchta-Petschora-Workuta.

Wichtig war für das NKWD, daß die GUGB als NKGB im April 1943 erneut abgetrennt wurde. Dadurch konnte sich das entlastete NKWD auf den Wirtschaftsbereich konzentrieren. Es entwickelte sich immer mehr zu einer Wirtschaftsorganisation, die für die allgemeine Ordnung und das Funktionieren der Rüstungsindustrie, das Transportwesen und den Armeenachschub zuständig wurde[224].

Leitungsbehörde und wichtigste Wirtschaftsinstitution des NKWD war die Verwaltungs- und Wirtschaftsabteilung oder *Hauptverwaltung für Wirtschaft (Glawnoje ekonomitscheskoje uprawlenije, EKU)*. Sie war aus der Wirtschaftsabteilung der Tscheka entstanden und hatte sich bereits bis 1921 zu einer der drei größten Abteilungen innerhalb der Sicherheitspolizei entwickelt. Mit Beginn der Planperiode wurde sie die größte Hauptverwaltung innerhalb des NKWD-Apparates und spielte eine ähnlich wichtige Rolle wie die GUGB. Die EKU überwachte fast die gesamte freie sowjetische Wirtschaft[225]. Von wirtschaftlicher Bedeutung waren weiter die Gelddruck- und Münzprägefabriken des NKWD und zahlreiche Laboratorien und Wissenschaftseinrichtungen[226].

Bevor näher auf die Branchen-Hauptverwaltungen des NKWD, die sich zu den wichtigsten Arbeit- und Auftraggebern des GULag entwickelten, näher eingegangen wird, werden jene Dienststellen des Sicherheitsapparates vorgestellt, die ebenfalls von Bedeutung für das Lagersystem waren. Manche von ihnen übernahmen im Laufe der Zeit Funktionen von der GULag und erhielten damit auch direkte Kompetenz innerhalb des Lagersystems.

Ein Großteil der späteren Lagerinsassen hatte, bevor er „auf Etappe" ins Lager ging, zunächst mit der *Hauptverwaltung der Haftverbüßungsorte (Glawnoje uprawlenije mest sakljutschenija, GUMS)* zu tun. Diese hatte alle allgemeinen kommunalen Gefängnisse, Transitgefängnisse und Untersuchungsgefängnisse, nicht aber Politisolatoren und Spezialgefängnisse unter sich[227] und organisierte die Überstellung der Häftlinge mit oder ohne Gerichtsurteil zur GULag. Möglicherweise übernahm die GUMS bereits Anfang der vierziger Jahre, sicher aber in den fünfziger Jahren auch Verantwortung für Siedlungen für Verbannte, Besserungsarbeitskolonien und lokale Lager. All diese waren Straf- und Hafteinrichtungen, die bislang der GULag unterstanden hatten[228]. Ange-

[224] Lewytzkyj, Inquisition, S. 196-197, 203-204. Barron, KGB, S. 462, ist zuzustimmen, wenn er den Grund der Aufgliederung 1941 und 1943 darin sieht, daß sich das NKWD auf seine wirtschaftlichen Aktivitäten und das NKGB auf die eigentliche Arbeit als geheime Staatspolizei konzentrieren konnte

[225] Zur EKU: Swianiewicz, Forced Labour, S. 142-145. Andreevich, Structure, S. 108, 115-122. Conquest, Anfang, S. 118-119. Unklar ist, warum die Abkürzung „EKU" und nicht EGU, GEkU oder GUEk lautet.

[226] Andreevich, Structure, S. 109, 151.

[227] Andreevich, Structure, S. 109, 144-145.

[228] Für das Jahr 1955 nennen Artemjew/Burlutsky neben Gefängnissen auch örtliche Baulager, Kolonien und andere Haftverbüßungsorte und Orte der Zwangsarbeit einschließlich Spezialsiedlungen und Arbeitssiedlungen, die der GUMS unterstanden hätten (Dies., Structure, S. 159). Damit korrespondiert, daß bei ihnen die GULag nur noch als *Glawnoje uprawlenije isprawitelno-trudowych lagerei* bezeichnet wird. Die früheren Zusätze „Arbeitssiedlungen und Haftverbüßungsorte"

merkt sei hier, daß die von BACON genannten OITK und UITLK des NKWD ebenfalls der GUMS des NKWD zugeordnet waren[229].

Eine weitere Institution, die über Hafteinrichtungen verfügte, ohne zum Lagersystem zu gehören, war die seit 1954 aufgebaute *Hauptgefängnisverwaltung des KGB (Glawnoje tjuremnoje uprawlenije, GTU)*. Dieser unterstanden die Gefängnisse z.b.V. des KGB[230].

Der für die Wirtschaftsplanung wichtige Bevölkerungstransfer wurde seit dem 10. Juli 1936 durch eine *Abteilung für Umsiedlungswesen (Pereselentscheski otdel)* zentral geleitet. 1940 wurde diese durch die *Hauptverwaltung Umsiedlung (Glawnoje uprawlenije pereselentscheskoje, GUP)* ersetzt[231]. Nach Auskunft von ANDREEVICH war die GUP während des Krieges und danach zuständig für eine große Zahl von Einzelverbannten, die Deportierten-Großgruppen aus der Ukraine, Weißrußland und den baltischen Staaten und die deportierten Völkerschaften (Rußlanddeutsche, Krimtataren, Kaukasusvölker)[232]. Die GUP wurde vor 1955 aus dem Verantwortungsbereich des MWD gelöst und dem Ministerrat der UdSSR direkt unterstellt[233]. Möglicherweise existierte zusätzlich die *Hauptverwaltung zur Behandlung administrativ verbannter Personen (Glawnoje uprawlenije administratiwno-ssylnych, GUAS)*[234].

4.3.1 Die Branchen-Hauptverwaltungen des NKWD

Die Branchen-Hauptverwaltungen des NKWD waren nach der EKU die wichtigsten Wirtschaftsverwaltungen des NKWD. Sie waren jeweils für bestimmte Wirtschaftszweige zuständig und griffen in großem Maße auf die Zwangsarbeitskräfte des GULag zurück. Sehr wahrscheinlich unterstanden ihnen die NKWD-Unternehmen, die in diesem Wirtschaftszweig aktiv waren. Sollte es

erscheinen nicht mehr (Ebd., S. 159). Artemiev, Forces, S. 257, nennt „prisons, colonies, and labor and special settlements“ der GUMS. Lewytzkyj, Inquisition, S. 171, spricht von einer „Verwaltung der Haftanstalten (OMS)“, die als „Sonderabteilung des NKWD“ für die ITK zuständig gewesen sei. Ebenso: S., Bericht, S. 1162. OMS auch genannt in: Semskow, Sudba, S. 118. Rossi kennt ebenfalls eine OMS (Otdel mest sakljutschenija), die er allerdings mit der GUMS des NKWD vor 1930 gleichsetzt (Ders., GULAG Handbook, S. 263). Wie bereits gesagt, ist es möglich, daß OMS und GUMS zwei Bezeichnungen für dieselbe Dienststelle sind, deren Ebene (Abteilung oder Hauptverwaltung) sich in Umorganisationen änderte.

229 Vgl. Kap. 4.2.1.2.2.

230 Zur GTU: Artemiev/Burlutsky, Structure, S. 169.

231 Für 1936: Wolin/Slusser, Secret police, S. 47, Anmk. 70j. Lewytzkyj, Inquisition, S. 170, nennt hingegen ohne Beleg das Datum November 1935. Für 1940: Andreevich, Structure, S. 109, 151. Rossis Angaben sind widersprüchlich. Zunächst führt er aus, daß die Umsiedlungsabteilung des NKWD Nachfolgerin eines Umsiedlungskomitees des Rates der Volkskommissare der UdSSR gewesen sei (Rossi, GULAG Handbook, S. 301). An anderer Stelle (S. 327) sagt er jedoch, daß vor 1936 das Volkskommissariat für Landwirtschaft für diese Siedlungsplanung zuständig gewesen sei.

232 Andreevich, Structure, S. 151. Rossi, GULAG Handbook, S. 78, sagt, daß die GUP in erster Linie mit den Massenverschickungen nichtrussischer Völker beauftragt gewesen sei.

233 Artemiev/Burlutsky, Structure, S. 164.

234 Nach Rossi wurde die GUAS in den dreißiger Jahren gegründet und bestand bis 1953 (Ebd., S. 88). Sie wird in Wolin/Slusser, Secret Police, nicht genannt.

Branchen-Lagerhauptverwaltungen des NKWD gegeben haben, so waren diese sehr wahrscheinlich die direkten Ansprechpartner der Branchen-Hauptverwaltungen des NKWD[235]. In jedem Fall aber arbeiteten die Branchen-Hauptverwaltungen des NKWD und die Behörden des Lagersystems eng zusammen[236].

An dieser Stelle muß erneut darauf hingewiesen werden, daß es sich bei Branchen-Hauptverwaltungen wie der GUShDS und Branchen-Lagerhauptverwaltungen wie der GULShDS möglicherweise um ein und dieselbe Organisation handelt. Es muß einer quellengestützten Detailuntersuchung vorbehalten bleiben, exakte Unterscheidungsmerkmale oder Identitäten von Branchen-Hauptverwaltungen und Branchen-Lagerhauptverwaltungen herauszuarbeiten.

Die beiden größten und bekanntesten Branchen-Hauptverwaltungen des NKWD waren die *Hauptverwaltung für den Bau von Fernstraßen (Glawnoje uprawlenije schosseinogo i doroshnogo transporta* oder *Glawnoje uprawlenije schosseinych dorog, GUSchossDor)* und die *Hauptverwaltung für den Bau von Eisenbahnstrecken (Glawnoje uprawlenije shelesnodoroshnogo stroitelstwa, GUShDS)*.

Die *GUSchossDor* wurde mit Dekret vom 28. Oktober 1935 dem NKWD als „Hauptverwaltung für Autobahnen, Straßen und Automobiltransport" unterstellt[237]. Sie wurde bereits am 3. März 1933 gegründet[238] und unterstand vor dem 28. Oktober 1935 direkt dem ZEK der UdSSR und den einzelnen Republiken[239]. 1936 wurde sie in „Hauptverwaltung für Autobahnen" umbenannt[240]. Über deren genaue Kompetenzen gibt es unterschiedliche Ansichten. MUND, ANDREEVICH, JASNY, DALLIN und ROSSI sprechen davon, daß damit der Straßenbau in der gesamten Sowjetunion verbunden gewesen sei. Die Moskauer Zentrale habe den Bau und Erhalt von Autofernverkehrsstraßen mit nationaler Bedeutung durchgeführt. Die Untergliederungen der GUSchossDor in den Re-

[235] Da die Abkürzungen der Branchen-Lagerhauptverwaltungen des NKWD, die möglicherweise aus Branchenabteilungen der GULag entstanden waren, denen der Branchen-Hauptverwaltungen bis auf einen Buchstaben (L) gleichen, tauchen in der Literatur oft Verwechslungen, Ungenauigkeiten und Unsicherheiten bezüglich der Branchen-Hauptverwaltungen des NKWD auf. Manche Autoren sehen in ihnen nicht Hauptverwaltungen des NKWD, sondern Hauptverwaltungen der GULag. Andere pendeln zwischen NKWD und GULag und bleiben unschlüssig, ohne die Problematik zu erörtern. Besonders widersprüchlich verhält sich hier Rossi. Einerseits bezeichnet er GUGMP, GUSchossDor und GUShDS als Hauptverwaltungen des NKWD (Ders., GULAG Handbook, S. 90, 96), an anderer Stelle als Hauptverwaltungen der GULag, die ab 1953 den zuständigen Branchenministerien unterstellt worden seien (Ebd., S. 93, 94).

[236] Antonow-Owsejenko bezeichnet GUSchossDor und andere Branchen-Hauptverwaltungen des NKWD als „Unterauftragsnehmer". Diese hätten Plan und Termine an die Lagerbehörden weitergegeben. Das Lagersystem habe Arbeitskräfte und Technik gestellt (Ders., Weg, S. 135). Antonow-Owsejenkos Angaben zur Finanzierung sind allerdings falsch. Diese wurde nicht, wie er behauptet, vollständig vom GULag getragen. Vielmehr bekam das Lagersystem vom Auftraggeber eine finanzielle oder materielle Gegenleistung für die Arbeit der Zwangsarbeitskräfte. Vgl. Kap. 10.3.

[237] Wolin/Slusser, Secret police, S. 47, Anmk. 70e. Baykov, A note on the economic significance of compulsory labour in the USSR. In: Bulletins of Soviet Economic Development 7/Dezember 1952, S. 30-41. Hier: S. 31. Mund, GPU, S. 138. GUSchossDor auch in: Bacon, Gulag, S. 59 (ohne Datum).

[238] Rossi, GULAG Handbook, S. 96.

[239] Baykov, Note, S. 31.

[240] Wolin/Slusser, Secret police, S. 47, Anmk. 70h.

publiken und Gebieten hätten Straßen mit entsprechend untergeordneterer Bedeutung gebaut. Während diese Bauarbeiten meist mit Lagerhäftlingen durchgeführt worden seien, seien Unterhalt und Bewachung der Straßen mit freien Arbeitskräften verwirklicht worden[241]. BAYKOV und ARTEMJEW bestreiten dies. Nach ihnen war die GUSchossDor für die strategischen Straßenbauten mit Bedeutung für die ganze Union zuständig. Die Straßen mit Bedeutung für die jeweilige Republik und solche mit geringerer Wichtigkeit hätten nicht die GUSchossDor, sondern Republik- und Gebiets-Straßenbauverwaltungen gebaut[242]. Die GUSchossDor bestand offenbar noch 1955[243].

Die *GUShDS* des NKWD wurde im September 1940 geschaffen[244]. Möglicherweise bestand eine Vorläuferorganisation außerhalb des NKWD bereits früher[245]. Die GUShDS war mit Bau und Wiederaufbau von Eisenbahnstrecken beauftragt. Auch sie arbeitete vornehmlich mit Lagerzwangsarbeitern[246], war genauso wie die GUSchossDor aufgebaut[247] und bestand möglicherweise noch 1955[248].

Am 11. September 1940 wurde auch eine *Hauptverwaltung für den Bau hydrotechnischer Bauten (GlawGidroStroi)* geschaffen[249]. Eine *Hauptverwaltung für die Bergbau- und metallurgische Industrie (Glawnoje uprawlenije gornoi i metallurgitscheskoi promyschlennosti, GUGMP)* wurde nach ROSSI in den späten dreißiger Jahren gegründet und 1953 aufgelöst[250]. Nach CORSON/CRAWLEY bestand sie jedoch nur während des Zweiten Weltkrieges[251].

ROSSI nennt weiter eine *Hauptverwaltung für Holzwirtschaft (Glawnoje uprawlenije lesnoi promyschlennosti, GlawLes)*. Diese sei in den späten zwanziger Jahren von der Sowjetregierung errichtet worden, um das in OGPU-Lagern geschlagene Holz exportieren zu können. Eine ihre Abteilungen sei *SewLes* für die nördlichen Regionen Rußlands gewesen. Er läßt aber offen, welchem Volks-

---

241 Mund, GPU, S. 138. Andreevich, Structure, S. 109, 150, Jasny, Labor, S. 409, und David J. Dallin. Das wirkliche Sowjetrußland. Hamburg, 1948. Hier: S. 199. Rossi, GULAG Handbook, S. 96.

242 Ders., Note, S. 31. Artemiev, Structure, S. 160. Bemerkt werden muß, daß diese für deutsche Verhältnisse seltsam anmutende und auf eine Allmacht der Staatssicherheit hindeutende Unterstellung von Bau- und anderen Fachverwaltungen unter die Innenbehörden in Rußland Tradition hat. Bereits in der Zarenzeit waren dem russischen Innenministerium der Straßenbau, Straßenunterhalt, Landvermessung, Siedlung und Bauten für das Ministerium unterstellt (Vgl. Baykov, Note, S. 32).

243 Artemiev/Burlutsky, Structure, S. 160 (Stand 1955). Nach Rossi wurde sie bereits 1953 in ein Unions-Ministerium für Transport und Fernstraßen überführt (Ders., GULAG Handbook, S. 94, 96).

244 Wolin/Slusser, Secret police, S. 47, Anmk. 70m.

245 Rossi nennt die Gründung der GUShDS unbelegt bereits für die dreißiger Jahre (Ders., GULAG Handbook, S. 90).

246 Andreevich, Structure, S. 109, 150. Zur GUShDS siehe auch: Jasny, Labor, S. 409. Lewytzkyj, Inquisition, S. 170. Aussage des Zeugen Ludwig Golubowitsch in: Livre blanc, S. 40.

247 Artemiev/Burlutsky, Structure, S. 160 (Stand 1955).

248 Ebd. Rossi gibt jedoch an, daß sie 1953 dem Unions-Ministerium für Eisenbahnen unterstellt worden sei (Ders., GULAG Handbook, S. 90).

249 Zur Gründung: Wolin/Slusser, Secret police, S. 47, Anmk. 70l. Bacon, Gulag, S. 58. Auch Semskow nennt deren Vorhandensein (für 1948) (Ders., GULAG II, S. 7).

250 Rossi, GULAG Handbook, S. 90.

251 Dies., KGB, S. 528. Leiter des „Chief directorate for mines and steel works" sei P.A. Sacharow (ab 1943) gewesen.

kommissariat diese unterstellt war[252]. An anderer Stelle sagt er, daß das SIBLag der OGPU bzw. NKWD die Arbeitskräfte für GlawLes-Unternehmen gestellt hätte[253]. Andere Angaben über GlawLes sind noch unsicherer in ihrer Aussagekraft[254].

Weitere Branchen-Hauptverwaltungen des NKWD waren: Die *Hauptverwaltung für den Bau von Flugplätzen*, die nach CORSON/CRAWLEY nur für die Zeit des Zweiten Weltkrieges bestand[255] und von BACON als GUAS erwähnt wird[256], *die Spezial-Hauptverwaltung für Buntmetallurgie (GlawSpezZwetMeta)*[257], die *Verwaltung für Ölindustrie*[258], die *Verwaltung für die technische Versorgung von Großbaustellen und den zugehörigen Lagern*, die am 26. Februar 1941 errichtet und im Juli 1941 in *Verwaltung für Materiell-Technische Versorgung* umbenannt wurde[259], die am 18. Februar 1942 geschaffene *Spezialabteilung für militärische Produktion* des NKWD, deren Hauptaufgabe in der Organisation der Munitionsproduktion während der Kriegszeit lag[260], und schließlich die *Hauptverwaltung für Spezialbauten (GlawSpezStroi)*[261], an anderer Stelle OsobStroi genannt[262].

Es ist davon auszugehen, daß es über diese Branchen-Hauptverwaltungen hinaus weitere, bislang unbekannte gab, die in anderen Wirtschaftszweigen aktiv waren. Sicher ist, daß alle genannten Branchen-Hauptverwaltungen des NKWD vor allem auf das dem NKWD eigene Arbeitskräftereservoir, den GULag, zurückgriffen.

4.4. Die Wachmannschaften des Lagersystems

Der Aufbau eigener Wachmannschaften der GULag war der letzte Schritt in einer längeren Entwicklung. Vor 1934 war die Lagerbewachung eng verknüpft mit dem normalen Dienst in den Streitkräften der Innen- und Sicherheitsbehörden. Deren Bezeichnungen wechselten, wie die der ihnen übergeordneten Dienststellen, häufig; in der Forschung treten zum Teil erheblich unterschiedliche Anga-

---

252 Ders., GULAG Handbook, S. 78.

253 Ebd., S. 390.

254 Jasny, Labor, S. 412 erwähnt ein „Office (upravlenie) of Forest Industry of NKVD". Schwarz, Statistik, S. 1563, nennt eine Hauptverwaltung für Forstwirtschaft (GlawLes) der GULag. Entweder meint er GlawLes des NKWD oder GlawLesLag des NKWD, wenn diese bestanden hat.

255 Corson/Crawley, KGB, S. 529, sprechen von einem „Chief directorate for airfield construction". Deren Leiter sei L.B. Safrasjan (ab 1941), gleichzeitig auch Leiter des „Chief directorate for Railway Construction Camps" gewesen, seine Stellvertreter W.A. Pachkin (ab 1941), N.I. Pawlow (ab 1941) und N.P. Wasiljew (ab 1941).

256 Bacon, Gulag, S. 59.

257 Semskow, GULAG II, S. 7 (Für 1948).

258 Bacon, Gulag, S. 59.

259 Bacon, Gulag, S. 59.

260 Bacon, Gulag, S. 135.

261 Semskow, GULAG II; S. 13 (Für 1954).

262 Bacon, Gulag, S. 59. In seiner Tabelle A.5 ist das Lager Besymjansk mit 1942 35.128, am 1. Mai 1943 16.863 und 1944 7191 Insassen erwähnt, das OsobStroi unterstanden habe (Ebd. S. 166).

ben über deren Entwicklung und Zuständigkeiten auf[263]. In den zwanziger Jahren waren diese Truppen von Tscheka/GPU/OGPU und Innenvolkskommissariat auch für die Bewachung der Lager, die dem russischen NKWD (Zwangsarbeitslager) und der Tscheka (Konzentrationslager) unterstanden, zuständig[264]. Zumindest für die Konzentrationslager der Tscheka ist dies mit hoher Wahrscheinlichkeit zu belegen[265].

4.4.1 Die Militarisierte Wache (WOchr ITL) der GULag

Spätestens für die Zeit Ende der zwanziger und Anfang der dreißiger Jahre muß eine Trennung der Verantwortlichkeiten eingetreten und eine von den Inneren Truppen abgesonderte eigene Wachtruppe für die Lager aufgestellt worden sein. Seit den Zeiten der OGPU wurde diese als *Militarisierte Wache (Wojeni-*

[263] Zur Entwicklungsgeschichte der Inneren Truppen: Bis Mai 1919: Existenz einer Vielzahl verschiedener Formationen (Leggett, Cheka, S. 93-94). 28. Mai 1919: Zusammenfassung aller Inneren Truppen (ohne Eisenbahnschutztruppen) als *Truppen des Inneren Schutzes der Republik (Woiska wnutrennei ochrany Respubliki, WOchR)* (Sofinow, Abriß, S. 166-167. Dzierzynski, Biographie, S. 228-229, 230. Tischkow, Tschekist, S. 36, Leggett, Cheka, S. 183, 210). 1. September 1920: Vereinigung WOchR und Eisenbahnschutztruppen zu den *Truppen des Inneren Dienstes (Woiska wnutrennei slushby, WNUS)* (Sofinow, Abriß, S. 234. Tischkow, Tschekist, S. 44-45. Dzierzynski, Biographie, S. 230. Leggett, Cheka, S. 224-225). 19. Januar 1921: Unterstellung Tscheka-Truppen und Eisenbahn- und Wasserschutztruppen als *Truppen der Allrussischen Tscheka* unter Tscheka (Tischkow, Tschekist, S. 47-48. Leggett, Cheka, S. 225-226.). 1. März 1922: Umbenennung in *Truppen der GPU* (Tischkow, Tschekist, S. 49-50). Eine Sonderfunktion hatten die *Abteilungen z.b.V. (Tschasti osobogo nasnatschenija, TschON)*, eine in vielen Fällen direkt der Partei unterstehende Elitetruppe (Leggett, Cheka, S. 226-227). Abweichend Artemjev: 1917 bis 1922: *Einheiten zur besonderen Verwendung (Tschasti osobogo nasnatschenija, TschON)*, innerhalb der GPU *Truppen des Inneren Schutzes (Woiska wnutrennei ochrany, WOchr)*, 1923 bis 1934 *Truppen der OGPU*, 1934 *NKWD-Truppen*. Kurzlebige Umbenennungen: 1941, 1946 und 1953 (Artemjev, Forces, S. 240-241).

[264] So Leggett, Cheka, S. 213, für 1920. Er nennt zwar nur Zwangsarbeitslager, nicht aber ausdrücklich Konzentrationslager, jedoch waren in den WOchr alle dafür in Frage kommenden Verbände zusammengeschlossen. Sehr ungenaue Angaben macht Solschenizyn, Archipel GULag II, S. 24. Danach sei erst die *WOchR (Truppen des Inneren Schutzes der Republik)*, dann der *WNUS (Innendienst der Lagerbewachung)* für die Lagerbewachung zuständig gewesen. Letzterer sei dann 1919 von der Tscheka übernommen worden. Rossi, GULAG Handbook, S. 48, übersetzt WNUS, wie Sofinow, hingegen als *Woiska wnutrennei slushby* mit *Truppen des Inneren Dienstes* und sagt, daß diese ebenso wie die WOchr (hier: WOchr GPU. R.S.) nicht bei der Lagerbewachung eingesetzt worden sei.

[265] Tischkow nennt einen von ihm nicht datierten, aber mit Sicherheit vor den 1. September 1920 zu legenden Befehl Dsershinskis an die Inneren Schutztruppen, in den er ihnen die „Bewachung der Arbeitslager und den Geleitschutz der Inhaftierten bei Außenarbeiten" übertrug (Ders., Tschekist, S. 43. Der Befehl ist vor den 1. September 1920 zu datieren, da seine Erwähnung in Tischkows chronologisch gegliederten Text vor diesem Datum geschieht und Tischkow noch von Inneren Schutztruppen spricht, während diese am 1. September 1920 in Truppen für Innere Dienste umbenannt wurden). Der auszugsweise wiedergegebene Text, in dem als Lagerinsassen „Personen, die Verbrechen begangen haben (Spekulanten, Saboteure usw.) oder notorische Anhänger der bürgerlichen oder der zaristischen Ordnung", aber keine „arbeitsscheuen Elemente" genannt werden, läßt es als sehr wahrscheinlich erscheinen, daß sich hinter Tischkows „Arbeitslagern" die nach Mitte 1919 bei der Tscheka verbliebenen „Konzentrationslager" verbergen.

sirowannaja Ochrana, WOchr) bezeichnet[266]. NKWD und NKJu verfügten für ihre Hafteinrichtungen über die *Militarisierte Schützenwache (Wojenisirowannaja Strelkowaja Ochrana (WSO)*[267].

Mit der Unterstellung der Lager unter das NKWD 1934 blieb in den Besserungsarbeitslagern die *Militarisierte Wache der Besserungsarbeitslager (Wojenisirowannaja Ochrana isprawitelno-trudowych lagerei, WOchr ITL)*, die der GULag unterstellt war, für die Bewachung der Lager zuständig[268]. Sie gliederte sich von oben nach unten in einen WOchr-Stab, Abteilungen, Divisionen und Züge[269]. Ihre Angehörigen rekrutierten sich aus Soldaten der Sowjetarmee oder der Miliz und hatten dadurch eine militärische Ausbildung[270]. Verläßliche Informationen darüber, wie groß ihre Zahl war, liegen nicht vor[271].

4.4.2 Die Konvoitruppen von GUPWO und GUWWO

Zusätzlich zu der GULag-eigenen Wachtruppe WOchr ITL war die *Hauptverwaltung für Grenzschutz und Truppen (Glawnoje uprawlenije pogranochrany i woisk, GUPWO)* des NKWD mit Wachaufgaben im Lagersystem beschäftigt. Deren *Verwaltung der Truppen zum Gefangenentransport (Uprawlenije konwoinych woisk)* verfügte über eigenständige Regimenter. Sie waren in Friedenszeiten zuständig für die Häftlingsbewachung bei Transporten über längere Distanzen und lokalen Transporten, in Kriegszeiten für die Evakuierung der Gefangenen ins Landesinnere[272]. Die Konvoitruppen der GUPWO überwachten in der Regel nur die Transporte von den Gefängnissen in die Lager. Die

[266] Verwirrend ist und Anlaß für viele Verwechslungen gibt, daß die Abkürzung WOCHR sowohl als Oberbegriff für die Truppen des Inneren Schutzes der Republik *(Woiska wnutrennei Ochrany Respubliki, WOchR)*, der Truppen des Inneren Schutzes (*WOchr*) als auch später für die Militarisierte Wache (Lagerwachmannschaften) von GULag *(Wojenisirowannaja Ochrana isprawitelno-trudowych lagerei, WOchr ITL)* und GUMS *(Wojenisirowannaja Ochrana Mest Sakljutschenija, WOchr)* benutzt wird.

[267] Bey, Verschwörung, S. 326, trennt für Ende der zwanziger Jahre zwischen *Tschon (Tschasti osobogo nasnatschenija* oder *Abteilungen für besondere Verwendung)*, denen er keine Lageraufgaben zuordnet, und den *WOchr (Truppen der Inneren Wache)*, die Wachaufgaben in den Lagern gehabt hätten. Richtiger wäre hier allerdings die Auflösung der Abkürzung „WOchr" nicht mit den von Bey genannten „Truppen der Inneren Wache", sondern mit „Militarisierte Wache". Mund, GPU, S. 160, erwähnt nicht ausdrücklich die WOchr, spricht aber von „Wachmannschaften", die auch „Konvoi-Abteilungen" genannt und für Gefangenentransporte und Bewachung in Konzentrations- und Zwangsarbeitslagern zuständig gewesen seien. Die Inneren Truppen (Tschon) seien davon zu trennen (Ebd., S. 158-159). Zur WSO.: Nach Rossi hatten NKJu und NKWD vor 1934 eigene Einheiten zur Lagerbewachung, darunter seit den frühen zwanziger Jahren die WSO (Rossi, GULAG Handbook, S. 58, 63).

[268] Artemiev, Forces, S. 255.

[269] Vgl. Organisationsschema bei: Jakowlew, Lageri, S. 52. Divisionen in Stärke von je 500 Mann für den DALSTROI auch genannt in S., Bericht, S. 1179.

[270] Artemiev, Forces, S. 255-256.

[271] Semskow nennt für den 1. Februar 1940 107.000 Mann Wachpersonal, von denen 12.000 Selbstbewacher gewesen seien. Im Januar 1939 seien noch 25.000 Selbstbewacher im Einsatz gewesen (Ders., Utschote, S. 74). Bacon, Gulag, S. 153, spricht für 1941 von 135.000 „guards".

[272] Andreevich, Structure, S. 109, 135-136.

Transporte innerhalb des Lagersystems von Lager zu Lager waren keine Aufgabe der Konvoitruppen der GUPWO, sondern der WOchr ITL der GULag.

Während des Zweiten Weltkrieges übernahmen die Konvoitruppen der GUPWO jedoch auch die Durchführung von Truppentransporten, Kriegsgefangenen- und Interniertentransporten und bewachten Kriegsgefangenenlager, Interniertenlager und „camps of special purpose", die nicht von der WOchr ITL der GULag bewacht wurden[273]. Der von ARTEMJEW gewählte Begriff „Lager z.b.V." ist ungenau. Unter diesen Oberbegriff sind jedoch mit Sicherheit die ab 1948 eingerichteten Speziallager einzuordnen, für deren Bewachung nach ROSSI Truppen des MGB zuständig waren[274]. Es waren dies ebenfalls die Konvoitruppen. Diese unterstanden seit 1946 allerdings nicht mehr der GUPWO, sondern der in diesem Jahr von dieser abgetrennten *Hauptverwaltung Truppen des Inneren Schutzes (Glawnoje uprawlenije woisk wnutrennei ochrany, GUWWO)*. Diese GUWWO war dann von Ende 1949/Anfang 1950 bis zur Auflösung im März 1953 dem MGB unterstellt[275]. Nach der Zusammenlegung von MWD und MGB verblieben, auch nach der erneuten Abspaltung des KGB 1954, die Konvoitruppen beim MWD[276].

4.5 Das Personal und die Spitzenfunktionäre des GULag

Es liegen nahezu keine zuverlässigen Angaben über die Rekrutierung, Ausbildung[277], Bezahlung[278] oder Gesamtstärke[279] des in den Lagern diensttuenden

---

273 Artemiev, Forces, S. 252.

274 Rossi, GULAG Handbook, S. 414.

275 Artemjev/Burlutsky, Structure, S. 164. Fainsod, Russia, S. 378, spricht allgemein davon, daß „1949-50 the border guards and troops of internal security" dem MGB unterstellt worden seien.

276 Artemjev/Burlutsky, Structure, S. 164.

277 Bacon gibt als einziger Informationen zur Ausbildung des GULag-Personals. Danach habe es 1943 und 1944 spezielle Schulen des NKWD zur Ausbildung des GULag-Personals gegeben. In diesen und in anderen NKWD-Kursen seien 1943/44 10.000 Rekruten, 2.400 Wachoffiziere höheren und mittleren Ranges, 3.200 Wachoffiziere niedrigeren Ranges, 850 Leiter von Lagerabteilungen („camp sub-divisions") und 2.800 Mitarbeiter der GULag-Zentrale („Gulag inspectorate") auf ihre Aufgaben im Lagersystem vorbereitet worden (Ders., Gulag, S. 154).

278 Hierzu gibt es lediglich einen kleinen Hinweis von Karner. Danach entsprachen die Gehälter der UPWI-Lagerleiter und deren Mitarbeiter denen der entsprechenden GULag-Dienstposten. Ein GULag-Lagerleiter und ein GULag-Lagerkommissar hätten demnach je nach Größe des „Lagers" zwischen 2000 und 2400 Rubel pro Monat erhalten; die entsprechenden UPWI-Funktionäre zwischen 2800 und 3000 Rubel (Ders., GUPVI, S. 56 und 245, Anmk. 127).

279 Solschenizyn, Archipel GULag II, S. 519, nennt unter Bezug auf sowjetisches Archivmaterial für den 1. Oktober 1923 12.000 und für den 1. Januar 1925 15.000 „Funktionärskader der Arbeitslager" in der RSFSR. Diese Angaben beziehen sich mit Sicherheit nicht auf Bedienstete der OGPU, sondern des russischen NKWD. Angesichts von angeblich nur 60.000 Zwangsarbeitslagerinsassen 1922 und 122.700 Zwangsarbeitslagerinsassen 1927 (Vgl. Kap. 2.3.2) erscheinen diese Zahlen weit überhöht, da dann 1922 ein Funktionär auf fünf Häftlinge gekommen und 1925 immer noch von einem Verhältnis von 1:7 oder 1:8 auszugehen wäre. Ebenso gut möglich ist allerdings, daß die offiziellen Insassenzahlen bewußt zu niedrig angesetzt worden sind. Bacon spricht für den 1. Juli 1944 von 13.000 nicht besetzten Personalstellen, was rund 15 % aller Stellen entspräche. Rechnet man dies hoch, wäre von rund 86.000 Stellen in der GULag-Verwaltung auszugehen (Ders., Gulag, S. 154). Darin nicht inbegriffen ist offensichtlich das Wachpersonal.

Personals vor. Entsprechendes gilt für die Spitzenfunktionäre des sowjetischen Lagersystems[280]. Sogar über die führenden Funktionäre in Tscheka, GPU/OGPU und NKWD ist wenig bekannt[281]. Es ist davon auszugehen, daß die Spitzenfunktionäre der GULag bei den Säuberungen innerhalb des NKWD nach Jagodas, Jeshows und Berijas Sturz (1936, 1938, 1953) genauso stark dezimiert wurden wie die anderer Hauptverwaltungen und Dienststellen des NKWD[282]. Detaillierte Untersuchungen für die GULag-Führer über Herkunft, Ausbildung und weiteren Weg in der Sowjethierarchie fehlen. Von Interesse wäre es zu untersuchen, welchen Berufsweg die leitenden GULag-Funktionäre innerhalb des sowjetischen Partei- und Staatsapparates im allgemeinen und des Sicherheits- und Wirtschaftsapparates im besonderen hatten. Der Einfluß der Behörden untereinander und deren enge Verflechtung würden dadurch klarer werden.

Mehrere Spitzenfunktionäre des Lagersystems hatten im Laufe ihrer Karriere leitende Positionen in NKWD, GULag und Wirtschaftsinstitutionen inne.

Ein gutes Beispiel für diese enge Verbindung von NKWD, GULag und Wirtschaft bietet *A.P. Sawenjagin*. Dieser wird bei WOLIN/SLUSSER für 1946 als einer der stellvertretenden MWD-Minister und Verantwortlicher für den DALSTROI bezeichnet[283]. Wie später ausgeführt wird, war er auch ab 1945 Mitglied im Sonderkomitee zur Entwicklung der Atombombe, ab 1953 stellvertretender Minister und 1955 Minister für Mittleren Maschinenbau, hinter dem sich das Atomindustrieministerium verbarg[284]. KNOLL/KÖLM, SACHAROW und GRAZIOSI führen ihn jedoch auch als Direktor des metallurgischen Kombinates in Magnitogorsk, das unter Beteiligung von Lagerinsassen und anderen Zwangsarbeitern erbaut wurde, als stellvertretenden Volkskommissar für Schwermaschinenbau der UdSSR (1933-38) und 1938 bis 1941 als Bauleiter, dann als Direktor des Eisenhüttenkombinates von Norilsk, das fast ausschließlich von Lagerinsassen geschaffen wurde, auf[285]. Ähnliche Karrieren mit häufigen Funktionswechseln zwischen Staatssicherheit, GULag und Wirtschaft hat es unter den führenden „Kadern" in NKWD und GULag wahrscheinlich viele gegeben.

280 Ähnliche Einschätzung bei Solschenizyn, Archipel GULag II, S. 516.

281 Auch Baberowski, Wandel, S. 124, bemängelt, daß die „biographische Informationsdichte eher dürftig' sei. Siehe vor allem: Leggetts Kapitel „Dzerzhinsky and the Chekists" und Appendix B „Biographical Notes" (Ders., Cheka, S, 250-276, 442-462). Vgl auch: Corson/Crowley, KGB, S. 516-530 (Appendix VI mit Funktionärsliste). Sehr zu bemängeln ist, daß Corson/Crowley keinerlei Unterscheidung zwischen den teilweise nebeneinander bestehenden Einrichtungen der Staatssicherheitsbehörden für Lager treffen und diese ohne Unterschied als „Prison Department (GULAG)" bezeichnen. Nicht eingesehen werden konnte: Robert M. Slusser. Chekist Leaders from Dzerzhinsky to Yezhov: Variatons on a Theme. A paper presented at the Eighty-Eight Meeting of the American Historical Association. San Francisco, 29 December 1973.

282 Zu den Säuberungen im NKWD nach Führungswechseln: Antonow-Owsejenko, Weg, S. 90. Albaz, Geheimimperium, S. 84-85. Leggett, Cheka, S. 260. von Borcke, KGB, S. 32, 38.

283 Wolin/Slusser, Secret police, S. 54, Anmk. 130. Corson/Crowley, KGB, S. 517 (1944 bis 1946 stellvertretender NKWD-Volkskommissar). Knoll/Kölm, Fall Berija, S. 352-353 (1941 bis 1955 stellvertretender NKWD/MWD-Volkskommissar/Minister).

284 Vgl. Kap. 13.8.

285 Vgl. Lebenslauf Sawenjagins in: Knoll/Kölm, Fall Berija, S. 352-353. Siehe auch: Sacharow, Leben, S. 167-168. Andrea Graziosi. „Visitors from other times": Foreign workers in the prewar piatiletki. In: Cahiers du Monde russe et soviétique, Jg. 29, Heft 2, April-Juni 1988, S. 161-180. Hier: S. 168. Scott, Ural, S. 98-99.

Als zwei der ersten Verantwortlichen sind *Gleb I. Boki*, ab 1921 Leiter der Spezialabteilung (SpezO) von Tscheka, GPU/OGPU und NKWD[286], und sein Stellvertreter, *J.P. Feldman*[287] zu nennen. Vor Boki ist möglicherweise bereits seit 1919 *S.M. Ter-Gabriyelyan* Leiter der SpezO gewesen[288]. Im NKWD, neben NKJu und Tscheka/GPU/OGPU der dritten Behörde, der Lager unterstanden, war im Januar 1920 *M.S. Kedrow* Leiter der NKWD-Abteilung für Zwangsarbeit (OPR)[289]. Die Nachfolger Kedrows waren möglicherweise *Z.B. Katsnelson* (ab 1922)[290] und *K.Y. Dukis* (ab 1929)[291].

Klarer werden die Personalverhältnise dann ab Gründung der GUITL/GULag der OGPU 1930. Als deren Chef werden *G.G. Jagoda* (ab 1930)[292], *Popow* (ab 1933)[293] und *Matwej Berman* (ab 1930 (?), vor 1934) genannt. Berman wurde mit Gründung des Unions-NKWD (10. Juli 1934) auch erster Chef der GULag des NKWD und blieb dies wahrscheinlich bis 1937[294]. Als seine Nachfolger werden genannt: *M.I. Rychow* (ab 1937)[295], *S.N. Kruglow* (nach 1938)[296], *W.G. Nedosekin/Nasedkin* (ab 1942)[297], *M.M. Malzew* (ab 1944)[298], *N.K. Bogdanow* (ab 1945)[299], Generalmajor *Dobrynin* (1949 und 1950)[300] und, was allerdings zweifelhaft ist, *Dolgich* (Mai 1954)[301].

---

286 Zu Boki als Chef der SpezO: Agabekov, OGPU, S. 257, 264. Bey, Verschwörung, S. 213, 243. Mund, GPU, S. 129, 134. Rossi, GULAG Handbook, S. 404. Jakobson, Origins, S. 7 (mit Bild), 47, 125. Kravchenko, Schwert, S. 306. Weitere Funktionen: Tischkow, Tschekist, S. 10. Leggett, Cheka, S. 111, 225-226, 232, 375, Anmk. 50, S. 389, Anmk. 53, S. 408, Anmk. 183, S. 446. Biographischer Abriß: Ebd., S. 446-447. Andrew/Gordiewsky, KGB, S. 119, Corson/Crowley, KGB, S. 522, 530. Bobrenjow/Rjasanzew, Geheimlabor, S. 38-39, 85 (falsche Aussage).

287 Jakobson, Origins, S. 47, 125.

288 So Corson/Crowley, KGB, S. 530.

289 Zu Kedrow: Leggett, Cheka, S. 154, 177. Corson/Crowley, KGB, S. 526. Weitere Funktionen: Leggett, Cheka, S. 85, 154, 205. Biographischer Abriß: Leggett, Cheka, S. 269-271.

290 Corson/Crowley, KGB, S. 526. Weitere Funktionen: Ebd., S. 523.

291 Corson/Crowley, KGB, S. 526.

292 Rossi, GULAG Handbook, S. 92. Corson/Crowley, KGB, S. 522, 526. Mund, GPU, S. 104, 120.

293 Corson/Crowley, KGB, S. 526. Weitere Funktionen: Ebd,. S.522, 524.

294 Solschenizyn, Archipel GULag II, S. 80, 655. Heller, Stacheldraht, S. 130. Mund, GPU, S. 134. Rossi, GULAG Handbook, S. 92. Corson/Crowley, KGB, S. 526. Jakobson, Origins, S. 7 (mit Bild), bezeichnet ihn als Nachfolger Bokis und Chef der GULag der OGPU 1930-1938 (?). In Kravchenko, Schwert, S. 232, wird „Bermann" 1936 als „Chef der GULAG" genannt. Weitere Funktionen: Conquest, Anfang, S. 190, 445. Corson/Crowley, KGB, S. 516. Rossi, GULAG Handbook, S. 92. Wolkogonow, Triumph, Band 1/2, S. 60.

295 So: Corson/Crowley, KGB, S. 526. Weitere Funktionen: Ebd., S. 517.

296 Lewytzkyj, Inquisition, S. 280. In der Auflistung Corson/Crowleys taucht dieser nicht als GULag-Chef, jedoch für 1941 bis 1945 als stellvertretender NKWD-Chef und wie bekannt als zweimaliger NKWD/MWD-Chef (Juli 1945 bis März 1953, Juni 1953 bis März 1954) auf (Dies., KGB, S. 516-517).

297 Ab 1942: Corson/Crowley, KGB, S. 526, 517. Auch Kravchenko spricht vom „NKWD-General Nedosekin" als Chef der GULag bereits für 1942 (Ders., Freiheit, S. 531). Bacon, Gulag, S. 44, 88, nennt „Nasedkin" als „head of the Gulag" hingegen erst für 1945-46.

298 So Corson/Crowley, KGB, S. 526.

299 Ebd.

300 1949: Karner, GUPVI, S. 177. 1950: Wolkogonow, Triumph, Band 2/2, S. 60.

301 So Solschenizyn, Archipel GULag III, S. 309. Dolgich taucht in der Liste Corson/Crowleys nicht auf und wird in einem Zeugenbericht für Juni 1954 nicht als GULag-Funktionär, sondern als Stellvertretender Generalstaatsanwalt der UdSSR bezeichnet (Alfred Burmeister. Der Aufstand von Kingir. In: Aus Politik und Zeitgeschichte v. 30. Mai 1956, S. 332-344. Hier: S. 337). Möglicherweise irrt Solschenizyn.

Stellvertretende GULag-Chefs waren *S.G. Firin* (1930/34-1937), der auch Chef der BBK-Lager und der Moskwa-Wolga-Kanal-Lager war[302], *I.I. Pliner* (bis 1937)[303], *J.D. Rapoport* (bis 1937)[304], *A.P. Yermakow* (ab 1937)[305], *W.A. Krawtschenko* (ab 1941)[306], *Amjak S. Kobulow* (1951-1953)[307], *A.W. Snegow* (nach 1953)[308] und *Bytschkow* (1954)[309]. Von den Leitern der großen Lagerverbundsysteme sind die führenden Funktionäre im DALSTROI und in dessen wichtigster Lagerorganisation SWITLag namentlich bekannt[310]. Über die Leiter anderer Lagerverbundsysteme oder Lagergebiete gibt es

---

302 Solschenizyn, Archipel GULag II, S. 76 (1934). Heller, Stacheldraht, S. 128 (1934). Corson/Crowley, KGB, S. 526 (1934-1937). Jakobson, Origins, S., 7 (mit Bild) (stellvertretender GULag-Chef 1930-1937). Weitere Funktionen: Mund, GPU, S. 135. Corson/Crowley, KGB, S. 522).

303 Corson/Crowley, KGB, S. 526. Nach Mund, GPU, S. 179, stand er am 14. Juli 1937 auf der Liste von NKWD-Funktionären, die für die Errichtung des Moskwa-Wolga-Kanals ausgezeichnet wurden. Mund nennt ihn „stellvertretenden Leiter der Zwangsarbeitslager der Sowjetunion". Pliner wird bei Semskow, Sudba, S. 128, als höherer Funktionär („Natschalnik") der GULag bezeichnet.

304 Corson/Crowley, KGB, S. 526. Dieser war einer der leitenden Funktionäre beim Bau des BBK: Solschenizyn, Archipel GULag II, S. 84-88. Mund, GPU, S. 134. Wolkogonow nennt ihn dort als stellvertretenden Chef von BelmorStroi (Ders., Triumph, Band 1/2, S. 60).

305 Corson/Crowley, KGB, S. 526.

306 Ebd.

307 So Knoll/Kölm, Fall Berija, S. 31, Anmk. 1. Danach war er außerdem „Chef der Verwaltung für Kriegsgefangene", der GUPWI. Genauer dazu Karner, GUPVI, S. 68, 78 und 247, Anmk. 208: Amjak S. Kobulow, ehemaliger Volkskommissar des Innern von Usbekistan, wurde 1945 stellvertretender Chef der GUPWI und 1951, zu diesem Zeitpunkt im Range eines Generalleutnants stellvertretender Chef der GULag, Chef der UPWI, der Nachfolgeeinrichtung der GUPWI.

308 Heller/Nekrich, Geschichte, Bd. II, S. 271.

309 Silde, Profits, S. 250. Zeugenbericht in: Burmeister, Kingir, S. 337.

310 *DALSTROI-Chefs*: *E.P. Bersin* (Conquest, Kolyma, S. 41: 1932-37. Solschenizyn, Archipel GULag II, S. 655: 1932-37. Sklavenarbeit, S. 83: bis 1937. Rossi, GULAG Handbook, S. 98: R.I. Bersin [bis 1937]. Zur noch 1990 vor dem Gebäude der Gebietsregierung von Magadan stehenden Büste Eduard Bersins: Schiller, Blicke); *Garanin* (Sklavenarbeit, S. 83: 1937-1939. Rossi, GULAG Handbook, S. 98: 1937-39); *K.A. Pawlow* (Conquest, Kolyma, S. 41: 1937-40. Sklavenarbeit, S. 83. Solschenizyn, Archipel GULag II, S. 120. Rossi, GULAG Handbook, S. 98: ab 1939); *Wischnewezki* (Rossi, GULAG Handbook, S. 98: bis 1940); *I.F. Nikischow* (Conquest, Kolyma, S. 41: 1940-46 Sklavenarbeit, S. 83. Solschenizyn, Archipel GULag II, S. 480. Rossi, GULAG Handbook, S. 98: spätestens Ende des Zweiten Weltkrieges bis 1948); *P.P. Derewenko* (Conquest, Kolyma, S. 41: 1946-53); *Mitronow* (Rossi, GULAG Handbook, S. 98: ab 1948). Ginsburg, Gratwanderung, S. 376, nennt für 1951 einen Mitrakow als Nachfolger des „entlassenen Nikischow" als „Leiter der Bauverwaltung Fernost". Dieser ist möglicherweise identisch mit Mitronow. *SWITLag-Chefs*: *I.G. Filipow* (Conquest, Kolyma, S. 41: 1937); *Garanin* (Conquest, Kolyma, S. 41: 1938-1939. Sklavenarbeit, S. 83: bis 1937. Solschenizyn, Archipel GULag II, S. 120. Rossi, GULAG Handbook, S. 98: bis 1937. Heller, Stacheldraht, S. 262); *Jegorow* (Conquest, Kolyma, S. 41: 1939-40); *Wischnewezki* (Conquest, Kolyma, S. 41: 1940); *Gakajew* (Conquest, Kolyma, S. 41: 1941. Er wird von Lipper als stellvertretender DALSTROI-Chef, vorher „Chef der Verwaltung des Nördlichen Goldbergwerk-Distrikts von Kolyma (SGPU)" bezeichnet (Dies., Jahre, S. 237); *Drabkin* (Conquest, Kolyma, S. 41: seit 1942); *Derewjanko* (Solschenizyn, Archipel GULag I, S. 504). Von Borcke, KGB, S. 38, berichtet, daß der im Dezember 1953 im Zuge des Berija-Sturzes hingerichtete *S.A. Goglidse* „Leiter der Zwangsarbeitslager in Sowjetisch-Fernost" und danach Chef des georgischen MWD gewesen sei. Lipper nennt *Bersin* (1934-37), *Garanin* (1937-38), *Wischnewezki* (1938-41) und Iwan F. *Nikischow* (seit 1941) als „Oberste Chefs von Kolyma", ohne zwischen DALSTROI und SWITLag zu trennen (Dies., Jahre, S. 89-101).

nur vereinzelt Angaben[311]. Als Einzelperson ist *N.A. Frenkel* herauszuheben[312].

Insgesamt bleiben diese Personen, von denen lediglich die Namen und bei einigen ihre Dienststellungen bekannt sind, blaß. Ohne die Personalakten, die im Falle der Leiter im nationalsozialistischen Konzentrationslagersystem in reichhaltiger Zahl vorliegen, sind konkrete Erkenntnisse über die Personalstruktur der Leitungsebene der GULag nicht möglich.

Überblickt man die Entwicklung der GULag und der mit ihr zusammenarbeitenden Institutionen in der Zeit von 1928 bis in die Nachkriegszeit, so ergibt sich das Bild einer streng zentralisierten und völlig in die staatliche Planwirtschaft eingebundenen Großbehörde. Der Aufbau der ihr unterstellten Lagerebenen bestätigt dies. Bevor intensiver auf diese eingegangen wird, werden das Verhältnis, in dem Lagersystem, Wirtschaft und Terror zueinander standen, und der Personenkreis, durch den der GULag zu seiner Bedeutung kam, beschrieben.

---

311 Solschenizyn, Archipel GULag II, S. 114, nennt *I. Apeter* für 1934 als „Chef" des GULag. Nicht klar ist, in welchem Zuordnungsverhältnis er zu Berman gestanden hat. Wahrscheinlich irrt sich Solschenizyn: Apeter war ab 1930 Chef der GUMS des NKJu, ab 1931 der GUITU (Vgl. Kap. 4.1.2). Für die dreißiger Jahre nennt Mund, GPU, S. 130-132, eine Reihe von Leitern größerer Lager und Lagergebiete. Zu beachten ist aber, daß er deren Namen mit antisemitischer Zielrichtung aufführt: *Serpuchowski* (SLON), *Finkelstein* (Waldlager in den Gebieten Archangelsk, Wologda, Wjatka), *Kogan* (Karelien), *Pogrebinski* (Leiter der, so Mund, Hauptverteilungsstelle für die Lager im Uralgebiet in Swerdlowsk), *Sabo* (Westsibirien mit Zentrale in Nowosibirsk), *L.B. Solin* (Leiter der Lager in Kasachstan mit Sitz in Taschkent). Weitere Lagergebietsleiter: Oberst *Tschetschew*, Leiter des Speziallagers STEPLag mit Sitz in Kingir (Solschenizyn, Archipel GULag III, S. 63, 277, 290); Oberst *Jewsignejew*, Leiter des Speziallagers OSERLag in Taischet (Ebd., S. 290). Generalmajor *Derewjanko* wird einmal als Leiter des Speziallagers RETSCHLag mit Sitz in Workuta (Solschenizyn, Archipel GULag III, S. 283), an anderer Stelle als Chef des WORKUTAPETSCHORALag Ende der vierziger Jahre (Rossi, GULAG Handbook, S. 55) und als Chef der Workuta-Lager 1953 (Armand Maloumian. Mit Rudenkos Schüssen begann das Massaker. Als der Archipel GULag wankte – Erinnerung an den Lageraufstand von Workuta. In: Die Welt v. 13. August 1983) bezeichnet. Gerland stellt ihn als „obersten Kommandanten aller ‚RegLager'" in Workuta vor (Brigitte Gerland. Fünf Jahre unter Verbannten. In: Die Welt v. 13. Februar 1954. Weitere Abdrucke in: The observer v. 7. und 14. Februar 1954. Neue Zürcher Zeitung v. 7. Februar 1954. Englische Rundschau v. 19. Februar 1954. General-Anzeiger v. 13. und 14. April 1954). Friede nennt „Derewjankow" für 1954 „Leiter der Verwaltung" in Workuta und erwähnt einen Oberst *Prokowjew* als seinen Nachfolger. Als „Leiter der Verwaltung der Wjat-Lager" bezeichnet er für 1954 einen Oberst *Agarodnikow* (Dieter Friede. Panzer gegen Sklaven. Das Massaker von Kingir. In: Bremer Nachrichten v. 14. April 1956). *S.G. Firin* wird als Chef des BELBALTLag genannt (Wolkogonow, Triumph, Band 1/2, S. 60). Für 1938 nennen Morosow/Rogatschew einen GULag-Funktionär namens *J. Iosema-Moros* als Chef des UCHTPETSCHLag (Dies., GULag Komi, S. 185). Er wird vom Kravchenkos Zeugen Kanev in derselben Funktion für 1936 mit „Jacob M. Moroz" bezeichnet (In: Ders., Schwert, S. 232). Als Chef der Workuta-Lager nennt Specht für 1954 einen Oberst *Kruchtikow*, der gleichzeitig „Chef der militärischen Abteilung des ‚Kombinats Workutugol'" gewesen sei (Anton Specht. In Workuta sollen Sklaven den Sozialismus aufbauen. In: Die Neue Zeitung v. 7. Januar 1954. Zu WorkutUgol: Kap. 7.7.2). Oft erwähnt wird Generalmajor *Semjonow*, 1953 Chef der Norilsker Lager (Dieter Friede. Die Saga von Norilsk. In: Rheinischer Merkur v. 8. November 1957).

312 Vgl. Kap. 2.3.3.2.2, 7.7.3.2 und 7.7.5. Als führenden NKWD-Funktionär bezeichnet ihn auch Mund, GPU, S. 180, nicht hingegen Bey, von dem Mund gewöhnlich abschreibt. In der Auflistung Corson/Crowleys wird Frenkel nicht genannt. Jelenzewa, Perioditscheskaja, S. 170, 171, nennt ihn als Chef und Leitenden Bauleiter des BAMLag.

5 Der Zusammenhang von Terror, Massenverhaftungen und Personalwirtschaft des GULag[1]

5.1 Massenverhaftungen und „zweite Frist“

Während der gesamten Stalinzeit, besonders aber von Ende der zwanziger bis Ende der vierziger Jahre, wurden ganze Kategorien von Personen in mehreren Wellen in das Lagersystem eingewiesen[2]. Nachdem bereits in den zwanziger Jahren kleinere Bevölkerungsgruppen verhaftet worden waren[3], wurden 1929 bis 1933 die Gegner und Opfer von „Dekulakisierung“ und Zwangskollektivierung, fast ausschließlich Bauern, von denen überdurchschnittlich viele aus der Ukraine stammten, eingeliefert. Mit dem Gesetz zum Schutz öffentlichen Eigentums vom 7. August 1932 und den nachfolgenden Gesetzesverschärfungen kamen zunehmend *ukasniki*, Personen, die wegen arbeitsdisziplinarischer Verfehlungen, kleinerer Diebstähle oder ähnlicher Verstöße mit Lagerhaft bestraft wurden, in den GULag. Insgesamt ging die Zahl der Neuzugänge 1934-35 im Vergleich zur Zeit der Zwangskollektivierung aber zurück. Bereits kurze Zeit später änderte sich dies jedoch grundlegend. Während der „Jeshowschtschina“ (1936 bis Mitte 1938) fand sich eine unübersehbar große Menge an Häftlingen

[1] Die folgenden Ausführungen befassen sich ausschließlich mit den für den GULag relevanten Auswirkungen des Terrors, nicht mit dem Terror als konstitutivem Element des kommunistischen Herrschaftssystems im allgemeinen oder mit der Diskussion um Motivation und Verlauf des Terrors (Neuere Literatur dazu: Baberowski, Wandel, S. 120-126). Angemerkt sei hier jedoch, daß die unten näher zu beschreibende arbeitskräftepolitische Motivation der Massenverhaftungen und die geordnete Verteilung der inhaftierten Zwangsarbeiter auf die Lager gegen die „revisionistische“ Auffassung, wonach die Repression kein „politisch motivierter Terror“, sondern nur ein „Verfahren zur Lösung drängender Verwaltungsprobleme“ gewesen sei, welches der politischen Führung dann aus den Händen geglitten sei, „außer Kontrolle geriet“ und sich auf der Ebene unterer und mittlerer Entscheidungsträger verselbständigt hätte, spricht (So: Baberowski, Wandel, S. 121-124. Dort zahlreiche Verweise auf die Argumentation „revisionistischer“ Historiker.).

[2] Zu den verschiedenen Zielgruppen der Massenverhaftungen allgemein: Solschenizyn, Archipel GULag I, S. 35-98. Medwedew, Wahrheit, S. 186-260, 532-537. S., Bericht, S. 1165-1166. Rossi, GULAG Handbook, S. 219-225.

[3] Solschenizyn, Archipel GULag I, S. 37-63, und Rossi, GULAG Handbook, S. 220-221, nennen eine Vielzahl dieser Gruppierungen.

aus allen gesellschaftlichen Schichten im GULag wieder. Dennoch ist es falsch, den Terror auf die „Große Säuberung" zu reduzieren. Sie war nur eine unter vielen Verhaftungswellen, wenn auch mit den Verhaftungen 1929-1932 und 1944-1946 eine der drei großen[4]. Für die gleiche Zeit, insbesondere die Jahre 1937-1938, mehren sich die Berichte über Massenerschießungen in den Lagern[5].

Nach Ende des „Großen Terrors" sanken die Zuweisungszahlen 1938 bis Herbst 1939[6]. Ein Sturz der Insassenzahlen unter ein aus der Sicht der Sowjetführung vertretbares Maß wurde verhindert, indem ab 1938 grundsätzlich alle Kriminellen, unabhängig von der Höhe der Strafzumessung, in die Lager geschickt wurden. Gleichzeitig verhafteten die Sicherheitsorgane viele Personen, die früher verurteilt worden waren und ihre Strafe bereits abgesessen hatten, erneut[7].

In den Jahren 1939 und 1940 stieg die Zahl der Lagerinsassen nach dem sowjetisch-finnischen Krieg und dem Hitler-Stalin-Pakt jedoch wieder bedeutend an. Die Lagerorganisation verfügte mit den Opfern aus Polen, dem Baltikum, Rumänien und Finnland über ein Häftlingsreservoir bislang unbekannten Ausmaßes.

Dies aber änderte sich während des Zweiten Weltkrieges. Die Insassenzahlen sanken zunächst erheblich[8]. Viele Polen wurden in den ersten Kriegswochen zur Aufstellung sowjetpolnischer Einheiten entlassen. Eine große Anzahl von Lagerinsassen, vor allem Kriminelle, meldete sich freiwillig zum Dienst in Strafkompanien oder wurden zum Dienst in den Streitkräften entlassen[9]. Zahlreiche Häftlinge fielen in die Hände der vorrückenden deutschen

---

4 Ähnlich: Solschenizyn, Archipel GULag I, S. 35-36. Heller/Nekrich, Geschichte, Bd. I, S. 291. Rossi, GULAG Handbook, S. 43-44. Auch Fitzpatrick befürwortet Solschenizyns Bild von den „Verhaftungswellen" als einen „more useful starting point ... than an exclusive focus on the Great Purge" (Sheila Fitzpatrick. The impact of the Great Purges on Soviet elites. A case study from Moscow and Leningrad telephone directories of the 1930s. In: Getty/Manning, Terror, S. 247-260. Hier: S. 260).

5 So: S., Bericht, S. 1178-1179. Solschenizyn, Archipel GULag II, S. 118, 121.

6 Solschenizyn, Archipel GULag I, S. 67-68, 79-81, 84-88, 91-92, nennt weitere kleinere Gruppierungen und spricht S. 83 für 1939 von einem kleineren „Rückausstoß". An anderer Stelle sagt er, daß es „dem Vernehmen nach" eine Anordnung „durch NKWD-Instanzen" vom Februar/März 1938 gegeben habe, die Zahl der Häftlinge zu vermindern, da es an Verpflegung, Bekleidung und Unterkünften mangele. Die Todesfälle durch Verhungern, Totalerschöpfung und Erschießungen „zur Lagerentlastung" seien daraufhin angestiegen. (Ders., Archipel GULag II, S. 118, 121). So auch: Zaplin, Archiwnye, S. 160. Völlig abzulehnen ist Baberowskis verharmlosende Äußerung, wonach nach der Absetzung Jeshows der „Massenterror [verebbt]", dadurch ein „Ende der Gewaltaktionen" erreicht worden und erst „in den späten vierziger Jahren" die „terroristische Repression" wieder „hereingebrochen" sei (Ders., Wandel, S. 125). Baberowski erachtet die Massendeporationen von Minderheitenvölkern, die Masseninhaftierungen ehemaliger sowjetischer Kriegsgefangener und die fortdauernde Unterdrückung von Nichtkommunisten offensichtlich nicht als Massenterror.

7 Vgl. Weissberg-Cybulski, Hexensabbat, S. 464. Auch Solschenizyn, Archipel GULag II, S. 352, spricht davon, daß 1937/38 die Zahl der Nachverurteilungen, der sogenannten „zweiten Frist", stark angestiegen sei.

8 Ausführlich zum Rückgang der Zahl der Lagerinsassen 1941-1943: Bacon, Gulag, S. 102-106.

9 Zum Fronteinsatz: Solschenizyn, Archipel GULag II, S. 126-127, nennt Kriminelle und Bytowiki (nichtprofessionelle Verbrecher). „58er" (wegen „konterrevolutionärer" Tätigkeit Verurteilte) seien in der Regel nicht in den Dienst der Sowjetarmee übernommen worden. Bacon, Gulag, S. 103 und 105, spricht von 975.000 Lagerinsassen, die 1941 bis 1943 aus den Lagern an die Front geschickt worden seien.

Truppen, wurden von den NKWD-Truppen erschossen oder konnten in dem allgemeinen Chaos fliehen. Als Folge dieser Entwicklungen betrug die Zahl der Lagerinsassen in ITL und ITK 1943 weniger als die Hälfte des Vorkriegsstandes[10]. Weitere Verluste erlitt der GULag durch eine Amnestie vom 30. Dezember 1944, als Hunderttausende Lagerinsassen, die wegen eines der zahlreichen Ukasse im Lager einsaßen, freigelassen und umgehend an die Front geschickt wurden[11]. Gesamtschätzungen über die Zahl der GULag-Insassen, die an die Front gingen, belaufen sich auf bis zu 1,5 Millionen[12].

Die Deportationen der der „Schädlingstätigkeit" verdächtigten und als „unzuverlässig" eingestuften Völker (Rußlanddeutsche, Kaukasische Völker, Krimtataren, Kalmücken) brachten nur geringe Entlastung, da die meisten dieser Menschen nicht in Lager, sondern in Verbannungsgebiete gelangten. Sie standen dort zwar ebenfalls unter Aufsicht des NKWD, oftmals sogar der GULag, wurden aber kein Bestandteil des Lagersystems[13].

Um die Abgänge auszugleichen und die Erfüllung der dem GULag zugewiesenen wirtschaftlichen Aufgaben zu sichern, versuchte die Sowjetführung, die inneren Reserven des GULag auszuschöpfen. Lagerhäftlinge, deren Fristen während des Krieges abliefen, mußten nach SOLSCHENIZYN bis 1946 zur „besonderen Verwendung" im Lager bleiben. Die Folge war, daß viele Häftlinge mit kurzen Haftstrafen, so von drei Jahren, acht Jahre im Lager blieben[14]. Gleichzeitig trugen die massiven Strafverschärfungen ab 1941 dazu bei, die Zahl der Neueinweisungen zu vergrößern und so den für die Erfüllung der wirtschaftlichen Aufträge bedrohlichen Rückgang zu mildern[15].

Mit dem Ende des Krieges war keine Entspannung oder Entlassungswelle verbunden. Im Gegenteil – der GULag als einer der Hauptträger des Wiederaufbaus benötigte nun besonders viele Arbeitskräfte. Bereits ab Ende 1944 waren die Insassenzahlen wieder höher geworden. Eine Amnestie im Sommer 1945 hatte nur Kriminelle, nicht jedoch die politischen Häftlinge begünstigt[16], und nun kamen in großer Zahl Wlassow-Soldaten und andere Freiwillige, die auf

[10] Bacon, Gulag, S. 101. Zur den Verlusten während des deutschen Vormarsches und der Ostverlagerung des GULag: Ebd. S. 87-90. Zu Massentötungen von Häftlingen, die nicht mehr nach Osten abtransportiert werden konnten, so in Minsk, Smolensk, Charkow, Kiew, Dnepropetrowsk, Saparoshje und der Kabardino-Balkarischen ASSR: Kravchenko, Freiheit, S. 530.

[11] Rossi, GULAG Handbook, S. 6.

[12] Nach Informationen des Exilsowjetbürgers G. Kargaskow, die unter dem Titel „Polki mobilisowannyje Gulagom" im November 1951 in der in Paris erschienenen Emigrantenzeitschrift „Na rubeshe" abgedruckt worden sind, wurden seit Herbst 1942 1,5 Millionen Lagerinsassen entlassen und an die Front geschickt. Diese hätten sich zu 20 % aus Kriminellen, 30 % ehemaligen Kolchosarbeiter, 20 % Häftlingen mit leichten politischen Vergehen und 30 % Arbeitern mit Arbeitsdisziplinarstrafen zusammengesetzt. Zuständig sei eine „Sonderabteilung der GULag" gewesen. Insgesamt seien aber nur 15 Prozent aller Lagerinsassen, die Kargaskow demnach auf zehn Millionen schätzt, zum Militär entlassen worden (Lewytzkyj, Inquisition, S. 205. Auch in: Paschner, Teufelskreis, S. 178).

[13] Vgl. Bacon, Gulag. S. 107-108, über Sowjetdeutsche, die in GULag-Lagern arbeiteten, aber statistisch nicht zur Insassenschaft gerechnet wurden.

[14] Solschenizyn, Tag, S. 50.

[15] Siehe dazu: Bacon, Gulag, S. 107-110.

[16] Vgl. Solschenizyn, Archipel GULag II, S. 178-180.

deutscher Seite gekämpft hatten, angebliche Kollaborateure in den nun wieder sowjetisch verwalteten oder okkupierten Gebieten, „Ostarbeiter", die in Deutschland eingesetzt gewesen waren, „repatriierte" Emigranten, sowjetische Kriegsgefangene aus deutschen Lagern und neue Kollektivierungsopfer in die Lager. Während der gesamten Nachkriegszeit bis in die fünfziger Jahre hinein fanden umfangreiche Massenverhaftungen in Gebieten statt, in denen Widerstand gegen die Sowjetisierung geleistet wurde, so in der Ukraine und den baltischen Staaten[17].

Von Bedeutung ist auch, daß 1947/48 viele Ex-Lagerhäftlinge, die ihre meist zehnjährige Lagerstrafe bereits abgesessen hatten, erneut verhaftet oder noch einsitzende Häftlinge nachverurteilt wurden. Diese Nachverurteilungen wurden jedoch nicht nur in der Nachkriegszeit, sondern während der gesamten Stalinzeit ausgesprochen. Neben den Massenverhaftungen waren sie das zweite wichtige Mittel, um das Arbeitskräftepotential des GULag auf möglichst hohem Niveau zu stabilisieren. Haftzeiten wurden immer wieder willkürlich verlängert und neue Verhaftungswellen stets zum Anlaß genommen, bereits einsitzenden Häftlinge neue Strafmaße zuzuteilen. Diese systematische Verlängerung von Haftzeiten begann bereits Mitte der zwanziger Jahre und versteckte sich 1928 zunächst noch hinter dem Tarnmantel einer angeblich ausgebliebenen Besserung. Während des „Großen Terrors", im Zweiten Weltkrieg und in der Nachkriegszeit verzichteten die Sowjetbehörden auf diese Besserungsrhetorik und verlängerten die Haftzeiten willkürlich. Die „zweite Frist", die vor allem „politische" Häftlinge traf, wurde zum gängigen Ausdruck in den Lagern[18].

Zu den Nachverurteilungen kamen „Sonderverfügungen" untergeordneter Lagerebenen. Örtliche Lagerkommandanten und Chefs von Lagerabteilungen und Lagergebietsverwaltungen erließen Anweisungen, aufgrund derer viele Häftlinge nicht freigelassen wurden, weil es den Lagern sonst an Arbeitskräften gemangelt hätte und die Planerfüllung gefährdet gewesen wäre[19].

Mit der Entlassung der deutschen Kriegsgefangenen in die Heimat einher ging eine weitere Welle von Einweisungen in die Lager des GULag. 1949 verurteilten die Sowjets Zehntausende von deutschen Kriegsgefangenen als „Kriegsverbrecher" in Militär- und Sondergerichtsverfahren zu 25 Jahren Lagerhaft, entzogen ihnen so den Status eines Kriegsgefangenen und wiesen sie in den GULag ein[20].

Der Suche nach Zwangsarbeitskräften kam weiter zugute, daß mit dem Aufkommen des „Kalten Krieges" in der zweiten Hälfte der vierziger Jahre viele Verurteilungen zu hohen Haftstrafen wegen „prowestlicher Äußerungen", „prowestlicher Geisteshaltung" und „Kosmopolitismus" erfolgten[21]. Letzterer

---

17 Solschenizyn, Archipel GULag I, S. 97.

18 Dazu Solschenizyn, Archipel GULag I, S. 95-96, und Archipel GULag II, S. 361-371. Seiner Ansicht nach waren viele dieser Neu- und Nachverurteilungen, bei denen es sich bei letzteren oft um Lagerverfahren gehandelt habe, darin begründet, daß NKWD-Stellen Verschwörungen und Verfehlungen konstruiert hätten, um ihre eigene Existenznotwendigkeit zu beweisen. Fraglich ist jedoch, ob nicht vielmehr der Arbeitskräftemangel das ausschlaggebende Motiv war. Zur „zweiten Frist" auch: Rossi, GULAG Handbook, S. 301-302.

19 Solschenizyn, Archipel GULag II, S. 124.

20 Dazu beispielsweise: Karner, GUPVI, S. 9, 19. Solschenizyn, Archipel GULag I, S. 91.

21 Solschenizyn, Archipel GULag I, S. 96-97.

Vorwurf traf seit Beginn der fünfziger Jahre besonders Sowjetbürger jüdischen Glaubens[22].

Über die Gesamtdauer seiner Existenz betrachtet, verfügte der GULag in der Nachkriegszeit über die größte Zahl an Zwangsarbeitskräften in seiner gesamten Geschichte[23]. Dieser Zustand hielt bis Anfang der fünfziger Jahre an. Erst von diesem Zeitpunkt an stabilisierte sich die Insassenzahl der Lager. Neue Verhaftungswellen erreichten das Lagersystem nun nicht mehr. Vielmehr sank deren Zahl ab 1953 beträchtlich[24].

5.2 Motivation und Ziel der Massenverhaftungen: „Soziale Prophylaxe“ und Rekrutierung von Zwangsarbeitskräften

Betrachtet man den Gang der Massenverhaftungen und Deportationen und beurteilt sie im Hinblick auf das Anwachsen des Lagersystems, so lassen sich unterschiedliche Schwerpunkte im Terror feststellen. Zu untersuchen ist, ob zur machtpolitischen Funktion dieser Terrormaßnahmen weitere wichtige Motivationsmomente kommen und welche Rolle das Lagersystem darin spielt.

Wie in der Darstellung der Strafvollzugssysteme der frühen Sowjetzeit gezeigt, waren der „Rote Terror“ der Bürgerkriegszeit und die Repressalien unter Lenin ausschließlich politischer Natur. Die Bevölkerung wurde zwar Teil des Arbeitszwangssystems des Kriegskommunismus, jedoch blieben wirtschaftliche Gedanken in bezug auf das System der Haftanstalten ohne jede größere Bedeutung[25].

---

22 Hinter dem Deckmantel des „Anti-Zionismus“ verbarg sich kaum verhüllt der massive Antisemitismus der stalinistischen Sowjetunion. Zu den massiven Schritten 1948 bis 1953 gegen die jüdische Kultur in der Sowjetunion, der Liquidierung des „Sowjetischen Jüdischen Antifaschistischen Komitees“ im November 1948, der Vernichtung von Bibliotheken, Zeitungen, Theatern, der Erschießung eines großen Teils der jüdischen kulturellen Elite, darunter der letzten jiddischsprachigen Dichter, am 12. August 1952, der Kampagne gegen die angebliche „Ärzteverschwörung“ im Januar 1952 und den Plänen der Zwangsdeportation aller sowjetischen Juden in das „Jüdische Autonome Gebiet Birobidshan“ siehe: Gerd Koenen. Russische Schatten. „Zionismus“ als Idée fixe der sowjetischen Geschichte. In: FAZ v. 12. März 1994. Arno Lustiger. Zu unsere brider un schwester ojf die ganze welt! Das „Jüdische Antifaschistische Komitee“ und die Vernichtung der jiddischen Literatur in der Sowjetunion. In: FAZ v. 14. August 1991, S. 25). Dazu auch: Solschenizyn, Archipel GULag I, S. 97-98.

23 So übereinstimmend die Bewertung bei: Dallin, Sowjetrußland, S. 197-198, 206. Solschenizyn, Archipel GULag II, S. 53. Jasny, Labor, S. 418-419. Melville/Steffens, Bevölkerung, S. 1101. Dallin, Economics, S. 24. Rousset: in Livre blanc, S. 20-21. Oppenheim, Labor camps, S. 236. Wolkogonow, Triumph, Band 1/2, S. 229-230.

24 Vgl. Kap. 13.

25 In der Geschichtsdiskussion in den Nachfolgestaaten der untergegangenen Sowjetunion hat sich allerdings die vorherrschende Meinung herausgebildet, daß die Bolschewiki den Terror von Beginn an nicht nur als Instrument im Kampf gegen die politischen Gegner, sondern auch aus wirtschaftspolitischen Überlegungen nutzten (Vgl. Liszkowski, Revision, S. 659). Unklar ist hier, welche wirtschaftspolitischen Überlegungen dies waren und auf welche wirtschaftsfördernde Weise die Terroropfer eingesetzt wurden. Den Gefängnis- und Lagerhäftlingen kann erst ab 1928/29 eine größere wirtschaftliche Bedeutung beigemessen werden. Größere Deportationen gab es gleichfalls erst seit der Kulakenverfolgung. Nur wenn der „Terror“ ausschließlich auf den GULag reduziert wird, ist die Aussage berechtigt, daß von Beginn an wirtschaftliche Motive eine Rolle spielten.

Dies änderte sich ab Ende der zwanziger Jahre. Der Grund für die Ermordung der Kulaken und die Terrormaßnahmen im Zuge der Kollektivierung war das Bestreben, die neue Agrarverfassung durchzusetzen und Widerstände zu beseitigen. Der Aufbau des Lagersystems war somit eine Folge von Ereignissen, die auf machtpolitischen Erwägungen beruhten. Im Zuge von „Dekulakisierung" und Zwangskollektivierung verloren Millionen ihre angestammte Heimat und fanden sich als Lagerhäftling oder Zwangsangesiedelter in unerschlossenen und unbesiedelten Gebieten wieder. Gleichzeitig begann seit dem Schachty-Prozeß 1928 der Kampf gegen „Schädlinge" in der Industrie. In der Folge kamen viele Ingenieure, Techniker und andere „Spezialisten" in die Gewalt der OGPU. Die Staatssicherheitsorgane verfügten nun über Fachkräfte und ungelernte Hilfsarbeiter in großer Zahl.

Die Massenverhaftungen von Bauern, die gezielten Verhaftungen von Fachkräften und der Aufbau des Lagersystems 1928-1930 geschahen in einer Zeit, in der das gesamte Wirtschaftssystem radikal verändert wurde und alle Lebensbereiche dem Diktat der Planerfüllung unterworfen wurden. Die Aufbauphase des GULag 1928/29-1934 und und der Beginn der zentralen Planwirtschaft 1928/29 fielen zeitlich zusammen, und es ist daher naheliegend, daß das Herrschaftsinstrument GULag von Anfang an eine wirtschaftliche Komponente, die Nutzung der Häftlinge als Arbeitskräfte, hatte.

Nachdem die Möglichkeiten des GULag als Wirtschaftsunternehmen erkannt wurden, entwickelte sich der GULag von einem Apparat, der als Reaktion auf Verhaftungen konzipiert worden war, zu einem immer mehr anwachsenden Gebilde, das seinerseits Personalnachschub in der Form von neuen Massenverhaftungen erforderte. Die Übergangsphase in diesem Wandlungsprozeß ist für die Jahre der „Großen Säuberung" auszumachen.

Häufig wird im Zusammenhang mit diesen Jahren von der einer Präventivfunktion der Massenverhaftungen, einer „sozialen Prophylaxe"[26], gesprochen. Hier sind, und dies ist zu betonen, die Zielgruppen des Terrors zu unterscheiden. Der Anteil der Spitzenfunktionäre, die im Zuge der „Großen Säuberung" verhaftet und getötet wurden, betrug nur einen Bruchteil der zur gleichen Zeit Verhafteten, die noch über Jahre hinweg in Lagern arbeiteten. Zweifelsohne war die Vernichtung von Angehörigen der kommunistischen Elite machtpolitisch motiviert[27]. Bei den Verhaftungen unzähliger Sowjetbürger schwang jedoch in weitaus größerem Maße als der Gedanke der „sozialen Prophylaxe" der der Ausbeutung ihrer Arbeitskraft mit. Nur ungenügend beachtet wurde, daß die „Jeshowschtschina" exakt zu einer Zeit stattfand, als die Sowjetunion

[26] Solschenziyn, Archipel GULag I, S. 84, verwendet diesen Begriff im Zusammenhang mit den Massenverhaftungen 1940 im Baltikum und in Bessarabien.

[27] Solschenizyn, Archipel GULag II, S. 319, sieht den Grund der Verhaftungen der Partei- und Staatsfunktionäre sowie vieler Kommunisten in dem Bestreben Stalins, die Parteispitze und die Altbolschewiki zu eliminieren und die Partei nach seinem Willen zu gestalten. Conquest meint, auf die Hochphase des Terrors 1936 bis 1938 bezogen (Ders., Anfang, S. 592), daß „wirtschaftlich gar nicht zu bezweifeln [ist], daß sich die Säuberung ungünstig auswirkte ... Die Gründe für die Säuberung lagen nicht in der Wirtschaft, sondern in der Despotie". Ihm ist entgegenzuhalten, daß er in seiner gesamten Darstellung den Terror primär als politische Aktion begreift und die Frage einer wirtschaftlichen Motivation fast völlig außer acht läßt.

auch unter einer großen Arbeitskräfteverknappung (1934-1937) litt[28]. Bei der Diskussion der Motivation des Terrors und besonders der Vorgänge Mitte der dreißiger Jahre ist somit zwischen den einzelnen Gruppen Betroffener zu differenzieren. Sollten die einen als innerparteiliche Gegner oder potentielle Machtkonkurrenten samt ihrer Anhänger in den Apparaten von Partei, Staat, Wirtschaft und Militär ausgeschaltet und oft auch getötet werden, so war der übergroßen Mehrheit der Verhafteten die Rolle als Lagerzwangsarbeiter im zweiten und dritten Fünfjahresplan zugedacht.

Bei den Massenverhaftungen in den annektierten Ländern[29], die zwar nicht dem GULag, sondern in erster Linie dem Verbannungssystem nützten, wurde nach demselben Prinzip vorgegangen: „Soziale Prophylaxe" in bezug auf die Eliten, Beschaffung von Zwangsarbeitskräften hinsichtlich der Masse der Verhafteten. Der Höhepunkt dieser Entwicklung ist in den Verhaftungen und Massendeportationen von Völkern während des Zweiten Weltkrieges und der Umleitung vieler sowjetischer Gefangener aus den deutschen Kriegsgefangenenlagern in den GULag zu erblicken. Bei diesen sowjetischen Bürgern, die bereits eine Fülle von Repressalien überlebt hatten, ging es nicht mehr darum, eine Elite zu eliminieren – diese gab es nach über einem Vierteljahrhundert Sowjetterror nicht mehr –, sondern sie dienten einzig dazu, Zwangsarbeitskräfte für Kriegswirtschaft und Wiederaufbau zu erhalten. Gleiches gilt für die deutschen und japanischen Kriegsgefangenen. Festzuhalten ist, daß im Verlaufe von Terrorphase und Industrialisierung der wirtschaftliche Nutz- und Nebeneffekt des Terrors eine immer wichtigere Stellung einnahm, in der zweiten Hälfte der dreißiger Jahre das Pendel umzuschlagen begann und bereits die Mehrzahl der Verhaftungen aus wirtschaftlichen Gründen erfolgte und seit der Zeit des Zweiten Weltkrieges die Massenverhaftungen größtenteils der Arbeitskräfterekrutierung dienten[30]. Besonders auffällig sind die umfangreichen Verhaftungen in der un-

---

[28] Swianiewicz, Forced labour, S. 15, sieht in den wachsenden Produktionszielen der freien Wirtschaft als auch des NKWD die Suche nach neuen Arbeitskräften begründet. Der Terror der Stalinzeit sei bis zu einem bestimmten Grad auch dadurch entstanden, daß sich die wirtschaftlichen Aktivitäten des NKWD immer weiter ausgeweitet hätten. Auffällig sei, daß die Terrorwelle 1937 zu dem Zeitpunkt begonnen habe, als die ländlichen Arbeitskräftereserven aufgebraucht gewesen seien. Dies sei zwar nicht die einzige Erklärung für die „Jeshowschtschina", aber ein wichtiges Element. Siehe auch ebd., S. 134, 163, auf denen er vor einer direkten Kausalkette warnt. So auch Solschenizyn, Archipel GULag II, S. 558, der feststellt: „Die Häftlingsaushebung überstieg eindeutig den politischen Bedarf, überstieg die Erfordernisse des Terrors, war den wirtschaftlichen Vorhaben angepaßt.". Beyrau, „Archipel GULAG", S. 554-555, kommt zu dem Schluß, daß die Willkür der Verhaftungen „eigentlich nur diese wirtschaftlich begründete Hyopthese", die Verhaftung von Personen, um Zwangsarbeitskräfte auszuheben, zulasse.

[29] Vgl. Dallin/Nicolaevsky, Arbeiter, S. 56.

[30] Diese Auffassung wird von vielen Forschern nicht geteilt. Diese sehen in erster Linie eine politische Motivation und nur als Nebeneffekt und nachrangig den wirtschaftlichen Nutzen des Einsatzes der Häftlinge als Zwangsarbeiter. Schramm, Industrialisierung, S. 844-845, spricht von einem „politischen Zentralmotiv" und einer „ökonomischen Nebenlogik". Conquest, Anfang, S. 433, sieht in den Massenverhaftungen grundsätzlich eine politische Entscheidung und schätzt das Motiv der „Sklavenarbeit" als „sekundär" ein. Rousset sieht den Grund der Verhaftungen ebenfalls in politischen und sozialen Gründen, bemerkt aber, daß die vielen Häftlinge dann als Arbeitsreservoir erkannt und genutzt worden sei (Ders. in: Livre blanc, S. 21).

mittelbaren Nachkriegszeit, in der es einen riesigen Arbeitskräftebedarf für den Wiederaufbau gab.

Der GULag als das wichtigste, aber nicht das einzige Instrument des Terrors, nahm spätestens seit Berijas Reform Ende der dreißiger Jahre, der bereits Mitte der dreißiger Jahre eine auf größere Effizienz abzielende Verschärfung des Lagerregimes in den einzelnen Lagern vorausging, vorrangig den Charakter einer Wirtschafts- und Strafvollzugsorganisation an. Je mehr der GULag zum Wirtschaftsunternehmen wurde, desto mehr sind die Massenverhaftungen, ungeachtet aller Sowjetpropaganda, auch und bezogen auf die Masse der Verhafteten vornehmlich als Kampagne zur Rekrutierung von Zwangsarbeitern zu werten.

5.3 Das Zusammenwirken von Personalanforderungen, Verhaftungspraxis und Verteilung der Häftlinge

Die enge Verbindung von Arbeitskräfteanforderungen, Verhaftungsplanung und Ausbau des Lagersystems setzte wahrscheinlich unmittelbar nach den Umbruch- und Aufbaujahren 1928/29 ein[31]. Genauere Informationen liegen aber erst für die dreißiger und vierziger Jahre vor. Der GULag hatte nun in großem Umfange Personalanforderungen des NKWD und der Wirtschaft zu erfüllen[32]. Es waren vor allem die Branchen-Hauptverwaltungen des NKWD, andere Volkskommissariate und Planungsbehörden, die detaillierte Personalwünsche an die GULag weiterleiteten[33]. In der Regel wurde im Rahmen der Produktionsplanung bei der GULag eine bestimmte Anzahl von Häftlingen für ein bestimmtes Projekt beantragt, und die GULag verschickte die entsprechende Anzahl angeforderter Häftlinge in Lager, die in der Umgebung des Projektes lagen oder dort errichtet werden mußten[34]. Damit für die Personalwirtschaft genügend disponible Häftlinge vorhanden waren, mußten sie zunächst verhaftet werden.

---

[31] Dazu Baberowski, Wandel, S. 111: „Seit 1930 orientierte sich die GPU bei ihren Verhaftungsaktionen und Deportationen offenkundig auch an der industriellen Nachfrage nach unentbehrlichen Arbeitskräften.“.

[32] Swianiewicz, Forced labour, S. 14-15, 136, 161, ist ebenfalls der Meinung, daß der Bedarf an Lagerzwangsarbeitern ein bestimmender Faktor für die Anzahl der Verhaftungen war. Ohne solche sei das NKWD-Wirtschaftssystem in Gefahr geraten und hätte seine wirtschaftlichen Aktivitäten einschränken müssen. Von Inhaftierungsplänen zur Erfüllung eines bestimmten Solls für die NKWD-Unternehmen werde oft gesprochen, lägen aber keine entsprechenden Dokumente vor. Die Idee solcher Pläne passe aber in die sowjetische Wirtschaftsstruktur.

[33] Swianiewicz, Forced labour, S. 161. Kravchenko berichtet von Personalanforderungen während des Krieges seitens der Mitglieder des Staatlichen Verteidigungskomitees (GOKO), darunter N.A. Wosnesenskis, seit 1942 Chef der Staatlichen Plankommission (Gosplan). Das GOKO leitete während des Krieges die Verteidigungswirtschaft und koordinierte alle Bereiche der Volkswirtschaft (Ders., Freiheit, S. 530-531. Auch in: Conquest, Anfang, S. 432. Swianiewicz, Forced labour, S. 14).

[34] Kravchenko berichtet von einem Fabrikdirektor in Kemerowo, der mit dem NKWD über die Gestellung von 2000 Zwangsarbeitern verhandelte. Diese mußten dann in die Lager des umliegenden Gebietes verschickt werden (Ders., Freiheit, S. 442-443. Auch in: Conquest, Anfang, S. 415).

Es ist daher für die Organisation des GULag von großer Bedeutung, daß die NKWD-Führung sehr wahrscheinlich spätestens ab 1937 ihren örtlichen und regionalen Untergliederungen Verhaftungsquoten vorschrieb. Konnte diese Zahl nicht mit vermeintlichen oder tatsächlichen Gegnern und unerwünschten Personen erfüllt werden, mußte die örtliche Polizei willkürlich verhaften, um die Quote zu erfüllen[35]. Zu überprüfen ist, inwiefern bei der Erstellung dieser Quoten Rücksicht auf den Bedarf an Zwangsarbeitskräften genommen wurde. Grundsätzlich ist aber davon auszugehen, daß ein Zusammenhang zwischen Personalanforderungen an die GULag des NKWD und den Verhaftungsquoten für die Polizei- und Staatssicherheitsorgane des NKWD bestand[36]. Einerseits beeinflußte der Bedarf an Zwangsarbeitern in erheblichem Maße die Entscheidungen, Massenverhaftungen durchzuführen, andererseits ist die Existenz des voll ausgebildeten Wirtschaftsimperiums GULag nicht mehr Reaktion auf Verhaftungen, sondern der GULag wurde selbst zum Initiator von Verhaftungen, da er ohne diese den Arbeitskräftebedarf nicht hätte decken können.

Auch in den Lagern, in denen viele, zum Teil abstruse, Theorien zur Erklärung der Hintergründe der das ganze Land umspannenden Terrorwellen auf-

[35] Allgemein zu den Quoten: Carmichael, Säuberung, S. 208. Swianiewicz, Forced labour, S. 161. Medwedew, Wahrheit, S. 314-315. Dallin/Nicolaevsky, Forced labor, S. 259-260, datieren deren Einführung auf spätestens 1937. Conquest, der in seiner ersten Auflage noch nichts über Verhaftungsquoten berichtet (Vgl. Anfang, S. 347,) spricht in der überarbeiteten Fassung (Terror, S. 301) von Verhaftungsquoten, die „von oben festgelegt" worden seien. Auch Solschenizyn, Archipel GULag I, S. 78, nennt Erfassungspläne, vorgegebene Zahlen von Verhaftungen und Sollzahlen. In Archipel GULag II, S. 286-287, gibt er an, daß es Sollzahlen für Einsatzbevollmächtigte in allen sowjetischen administrativen Gebilden, in Lehranstalten, Militäreinheiten, im Transportwesen und in anderen Stellen gegeben habe. Insbesondere die Artikel 58.1 („Vaterlandsverrat"), 58.10 („konterrevolutionäre" oder „antisowjetische Agitation") und 58.12 („Nichtdenunziation") seien hierbei herangezogen worden. Der russische Generalstaatsanwalt Wolin bestätigte 1993, daß die NKWD-Zentrale monatlich einen Verhaftungsplan an die NKWD-Dienststellen der Gebiete gerichtet habe. Deren Leiter hatten monatlich Bericht über den Erfüllungsstand dieses Verhaftungsplans zu erstatten. Er zitiert einen dieser Berichte, in dem der Gebietsleiter von Winniza/Ukraine mitteilt, daß er im Juni 1938 nur 14.000 „Volksfeinde" verhaftet habe, damit seinen Plan um 3000 untererfüllt habe. Er bat daher darum, „die fehlenden 3000 aus dem Gebiet Dnepropetrowsk abzudecken", und verpflichtete sich, „im nächsten Monat den Plan mit 3000 überzuerfüllen" (In: Der Heimkehrer v. 15. August 1993, S. 1). Manning erwähnt eine Resolution des Politbüros vom 31. Juli 1937, in der Quoten für die einzelnen *oblasti* hinsichtlich Verhaftungen und Exekutionen festgelegt worden seien (Roberta T. Manning. The Great Purges in a rural district: Belyi Raion revisited. In: Getty/Manning, Terror, S. 168-197. Hier: S. 191-192). Getty/Rittersporn/Zemskov, Victims, S. 1037-1038, sprechen für das Jahr 1938 von „specific ‚limits' for the number of arrests" in Turkmenistan, die vom dortigen NKWD-Chef vorgegeben worden seien (Als „Erschießungs- und Verhaftungsquoten" auch in: Baberowski, Wandel, S. 124).

[36] Dallin/Nicolaevsky, Forced labor, S. 259-260, sind der Auffassung, daß die Quoten zum einen den Zweck gehabt hätten, tatsächliche und vermeintliche Gegner unschädlich zu machen, zum anderen aber, die in den Lagern entstandenen Lücken wieder aufzufüllen und die Menge an Ingenieuren, Agronomen, Naturwissenschaftlern und anderen Spezialisten zu beschaffen, da der GULag sonst seine ökonomischen Aufgaben nicht hätte erfüllen können. Buber-Neumann, Gefangene, S. 121, ist der Überzeugung, daß örtlichen NKWD-Stellen eine bestimmte Zahl an Verhaftungen und Urteile zugewiesen wurden, da diese „bei der Vorbereitung der Fünfjahrespläne" als „zwangsrekrutierte Arbeitskräfte sorgfältig einkalkuliert" gewesen sei. Beck/Godin, Purge, S. 201, wirken unentschlossen, wenn sie einserseits Verhaftungsquoten verneinen, dann aber einräumen, daß der Bedarf an Arbeitskräften für Bau- und Industrieprojekte „may in some cases have played a part in causing arrests be planned".

gestellt wurden[37], war die „Arbeitskräftetheorie“ die am meisten verbreitete Erklärung für Terror und Massenverhaftungen[38]. Dabei ging man auch davon aus, daß gezielt Vertreter besonders dringend benötigter Berufssparten verhaftet wurden[39].

---

[37] Solschenizyn nennt einige Theorien, die unter solchen Häftlingen, die auch im Lager der kommunistischen Ideologie treu blieben, diskutiert worden seien. Danach seien die Massenverhaftungen von loyalen Kommunisten auf das Werk fremder Spionagedienste, „ein Schädlingskomplott von gigantischem Ausmaß“, Kompetenzüberschreitungen lokaler NKWD-Stellen, Verrat innerhalb der Partei oder eine historische Notwendigkeit zurückzuführen (Ders., Archipel GULag II, S. 317-318). Beck/Godin stellen 17 Theorien vor: 1. Offizielle Theorie (Beseitigung aller Feinde des Sozialismus), 2. „Faschistische Theorie“ (Nationalsozialistische Unterwanderung des NKWD, um mittels des Terrors die Sowjetunion zu schwächen), 3. Arbeitskräftetheorie, 4. „Job-Theorie“ (quasi-religiöse Prüfung aller Sowjetbürger), 5. Theorie der „sozialen Prophylaxe“ (vorwiegend im NKWD vertreten: Verhaftung aller potentiellen Feinde zum Schutze des Sozialismus), 6. Schneeballtheorie (Eigendynamik des Terrors), 7. „Plan and counter theory“ (Erfüllung von Verhaftungsquoten), 8.-10. absurd (u.a. Sühne für jegliche individuelle Schuld und Zusammenballung von Sonnenflecken [!]), 11. Sündenbocktheorie (Suche nach Schuldigen für Fehlentwicklungen), 12. und 13. Terror zur Stärkung der Diktaturposition Stalins und Bonapartismustheorie, 14. Verfolgungswahn der Caesaren am Beispiel Stalins, 15. „Neo-Absolutismus-Theorie“ (Säuberungen waren Aufstand der mittleren und niederen von Stalin geprägten Parteifunktionäre gegen die alte bolschewistische Elite), 16. „Theory of social supply“ (Lager und Gefängnisse als Personalreservoir von Spezialisten), 17. Asiatische Theorie (Stalin und Rußland stehen in Tradition asiatischer menschenverachtender Herrschaftsmethoden) (Vgl. Beck/Godin, Purge, S. 182-232).

[38] Nach Beck/Godin ist die „Arbeitskräftetheorie“, nach der die verschiedenen Verhaftungswellen den Hauptzweck gehabt hätten, den Nachschub an Arbeitskräften, vor allem in unbewohnten Gebieten, sicherzustellen, bei ehemaligen Lagerinsassen und Funktionären am verbreitetsten gewesen (Dies., Purge, S. 191-192. Auch in: Swianiewicz, Forced labour, S. 163-164. Carmichael, Säuberung, S. 213). Beck/Godin bezeichnen die „Arbeitskräftetheorie“ allerdings als inoffizielle kommunistische Reaktion und lehnen sie ab. Ihnen ist zuzugestehen, daß diese Motivation anfangs nicht die ursprüngliche und später nicht die alleinige, jedoch eine immer bedeutender werdende war. Ihre Gegenargumente sind typisch und sollen daher kurz bewertet werden. Ihre Ansicht, die in die extremen Gebiete verschickten Lagerhäftlinge müßten nach der Arbeitskräftetheorie Helden, dürften nicht Schädlinge genannt werden, entbehrt der Logik, da diese doch Häftlinge waren und als „Volksfeinde“ deklariert werden mußten, um die Massenverhaftungen zu rechtfertigen. Auf ihre weiteren Argumente der geringen Arbeitsproduktivität und des Bedarfs von Ingenieuren und Facharbeitern an ihren alten Arbeitsplätzen wird unten (Kap. 12.2.6) eingegangen. Die weiter von Carmichael genannten hohen Kosten der Bewachung und des Polizeiapparats waren systemimmanente Fixkosten, die nicht auf die Arbeitsleistung der Lagerzwangsarbeiter angerechnet werden können, vielmehr von diesen wenigstens zum Teil ausgeglichen wurden. Ähnliches berichtet Weissberg-Cybulski, der aber ebenso wie Beck/Godin die Arbeitskräftetheorie ablehnt. Er argumentiert mit dem ausbildungsfremden Einsatz der Lagerzwangsarbeiter und den hohen Kosten der Zwangsarbeit. Sein Gesprächspartner legt die strategischen Vorteile der Arbeitskräftereserve für vorrangige Projekte und das Problem der geringen Anzahl freiwilliger Freier für den Hohen Norden und andere abgelegene Rohstoff- und Industrialisierungsgebiete dar (Weissberg-Cybulski, Hexensabbat, S. 429, 714-715). Andreevich, Structure, S. 100-101, weist ebenfalls die Vermutungen zurück, Verhaftungen könnten aus ökonomischen Gründen erfolgt sein. Er räumt dies zwar für Einzelfälle ein, sieht aber generell politische Gründe für ausschlaggebend. Auch er verweist auf die niedrigere Arbeitsproduktivität der Zwangsarbeiter und ihre fachfremde Verwendung.

[39] So vermutet in Leonhard, Fahrt, S. 49, eine Ärztin: „Wenn auch das Leben der Menschen in den Zwangsarbeitslagern nicht besonders hoch veranschlagt wird, Ärzte für sie werden trotzden gebraucht. Und wenn nicht genug da sind, dann müssen eben welche verhaftet werden. Wer geht schon freiwillig nach dem Hohen Norden?“.

Wie sah nun der Zusammenhang von Personalanforderungen, Verhaftungspraxis und Verteilung der Häftlinge konkret aus? Bis 1934 gab es keine zentrale Häftlingsverteilung. In den NKJu- und NKWD-Hafteinrichtungen wurden die Häftlingsverteilung und die Bearbeitung der Häftlingsakten völlig dezentral auf regionaler Ebene durchgeführt. Ein vom Gericht verurteilter Häftling wurde nach Entscheidung der Verteilungskommission in ein Gefängnis, eine Kolonie oder ein Lager des Gebietes eingewiesen wurde, in dem er verurteilt worden war. Auch nach der Übertragung der NKWD-Aufgaben an die NKJu 1930 behielten diese das dezentrale Verfahren bei. Einzig das Lagersystem der OGPU verfügte über eine zentrale Lenkung.

Klar wurde offensichtlich schon bald, daß dieses System für eine zentral gelenkte Nutzung der Arbeitskraft der Häftlinge völlig unbrauchbar war. So wie die Gründung von Unions-NKWD und GULag des NKWD 1934 im engem Zusammenhang mit den Maßnahmen zur Steigerung der Effizienz in der Wirtschaft zu Beginn des zweiten Fünfjahresplanes gesehen werden muß, war es, aus dem Blickwinkel der Zuständigen für die Häftlingsverteilung betrachtet, dringend geboten, einen zentral gelenkten Verteilungsmechanismus für die Häftlinge zu schaffen. Erst ein solcher konnte die Zwangsarbeitskräfte der Zentralen Planwirtschaft schnell und nach wirtschaftlichen Prioritäten zuführen.

Ab 1934 konnte nun auf höchster Ebene die Zusammenarbeit der beteiligten Stellen zentral koordiniert werden. DALLIN berichtet, daß die Personalorganisation im Lagersystem auf zwei Arten von Meldungen beruht habe. Die Volkskommissariate und Staatsunternehmen hätten dem GULag die Zahl der für zukünftige Projekte und Wirtschaftsaktivitäten benötigten Häftlinge gemeldet. Gleichzeitig hätten die NKWD-Dienststellen der GULag die Zahl der Untersuchungshäftlinge, und zwar der, die verurteilt waren und verschickt werden konnten, und der, die bis zu einem bestimmten Zeitpunkt verhaftet werden sollten, mitgeteilt. Die GULag sei so in der Lage gewesen, Nachfrage und Angebot in ein Verhältnis zu bringen, Transportlisten zu erstellen und Wochen- und Monatspläne über den Personalbestand und –bedarf auszuarbeiten[40]. Eine ähnliche Beschreibung der Vorgehensweise für die Nachkriegszeit liefert ARTEMJEW. Danach wurde die Verteilung der Häftlinge durch eine „Statistische Verteilungsabteilung" der GULag – gemeint ist wahrscheinlich die URO – in Zusammenarbeit mit der Hauptverwaltung der Haftverbüßungsorte (GUMS) des MWD durchgeführt. Die Lagerebenen hätten ihren Bedarf an diese Statistische Verteilungsabteilung gemeldet. Diese habe Kenntnis über Bauprojekte und Betriebe, die vom MWD angeordnet waren, über neue Lager, die errichtet werden sollten, Erweiterungen oder Kürzungen von Produktions- und Bauvorhaben der einzelnen Lagerebenen gehabt. Die Abteilung habe diese Angaben ausgewertet und die Häftlinge dann auf die einzelnen Lagerebenen verteilt[41].

---

40 Dallin, Economics, S. 14. Er spricht davon, daß das NKWD alle fünf Tage allgemeine und alle zehn Tage detailliertere Verhaftungslisten an den GULag schickte.

41 Artemjew, Reshim, S. 71-74.

Inwieweit dieses Verfahren auch auf die ab 1948 entstehenden Spezialllager, die möglicherweise nicht der GULag unterstanden, Anwendung fand, ist nicht bekannt[42]. Es ist aber wahrscheinlich, daß die zentrale Häftlingsverteilung mit der Abspaltung der Speziallager Einbußen erlitt.

[42] Solschenizyn berichtet, daß im Zuge der Umorganisation des Lagersystems 1948 verfügt worden sei, daß künftig durch die Gebietsorganisationen der Staatssicherheitsorgane und der Staatsanwaltschaft festgelegt werden sollte, in welche Lagerkategorie der von ihnen verhaftete oder verurteilte Häftling kommen solle. Er nennt seine Informationsquelle aber wie üblich nicht (Solschenizyn, Archipel GULag III, S. 36).

6 Die „gulagische Bevölkerung“ – Menschen als Mengenverbrauchsgut

Aus Sicht der kommunistischen Führung und der GULag waren die Häftlinge eine namenlose Masse, deren einzige Aufgabe darin bestand, als Arbeitskraft zur Verfügung zu stehen. Das System des GULag ist nur darzustellen, wenn auch die Personengruppe, deren Schultern dieses Zwangssystem trugen, vorgestellt wird.

6.1 Die Lagerinsassen als soziale Großgruppe und ihre Untergruppen

Die Lagerzwangsarbeiter bildeten mit den Verbannten und anderen Zwangsarbeitern, die unter Aufsicht der Sicherheitsbehörden standen, die „Basis der .. Sozialpyramide“[1] der Stalinzeit. Sie waren die „Arbeitssklaven“ der Sowjetunion. Im Unterschied zu den nichtverbannten Zwangsarbeitern, aber auch den meist mit ihren Familien lebenden und mehr Freiraum genießenden Verbannten, wurde das Leben der GULag-Häftlinge völlig vom Lagersystem geprägt. Unter den Lagerinsassen, die sich selbst *seki*[2] nannten, entwickelten sich in der jahre- oder jahrzehntelangen Zwangsgemeinschaft und Abgeschlossenheit eigene Verhaltensweisen, Wertvorstellungen und Riten. Dies wurde vor allem dadurch gefördert, da es seit der frühesten Sowjetzeit Lager gegeben hatte, in denen Normen entwickelt wurden, die innerhalb des GULag der Stalinzeit tradiert wurden. Trotz vielfältiger Differenzierungen bildeten sich so allen Häftlingen gemeinsame Charakteristika, deren augenfälligstes Merkmal eine eigene Lagersprache war[3].

---

1 Zitat: Karger in Sowjetunion (1979), S. 26.

2 Der Begriff wurde von der Abkürzung *s/k* für *sakljutschonnye* („Häftlinge“) abgeleitet und bildete sich nach Solschenizyn seit 1934 heraus. Bis 1934 wären die Häftlinge offiziell „Freiheitsentzügler“ (*lischonnye swobody*), nach den Anfangsbuchstaben *l/s* abgekürzt, genannt worden (Solschenizyn, Archipel GULag II, S. 488).

3 Solschenizyn versteht die Lagerhäftlinge als eigene Gesellschaft. Er spricht von einer eigenen Nation, die sich in Sprache, Verhalten und gemeinsamer Lagervergangenheit von den übrigen

Die sowjetischen Lagerinstitutionen waren von Anfang an bemüht, eine solche Gruppenidentität der Häftlinge zu verhindern oder zu schwächen. Ein Kennzeichen des sowjetischen Lagersystems war daher seit den ersten Tagen des Bestehens die Kategorisierung der Häftlinge. Bis Mitte der dreißiger Jahre wurden die Häftlinge in die zwei großen Gruppen der „Angehörigen der Arbeiterklasse“ und derjenigen, die dieser nicht zugeordnet wurden, unterschieden. Letztere wurden als „klassenfremde“ oder „klassenfeindliche“ Elemente“ bezeichnet[4]. Der Klassengedanke wird noch im Statut über Besserungsarbeitslager vom 7. April 1930 sehr deutlich beschrieben. In ihm werden drei Kategorien von Häftlingen und die Trennung nach den Klassenmerkmalen festgelegt[5]. Ab Mitte der dreißiger Jahre verschwanden die Klassenkriterien, da nach Verkündigung der staatlichen Propaganda die Klassen im Sowjetreich „überwunden“ worden seien. Fortan wurde zwischen nichtpolitischen Häftlingen und „Konterrevolutionären“ unterschieden[6].

Zu dieser staatlichen Einteilung kamen eine Vielzahl weiterer Faktoren, aufgrund derer sich die Gefangenen in unterschiedliche Gruppierungen spalteten. Wichtig waren die nationale oder ethnische, die soziale Herkunft und die religiöse Überzeugung[7]. Weitere Differenzierungen entstanden aufgrund der gleichen tatsächlich verübten oder willkürlich zugeordneten Vergehen, aufgrund derer sie inhaftiert worden waren; hinzu kamen Unterteilungen nach Art der Arbeit, die sie im Lager verrichteten. Unabhängig vom Leben im Lager sind jedoch die beiden großen Untergruppen der wegen politischer Delikte verurteilten Häftlinge und der Kriminellen sowie die kleinere Gruppe der *bytowiki* zu

---

Bewohnern der Sowjetunion unterscheide. Siehe dazu besonders sein Kapitel 19 („Die Seki als Nation“) in: Ders., Archipel GULag II, S. 484-514. Dazu auch: Rossi, GULAG Handbook, S. 126, 135. Zur Lagersprache: Bronja Ben-Jakow. Slowar Argo GULaga. Frankfurt/M., 1982, in dem dieser in der Literatur auftauchende GULag-Termini auflistet, jedoch keine weitergehenden inhaltlichen Erklärungen gibt. Dazu neu: Meyer Galler. Soviet camp speech. Jerusalem, 1994.

4 Rossi, GULAG Handbook, S. 161, 180.

5 Wie bereits in Kap. 4.1.1 geschildert, sah das Statut drei Kategorien vor: „Angehörige der Arbeiterklasse“, die zum erstenmal verurteilt worden waren und Haftstrafen von fünf und weniger Jahren hatten, durften ihr Wahlrecht weiter ausüben und sollten an erster Stelle der staatlich geplanten Häftlingshierarchie stehen. Dahinter folgten „Angehörige der Arbeiterklasse“ mit Haftstrafen über fünf Jahren. Den letzten Rang belegten jene Häftlinge, die nicht zur „Arbeiterklassse“ gehörten, und Personen, die wegen „konterrevolutionärer“ Verbrechen verurteilt worden waren (Hier nach: Rossi, GULAG Handbook, S. 91).

6 Rossi, GULAG Handbook, S. 161, 180-181. Unbrauchbar ist Munds Kategorisierung nach „S/K. I“ (Kriminelle [Straßenräuber, Mörder, Banditen, Sittlichkeitsverbrecher], zum Einsatz als Lagerspitzel und Wachmannschaften), „S/K. II“ (gerichtlich nach Geständnis verurteilte politische Sträflinge [Spione, „Diversanten“, „Schädlinge“, „Trotzkisten“, „Terroristen“] zum Einsatz als Funktionshäftlinge) und „S/K. III“ (politisch Verdächtige ohne Geständnis [„Trotzkisten“, „antisowjetische Agitateure“, „Saboteure“]), die „zahlenmäßig größte Sparte“ (Ders., GPU, S. 149-150). Sie ist inhaltlich falsch und ungenau, nicht belegt, nicht differenziert und kennt entscheidende Kategorien wie K/R oder „58er“ nicht.

7 Es ist nicht Thema dieser Arbeit, auf die spezifischen Schicksale einzelner Völker, Schichten oder Religionsgemeinschaften im GULag oder deren prozentualen Anteil an der Lagerbevölkerung näher einzugehen. Vgl. Kap. 8.5.

nennen. Der ständige Konflikt zwischen den beiden ersten ist besonders in der Memoirenliteratur stets wiederkehrendes Motiv[8].

6.1.1 *Die politischen Gefangenen: „Politische“, „Konterrevolutionäre“ und „58er“*[9]

Zu Beginn der Sowjetherrschaft gab es neben den Kriminellen aus der Arbeiterklasse und den „sozial-nahen Elementen“ die politischen Gefangenen, die sich in „Politische“ und die „Konterrevolutionäre“ unterschieden. Die „Politischen“ waren, wie in der Darstellung der SLON gezeigt, Angehörige nichtbolschewistischer sozialistischer oder sozialrevolutionärer Parteien und Bewegungen, während unter die „Konterrevolutionäre“ alle die fielen, die aus Sicht der neuen Machthaber das alte System repräsentierten. In der sozialen Schichtung der Gefangenen standen die „Konterrevolutionäre“ ganz unten, die Kriminellen, fast ausschließlich Angehörige der Arbeiterklasse, nahmen den Mittelplatz ein, die „Politischen“ genossen zunächst noch einige Jahre die Privilegien, die aus der Zarenzeit herrührten.

Im Unterschied zur Stalinzeit blieben „Politische“, Kriminelle und „Konterrevolutionäre“ anfangs strikt getrennt[10]. Im Laufe der zwanziger Jahren verschwanden die wenigen „Politischen“ und viele „Konterrevolutionäre“ in den Politisolatoren oder den SLON. Die meisten dieser Personen, die sich tatsächlich als Oppositionelle fühlten, andere politische Auffassungen als die Staatsmacht vertraten oder sich einem anderen Bildungsideal zugehörig fühlten, überlebten die ersten zehn Jahre der Sowjetmacht nicht.

Nachdem 1926 der Artikel 58 eingeführt worden war, wurden immer mehr Personen wegen „konterrevolutionärer Tätigkeit“ verurteilt. Der Anteil der „58er“ unter den Häftlingen stieg kontinuierlich[11]. Tatsächlich handelte es sich insbesondere während der Masseneinweisungen im Zuge von Zwangskollektivierung und „Dekulakisierung“ nicht um Angehörige der ehemaligen Oberschicht oder Intellektuelle, sondern vorwiegend um Bauern, die ihren Hof verteidigt hatten, die als „Konterrevolutionäre“ in die Lager kamen.

8 In der, vorwiegend von politischen oder intellektuellen Häftlingen geschriebenen, Literatur kommen die Kriminellen meist sehr schlecht weg. Vgl. beispielsweise: Solschenizyn, Archipel GULag I, S. 472-474.

9 Vgl. Kap. 10 „Statt der Politischen“ in: Solschenizyn, Archipel GULag II, S. 281-309. Rossi, GULAG Handbook, S. 318-320.

10 Solschenizyn, Archipel GULag II, S. 410. Siehe auch Kap. 2.3.3.2. Rossi, GULAG Handbook, S. 180.

11 Nach Rossi wurden in den dreißiger Jahren allein 25 Prozent nach Art. 58.10 verurteilt (Ders., GULAG Handbook, S. 1). Von Mitte der dreißiger Jahre bis in die späten fünfziger Jahre habe die Hälfte aller Lagerinsassen aus „58ern“ bestanden (Ebd. S. 351). Dugin: 1937 12,8 Prozent 1946: 59,2 Prozent „58er“ (Nach: Tolz, Archives, S. 2). Bacon: 1941: 27 % Insassen, die wegen „konterrevolutionärer oder anderer besonders gefährlicher Verbrechen“ verurteilt waren; Juli 1944: 43 % (Ders., Gulag, S. 150). Solschenizyn: 50 Prozent „58er“ (Ders., Archipel GULag I, S. 291). Conquest: 95 Prozent „Politische“ (In seinem Vorwort zu Rossi, GULAG Handbook).

Auch in den Jahren 1935 bis 1938 wurden viele Gefangene eingeliefert, die weder „Politische“ noch „Konterrevolutionäre“ im alten Sinne waren, aber wegen ihrer Verurteilung nach Artikel 58 als *K/R* oder „58er“ bezeichnet wurden[12].

Zu den „Konterrevolutionären“ oder „58ern“ zählten somit viele Sowjetbürger, die sich selbst überhaupt nicht als politische Gefangene empfanden und nur willkürlich in diese Kategorie eingeordnet worden waren, um einen Verhaftungsgrund zu haben. Entsprechend befanden sich unter den Personen, die nicht nach Artikel 58, sondern aufgrund von Arbeitsverfehlungen und anderen Delikten einsaßen, eine ganze Reihe von Menschen, die aufgrund ihres Glaubens, ihrer Weltanschauung oder wegen anderer aus der Sicht des Systems verdächtiger Gründe inhaftiert waren und nicht zu den Kriminellen zu zählen sind[13]. Klarzustellen ist, daß immer dann, wenn in der Literatur über die dreißiger bis fünfziger Jahre von politischen Häftlingen die Rede ist, zwar meist „58er“ gemeint sind, es aber verfehlt ist, davon auszugehen, daß diese eine feste Gemeinschaft gebildet hätten oder gar immer mit Oppositionellen gleichzusetzen wären[14].

Ein nicht unbedeutender Teil der sogenannten politischen Gefangenen waren Personen, die vor ihrer Verhaftung aktiv am Aufbau des Sozialismus mitgewirkt hatten. Es waren dies ehemalige Partei- und Staatsfunktionäre und die große Zahl an Parteimitgliedern und Kommunisten, die im Laufe der Stalinzeit, vor allem in den Jahren 1936-1938 verhaftet und in die Lager geschickt worden waren. SOLSCHENIZYN kritisiert zu Recht, daß sich viele Darstellungen auf diese Personengruppe konzentrierten und außer acht ließen, daß der weitaus größere Teil der GULag-Insassen nicht so stark in das kommunistische System verstrickt gewesen sei wie dieses „Aufgebot von 1937“[15]. Viele Angehörige dieser Gruppe, von SOLSCHENIZYN „Loyalisten“ genannt, blieben auch in der Lagerhaft ihren kommunistischen Überzeugungen treu und waren eine maßgebliche Stütze des GULag-Systems[16].

---

12 Schalamow, „Artikel 58“, S. 7. Schimpfname der „58er“ sei bis Kriegsbeginn *KAER* (K/R, „Konterrevolutionär“) und dann „Faschist“ gewesen (Solschenizyn, Archipel GULag II, S. 160). Rossi, GULAG Handbook, S. 8, 318-319, sagt, daß *KAER* seit den zwanziger Jahren durch „anti-sowjetisches Element“ ergänzt und von diesem dann in den vierziger Jahren verdrängt worden sei.

13 So auch Solschenizyn, Archipel GULag II, S. 291. Vgl. eine Reihe von Beispielen: Ebd., S. 231-284, 287-290.

14 Von politisch Verfolgten könne man, so Solschenizyn, nur bei Gläubigen, Trotzkisten, Angehörigen politischer Jugendbewegungen und „Kulaken“ reden. Es habe in den Lagern keine festgefügte politische Gruppe gegeben. Die Solidarität und die Geschlossenheit der „Politischen“ der zwanziger Jahre habe es bei den politischen Häftlingen ab der zweiten Hälfte der dreißiger Jahre nicht gegeben (Solschenizyn, Archipel GULag II, S. 295-296, 298-307).

15 Solschenizyn, Archipel GULag II, S. 316.

16 Besonders Solschenizyn richtet scharfe Angriffe gegen diese Gruppe. Sie hätten sich ohne Widerstand in das Lagerregime eingefügt und oft Funktionsposten erhalten, zudem eine „stabile privilegierte Zwischenschicht“ im Lager gebildet. Sie wären in der Regel während ihrer gesamten Lagerzeit als *pridurki* eingesetzt worden, hätten daher niemals „Allgemeine Arbeiten“ verrichten müssen, Fluchtversuche abgelehnt, sich aufgrund ihrer kommunistischen Überzeugung oft als Lagerspitzel werben lassen und in Gegnerschaft zu den nach Artikel 58 Verurteilten gelebt (Ders., Archipel GULag II, S. 330-339). Auch Heller weist ihnen Mitverantwortung für die

Die als politische Gegner eingeschätzten Häftlinge standen auf der Skala der Lagerinsassen ganz unten[17]. Als aus Sicht des Sowjetregimes nicht zu „Bessernde" waren die „58er" einer Reihe von Haftverschärfungen unterworfen, die kriminelle Häftlinge nicht trafen. Es gab Einschränkungen hinsichtlich der Besuchstage, des Brief- und Paketempfangs, des Beschwerderechts und der Bewegungsfreiheit innerhalb des Lagerpunktes. „58er" durften im Unterschied zu den gewöhnlichen Verbrechern nicht in der Lagerkantine zusätzliche Lebensmittel einkaufen. Sie wurden zu eigenen Brigaden zusammengefaßt und mußten unter besonders schweren Bedingungen arbeiten. Im Falle der Nichterfüllung der Norm wurde dies oft als Anschlag des Klassenfeindes gewertet und schärfer geahndet als bei nichtpolitischen Häftlingen[18]. Wiederholte Anordnungen verboten, die „58er" zu Funktionsposten oder zur Aufsicht über wertvolle Gegenstände in den Lagern heranzuziehen. Gleichfalls gab es für manche Häftlingsgruppen in ihrer Akte den Vermerk „Ausschließlich bei Allgemeinen Arbeiten einzusetzen!"[19]. Da sich unter den „58ern" besonders viele qualifizierte Häftlinge befanden, wurde die Ausführung dieser Weisungen jedoch unterschiedlich gehandhabt und oft nicht befolgt[20]. Mit Kriegsbeginn 1941 wurde das Regime für die „58er" erheblich verschärft. In vielen Lagern wurden sie von den übrigen Häftlingen getrennt und innerhalb der Lagerpunkte in gesonderte Zonen mit Umzäunung und besonderer Bewachung verlegt. Vorzeitige Entlassungen wurden verboten, an Amnestien wurden sie nicht beteiligt. Die Entlassung von „58ern" wurde schließlich ganz eingestellt, und viele von ihnen bekamen aufgrund willkürlicher Anschuldigungen eine Haftverlängerung[21]. In besonderem Maße galten diese Verschärfungen für die „58er", die in Katorga-Lagern einsaßen[22].

„Atomisierung" und die fehlende Solidarität der Insassen gegenüber der Lagerleitung zu und führt dies auf deren kommunistisches Klassenbewußtsein zurück. Seine Bezeichung für sie lautet, ähnlich scharf wie bei Solschenizyn, „Henker-Opfer" (Ders., Stacheldraht, S. 241-245).

17 So auch Fainsod, Russia, S. 384.

18 Zu den Verschärfungen für „58er": Solschenizyn, Archipel GULag II, S. 294, 604. Schalamow, „Artikel 58", S. 82.

19 Bereits im Statut über Besserungsarbeitslager von 1930 war festgelegt worden, daß „Konterrevolutionäre" keine Verwaltungs- oder Wirtschaftsfunktionen übernehmen durften (Rossi, GULAG Handbook, S. 181). Der Vermerk „Nur zu Allgemeinen Arbeiten einzusetzen" sei in den Akten vieler Häftlinge, die nach Artikel 58 verurteilt und 1938 an die Kolyma geschickt worden waren, enthalten gewesen (Solschenizyn, Archipel GULag II, S. 244).

20 Nach Solschenizyn, Archipel GULag II, S. 244, wurden die Anweisungen oft umgangen. Schalamow, „Artikel 58", S. 87, nennt die Vorschriften hingegen sehr streng und berichtet, daß „58er" nicht einmal zur Pferdebeaufsichtigung eingesetzt worden seien. Siehe auch Kap. 8.5.3.

21 Solschenizyn, Archipel GULag II, S. 123-124, 126. Rossi, GULAG Handbook, S. 181. Er berichtet von einer geheimen Anweisung des NKWD vom 23. Juni 1941, nach der alle „58er" und rückfällige Kriminelle bis auf weiteres in Haft bleiben sollten (Ebd., S. 142).

22 Solschenizyn, Archipel GULag III, S. 9. Er nennt das Beispiel des Essensdienstes, den dort nur Kriminelle übernehmen durften. Auch in den *katorga*-Lagern hätte das Zusammenspiel von Lagerleitung und kriminellen Häftlingen funktioniert.

6.1.2 Die Kriminellen

Die Kriminellen stellten seit Beginn der Planära die Lageraristokratie. Es waren Berufs- oder Gewohnheitsverbrecher, die wegen „normaler“ Kriminaldelikte wie Diebstahl, Raub, Vergewaltigung, Totschlag oder Mord zu Lagerhaft verurteilt worden waren. Sie wurden, wenn sie innerhalb der Kriminellenhierarchie eine führende Stellung einnahmen, *urkas*, ansonsten *blatnois*, *blatnjaki* oder *blatari* genannt[23]. Im Lager bildeten sie eine fest abgeschlossene und mächtige Kaste mit eigenem Kodex[24]. Dieser Kodex verbot den Kriminellen, allzu eng mit den Lagerbehörden zusammenzuarbeiten, untereinander Essensrationen zu stehlen, Spitzeldienste zu verrichten, am Bau von Einzelzellen oder Wachanlagen mitzuwirken und weiteres. Derjenige, der den Kodex verletzte, wurde aus der Gemeinschaft der Kriminellen ausgestoßen und *suka* genannt[25]. Ob der Kodex bereits normale Tätigkeiten innerhalb der Lagerverwaltung verbot oder ob der Ausstoß als *suka* erst dann erfolgte, wenn sich Kriminelle als Spitzel zur Verfügung stellten, wird aus der Literatur nicht völlig deutlich.

Die Kriminellen erlangten ihre privilegierte Stellung nicht nur infolge ihrer eigenen Organisation, sondern auch mit Hilfe einer systematischen Förderung durch die Lagerleitungen. Als „sozial-nahe Elemente“ wurden die Kriminellen von der sowjetischen Straftheorie begünstigt, da sie als labil galten und nicht wie die „Konterrevolutionäre“ und „kapitalistischen Elemente“ zu den „Klassenfeinden“ zählten. Sie genossen mehr Vertrauen, die Lagerleitungen waren darauf bedacht, einen Gegensatz zwischen ihnen und den „klassenfeindlichen Elementen“, vor allem den „58ern“, herzustellen. Der weitaus größte Teil der Funktionsposten, im Lagerjargon *pridurki*-Stellen genannt, wurde von Kriminellen wahrgenommen. Diejenigen Kriminellen, die dennoch

---

[23] Solschenizyn, Archipel GULag I, S. 578, Anmk. 12. Ders., Archipel GULag II, S. 118. Silde, Profits, S. 38-40, 41. Schalamow, „Artikel 58“, S. 7. Rossi, GULAG Handbook, S. 24-26. Witschel, S. 102-103 (*blatnois*). Harms, Tal, S. 102-103 („Urkies, eine gewisse Gruppe von Banditen)“). Stürmer, Sh 895, S. 66 (*blatnye*) (Viktor Stürmer. Sh 895. Im Straflager zwischen Eismeer und Baikalsee. Berlin, Bonn, 1988). Armanski, Maschinen, S. 160, hingegen setzt *urkas* und *blatnye*, Scholmer, Arzt, S. 61, 67-69, *blatnois* und Kriminelle gleich.

[24] Leonhard unterscheidet drei Gruppen von Kriminellen. An der Spitze standen Berufsverbrecher und Rückfällige als gefährlichste Gruppe (Banditen, Mörder, Straßenräuber, Brandstifter, Plünderer, rückfällige Einbrecher, Gewohnheitsdiebe). Es folgten mindergefährliche Schwerverbrecher, so Totschläger oder Personen, die eine schwere Körperverletzung begangen hatten. Als dritte Gruppe nennt sie Gelegenheitsverbrecher (Taschendiebe, Arbeitsscheue, kleine Betrüger, Schmuggler) (Leonhard, S. 117, nach Armanski, Maschinen, S. 158). Nach Solschenizyn standen an erster Stelle der Kriminellen-Hierarchie „Spitzenganoven“ mit eigenem Hofstaat, Konkubinen und Macht über ganze Lageraußenstellen. Ihnen folgten Kriminelle, die als Anordner, Versorgungsgehilfen und Verwalter in leitenden Funktionen eingesetzt waren. Darunter standen Erzieher und Kriminelle, die untergeordnete Funktionsposten innehatten (Solschenizyn, Archipel GULag II, S. 416-419).

[25] Rossi, GULAG Handbook, S. 126-127 (Kodex), S. 441 (*suka*). Auch Witschel, S. 102-103, führt aus, daß *blatnois* faktisch nicht arbeiteten und diejenigen Kriminellen, die sich der Lagerordnung fügten, als *suki* verachteten und bekämpften. Zum Kodex siehe auch: Armanski, Maschinen, S. 160-162. Vgl. Kap. 8.5.4.1.

bei „Allgemeinen Arbeiten“ eingesetzt wurden, wurden auf andere Weise begünstigt[26].

Die Vorherrschaft der Kriminellen begann bereits in der zweiten Hälfte der zwanziger Jahre auf den Solowki und endete erst in den fünfziger Jahren. Den ersten Machtverlust hatten die Kriminellen hinzunehmen, als nach Kriegsende viele kampferprobte Soldaten und Partisanen, die sich von den Kriminellen nicht einschüchtern ließen, in die Lager kamen. Zum zweiten wurde ihre Position stark geschwächt, als „58er“ und Kriminelle 1948 getrennt wurden und die Kriminellen, die nun allein in den Besserungsarbeitslagern zurückblieben, dort voll in den Arbeitsprozeß einbezogen wurden. SOLSCHENIZYN schildert das Ende der relativen Unabhängigkeit der Kriminellen für den Anfang der fünfziger Jahre. Stalin habe mit der alten kommunistischen Straftheorie gebrochen und die Kriminellen nicht mehr als erziehbare „sozial-nahe Elemente“ angesehen, sondern als eine Personengruppe, deren Eigenleben sie zu wenig kontrollierbar machte. Viele Kriminelle seien in Isolatoren und Einzelzellen geschafft, andere in gesonderte Gefängnisse verlegt worden[27].

6.1.3 *Die bytowiki*

Als dritte Gruppe mit eigenem Status sind die *bytowiki* zu nennen. Im Unterschied zu den beiden wichtigsten und klar voneinander zu trennenden Gruppen der wegen politischer Delikte Verurteilten und der Kriminellen liegen für die *bytowiki* jedoch voneinander abweichende Definitionen vor. Ihre Abgrenzung zu den Kriminellen ist mitunter verschwommen. Nach SOLSCHENIZYN war ein Bytowik im Unterschied zu den politischen Gefangenen und den Kriminellen ein Häftling, der aufgrund von Unterschlagungen, Betrugsdelikten oder ähnlichen Vergehen im Lager einsaß, jedoch nicht zu den Berufsverbrechern gezählt werden konnte. Er nennt ihn einen „quasi ‚zivilen‘ Gesetzesbrecher“[28].

LEONHARD gibt eine ähnliche Definition[29]. ROSSI hingegen bezeichnet als Bytowik einen nichtpolitischen Häftling, der zur Arbeiterklasse gehören konnte oder zumindest der Arbeiterklasse nahestand[30]. GROSS setzt Kriminelle und

---

26 So berichtet Schalamow, „Artikel 58“, S. 35, daß aus Kriminellen bestehende Brigaden bei besonders schlechter Witterung keinen Außendienst verrichten mußten, während Brigaden aus politischen Häftlingen weiterzuarbeiten hatten. An anderer Stelle spricht er von „leichter Arbeit, wie sie sonst nur die Kriminellen bekamen“ (S. 78).

27 Solschenizyn, Archipel GULag II, S. 427.

28 Ders., Archipel GULag I, S. 578, Anmk. 12.

29 Danach waren Bytowiki Gesetzesübertreter, die wegen Amtsvergehen und Wirtschaftsstraftaten (Nachlässigkeit im Dienst, Unterschlagungen aus Unachtsamkeit, Überschreiten der Machtbefugnisse, Amtsanmaßung) oder anderen leichten Delikten („Rowdytum“, Hausfriedensbruch, Beleidigung) inhaftiert waren. Alle höheren Posten im Lager, Leonhard nennt (Häftlings-) *komendanten*, Erzieher, Buchhalter, Agronomen, Mitarbeiter der URTsch, Leiter der Wirtschaftsabteilung, Verwalter und Brigadiere seien vornehmlich aus den Reihen der Bytowiki besetzt worden (Leonhard, S. 117, nach Armanski, Maschinen, S. 158-159).

30 Rossi, GULAG Handbook, S. 39.

„bytoviki“ sogar gleich[31]. Es ist davon auszugehen, daß es sich bei den *bytowiki* um Kriminelle gehandelt hat, die von vornherein nicht in die Kaste der Kriminellen im Lager integriert waren.

6.2 Schätzungen über die Zahl der Insassen von Zwangsarbeitslagern und Zwangsarbeitskolonien[32]

Schätzungen oder Berechnungen über die Zahl der Lagerinsassen in der Stalinzeit beruhten bis zur jüngsten Zeit meist auf Häftlingsberichten oder Schilderungen ehemaliger Sowjetfunktionäre[33], auf kritischen Auswertungen sowjetischer Wirtschafts-, Arbeits- und Bevölkerungsstatistiken und auf den Zahlen des von den Deutschen erbeuteten Wirtschaftsplans für das Jahr 1941[34]. Archivmaterial fehlte fast völlig[35]. Insgesamt differieren die Angaben enorm. Schwierig ist sogar die Einordnung der in der Literatur genannten Zahlen, da sie oft nicht eindeutig als durchschnittliche Insassenzahlen oder als Gesamtzahlen für einen bestimmten Zeitraum bezeichnet werden. Je nach Berechnungsgrundlage und Berechnungsmethode unterscheiden sich die Ergebnisse. Nimmt man als Vergleichszeitraum die Jahre 1937 bis 1941 für durchschnittliche Insassenzahlen, so ist festzustellen, daß in der älteren Forschung drei verschiedene Positionen vertreten werden. Niedrige Schätzungen legen JASNY, TIMASHEFF, REDDING und WOOL vor. Ihre Zahlen bewegen sich zwischen zwei und 3,5 Millionen Lagerinsassen. Die Bevölkerungsstatistiker LORIMER, EASON, BERGSON geben zwar Hinweise auf Berechnungsmöglichkeiten, legen sich jedoch selbst auf keine Schätzungen fest. Von der Tendenz ihrer Aussagen her sind sie jedoch eher der Richtung, welche die niedrigeren Zahlen vorzieht, zuzuordnen. Von höheren und hohen Zahlen an Lagerinsassen gehen MORA und ZWIERNIAK, DALLIN und NICOLAEVSKY, Harry SCHWARTZ, Salomon SCHWARZ, WILES, CONQUEST, SWIANIEWICZ und SOLSCHENIZYN aus. Ihre Ergebnisse liegen weitgestreut zwischen drei und 13,5 Millionen Insassen, wobei WILES und CONQUEST mit den niedrigsten Zahlen innerhalb dieser Gruppe operieren. Als Mittelwert ist für diese Gruppe von durchschnittlich fünf bis sieben Millionen Lagerinsassen auszugehen.

31 Gross, Sowjetisierung, S. 160.

32 Die Arbeit setzt sich ausführlich in Anhang 2 mit der Diskussion über den personellen Umfang des GULag auseinander. Hier werden zur Orientierung nur die wichtigsten der in der Forschung vorkommenden Leitgrößen genannt. Vgl. zur Forschungsdiskussion die historiographischen Abrisse in: Wheatcroft, Size, S. 265-274. Beyrau, „Archipel GULAG“, S. 546, 548. Laqueur, Stalin, S. 167-172. Bacon, Gulag, S. 23-41 und 101-122. Um den Anteil der Lagerzwangsarbeiter an der Gesamtbevölkerung und an der gesamten arbeitsfähigen Bevölkerung ist in der Forschung ebenfalls eine langandauernde Diskussion entfacht, auf die hier nicht eingegangen werden kann.

33 In der Literatur wird oft die Auffassung vertreten, daß die Schätzungen ehemaliger Häftlinge und Funktionäre meist übertrieben seien.

34 Vgl. Kap. 11.

35 Dazu: Conquest, Anfang, S. 625, 631, Schramm, Industrialisierung, S. 849. Melville/Steffens, Bevölkerung, S. 1102. Hofmann, Arbeitsverfassung, S. 269, Anmk. 40. Schwarz, Statistik, S. 1562. Dallin, Economics, S. 24.

Jüngste sowjetische und russische Arbeiten, zu nennen sind in erster Linie SEMSKOW, DUGIN und NEKRASSOW, die sehr niedrige Zahlen bis maximal 2,5 Millionen Lagerinsassen nennen, beruhen auf Archivmaterial, sind aber in vielerlei Hinsicht unbefriedigend und bedürfen einer Überprüfung[36]. Andere Angaben nennen für 1939 rund vier Millionen (ZAPLIN) oder mit bis zu 20 Millionen (ANTONOW-OWSEJENKO). Die bislang neuesten Zahlen nennt BACON mit rund 3,4 Millionen Häftlingen im Jahr 1945[37]. Auch wenn in der Forschung gegenwärtig ein deutlicher Trend zu niedrigeren Angaben festzustellen ist, so ist doch eine abschließende Bewertung bislang nicht möglich[38].

6.3 Die „indirekte Vernichtung": Zur Todesquote im GULag

Über Gesamtzahl der Toten und die Todesquoten gibt es in der Forschung eine ähnlich heftige Diskussion wie um die Insassenzahlen. Einige Millionen Lagerinsassen überlebten den GULag nicht und wurden Opfer einer „indirekten Vernichtung". Die wesentlichsten Todesursachen waren Überarbeitung, ständige Unterernährung, mangelhafte Kleidung, unzureichende hygienische und medizinische Verhältnisse und drakonische Strafen[39]. Die Zahl der Selbstmorde war demgegenüber sehr gering[40]. Eindeutige Aussagen darüber, wie lange ein Häftling im Lager durchschnittlich überlebte, können nicht gemacht werden. Klar ist jedoch, daß diejenigen, die bei den „Allgemeinen Arbeiten" eingesetzt waren,

---

36 So auch Bacon, Gulag: Er kritisiert, daß die sowjetischen und russischen Forscher ihr Archivmaterial oftmals in wissenschaftlich nicht haltbarer und zudem polemischer Weise veröffentlicht hätten („... style and the history-writing skills of those representing the archival information led to a lack of clarity") (Ebd., S. 101), zudem seien bei den Zahlenaufstellungen ganze Kategorien von Häftlingen ausgelassen worden (Ebd., S 102).

37 Bacon, Gulag, S. 121.

38 Baberowski, Wandel, S. 126, führt aus, daß es der Stalinismusforschung im Unterschied zur NS-Forschung bislang nicht gelungen sei, „die Zahl der Opfer stalinistischer Gewalt zu ermitteln". Bonwetsch, Gulag, S. 223 („Die genaue Zahl der Opfer des Stalinismus ist bislang nicht bekannt."). Merl, System, S. 300-301, sagt, daß „die zum Teil sehr hohen Schätzungen .. drastisch nach unten korrigiert, die niedrigen Schätzungen etwas angehoben werden" müßten, es aber den vorliegenden Zahlen an Exaktheit mangele und sich die Größenordnung der Zahl der Lagerhäftlinge und Opfer gegenwärtig nur „eingrenzen", nicht aber genau bestimmen lasse. Zum aktuellen Fortgang der Diskussion siehe die Wortbeiträge Conquests, Rittersporns, Gettys und Semskows in: The American Historical Review, Jg. 99 (1994), S. 1038-1041 und 1821-1822. Verwiesen sei hier auf einen in Kürze erscheinenden Tagungsband mit neuen Diskussionsbeiträgen Armanskis, Jakobsons, Rittersporns, Bugais und Poljans: Dittmar Dahlmann, Gerhard Hirschfeld (Hgg.). Lager, Zwangsarbeit, Vertreibung und Deportationen. Dimensionen der Massenvernichtung in Deutschland und der Sowjetunion. 1930-1945 (Vgl. dazu den Tagungsbericht: Markus Wehner. Terror ist nicht blind. Die Massenvernichtung in der Sowjetunion und Deutschland. In: FAZ v. 20. März 1995, S. 36). Siehe auch die beiden Tagungsberichte über die ebenfalls unpublizierten Ergebnisse der Tagung „Zwischen Auschwitz und Kolyma": Wolfgang Benz. Zwischen Auschwitz und Kolyma. In: Das Parlament v. 28. Januar 1994, und Michael Jeismann. Zynismen der Zeitgenossenschaft. In: FAZ v. 30. Dezember 1993.

39 Vgl. Silde, Profits, S. 191. Carmichael, Säuberung, S. 219. Melville/Steffens, Bevölkerung, S. 1100. Conquest, Kolyma, S. 115. Andreevich, Structure, S. 148-149.

40 Vgl. dazu Solschenizyn, Archipel GULag II, S. 578-581. Rossi, GULAG Handbook, S. 379, nennt die Zahl der Selbstmorde „amazingly rare".

erheblich früher starben als andere[41]. Zu den Toten durch Mangelversorgung und Erschöpfung kamen die Opfer von Massenerschießungen[42] und die vielen Opfer von Arbeitsunfällen infolge mangelnder oder fehlender Sicherheitsvorkehrungen[43].

Sicher ist, daß die Todesquote in den Lagern über die meiste Zeit der Existenz des GULag hinweg erheblich über der der „freien“ Bevölkerung lag[44]. Die Schätzungen der jährlichen Todesquote in den normalen ITL reichen von drei bis 30 Prozent[45], in den Lagern von Kolyma, den Lagern beim Eisenbahnbau Kotlas-Workuta, den Holzfällerlagern und den Lagern des Hohen Nordens lag sie noch höher[47]. Einen erheblichen Anstieg der Todesrate brachte der Ausbruch des

---

41 Conquest, Anfang, S. 407, vermutet, daß bereits im ersten Jahr ihres Lageraufenthaltes rund ein Drittel der Neueingelieferten gestorben sei. Nach zwei bis drei Jahren habe nur noch die Hälfte gelebt. Die durchschnittliche Lebensdauer habe 1929-1934 ein bis zwei Jahre betragen (Ebd., S. 442 unter Bezug auf Beck/Godin). Antonow-Owsejenko, Weg, S. 130, behauptet, daß die bei „Allgemeinen Arbeiten“ Eingesetzten durchschnittlich drei Monate überlebten.

42 Andreevich, Structure, S. 150, nennt die Jahre 1938, 1940, 1941 und Erschießungen politischer Häftlinge in den vom deutschen Einmarsch bedrohten westlichen Gebieten 1941-1942. Vgl. auch Conquest, Anfang, S. 420-421, 628-631. Viele Autoren erwähnen Massenhinrichtungen für 1937-38 an der Kolyma, insbesondere in Serpantinka unter Leitung des USWITL-Chefs Garanin („Garaninsches Gemetzel“) mit 25-26.000 Opfern und rund 960 Erschießungen vom 22 bis 24. April 1938 bei Workuta („Kaschketinsches Gemetzel“) (Solschenizyn, Archipel GULag II, S. 121, 371-375. Rossi, GULAG Handbook, S. 77, 389 [Garanin, Serpantinka] und 157 [Kaschketin]. Ginsburg, Gratwanderung, S. 44-45. Lipper, Jahre, S. 97).

43 Beispiele: Zeuge Andrejev in Livre blanc, S. 99. Silde, Profits, S. 33-34.

44 Die Lagertoten wurden nicht in die offizielle Totenstatistik aufgenommen (So: Warren W. Eason. Population as labor force. In: Abram Bergson (Hg.). Soviet economic growth. Evanston/Illinois, White Plains/New York, 1953, S. 101-125. Hier: S. 105 [Auch in: Swianiewicz, Forced labour, S. 123, Anmk. 23]).

45 Nach Wiles betrug die Sterblichkeitsquote seit 1933 10 % und stieg bis 1938 auf 20 % an. Er schätzt die Zahl der Toten in Zwangsarbeitslagern und Zwangssiedlungen für 1927 bis 1938 auf insgesamt rund 2,3 Millionen Sträflinge (Wiles' Zahlen aus der unveröffentlichten und nur privat verteilten Studie „The number of Soviet prisoners“ (1953) bei: Swianiewicz, Forced labour, S. 17, und Conquest, Anfang, S. 442). 1940, spätestens 1941 seien fast alle Häftlinge, die 1936-1938 eingeliefert worden waren, tot gewesen. Über den Gesamtraum des GULag betrachtet, habe die jährliche Sterbeziffer bei den Häftlingen, die das erste Jahr überlebt hätten, bei durchschnittlich 10 % gelegen (Wiles' Schätzung bei Conquest, Anfang, S. 634-636). Kosyk geht allein für 1936 bis 1939 von 2,8 Millionen und für 1939 und 1941 von 1,8 Millionen Lagertoten aus (Schätzung Kosyks bei: Conquest, Anfang, S. 442). Silde nennt bis zu den Verbesserungen ab 1951 jährlich 20 bis 30 % Tote in den Lagern (Ders., Profits, S. 191). Solschenizyn, Archipel GULag II, S. 92 und 617, berichtet von einer Sterbequote von einem Prozent der Lagerinsassenzahl pro Tag in den Kriegsjahren. Rossi, GULAG Handbook, S. 398-400, macht nur unzureichende und veraltete Angaben ohne Berücksichtigung der demographischen Arbeiten. Unter Bezug auf Lipper nennt er für die frühen vierziger Jahre eine Todesrate von dreißig Prozent, die aber später auf 80 Prozent gestiegen sei. Semskow nennt für 1937-1938 eine Sterberate von 5,5-5,7 Prozent, für 1939 von 3,29 Prozent (Semskow, GULAG I, S. 19). 1942-43 habe diese bei 25 Prozent gelegen, im Durchschnitt 1934-1947 jedoch nur sieben Prozent betragen (Semskows Schätzung nach: Stephen G. Wheatcroft. More light on the scale of repression and excess mortality in the Soviet Union in the 1930s. In: Soviet Studies 2/1990, S. 355-367. Hier: S. 356). Tschalikowa geht für 1936 bis 1950 von einer durchschnittlichen Todesrate von zehn Prozent aus (Dies., Archiwny, S. 158). Nimmt man Bacons untengenannte Zahlen, so ist eine durchschnittliche Todesrate von etwa 13,6 Prozent für ITL-Insassen und 15,2 Prozent für ITK-Insassen 1941-1944 anzunehmen.

46 Conquest, Anfang, S. 439-441.

Zweiten Weltkrieges mit sich. Die nach Osten verlegten Häftlinge wurden in völlig überfüllten oder nur improvisiert eingerichteten Lagern untergebracht, Versorgung und Verpflegung wurden knapp[47]. Erst mit der Verbesserung der Verpflegung und der medizinischen Versorgung 1948 bis 1950 gelang es, die Sterbequote in den Lagern auf die der örtlichen Zivilisten zu senken. NOVE schätzt die Gesamtzahl der GULag-Toten von 1937 bis 1953 auf 9,6 bis elf Millionen[48], CONQUEST und TSCHALIKOWA auf zwölf Millionen[49] und SACHAROW sogar auf 15 bis 20 Millionen[50]. Die Forschergruppe um SEMSKOW, DUGIN und ihre westlichen Kollegen GETTY und RITTERSPORN kommen auf weit niedrigere Zahlen[51].

[47] Bacon spricht von einer „phenomenally high death rate in Gulag" für die Jahre 1941-1943. Danach entwickelten sich die Zahlen folgendermaßen: Erste Jahreshälfte 1941: ITL: 3,2 %, ITK: 2,4 %; Zweite Jahreshälfte 1941: ITL: 8,7 %, ITK: 12 %; 1942: ITL: 22,2 %, ITK: 27,2 %; Erste Jahreshälfte 1943: ITL: 25,2 %, ITK: 24,2 %; Erste Jahreshälfte 1944: ITL: 8,8 %, ITK: 10,2 % (Ders., Gulag, S. 148 und 149 [Tabelle 8.2]). Vgl. Karner, GUPVI, S. 90, Abb. 2.2.5, über die Sterberate unter deutschen Kriegsgefangenen in der Sowjetunion. Auch hier ist ein starker Anstieg der Todesrate in den Jahren 1942-1944 festzustellen.

[48] Nove, Victims, S. 372-373. Er legt dafür eine Todesrate von 15 Prozent und für die Zeit bis 1939 eine durchschnittliche Zahl von vier Millionen GULag-Häftlingen zugrunde. Bei 15 Prozent wären jährlich 600.000 und damit 9,6 Millionen Menschen, bei einer Quote von 17 Prozent sogar elf Millionen in den Lagern gestorben.

[49] Conquest, Kolyma, S. 228. Tschalikowa, Archiwny, S. 158.

[50] Andrej D. Sacharow. Wie ich mir die Zukunft vorstelle. Zürich, 1968, S. 40-41. Nach: Tuominen, Schatten, S. 160.

[51] So wird beispielsweise in: Getty/Rittersporn/Zemskov, Victims, für 1934-1953 nur von „1.053.929 persons died in the camps of the GULAG" gesprochen (Ebd., S. 1024). Vgl. Anhang 2.

7 Die Lagerorganisation des GULag

Das sowjetische Lagersystem war streng zentralistisch aufgebaut. Am besten bekannt sind die administrativen Ebenen und Strukturen des Besserungsarbeitslagersystems der GULag, welche als die von der Gründung der GULag der OGPU 1930 bis zur Einrichtung der Speziallager 1948 mit Abstand bedeutendste Organisation innerhalb des „Archipel GULag" zu betrachten ist. Inwieweit auch die Katorga-Lager, Speziallager und anderen Lager in dieses eingebunden waren oder eigene Ebenen hatten, ist gegenwärtig nicht zu sagen. Jedoch ist zumindest für die Speziallager, die eigene Wachtruppen und nach ROSSI auch eine eigene zentrale Verwaltung innerhalb des MGB hatten, eine eigene Lagerorganisation möglich. Im folgenden werden zunächst die Grundzüge des Verwaltungsaufbaus behandelt, die wichtigsten Lagerebenen vom Lagerpunkt bis zum Lagergebiet beschrieben, die Dislozierung der Lager skizziert und besonders bedeutsame Lagerverbundsysteme und Lagergebiete vorgestellt.

7.1 Die administrativen Ebenen des Lagersystems der GULag

Alle ITL-Lagerebenen unter Leitung der GULag trugen die Abkürzung „Lag"[1]. Tatsächlich handelte es sich fast immer nicht um ein einzelnes Lager, sondern meist um einen Lagerverbund mit einem administrativen Zentrum und einer Vielzahl von oft weit voneinander entfernten Lagern, zu denen wiederum Lageraußenstellen gehörten. Dabei befanden sich in diesem Gebiet nicht nur Lager, sondern auch Siedlungen „freier" Sowjetbürger[2].

---

[1] Falsch ist es, wenn Mund schreibt, daß 1940 die Lager in „Großbauvorhaben (Stroi)" umbenannt worden seien (Ders., GPU, S. 149). Organisationen mit *–stroi* waren keine Lagergebiete, sondern NKWD-Unternehmen (DALSTROI, WORKUTSTROI) oder NKWD-Institutionen (Glaw PromStroi), die sehr eng mit Lagergebieten zusammenarbeiteten.

[2] Dallin, Sowjetrußland, S. 198, 210. Vgl. die Aussage eines deutschen kommunistischen Häftlings in: Dallin/Nicolaevsky, Forced labor, S. 24, der von einer „Lagersektion (rajon)", die in vier bis fünf 40 bis 50 km voneinander entfernten „Subsektionen" unterteilt gewesen sei, spricht. Solschenizyn, Archipel GULag II, S. 155, nennt für das USTWYMLag, das zum nordrussischen Uchta-Petschora-Workuta-Lagergebiet gehörte, eine Ausdehnung von 250 mal 350 km. In dieser Fläche von 87.500 Quadratkilometern hätten sich 52 Lagerpunkte befunden. Harms, Tal, S. 36, bestimmt die Fläche des Lagers Potma mit der Größe eines deutschen Landkreises, in dem die Lagerpunkte „verstreut wie bei uns die Dörfer" gelegen hätten.

Dieses Lagersystem gliederte sich von oben nach unten in verschiedene Ebenen. In dieser Arbeit wird folgende Hierarchie verwandt: *GULag-Lagerverbundsystem*[3]*-Lagergebietsverwaltung (Uprawlenije lagerja)*[4]*-Lagerabteilung (Lagernoje otdelenije)-Lagerpunkt (Lagpunkt)-Lagerstelle (Lagernaja tschast)-Komandirowka*[5]. An der Spitze stand die GULag als zentrale Administration für das Lagerimperium. Dieser direkt unterstellt waren die Lagergebietsverwaltungen, die als Leitungsstellen ein Lagergebiet, beispielsweise WORKUTLag, SWITLag, UCHTPETSCHLag oder BAMLag, verwalteten. Jedes Lagergebiet gliederte sich in mehrere Lagerabteilungen, denen ihrerseits mehrere Lagerpunkte unterstanden[6]. Der LagPunkt war das reguläre Einzellager. Die einzelnen Lagerpunkte einer Lagerabteilung konnten verstreut, aber auch innerhalb einer gemeinsamen Zone, nur durch Stacheldrahtverhaue voneinander getrennt, liegen[7]. Am Ende der Hierarchie befanden sich zwei Arten von Lageraußenstellen: die Lagerstelle und die *komandirowka* genannte Sub-Lageraußenstelle. Neben diesen Bezeichnungen gab es bei Lagern zum Bau von Eisenbahnstrecken, Kanälen und Fernstraßen abweichende Begriffe[8].

---

[3] Um die enge Verflechtung von Wirtschaft und Lagersystem deutlich zu machen, wird hier zwischen der GULag und der Lagergebietsverwaltung die Ebene des „Lagerverbundsystems" eingefügt. Mit diesem in Quellen und Literatur nicht vorkommenden Arbeitsbegriff werden regionale oder projektbezogene Großkomplexe bezeichnet, in denen große staatliche Wirtschaftsunternehmen und eine oder mehrere Lagergebietsverwaltungen ein enges Geflecht bildeten. Beispiele dafür sind DALSTROI, die Region Kotlas-Uchta-Petschora-Workuta und – mit Abstrichen – auch die SLON der zweiten Hälfte der zwanziger Jahre.

[4] Da der in den Quellen auftauchende Begriff „Lagerverwaltung" zu Verwirrungen führen könnte, wird in dieser Arbeit der Arbeitsbegriff „Lagergebietsverwaltung" benutzt, um die Ebene deutlicher zu machen.

[5] Diese Hierarchie lehnt sich besonders an die Darstellungen Artemjews, Jakowlews und Solschenizyns an. Die mit Abstand besten Organisationsschemata über den hierarchischen Aufbau des GULag-Lagersystem samt aller Fachdienststellen finden sich in Jakowlew, Lageri, S. 51-52. Die dortigen Angaben beziehen sich allerdings auf die fünfziger Jahre und gelten nicht oder nur sehr eingeschränkt für die zwanziger bis vierziger Jahre.

[6] Als Anhalt: Für das dem GULag eng verwandte Lagersystem GUPWI geht Karner von etwa zwölf Lagerabteilungen pro Lagergebietsverwaltung aus (Ders., GUPVI, S. 246, Anmk. 180).

[7] Vgl. Solschenizyn, Archipel GULag III, S. 294, am Beispiel der Lagerabteilung Kingir des Speziallagers STEPLag.

[8] So bei Eisenbahnlagern *distanzija* (Rossi, GULAG Handbook, S. 103). Rossi nennt neben der *kolonna* auch *falanga*, *schljus* (Schleuse), *schachta* (Schacht) und *rudnik* (Mine) als Bezeichnungen für Lager (Ebd., S. 195). Gerade in Bezug auf die *kolonna* gibt es eine große Bedeutungsbreite: Wie unten gezeigt, spricht Solschenizyn von Lagerkolonnen als anderen Namen für Lagerabteilungen. Rossi nennt die *kolonna* einen „road-construction forced labor camp sub-sector" (Ebd., S. 167), also aus seiner Sicht einen Lagerpunkt, nach der in dieser Arbeit gewählten Terminologie eine Lageraußenstelle. Jelanzewa bezeichnet die „Kolonne" im BAMLag als Untergliederung der Lagerabteilung (Dies., BAM, S. 99). Nach Schalamow wiederum war eine „Kolonne" nichts anderes als der Verband mehrerer Brigaden eines Lagers, die zu einem gemeinsamen Arbeitsprojekt gehörten. Er nennt eine Kolonne eines Lagers, die ein Kraftwerk errichtete, eine andere des gleichen Lagers, die in einer Maschinenfabrik arbeitete (Ders., „Artikel 58", S. 67). Nach Rossi bezeichnete die *falanga* Anfang der zwanziger Jahre die unterste Lagerebene (Ders., GULAG Handbook, S. 475). Vgl. zu *kolonna* und *falanga* auch Kap. 8.5.2.

Über Benennung und Zuordnung der Ebenen[9], ebenso wie über Einzelfragen wie den Terminus *OLP*[10] oder die Stellung des „Lagerpunktes“[11] sind viele einander widersprechende Ansichten zu finden.

---

[9] Lewytzkyi gliedert nach Lager, Lagerabteilung (*otdelenije*) und Lagerpunkt (*lagpunkt*) (Ders., Inquisition, S. 171. Auch in: Pauschner, Teufelskreis, S. 172). Solschenizyn spricht von zu einer administrativen Einheit verbundenen Lagerabteilungen mit einem Lagerpunkt als Verwaltungszentrum (*lagtotschka* oder *GOLP*), der Lagerabteilung oder Lagerkolonne (*lagkolonna* oder *KOLP*) und dem Lagerpunkt oder Konzentrationspunkt (*lagpunkt* oder *OLP*) (Ders., Archipel GULag II, S. 648, Anmk. 18). Rossi sieht unterhalb der GULag drei Ebenen: Ganz oben stehe der „camp complex“ (*uprawlenije lagerja*) (Rossi, GULAG Handbook, S. 94, 195-197). Darunter stehe der „camp sector“ (*lagernoje otdelenije*) und die *komandirowka* („remote Forced labor camp sector“). Dem „camp sector“ seien „sub-sectors“ (*lagerny punkt* [„separate forced labor camp sub-sector“]) und *pod-komandirowka* („remote forced labor camp sub-sector) unterstellt (Ders., GULAG Handbook, S. 195-197). Rossi verlegt demnach die *komandirowka*, die meist als Außenstelle des Lagerpunktes genannt wird, um zwei Lagerebenen nach oben. Antonow-Owsejenko, Weg, S. 131, gliedert von oben nach unten in Verwaltung eines „Zentrallagers“, (Lager-) Kolonne, Lagerabteilung und Einzellager (OLP). Bacon geht auf den Aufbau der Lagerebenen nicht ausführlich ein, verwendet aber ebenfalls den Begriff *lagotdelenije* (Ders., Gulag, S. 85-86). Karner nennt für das Lagersystem GUPWI ebenfalls *lagotdelenije*, die er als „Teillager“ bezeichnet (Ders., GUPVI, S. 68) und „Lagerpunkte“ (Ebd.), bleibt aber unpräzise, da er einerseits von „Lagern“ mit ... angeschlossenen, stationären Teillagern“(Ebd., S. 71), letztere also *lagotdelenija,* spricht, andererseits in der zugehörigen Anmerkung von „pro Lagerverwaltung ... 12 Lagern“ ausgeht (Ebd., S. 246, Anmk. 180). Hier meint er mit „Lager“ keinen Lagerpunkt, sondern ebenfalls eine *lagotdelenije.* Sinnvoller ist, die Ebenen Lagergebietsverwaltung-Lagerabteilung-Lagerpunkt zu definieren und durchgängig zu nutzen.

[10] Solschenizyn und Antonow-Owsejenko benennen den einzelnen Lagerpunkt mit OLP (Solschenizyn, Archipel GULag II, S. 648, Anmk. 18. Antonow-Owsejenko, Weg, S. 131). Silde unterteilt das Lagergebiet KRASLag in rund 25 OLP, denen wiederum jeweils ein bis vier Lagerpunkte („camp points“) unterstanden hätten (Ders., Profits, S. 96). Bei diesen OLP handelte es sich also bei ihm um Lagerabteilungen. Rossi nennt den OLP (*otdelenije lagpunkt*) als „sub-sector“ des „camp-sectors“, der sowohl einer Lagerabteilung als auch einer Lagergebietsverwaltung unterstellt sein konnte (Ders., GULAG Handbook, S. 263). Bei Jakowlew ist der OLP mit der Verwaltung der Lagerabteilung gleichzusetzen (Ders., Lageri, S. 51) und Artemjew, Reshim, S. 204, nennt den OLP einen selbständigen Lagerpunkt, der der Lagergebietsverwaltung unterstellt gewesen sei. Morosow/Rogatschew bezeichnen als *osoby lager (OLP)* ein Speziallager (Dies., GULag Komi, S. 185). Der Grund dieser Wirrungen ist mit Sicherheit darin zu sehen, daß OLP als *osoby lagpunkt* mit „Sonder-Lagerpunkt“ (einer Lagergebietsverwaltung), so Artemjew, Morosow/Rogatschew und teilweise Rossi, oder mit „Einzelner Lagerpunkt“, so Solschenizyn und Antonow-Oswejenko, aber auch als *otdelenije lagpunkt* (Lagerpunkt einer Lagerabteilung), also der Verwaltung einer Lagerabteilung, so Jakowlew, Silde und teilweise Rossi, interpretiert werden kann. Um Mißverständnisse auszuschließen, wird in dieser Arbeit der Begriff OLP nicht verwandt.

[11] Über die exakte Definition des Lagerpunktes gibt es unterschiedliche Ansichten. Nach Solschenizyn war der „Lagerpunkt“ die amtliche Bezeichnung für den einzelnen Haftverbüßungsort (Ders., Archipel GULag II, S. 69 und Kap. 8. Genauso: Witschel, S. 141, Harms, Tal, S. 11, Albaz, Geheimimperium, S. 15, Leonhard, Revolution, S. 43). Rousset definiert den Lagerpunkt als ein von einem Hauptlager abgeteiltes „zweitrangiges Lager“, das eng mit einem Arbeitskommando verbunden sei (Ders., in Livre blanc, S. 142. So auch: Barton, L'institution, S. 119-121). Nach Rossi war Lagerpunkt meist einer bestimmten Arbeitsstätte zugeordnet und lag weit entfernt von dem „camp sector“, der Lagerabteilung, die bei ihm gemeinsam mit der *komandirowka* das reguläre Einzellager ist. Der Lagerpunkt sei dem „camp sector“ unterstellt und von dessen Personal mit verwaltet und bewacht worden. Der Umfang eines Lagerpunktes war nach Rossi sehr klein. Er spricht von nur einem oder mehreren Wachen, einem Arbeitszuweiser und einem Sanitäter (Ebd., S. 196). Alle drei Autoren sehen den Lagerpunkt demnach nicht als Einzellager, sondern stufen ihn auf die Ebene der Lageraußenstelle herab. Da die Aussagen vieler Häftlinge dem widersprechen, wird in dieser Arbeit der Lagerpunkt als Einzellager, dem Lageraußenstellen und Komandirowkas unterstehen, angesehen.

Der zentralistische Aufbau des GULag beinhaltete, daß die Dienststellen der Fachgebiete auf allen Lagerebenen vorhanden waren. Auf jeder der Ebenen gab es eine Vielzahl von Dienststellen, die zum einen der örtlichen Gesamtleitung unterstanden, gleichzeitig der fachlich übergeordneten Dienststelle in Fachdingen unterstellt waren und ihrerseits wiederum gegenüber der niedrigeren Ebene die Fachaufsicht ausübten. Nach außen wird dies durch unterschiedliche Bezeichnungen für die Fach-Dienststellen der verschiedenen GULag-Ebenen erkenntlich. So trugen diese auf der Ebene der Lagpunkte und Lagerabteilungen die Bezeichnung *tschast*, auf der Ebene der Lagergebietsverwaltungen die Bezeichnung *otdel* und auf der höchsten Ebene, der der GULag, die Bezeichnung *uprawlenije* oder *otdel.*

7.2 Kategorien von Lagern[12]

Der Begriff „Lager" hatte in der Stalinzeit völlig unterschiedliche Bedeutungen. Darunter fielen einzelne Lagerpunkte, Lagerverbundsysteme oder die Besserungsarbeitskolonien. Das sowjetische Lagersystem war 1928 bis 1943 in erster Linie ein „Besserungsarbeitslager"-System. Mit der Einführung der *katorga*-Lager 1943 und der Speziallager 1948 kamen zwei weitere eigenständige Lagertypen hinzu. Neben diesen drei regulären Haupttypen an Lagern existierte eine Fülle anderer Formen von Lagern und Kolonien.

7.2.1 Besserungsarbeitslager (ITL)

In der Literatur sind vielfältige Begriffe für das einzelne „Lager" zu finden: „Zwangsarbeitslager", „Besserungsarbeitslager", „Arbeitsbesserungslager", „Arbeitslager", „Konzentrationslager" und „Straflager". Genaue Begriffsklärungen oder Unterscheidungen inhaltlicher oder chronologischer Art werden nicht gemacht. Für die Stalin-Ära ist jedoch bis 1943 in der überwiegenden Zahl der Fälle von dem beschönigenden Begriff „Besserungsarbeitslager" (*Isprawitelno-trudowye lagerja, ITL*) auszugehen.

Die ITL hatten zwei Herkunftslinien. Zum einen waren dies die im Besserungsarbeitskodex von 1933 genannten „Kolonien für Masseneinsätze" des NKJu, zum anderen die frühen Lager von OGPU und russischem NKWD. In ihrer stalinistischen Form vereinten die ITL beide Arten. Die Namen der ITL-Lagergebiete entstanden aus der Abkürzung einer geographischen Bezeichnung und dem Zusatz *Lag* (BELBaltLag, KARLag, KRASLag). Die einzelnen Lager und

[12] In den folgenden Überblick werden nur Lager, jedoch keine Gefängnisse, die selbständig außerhalb der Lager errichtet wurden, aufgenommen. Von diesen gab es in der Sowjetunion eine reichhaltige Anzahl unterschiedlichster Arten (Transitgefängnisse, Untersuchungsgefängnisse, Politisolatoren, Gefängnisse z.b.V. [TON] zur Isolation von aus sowjetischer Sicht besonders gefährlichen politischen Gefangenen). Siehe dazu für einen ersten Einblick die entsprechenden Artikel in Rossi, Handbook.

Lageraußenstellen wurden in offizieller Schreibweise numeriert und im Alltagsgebrauch häufig nach dem nächstgrößeren Ort benannt.

Sämtliche ITL waren Zwangsarbeitslager unterschiedlichen Regimes[13], in die in der Regel Personen, die von ordentlichen Gerichten oder durch das Sonderkollegium des NKWD zu Freiheitsentzug über drei Jahren verurteilt worden waren, eingeliefert wurden[14]. Das ITL war gewissermaßen der Standardtyp des Lagers[15].

7.2.2 Katorga-Lager (ab 1943)

Nachdem die *katorga* 1943 eingeführt worden war, entstanden ab diesem Jahr spezielle Lager (*Katorshnye lagerja*), in die ausschließlich die zur *katorga* Verurteilten eingeliefert wurden[16]. In der Literatur wird für die Zeit ab 1943 und 1948 oft unterschiedslos von „Katorga-Lagern" gesprochen. Dabei darf jedoch nicht übersehen werden, daß die eigentlichen Katorga-Lager und die oft fälschlicherweise so bezeichneten Speziallager unterschiedliche Arten von Lagern waren[17]. Auffällig ist, daß zum gleichen Zeitpunkt begonnen wurde, die Besserungsarbeitslager (ITL) zu „Arbeitsstätten für den ‚sozialistischen Aufbau'" aufzuwerten. Wenn diese Aufwertung auch nur zwei Jahre Bestand hatte, so ist es jedoch wahrscheinlich, daß die Lockerung der Verhältnisse in den ITL und die gleichzeitig neugeschaffene harte Strafvollzugsform *katorga* (*katorshnye raboty, KTR*) in einem Zusammenhang standen. Die Sowjetführung machte auf diese Weise klar, daß die Aufwertung der ITL keine Schwäche war, sondern weiterhin Lager mit sehr scharfem Regime, nun in Form der Katorga-Lager, bestanden.

Ob es eine eigene Katorga-Lagerorganisation mit verschiedenen Ebenen gab, muß hier zunächst offen bleiben. Wahrscheinlich ist aber, daß die Katorga-Lager

---

13 Rossi, GULAG Handbook, S. 37, erwähnt beispielsweise ein ITL mit Sonderregime. Lipper, Jahre, S. 73, 147, nennt drei Sorten von ITL: a) „nähere" im europäischen Rußland gelegene; b) „entferntere" in Sibirien und Mittelasien gelegene; c) „entlegene" im nördlichen Polarkreis und im Fernen Nordosten gelegene ITL. Diese Einteilung Lippers ist vornehmlich geographisch, weniger organisatorisch zu sehen und wird sonst von keinem anderen Autoren genannt.

14 Artemjew, Reshim, S. 22. Conquest, Anfang, S. 403. Hoffmann, Arbeitsverfassung, S. 268, Anmk. 37.

15 So auch: Bacon, Gulag, S. 60: „The central type of forced labour in Stalin's Soviet Union was the Corrective Labour Camp (ITL)".

16 Solschenizyn, Archipel GULag III, S. 7, nennt als erstes dieser Katorga-Lager ein „Bergwerk Nr. 17" in Workuta. Später seien solche auch in Norilsk und Dsheskasgan angelegt worden. Siehe dazu auch: Lewytzkyj, Inqusition, S. 225. Lipper, Jahre, S. 149-151.

17 Solschenizyn schildert die Verhältnisse in den Katorga-Lagern der Jahre 1943 bis 1946/48 und bezeichnet die ab 1948 eingerichteten Speziallager als „Sonderlager". Er trennt diese sowohl von den ITL als auch von den Katorga-Lagern. In der Literatur gibt es außer seinem Werk und Rossi keine Darstellung, die auf die Differenzierungen in verschiedene Lagerkategorien oder Untertypen näher eingeht. In der Regel dürften diese unbekannt sein. In vielen Arbeiten werden für die Lager ab 1943/48 allgemein die Begriffe „Katorga-Lager" und „Sonderlager" synonym verwandt (So: Lewytzkyj, Conquest, Oppenheim, Slave labor).

fest in das ITL-System integriert waren. Da die *katorga*-Strafe zu diesem Zeitpunkt „58er" wie auch Kriminelle treffen konnte, war die Insassenschaft dieser Lager gemischt. Die Katorga-Lager wurden innerhalb normaler ITL-Lagergebiete eingerichtet[18]. Kontakte zwischen Katorga-Häftlingen und ITL-Häftlingen waren strikt verboten. Das Lagerregime in den Katorga-Lagern war außergewöhnlich hart und überstieg bei weitem das der ITL. Die Insassen wurden nur zu den schwersten Arbeiten bei minimaler medizinischer Versorgung eingesetzt. Die Folge war eine sehr hohe Todesrate[19]. Über die Gesamtinsassenzahl der Katorga-Lager liegen kaum Angaben vor[20].

Gegen Kriegsende änderten sich die Verhältnisse in den Katorga-Lagern radikal. Für den Wiederaufbau wurden Arbeitskräfte gebraucht, die außergewöhnlich hohe Todesrate in den Katorga-Lagern stand dem jedoch entgegen. Um das Überleben von mehr Häftlingen und damit der dringend benötigten Zwangsarbeitskräfte zu ermöglichen, lockerten sich die Zustände in den Katorga-Lagern beträchtlich[21]. Nach SOLSCHENIZYNs Aussagen glichen sich die Verhältnisse in den Katorga-Lagern seit 1946/47 immer mehr denen in den ITL an. Wenn es der Planerfüllung gedient hätte, sei es sogar zu Versetzungen von ITL-Häftlingen in Katorga-Lager und umgekehrt gekommen. Die Besonderheit der Katorga-Lager verschwand durch diese Entwicklung der Nachkriegsjahre. Die überwiegende Mehrzahl wandelte sich zu ITL, einige gingen in den neuen Speziallagern auf[22]. Von einer offiziellen Abschaffung der Katorga-Lager vor der den ganzen GULag umfassenden Umstrukturierung 1953/56 ist allerdings nichts bekannt[23].

---

18 Karner nennt folgende Lagergebiete , in denen Katorga-Lager bestanden hätten: Workuta, Kolyma, Norilsk, Taischet (Ders., GUPVI, S. 177).

19 Zu den Verhältnissen in Katorga-Lagern 1943/44: Solschenizyn, Archipel GULag III, S. 8-10. Rossi, GULAG Handbook, S. 185. Karner, GUPVI, S. 177. Als Zweck dieser Lager, die er als eine „Verbindung von Lager und Gefängnis in ihrer übelsten Erscheinungsform" bezeichnet, nennt Solschenizyn die zeitlich gestreckte „physische Vernichtung" (Solschenizyn, Archipel GULag III, S. 8-9).

20 Einzig Semskow nennt für Juli 1944 5200 und für September 1947 60.021 Katorga-Häftlinge „in" ITL (Semskow, GULAG I, S. 24. Auch in: Zaplin, Dokumenty). Abgesehen davon, daß Semskows Zahlen stets mit großer Skepsis zu begegnen ist, stellt sich die Frage, was mit der Formulierung „in Besserungsarbeitslagern" gemeint ist. Bedeutet diese, daß hier nur die, wahrscheinlich verhältnismäßig wenigen, KTR-Häftlinge, die in ITL saßen, nicht aber die, die in KTR-Lagern waren, gezählt wurden; wenn ja, geschah dies bewußt oder unbewußt, oder fallen KTR-Lager unter die Kategorie der ITL-Lager?

21 So wurden in den Katorga-Lagern die Baracken tagsüber nicht mehr abgeschlossen, statt des bisherigen Latrinenkübels in den Baracken Latrinenräume wurden eingerichtet. Die Häftlinge konnten sich innerhalb der Wohnzone freier bewegen, der Essensdienst wurde verbessert. Erstmals wurde es den Katorga-Häftlingen auch erlaubt, zweimal im Jahre Briefe zu schreiben (Solschenizyn, Archipel GULag III, S. 34).

22 Solschenizyn, Archipel GULag III, S. 34. Rossi, GULAG Handbook, S. 185. Karner, GUPVI, S. 177.

23 So bezeichnet Witschel, S. 124-125, das Lager Wagkanka, in dem sie die erste Hälfte des Jahres 1950 einsaß, als Katorga-Lager. Dort seien Häftlingsnummern und Anruf per Nummer üblich gewesen. Die Autorin und andere zu normaler Zwangsarbeit Verurteilten seien davon befreit gewesen.

7.2.3 Speziallager (ab 1948)[24]

Ab dem Jahre 1948 wurde der GULag um eine weitere Lagerkategorie erweitert[25]. In allen bestehenden ITL und Katorga-Lagern wurde die Mehrzahl jener Häftlinge, die nach Artikel 58 verurteilt worden waren, von den Kriminellen und nichtpolitischen Häftlingen getrennt und zur „völligen Isolierung" in eigenen *Speziallagern* (*Spezialnye lagerja, SpezLag*) – ursprünglich auch *Sonderlager*, in der Literatur oftmals auch *Regimelager* genannt – zusammengefaßt[26]. Zu den Insassen zählten auch einige wenige Kriminelle[27] sowie deutsche und japanische Kriegsgefangene[28].

---

24 Möglicherweise wurde der Begriff „Speziallager" vor 1948 für eine andere Lagerkategorie, die Untersuchungslager (Vorläufer der Prüf- und Filtrationslager), verwandt. Siehe Kap. 4.2.1.3 und 7.2.8. Bacon vermerkt daher ausdrücklich, daß Solschenizyn mit dem Begriff „Speziallager" nicht die Untersuchungslager/PFL, sondern eine andere Lagerart bezeichnet (Ders., Gulag, S. 176, Anmk. 20). Bacon geht auf die Speziallager nicht gesondert ein. Nach Karner gab es auch im Lagersystem der UPWI Speziallager, die er aber strikt von den ab 1948 eingerichteten Speziallagern im GULag trennt (Ders., GUPVI, S. 177). Siehe dazu: Kap. 7.2.9.

25 Zu den Speziallagern allgemein: Rossi, GULAG Handbook, S. 414-415. Lewytzkyj, Inquisition, S. 224-225. Karner, GUPVI, S. 177. Zur Jahreszahl 1948: Wolkogonow, Triumph, Band 1/2, S. 229, nennt unter Verweis auf eine ZGAOR-Fundstelle ein Schreiben Abakumows und Kruglows an Stalin vom 18. Februar 1948, in welchem von einem „Entwurf des Beschlusses über die Einrichtung von Lagern und Gefängnissen mit strenger Anstaltsordnung zur Verwahrung besonders gefährlicher Staatsverbrecher" die Rede ist. An anderer Stelle zitiert er aus einem Schreiben Kruglows an Stalin vom 23. Januar 1950, in dem dieser „Sonderlager" und ITL/ITK klar trennt (Ebd., S. 230, ebenfalls aus dem ZGAOR). Gerland benennt klar das Jahr 1948 als Zeitpunkt der „großen Reform des sowjetischen Straflagersystems", bei der die von ihr „Regimelager" genannten Speziallager entstanden seien (Gerland, Jahre). Ebenso Barton (Paul Barton. Die Rationalisierung der Zwangsarbeit. In: Ost-Probleme v. 21. September 1959, S. 1306-1314. Hier: S. 1307). Solschenizyn nennt nicht 1948, sondern 1949 als Jahr, in dem die Speziallager geschaffen worden seien (Solschenizyn, Archipel GULag I, S. 521). Ebenso: Zeugenbericht in: Burmeister, Aufstand, S. 335, und Herbert Passin/Fritz van Liessen. Der Streik von Norilsk. In: Aus Politik und Zeitgeschichte v. 6. Juni 1956, S. 345-356. Hier: S. 354: „Im März 1949 waren die politischen Gefangenen von den Kriminellen getrennt und in eigene Spez-Lager untergebracht worden.".

26 Nach Solschenizyn handelte es sich um fast alle Häftlinge, die nach Artikel 58 verurteilt worden waren. Er nennt Art. 58.1a, 1b, 2, 4, 6, 7, 8, 9, 11, 14. In den ITL und Katorga-Lagern geblieben seien lediglich diejenigen, die nach Art. 58.3, 10 und 12 bestraft worden seien (Ders., Archipel GULag III, S. 35). Allerdings sei diese Kategorisierung in der Praxis nicht in aller Konsequenz durchgehalten worden (Ebd., S. 36, mit Beispielen). Solschenizyn, Archipel GULag III, S. 62, bezeichnet die von ihm „Sonderlager, obwohl offiziell nicht als Katorga bezeichnet" genannten Speziallager als „Rechtsnachfolger und Erben" der Katorga-Lager (Ebd., S. 62). Zu den Bezeichnungen: Neben SpezLag gab es noch die Slangausdrücke *osoby lager* (*OsobLag*), *osoby reshimny lager* und *sakryty lager* (Vgl. Rossi, GULAG Handbook, S. 271, 414, 128). Auch Karner spricht vom Begriff „Sonderlager" (*osoby lager*), den die Speziallager zunächst geführt hätten (Ders., GUPVI, S. 177). Der Begriff *Regimelager* taucht beispielsweise bei Scholmer (Ders., Arzt), Gerland (Dies., Jahre) und Heinrich (Karl Heinrich. Wir streikten in Norilsk. In: Aus Politik und Zeitgeschichte v. 6. Juni 1956, S. 357-363. Hier: S. 357) auf. Siehe auch die Bezeichung *Spez-RegimeLager* in dem Zeugenbericht in: Burmeister, Aufstand, S. 334. Im folgenden wird grundsätzlich der Terminus „Speziallager" benutzt.

27 Es handelte sich um Schwerverbrecher, die wegen wiederholter Fluchtversuche aus ITL nach Art. 58.14 (Wirtschaftssabotage) verurteilt worden waren und in die Speziallager eingewiesen wurden (Solschenizyn, Archipel GULag III, S. 71).

28 Solschenizyn, Archipel GULag III, S. 35. Er spricht von den „deutschen und japanischen Kriegsgefangenen, die man auch nach 1948 zu behalten gedachte". Normalerweise war für die fremden

Die Speziallager wurden in der Regel an abgelegenen Plätzen innerhalb eines ITL-Lagergebietes errichtet und waren von ihrer Umgebung völlig abgeschlossen. Möglicherweise bestand zwischen Ural und Lena ein sehr großflächiges geschlossenes Gebiet mit dem Zentrum Norilsk[29], das als „Speziallagerzone" bezeichnet werden könnte[30]. Im Unterschied zu den ITL, so SOLSCHENIZYN, enthielten die Namen der Speziallager keine geographische Bezeichung, sondern oft aus der Natur stammende Phantasienamen[31].

Die GULag-Leitung war bestrebt, die Speziallager völlig von ihrer Umgebung abzuschließen, ihre Existenz zu verleugnen und keine Informationen über sie nach außen dringen zu lassen. Die Kenntnisse über diese Einrichtungen sind karg. In den Speziallagern herrschte ein härteres Regime als in den ITL, jedoch waren die Verhältnisse nicht so menschenverachtend wie in den Katorga-Lagern der Jahre 1943-1945 und sind auch nicht mit den Verhältnissen etwa in Holzfällerlagern des Nordens der dreißiger Jahre gleichzusetzen[32]. Häftlinge, ob zur Katorga verurteilt oder nicht, wurden gleich behandelt[33]. In den Speziallagern wurde besonders schwere Arbeit, bei denen selbst ITL-Häftlinge nicht einge-

Kriegsgefangenen, wie geschildert, nicht die GULag, sondern die GUPWI zuständig. Mit Sicherheit handelt es sich hier um jene Kriegsgefangenen, die zu Kriegsverbrechern erklärt worden waren. Karner, GUPVI, S. 148, spricht von 13.894 ausländischen Kriegsgefangenen und Internierten, die in „Lagern des GULAG" einsaßen und S. 177, Abb. 2.21, ausdrücklich von „GULAG-Sonderlagern".

[29] Norilsk war auch Verwaltungspunkt eines gleichnamigen ITL-Lagergebietes. Dieses ist nicht mit dem möglicherweise vorhandenen weitaus großflächigeren Gebiet der Speziallager zu verwechseln (Zur Klärung siehe Anhang 1).

[30] Nach Martin Gilbert. Russian history atlas. London, 1972, S. 111, umfaßte das Gebiet der Speziallager zur strikten Isolation die riesige nördliche Region zwischen unterem Ob im Westen einschließlich des ganzen Nordteil des Westsibirischen Tieflandes bis zur Jenissei-Mündung und von dort nördlich des Putorana-Gebirges einschließlich des Nordteils des Mittelsibirischen Berglandes bis zur Lena als östlicher Begrenzung. Genauere Angaben über dieses Gebiet fehlen jedoch. Solschenizyn und Rossi erwähnen es nicht.

[31] Hier einige Beispiele: GORLag (BergLager) in Norilsk, BERLag (UferLager) an der Kolyma, MINLag (MineralLager) an der Inta, RETSCHLag (FlußLager) an der Petschora (Hier liegt allerdings eine auffällige Ähnlichkeit mit dem Wort „RegLag", mit dem die Workuta-Häftlinge Scholmer und Gerland die Speziallager in Workuta bezeichnen, vor. R.S.), DUBROWLag/DUBLag (WaldLager) in Potma, OSERLag (SeeLager) in Taischet, STEPLag (SteppenLager) mit Zentrum in Kingir, PESTSCHANLag (SandLager) und LUGLag (WiesenLager) in Kasachstan, KAMYSCHLag (SchilfLager) im Gebiet Kemerowo (Solschenizyn, Archipel GULag III, S. 34-35, 567-568, Anmk. 14). Manche der Namen auch in: Rossi, GULAG Handbook, S. 415. RETSCHLag und MINLag werden auch von Morosow/Rogatschew, GULag Komi, S. 186, genannt. Einige dieser Phantasienamen bedürfen aber der Überprüfung, da sich in der Nähe dieser Speziallager auch Orte mit ähnlich lautenden geographischen Namen befinden, so im Falle von DUBROWLag/DUBLag die Stadt Dubrowki südöstlich von Potma (Vgl. Kap. 7.7.10) oder auch andere Auflösungen der Abkürzungen möglich sind, so im Falle von GORLag (Vgl. Kap. 7.7.7).

[32] Solschenizyn, Archipel GULag III, S. 34. In ders., Tag, S. 51, weist ein Häftling darauf hin, daß die Bedingungen im Speziallager 1951 leichter waren als im Hohen Norden der früheren Zeit. Anders als dort könnten Brigaden, die ihre Norm nicht erfüllten, in die Wohnbaracken zurück und müßten nicht im Wald bleiben und weiter arbeiten. Auch sei die Mindestessensration „hundert Gramm höher".

[33] Solschenizyn, Archipel GULag III, S. 62. Die Katorga als besonders harte Strafform verlor somit schon mit der Errichtung der Speziallager ab 1948 an Bedeutung.

setzt wurden, geleistet[34]. Die Arbeitszeiten lagen über denen der ITL. Weitere Erschwerungen waren üblich[35]. Die Sterbeziffer lag über der von Kolyma[36]. Die aus den Speziallagern Entlassenen durften nicht an ihren Heimatort zurückkehren, sondern mußten sich in Lagernähe ansiedeln und dort meist die Tätigkeit fortführen, die sie auch als Häftling ausgeübt hatten[37].

Über die Gesamtzahl der Insassen in den Speziallagern gibt erstmals KARNER genauere quellengestützte Angaben. Danach war 1948 eine Kapazität von 145.000 „staatspolitisch gefährlichen Verbrechern" vorgesehen, jedoch saßen schon Anfang 1949 in den zu diesem Zeitpunkt bestehenden sieben Speziallagern rund 91.000 Häftlinge ein. Für Jahresende 1949 rechnete die GULag-Führung mit „ungefähr 220.000 Personen" in den Speziallagern, und am 1. Februar 1953, so KARNER, betrug die Zahl der Häftlinge in den nun insgesamt elf Speziallagern 233.084 Personen[38]. Informationen über die Insassenzahlen einzelner Speziallager liegen nur für die Komi ASSR vor[39].

Die Speziallager waren die Lagerart, die auch in der Zeit der vorwiegend wirtschaftlichen Nutzung des Lagersystems den Isolationsgedanken weitertrug. Sie sind in dieser Hinsicht als Nachfolger der SLON anzusehen[40] und von den seit 1928/29 und vor allem seit Kriegsbeginn immer mehr als Wirtschaftsunternehmen arbeitenden ITL zu unterscheiden.

Möglicherweise waren die Speziallager, wie geschildert, kein Bestandteil des ITL-Lagersystems der GULag, sondern gehörten innerhalb oder außerhalb der GULag zu einer eigenen Lagerorganisation[41]. Dafür spricht auch, daß die Speziallager nicht von den in den ITL diensttuenden Wachtruppen des MWD, sondern von speziellen MGB-Truppen bewacht wurden[42]. Zu prüfen ist, ob entsprechend den ITL von Speziallagerverbundsystemen als administrativen Großeinheiten mit Lagergebieten/ Lagerabteilungen und einer großen Anzahl einzelner Speziallagerpunkte in weiträumiger Ausdehnung ausgegangen

34 Als Beispiel nennt Solschenizyn den Kupferbergbau im STEPLag (Ders., Archipel GULag III, S. 63). Bei einem von Solschenizyn genannten „schweren Regimelager", dessen Insassen alle nach Artikel 58 verurteilt worden und mit dem Bau eines Tunnels beauftragt waren, handelt es sich wahrscheinlich um ein Speziallager (Ders., Archipel GULag II, S. 344). Allgemein zur Arbeit in Speziallagern: Rossi, GULAG Handbook, S. 414-415.

35 Conquest, Anfang, S. 440. Ders., Kolyma, S. 60. Karner, GUPVI, S. 177.

36 Conquest, Anfang, S. 397, 440. Conquest, Kolyma, S. 13, mit dem Beispiel Nowaja Semlja. Dallin, Sowjetrußland, S. 210.

37 Lewytzkyj, Inqusition, S. 225.

38 Karner, GUPVI, S. 177-178.

39 Danach saßen 1950 im MINLag – hier als *osoby lager (OLP)* bezeichnet – 7000 Häftlinge und 1951 im „OLP Abes", bei dem sich wahrscheinlich auch um ein Speziallager handelte, 11.000 Häftlinge, aufgeteilt auf sechs Lagerpunkte, ein (Morosow/Rogatschew, GULag Komi, S. 186).

40 Solschenizyn, Archipel GULag III, S. 34, zieht ebenfalls einen Vergleich zu den SLON.

41 Rossi, GULAG Handbook, S. 414, 468-489. Scholmer, Arzt, S. 56, sagt, daß die „Regimelager" (Speziallager), aber auch die ITL von WORKUTLag in Workuta dem MGB unterstanden hätten. An anderer Stelle (S. 188) spricht er von „MGB-Lagern". Karner berichtet für 1949 von einer Meldung an den „Chef des GULAG" bezüglich der Speziallager (Ders., GUPVI, S. 177). Vgl. Kap. 4.2.1.3.

42 Rossi, GULAG Handbook, S. 414.

werden muß. Angaben SOLSCHENIZYNs und SCHOLMERs lassen dies vermuten[43].

Ähnlich den Katorga-Lagern bestanden auch die Speziallager nicht lange als eigenständige Lagerart. Durch die Unruhen 1953-54 wurde deren Ordnung derart erschüttert, daß ihr Spezialregime gemildert und praktisch abgeschafft wurde. Die Speziallager wurden faktisch zu ITL[44].

7.2.4 Straflager

Straflager im allgemeinen Sinne gab es bereits recht früh. Der Besserungsarbeitskodex von 1933 nennt „Strafkolonien", deren Zweck die „strenge Isolierung" von Häftlingen war, die vorher in „anderen Kolonien" inhaftiert waren und die sich dort „hartnäckig den Vorschriften oder der Arbeitsdisziplin widersetzt haben" (Artikel 35, 37)[45]. Mit dem Begriff des Straflagers sind jedoch terminologische Unsicherheiten verbunden. In Publizistik und Memoiren steht er meist als Synonym für das Lager schlechthin. Viele als „Straflager" benannte Lagerpunkte waren in Wirklichkeit jedoch Besserungsarbeitslager (ITL), *katorga*-Lager oder Speziallager mit normalen Lagerordnung. Das eigentliche Straflager war keine eigene Lagerkategorie, sondern ein ITL, ein Katorga-Lager oder ein Speziallager mit strengerer Lagerordnung, in welches Lagerinsassen aus anderen ITL, Katorga- oder Speziallagern zur Bestrafung verlegt wurden. Nicht völlig zu klären ist, ob jeder Lagerpunkt eine Straf-Lageraußenstelle und jede Lagerabteilung einen Straflagerpunkt hatte[46] oder ob alle diese Strafeinrichtungen mit den von SOLSCHENIZYN genannten *Zonen mit verschärftem Regime (SUR)* identisch sind[47]. Zu den

---

43 Beispielsweise erwähnt Solschenizyn, Archipel GULag III, S. 63, für das STEPLag in Kasachstan vier Lagerabteilungen, von denen die erste und zweite in Rudnik, die dritte in Kingir und die vierte in Dsheskasgan gelegen habe. Die Entfernungen zwischen diesen Orten beträgt über 700 km (Rudnik-Dsheskasgan). Die Verwaltungszentrale (GOLP) habe in Kengir bei Dsheskasgan gelegen (Ebd., S. 277). Scholmer nennt für 1953 für die Speziallager in Workuta eine „Verwaltung der Regimelager", die er offensichtlich dem MGB zuordnet (Ebd., S. 169). Ihr Leiter sei General Derewjanko gewesen.

44 Vgl. Kap. 13.2.2.

45 Nach der deutschen Übersetzung des Besserungsarbeitskodex in: Sklavenarbeit, S. 178.

46 Dazu Ginsburg: „Elgen ist das Straflager für ganz Kolyma, Mylga für Elgen und Iswestkowaja jenes für Mylga" (Dies., Gratwanderung, S. 128). Danach wäre Elgen eine Straf-Lagerabteilung des Kolyma-Lagergebietes SWITLag, Mylga ein Straf-Lagerpunkt der Lagerabteilung Elgen und Iswestkowaja eine Straf-Lageraußenstelle des Lagerpunktes Mylga gewesen. Siehe auch S., Bericht, S. 1177: „Darüber hinaus gab es in jedem großen Lagerkomplex ein besonderes Straflager ... ".

47 Siehe Kap. 8.7. Auch Solschenizyn äußert sich nicht eindeutig; er bezeichnet die SUR als Straf-Lageraußenstelle (Ders., Archipel GULag II, S. 404), Straflager (S. 405) und Straflagerpunkt (S. 369, 406). Auf S. 251 nennt er ein „Straflager mit verschärftem Regime", sagt aber nicht, ob es sich um eine SUR handelt. Für die Möglichkeit, daß jede Lagerabteilung Straflagerpunkte hatte, spricht eine Formulierung Solschenizyns. Er nennt einen Lagerpunkt, der die Straf-Lageraußenstelle des NYROBLag gewesen sei (Ebd. S. 543). Viele Autoren, so auch Conquest und Solschenizyn, verwenden „Straflager" und „Sonderlager" an einigen Stellen synonym, obwohl es sich um zwei verschiedene Arten von Lagern handelte (Conquest, Anfang, S. 440. Solschenizyn, Tag, S. 109, 111).

Lagern, die stets den Status eines Straflagers hatten, kamen solche, die für eine bestimmte Zeit zu solchen erklärt wurden[48].

7.2.5 *Geheime Lager*

Der Terminus „Geheime Lager" ist sehr undeutlich. Vielfach ist mit ihm nicht ein bestimmter Lagertyp gemeint, sondern einfach die Abgesondertheit und Geheimhaltung bestimmter Lager bezeichnet[49]. Einzig Rossi berichtet von *geheimen Lagern* als Lagertypen und unterscheidet diese in zwei Arten: Dem *sekretny lager* und einer zweiten Art, die er als *sakryty lager, lager bes prawa perepiski* oder *sasekretschenny lager* bezeichnet[50]. Das *sekretny lager* sei 1936-1938 entstanden, in ihm seien ausschließlich Ausländer, sowjetische Emigranten und deren im Ausland geborene Kinder, deren man habhaft werden konnte, eingesperrt worden. Solche Lager, die völlig isoliert waren, seien auf Nowaja Semlja, bei Dikson[51] an der Jenissei-Mündung und im Kolyma-Gebiet errichtet worden. Erste Informationen über die Art der Lager seien in den fünfziger bis siebziger Jahren an die Öffentlichkeit gelangt[52].

Kennzeichen der zur Zeit des „Großen Terrors" entstandenen *lager bes prawa perepiski*, im Lagerslang *sakryty lager* oder *sasekretschenny lager* genannt, sei gleichfalls ihre totale Isolierung von der Umwelt gewesen. Den Häftlingen sei das Recht auf Korrespondenz per Urteil oder Verwaltungsanweisung entzogen worden, und sie hätten keine Briefe, Pakete oder Päckchen empfangen oder schreiben dürfen[53]. Als Beispiel nennt Rossi ein „Lager ohne das Recht auf Korrespondenz" für SS- und Gestapo-Angehörige, Wlassow-Soldaten und andere Kriegsgefangene auf der Wrangel-Insel[54]. Bekannt geworden seien diese Lager

[48] So teilt Scholmer, Arzt, S. 180, mit, daß nach Niederschlagung der Streiks und des Aufstandes in Workuta im Juli 1953 die Anführer des Streiks 1953 in einem Lagerpunkt zusammengeführt und dieser zum Straflager erklärt worden sei.

[49] Als „geheime Lager" bezeichnet Swianiewicz Lager in den abgelegenen Gebieten Nordsibiriens, über deren Tätigkeit nichts bekannt sei und für die er Waffenproduktion annimmt (Swianiewicz, Forced labour, S. 301-302). Den gleichen Begriff wählt Solschenizyn, Archipel GULag II, S. 392, 572, 627, für die Atombauprojekte, an denen GULag-Häftlinge mitwirkten.

[50] Da die Bezeichnungen fast identisch, weitere Ähnlichkeiten vorhanden sind und bei Rossi oftmals Überschneidungen vorkommen, handelt es sich möglichweise um ein und denselben Lagertyp, in dem sich lediglich die Struktur der Insassenschaft änderte.

[51] Rossi irrt, wenn er Dikson als Insel bezeichnet. Es handelt sich um einen Ort am östlichen Ausgang des Jenissei.

[52] Zum *sekretny lager*: Rossi, GULAG Handbook, S. 388.

[53] Oftmals wurde Angehörigen von Erschossenen mitgeteilt, ihr Verwandter befände sich in einem „Lager ohne das Recht zur Korrespondenz", um seinen Tod zu verheimlichen (Rossi, GULAG Handbook, S. 128).

[54] Dieses soll sich seit Anfang der vierziger Jahre auf der Wrangel-Insel befunden haben. Rossi verweist auf Aussagen A. Shifrins (In: Ders., Das Verhör, [Schweiz], 1977), wonach dort noch 1962 ehemalige SS- und Gestapo-Angehörige, Wlassow-Soldaten und andere Kriegsgefangene, die längst für tot gehalten wurden, festgehalten und zu medizinischen Experimenten mißbraucht wurden (Rossi, GULAG Handbook, S. 61). Diese Angaben konnten nicht überprüft werden.

erst in den sechziger Jahren[55]. Seit den vierziger Jahren hätten die Gefangenen mit dem Begriff *sakryty lager* auch die Katorga-Lager und Speziallager zur Unterscheidung von den ITL bezeichnet[56].

7.2.6 *Invalidenlager*

In den Invalidenlagern wurden jene Invaliden konzentriert, die in den Lagerpunkten nicht mehr eingesetzt werden konnten. Diese Lagerform gab es sowohl bei den ITL[57] als auch bei den Speziallagern[58].

7.2.7 *Frauenlager*

Der Anteil der Frauen im Lagersystem war erheblich geringer als der der Männer[59]. Bis Ende der vierziger Jahre umfaßten die Besserungsarbeitslager in der Regel Frauen und Männer, wobei die Frauen in eigenen mit Stacheldraht abgegrenzten Wohnzonen innerhalb der Lager lebten[60]. Vereinzelt gab es jedoch schon seit Anfang der dreißiger Jahre einige wenige Lager, in denen ausschließlich Frauen inhaftiert waren[61]. Als Sonderform bestanden lediglich die „Sonder-

---

[55] Zu *sakryty lager*, *lager bes prawa perepiski* oder *sasekretschenny lager*: Rossi, GULAG Handbook, S. 128, 131, 193.

[56] Rossi, GULAG Handbook, S. 128.

[57] Ebd., S. 140. Vgl. dazu den Bericht Susanne Leonhards über das Invalidenlager Adak in: Dies., Fahrt ins Verhängnis. Freiburg i. Br., 1983. S. 117-241, und Harms, Tal, S. 54-81, über einen Lagerpunkt für weibliche Invaliden, die im Winter vorwiegend zu Textilhandarbeiten (S. 56), im Sommer zur Feldarbeit eingesetzt wurden (S. 66, 70). Lipper, Jahre, S. 19, nennt das Invalidenlager Mariinsk.

[58] Vgl. Solschenizyns Bericht über die Lagerabteilung Spassk des STEPLag. Dorthin seien die Invaliden aller Speziallager geschickt worden. Es sei in eine Invalidenzone, eine Frauenzone und eine Produktionszone unterteilt gewesen. Ende 1948 habe die Lagerabteilung Spassk 15.000 Häftlinge umfaßt, von denen 6000 beim Bau von Dämmen, andere in Steinbrüchen, beim Ausbau der Zonen, Bau von Siedlungen für die freien Lagerbediensteten und das Wachpersonal, beim Einsatz auf Feldern und Gemüsegärten eingesetzt worden seien. Der Arbeitstag habe elf Stunden zuzüglich Marschzeit betragen. Auch hier seien Essensration und Normerfüllung gekoppelt gewesen. Arbeitende Invaliden hätten 650 Gramm Brot, nichtarbeitende 550 Gramm bekommen, die Strafration habe bei 400 Gramm gelegen. Da die medizinische Versorgung der Invaliden nicht besser gewesen sei als die der gesunden Häftlinge in den ITL und Speziallagern, sei die Sterblichkeit in Spassk sehr hoch gewesen. Im Sommer 1949 seien täglich 60-70, im Winter bis zu einhundert Invalidenhäftlinge gestorben (Ders., Archipel GULag III, S. 63-65).

[59] Schätzungen: Zehn Prozent: Conquest, Anfang, S. 412; Leonhard, Fahrt, S. 102; 20 Prozent: Rossi, GULAG Handbook, S. 117; Semskow: Kriegsbeginn 7 Prozent; Juli 1944 26 Prozent der Lagerinsassen „des GULag" Frauen (Ders., GULAG I, S. 22. Auch in: Zaplin, Dokumenty); Iwaschow/Jemelin, GULAG, S. 24: Erste Hälfte 1941 18 Prozent; Erste Hälfte 1942: 27, 5 Prozent Frauen; Bacon: Kriegsbeginn 1941 (ITL): 8 Prozent, 1945 (ITL): 24 Prozent; 1945 (ITL und ITK): 28 Prozent (Ders., Gulag, S. 150 und 151 [Tabelle 8.3]).

[60] So beispielsweise bei Harms, Tal, S. 38. Zur Situation der Frauen in den Lagern allgemein: Kapitel 8 („Die Frau im Lager") in: Solschenizyn, Archipel GULag II, S. 216-238.

[61] Rossi, GULAG Handbook, S. 117, 515-516, nennt das Frauenlager JaJa, welches Anfang der dreißiger Jahre für weibliche Kriminelle 180 Kilometer östlich von Nowosibirsk an der Transsib

lager für Ehefrauen von Heimatverrätern" (*Osoby lager shon ismennikow rodiny, OLShIR*). Diese waren 1937/38 erstmals eingerichtet worden und nahmen ab Sommer 1940 an Zahl zu[62].

1946 bis 1948 wurde begonnen, die bislang gemischtgeschlechtlichen Lager nach Frauen und Männern zu trennen[63]. Eigene Frauen-Lagerabteilungen und Frauen-Lagerpunkte entstanden[64]. Viele dieser neuen Frauenlager wurden mit Textilarbeiten oder ähnlichen leichteren Aufgaben betraut[65]. Nach SOLSCHENIZYN verschlechterte sich die Lage der Frauen durch die Trennung. Hatten früher viele Frauen in den gemischten Lagern Funktionsposten ausüben können, so wurden nun reine Frauenbrigaden gebildet, die nach dem gleichen Normen-Ration-Arbeitssystem wie die Männer auch schwere „Allgemeine Arbeiten" verrichten mußten[66].

7.2.8 Prüf- und Filtrationslager (PFL)

Mit diesem Lagertyp sind ausgesprochen viele Fragen verbunden. Bereits zu Zeiten des Sowjetisch-Finnischen Krieges waren sowjetische Soldaten, die sich aus Gefangenschaft hatten befreien können, in ITL der GULag auf ihre Sowjettreue untersucht worden[67]. Mit Ausbruch des Deutsch-Sowjetischen Krieges galt dies auch für die Sowjetsoldaten, die aus der Gefangenschaft der Deutschen und ihrer Verbündeten entkommen oder von den Roten Armee befreit worden waren[68]. Sie wurden dort in gesonderten

---

errichtet worden sei. Es habe Häftlingsbekleidung und ab 1941 Uniformen für die Sowjetarmee hergestellt. Leonhard, Fahrt, S. 102, spricht für 1938 von einem Frauenlager in Potma/Mittelrußland. Siehe auch Lippers Schilderung ihrer Zeit in verschiedenen Frauenlagern Ende der dreißiger und in den vierziger Jahren (Frauenlager Magadan, Balagannoje, Talon, Frauenregimelager Elgen): Lipper, Jahre. Siehe dort auch Grundriß des Frauenlagers Elgen. Ebd., S. 111.

[62] Rossi, GULAG Handbook, S. 263, Solschenizyns Abkürzungsverzeichnis. Conquest, Anfang, S. 413. Leonhard, Fahrt, S. 177-178, berichtet von mehreren zehntausend dieser Frauen in besonderen Lagern bei Temnikow. Sie seien aufgrund besonderer Anklage oder Untersuchung generell zu acht Jahren Lagerhaft verurteilt worden und hätten das erste Jahr ihrer Lagerzeit in völliger Isolierung ohne Brief- und Paketerlaubnis gelebt. 1938/39 sei ihnen dann gewährt worden, zu schreiben und Briefe und Pakete zu empfangen.

[63] Conquest, Anfang, S. 412.

[64] Solschenizyn, Archipel GULag II, S. 233-234. So nennt Solschenizyn, Archipel GULag III, S. 68, eine „Frauenabteilung des KamyschLag". Beispiele für den DALSTROI: Magadan, Mylga und Elgen im Kolyma-Gebiet (Conquest, Anfang, S. 426, 428).

[65] Rossi, GULAG Handbook, S. 117.

[66] Solschenizyn, Archipel GULag II, S. 234. Beispiel: Ebd., S. 223-224. Erst 1951 wurde das Holzfällen für Frauenlager verboten (Ebd, S. 237).

[67] Zum folgenden: Rossi, GULAG Handbook, S. 348, 349, 400, 402.

[68] Maßgeblich waren dafür ein Befehl Stalins vom 16. August 1941, in dem alle sowjetischen Kriegsgefangenen zu „Vaterlandsverrätern" erklärt und mit den Strafen der Erschießung oder 25 Jahren Lagerhaft in Lagern strengen Regimes belangt wurden, außerdem ein weiterer Befehl Stalins vom 28. Juli 1942 (Nach: Kravtschik, Dornenwege, S. 78) und Beschlüsse des Staatlichen Verteidigungskomitees vom 27. Dezember 1944 und des Rates der Volkskommissare der UdSSR vom 24. Februar 1944 (Nach: Nekrassow, Finale, S. 470).

Baracken[69] untergebracht und von Angehörigen von NKWD, NKGB und SMERSCH auf ihre Loyalität befragt. Diese in der Regel bis zu zweimonatige „Filtration“ betraf insbesondere ab Kriegsende auch „Ostarbeiter“ und andere Personenkreise, die während des Krieges unter deutsche Gewalt geraten waren[70].

Über Bezeichnung und Unterstellung der Untersuchungslager sind sehr unterschiedliche Angaben zu finden. ARTEMIEV/BURLUTSKY schreiben, daß für die ab 1939/40 bestehenden Untersuchungslager ab 1942/43 der Terminus *Prüf- und Filtrationslager (Prowerotschno-filtrazionny lager, PFL)* verwandt worden sei[71]. Nach SEMSKOW und BACON entstanden die Untersuchungslager erst im Dezember 1941 und wurden unter der Bezeichnung „Speziallager“ geführt[165]. KARNER wiederum gibt den Untersuchungslagern keinen bestimmten Namen, sondern führt aus, daß die in diesen Lagern überprüften, belasteten und verurteilten Sowjetsoldaten *danach* in die Speziallager der UPWI gebracht worden seien. Er unterscheidet somit zwischen Untersuchungslagern und UPWI-Speziallagern[73].

Strittig ist weiter, welcher Dienststelle die Untersuchungslager/PFL zugeordnet waren. Wie bereits ausgeführt, war dies wahrscheinlich bis Februar 1945 eine *Abteilung für Speziallager des NKWD*, dann die *Abteilung für* oder *Verwaltung der Prüf- und Filtrationslager (OPFL* oder *UPFL) des NKWD/MWD*. Zweifelsohne unterstand diese Behörde nicht der GULag, sondern gehörte zur NKWD-Zentralebene[74].

Gleichfalls gehen die Meinungen über die Anzahl der in die Untersuchungslager/PFL eingewiesenen und über den Anteil der von diesen in Lager des GULag überstellten Personen auseinander. ROSSI sagt, daß viele der Verhörten durch das OSO wegen Landesverrat verurteilt und in GULag-Lager abtransportiert worden seien. Allgemein spricht er davon, daß „Hunderttausende“ durch die PFL geschleust worden seien. Nach den bei POLJAN/ZAJONTSCHKOWSKAJA genannten Zahlen wurden rund 20 Prozent der männlichen PFL-Insassen „in Zwangslager verschickt“[75]. Hohe Zahlen nennt auch KARNER unter Bezug

69 In dieser Arbeit werden diese unmittelbaren Vorläufer der PFL als *Untersuchungslager* bezeichnet, da umstritten ist, wie die sowjetische Bezeichnung für diese war.

70 Zu Dauer und Ablauf der Untersuchung: Ergebnisse einer Fragebogenaktion unter ehemaligen sowjetischen „Ostarbeitern“ in: Pawel M. Poljan/Shanna A. Zajontschkowskaja. Ostarbeiter in Deutschland und daheim. Ergebnisse einer Fragebogenanalyse. In: Jahrbücher für Geschichte Osteuropas, Jg. 41 (1993), Heft 4, S. 547-561. Von den 103 ehemaligen Ostarbeitern, die sich an der Fragebogenaktion beteiligten, gingen 70 % durch die PFL (Ebd., S. 557). Bericht eines PFL-Häftlings für seine Zeit in einem PFL in Alkino in Baschkirien: Vladimir Pereladov. Gefangenschaft im sowjetischen GULAG. In: Der Heimkehrer v. 1. August 1995, S. 3. Vgl. auch: Bernd Bonwetsch. Sowjetische Zwangsarbeiter vor und nach 1945. Ein doppelter Leidensweg. In: Jahrbücher für Geschichte Osteuropas, Jg. 41 (1993), Heft 4, S. 532-546. Hier: S. 540.

71 Dies., Activities, S. 326.

72 Semskow, GULAG II (Hier nach: Bacon, Gulag, S. 92). Bacon benutzt in seinem Buch allerdings den Begriff PFL.

73 Karner, GUPVI, S. 57 und 7.2.9.

74 Vgl. Kap. 4.2.1.3.

75 Poljan/Zajontschkowskaja, Ostarbeiter, S. 559. Frauen seien danach fast gar nicht aus den PFL in Lager des GULag überführt worden.

auf POLJAN. Er spricht davon, daß von den „Millionen" internierten sowjetischen Zivilisten und Soldaten nur etwa 15-20 Prozent direkt nach Hause hätten zurückkehren dürfen, etwa 20 Prozent seien zum Tode oder 25 Jahren Zwangsarbeit, alle anderen zu kürzeren Strafen verurteilt und in „den GULAG" überwiesen worden[76].

Demgegenüber schätzen NEKRASSOW und SEMSKOW die Zahl der an den GULag Überstellten weit geringer ein[77]. BONWETSCH nennt sowohl die Äußerungen früherer Sowjetdissidenten wie SOLSCHENIZYN oder HELLER/NEKRICH, nach denen sehr viele Repatriierte aus den PFL in den GULag oder zur Zwangsarbeit außerhalb der Lager geschickt worden seien, als auch von SEMSKOW dargelegte neuere „offizielle sowjetische Angaben", wonach nur 273.000 Repatriierte, rund 6,5 % aller PFL-Insassen, in „Arbeitslager des GULag" oder eine „Sonderansiedlung"„ transportiert worden seien[78]. BONWETSCH stellt allerdings hinsichtlich SEMSKOWs Zahlen die „Frage nach der Korrektheit dieser Statistik"[79]. BACON äußert sich nur vorsichtig und spricht davon, daß „almost half of the returning soldiers did not enter the Gulag camps and colonies"[80].

Uneinheitlich sind auch die Ansichten über das Ende der PFL. Während ROSSI berichtet, daß diese 1947 aufgelöst und deren Insassen auf andere Hafteinrichtungen verteilt wurden, sagen SEMSKOW und BACON, daß die OPFL bereits im Januar 1946 aufgelöst und die PFL an „den GULag" übergeben worden seien[81].

7.2.9 Speziallager der UPWI (1941-1944)

Mit Geheimbefehl des Staatlichen Verteidigungskomitees vom 27. Dezember 1941 wurden, so KARNER, 26 Speziallager der UPWI eingerichtet. In diesen saßen nach KARNER ehemalige Sowjetsoldaten ein, die den Sowjets in die Hände

---

[76] Karner, GUPVI, S. 137, unter Bezug auf zwei Arbeiten Poljans.

[77] Nekrassow: Danach seien bis zum 20. Oktober 1944 in die PFL 354.590 Personen eingewiesen und überprüft worden. Von diesen seien 249.416 zur Armee zurückgeschickt, 51.651 weiter überprüft worden; 36.630 hätten eine Arbeit in der Industrie oder Wachmannschaften aufgenommen, 11.566 seien von SMERSCH verhaftet worden und 5.347 gestorben (Nekrassow, Finale, S. 470-471). Semskow: Nach ihm saßen am 1. Januar 1945 71.398 Personen in PFL und waren 25.019 bereits durchgeschleust worden (Siehe auch: Liste der Personengruppen, darunter 32.483 Ex-Kriegsgefangene und 15.289 ehemalige Freiwillige). 10. Mai 1945: 160.969 Personen (Siehe auch Liste über Arbeitseinsatz, davon 90.900 im Bergbau) (Semskow, GULAG II, S. 5).

[78] Bonwetsch, Zwangsarbeiter, S. 540-541 unter Bezug auf: W. N. Semskow. K woprosu o repatriazii sowjetskich grashdan w 1944-1951 gody. In: Istorija SSSR (1990), Nr. 4, S. 26-41. Hier: S. 36, und ders., Spezposelenzy (Po dokumentazii NKWD-MWD SSSR). In: Soziologitscheskije issledowanija (1990), Nr. 11, S. 3-17. Hier: S. 17, Anmk. 22.

[79] Bonwetsch, Zwangsarbeiter, S. 541.

[80] Bacon, Gulag, S. 94 und 100.

[81] Rossi, GULAG Handbook, S. 348-349, 470. Semskow, GULAG II, S. 6. Nach Semskow wurden 1946-1947 148.079 ehemalige Wlassow-Soldaten aus den PFL in „Spezialansiedlungen" übernommen (Ders., Spezposelenzy, S. 17, Anmk. 22). Bacon, Gulag, S. 95, nennt ebenfalls das Jahr 1946 als Zeitpunkt, zu dem die PFL aufgelöst worden seien.

gefallen waren und nach Prüfung in den Untersuchungslagern, den Vorläufern der PFL, als Spione, Deserteure und Vaterlandsverräter verurteilt und in die UPWI-Speziallager eingewiesen worden waren[82]. Diese UPWI-Speziallager seien mit NKWD-Befehl vom 19. Juli 1944 in den GULag überführt worden.[83]

7.2.10 Scharaschkas

Weniger als Lager, sondern eher als Spezialgefängnisse und Forschungseinrichtungen sind die *scharaschka* oder *scharaga* genannten wissenschaftlichen Laboratorien und technischen Büros zu werten, in denen gefangene Wissenschaftler, Ingenieure und Techniker mit wissenschaftlichen Tätigkeiten oder Forschungsprojekten beschäftigt waren[84]. SOLSCHENIZYN bezeichnet sie als „paradiesische Inseln", die „vom übrigen Archipel abgeschieden" gewesen seien, MAGNUS als „Gulag-de-Luxe".[85]. Oft verfügten die dort eingesetzten Gefangenen über einen ausgesprochen hohen wissenschaftlichen Ruf[86] und genossen Privilegien und Möglichkeiten, die die der normalen GULag-Häftlinge bei weitem überstiegen. Die Ursprünge der Scharaschkas fallen in der Zeit des Schachty-Prozesses 1928. Seit Ende der zwanziger Jahre hatte die OGPU begonnen, viele der inhaftierten Wissenschaftler, Ingenieure und Techniker gegen Entgelt an staatliche Unternehmen auszuleihen oder in eigenen wissenschaftlichen Instituten und Forschungseinrichtungen einzusetzen[87]. Bedeutende OGPU/NKWD-Forschungsinstitute entstanden in Moskau, Rybinsk, Bolschino, Taganrog und an anderen Stellen[88]. Der Sicherheitsapparat errang durch diese eine Monopolstellung im Forschungsbereich und in einigen Produktionszweigen der Militär- und Polizeitechnik.

---

82 Karner, GUPVI, S. 57.

83 Karner, GUPVI, S. 57, 245, Anmk. 136, und 246, Anmk. 167.

84 Zum folgenden siehe komprimiert: Rossi, GULAG Handbook, S. 498-499. Shifrin, Reiseführer, benutzt als deutsche Übersetzung das Wort *Scharaga* (beispielsweise: S. 133). Als Beispiele für Berichte über eine Scharaschka: Lew Kopelew. Tröste meine Trauer. München, 1983. Alexander Solschenizyn. Im ersten Kreis. Vollständige Ausgabe der wiederhergestellten Urfassung des Romans „Der erste Kreis der Hölle". Frankfurt/M. 1985 Kurt Magnus. Raketensklaven. Russische Forscher hinter rotem Stacheldraht. Stuttgart, 1993. Siehe auch Kap. 11.7.

85 Solschenizyn, Archipel GULag II, S. 249. Magnus, Raketensklaven, S. 166.

86 So arbeiteten der bedeutendste Flugzeugkonstrukteur der Sowjetunion, Andrei Tupolew, und Sergei Koroljow, der erste sowjetische Raketenkonstrukteur von Weltruf, in einer Scharaschka. Letzterer wurde dort allerdings nur als Flugzeugkonstrukteur eingesetzt (Solschenizyn, Archipel GULag II, S. 464. Heller, Stacheldraht, S. 134. Sacharow, Leben, S. 906, Anmk. 24). Zu den bekannten Scharaschkas in Marfino (Nachrichtentechnik) und Kuchino (Hochfrequenzforschung): Silde, Profits, S. 75-76.

87 Heller sieht in der seit dem Schachty-Prozeß 1928 einsetzenden systematischen Verhaftung von Spezialisten, die ihre Fachausbildung noch in der Zarenzeit erhalten hatten, das Bestreben der OGPU, ein Monopol auf die technische Intelligenz aufzubauen, da es in der „freien" Wirtschaft der Sowjetunion an Ingenieuren und Technikern fehlte (Ders., Stacheldraht, S. 133-135).

88 So bezeichnet Rossi ein Ingenieurtechnisches Institut zum Bau hydraulischer Anlagen (GidroProjekt) des NKWD, welches in den späten dreißiger Jahren von der GULag mit Hilfe inhaftierter Wissenschaftler, Ingenieure und Techniker organisiert worden sei, als Scharaschka (Ders., GULAG Handbook, S. 78).

Strittig ist das Unterstellungsverhältnis der Scharaschkas. ANDREEVICH, SOLSCHENIZYN und ROSSI nennen ein „Besonderes Bau-Büro“ (*Osoboje konstruktorskoje bjuro, OKB*) der OGPU, dem die Scharaschkas anfangs unterstanden hätten[89]. Für die Zeit ab 1934 differieren die Angaben, ob die Scharaschkas dem NKWD, dem GULag oder dem NKGB zugeordnet waren[90]. Wahrscheinlich gab es verschiedene Unterstellungsverhältnisse.

7.2.11 Sonstige Lagerarten

Außer den obengenannten Arten existierten *Transit- oder Durchgangslager* als Etappen- oder Verteilungsstationen beim Häftlingstransport[91]. SOLSCHENIZYN beschreibt weiterhin *landwirtschaftliche Lagergebiete*. Dieser Lagertyp sei nach Deportation der Wolgadeutschen in deren verlassenen Dörfern geschaffen worden, indem diese geschlossen zu Lagerzonen erklärt worden seien[92]. ARTEMJEW berichtet von speziellen *Sonder-Wiederaufbau- und Baulagern*, die in der zweiten Kriegshälfte und in der Nachkriegszeit gegründet worden seien. Diese hätten nicht dem GULag, sondern örtlichen Dienststellen von NKWD/MWD unterstanden und seien mit dem Wiederaufbau zerstörter Betriebe

[89] Zum OKB: Andreevich, Structure, S. 107. Rossi, GULAG Handbook, S. 262. Solschenizyn, Archipel GULag II, S. 83-84. Die Abkürzung OKB steht bei ihm für „Sonderkonstruktionsbüro (des GULag)“ (Ebd., S. 670). Das Kürzel OKB taucht allerdings nicht nur in Verbindung mit der OGPU auf, sondern ist an vielen Stellen als gängige Bezeichnung für Forschungsinstitute zu finden (So in: Gubarew, Arsamas-16, S. 173. Shifrin, Reiseführer, S. 69, 381). Es ist wahrscheinlich, daß auch viele Scharaschkas ihrerseits als offizielle Bezeichnung das Kürzel OKB trugen. So bezeichnet Heller die Scharaschkas generell als „Sonderbüros für Bauarbeiten der OGPU“ (Heller, Stacheldraht, S. 111), und Sacharow sieht in der „Scharaschka (Scharaga)“ gleichfalls einen Begriff aus dem Häftlingsjargon für „Sonderkonstruktionsbüros (OKB) oder Forschungsstätten“, die dem NKWD unterstanden (Sacharow, Leben, S. 905-906, Anmk. 24).

[90] Solschenizyn ist der Auffassung, daß eine „Vierte Sonderabteilung“ des NKWD für die Heranziehung von Häftlingen für Forschungsarbeiten zuständig gewesen sei (Solschenizyn, Archipel GULag I, S. 567). Eine solche „Sonderabteilung 4“ wird auch in Bobrenjow/Rjasanzew, Geheimlabor, S. 62, genannt. Auch Wolkogonow nennt eine „4. Sonderabteilung des MdI der UdSSR“, die „besondere Institutionen und Lagerlabors“ beaufsichtigt hätte (Ders., Triumph, Band 2/2, S. 151). Barton spricht unter Bezug auf Ekart von einer speziellen Dienststelle des GULag, der die mit wissenschaftlichen Arbeiten betrauten Lager unterstellt gewesen seien (Ders., L'institution, S. 123-125). Nach Rossi war ab Mitte der vierziger Jahre eine „MGB special administration“ für die NKWD-Forschungseinrichtungen zuständig (Ders., GULAG Handbook, Ebd., S. 499).

[91] Sehr bekannt war das Transitlager Kotlas, das seit den frühen dreißiger Jahren für den gesamten europäischen russischen Nordosten, insbesondere die Lagergebiete Uchta, Petschora und Workuta zuständig war (Solschenizyn, Archipel GULag I, S. 505-50. Ders., Tag, S. 64. Rossi, GULAG Handbook, S. 179. Leonhard, Fahrt, S. 89-90. Silde, Profits, S. 61-62). Schalamow, „Artikel 58“, S. 153, berichtet von seinem Aufenthalt in einem Durchgangslager der „Verwaltung West“ des DALSTROI. In diesem habe es riesige Baracken mit mehrstöckigen Pritschen für 500-600 Mann gegeben. An anderer Stelle schildert er, wie Häftlinge aus einem Durchgangslager im DALSTROI, wahrscheinlich jenes in Magadan, auf Lager verteilt wurden. Dies geschah durch das Vorlesen der Namen und Abtransport per Lkw (Ders., „Artikel 58“, S. 179). Weitere Beispiele für Transitlager: Solschenizyn, Archipel GULag I, S. 506-507, Ders., Archipel GULag III, S. 40-43, 46-49. Harms, Tal, S. 11 (Krasnowotzk/Turkmenistan).

[92] Solschenizyn, Archipel GULag II, S. 130.

und im Eisenbahn- und Straßenbau beschäftigt gewesen. ROSSI nennt diese als *Osobye wosstanowitelnye i stroitelnye lagerja* ebenfalls. Sie seien 1943/44 eingerichtet worden, um Staatsbetriebe und Eisenbahnen in den von den Deutschen zurückeroberten Gebieten der Sowjetunion wieder aufzubauen und hätten bis Mitte der fünfziger Jahre bestanden[93]. Zu diesen stationären Lagern kamen in der Holzwirtschaft, beim Bau von Eisenbahnen, Fernstraßen und Kanälen *kleinere mobile Lager*. Diese unterschieden sich im Verwaltungsaufbau von den stationären Lagern, da sie selten lange Zeit an einem Ort blieben und beweglicher sein mußten[94].

Der vorwiegend in belletristischer und publizistischer Literatur auftauchende Begriff der „*Schweigelager*", deren Insassen generell kein Recht des Außenkontakts gehabt hätten, ist nicht gesichert. Sicherlich wurde vielen Lagerpunkten dieses Recht zeitweilig oder wie im Falle der Katorga-Lager grundsätzlich entzogen; eine eigene Lagerkategorie von „Schweigelagern" gab es jedoch sehr wahrscheinlich nicht[95]. Es handelt es sich um einen zu allgemein gehaltenen Begriff, der nur auf ein Merkmal unter vielen abhebt und daher hier nicht benutzt wird.

Umstritten ist, ob es spezielle Lager, deren einziger Zweck darin lag, Häftlinge direkt zu töten, gab[96] und ob und wenn ja wie Orte wie Katyn in Rußland, Winniza und Bykowna in der Ukraine und Kuropaty in Weißrußland, an denen Massengräber mit Tausenden und Zehntausenden von Toten gefunden wurden, in das Lagersystem einzuordnen sind[97].

Nicht zu bezweifeln ist, daß es Massenhinrichtungen in bestimmten Lagern gab und der Tod unzähliger Sträflinge billigend in Kauf genommen wurde. Unabhängig von der Existenz solcher Lager ist der Charakter des GULag angesichts der Millionenzahl hingerichteter, verhungerter, erfrorener und zu Tode gearbeiteter Häftlinge als Vernichtungsmaschinerie augenscheinlich[98].

---

[93] Artemjew, Reshim, S. 23. Rossi, GULAG Handbook, S. 275.

[94] Vgl. Solschenizyn, Archipel GULag II, S. 573. Dallin, Economics, S. 23. Rossi, GULAG Handbook, S. 195.

[95] So auch Karner, GUPVI, S. 189.

[96] Conquest spricht von „Zentralisolierungsgefängnissen" innerhalb eines Lagerkomplexes, die mehrere einzelne Lagerpunkte umfaßt hätten und in welche Häftlinge zu ihrer Hinrichtung versetzt worden seien. Er bezeichnet diese als „Vernichtungslager" (Ders., Anfang, S. 421). Für Kolyma nennt er das „Todeslager" Serpantinka, das nur dazu errichtet worden sei, um Häftlinge zu erschießen. Allein 1938 seien dort 26.000 Hinrichtungen durchgeführt worden (Conquest, Kolyma, S. 56-58). Solschenizyn, Archipel GULag II, S. 121, erwähnt ebenfalls Serpantinka mit täglich 30-50 Erschießungen als Hinrichtungsort. Bacon, Gulag, S. 29-31, spricht von „execution camps", deren Insassen nicht der GULag, sondern der Ersten Spezialabteilung (SpezOtdel) des NKWD unterstanden hätten. Dallin, Economics, S. 8 und 19, hingegen führt aus, daß es, im Unterschied zum Konzentrationslagersystem der Nationalsozialisten, in der Sowjetunion keine Massenvernichtungslager gegeben habe, sondern die hohe Zahl an Toten aus der rücksichtslosen Ausbeutung der Arbeitskraft resultiere (Ebenso: Beck/Godin, Purge, S. 78-79).

[97] Siehe dazu; Conquest, Statistics, S. 438. Bacon. Gulag, S. 31. Karner, GUPVI, S. 56, bezeichnet Katyn als einen Ort, zu dem polnische Offiziere aus UPWI-Lagern herantransportiert worden seien.

[98] Conquest, Kolyma, S. 15-17, hält die Unterscheidung zwischen nationalsozialistischen Vernichtungslagern und Kolyma für sophistisch. Hier wie dort sei mit Absicht millionenfach gemordet worden. An Beispielen nennt er die Solowezki-Lager, die Lager beim Bau des Weißmeer-Ostsee-Kanals

7.3 Kolonien

7.3.1 Besserungsarbeitskolonien für Kinder und Minderjährige

Eigene Haftanstalten für Kinder und Minderjährige gab es seit Beginn der Sowjetherrschaft. Bereits 1918 werden *landwirtschaftliche Kolonien* als „Erziehungs- und Strafeinrichtungen vor allem für junge Kriminelle" erwähnt. Später wurden zu gleichen Zwecken auch *handwerkliche Kolonien* und *Fabrikkolonien* errichtet. Es handelte sich dabei um Einrichtungen der sowjetrussischen oder sowjetischen Volkskommissariate für Unterricht und der Justiz sowie der OGPU. Sie versuchten, mit diesen Anstalten des Unwesens der *besprisorniki*, entwurzelten und kriminellen Waisen sowie Kindern und Jugendlichen, die ihre Familien verloren oder verlassen hatten und in den zwanziger Jahren die Städte unsicher machten, Herr zu werden[99].

Hatten in diesen frühen Kolonien neben den jungen Kriminellen auch Erwachsene mit minderschweren Strafen eingesessen, so begann man in den frühen zwanziger Jahren, Kolonien ausschließlich für Kinder und Minderjährige zu gründen. Für die Jüngeren nennt ROSSI *Besserungsarbeitskolonien für Kinder (Detskije isprawitelno-trudowye kolonii)*, in die Kinder ab dem Alter von 12 Jahren eingewiesen wurden[100]. Sie sind sehr wahrscheinlich identisch mit den bei SOLSCHENIZYN genannten „Kinderkolonien" für Kinder bis zum Alter von fünfzehn Jahren[101]. Für die Älteren gab es nach ROSSI *Kolonien für Minderjährige* oder *Besserungsarbeitskolonien für Min-*

---

und Kolyma. In letzterem sei es 1937/38 sogar das Hauptziel gewesen, Häftlinge zu töten (S. 49-66). Später spricht er ausdrücklich davon, daß die Kolyma-Lager nicht nur ökonomischen Zwecken dienten, sondern mit Hilfe des Systems von Überarbeitung und Unterernährung auch Häftlinge töten sollten (S. 115, 124-125, 230). Mora, Kolyma, S. 20-21, nennt als Zweck der Kolyma-Lager auch, „sozial gefährliche Elemente" zu töten, und spricht von einem Interessenkonflikt zwischen NKWD und GULag. Während ersteres die Lagerinsassen bestrafen und zum Teil töten wollte, sei der GULag bestrebt gewesen, deren Arbeitskraft möglichst lange zu erhalten. Ob diese Zuordnung der Interessen so klar zu machen ist, ist zweifelhaft. Barton spricht von einer „Harmonie zwischen Vernichtung der Häftlinge und ihrer Ausbeutung aus ökonomischen Gründen" (Ders., L'inquisition, S. 78). Solschenizyn, Archipel GULag II, S. 43, nennt die Lager allgemein „Öfen des nördlichen Auschwitz". Er sagt, bezogen auf die hohen Sterberaten der bei „Allgemeinen Arbeiten" eingesetzten Häftlinge, an anderer Stelle (S. 240): „Denn die Lager sind Ausrottungslager – daß wir es nicht vergessen!". Auch Beyrau spricht von zeitweiliger „Vernichtung durch Arbeit" (Vorwort in Kravtschik, Dornenwege, S. 13).

99 Siehe dazu: Rossi, GULAG Handbook, S. 166. Solschenizyn, Archipel GULag II, S. 428. Die von ihm weiter genannten „Arbeitshäuser für Minderjährige" (1921-1930), „Arbeitskommunen der OGPU" (seit 1924) und Sonderlehrlingsschulen (seit 1930) waren keine Kolonien, sondern Gefängnisse oder Zwangs-Erziehungsanstalten.

100 Rossi, GULAG Handbook, S. 102-103, 166. Er nennt diese Einrichtungen auch Kinderlager (*Detskije lagerja*) (Ebd.).

101 Solschenizyn, Archipel GULag II, S. 433. Auf S. 35 und 64 nennt er bereits für die Solowki seit März 1929 eine „Kinderkolonie". In den Kinderkolonien hätten die Kinder vier Stunden arbeiten müssen (S. 436). Conquest bleibt in seiner Schilderung ungenau. Er spricht von „speziellen Kinderlagern", die für die in den Lagern, trotz Verbot, geborenen Kinder, errichtet und später zu ITL umgewandelt worden seien (Robert Conquest. Der große Terror. München, 1992. Hier: S. 366).

derjährige (Isprawitelno-trudowye kolonii dlja nesowerschennoletnych). In letzteren hätten jugendliche Kriminelle beiderlei Geschlechtes im Alter von 14 bis 16 Jahren eingesessen. Diese Art von Kolonien hätte seit Anfang der zwanziger Jahre bis 1956 bestanden. Mit dem Erreichen der Altersgrenze von siebzehn Jahren seien die jugendlichen Gefangenen dann aus den Besserungsarbeitskolonien für Minderjährige in die Besserungsarbeitskolonien versetzt worden[102]. Im Unterschied zu ROSSI ist in REPORT die Rede davon, daß erst 1943 „labor educational colonies" für Minderjährige im Alter von elf bis 16 Jahren eingerichtet worden seien[103].

7.3.2 Besserungsarbeitskolonien (ITK)

Neben den landwirtschaftlichen, handwerklichen und Fabrikkolonien für minderjährige Straftäter gab es entsprechende Einrichtungen auch für volljährige Häftlinge seit Anfang der zwanziger Jahre. Diese *Arbeitskolonien (Trudowye kolonii)* unterstanden dem NKJu. Nach den Bestimmungen des Besserungsarbeitskodex von 1924 wurden in ihnen Personen, die zu Haftstrafen bis zu fünf Jahren, allerdings ohne strikte Isolation, verurteilt worden waren, festgehalten. Weiteres Charakteristikum der Häftlinge war, daß sie zur Arbeiterklasse gehören und zum ersten Mal verurteilt sein mußten. Das Ziel war, sie von „klassenfeindlichen Elementen" fernzuhalten[104]. Hinzu kamen seit den Neuregelungen des Jahres 1929 die in abgelegenen Gebieten errichteten lagerähnlichen Holzfäller- und Baukolonien des russischen NKWD und (ab Dezember 1930) russischen NKJu[105]. Als in den Jahren 1929/30 das Strafvollzugssystem in der Sowjetunion neugegliedert wurde und die Konzentrationslager und Lager zur besonderen Verwendung der OGPU und Zwangsarbeitslager des NKWD und (ab Dezember 1930) NKJu in „Besserungsarbeitslager" umbenannt wurden, wurden die Besserungsarbeitskolonien (*Isprawitelno-trudowye kolonii, ITK*) offiziell als Hafteinrichtungen für junge Erwachsene und Erwachsene mit geringen Strafmaßen gegründet. Oft wird es sich um eine Umbenennung von bereits bestehenden Kolonien des NKJu gehandelt haben.

In diese ITK kamen erwachsene Gefangene, die als „sozial weniger gefährlich" eingestuft und zu Haftstrafen von anfangs bis zu drei Jahren verurteilt worden waren[106], und jugendliche Straftäter[107] ab dem Alter von siebzehn Jah-

[102] Rossi, GULAG Handbook, S. 167. Beispiele: Silde, Profits, S. 194, nennt eine „work colony" mit 4000 Insassen in Igarka 1950 (Ders., Profits, S. 194), Mund, GPU, S. 131, ein „Kinderstraflager" bei Medweshegorsk in Karelien mit ebenfalls 4000 Minderjährigen.

[103] Report, S. 13, unter Bezug auf eine sowjetische Darstellung.

[104] Zu den landwirtschaftlichen Kolonien des NKJu: Solschenizyn, Archipel GULag II, S. 18, 70, 225. Solomon, Policy, S. 206, Anmk. 52. Rossi, GULAG Handbook, S. 167.

[105] Zu den Holzfäller- und Baukolonien des russischen NKWD: Solomon, Policy, S. 211, Anmk. 71.

[106] Siehe dazu auch: Bacon, Gulag, S. 26.

[107] Solschenizyn spricht sehr unbestimmt davon, daß Jugendliche im Alter von sechzehn Jahren aus den „Kinderkolonien" in „Erwachsenenlager" überstellt worden seien. Als Konditionen in diesen „Erwachsenenlagern" nennt er leichte körperliche Arbeit, einen zehnstündigen Arbeitstag bei verminderter Norm und gleichen Essensrationen wie die Erwachsenen. Die Jugendlichen seien in

ren unabhängig von der Länge der Strafe. Bei ersteren handelte sich in der Regel um Häftlinge, die wegen geringfügiger Verstöße gegen die Arbeitsdisziplin oder kleinerer Delikte verurteilt worden waren[108].

Die Insassenzahl der ITK war gewöhnlich weit geringer als die der ITL-Lagerpunkte. Sie schwankte zwischen einigen Dutzend und einigen hundert Häftlingen[109]. Wenn auch gegenwärtig nicht mit Bestimmtheit gesagt werden kann, ob und wie die ITK in das System der GULag eingeordnet waren, so waren sie doch fester Bestandteil des sowjetischen Zwangsarbeitslagersystems[110].

In den ITK wurde wie in ITL gearbeitet, allerdings unter einer weniger strengen Lagerordnung und in intensiverem Kontakt mit örtlichen Industriebetrieben und Fabriken[111]. Nach dem Krieg wurden die Insassen der ITK, nun meist Repatriierte, vor allem beim Wiederaufbau im Kriege zerstörter oder beschädigter Fabriken eingesetzt[112]. Die ITK wurden von der Auflösung des GULag nicht betroffen, vielmehr vermehrte sich ihre Zahl durch die vielen früheren Besserungsarbeitslager, die seit 1956 zu Kolonien umgewandelt wurden.

7.4 Zwangssiedlungen

Neben den Gefängnissen der GUMS und dem Lager- und Koloniesystem der GULag hatte das NKWD auch das Verbannungssystem unter sich. Über das Verbannungssystem, die verschiedenen Arten von Zwangssiedlungen für Verbannte ist noch weniger bekannt als über das Lagersystem[113].

Zu unterscheiden sind die Verbannungen einzelner Personen und die Massenverschickungen von sozialen Großgruppen („Kulaken“, andere Bauern) und Völkern[114]. Einzel- und Massendeportationen waren nicht nur eine Vorsichts- und Strafmaßnahme. Sie dienten ebenso wie das Lagersystem auch der Zwangskolonisation unterentwickelter Gebiete. Lagergebiete und Verbannungs-

---

eigenen Brigaden zusammengefaßt oder in Invalidenbrigaden eingegliedert worden (Ders., Archipel GULag II, S. 436-437). An anderer Stelle sagt er, daß die älteren Jugendlichen in gemischte Lagerpunkte, in denen sie gemeinsam mit Frauen und Invaliden einquartiert worden seien, verlegt worden seien (Ders., Archipel GULag II, S. 433). Alles spricht dafür, daß es sich in beiden Fällen bei diesen „Lagern“ um ITK handelt.

[108] Rossi, GULag Handbook, S. 166. Lewytzkyi, Inquisition, S. 172-172. Zeuge Lot, ehemaliger NKWD-Funktionär in einer ITK, in: Livre blanc, S. 109. Zu den Besserungsarbeitskolonien vergleiche auch Artikel 33 BessArbK von 1933 (In der Fassung von 1936 in: Sklavenarbeit, S. 177-178).

[109] Andreevich, Structure, S. 148.

[110] Vgl. Kap. 4.2.1.2.2.

[111] Artemjew, Reshim, S. 22-23. Swianiewicz, Forced labour, S. 155. Bacon, Gulag, S. 26. Der US-Amerikaner John Scott, der von 1932 bis 1938 in Magnitogorsk arbeitete, berichtet in seinen vielzitierten Erinnerungen für 1933 von 50.000 Personen (18.000 „Kulaken“ und 20.000 bis 35.000 Kriminelle), die bei Ausschachtungsarbeiten und anderen schweren Arbeiten in Magnitogorsk beschäftigt gewesen seien. Diese seien meist zu Strafen zwischen ein und fünf Jahren verurteilt worden, in ITK untergebracht gewesen und „ITeKovitschi“ genannt worden (Scott, Ural S. 103-104. Auch in: Helmut Altrichter und Heiko Haumann (Hgg.). Die Sowjetunion. Band II. München, 1987. Dok. 176, S. 427-428).

[112] Andreevich, Structure, S. 148.

[113] So auch Beyrau in Kravtschik, Dornenwege, S. 13. Vgl. Kap. 4.2.1.2.2.

[114] Zuständig waren im NKWD die GUP für Massenverschickungen und, im Falle ihrer tatsächlichen Existenz, die GUAS für die gerichtliche oder administrative Verbannung Einzelner. Vgl. Kap. 4.3.

regionen waren daher eng verflochten und sind meist nicht voneinander zu trennen[115].

Offiziell kamen sowohl Einzelverbannte als auch die Angehörigen von Großgruppen und deportierten Völkern in die freie Verbannung (*wolnaja ssylka*)[116].

Einzelverbannte, die per Gerichtsurteil oder Verwaltungsstrafe verbannt oder, nach KRAVTSCHIK als „Sonderumsiedler“ aus präventiven Gründen „administrativ ausgesiedelt“ wurden[117], und Angehörige deportierter sozialer Großgruppen und deportierter Völker hatten jeweils einen eigenen Status. Faktisch unterschied sich deren Leben in den Verbannungsorten allerdings kaum.

Die Verhältnisse waren in den Zwangssiedlungen für Verbannte, unabhängig welcher Art, besser als in den Lagern. Die Verbannten mußten nicht in Baracken leben, zur Nacht nicht zwangsweise in die Unterkünfte einrücken, nicht geschlossen marschieren, wurden nicht zur Arbeit geführt und waren keinen Schikanen von Wachmannschaften ausgesetzt. Im Unterschied zum Lager sorgte das NKWD nicht für die Verpflegung. Statt Orts- und Bezirkssowjets gab es Orts- und Bezirkskommandanturen, alle leitenden Funktionen hatte OGPU/NKWD-Personal inne. Zivile Verwaltungen hatten kein Eingriffsrecht in deren Entscheidungen. Wie bei den Lagern, so herrschten auch in den Zwangssiedlungen unterschiedliche Regimes. So gab es Siedlungen, die äußerlich Dörfern oder Kolchosen ähnelten, und andere, die mit Stacheldraht und Wachtürmen umgeben wurden und in denen eine Art Lagerordnung galt[118].

7.5 Dislozierung der Lager[119]

Die Konzentrationslager der Leninzeit waren meist nicht isoliert, sondern vielmehr im städtischem Umfeld angelegt worden. Erst mit den direkt der OGPU

[115] Solschenizyn spricht von einer „Blutsverwandschaft mit dem Archipel“ (Ders., Archipel GULag III, S. 366). Kravtschik, Dornenwege, S. 107, von einem „Kreislauf“ von „Gefangenenlagern und Verbannungsorten“, zwischen denen ein „ständiges Kommen und Gehen“ geherrscht habe.

[116] Rossi, GULAG Handbook, S. 53. Auch bei Harms, Tal, S. 36, kommt der Begriff der „freien Verschickung“ vor.

[117] Zum Terminus „Sonderumsiedler“: Kravtschik, Dornenwege, S. 67. Zum Terminus „administrative Aussiedlung“: Ebd., S. 67, 136.

[118] Nach Kravtschik, Dornenwege, S. 106, 109, und Nekritsch, Klärung, S. 99, der sich auf eine „Bestimmung über Arbeitsansiedlungen“ der OGPU des Politbüros vom 5. Juli 1933 und eine solche vom 15. August 1933 über Arbeitsansiedlungen der OGPU am BBK bezieht. Allgemein zum Verbannungssystem und den Verhältnissen in der Verbannung: Solschenizyn, Archipel GULag III, Sechster Teil „In der Verbannung“, S. 353-474. Rossi, GULAG Handbook, S. 215-219. Kravtschik, Dornenwege, S. 105-107.

[119] Die folgenden Ausführungen beziehen sich nur auf die Besserungsarbeitslager und Speziallager und nicht auf die bereits seit Anfang der dreißiger Jahre im ganzen Land entstehenden Besserungsarbeitskolonien. Die Verteilung der Lager kann nur grob dargestellt werden. Vgl. Anhang 1. Eine umfassende Liste von 165 in seiner Monographie beschriebenen und weiteren 60 kleineren Lagerpunkten samt ihrer Zuordnung zu acht Zonen enthält Jakowlew, Lageri, S. 65-71. Weitere detailliertere Lagerlisten und Dislozierungskarten finden sich in folgenden Werken: Dallin/Nicolaevsky, Arbeiter, S. 9-26 ([Karten für 1930, 1932, 1936, 1942, 1947] und Listen für 1935-37 [35 Lagerkomplexe], 1940-42 [38 Lagerkomplexe] und 1945-47 [125 Lager]). S., Bericht, S. 1163-1164 (Übersicht über 38 Lagergebiete mit deren wichtigsten wirtschaftlichen Tätigkeiten). Conquest, Kolyma, S. 8-9 (Karte), 234-239

unterstellten „Nördlichen Lagern zur besonderen Verwendung" (SLON) erfolgte eine Wende hin zur totalen Isolation[120]. Geographische Schwerpunkte des Lagersystems waren zunächst das Weißmeergebiet und Karelien. Die Zwangsarbeitslager des NKWD und NKJu lagen bis 1929/30, von welchem Zeitpunkt an sie meist aufgelöst und ihre Insassen in ITK oder ITL der OGPU überwiesen wurden, stadtnah und waren über die gesamte Sowjetunion verteilt. Die OGPU-Lager, die nun die einzigen „Lager" im eigentlichen Sinne waren, griffen bis Anfang der 30er Jahre bis zur Dwina und zum Ural aus. Nachdem sich das Lagergeflecht ab Mitte der dreißiger Jahre stark ausgeweitet hatte, umfaßte es zu Ende der dreißiger Jahre in Nordrußland einen Raum von Murmansk im Norden, den Solowezki-Inseln, Kem und Archangelsk bis nach Wologda im Südwesten und den Uchta-Petschora-Lagern im Voruralgebiet. Weitere Schwerpunkte bildeten sich mit DALSTROI im Fernen Osten und neuen Lagern in West- und Ostsibirien[121]. In diesen Regionen ließen sich Isolation und Rohstoffausbeutung gut verbinden[122]. Bis zum Jahre 1941 wurden die Lagersysteme dann auf Mittelsibirien mit Nowosibirsk und Krasnojarsk, Kasachstan, besonders Nord- und Mittelkasachstan, Chakassien, Burjat-Mongolien und Usbekistan ausgeweitet[123]. Im Krieg wurden Lagerinsassen vielfach als Industriearbeiter eingesetzt, und erstmals entstanden Lagerpunkte in besiedelten Gebiete wie am Uralsüdrand, an der oberen Wolga sowie vereinzelt im Raum zwischen Dnepr und Don und in Transkaukasien. Das Netz erstreckte sich daher in der Nachkriegszeit auf die ganze Sowjetunion; in der Nähe jeder größeren Stadt und Industrieansammlung befanden sich Lager[124].

(Liste). Rigoulot, Des Francais, S. 338-348 (Annexe III mit Lagerliste und Karte), Georg Hildebrandt. Wieso lebst Du noch? Stuttgart, 1990. S. 300-301 (Karte). Slave labor II, S. 16-17 (39 größere Lagerkomplexe des GULag und 150 kleinere Lager „örtlicher Behörden"), Silde, Profits, Anhang (Karte). Siehe auch: Gilbert, Atlas, S. 109-111.

[120] Vgl. Kap. 2.3.

[121] Solschenizyn, Archipel GULag II, S. 377, spricht von einer „gewaltigen Ausbreitung nach 1937".

[122] Gegenüber Bacon, Gulag, S. 50 („economic tasks dictated, of course, the location of camps"), ist zu betonen, daß für die Dislozierung der Lager neben den wirtschaftlichen Standortfaktoren der Gedanke der Isolation nicht zu vernachlässigen ist. Dies gilt insbesondere für die Dislozierung der Speziallager.

[123] Solschenizyn, Archipel GULag II, S. 130. Er nennt eine große Anzahl neuer großer Lagerkomplexe, die in der Vorkriegszeit entstanden seien, darunter so bekannte wie das Lager Norilsk, Dsheskasgan in Kasachstan, die Lager von Mariinsk, KRASLag im Gebiet Krasnojarsk, USTWYMLag, NYROBLag, USOLLag im russischen, womit entweder die Lagergebietsverwaltung von SOLLag im Gebiet Archangelsk oder jene von SOLLag/SOLIKAMLag im Ural gemeint ist. Norden und IWDELLag im Ural.

[124] Dallin/Nicolaevsky, Arbeiter, S. 125, Anmk. 91. Solschenizyn, Archipel GULag II, S. 70. Swianiewicz, Forced labour, S. 38. Rousset in Livre blanc, S. 21-22. Eine vom Autor erstellte Karte, in der fast alle bei Solschenizyn, Archipel GULag II, und Dallin/Nicolaevsky, Forced labour, genannten Lager enthalten sind, zeigt folgendes Bild für die dreißiger und vierziger Jahre: Räumliche Schwerpunkte waren das Gebiet am Weißen Meer (Archangelsk, Karelien, Kola), die ASSR der Komi (Workuta, Petschora, Uchta, Syktywkar), das Mitteluralgebiet (Perm-Jekaterinburg [Swerdlowsk]), der Raum Tomsk-Nowosibirsk-Krasnojarsk, das Jenissei-Mündungsgebiet mit Norilsk, der Raum Karaganda, die Eisenbahnlager entlang der Transsib und der BAM, der Raum Wladiwostok und die Kolyma-Region des DALSTROI. Größere örtliche Lagerkonzentrationen waren im Raum Moskau-Wologda, Stalingrad, im Flußgebiet der Lena, auf der Tschuktschen-Halbinsel und in Burjat-Mongolien festzustellen. Nur sehr wenige Lager gab es im Baltikum, in Weißrußland, der Ukraine, Moldawien, Südrußland, im Kaukasus und in Mittelasien.

Einer genaueren Untersuchung bedarf die Frage, inwieweit NKWD und GULag in die normale Administration von Gebieten einbezogen waren, in denen besonders viele Lager existierten. Ermittelt werden müßte, ob dort eine völlige Verwaltungsübernahme erfolgte und die normalen staatlichen Strukturen durch GULag-Dienststellen ersetzt wurden, ob es lediglich administrative Parallelstrukturen von NKWD und GULag gab oder ob diese nur an der normalen staatlichen Verwaltung mitwirkten und Einfluß hatten[125].

7.6 Gliederung einer Lagergebietsverwaltung

Zur Verwaltung eines Lagergebietes, in der Regel durch ein dem Namen des Lagergebietes vorangestelltes *U* (*uprawlenije*) gekennzeichnet (USWITLag, USLON), gehörten die gleichen Fachbereiche, die auch in der GULag und von denen viele auch in den Lagerabteilungen und Lagerpunkten zu finden waren[126]. In Abhängigkeit von dem Wirtschaftszweig, in dem das Lagergebiet hauptsächlich arbeitete, variierten Einzelheiten der Struktur. Im Laufe der Zeit wurden Abteilungen abgeschafft, umbenannt und neue eingeführt. Die detailliertesten Angaben gibt erneut JAKOWLEW. In der Ebene der Lagergebietsverwaltung waren alle maßgeblichen Stellen der Lagerorganisation, die auch in der GULag-Zentrale zu finden waren, vertreten.

In enger Zusammenarbeit mit der Lagergebietsverwaltung standen Lagerstaatsanwaltschaft, Lagergericht, Politische Abteilung[127], Operativ-Tschekistische Abteilung (OTschO) oder „Dritte" Abteilung und WOchr. Dem Chef der Lagergebietsverwaltung unterstanden zwei Stellvertreter, von denen einer für die Verwaltungsabteilungen, der andere für die Produktionsabteilungen zuständig war. Zu den Verwaltungsabteilungen gehörten eine Kaderabteilung, Verwaltungs- und Wirtschaftsabteilung (AChO), Registrierungs- und Verteilungsabteilung (URO), Kultur- und Erziehungsabteilung (KWO) und die Feuerschutzabteilung.

Von den Produktionsabteilungen waren drei so wichtig, daß sie nicht nur von dem zuständigen stellvertretenden Leiter, sondern auch vom Chef der Lagerge-

[125] Beck/Godin sind der Ansicht, daß nicht nur der nordostasiatische Raum (DALSTROI), sondern auch das gesamte Gebiet um Karaganda und die ASSR der Komi, also das Lagerverbundsystem Kotlas-Uchta-Petschora-Workuta, der Verwaltung des GULag unterstanden hätten (Dies., Purge, S. 73-74).

[126] So trugen die Diensteinheiten der GULag-Zentralverwaltung und der Lagergebietsverwaltungen der Lagergebiete die Bezeichnung *otdel* (Abteilung), durch ein *O* abgekürzt, die der Lagerabteilungen und Lagerpunkte die durch ein *Tsch* abgekürzte Bezeichnung *tschast* (Stelle). Da sowohl die Fachabteilungen der GULag-Zentrale als auch der Lagergebietsverwaltungen die gleichen Einheitenbezeichung haben, kommen in der Literatur bei der Zuordnung dieser Abteilungen mitunter Verwechslungen der Ebenen vor.

[127] Die Politische Abteilung (PolitO) der Lagergebietsverwaltungen hatte nach Rossi im Auftrag der Partei alle Gliederungen mit Ausnahme der OTschO zu überwachen. Sie sei nicht der Lagergebietsverwaltung, sondern der Politischen Verwaltung der GULag unterstellt gewesen. Die Politische Abteilung habe die Kultur- und Erziehungsabteilung (KWO) angeleitet und keine Untereinheiten in den einzelnen Lagern gehabt (Rossi, GULAG Handbook, S. 322).

bietsverwaltung selbst beaufsichtigt wurden. Es waren dies die Planabteilung, die Finanzabteilung und die Buchhaltungsabteilung. An diesem Detail wird deutlich, daß nicht der Besserung oder Umerziehung der Lagerinsassen, für die die KWO zuständig war, sondern ohne jeden Zweifel der wirtschaftlichen Ausrichtung der Lager das Hauptaugenmerk der Lagerorganisation galt. Ein weiteres Zeichen dafür ist, daß den fünf Verwaltungsabteilungen zehn Produktionsabteilungen gegenüberstanden. Außer den drei genannten waren dies die Inspektionsabteilung, Industrieabteilung, Produktionsabteilung, Sanitätsabteilung[128], Transportabteilung, Veterinärabteilung und Versorgungsabteilung. Dem stellvertretenden Leiter für Produktionsabteilungen war außerdem das Krankenhaus der Lagergebietsverwaltung unterstellt[129].

Am konkreten Fall schildert ANTONOW-OWSEJENKO den Aufbau einer Lagergebietsverwaltung. Er beschreibt die Verwaltung des von ihm „Zentrallager für Eisenbahnbau an der nördlichen Petschora" genannten SEWSHELDORLag und nennt Politische Abteilung, Operativ-Tschekistische Abteilung (OTschO), Kultur- und Erziehungsabteilung (KWO) und Sanitätsabteilung. Abweichend von JAKOWLEW erwähnt er weiter eine Sonderabteilung und trennt die URO in eine Abteilung für Registrierung (URO) und eine Abteilung für Verteilung (WRO)[130]. Eine – allerdings wenig exakte – Darstellung für SWITLag gibt MORA[131], für die Lagerzeitungen der KWO des BAMLag JELANZEWA[132].

---

[128] Zu dieser auch Rossi, GULAG Handbook, S. 11. Er bezeichnet diese als Medizinische Abteilung (SanO).

[129] Vgl. Organisationsschema bei: Jakowlew, Lageri, S. 52.

[130] Antonow-Owsejenko, Weg, S. 132-133. Die leitende Stellung hatten in der Verwaltung des „Zentrallagers für Eisenbahnbau an der nördlichen Petschora" die *Politische Abteilung* und die bei ihm „Operativgruppen" genannte *Operativ-Tschekistische Abteilung (OTschO)*, deren Leiter offenbar Weisungsbefugnisse gegenüber anderen Abteilungsleitern hatten. Es existierten weiter die *Kultur- und Erziehungsabteilung (KWO)* mit Verantwortung für die als „Produktionsbulletin" bezeichnete Lagerzeitung (Eine solche wird für 1945 von Harms, Tal, S. 76, genannt.), ein Musiktheater, mehrere Kulturensembles und zehn Filmvorführanlagen, eine *Sonderabteilung*, welche für die Einweisungszentrale (ZPP), durch die alle eintreffenden Häftlinge geschleust wurden, den Einsatz der Arbeitskräfte, die Erfassung der Häftlinge und die Führung der Häftlingsakten zuständig war, die *Sanitätsabteilung*, der die Lazarette und Sanitätspunkte in den von ihm „Kolonnen" genannten Lagerabteilungen unterstanden, die *Abteilung für Registrierung (URO)* und die *Abteilung für Verteilung (WRO)*.

[131] Mora nennt für die Verwaltung des für die Kolyma-Region zuständigen Lagergebietes SWITLag eine *Häftlingszähl- und –verteilungsabteilung (OURS)*, die auch *„Zweite Abteilung"* genannt worden sei und für die Planerfüllung der Lagerinsassen zu sorgen hatte, eine Abteilung gleicher Aufgabe für die Freien (*URO*) und eine *Kaderabteilung (OKLP)*. Die Aufgaben von OURS und URO habe eine *Häftlingszähl- und Verteilungsoberabteilung (URTsch)* koordiniert (Ders., Kolyma, S. 13). Moras Angaben sind sehr ungenau: Eine OURS – besser URO(S) – wird sonst nirgendwo genannt. Wahrscheinlich sind die von Mora erwähnten OURS und URO mit der in der Literatur oft genannten Registrierungs- und Verteilungsabteilung (URO) der Lagergebietsverwaltungen gleichzusetzen. Zudem ist die URTsch nicht auf der Ebene der Lagergebietsverwaltungen, wo die der URTsch fachlich übergeordnete URO zuständig war, sondern auf der der Lagerabteilungen und Lagerpunkte anzusiedeln.

[132] Jelanzewa, Perioditscheskaja, S. 168-172. Neben der KWO des BAMLag gaben auch KWTsch einzelner Lagerabteilungen und Lagerpunkte Lagerzeitungen heraus. Der Inhalt war überall gleich: Berichte über die Normerfüllung, Angriffe gegen den Klassenfeind und Motivation durch Informationen über Prämien und Privilegien.

Es liegen keine Untersuchungen darüber vor, wie die Lagergebiete in die Verwaltung der Region, in der sie lagen, eingebunden waren oder auf welche Weise die normale Sowjetverwaltung und Lagergebietsverwaltung zusammenarbeiteten[133].

7.7 Bedeutende Lagerverbundsysteme und Lagergebiete

Die wichtigsten Lagerverbundsysteme und Lagergebiete sind hinreichend dokumentiert[134], über die Gesamtzahl der Lagergebiete finden sich allerdings erheblich voneinander abweichende Angaben[135]. Im folgenden werden die größten

[133] Antonow-Owsejenko, Weg, S. 142, schildert lediglich in vagen Worten, daß die „Chefs der großen Lager" den „Büros des Gebietskomitees der Partei" angehört hätten, belegt dies aber nicht.

[134] Die fünf wichtigsten Lagerkomplexe waren nach Dallin/Nicolaevsky das DALSTROI-Gebiet in der Kolyma-Region, die Uchta-Petschora-Lager in der ASSR der Komi, das Gebiet am Weißen Meer um Archangelsk, die Eisenbahnlager der BAM und die Lagergruppe um Karaganda (Dies., Arbeiter, S. 26-27. Ebenso Beyrau, „Archipel GULAG", S. 547). Roeder, Katorgan, S. 11, bezeichnet Workuta, Karaganda und Kolyma als „Hauptstädte der Lager", stellt sie gleichrangig neben Moskau, Kiew, Leningrad, Tiflis, Nowosibirsk und Wladiwostok und ordnet bestimmte Lagerkomplexe und deren Haupttätigkeiten besonderen Häftlingsgruppen zu: 1929/30 Bau Weißmeer-Ostsee-Kanal: „Kulaken"; 1939/40 Einsatz im Raum Archangelsk, Kotlas, Murmansk: Polen und Balten; 1939/40 Karaganda: Rumänen aus Bessarabien und der Bukowina; 1943 Kriegsgefangene, antisowjetische Partisanen, tatsächliche und angebliche Kollaborateure im Eisenbahn- und Bergbau im Hohen Norden, Ural, Mittelasien (Ders., S. 25-26). Mund nennt für die Zeit von 1929 bis Mitte der dreißiger Jahre als „wichtigste Lager bzw. Lagerkomplexe" die SLON, Lager auf der Halbinsel Kola, in Karelien, den Gebieten Archangelsk, Wologda, Wjatka, die Lager zum Bau des BBK, Lager am Swir, zur Wolga-Regulierung, beim Wolgakraftwerk von Jaroslawl, bei der Regulierung des Flusses Schatura bei „Tschernaja-Griwa" (Gemeint ist wahrscheinlich Sewernaja Griwa, R.S.), an der Eisenbahnstrecke Moskau-Kasan und beim Bau des Moskwa-Wolga-Kanals. Die „eigentliche Konzentration von Zwangsarbeitskräften" habe im Uralgebiet stattgefunden. Dort seien Swerdlowsk, die Lager an der Wischera und „der Komplex von Durchgangslagern für den Bau von Magnitogorsk" zu nennen, in Westsibirien Lager in Tomsk, das Lager Bolschaja Retschka und das Lager „Petrowskaja" (Petrowskoje, R.S.). Zentrale der westsibirischen Lager sei Nowosibirsk. Mund spricht von Lagern in Ostsibirien, ohne Namen zu nennen. Hauptsitz der Lager im Fernen Osten sei Chabarowsk. In Kasachstan gebe es große Lager in Karaganda und bei Temir (Mund, GPU, S. 130-132). Für Anfang der vierziger Jahre nennt er elf große „Straflagerkomplexe": 1. Uchta-Petschora-Workuta-Lagergebiet, 2. „Kolema" (Kolyma, R.S.), 3. Mariinsk, 4. Waigatsch-Inseln, 5. Karelien, 6. Murmansk, 7. „Dalni-Wostok"-Sachalin (Ferner Osten, R.S.), 8. Kap Tscheljuskin (Nordpassage), 9. Kamtschatka, 10. Kanalbau Rostow am Don, 11. Kanalbau Wolga-Kama-Petschora (Ebd., S. 147. Mund verzählt sich und kommt statt elf auf „dreizehn" Lagerkomplexe). Kurzbeschreibungen einer Vielzahl von Lagergebieten finden sich in Jakowlew, Lageri, und Silde, Profits. Vgl. die Karte in Dallin/Nicolaevsky, Arbeiter, S. 19 und 23 (Modifiziert in: Gilbert, Atlas, S. 111), für den asiatischen Teil der Sowjetunion mit sieben sehr großen Lagerverbundsystemen (Vgl. Anhang 1).

[135] Dallin, Sowjetrußland, S. 208-211, nennt insgesamt mindestens 47, Greife, Zwangsarbeit, S. 7, in seiner nationalsozialistisch gefärbten zeitgenössischen Darstellung für die dreißiger Jahre 23 Lagergebiete. In Slave labor, II, S. 16-17, wird von 39 Lagerkomplexen gesprochen. Von den neueren Autoren sprechen Semskow für 1941 und 1945 von 53 „Lagern" (Nach: Bacon, Gulag, S. 82), Bacon ebenfalls von etwas mehr als 50 „camp groups" während der Zeit des Zweiten Weltkrieges (Ebd.). Er bezieht sich dabei auf mehrere Berichte: Mit Stand vom 1. Juli 1944 führt der GULag-Chef Nasedkin in einem Schreiben an Berija die Zahl von 56 ITL-Lagergruppen und weiteren 69 OITK/UITLK-Verwaltungseinheiten mit für beide Kategorien insgesamt 910 „camp subdivisions"

Lagergebiete und Lagerverbundsysteme des GULag und deren wichtigste wirtschaftlichen Aufgaben kurz vorgestellt. Es ist zu berücksichtigen, daß sich diese Ausführungen auf den Gesamtzeitraum der Herrschaft Stalins erstrecken. So bestanden manche Lagergebiete oder Lagerverbundsysteme schon nicht mehr, als andere begründet wurden, und innerhalb der Lagerverbundsysteme entwickelten sich im Laufe der Zeit wechselnde räumliche Schwerpunkte. Nach dem Krieg wurden einige der riesigen Lagergebiete aufgeteilt[136].

7.7.1 Das Kolyma-Lagergebiet SWITLag und der DALSTROI[137]

„Ihr seid hier, um zu arbeiten,
und zwar, um hart zu arbeiten!"
General Derewenko
(Chef des DALSTROI)[138]

Das größte und sehr eng mit einem Wirtschaftsunternehmen verknüpfte Lagergebiet der Sowjetunion war jenes im Fernen Osten mit Schwerpunkt im Gebiet des Flusses *Kolyma*[139]. Das gesamte Gebiet unterstand dem NKWD-Unternehmen DALSTROI, welches SILDE zu Recht als „one of the largest economic projects in the world" bezeichnet[140].

Der DALSTROI wurde im Dezember 1931 als spezielles Verwaltungsorgan gegründet, mit der Infrastrukturverbesserung im extremen Nordosten Sibiriens

---

und 424 Kolonien auf (Ebd., S. 86). In einem Bericht eines Verantwortlichen der Kaderabteilung der GULag vom 5. Januar 1945 ist von 53 Lagern, 475 selbständigen Kolonien und 667 selbständigen *lagotdelenija* die Rede (Ebd., S. 85). Vgl. auch: Ebd., S. 98, und die Liste mit 34 Lagergruppen und deren Insassenzahlen, die während der gesamten Kriegszeit unter Kontrolle der GULag blieben (Ebd., S.99 [Tabelle 5.5]).

136 Artemjew, Reshim, S. 37.

137 In der Regel kommen zwei Auflösungen dieser Abkürzung in der Literatur vor: „Verwaltung der Bauarbeiten im Fernen Norden" oder „... im Fernen Osten". Rossi, GULAG Handbook, S. 97, spricht von einer „Main Construction Administration of the Far Northeast".

138 Robert Conquest. Kolyma. New York, 1978. Hier: S. 66.

139 Die Kolyma/DALSTROI-Region ist neben Workuta das in der Literatur am häufigsten beschriebene Lagergebiet. Siehe: Mora, Kolyma, und Conquest, Kolyma, S. 200-213 (Literaturliste). Weitere Berichte: Wladimir Petrow. Sowjetgold. Mein Leben als Zwangsarbeiter in den Bergwerken Sibiriens. Kitzingen/Main, 1954. V. und E. Petrov, Empire of fear. London, 1956. Zeugin Kowalska in Livre blanc, S. 120-122. Ginsburg, Gratwanderung. Lipper, Jahre. Weitere Angaben in: Rossi, GULAG Handbook, S. 97-98 (DALSTROI), 168 (Kolyma). Silde, Profits, S. 137-149. Jakobson, Origins, S. 128-131. Solschenizyn schließt die Kolyma-Region, da oft beschrieben, aus seiner Darstellung weitgehend aus und verweist auf die Werke von Warlam Schalamow, Jewgenija Ginsburg, Olga Sliosberg, Nadja Surowzewa und N. Grankina (Ders., Archipel GULag II, S. 122). Einzelinformationen in publizistischen Arbeiten: GEO-Bericht (GEO v. 8. April 1992, S. 67). Manfred Hettling. In Magadan zeigt Lenin nach Westen. Eine Reise ans russische Ende der Welt. In: FAZ v. 1. Dezember 1994. Frühe Erwähnungen: Alfred Burmeister. Jenseits der Grenzen des alten Sibiriens – Gold hat in Kolyma keinen Wert. In: Die neue Zeitung v. 19. Juli 1950. Oswin Cornelius Pfeiffer. Dalstroy – Sklavenstaat am Eismeer. In: Weser-Kurier v. 17. August 1951. Rudolf Theis. Magadan: Zwingburg der tödlichen Goldfelder Sibiriens. In: Westdeutsche Allgemeine v. 18. Juni 1952.

140 Silde, Profits, S. 137. Rossi, GULAG Handbook, S. 98, 471, irrt, wenn er das NKWD-Unternehmen DALSTROI als GULag-Unternehmen bezeichnet.

betraut[141] und Anfang der dreißiger Jahre, wahrscheinlich ab 1932 aufgebaut[142]. Kernaufgabe war der Goldabbau[143]. Die dafür benötigten Zwangsarbeiter hatten die GULag der OGPU und später die GULag des NKWD zu stellen[144].

Dem DALSTROI war dazu ein ausgedehntes Lagergebiet zugeordnet, das in der Literatur je nach Abkürzung als SWITLag, USWITL(ag), also der Name der Verwaltung (*uprawlenije*) von SWITLag, oder SEWWOSTLag bezeichnet wird und dem wahrscheinlich weitere kleinere Lagergebiete unterstanden[145].

DALSTROI hatte den Doppelcharakter eines weitverzweigten GULag-Lagerverbundsystems und eines NKWD-Wirtschaftskonzerns. Über den Verwaltungsaufbau von DALSTROI und die Kompetenzabgrenzungen zu SWITLag gibt es verschiedene Angaben[146]. Der DALSTROI mit Hauptsitz in Magadan hatte als Organisation, die administrative, juristische, ökonomische und polizeiliche Aufgaben in sich vereinte, eine einzigartige Stellung im Verwaltungsgefüge der Sowjetunion. Er war seit 1934 dem NKWD direkt unterstellt, sein Chef wurde von dort ernannt und von einem stellvertretenden Innenminister beaufsichtigt[147].

---

141 Dallin/Nicolaevsky, Forced labor, S. 138.

142 Rossi, GULAG Handbook, S. 97, spricht davon, daß DALSTROI 1932-33 von der OGPU aufgebaut worden sei und zu dieser gehört habe. Mit der Übernahme der OGPU in das neue Unions-NKWD sei auch der DALSTROI Teil des NKWD geworden. Ihm folgend nennt auch Karner, GUPVI, S. 178, das Jahr 1932.

143 Sowjetischer Verwaltungsbeamter in Sklavenarbeit, S. 83. Conquest, Kolyma, S. 114, spricht vom „central focus“.

144 Dallin/Nicolaevsky, Forced labor, S. 115-116. Conquest, Anfang, S. 425.

145 Zu den Bezeichnungen: SWITLag (Mora), USWITL (Conquest, Rossi, Karner), SEWWOSTLag (Barton, Sklavenarbeit, Baberowski, Bacon, Gulag, S. 166). Barton, L'institution, S. 52-53, und ein sowjetischer Verwaltungsbeamter (In: Sklavenarbeit, S. 82) sprechen von SEWWOSTLag („Verwaltung Nordost der Arbeitserziehungslager“) als Lagerorganisation zwischen Jakutsk, Nogajew und Mündung der Kolyma mit der Hauptstadt Magadan. Lipper nennt „USWITL“ als Organisation „sämtlicher Lager Kolymas, Indigirkas und Tschutkotkas“ (Dies., Jahre, S. 237) sowie MAGLag als „Lagergebiet von Magadan und Umgebung“ (Ebd., S. 101). Zu den SWITLag-Chefs: Vgl. Kap. 4.5. Zu weiteren sieben ITL-Lagergebieten des DALSTROI: Dallin/Nicolaevsky, Arbeiter, S. 17 (nach Mora/Zwierniak).

146 Mora bezeichnet DALSTROI als unabhängiges industrielles und kommerzielles Unternehmen, dessen Arbeitskräfte sich aus GULag-Lagerinsassen rekrutiert hätten und das sich in eine Reihe von Lagerverwaltungen aufgeteilt habe. Die im nördlichen Bereich liegenden Lagerverwaltungen seien „Nördlicher DALSTROI (S.D.S)“ genannt worden und hätten Kamtschatka, die Tschuktschen-Halbinsel und Kolyma umfaßt. Von den dem S.D.S. unterstehenden Lagerverwaltungen sei SWITLag diejenige gewesen, der die Kolyma-Gruben unterstanden hätten. SWITLag habe sich in zwei Verwaltungen geteilt, von deren eine, mit Sitz in Magadan, für die Goldförderung und die andere im Hafen Nachodka bei Wladiwostok für den Personalnachschub zuständig gewesen sei (Ders., Kolyma, S. 12). In Sklavenarbeit, S. 82, wird davon gesprochen, daß der DALSTROI-Chef gleichzeitig Chef der Lagerorganisation gewesen sei. Nach Conquests Schilderung war zunächst der Leiter von DALSTROI für die Kolyma-Lager verantwortlich, mit dem großen Zustrom neuer Häftlinge sei die Befehlsgewalt über die Lager dann seinem Stellvertreter übertragen worden. Dieser sei der zweithöchste Funktionär im DALSTROI-Bereich gewesen und habe die USWITL (Verwaltung der Nordöstlichen Besserungsarbeitslager) genannte Lagerorganisation geleitet (Vgl. Conquest, Anfang, S. 426, 430).

147 Dieser Ansicht sind die meisten Autoren. Schalamow, „Artikel 58“, S. 129, bezeichnet den DALSTROI-Chef als „Generalgouverneur von Kolyma“, um dessen Machtstellung hervorzuheben. Wolin/Slusser, Secret Police, S. 54, Anmk. 130, nennen *A.P. Sawenjagin* für 1946 einen der stellvertretenden MWD-Minister mit direkter Verantwortung für den DALSTROI. In Corson/

Möglicherweise wurde der DALSTROI Ende des Zweiten Weltkrieges der GULGMP unterstellt oder zugeordnet[148].

DALSTROI gliederte sich in einen Zentralapparat und regionale Bergwerksverwaltungen[149], die für den Goldabbau zuständig und denen sehr wahrscheinlich Lagerverwaltungen auf der Ebene der Lagerabteilungen zugeordnet waren[150].

Crowleys Aufstellung erscheint er als stellvertretender NKWD-Volkskommissar 1944 bis 1946 (Dies., KGB, S. 517). Jakobson erwähnt eine Rivalität zwischen DALSTROI und GULag für die Jahre 1931/32 bis 1937, die erst mit Erschießung des damaligen DALSTROI-Chefs Bersin 1937 und der faktischen Rückunterstellung des DALSTROI unter die GULag geendet habe. Seine Ausführungen zum DALSTROI sind allerdings sehr allgemein gehalten (Ders., Origins, S. 119, 138). Im Gegensatz zur Mehrheit der Darstellungen spricht ein Zeuge davon, daß an der Spitze des DALSTROI ein Dreiergremium, je ein Vertreter von NKWD, ZK und entweder der sowjetischen oder der russischen Regierung gestanden habe (In: Sklavenarbeit, S. 82. Auch in: Richard A. Petereit. Goldgräber am Kolyma. Die Praxis der sowjetischen Sklavenhalterei. In: Rheinischer Merkur v. 25. Juni 1954). Möglicherweise gab es im Laufe der Zeit unterschiedliche Leitungsgremien. Abweichend von der Mehrheit der Autoren bezeichnet Zaplin DALSTROI nicht als NKWD-Unternehmen, sondern als GUDALSTROI, also als Hauptverwaltung des NKWD (Ders., Archiwnye, S. 160). Zu den DALSTROI-Chefs: Vgl. Kap. 4.5.

148 So Bacon, Gulag, S. 74. In den von Karner eingesehenen Archivalien tauchen jedoch noch 1949 „GULAG-Lager des Dal' stroj, des Angarstroj und des ITL Sachalin" auf (Ders., GUPVI, S. 147). Beide Aussagen könnten zu dem Schluß führen, daß der DALSTROI in der zweiten Hälfte der vierziger Jahre administrativ der GULag unterstand und fachlich der GULGMP zugeordnet war.

149 Zum Zentralapparat: Ginsburg, Gratwanderung, S. 299, nennt eine „Personalabteilung der Bauverwaltung Fernost". Zu den Bergwerksverwaltungen: Über Anzahl und Ausdehnung dieser Verwaltungen gibt es ebenfalls unterschiedliche Angaben: Nach Conquest, Anfang, S. 405, sind in der Auflistung Moras und Zwierniaks für 1939-1941 acht große Lagerkomplexe unter DALSTROI-Kontrolle aufgeführt. Dallin/Nicolaevsky, Forced labor, S. 140-141, nennen für 1939/40 sieben „Minenverwaltungen" mit insgesamt 66 Goldfeldern (Auch bei: Conquest, Kolyma, S. 105-106). Mora, Kolyma, S. 13-14, spricht von 45 einzelnen „Distrikten". Im Bericht des sowjetischen Verwaltungsbeamten ist von fünf Bergwerks- und Industrieverwaltungen (Nord, Nordwest, Süd, Südwest, West), denen insgesamt 50 bis 75 Bergwerke und ebenso viele Lager unterstanden hätten, die Rede (In: Sklavenarbeit, S. 82). Diese werden bei Petereit als „fünf Verwaltungsabteilungen" bezeichnet und folgendermaßen benannt: Bergwerks- und Industrieverwaltung Nord mit Sitz in Sewerny an der Jana (SGPU), Bergwerks- und Industrieverwaltung Nordwest mit Sitz in Ust-Uschineja (SSGPU), Bergwerks- und Industrieverwaltungen Süd (JUGPU) und Südwest (JUSGPU), beide mit Sitz in „Oronukan" (Orotukan, R.S.), Bergwerks- und Industrieverwaltung West mit Sitz in „Berelech" (Gemeint ist wahrscheinlich Barylas am Fluß Sartang, R.S.) (SGPU) (Ders., Goldgräber). Diese Bezeichnungen werden durch Schalamow, der eine „Verwaltung West" nennt (Ders., „Artikel 58", S. 153, 157), Ginsburg, die von einer „Nördlichen Bergbauverwaltung" spricht (Dies., Gratwanderung, S. 171), Petrov, Empire, S. 38, die eine „Nördliche Bergwerk-Industrieverwaltung" erwähnen, und Lipper, Jahre, S. 94 („Nördliche Bergwerksverwaltung"), bestätigt. Conquest nennt für 1938 eine nördliche und eine südliche Verwaltung, die 1940 in sieben Verwaltungen aufgespalten worden sei (Ders., Kolyma, S. 42, 46, 54, 105-106). In seiner Auflistung (S. 234-239) führt er zwölf Verwaltungen und 88 Lager auf, von denen einige mehrere Lagerpunkte umfaßt hätten (Siehe auch: Conquest, Anfang, S. 425). Der GEO-Bericht spricht, ohne Quellenangabe, von 200 Lagern (GEO v. 8. April 1992, S. 66). Schiller, Blicke, nennt unter Verweis auf Angaben des Museums in Magadan 160 Lager.

150 Bei Ginsburg, Gratwanderung, wird immer wieder SEWLag („Nördliche Lagerverwaltung") genannt (So: Ebd., S. 103, 169, 171, 181). Wahrscheinlich handelte es sich dabei um eine Lagerverwaltung, die der Bergbauverwaltung „Nord" zugeordnet war. Letzteres wird durch Aussagen Ginsburgs bekräftigt. Sie nennt eine „Nördliche Bergbauverwaltung" in einem Atemzug mit der „Nördlichen Lagerverwaltung", erwähnt einen Oberst Selesnjow als „Leiter der Hauptverwaltung der Nördlichen Lager" und nennt Jagodnoje als Zentrale derselben (Dies., Gratwanderung, S. 171, 181, 239). Unterhalb von SWITLag gab es somit GULag-Ebenen, die „Lagerverwaltungen" oder sogar „Hauptverwaltungen" hießen, wahrscheinlich aber als Lagerabteilungen von SWITLag anzusehen sind

Unterhalb der Ebene der Bergwerks- und Lagerverwaltungen standen auf der untersten administrativen Ebene die einzelnen Bergwerke und Lagerpunkte. Die Direktoren der Bergwerke und die Kommandanten der diesen zugeordneten Lager(-punkte) arbeiteten eng zusammen[151]. Hinzu kamen Unterabteilungen für verschiedene Branchen (Nachschub, Kfz-Transport, Fischindustrie, Kohle, Holzverarbeitung, Landwirtschaft und Straßenbau)[152] und Wirtschaftsunternehmen[153]. CONQUEST weist im DALSTROI rund 125 Lager, von denen 95 namentlich bekannt sind und 80 Goldbergwerke waren, nach[154]. Zusätzlich zu diesen ITL entstand ab 1948 das Speziallagergebiet BERLag (UferLager) mit Verwaltungszentrum in Pestraja Dreswa am Ochotskischen Meer[155].

Exakte Grenzen dieses geschlossenen NKWD-Territoriums DALSTROI sind nicht zu ziehen. Der Bereich umfaßte ab Anfang der dreißiger Jahre zunächst die Goldfelder an der oberen Kolyma, das Stadtgebiet von Magadan und die Region beiderseits der Fernstraße von Magadan nach Norden. Er weitete sich bis zu den Flußgebieten von Jana und Indigirka aus und schloß in den vierziger Jahren den gesamten Nordosten Sibiriens östlich der Lena und nördlich des Aldan-Flusses bis zur Tschuktschen-Halbinsel ein[156]. Hier herrschten die lokalen und regionalen DALSTROI-Behörden. Eine normale Sowjetverwaltung gab es nicht, genaue Angaben über die vorhandenen Institutionen fehlen[157].

---

[151] Dieser enge Kontakt ist in den Schilderungen Schalamows (Ders., „Artikel 58", S. 33, 119) erkennbar.

[152] Conquest nennt folgende Einsatzbereiche der Lagerverwaltungen und einzelner Lager: Fischerei, Metallgewinnung, Transportwesen, Kohlebergbau, Zinn- und Bleiabbau, Urangewinnung, Landwirtschaft, Gips, Textilverarbeitung, Hafenarbeiten, Elektrizitätsarbeiten, Straßenbau, Bau von Nuklearforschungseinrichtungen. Drei der zwölf von ihm genannten Lagerverwaltungen und 25 der 68 (von insgesamt 88) Lager, deren Tätigkeiten bekannt sind, beschäftigten sich nicht mit Goldgewinnung (Ders., Kolyma, S. 107, 111, 234-239). Der sowjetische Verwaltungsbeamte nennt darüber hinaus Wasserstraßen, Bodenforschung und spricht von weiteren Verwaltungen (In: Sklavenarbeit, S. 82-83).

[153] Barton, L'institution, nennt die Versorgungsunternehmen DALSTROISnab, KolymSnab, das Kohleunternehmen DALUgol, das Bauunternehmen MagadanTorg und die Schiffsflotte DALSTROI-Wladiwostok. Shifrin, Reiseführer, S. 306, erwähnt ein Unternehmen mit Namen KolymStroi.

[154] Ders., Kolyma, S. 214-215.

[155] Vgl. Rossi, GULAG Handbook, S. 21.

[156] Conquest nennt das Gebiet „four times as large as France" (In: Vorwort zu Rossi, GULAG Handbook). Ebd., S. 98, spricht Rossi für die frühen vierziger Jahre von einer Nord-Süd-Ausdehnung von 1300 Kilometern von der Nordküste bis zum Ochotskischen Meer und einer noch größeren West-Ost-Ausdehnung. Im Osten seien der westliche Teil von Kamtschatka, im Westen der östliche Rand Jakutiens die Grenzen gewesen. Silde weist der „punitive area" von Kolyma mehrere 1000 Meilen zu (Ders., Profits, S. 213).

[157] Nach Dallin/Nicolaevsky hatten lediglich die einheimischen Stämme eine eigene Vertretung (Dies., Forced labor, S. 135-136, 260). Barton verneint zivile Behörden und lokale Sowjetwahlen und gibt an, daß das DALSTROI-Gebiet zwar offiziell vom Bezirk („krai") Chabarowsk verwaltet, aber in sowjetischen Karten eine NKWD-Sonderkommission als Verwaltungsspitze genannt worden sei (Ders., L'inquisition, S. 137. Genauso: Lipper, Jahre, S. 89-90). In Lorimers Verwaltungskarte für 1939 wird verzeichnet, daß der Bezirk Chabarowsk nur das engere Kolyma-Gebiet

SWITLag und DALSTROI waren von überragender Bedeutung für die Sowjetunion, da in dieser arktischen Region mit unwirtlichsten Verhältnissen die größten Goldvorkommen, die während der Stalinzeit gefunden wurden, lagen[158]. Neben der Schürfarbeit wurden die Häftlinge bei einer Vielzahl von Bauprojekten eingesetzt. Darunter zählten seit 1933 der Bau der Stadt Magadan und einer durch völlig unwegsames Gelände vorangetriebenen Fernstraße von Seimtschan zu den Goldfeldern der oberen Kolyma, der sogenannten „Straße nach Kolyma“[159]. Freie dienten lediglich zur Beaufsichtigung der Gefangenen und in der Verwaltung. Um den Personalnachschub an Häftlingen sicherzustellen, wurden in Wladiwostok ein großes Transitlager eingerichtet, die Häfen Nachodka bei Wladiwostok und Nogajew bei Magadan ausgebaut und große Frachtschiffe, die zu einer eigenen DALSTROI-Schiffsgesellschaft gehörten, bereitgestellt. In diese wurden jeweils Tausende Häftlinge eingepfercht und unter Bedingungen, die aller Beschreibung spotten, in das DALSTROI-Gebiet verfrachtet[160]. Als Nogajew aus technischen und logistischen Gründen nicht mehr ausreichte, bauten die Häftlinge einen zweiten Hafen in Ambartschik am Arktischen Ozean.

Die Lebens- und Arbeitsverhältnisse an der Kolyma und im gesamten DALSTROI gehörten zu den furchtbarsten und tödlichsten im ganzen GULag[161]. SOLSCHENIZYN bezeichnet das Gebiet aus diesem Grund als

---

nördlich von Magadan verwaltet habe, der weitaus größere Bereich von DALSTROI hingegen zum Gebiet Kamtschatka und zur Jakutischen ASSR gehört habe (Ders., Population, Tafel 16). Silde sagt, daß nur Kamtschatka, das ökonomisch Teil des DALSTROI gewesen sei, administrativ zum Bezirk Chabarowsk gehört habe (Ders., Profits, S. 145). Dallin/Nicolaevsky, Arbeiter, S. 23, weisen DALSTROI als eigenes Territorium aus und bezeichnen nur das eigentliche Kolyma-Lagergebiet als ausschließlich vom NKWD verwaltetes Sondergebiet. Diese Region umfaßt bei ihnen den Raum zwischen Ambartschik im Norden, östlich der Indigirka im Westen, westlich des Kolyma-Gebirges im Osten und Magadan im Süden (Ebenso: Gilbert, Atlas, S. 111). Auch Rossi, GULAG Handbook, S. 98, sagt ausdrücklich, daß DALSTROI keinen lokalen administrativen Behörden unterstellt gewesen sei. Siehe auch Conquest, Anfang, S. 425, und ders., Kolyma, S. 39-40.

158 Zur Geschichte des Kolyma-Goldes vor der Stalinzeit: Mora, Kolyma, S. 3-8. Dallin/Nicolaevsky, Forced labor, S. 109-113.

159 Zu Magadan: Rossi, GULAG Handbook, S. 209. Zur „Straße nach Kolyma“: Nach der Schilderung Schalamows war diese Fernverkehrsstraße 2000 km lang (Ders., „Artikel 58“, S. 128-129). Zu weiteren Bauten im DALSTROI: Mora, Kolyma, S. 9-10. Conquest, Kolyma, S. 41-43. Barton, L'institution, S. 71.

160 Über diese Schiffstransporte liegt eine große Anzahl an Berichten vor. Vgl. beispielsweise Dallin/Nicolaevsky, Forced labor, S. 116-128. Rossi, GULAG Handbook, S. 98, spricht von 6000-9000 Häftlingen je Schiff. Ebd., S. 247, nennt er ebenfalls Nachodka als Verschiffungshafen für Magadan, an anderer Stelle (Ebd., S. 42) aber auch den Hafen Wanino bei Sowjetskaja Gawan, rund 1000 Kilometer nördlich Wladiwostok gelegen (Auch in: Karner, GUPVI, S. 178).

161 Vgl. Rossi, GULAG Handbook, S. 168. Dazu Medwedew: „Der Strafvollzug in Kolyma und den Lagern des Nordens war bewußt auf physische Vernichtung der Menschen eingestellt.“ (Ders., Wahrheit. S. 310). Rubin, Soviet Arctic, nennt die Kolyma-Region „the deadliest district in the gulag labour-camp system“. Karner spricht für die Kolyma-Lager von der „höchsten Sterblichkeit unter allen stalinistischen Lagern“ (Ders., GUPVI, S. 178).

„Kälte- und Grausamkeitspol des Archipels"[162]. Auch SCHALAMOW spricht von einer außerordentlich hohen Sterberate an der Kolyma[163].

Über sämtliche Zahlenangaben entspannten sich heftige Diskussionen: Es ist von einer, über den Gesamtzeitraum gesehen, durchschnittlichen Insassenzahl von 300.000 bis 400.000[164], jährlich Hunderttausenden von Neuankömm-

---

[162] Solschenizyn, Archipel GULag II, S. 118. Auf S. 118-121 gibt er eine kurze Schilderung der dortigen Zustände unter Bezug auf die Unterlagen eines ehemaligen Kolyma-Häftlings. Danach waren die Rationen infolge Versorgungsmängeln oft so niedrig, er nennt 100 Gramm Brot, und die Hungersnot daher so groß, daß Gefangene Tierkadaver, Schmierfett und Moos aßen. Feuermachen sei den kriminellen Häftlingen, die auch die Posten als Antreiber bei der Arbeit innegehabt hätten, vorbehalten gewesen. Die Arbeitszeit habe vierzehn Stunden (So auch: Ebd., S. 135) im Sommer betragen, und im Winter sei erst bei 55 Grad unter Null die Arbeit eingestellt worden. An Strafen nennt er das bereits von den Solowki bekannte Übergießen mit eiskaltem Wasser im Winter und das Anbinden an einen Baum im Sommer, wodurch der Gefangene den Mücken schutzlos ausgeliefert war. Häftlinge, die ständig unter ihrer Norm geblieben seien, seien in die sogenannte „Kutsche", ein unbeheiztes fahrbares Blockhaus, gesperrt und dem Kältetod ausgeliefert worden.

[163] Der Personalbestand der Goldschürfbrigaden habe im Laufe der Schürfsaison (15. Mai – 15. September) mehrmals gewechselt. In der Regel seien die Brigaden im Sommer dann erneut völlig neu zusammengestellt worden, da die meisten Häftlinge während des Winters arbeitsunfähig geworden waren oder diesen nicht überlebt hätten. Seine Resümee lautet: „Der Goldbergbau hat beständig Abgänge: in Krankenhäuser, ... Erholungskommandos, Invalidensiedlungen und Massengräber." (Schalamow, „Artikel 58", S. 111).

[164] Angaben über die durchschnittliche Insassenzahlen liegen in großer Zahl vor: *300.000 bis 400.000* im Kolyma-Bereich, *1,5 bis zwei Millionen* (inklusive Verbannte) im DALSTROI (Dallin/Nicolaevsky, Forced labor, S. 136-137); *eine Million* (inklusive Zwangsarbeiter und Verbannte) in DALSTROI (Dallin, Sowjetrußland, S. 205); 1937/38: *600.000*, davon 350.000 im Goldabbau und 250.000 in Nebentätigkeiten (Mora, Kolyma, S. 17-18. Vgl. ebd., S. 50 Tabelle über Zahlen der Lagerinsassen und Goldförderung von 1932 bis 1946); 1938 bis 1941: *800.000* in DALSTROI (Zeuge Rolin in: Sklavenarbeit, S. 68); 1936: *150.000*, 1938: *200.000* (Zeuge Petrov: Ebd., S. 64-75); *fast zwei Millionen* (unbenannter Zeuge: Ebd., S. 82. Auch in: Petereit, Goldgräber); 200.000 im Goldbergbau, *400.000* Gesamtzahl in DALSTROI, davon 357.000 Häftlinge und 50.000 freie Arbeitskräfte (Jasny, Labor, S. 412-413, ebd., S. 413, Anmk. 18); David A. Redding hält Jasnys Zahlen für willkürlich, gibt aber keine Alternative (Ders., A reliability of estimates of unfree labor in the USSR. In: The Journal of political economy 4/1952, S. 337-340. Hier: S. 339); 1934: *350.000*, 1935: *500.000*, 1940: *über drei Millionen* in DALSTROI (Barton, L'institution, S. 52-53, 75); *fünf Millionen* Gesamtbevölkerung im DALSTROI (Silde, Profits, S. 138); 1941: *200.000-400.000* „forced laborers" (Fainsod, Russia, S. 386, der aber betont, daß dies eine sehr niedrige Schätzung sei und auf Dallin/Nicolaevskys höhere Zahlen verweist); 1937/38: *150.000* Häftlinge in 25 Minen, 1940: *400.000* in 66 Minen, bis Ende der vierziger Jahre: 100.000 Häftlinge in Nebentätigkeiten. Insgesamt sei ein Drittel, in den Endvierzigern ein Fünftel der Häftlinge nicht im Goldabbau beschäftigt gewesen. Gesamtüberblick: 1937-1941: *10.000 bis 400.000*, 1942-1943: *200.000 bis 300.000*, 1944-1953: *300.000 bis 500.000* in der Kolyma-Region (Conquest, Kolyma, S. 74, 105-107, 115, 214-217, 227. Ders., Forced labour statistics: Some comments. In: Soviet Studies 3/1982, S. 434-439. Hier: S. 434); *zwei bis drei Millionen* Strafbevölkerung im DALSTROI (Rossi, GULAG Handbook, S. 98. Auch in: Karner, GUPVI, S. 178); *durchschnittlich 500.000* Gefangene „camp population" (Rubin, Soviet Arctic); *eine Million* Gefangene in DALSTROI und Küstengebiet („Primorje") (Antonow-Owsejenko, Protiwostojanije). Vgl. die Zusammenstellung verschiedener Schätzungen und die Tabelle bei Steven Rosefielde. An assessment of the sources and uses of GULAG forced labour 1929-1956. In: Soviet Studies 1/1987, S. 51-87. Hier: S. 86-87. Deutlich niedrigere Zahlen nennen jene Historiker, die Zugang zu russischen Archiven hatten: Zaplin spricht für Ende 1938 von *117.630*, für 1939 von *122.000* und für Oktober 1939 von *135.379* Lagerinsassen (Ders., Archiwnye, S. 160-161). Baberowski, Wandel, S. 124-125, erwähnt unter Verweis auf Getty/Rittersporn/Zemskow, Victims, S. 1036, eine Weisung Jeshows von Dezember 1936, wonach die Zahl der Häftlinge in SEWWOSTLag im Jahr 1937 auf 70.000 zu erhöhen sei. Tatsächlich seien 1937 dort jedoch rund

lingen[165], einer durchschnittlichen jährlichen Todesrate im DALSTROI von 25-30 Prozent[166] und 700.000 bis drei Millionen Toten auszugehen[167]. DALSTROI wurde im Rahmen der Umstrukturierung des GULag 1953 dem Ministerium für Bergbauindustrie unterstellt[168].

7.7.2 Das Lagerverbundsystem Kotlas-Uchta-Petschora-Workuta

Die Lager des Lagerverbundsystems Kotlas-Uchta-Petschora-Workuta lagen größtenteils in der ASSR der Komi und gehören zu den in der Literatur vergleichsweise häufig genannten Lagergebieten[169]. Maßgeblich für ihre Bedeutung waren die Bodenschätze im Petschora-Becken. Dort befindet sich das nach dem Donez-Becken (Donbas) zweitgrößte Kohlerevier im europäischen Rußland. Seit seiner Errichtung hatte es die wichtige volkswirtschaftliche Aufgabe, den ernergiearmen europäischen Norden Rußlands mit Kohle, Gas und Öl zu beliefern. Es handelte sich besonders um die Versorgung Leningrads[170].

Die Geschichte der Lager in der Region Petschora begann bereits sehr früh. Unmittelbar nach dem Oktoberumsturz entstanden dort Lager zur Isolation politischer Gefangener[171]. Über die Entwicklung und Zuständigkeiten der Lager-

90.000 Häftlinge inhaftiert gewesen. Bacon, Gulag, S. 166, gibt für vier DALSTROI-Lagergebiete, darunter SEWWOSTLag für 1942 112.288, am 1. Mai 1943 94.110 und 1944 85.578 Insassen an (Tabelle A.5).

165 Nach Aussagen Schalamows (Ders., „Artikel 58", S. 175) lagen während einer Typhusquarantäne allein 20.000 neuangekommene Häftlinge in „zwei Dutzend großen Lagerhallen" in einem DALSTROI-Hafen. Er nennt weder Zeit noch Ort. Jedoch lassen seine Ausführungen darauf schließen, daß es sich um den Hafen Nogajew und die Stadt Magadan handelt. Diese Häftlinge seien innerhalb eines Monats dort angekommen. Hochgerechnet würde dies bedeuten, daß rund 240 000 Häftlinge jährlich im DALSTROI neu ankamen. Rossi, GULAG Handbook, S. 98, nennt für den Zeitraum von den späten Dreißigern bis Anfang der fünfziger Jahre jährlich 400.000 bis 500.000 neue Häftlinge. Karner, GUPVI, S. 178, übernimmt Rossis Angaben.

166 Siehe dazu die folgenden Schätzungen: 30 bis 45 Prozent (Mora, Kolyma, S. 19), 30 Prozent (Conquest, Anfang, S. 425, 427), 25 Prozent allgemein, 30-35 Prozent in den Goldgräberlagern (Ders., Kolyma, S. 220, 228), bis 25 Prozent (Zeuge Petrov in: Sklavenarbeit, S. 75).

167 Vgl. folgende Angaben: mindestens eine Million 1937-1941 (Conquest, Anfang, S. 425, 427); mindestens zwei bis zweieinhalb Millionen 1937 bis 1953 (Ders., Kolyma, S. 220, 228, ders., Terror, S. 376); zwei Millionen (GEO v. 8. April 1992, S. 66-68); mehr als 700.000 (Schiller, Blicke, unter Verweis auf Angaben aus dem Museum Magadan); drei Millionen (Rubin, Soviet Arctic). Völlig überzogen: 16 Millionen (Mora, Kolyma, S. 16-17).

168 Rossi, GULAG Handbook, S. 98.

169 Siehe dazu besonders eine neuere russische Darstellung: Morosow/Rogatschew, GULag Komi. Die Autoren weisen der Komi ASSR wegen der ausgesprochen vielen GULag-Einrichtungen auf ihrem Gebiet „in der Geschichte der Lager" einen „besonderen Platz" zu (Ebd., S. 182).

170 Hösch/Grabmüller, Daten, S. 82. Siehe dazu auch Wein, Sowjetunion, S. 266-268, besonders die Karte S. 266, die Aufschluß über die Dislozierung der Industrien und Bodenschätze im Weißmeer- und Petschora-Gebiet gibt.

171 Morosow/Rogatschew sprechen davon, daß im Gebiet der späteren Komi ASSR bereits unmittelbar nach der Machtergreifung der Bolschewiki „Orte der Isolation" errichtet worden seien. Ab Mitte der 20er Jahre seien die aus den SLON Entlassenen in der Komi-Region verbannt worden (Dies., GULag Komi, S. 182). Nach Rossi bestanden seit 1923 im Flußgebiet von Uchta und Petschora Konzentrationslager der OGPU (Ders., GULAG Handbook, S. 473).

gebiete im späteren Lagerverbundsystem Kotlas-Uchta-Petschora-Workuta finden sich in der Literatur unterschiedliche Angaben. Nach ANTONOW-OWSEJENKO wurde 1929 UCHTLag gegründet, das später in UCHTPETSCHLag umbenannt worden sei[172]. BACON spricht für 1929 von einer Außenstelle der SLON, die mit Zentrum in Ust-Syssolsk (Syktywkar) im Gebiet der Flüsse Uchta und Petschora errichtet worden sei[173]. MOROSOW/ROGATSCHEW äußern sich über die Strukturen bis 1931 nicht sehr genau, sprechen aber für die Petschora-Region von der „Verwaltung der nördlichen Lager“ und Lagerpunkten der „SEWITL“ (Nördliche Besserungsarbeitslager)[174]. Deren Lagerinsassen seien seit 1929 besonders bei drei Projekten eingesetzt gewesen: einem Erdgasförderprojekt in Uchtinsk, dem Straßenbauabschnitt Ust-Wym – Uchta und beim Bau von Eisenbahnstreckenabschnitten[175].

Obwohl somit bereits seit den zwanziger Jahren Lager in der Petschora-Region bestanden, begann die Kohleförderung dieser GULag-Lager erst in der ersten Hälfte der dreißiger Jahre[176].

Einherging mit dieser Aufgabenerweiterung eine Umgliederung der Lagerorganisation.

Am genauesten schildern MOROSOW/ROGATSCHEW die neuen Strukturen. Danach seien ab Mitte 1929 Geologenexpeditionen, zu denen auch gefangene Wissenschaftler gehörten, in die geplanten Kohleabbaugebiete entsandt worden. Aus dieser „Petschora-Expedition“ und den bislang zu den SEWITL gehörigen Lagerpunkten sei 1931 das „Uchta-Petschoraer Besserungsarbeitslager“, das UCHTPETSCHLag, entstanden. Dieses habe sich 1932 bis 1935 in drei Lagerabteilungen (Archangelsker Abteilung, Petschora-Abteilung und Usinsker Abteilung), fünf „Förderindustrien“, fünf „Gebirgspunkte“, vier Bergwerke, fünf Sowchosen und zwei Siedlungen mit Spezialumsiedlern (*spezpereselenzy*) untergliedert[177].

Die Gefangenen im UCHTPETSCHLag, deren Zahl von 1933 bis 1935 von 2000 auf rund 20.000 angestiegen sei, seien neben der Kohleförderung vornehmlich in drei Großprojekten eingesetzt gewesen: an der Eisenbahnstrecke Archangelsk-Koshwa-Workuta, in einem Institut in Krasnojepetschorsk und an der Erdölpipeline Koshwa-Tschibju (Uchta) – Ust-Wym. Für 1937 nennen MOROSOW/ROGATSCHEW bereits 83.000 Arbeitskräfte im UCHTPETSCHLag[178].

[172] Antonow-Owsejenko, Weg, S. 133,

[173] Bacon, Gulag, S. 46-47.

[174] Morosow/Rogatschew, GULag Komi, S. 184.

[175] Morosow/Rogatschew, GULag Komi, S. 183. Sie sprechen für Mai 1930 von 15.000 Lagerhäftlingen, die beim Bau der Straße Ust-Wym – Uchta eingesetzt worden seien. Dazu seien entlang der Strecke im Abstand von acht bis zehn Kilometer insgesamt mehr als 20 Lagerpunkte errichtet worden (Zu den Etappenlagern an dieser Straße auch: Kravchenko, Schwert, S. 230).

[176] Rossi, GULAG Handbook, S. 473, nennt in diesem Zusammenhang die Jahre 1932 bis 1934.

[177] Morosow/Rogatschew, GULag Komi, S. 184.

[178] Morosow/Rogatschew, GULag Komi, S. 184. Von den 85.000 Lagerzwangsarbeitern seien 53.000 in der Kohleförderung, 10.000 in der Erdölförderung, 5800 bei Straßenarbeiten („Asphaltierung“) und jeweils einige hundert bei Arbeiten zur Gewinnung von Radium und Erdgas eingesetzt worden.

Mit der Gründung von UCHTPETSCHLag unterstand nun die gesamte Kohleförderung in der Petschora-Region der OGPU und deren Lagerorganisation. Die Aufgaben wurden jedoch bereits nach wenigen Jahren so vielfältig, daß neue Organisationsstrukturen notwendig wurden.

Anfang der dreißiger Jahre spaltete sich von UCHTPETSCHLag zunächst das Lagergebiet USTWYMLag, das sich nicht mit Kohle, sondern vorwiegend mit Holzwirtschaft beschäftigte, ab[179]. MOROSOW/ROGATSCHEW nennen weiter das LOKTSCHIMLag, welches in den dreißiger Jahren errichtet, ebenfalls mit der Holzwirtschaft beauftragt, 1940 aufgelöst und ins USTWYMLag sowie ins Volkskommissariat für Holzwirtschaft überführt worden sei[180].

In der zweiten Hälfte der dreißiger Jahre teilte sich das UCHTPETSCHLag dann in zwei bis vier eigenständige Lagergebiete auf. Grund waren möglicherweise eine unzureichende Ausschöpfung der Arbeitskraft und mangelhafte Organisationsstrukturen im UCHTPETSCHLag. Zeitpunkt und Organisationsform dieser Umstrukturierung sind umstritten. Wahrscheinlich ist aber, daß diese 1938 stattfand und aus ihr vier Lagergebiete hervorgingen.

Die ausführlichste Darstellung für die Ereignisse geben MOROSOW/ROGATSCHEW. Danach waren die Jahre 1935-1938 von einer Verschärfung des Lagerregimes, Erschießungen, Erhöhung der Arbeitsnormen und einer Militarisierung der Arbeitsorganisation durch die Einführung von „Kolonnen" gekennzeichnet. Die Maßnahmen brachten hingegen nicht den gewünschten Erfolg. Die wirtschaftliche Lage habe sich weiter verschlechtert, der Plan sei nicht erfüllt worden, worauf 1938 der Chef von UCHTPETSCHLag, *Moros*, verhaftet und das Lagergebiet aufgeteilt worden sei[181]. Nach ihnen teilte sich das UCHTPETSCHLag 1938 in vier eigenständige Lagergebiete: Lagergebiet Uchta-Ishma (UCHTISH[E]MLag), Lagergebiet Ust-Wym (USTWYMLag), Lagergebiet Workuta-Petschora (WORKUTPETSCHLag) und das Nördliche Eisenbahnlager (SEWSHELDORLag). Außerdem hätten 1937 bis 1940 das bereits erwähnte LOKTSCHIMLag und das bei Syktywkar gelegene TSCHOWSCHOWLag bestanden[182].

1942 hätten sich weitere drei Lagergebiete von den bestehenden vier großen Lagergebieten abgespalten: Aus dem UCHTISH(E)MLag seien das Lagergebiet der Oberen Ishma-Lager, aus dem WORKUTPETSCHLag das Lagergebiet Inta (INTALag) und aus dem Nördlichen Eisenbahnlager das Petschora-Eisenbahnlager herausgelöst worden[183]. NEGRETOV datiert die Umgliederung auf 1938 und spricht von drei[184], bei KRAVCHENKO ist ebenfalls von 1938 und fünf

[179] Rossi, GULAG Handbook, S. 473. Silde, Profits, S 56-59. Er nennt für USTWYMLag 34 Lagerpunkte für Anfang der fünfziger Jahre. Zu einer kurzen Schilderung der Verhältnisse in USTWYMLag: Albaz, Geheimimperium, S. 15-16.

[180] Morosow/Rogatschew, GULag Komi, S. 183. LOKTSCHIMLag sei in den Gebieten Kortkeros und Ust-Kulom errichtet worden, habe sein Verwaltungszentrum in „Pos. Pesmog" gehabt und Ende der dreißiger Jahre aus mehr als 50 Lagerpunkten bestanden.

[181] Morosow/Rogatschew, GULag Komi, S. 184-185. Sie sprechen von „J. Iosema-Moros". Zeuge Kanev nennt den „Senior-Major Jacob M. Moroz" (In: Kravchenko, Schwert, S. 232).

[182] Dies., GULag Komi, S. 185.

[183] Morosow/Rogatschew, GULag Komi, S. 185.

[184] P.I. Negretov. How Vorkuta began. In: Sowjet Studies, Jg. 29 (1977), Heft 4 (Oktober), S. 565-575. Hier: S. 565, 567, 569-572, 574-575.

Lagern, darunter Uchta-Ishma, die Rede[185]. DALLIN/NICOLAEVSKY sprechen nur von zwei Gebieten, ein südliches mit Uchta und ein nördliches mit Petschora als Zentrum. Sie nennen ebenfalls 1938 als Zeitpunkt der Aufspaltung[186]. ROSSI erwähnt für 1936 die Abspaltung des Lagergebietes Workuta-Petschora[187], spricht an anderer Stelle aber davon, daß das Uchta-Petschora-Lager 1937 in vier unabhängige Lagergebiete geteilt worden sei: UCHTALag, PETSCHORALag, WORKUTALag und das Eisenbahnbaulagergebiet für den Bau der Linie Kotlas-Workuta (SEWSHELDORLag)[188]. ANTONOW-OWSEJENKO spricht von der Abtrennung der Kohleabbau-Lagergebiete Inta und Workuta und der Eisenbahnbau-Lagergebiete SEWSHELDORLag und PETSCHOLag[189].

Das bekannteste Lagergebiet im hier beschriebenen Lagerverbundsystem war das Kohlefördergebiet mit dem Zentrum Workuta[190]. MOROSOW/ROGATSCHEW berichten, daß bereits seit 1931 am Fluß Workuta ein Lagerpunkt bestanden habe, an dem Kohle gefördert worden sei. Dieser habe bis 1936 zur Archangelsker Abteilung des UCHTPETSCHLag gehört und sei zur Basis des späteren WORKUTPETSCHLag ausgebaut worden[191].

Die Angaben über die Zahl der Einzellager im Lagergebiet Workuta schwanken, jedoch war Workuta eines der Lagergebiete mit einer besonders hohen Dichte an Lagerpunkten[192]. Wie im DALSTROI existierte auch hier eine Organisation, die sich zu gleichen Teilen aus einem Wirtschafts- und einem Zwangsarbeitslagerbereich zusammensetzte. Als Pendant zum Workuta-Petschora-Lagergebiet gab es im Raum Workuta das NKWD-Bauunternehmen *WorkutaStroi* und das NKWD-Kohleförderunternehmen *WorkutaUgol*. Diese beiden NKWD-Unternehmen waren 1938 vom Uchta-Petschora-Konzern gelöst und dem neuen Workuta-Petschora-Lagergebiet zugeordnet worden[193].

---

185 Zeuge Kanev in: Kravchenko, Schwert, S. 241.

186 Dies., Forced labor, S. 260.

187 Ders., GULAG Handbook, S. 55.

188 Ebd., S. 473.

189 Ders., Weg, S. 133.

190 Erlebnisberichte über Workuta liegen in reichhaltiger Zahl vor: Marta Rudzka. Workuta. Zürich, 1948. Roeder, Katorgan. Scholmer, Arzt. Horst Schüler. Workuta. München, 1993. Negretov, Vorkuta. Siehe auch Silde, Profits, S. 26-44. Ungenau hier Karner, GUPVI, S. 177, der mit WORKUTLag das gesamte Lagerverbundsystem im Raum Kotlas-Uchta-Petschora Workuta bezeichnet, obwohl dieses nur eines von mehreren der dortigen Lagergebiete war.

191 Dies., GULag Komi, S. 184.

192 Silde nennt für Anfang der fünfziger Jahre 45 „labor camps" (Silde, Profits, S. 28). Nach Scholmer gab es für jedes fördernde Bergwerk ein zugeordnetes Lager. Insgesamt seien dies rund dreißig gewesen. Von diesen seien dreizehn „Regimelager" für politische Häftlinge, mit denen er wahrscheinlich Speziallager meint, gewesen. Die restlichen rund siebzehn Lager mit weniger strengem Regime hätten WORKUTLag unterstanden (Scholmer, Arzt, S. 56). Specht nennt für Workuta für Anfang der fünfziger Jahre „60 Zwangsarbeitslager und Spezialobjekte" sowie 30 Kohleschächte (Ders., Workuta). Gerland berichtet ebenfalls von 60 Lagern (Dies., Jahre).

193 Antonow-Owsejenko nennt M.M. Malzew als „Chef der Verwaltung des Kombinats Workutaugol". Dieser sei auch Deputierter im Obersten Sowjet gewesen (Ders. Weg, S. 142. Zu Malzew: Vg. Kap. 4.5). Zu „Workutugol" auch: Silde, Profits, S. 28. Scholmer, Arzt, S. 56. Falsch die Angaben in S., Bericht, S. 1163, wonach „Workut-Stroi" ein Lagergebiet gewesen, das später in „Kombinat Workut-Ugol" umbenannt worden sei. Tatsächlich handelte es sich bei diesen um zwei NKWD-Unternehmen, die eng mit WORKUTLag, das in S., Bericht, gar nicht genannt wird, zusammenarbeiteten.

Die Kohleförderung der GULag-Häftlinge bekam im Krieg besondere Bedeutung, als der Donbas von deutschen Truppen besetzt und Leningrad von den Deutschen eingeschlossen war. Die gesamte Nordflotte und die Baltische Flotte wurden von Workuta aus mit Kohle versorgt. In den fünfziger Jahren wurde WorkutaUgol im Zuge der Auflösung des Wirtschaftsimperiums GULag dem Ministerium für Kohleindustrie unterstellt[194]. Bereits vorher waren, so BACON, Kohleabbaulager in Workuta der GULGMP zugeordnet worden[195].

Nach dem Kohlebergbau war der Bau der 1100 Kilometer langen Eisenbahnlinie Kotlas-Workuta (1938-41/42) die zweitwichtigste Aufgabe des GULag im Lagerverbundsystem des europäischen russischen Nordostens. Verantwortlich waren dafür das NKWD-Unternehmen *SewShelDorStroi* (Nördliches Eisenbahnbauunternehmen) und das ihm zugeordnete Nördliche Eisenbahnbaulager (SEWSHELDORLag)[196]. Hinzukam wahrscheinlich ein spezielles Eisenbahnbaulager PETSCHOLag[197].

Über die Zahl der beteiligten Häftlinge und der Toten ist nur wenig bekannt. MOROSOW/ROGATSCHEW weisen für 1942 dem Petschora-Eisenbahnbaulager 125.000 Lagerinsassen zu[198]. Nach ROSSI, der sich dabei auf einen russischen Exilautor beruft, sollen allein beim Bau des Abschnittes Kotlas-Koshwa 300.000 Häftlinge umgekommen sein[199].

---

[194] Nach Negretov kam WorkutUgol 1953 an das Ministerium für Kohleindustrie der UdSSR (Negretov, Vorkuta, S. 570). Der Wechsel von Lagerzwangsarbeit zu freier Arbeit habe mit einem Dekret des Ministerrates der UdSSR vom 26. August 1956 begonnen und sei erst 1960 abgeschlossen worden (Ebd.). Roeder sagt ebenfalls, daß im August 1953 das „Workuta-Kohle-Kombinat" vom Innenministerium an das Kohleministerium übergeben worden sei (Bernhard Roeder. Aus Sklaven werden Halbfreie. Ein Bericht über die Auflösung der Zwangsarbeitslager in Rußland. In: Die Welt v. 26. September 1956). Scholmer spricht hingegen davon, daß die Bergwerke im Raum Workuta bereits 1950 dem Ministerium für Kohleindustrie unterstanden hätten, und Silde teilt für Anfang der fünfziger Jahre ungenau mit, daß WorkutaUgol mit dem Ministerium für Kohleindustrie und dem MGB zusammengearbeitet habe (Scholmer, Arzt, S. 56. Silde, Profits, S. 28). Abweichend: Specht, Workuta, nach dem das „Kombinat Workutugol (Workuta-Kohle-Kombinat)" noch 1954 Jahre dem MWD unterstand.

[195] Bacon, Gulag, S. 74.

[196] Zu SEWSHELDORLag: Rossi, GULAG Handbook, S. 385-386. Es wird als „nördliches Eisenbahnlager" auch in Leonhard, Fahrt, S. 94, genannt. Als die Autorin 1937 im Durchgangslager Kotlas eintraf, war Kotlas noch Endpunkt der Eisenbahnlinie (Ebd., S. 89). Nach Wein, Sowjetunion, S. 266, wurde die Strecke 1942 fertiggestellt. Antonow-Owsejenko nennt es „Zentrallager für Eisenbahnbau an der nördlichen Petschora" und beschreibt seine Struktur und Aufgaben. Es habe der GULShDS unterstanden und zu ihm auch ein Holzbearbeitungskombinat, Mühlenbetriebe, ein Bekleidungswerk, zentrale Reparaturwerkstätten, Gemüsekolchosen, Steinbrüche, Kies- und Kaligruben gehört (Ders., Weg, S. 131-134).

[197] Antonow-Owsejenko, Weg, S. 133, nennt zwei Eisenbahnbau-Lagergebiete: SEWSHELDORLag und PETSCHOLag. Beide Lager werden unter Bezug auf Solschenizyn auch in Bacon, Gulag, S. 47, genannt. Silde, Profits, S. 45, sieht in WORKUTLag und PETSCHLag zunächst zwei Namen für ein Lagergebiet, beschreibt später aber die Lager an der Petschora als eigenständiges Lagergebiet, das 1935 gegründet worden sei und mit dem Bau der Eisenbahnstrecke Kotlas-Workuta beauftragt gewesen sei (S. 60-61). Morosow/Rogatschew berichten von der Abspaltung des Petschora-Eisenbahnlagers vom Nördlichen Eisenbahnlager im Jahre 1942 (Dies., GULag Komi, S. 185). Somit gab es möglicherweise zwei Lagergebiete mit dem Namen PETSCHO(RA)Lag: ein ITL mit der Hauptaufgabe des Kohleabbaus und ein Eisenbahnbaulager, das von SEWSHELDORLag abgetrennt wurde.

[198] Dies., GULag Komi, S. 185.

[199] Rossi, GULAG Handbook, S. 385-386.

Neben Kohleförderung und Eisenbahnbau zählte als drittes die Erdölförderung am Fluß Uchta zu den wichtigsten Aufgaben des Lagerverbundsystems in der Kotlas-Uchta-Petschora-Workuta-Region[200].

Nach den organisatorischen Änderungen 1938 und 1942 erfolgte 1943 ein Unterstellungswechsel. Die Lagergebiete UCHTISH(E)MLag, INTALag und WORKUTLag[201], die bislang der Hauptverwaltung der Lager für den Bau von Eisenbahnstrecken (GULShDS), unterstanden hatten, wechselten nach den Angaben MOROSOW/ROGATSCHEWs nun zur Hauptverwaltung der Lager der Bergbau- und Metallurgischen Industrie (GULGMP)[202].

1948 entstanden schließlich auch im Lagerverbundsystem Kotlas-Uchta-Petschora-Workuta Speziallager. Die älteren Angaben SOLSCHENIZYNs und ROSSIs über die beiden Speziallager RETSCHLag (FlußLager) an der Petschora und MINLag (MineralLager) an der Inta[203] werden jetzt für die Jahre 1948 bis 1950 durch MOROSOW/ROGATSCHEW bestätigt[204]. Unklar ist, ob der nach den Angaben der beiden Autoren 1951 errichtete „OLP Abes" auch als Speziallager anzusehen ist[205].

Die Lagergebiete im Raum Kotlas-Uchta-Petschora-Workuta waren ein Lagerverbundsystem mit besonders vielen Insassen. Die Angaben schwanken enorm und bewegen sich für die dreißiger Jahre zwischen 15.000 und 450.000, für die vierziger Jahre zwischen 100.000 und einer Million[206]. Über die Sterbera-

[200] Siehe dazu: Dallin/Nicolaevsky, Forced labor, S. 260, und Silde, Profits, S. 53-56. Letzterer weist den Lagern im Raum „Ust-Uchta" (Uchta, R.S.) für Anfang der fünfziger Jahre etwa 90.000 Häftlinge in rund dreißig Lagerpunkten zu (Ebd., S. 56).

[201] Gemeint ist hier sehr wahrscheinlich das WORKUTPETSCHLag.

[202] Morosow/Rogatschew, GULag Komi, S. 186.

[203] Siehe zum MINLag die Beschreibung in Silde, Profits, S. 44-53, der für die fünfziger Jahre zwölf Lagerpunkte nennt. Vgl. Kap. 7.2.3.

[204] Dies., GULag Komi, S. 186. 1950 hätten im „OLP MinLag" 7000 Häftlinge eingesessen (Ebd.).

[205] Morosow/Rogatschew, GULag Komi, S. 186. Ihren Angaben nach gliederte sich sich der „OLP Abes" 1951 in sechs Lagerpunkte mit insgesamt 11.000 Lagerinsassen (Ebd.).

[206] Conquest, Anfang, S. 425 und 431, nennt für das Lagerverbundsystem zwischen Kotlas und Workuta für die dreißiger Jahre bis *100.000*, für die vierziger Jahre zwischen *500.000* und *eine Million* Insassen. Negretov, Workuta, S. 571, schätzt für 1938 lediglich *16.508* Häftlinge. Conquest, Statistics, S. 437, hält dies für unmöglich. Barton, L'inquisition, S. 75-76, spricht allein für Workuta für 1953 von *105.000* Häftlingen und nur 12.000 Freien. Beyrau, „Archipel GULAG", S. 547, nennt für 1934-1939 *80.000 bis 100.000* Insassen. Eine detaillierte, wiewohl unbelegte Zahlenleiste für das Petschora-Becken bietet der Zeuge Romanenko: 1931: *15.600*, 1933: *40.000*, 1935: *100.000*, 1937: *200.000*, 1939: *450.000*, 1941: *750.000* (In: Sklavenarbeit, S. 72). Rossi, GULAG Handbook, S. 55, nennt für das Lagergebiet Workuta-Petschora für die späten vierziger Jahre rund *150.000* Gefangene (Auch in: Karner, GUPVI, S. 250, Anmk. 269). Scholmer, Arzt, S. 56, spricht für Workuta 1950 von rund dreißig Lagern zu je 3500 Mann, also rund *105.000* Mann, Specht für 1954 hingegen von *500.000* Lagerinsassen (Ders., Workuta). Chlewnyuk nennt für Mitte 1930 für die „Nothern camps" im Uchta-Petschora-Gebiet *41.000* Lagerinsassen (Nach: Bacon, Gulag, S. 47). Morosow/Rogatschew sprechen für UCHTPETSCHLag für 1933 von *2.000* Lagerinsassen, für 1935 von *20.000* Lagerinsassen, für 1937 von *85.000* Lagerzwangsarbeitern (Dies., GULag Komi, S. 184), für den 1. Januar 1942 über *200.000* Lagerinsassen in den Lagergebieten UCHTISH(E)MLag, Lagergebiet Obere-Ishma-Lager, USTWYMLag, WORKUTPETSCHLag, INTALag, Nördliches Eisenbahnlager (SEWSHELDORLag) und Petschora-Eisenbahnlager sowie den beiden „Lagern" LOKTSCHIMLag und TSCHOWSCHOWLag (Ebd., S. 185) und für 1942 von *300.000* Lagerinsassen in der gesamten Komi ASSR, davon 125.000 im Petschora-Eisenbahnlager (Ebd., S. 185. Unklar ist aber, warum die beiden Autoren LOKTSCHIMLag für 1942 noch nennen, obwohl sie vorher

te ist wenig bekannt. Insgesamt lag die Sterblichkeit jedoch unterhalb der von Kolyma[207].

7.7.3 Die Lager auf der Halbinsel Kola und in der Weißmeerregion

Die Weißmeerregion ist die Gegend der Sowjetunion, in der zum ersten Mal in der Geschichte der Sowjetunion und des GULag besondere Lagerverdichtungen festzustellen sind. Von den SLON mit dem Zentrum auf den Solowezki-Inseln wurden ab 1928/29 nicht nur im Osten Rußlands, sondern auch in Karelien und im Murmansk-Gebiet neue Lager gegründet. Nachdem die SLON 1930 in SKITL umgegliedert worden waren, bildete das Lagergebiet KARMURLag[208] (Karelien-Murmansk-Lager) mit dem Verwaltungszentrum in Kem die am weitesten im Norden liegende Lagereinrichtung im Weißmeergebiet. Im gleichen Raum bestand eine Fülle von Eisenbahnlagern zum Ausbau der Karelischen Eisenbahn von Kem nach Murmansk[209]. Besondere Lagerverdichtungen sind weiterhin auf den Solowezki-Inseln, Kandalakscha und in der Region um Archangelsk[210] festzustellen. Neben dem Bau der Karelischen Eisenbahn bestand ihre Hauptaufgabe im Ausbau von Häfen und Flugplätzen, in der Holzwirtschaft und der Fischerei.

7.7.3.1 Die Solowezker Lager 1930 bis 1939

Mit der allgemeinen Umbenennung der OGPU-Lager in „Besserungsarbeitslager" 1930 wurden die SLON in *Solowezker und Kemer Besserungsarbeitslager der OGPU (Solowezko-Kemski isprawitelno-trudowoi lager OGPU, SKITL)*

sagen, daß dieses bereits 1940 aufgelöst worden sei.). Im INTALag hätten 1950 inklusive der Außenstellen 18.000 Häftlinge eingesessen (Ebd., S. 186). In einem Zeitungsartikel ist ohne Beleg von *200.000* Menschen die Rede, die 1934 bis 1955 ins WORKUTLag gebracht worden seien (Franz Smets. Menschenleben zählten in Workutas Gruben nie sehr viel. In: Der Morgen v. 16. April 1991). Malmoumian nennt für 1953 in der ASSR der Komi „40 .. Lager (Kohlebergwerke, Steinbrüche, Ziegelwerke, Zementfabriken, Hochbauunternehmungen, Eisenbahnarbeiten etc.) mit jeweils 2000 bis 12.000 Gefangenen unter verschärften Bedingungen" (Maloumian, Schüsse). Rechnet man für Maloumians Angaben durchschnittlich 7000 Häftlinge pro Lager, wären somit etwa *280.000* Lagerinsassen in der Komi ASSR inhaftiert gewesen. Völlig außerhalb der genannten Zahlenrahmen befinden sich abstruse Angaben von Mund. Rechnet man allein die konkreten Zahlenangaben zusammen, so ergibt sich eine Summe von 16,51 Millionen (In: Ders., GPU, S. 152-154).

207 Der Zeuge Filistinski schätzt die jährliche Todesquote für die dreißiger Jahre auf bis zu 20 % (In: Sklavenarbeit, S. 77). Nach Morosow/Rogatschew starb bis 1940 jeder zehnte Gefangene (Dies., GULag Komi, S., 185). Smets nennt für das WORKUTLag insgesamt 35.000 Tote, hält diese „offiziellen Zahlen" aber für zu niedrig (Ders., Menschenleben). Vgl. die Zahlen von 24-25.000 Insassen für WorkutStroi 1942-1944 in: Bacon, Gulag, S. 163 (Tabelle A. 1) und 165 (Tabelle A.5).

208 Rossi, GULAG Handbook, S. 152.

209 Die Karelische Eisenbahn war als „Murman-Bahn" 1915/16 erbaut worden und wurde in den dreißiger Jahren, umbenannt in „Kirow-Bahn", modernisiert (Wein, Sowjetunion, S. 266).

210 Shifrin, Reiseführer, S. 176-178, nennt für die siebziger Jahre im Raum Archangelsk die Lagergebiete ONEGLag mit dem Zentrum Onega, KARGOPOLLag mit dem Zentrum Kargopol und SOLLag mit dem Zentrum Solwytschegodsk. Möglicherweise gab es diese Lagergebiete bereits zur Stalinzeit.

umbenannt[211] und 1933 die USKITL von der Großen Solowezki-Insel nach Kem verlegt[212]. Das Solowezki-Lager wurde nun zu einem Besserungsarbeitslager. Innerhalb des SKITL gab es eine Behörde namens *USLag*, über deren Zuständigkeit und Bezeichnung unterschiedliche Angaben vorliegen[213]. Die Insassenzahlen waren auf den Solowki im Vergleich zur Zeit Ende der zwanziger Jahre rapide gesunken. TUOMINEN nennt für 1933 in Kem, das immer noch als Durchgangslager für die Solowki fungierte, 8000 Häftlinge und weitere „schätzungsweise 40.000 Strafgefangene" auf den Solowki[214]. CHLEWNYUK beziffert die Zahl der Insassen der Lager, deren Auftrag der Bau der Straße Kem-Uchta war und die seinen Angaben nach zu den Solowezki-Lagern gehörten, für Mitte 1930 auf rund 40.000[97]. Über die Entwicklung 1936 bis 1939 gibt es Unstimmigkeiten[216], eindeutig ist jedoch, daß 1939 die Hafteinrichtungen auf der Inselgruppe geschlossen und die restlichen Insassen der Solowki nach Norilsk verlegt wurden[217].

7.7.3.2 Die Weißmeer-Ostsee-Kanal-Lager/BELBALTLag (1931-1933)

Das neben den Solowki bekannteste Lagergebiet im nordwestlichen Teil des europäischen Rußlands war BELBALTLag. Dieses Lagergebiet wurde zum Bau des *Weißmeer-Ostsee-Kanals* („Stalin-Kanal" oder Belomorsko-Baltiski-Kanal, BBK) entlang der geplanten Strecke von Kem bis Leningrad errichtet. Der Bau

[211] Rossi, GULAG Handbook, S. 393.

[212] Zur Verlegung der USKITL 1933: Rossi, GULAG Handbook, S. 471-472

[213] Rossi sieht darin ab 1933 die Verwaltungszentrale *USLag (Uprawlenije Sewernych lagerei)* der Lagerabteilung Solowezki-Inseln (Ders., GULAG Handbook, S. 471-472), muß sich aber fragen lassen, wieso USLag dann nicht für *Uprawlenije Solowezkych lagerei* steht. Jakobson hingegen, der sich auf Dallin/Nicolaevsky und Solschenizyn beruft, spricht von der USLag schon für 1930. Diese sei in diesem Jahr im Zuge der Umorganisationen im Rahmen der GULag-Gründung entstanden und die „Administration of the Solovezkii camps" – also die Verwaltung von SLag – gewesen (Ders., Origins, S. 125).

[214] Tuominen, Schatten, S. 53-54.

[215] Zahl Chlewnyuks in: Bacon, Gulag, S. 47. Zu prüfen ist hier, ob diese Lager tatsächlich noch zu den Solowezker Lagern gehörten oder nicht vielmehr dem Lagerverbundsystem Kotlas-Uchta-Petschora-Workuta zuzuordnen sind.

[216] Nach einem Beitrag in der Iswestija vom 21. Dezember 1988 (Lew Korneschow. Slye wetry is proschlogo. Sostojalas premera chudoshestwenno-publizistitscheskogo filma „Wlast Solowezkaja") endete die Geschichte der SLON 1936. Bis 1939 habe es nur noch ein Sondergefängnis (STON) auf den Solowezki-Inseln gegeben. Conquest folgt dieser Darstellung und ergänzt, daß die Gefängnisinsassen 1939 nach Norilsk und Dudinka verlegt worden seien (Conquest, Terror, S. 360). Auch in einem Brief eines ehemaligen Gefangenen in Albaz, Geheimimperium, S. 141-142, ist davon die Rede, daß im August 1939 die Insassen des „zentralen Gefängnis auf der Solowki-Insel" nach Norilsk verlegt worden seien. Hingegen spricht Rossi davon, daß 1937 innerhalb des Kloster-Kremls der Großen Solowezki-Insel ein Sondergefängnis (*Solowezkaja tjurma osobogo nasnatschenija, STON*) neben dem weiterhin bestehenden Lager eingerichtet worden sei. SLON und STON seien dann 1939 zusammengelegt worden (Ders., GULAG Handbook, S. 402-403).

[217] Solschenizyn, Archipel GULag II, S. 130, spricht von einer Verlagerung 1939 an die Mündung des Jenissei, wo es dem kurz zuvor gegründeten Lager Norilsk eingegliedert worden sei. Das Lager Norilsk habe „bald" darauf über 75.000 Insassen verfügt. Rossi, GULAG Handbook, S. 404, begründet die Auflösung der Solowezki-Lager und den Abtransport der Häftlinge 1939 mit der Nähe der Lager zu Finnland.

des Weißmeer-Ostsee-Kanals war der OGPU übertragen worden und das erste große Bauvorhaben des Lagersystems[218]. Die Verwaltungszentren von *Belmor-Stroi*, dem für den Bau des BBK zuständigen OGPU-Unternehmen, und BELBALTLag befanden sich in Medweshegorsk[219]. Weiter gab es mehrere einzelne Lagergebiete, die jeweils für einen bestimmten Streckenabschnitt verantwortlich waren[220], wobei sich die Frage stellt, ob diese selbständig neben BELBALTLag existierten oder Teil desselben waren.

Auf Anordnung Stalins[221] sollte der Kanalbau innerhalb von zwanzig Monaten, vom September 1931 bis zum April 1933, realisiert werden. Zuständig war die GULag der OGPU. Devisen durften nicht verwandt, der notwendige Maschinenpark nicht zur Verfügung gestellt werden. Für die Kanalstrecke von rund 230 Kilometern Baustrecke mit Dutzenden von Schleusen und anderen wassertechnischen Einrichtungen waren durchschnittlich 100.000 Häftlinge vorgesehen. TUOMINEN spricht aufgrund seiner Gespräche mit den Leitern des BBK-Baus von 60.000 Häftlingen, nach HELLER hingegen wurde die Zahl von 100.000 sogar überschritten[222]. Viele dieser BBK-Häftlinge waren von den Solowki herbeitransportiert worden.

Das Organisationsprinzip von BELBALTLag entsprach dem der SLON. Die ingenieurtechnischen Arbeiten verrichteten fast ausschließlich „Saboteure"[223]. Die Häftlinge verfügten über keine auch nur annähernd ausreichenden technischen Hilfsmittel und waren fast ausschließlich auf ihre Körperkraft angewiesen. Wie auf den SLON der Spätphase, so galt auch am BBK das Norm-Rationen-Prinzip und der Kult der „Stoßarbeit"[224]. SOLSCHENIZYN berichtet, daß das Vorhaben unter großer Eile und ohne die einem Projekt dieser Größe angemessenen Vorplanungen begonnen wurde. Um diese Mängel auszugleichen, wurden

---

218 Allgemeine Angaben zum BBK: Solschenizyn, Archipel GULag II, S. 82-98. Hellers Kapitel „Der Weißmeer-Kanal – Schule der Arbeit". In: Ders., Stacheldraht, S. 128-143. Tuominens Kapitel „Der Stalinkanal". In: Ders., Schatten, S. 47-57. Vereinzelte Angaben bei: Rossi, GULAG Handbook, S. 18, 231-232 (Medweshegorsk). Dallin/Nicolaevsky, Arbeiter, S. 118. Andreevich, Structure, S. 149. Dallin, Sowjetrußland, S. 201. Lewytzkyj, Inquisition, S. 92-93. Mund, GPU, S. 133-137. Jakobson, Origins, S. 128. Erstaunlicherweise taucht in einer Übersicht Semskows über die „Kulakenverbannung" für 1933 das „BelBaltKombinat NKWD" auf (Ders., Sudba, S. 122). Von Dezember 1930 bis Juli 1934 existierte weder ein NKWD der RSFSR noch der UdSSR. Die Verantwortung für den BBK-Bau lag vielmehr bei der OGPU. Zur Kanalstrecke siehe die Sonderkarten bei Solschenizyn, Archipel GULag II, S. 75, und Gilbert, Atlas, S. 109.

219 Zu BELBALTLag: Rossi, GULAG Handbook, S. 17-19. Das Verwaltungszentrum Meweshegorsk bestätigt auch Tuominen, dem dort vom „Chef der örtlichen GPU ... der beim Kanalbau die Oberaufsicht hatte", eine Einweisung gegeben wurde.

220 So SWIRLag am Fluß Swir, das 1930-1933 für den Bauabschnitt zwischen Onega- und Ladoga-See zuständig war (Rossi, GULAG Handbook, S. 384).

221 Mund, GPU, S. 133, nennt ein Dekret vom 18. Februar 1931.

222 Tuominen, Schatten, S. 49, 51. Heller, Stacheldraht, S. 129.

223 Heller, Stacheldraht, S. 130, 134, 137. Manche hochqualifizierte Ingenieure waren eigens für den Bau des BBK verhaftet, als „Saboteure" verurteilt und zum Kanalbau geschickt worden. Dies betraf beispielsweise alle Mitarbeiter der „Direktion für Wasserwirtschaft Zentralasiens", die sämtlich zehn Jahre Lagerhaft erhielten und die Wasserbauingenieursarbeiten am BBK planten und durchführten (Ebd., S. 134).

224 Siehe dazu Heller, Stacheldraht, S. 140. Er spricht von einer berüchtigten Tafel am BBK mit der Inschrift: „Die Übererfüllung der Normen ist der kürzeste Weg zur Freiheit".

die Häftlinge einem brutalen Leistungsdruck unterworfen[225]. Sie lebten im Winter in provisorischen Baracken, im Sommer im Freien oder in Zelten, die Verpflegung und sanitären Verhältnisse waren völlig unzureichend, so daß viele Häftlinge an Fleckfieber, Typhus und fast alle an Skorbut litten[226]. Entsprechend hoch war die Zahl der Opfer.

Nach dem Muster der Solowki wurden auch fast alle Verwaltungs- und viele Wachfunktionen von Gefangenen ausgeübt. Um Wachmannschaften einzusparen, wurden nach dem Prinzip der Selbstbewachung sogenannte „Vertrauensleute“ eingesetzt[227]. Insgesamt seien, so SOLSCHENIZYN, nur 37 OGPU-Mitarbeiter beim Kanalbau beteiligt gewesen[228], womit allerdings nur die leitenden freien Funktionäre, von denen viele bekannt sind[229], nicht aber die OGPU-Wachmannschaften gemeint sein können[230].

---

225 Die als „Kanalarmisten“ bezeichneten Gefangenen mußten in drei Schichten rund um die Uhr arbeiten, die Bauverwaltungen wurden Anfang 1933 in „Kampfabschnittsstäbe“ umbenannt, sämtliche Verwaltungen und Brigaden, die nicht direkt beim Bau eingesetzt waren, wurden nach Häftlingen „durchkämmt“, die an die „Baufront geworfen“ werden konnten (Solschenizyn, Archipel GULag II, S. 90). Ähnlich: Mund, GPU, S. 137.

226 Schilderung eines finnischen Ex-BBK-Häftlings in: Tuominen, Schatten, S. 52.

227 Ebd. Danach habe es „nicht viele GPU-Posten“ gegeben. In einer einige hundert Mann starken Abteilung habe es nur vier bis fünf uniformierte Wachen, aber zwei bis drei Vertrauensleute für je zehn Mann gegeben. Diesen sei mit Hinrichtung gedroht worden, wenn ein Gefangener ihrer Gruppe floh.

228 Solschenizyn, Archipel GULag II, S. 84-88. Heller, Stacheldraht, S. 130-132, folgt diesen Angaben.

229 Detaillierte Angaben macht Mund, GPU, S. 134-135. Er nennt L.J. *Kogan* als „Leiter der karelischen Konzentrationslager“ und „Chef der Kanalbauten“. Bevollmächtigter Stellvertreter des GULag-Chefs Berman und Kogans beim BBK sei J.D. *Rappoport*, „Chef des Kanallagers“ S.G. *Firin*, „Chef der Arbeiten“ N. A. *Frenkel*, „Chefingenieur“ G.D. *Afanasawew*, „politischer Erzieher“ S.D. *Kwasnizki*, „Kommandant der Bewachungstruppen“ *Brodski*, Chef des Strafisolators A.I. *Rottenberg*, Lagerarzt beim BBK *Ginsburg*, „die Leiter der Finanzabteilung der GPU-Lager“ am BBK *Berenson*, *Dorfman*, *Kagner* und *Angert* gewesen. Von diesen taucht bei der Ordensverleihung anläßlich der Vollendung des Moskwa-Wolga-Kanals am 14. Juli 1937 L.J. Berenson als Leiter der „Finanzabteilung des NKWD“ auf. In Corson/Crowleys Liste wird er als solcher jedoch nicht aufgeführt. Nicht außer acht zu lassen ist, daß Mund die Namen deswegen ausführlich und mit Vor- und Vatersnamen nennt, da die meisten jüdischer Herkunft und damit Zielscheibe der Nationalsozialisten waren. Solschenizyn (Ders., Archipel GULag II, S. 84-88) nennt als leitende Funktionäre am BBK und Verantwortliche der OGPU ebenfalls Naftali *Frenkel*, *Uspenski*, Semjon *Firin*, Lasar *Kogan*, Matwej *Berman*, Jakow *Rappoport*, *Schuk*, den Chef der Lagerbewachungstruppen *Brodski* und als vom ZEK bestellten „Kurator“, Aron *Solz*. Tuominen, Schatten, S. 49-50, schildert seine Begegnung mit „*Fraenkel*“, den er als „einen der beiden Chefingenieure“ vorstellt. Dieser habe „von Anfang an die Pläne für den Kanalbau angefertigt“. Bei Wolkogonow, Triumph, Band 1/2, S. 60, werden acht Personen genannt, die anläßlich des Abschlusses der Kanalbauten mit dem Leninorden ausgezeichnet wurden: G.G. *Jagoda* (stellvertretender Chef der OGPU), L.I. *Kogan* (Chef von BelmorStroi), M.D. *Berman* (Chef der GULag der OGPU), N.A. *Frankel* (Gehilfe des Chefs von BelmorStroi [Frenkel, R.S.]), J.D. *Rapoport* (stellvertretender Chef von BelmorStroi), S.G. *Firin* (Leiter des BelBaltITL), S.J. *Shuk* (stellvertretender Chefingenieur von BelmorStroi) und K.A. *Wershbizki* (stellvertretender Chefingenieur).

230 Geht man von den Angaben des finnischen Häftlings (In: Tuominen, Schatten, S. 52) aus, berechnet „einige hundert“ mit 400 Mann und weist diesen obengenannten vier OGPU-Wachen zu, so kämen auf 100.000 Lagerinsassen bereits 1000 Mann Wachtruppen. Der Finne sagt allerdings, daß die Zahl der Wachmannschaften zu gering gewesen sei, um die tief innerhalb der Wälder arbeitenden Lagerarbeiter zu bewachen.

Der Kanal wurde zwar in der vorgegebenen Zeit zum 1. Mai 1933 fertig, hatte jedoch aufgrund der Hast größte Mängel vorzuweisen. Die Baumaterialien und technische Ausstattung des Kanals waren primitiv. Es wurde kaum Zement, sondern fast ausschließlich Holz als Baustoff verwandt, Schleusen wurden per Handkurbel und nicht elektrisch bedient[231]. Der gröbste Fehler lag jedoch darin, daß das Kanalbett nicht tief genug ausgebaggert worden und für viele Schiffe, darunter größere Handelsschiffe und Kriegsschiffe, darum nicht befahrbar war. Der BBK war aus diesem Grund unrentabel[232].

Im Unterschied zu den späteren Großprojekten, an denen ebenfalls viele Häftlinge mitarbeiteten, was aber verschwiegen wurde, waren die „Kanalarmisten" des BBK Gegenstand einer intensiven Propaganda. Der Kanalbau wurde als „der Welt erstes Experiment, durch die Nutzung von Arbeit hartnäckig rückfällige Häftlinge und politische Feinde umzuschmieden", angesehen[233]. Im Sommer 1933 befuhr zur Einweihung ein Schiff mit Stalin und Kirow an Bord den neuen Kanal[234]. Viele weitere Propagandafahrten folgten[235].

Eine dieser Reisen bot den Anlaß für ein umfangreiches Buchprojekt zum Lobpreis des Kanalbaus. Erneut war es Gorki, der sich diesmal in einem umfangreichen Werk besonders stark für die propagandistische Unterstützung der Lagerzwangsarbeit einsetzte[236]. Er beurteilt den Kanalbau denn auch als „ausgezeichnet gelungenes Experiment der Verwandlung einer großen Masse ehemali-

[231] Tuominen, Schatten, S. 51.

[232] Nach Rosefieldes Ansicht war der Kanal ohne jeden ökonomischen und strategischen Nutzen. Er sei nur unregelmäßig genutzt worden und habe eine zu geringe Tiefe für größere Lastschiffe gehabt. Seine Hauptbedeutung habe im billigen Einsatz der Sträflinge gelegen (Ders., Lessons, S. 570-573). Schramm, Industrialisierung, S. 824-825, vermutet sogar, daß der Weißmeer-Ostsee-Kanal „primär zur Gefangenenbeschäftigung in Angriff genommen wurde". Solschenizyn verneint dies. Es habe nicht erst „schlummernde Lager" gegeben, denen man Arbeit besorgen mußte, sondern für den bereits geplanten Kanalbau seien Häftlinge herantransportiert worden (Archipel GULag II, S. 558). Er sieht in dem Bauprojekt Stalins Willen verwirklicht, eine große Anzahl von Sträflingen umkommen zu lassen und sich gleichzeitig ein Baudenkmal zu setzen (Ebd., S. 82). Auch er sagt, daß der Kanal mit fünf Metern einen zu geringen Tiefgang gehabt habe, die Hälfte des Jahres vereist und seit Kriegsende kaum noch benutzt worden sei (Ebd. S. 95-96).

[233] Rossi, GULAG Handbook, S. 18.

[234] Tuominen, Schatten, S. 48.

[235] Auf einer dieser Fahrten lernte Tuominen in seiner Funktion als hoher finnischer Kommunist den Kanal kennen. Er schildert die dort gemachten Erfahrungen in seinen Memoiren.

[236] Hintergrund des Propagandawerkes „Belomoro-Baltiski kanal imeni Stalina (BBK)". Moskau, 1934. (Dt.: Der Weißmeer-Ostsee-Kanal namens Stalin. Die Geschichte seiner Errichtung.) war der Besuch des gerade fertiggestellten Kanals durch 120 Schriftsteller am 17. August 1933. 36 dieser Besucher steuerten als Autorenkollektiv Beiträge zu dem von Maxim Gorki, I.L. Awerbach und S.G. Firin redaktionell betreuten Werk bei. Zu diesen Autoren gehörten so bekannte Sowjetschriftsteller wie Alexei Tolstoi, Michail Soschtschenko, Viktor Schklowski, Wsewolod Iwanow und Nikolai Tichonow. Das Buch, in dem Kanaltote geleugnet werden, GULag-Führern wie Jagoda und Berman gehuldigt wird, von der aufopfernden Disziplin der Tschekisten, dem Kampf der Sowjetmacht gegen „Parasiten" und „Schädlinge" und den Erfolgen der Besserungsarbeit die Rede ist, wurde im Verlauf der Jeshowschtschina aus dem Verkehr gezogen. Zu Gorkis Buch: Solschenizyn, Archipel GULag II, S. 74-82, und Hellers Kapitel „Der Weißmeerkanal – ‚Schule der Arbeit'" in: Ders., Stacheldraht, S. 128-143. Er verweist immer wieder auf Gorkis Buch und wertet es als „einzigartiges Werk ... zur Verteidigung der Sklavenarbeit" (S. 128). Siehe auch: Depretto, Construction workers, S. 197.

ger Feinde ... in tüchtige und sogar für die staatsnotwendige Arbeit begeisterte Mitarbeiter dieser Gesellschaft“[237].

Nicht erwähnt wird in dem Jubelwerk, daß von den insgesamt 200.000-500.000 am Bau beteiligten Häftlingen 50.000 bis 250.000 ihren Einsatz nicht überlebten[238]. Nach Abschluß der Bauten wurde ein Teil der Häftlinge, SOLSCHENIZYN nennt 12.500, HELLER unter Verweis auf Gorki 71.900, LEWYTZKYJ ebenfalls 72.000[239], amnestiert. Gorki jubelte über „vollkommen gebesserte ... und nützlich gewordene“ Menschen[240]. Die Mehrheit der Häftlinge wurde jedoch zum Bau des Moskwa-Wolga-Kanals und anderer Großbauprojekte der OGPU abtransportiert[241]. Die am BBK verbliebenen Gefangenen wurden bei Holzfällerarbeiten eingesetzt und erst 1941 beim deutschen Einmarsch die letzten Lagerpunkte des alten BELBALTLag geräumt.

7.7.4 Die Moskwa-Wolga-Kanal-Lager/DMITLag

Der Bau am Moskwa-Wolga-Kanal begann unmittelbar nach Abschluß der Arbeiten am BBK. Zwischen 1932 und 1937/38 arbeiteten an diesem Projekt bis zu 500.000 Häftlinge. Verantwortlich waren die *Moskwa-Wolga-Kanal-Lager* oder *DMITLag* mit Verwaltungszentrum in Dmitrow[242]. Der Kanalbau wurde ähnlich organisiert wie der Bau des Weißmeer-Ostsee-Kanals und war im April 1937 offiziell abgeschlossen. Als er, so LEWYTZKYJ, am 4. Juli 1937 in Betrieb genommen wurde, war dies mit einer Amnestie für 55.000 Gefangene, deren Strafen aber ohnehin binnen weniger Wochen abgelaufen wären, ver-

[237] Nach: Heller, Stacheldraht, S. 129.

[238] Folgende Schätzungen liegen vor: *300.000* Häftlinge, davon *50.000* Tote (Dallin/Nicolaevsky, Arbeiter, S. 118); *500.000* Häftlinge (Zeuge Margolin in: Sklavenarbeit, S. 50-51); über *200.000* „prisoners“ (Fainsod, Russia, S. 365); *100.000* Tote (Lewytzkyj, Inquisition, S. 76); *300.000* Häftlinge (Zeuge Andrejev in: Livre blanc, S. 103, Barton, L'institution, S. 53 [Erneut zitiert bei Beyrau, „Archipel GULAG“, S. 547]); 100.000 Tote allein im Winter 1931/1932, insgesamt etwa *250.000* Tote (Solschenizyn, Archipel GULag II, S. 92, 96, 99); *280.000-300.000* Häftlinge, davon rund *100.000* Tote (Rossi, GULAG Handbook, S. 5, 18); *200.000* Häftlinge (Rosefielde, Lessons, S. 571). Mund nennt „rund *800.000* Zwangsarbeiter“, wobei darunter auch Nicht-Lagerinsassen fallen können (Ders., GPU, S. 135). Tuominen spricht von Schätzungen von *60.000 bis 200.000* Toten (Ders., Schatten, S. 55). Sacharow nennt *300.000* Häftlinge und über *100.000* Tote (Ders., Leben, S. 899, Anmk. 12).

[239] Solschenizyn, Archipel GULag II, S. 99. Heller, Stacheldraht, S. 129. Lewytzkyj, Inquisition, S. 93.

[240] Nach: Heller, Stacheldraht, S. 129.

[241] So seien im Winter 1933/34 mindestens 35.000 der 50.000 Insassen des SWIRLag per Eisenbahn-Viehwaggons zum Bau der BAM abtransportiert worden (Leserbrief im Generalanzeiger [Bonn] v. 28. November 1984 u.B. auf das Werk eines Ex-Lagerinsassen [Iwan Solonewitsch. Rossija w Konzlagere]).

[242] Allgemein: Solschenizyn, Archipel GULag II, S. 558-559. Rossi, GULAG Handbook, S. 238. Jakobson, Origins, S. 131-136. Nach Solschenizyn umfaßte der Arbeitsumfang das Siebenfache des Weißmeer-Ostsee-Kanals (Ebd.). Leonhard, Fahrt, S. 246, sagt, daß an dem Kanal, der 128 km Länge gehabt habe, fast nur Zwangsarbeiter tätig gewesen seien, von denen nach Abschluß der Bauten viele nach Workuta gekommen seien.
Zu den Insassenzahlen: Barton, L'institution, S. 53: rund *500.000* (1938). Rossi, GULAG Handbook, S. 238: rund *500.000*. Mund, GPU, S. 131: *500.000*.

bunden[243]. Auch dieses GULag-Bauprojekt wurde in der Propaganda ausführlich dargestellt[244]; viele Beteiligte sind daher namentlich bekannt[245].

7.7.5 *Die Lager zum Ausbau der Transsib und zum Bau der BAM/BAMLag*

Die Lager, die später BAMLag genannt wurden, hatten zwei Aufträge: den Bau des zweiten Gleises der Transsib und den Bau der BAM (Baikal-Amur-Magistrale)[246]. Über den tatsächlichen Ablauf der Bautätigkeiten sind sehr widersprüchliche Angaben in der Literatur zu finden. SOLSCHENIZYN berichtet, daß die späteren BAM-Lager seit Anfang der dreißiger Jahre bis 1939 zunächst den Auftrag gehabt hätten, das zweite Gleis der Transsib zu bauen[247]. Nach einer neuen russischen Darstellung arbeiteten im März 1934 rund 15.000, im Januar 1935 6487 Gefangene an der Transsib[248].

Der weitaus größere Anteil der BAMLag-Häftlinge war in den dreißiger Jahren, besonders aber in den Kriegs- und frühen Nachkriegsjahren, beim Bau der Lena-Bahn von Taischet nach Ust-Kut und einer Linie von Sowjetskaja Gawan nach Komsomolsk-na-Amure eingesetzt. Diese Strecken waren die Anfangspunkte der für später geplanten Baikal-Amur-Magistrale. Über das Datum der Fertigstellung dieser Abschnitte liegen verschiedene Ansichten vor, sie erfolgte aber spätestens 1950[249].

---

243 Lewytzkyj, Inquisition, S. 93.

244 Zu nennen ist besonders: I.L. Awerbach. Ot prestuplenija k trudu. Moskau, 1936. Nach: Depretto, Construction workers, S. 197.

245 Mund, GPU, S. 179-180, nennt eine Reihe von Funktionären, die an dem Bau beteiligt waren und dafür am 14. Juli 1937 ausgezeichnet wurden. Er nennt allerdings wiederum ausschließlich jüdische Funktionäre, von denen hier nur die für den GULag wichtigeren aufgeführt werden: M.D. *Berman* (stellvertretender NKWD-Volkskommissar und Bauleiter), L.J. *Kogan* (ehemaliger Bauleiter), L.J. *Pliner* (stellvertretender GULag-Chef), S.J. *Schuk* (Chefingenieur), der bereits beim BBK mitgewirkt hatte, E.M. *Genkin* (Schriftleiter der Zeitung „Moskwa-Wolga-Kanalbau") und J G. *Ginsburg* (Leiter der Sanitätsabteilung der Zwangsarbeitslager), der ebenfalls bereits beim BBK dabei war. Munds Liste enthält rund zwei Dutzend weitere Namen anderer Abteilungsleiter der Bauverwaltung.

246 Zu BAM und BAMLag liegen jetzt einige kleinere russische Arbeiten vor (I.A. Monsejew. BAM: Maloiswestnye stranizy istorii 30-ch gg. In: Iswestija ZK KPSS, 8/1991, S. 144-147. O.P. Jelanzewa. Perioditscheskaja Petschat BAMLaga. In: Otetschestwennaja istorija, 4/1993, S. 167-175. Dies., Kto i kak stroil BAM w 30-e gody. In: Otetschestwennye archiwy 5/1992, S. 71-81. Dies., BAM). Berichte auch bei: Wein, Sowjetunion, S. 195; Karger (In: Sowjetunion [1979], S. 46-47). Rossi, GULAG Handbook, S. 13.

247 Solschenizyn, Archipel GULag II, S. 74. Zum Verständnis: Der Bau der eingleisigen Transsibirischen Eisenbahn hatte 1891 von Wladiwostok und 1892 von Tscheljabinsk aus begonnen. 1904 war die Verbindung über Omsk (1894), der Stelle das heutigen Nowosibirsk (1895), Irkutsk (1897) erreicht, wobei aber der östliche Zweig über Tschita zum größten Teil auf chinesischem Gebiet lag. Bis 1916 wurde eine zweite Trasse über Chabarowsk auf russischem Territorium vollendet und in den dreißiger Jahren ein zweites Gleis gelegt. Diese Arbeiten wurden 1939 abgeschlossen (Wein, Sowjetunion, S. 280-281).

248 Jelanzewa, BAM, S. 97.

249 Berichte dazu bei: Wein, Sowjetunion, S. 195 (Fertigstellung Taischet – Ust-Kut 1948); Karger (In: Sowjetunion [1979], S. 46-47). Rossi, GULAG Handbook, S. 13 (Baubeginn 1933). Bacon nennt für 1943 bis zur Vollendung am 20. Juni 1945 den Bau des Streckenabschnitts Komsomolsk-Sowjetskaja Gawan (Ders., Gulag, S. 140-141).

Neuere russische Arbeiten zu BAM und BAMLag geben exaktere Auskünfte. Danach begannen nach einem Beschluß des Rates der Volkskommissare vom 13. April 1932 zunächst 25-26.000 freie Bauarbeiter mit dem Bau der BAM. Bereits im Oktober 1932 wurde die Verantwortung für diesen Bau jedoch vom Volkskommissariat für Eisenbahnstreckenbau an die OGPU übertragen[250]. Nach JELANZEWA war geplant, die Haftbedingungen an der BAM günstiger als in anderen Lagergebieten des GULag zu gestalten. Dennoch herrschten harte Lebens- und Arbeitsbedingungen, und Anfang der 30er Jahre trat ein starker Mangel an Häftlingen ein. Einige Lagerabteilungen mußten aufgelöst, andere reduziert oder mit nichtqualifiziertem Personal ausgestattet werden. Verzögerungen häuften sich[251]. Ende 1940 wurde schließlich angeordnet, die Arbeiten an der BAM einzustellen, im Juli 1941 wurden die Lager geräumt, die Insassen verlegt, nur noch Bewachungsmannschaften blieben an den Baustellen zurück[252].

Fortgesetzt wurden die Arbeiten dann in den letzten Kriegsjahren, 1945 erfolgte die Fertigstellung der Strecke Komsomolsk-Sowjetskaja Gawan. Im gleichen Jahr folgte der Entschluß zum Bau des westlichen Teilstücks, das 1945 auf der Linie Taischet-Bratsk und 1950 Taischet – Ust-Kut fertiggestellt wurde[253]. Die Arbeiten an der BAM wurden dann 1950 abgebrochen, 1974 wieder aufgenommen und der Bau schließlich 1984 abgeschlossen[254].

Über den Aufbau des BAMLag liegen nur wenige Informationen vor. Nach JELANZEWA firmierte das Lagergebiet ab Anfang 1938 unter *BAMTransprojekt* und wurde ab Februar 1939 *BAMProjekt GULShDS* genannt[255]. Demnach wäre das BAMLag von diesem Zeitpunkt an der Branchen-Lagerhauptverwaltung für den Bau von Eisenbahnstrecken unterstellt gewesen. Im Unterschied zu SWITLag, BELBALTLag und DMITLag ist von den Leitern von BAMLag nur Frenkel, der gleichzeitig auch Chefingenieur und Oberster Bauleiter war, bekannt[256]. Das BAMLag erstreckte sich auf einer Länge von mehreren tausend Kilometern und war in bis zu 30 Lagerabteilungen untergliedert[257]. Insgesamt reichen die Schät-

250 Siehe dazu: Monsejew, BAM, S. 145-147. Jelanzewa, Perioditscheskaja, S. 167. Dies., BAM, S. 97.

251 Jelanzewa, BAM, S. 95-97. 98-101

252 Jelanzewa, BAM, S. 101.

253 Monsejew, BAM, S. 145-147. Jelanzewa, Perioditscheskaja, S. 167. Der an der BAM eingesetzte Häftling Stürmer berichtet, daß die Arbeit 1945 am Abschnitt „Bratsk-Nordecke Baikalsee-Bodaibo“ mit Kriegsgefangenen aufgenommen worden sei. Infolge der vielen Toten seien dann aber auch „Sträflinge sowjetischer Herkunft und vor allem politische Strafgefangene in das Lagergebiet“ gebracht worden (Ders., Sh 895, S. 96). Bodaibo liegt allerdings rund 500 Kilometer östlich des 1950 erreichten Ust-Kut. Möglicherweise gab es dort bereits durch Häftlinge ausgeführte Vorarbeiten für die geplante Fortsetzung der Strecke nach Osten.

254 Wein, Sowjetunion, S. 293.

255 Jelanzewa, BAM, S. 97.

256 Jelanzewa, Perioditscheskaja, S. 170, 171. Sein Vertreter hieß B.N. Kusnezow (Ebd., S. 171).

257 Artemjew, Reshim, S. 37: 30 Lagerabteilungen. Berichterstatter Rousset: 24 Lagerabteilungen. Jelanzewa, Perioditscheskaja, 168: Ende 1934 sieben Lagerabteilungen und fünf selbständige Lagerpunkte. Nach Bacon wurden drei „Lager“, von denen eines am westlichen, ein anderes am östlichen Ende der Strecke mit dem Bau begonnen habe und ein drittes mit dem Bau eines Tunnels beauftragt worden sei, angelegt (Ders., Gulag, S. 140-141). Stürmer spricht von einem „gewaltigen Lagerkomplex“am westlichen Ufer des Baikalsees um die Städte Taischet, Bratsk und Irkutsk mit mehr als dreihundert Lagern, von denen die meisten „mitten im Urwald“ errichtet worden seien (Ders., Sh 895, S. 96).

zungen der Insassenzahlen für das BAMLag von über 100.000 bis zu etwa einer Million Häftlingen[258].

Innerhalb des BAMLag entstand ab 1948 im Raum Taischet-Bratsk das Speziallagergebiet OSERLag (SeeLager) mit Verwaltungszentrum in Taischet[259]. Allein im OSERLag sollen 1949/50 70.000 Gefangene inhaftiert gewesen sein[260].

7.7.6 Das Lagergebiet Karaganda/KARLag

Das *Lagergebiet Karaganda (KARLag)* mit Verwaltungszentrum in Dsheskasgan (ROSSI) oder Dolinka (BUBER-NEUMANN) wurde 1932-1933 errichtet und bildete nach Workuta das zweite Kohlezentrum des GULag. Während im Norden nur Steinkohle abgebaut wurde, gab es hier Stein- und Braunkohlevorkommen. Zusätzlich wurden Kupfer, Silber und Eisenerz gefördert und Landwirtschaft betrieben. Bereits im Jahre 1931 war begonnen worden, mit Hilfe von Sträflingen die kasachische Steppe zu kultivieren[261]. Nach Angaben von BUBER-NEUMANN war „das Lagergebiet von Karaganda ... ungefähr doppelt so groß wie Dänemark“ und teilte sich in „fünf Rayons, die hundert und mehr Kilometer voneinander entfernt lagen“[262]. ARTEMJEW nennt für 1935 35.000 bis 40.000, 1938 60.000 bis 80.000 und 1941 bis zu 100.000 Insassen, CONQUEST spricht von 100.000 und von 150.000 Häftlingen[263].

---

258 Berichterstatter Rousset: *500.000* Häftlinge. Zeuge Golubowitsch in Livre blanc, S. 39, 41: dreißiger Jahre *eine Million* Häftlinge (Auch in: S., Bericht, S. 1164). Rossi, GULAG Handbook, S. 13: *350.000* Häftlinge in den späten fünfziger Jahren. Shifrin, Reiseführer, S. 171: mehr als *100.000* Häftlinge. Monsejew, BAM, S. 145: 1935 rund *127.000* Häftlinge. Jelanzewa, Perioditscheskaja, S. 167: Jan. 1933: einige Tausend; Dez. 1933: *62.000*; 1934: *117.000*; zweite Hälfte 1935: über *190.000* Häftlinge.

259 Nach Rossi übersetzen manche Autoren OSERLag nicht mit „Seelager“, sondern mit „Lager des besonderen Regimes für Gefangene“ (*Osoby sakljuty reshimny lager*) (Vgl. Rossi, GULAG Handbook, S. 262). Shifrins Angaben sind voller Fehler (Ders., Reiseführer, S. 171-173, 174). Er behauptet, daß das alte Lagergebiet zum Bau der BAM 1946 in OSERLag mit Zentrum in Taischet umbenannt worden sei, tatsächlich aber entstand ab 1948 innerhalb des ITL-Lagergebietes BAMLag das Speziallagergebiet OSERLag. Weiter gibt er an, daß der Ausdruck BAMLag erst ab Anfang der sechziger Jahre aufgekommen sei, als man vom Gebiet östlich Bodaibo begonnen habe, in Richtung Sowjetskaja Gawan weiterzubauen. In Wirklichkeit wurde die BAM erst 1974 weitergebaut. Zum OSERLag siehe auch: A. Brossat/S. Combe/L. Moukhine. Ozerlag 1937-1964: le système du Goulag: traces perdues, mémoires réveillées d'un camp stalinien. Paris, 1991.

260 So Jukschinski, Lageri, S. 51. Silde berichtet für das OSERLag, daß es dort ursprünglich 54, seit 1955 noch 46 Lagerpunkte gegeben habe (Ders., Profits, S. 122).

261 Zum KARLag: Artemjew, Reshim, S. 37-38. Rossi, GULAG Handbook, S. 103, 152. Dolinka: Buber-Neumann, Gefangene, S. 87, 109. Nach Angaben Sildes gehörte Dsheskasgan zum STEPLag und nicht zum Lagergebiet Karaganda (Ders., Profits, S. 166-168).

262 Dies., Gefangene, S. 83, 156.

263 Artemjew, Reshim, S. 37-38. Conquest, Anfang, S. 424 (150.000), und ders., Terror, S. 375 (100.000). In S., Bericht, S. 1164, werden für 1937 80.000 Häftlinge im KARLag genannt.

7.7.7 Das Lagergebiet Norilsk/NORILSKLag

Das Lagergebiet Norilsk *(NorilskLag)* war einer der größten GULag-Komplexe. Es lag in der Tiefebene westlich des Jenissei zwischen dem Kotlas-Uchta-Petschora-Workuta-Lagerverbundsystem und DALSTROI. Verwaltungszentrum war die Stadt Norilsk, welche ab 1936 von den Häftlingen erbaut wurde[264] und samt umliegendem Gebiet bis Oktober 1953 direkt dem NKWD/MWD – möglicherweise der GULGMP[265] – unterstellt war. Von diesem Zeitpunkt an übernahm das Ministerium für Nichteisenmetalle die Oberhoheit über Norilsk, Norilsk wurde zu einer regulären Stadtgemeinde erklärt[266].

Die Lager beschäftigten sich vorwiegend mit dem Abbau von Nickel, Kohle, Kobalt, Kupfer und Buntmetallen. Eng verbunden mit dem Lagergebiet waren ein Buntmetallkombinat (Norilski polimetallurgitscheski kombinat) und ein staatliches Bauunternehmen (NorilskStroi). Nach JEBEDSHANS saßen 1942 im ITL Norilsk, dem eng mit diesem verbundenen Hafen Dudinka und weiteren Lageraußenstellen rund 27.000 Häftlinge ein[267]. Für 1947 werden 140.000 bis 150.000 Gefangene genannt[268]. Zusätzlich zum ITL-Lagergebiet Norilsk entstanden 1943 zahlreiche Katorga-Lager und 1948 das Speziallagergebiet GORLag[269], in dem Anfang der fünfziger Jahre rund 18.000 Häftlinge in sechs Lagerpunkten einsaßen[270]. In dem ITL-Lagergebiet Norilsk und dem Speziallager GORLag befanden sich nach SILDE Anfang der fünfziger Jahre rund 40 Lagerpunkte[271], deren Insassenzahlen zwischen 45.000 und etwa 230.000 Häftlingen lagen[272]. Für die späten fünfziger Jahren nennt ROSSI immer noch rund 100.000 Häftlinge[273].

7.7.8 SIBLag

Das SIBLag (*Sibirskoi lager*) wurde bereits in den frühen dreißiger Jahren von der OGPU eingerichtet und bestand seit 1934 unter der GULag des NKWD

---

264 S.G. Jebedshans. Proiswodstwenny fenomen GULAGa. In: Woprosy istorii, 6/1994, S. 188-190. Hier: S. 190. Gute Einführung zur Situation in Norilsk Anfang der fünfziger Jahre: Herbert Passin/Fritz van Liessen. Der Streik von Norilsk. In: Aus Politik und Zeitgeschichte v. 6. Juni 1956, S. 345-356. Besonders: S. 345-350.

265 Nach Bacon, Gulag, S. 74, war das Lagergebiet Norilsk eine Zeit lang der GULGMP unterstellt.

266 So: Passin/van Liessen, Streik, S. 347, 348, 354.

267 Jebedshans, Proiswodstwenny, S. 190.

268 Passin/van Liessen, Streik, S. 348.

269 Nach Rossi, GULAG Handbook, S. 84, steht GORLag für „Bergbaulager" (*Go*rno-*R*udny *Lag*er) oder für „Speziallager" (*G*ossudarstwenny *O*sobo-*R*eshimny *Lag*er). Die von Solschenizyn benutzte Bezeichnung „Berglager" (*Gor*ny*Lag*er) nennt Rossi nicht (Vgl. Kap. 7.2.3). Der ehemalige Norilsk-Sträfling Heinrich bezeichnet das „Strafgebiet Norilsk" als „zweiten Regime- oder Gor-Lagerbezirk der SU" (Ders., Norilsk. S. 357).

270 Heinrich, Norilsk, S. 357. Zu den Arbeitsstätten dieser Speziallagerpunkte: Ebd. S. 358.

271 Silde, Profits, S. 92.

272 45.000 (1953): Passin/van Liessen, Streik, S: 348. 230.000 (1954): Angabe in: „Politische" hinter sibirischem Stacheldraht. In: Die Freiheit (Mainz) v. 3. Mai 1954.

273 Rossi, GULAG Handbook, S. 254. Seinen Angaben nach (S. 503) sollen am Fuße des Schmidt-Berges auf der Taimyr-Halbinsel, bis wohin sich demnach das Norilsker Lagergebiet erstreckte, „Hunderttausende" Häftlinge begraben worden sein.

weiter. Seine Hauptaufgabe war, die Unternehmen der NKWD-Branchen-Hauptverwaltung GlawLes, welche die Holzwirtschaft in West- und Zentralsibirien als Monopol unter sich hatten, mit Arbeitskräften zu versorgen. Das Verwaltungszentrum von SIBLag befand sich in Mariinsk[274].

7.7.9 Die Ural-Lager: SEWURALLag, SOLIKAMLag/SOLLag, SEWWOSTLag

SEWURALLag im nördlichen Uralgebiet war zunächst eine Festlandsfiliale der SLON, von der sich Anfang der dreißiger Jahre SOLIKAMLag oder SOLLag mit Zentrum in Solikamsk abspaltete[275]. Ungewiß ist, in welchem Verhältnis beide Lagergebiete zu dem Lagergebiet SEWWOSTLag standen. Dieses war nach Rossi von der OGPU in den späten zwanziger Jahren ebenfalls im nordöstlichen Teil des europäischen Rußlands errichtet und 1934 von der GULag des NKWD übernommen worden[276].

7.7.10 Das Lagergebiet Potma/DUBLag

Das Lagergebiet Potma mit Verwaltungszentrum in Potma in der Mordwinischen ASSR, oft auch DUBROWLag oder DUBLag (WaldLager) genannt, gehört ebenfalls zu den mehrfach beschriebenen Lagergebieten innerhalb des GULag.

Shifrin nennt erste Lager in der Region um Potma bereits für die frühen zwanziger Jahre. Die Lagerpunkte des später DUBROWLag genannten Lagergebietes seien besonders beim Bau einer Eisenbahnlinie Potma-Temnikow und einer Fernstraße eingesetzt worden[277]. Nach Silde gab es in der Region um Potma seit 1929 Lager und 1950 36 Lagerpunkte[278]. Dallin/Nicolaevsky nennen als Verwaltungszentrum der „Temnikow-Lagergruppe“ Potma[279]. Solschenizyn und Rossi sprechen hingegen von DUBROWLag/DUBLag mit dem Verwaltungszentrum Potma, bezeichnen dies ausdrücklich als Speziallager und erwähnen kein ITL-Lagergebiet[280]. Im Gegensatz dazu gibt Harms, die 1941 bis 1952 in verschiedenen Lagerpunkten des Potma-Lagers einsaß, an, daß die mei-

[274] Rossi, GULAG Handbook, S. 390. Er weist SIBLag schätzungsweise zwei Millionen Häftlinge zu. Zum SIBLag: Silde, Profits, S. 107-110. Er nennt für Anfang der fünfziger Jahre rund 20 Lagerpunkte (Ebd., S. 108).

[275] Rossi, GULAG Handbook, S. 385. Zu SOLIKAMLag/SOLLag: Silde, Profits, S. 83-85.

[276] Ebd., S. 386. Dieses SEWWOSTLag darf nicht mit dem mancherorts ebenfalls SEWWOSTLag genannten SWITLag innerhalb des DALSTROI verwechselt werden.

[277] Shifrin, Reiseführer, S. 116.

[278] Silde, Profits, S. 68-75.

[279] Dies., Arbeiter, S. 21.

[280] Zu Solschenizyn: Vgl. Kap. 7.2.3. Zu Rossi: Ders., GULAG Handbook, S. 108. Problematisch ist allerdings, daß südöstlich von Potma die Stadt Dubrowski liegt, von dem „DUBROW“/“DUB“ auch abgeleitet sein könnte.

sten Lagerpunkte im Lagergebiet Potma ITL-Status gehabt hätten[281]. KARNER bezeichnet das Lagergebiet Potma neben Workuta und Kolyma als eines der „Synonyme des GULAG“ und spricht von einem „riesigen GULAG-Lagerkomplex um Potma, Mordwinische Republik“. Danach umfaßte das Speziallager 3 „Dubrawny“ ein ITL, Speziallager und Kriegsgefangenenlager, wurde im April 1948 auf der Basis des bereits bestehenden ITL Temnikow eingerichtet, hatte 19 Lagerabteilungen im Umkreis von bis zu 36 km und eine Nennkapazität von 20.000 Häftlingen. 90 Prozent der Insassen, die besonders in der Näherei, Torfstich und Land- und Holzwirtschaft eingesetzt gewesen seien, hätten als „staatspolitisch gefährliche Verbrecher“ gegolten[282].

Am wahrscheinlichsten ist, daß in der Region um Potma und Temnikow bereits früh Lager und ITL errichtet und mit verschiedenen Bezeichnungen – so ITL Temnikow – benannt wurden. 1948 entstand innerhalb dieses bereits bestehenden ITL-Lagergebietes ein – möglicherweise DUBLag oder auch DUBROWLag genanntes – Speziallager, wobei beide Gebilde in der Literatur meist nicht auseinandergehalten werden.

7.7.11 Weitere größere Lagergebiete

Weitere bekanntere Lagergebiete waren das ITL-Lagergebiet UNSHLag am Fluß Unsha mit dem Zentrum Suchobeswodnoje[283], das KRASLag in der Region Krasnojarsk[284], das ITL-Lagergebiet BESYMENLag im Gebiet Kuibyschew[285] und die Speziallagergebiete, STEPLag (SteppenLager) mit Zentrum im kasachischen Kingir, zu dem auch Ekibastus und möglicherweise Dsheskasgan gehörten[286], PESTSCHANLag (SandLager) und LUGLag

[281] Siehe: Harms, Tal. Harms wurde 1950 in einen Lagerpunkt verlegt, der ein Speziallagerpunkt war.

[282] Karner, GUPVI, S. 177, 178 und 184, Abb. 2.131.

[283] Nach Rossi, GULAG Handbook, S. 469, wurde dieses in den frühen dreißiger Jahren eingerichtet und war mit Holzwirtschaft und Flößarbeiten beauftragt. 1941 soll die Insassenzahl rund 40.000 betragen haben (S., Bericht, S. 1164). Zu Suchobeswodnoje: ebd.

[284] Silde weist diesem 100 bis 125 Lagerpunkte zu (Ders., Profits, S. 96). Nach dem Bericht eines ab 1949 im KRASLag einsitzenden Häftlings bestand das Lagergebiet aus 28 Lagerpunkten mit jeweils zwei bis vier Lagerstellen, somit insgesamt etwa 112 Lagerstellen. Indem er jedem Lagerpunkt rund 3000 Gefangene zurechnet, kommt er auf eine Zahl von etwa 336.000 Häftlingen in KRASLag Ende der vierziger/Anfang der fünfziger Jahre. Das Lagergebiet habe eine Fläche von 120 bis 140 km Länge und 70 km Breite umfaßt (Bericht aus dem sibirischen Inferno. In: Die Neue Zeitung v. 21. Januar 1954).

[285] Nach Lewytzkyj wurden die Häftlinge dort beim Bau eines größeren Rüstungszentrums eingesetzt (Ders., Inquisition, S. 171). Dallin/Nicolaevsky nennen die Stadt Besymenka als Verwaltungszentrum von BESYMENLag (Dies., Arbeiter, S. 21).

[286] Siehe zu Dsheskasgan, das nach Silde zum STEPLag gehörte: Silde, Profits, S. 166-168, zum STEPLag-Zentrum Kingir: Ebd., 168-170, zu Ekibastus: Ebd., S. 170-171. Nach Angaben eines Zeitungsartikels hatte das STEPLag 1954 drei Lagerabteilungen, von denen die 1. im Lager Rudnik und die 2. im Lager Perewalka lagen und im Kupferbergbau eingesetzt waren, während die 3. Lagerabteilung, in der im Mai/Juni 1954 ein großer Aufstand losbrach (Vgl. Kap. 13.2.2), im Lager Kengir lag und im Städtebau beschäftigt war (Panzer gegen Strafgefangene. In: Die Zeit v. 15. Dezember 1955).

(WiesenLager) in Kasachstan und KAMYSCHLag (SchilfLager) im Gebiet Kemerowo[287].

7.8 Gliederung einer Lagerabteilung

Unter den Lagergebieten standen die Lagerabteilungen. Die genaueste Schilderung der Gliederung einer Lagerabteilung gibt JAKOWLEW für die erste Hälfte der fünfziger Jahre. Danach waren der Lagerabteilung die „Dritte" Dienststelle, also die Vertretung der Operativen Abteilung, beigeordnet und zahlreiche Dienststellen untergeordnet, die auch in den anderen GULag-Ebenen ihre Entsprechung hatten. Dies waren neben einer Leitungsstelle für den Chef der Lagerabteilung eine Verwaltungs- und Wirtschaftsstelle, Registrierungs- und Verteilungsstelle (URTsch), Kultur- und Erziehungsstelle (KWTsch), Feuerschutzstelle, Planstelle, Buchhaltungsstelle, Finanzstelle, Sanitätsstelle, Transportstelle, Veterinärstelle, Versorgungsstelle, Produktionsstelle und Inspektionsstelle[288]. Zu bemerken ist, daß es auf der Ebene der Lagerabteilungen demnach weder eine Politische Stelle noch Staatsanwaltschaft oder ein Lagergericht gab. Auch die Wachtruppen der WOchr waren der Verwaltung der Lagerabteilung offensichtlich nicht untergeordnet. Über durchschnittliche Größen einer Lagerabteilung gibt es keine Angaben. Auszugehen ist aber von großen Schwankungen zwischen einigen hundert und mehreren tausend Insassen[289].

7.9 Die Verteilung der Häftlinge auf die GULag-Ebenen

Über die konkreten Abläufe der Verteilung auf die einzelnen GULag-Ebenen ist nur sehr wenig bekannt. In Memoirenliteratur und Wissenschaft äußerten sich nur sehr wenige Autoren zu diesem Thema[290], genauere Beschreibungen des Ablaufs liegen nur in geringer Zahl vor und weichen zudem in den Aussagen voneinander ab.

Es ist davon auszugehen, daß innerhalb eines Lagergebietes Personalanforderungen von den einzelnen Lagerpunkten, Betrieben oder Sowchosen zunächst

---

[287] Zu PESTSCHANLag, LUGLag, KAMYSCHLag: Rossi, GULAG Handbook, S. 415. Silde nennt ein PESLag mit Zentrum in Karaganda (Ders., Profits, S. 159). Dieses ist wahrscheinlich mit PESTSCHANLag identisch.

[288] Die folgende Darstellung orientiert sich an Jakowlews Organisationsschema in: Ders., Lageri, S. 52.

[289] Beispielsweise nennt Jelanzewa, BAM, auf der Basis von Archivmaterialien für die im Mai 1939 errichtete und zum BAMLag gehörige „1. Abteilung des Nishni-Amursker Lagers" folgende Insassenzahlen: Juni 1939: 350, August 1939: 1019, November 1939: 2324, Januar 1940: über 6000 Lagerinsassen (Ebd., S. 98).

[290] Hofmann, Arbeitsverfassung, S. 268, spricht unter Bezug auf Artikel 11 des Besserungsarbeitskodex (1933) und Petrov von einem behördlichen Vermittlungsdienst für unfreie Arbeitskräfte mit einem ausgedehnten Netz örtlicher Zweigstellen. Dies kann sich jedoch nur auf den Stand der Häftlingsverteilung vor 1934 beziehen.

auf der Ebene der Lagerabteilung gesammelt und dann an die zentrale Verteilungsabteilung, wahrscheinlich die URO, der Lagergebietsverwaltung weitergeleitet wurden.

Nach der Koordination dieser örtlichen und regionalen Personalanfragen mit zentralen Personalforderungen anderer Dienststellen wies die GULag-Zentrale den verschiedenen Lagerebenen Häftlingskontingente zu. Theoretisch wurden dabei Faktoren wie die „Schwere der Schuld"[291], Haftzeit, Alter, Zuverlässigkeit und die Vorbildung berücksichtigt[292]. Von diesem idealtypischen Ablauf sind allerdings erhebliche Abstriche zu machen. Zunächst einmal gelangten nicht alle Häftlingskontingente in vollständiger Anzahl an ihren Bestimmungsort. Nach SOLSCHENIZYN enthielten in der frühen GULag-Zeit die Transportakten der einzelnen Häftlinge keinen Bestimmungsort, so daß in vielen Durchgangsgefängnissen oder Durchgangslagern regelrechte „Verkaufsmessen" abgehalten wurden: GULag-Funktionäre und Vertreter staatlicher Betriebe versuchten, ihr Soll an Personalnachschub aus den Häftlingstransporten zu rekrutieren. Manche Berichte erinnern an einen Sklavenmarkt[293].

Entgegen den Bestimmungen des Statutes über die Besserungsarbeitslager von 1930 und des Besserungsarbeitskodex von 1933 wurde bei der zentralen Verteilungsplanung auf die Vorbildung der Häftlinge nur wenig Rücksicht genommen. Der Artikel 33 des NKJu-Besserungsarbeitskodex hatte angeordnet, daß die Häftlinge gemäß ihrer früheren Arbeitsgewohnheit und Ausbildung verteilt und eingesetzt werden sollten. Auch innerhalb des Lagers sollte diese Spezialisierung nach früheren Tätigkeiten gelten[294]. Unklar ist aber, ob es eine dazu erforderliche zentrale Aktenführung mit allen Informationen über den einzelnen Häftling überhaupt gab. BARTON nennt eine „Sektion für Zählung und Verteilung" in der GULag-Zentrale, mit der sehr wahrscheinlich die Registrierungs- und Verteilungsabteilung (URO) gemeint ist, die aber mit Ausnahme der Techniker und anderer höherqualifizierter Spezialisten nicht über die Dossiers der einzelnen Häftlinge verfügt habe, da diese in den einzelnen Lagern geblieben seien. Dies habe eine der Vorbildung der Häftlinge entsprechende Verteilung erschwert[295]. Offensichtlich wurde im Rahmen der Reorganisation der

[291] Eine derartige Kategorie nennt auch Jakowlew, Lageri, S. 30. Lagerkonzentrationen für Staatsfeinde habe es demnach auf den Solowezki-Inseln, dann bei den Lagern des Weißmeer-Ostsee-Kanals und danach im Lagergebiet Uchta-Petschora gegeben. „Mittlere Fälle" seien nach Sibirien oder in die BAM-Lager gekommen, „leichtere Fälle" an große Baustellen in Zentralrußland. Fraglich an dieser Zuordnung ist, daß er weder einen bestimmten Zeitraum nennt noch in seiner Auflistung Lagerbereiche wie Kolyma, Nowaja Semlja oder Norilsk enthalten sind.

[292] Artemjew, Reshim, S.71-74.

[293] Solschenizyn, Archipel GULag I, S. 527-528. Weissberg-Cybulski, Hexensabbat, S. 470, berichtet, daß die Verhafteten „in einigen Zentralpunkten" versammelt und dort „gesichtet und ... verteilt" worden seien. Auch Ginsburg, Gratwanderung, S. 99, spricht von Reisen des Chefs ihrer NKWD-Sowchose in Elgen nach Magadan, um dort neue Häftlinge anzufordern. Ähnliches schildert Conquest, Kolyma, S. 74, der von einem regelrechten Wettbewerb der verschiedenenen Musterungskommissionen spricht, die die Goldminenverwaltungen nach Magadan entsandten. Diese hatten die Aufgabe, dort die kräftigsten Männer für die Bergbauarbeit auszusuchen und mitzunehmen.

[294] Hofmann, Arbeitsverfassung, S. 272. Siehe Kap. 8.5.1.

[295] Barton, L'institution, S. 118-119.

GULag nach dem Amtsantritt Berijas 1938 das Procedere der Verteilung der Sträflinge effizienter gestaltet und mehr Rücksicht auf deren Ausbildung genommen[296]. Insgesamt ist jedoch davon auszugehen, daß der GULag nicht in der Lage war, sein Zwangsarbeitskräftepotential optimal einzusetzen. Zum einen behinderten sich das an einem ausbildungsgerechten Arbeitskräfteeinsatz interessierte Wirtschaftsimperium GULag und das Herrschaftsinstrument GULag, welches auch strafen wollte gegenseitig, zum anderen mangelte es dem Lagersystem an einer effizienten Organisation der Personalwirtschaft.

7.10 Der Transport der Häftlinge in das Lager

Um in ihren Bestimmungsort zu gelangen, wurden die Häftlinge „auf Transport" oder „auf Etappe" geschickt[297]. Sie wurden dabei von den Konvoitruppen der GUPWO, ab 1946 der GUWWO des NKWD bewacht[298]. Anfangspunkt der danach anstehenden oft wochen- und monatelang dauernden anstrengenden Fahrt in einen Lagerpunkt war in der Regel ein Durchgangsgefängnis oder eine kleine Lager-Durchgangsstelle. Von dort wurden die Häftlinge zum Bahnhof gebracht, wo sie abseits des normalen Besucherverkehrs in umgebaute Personen-Waggons, die sogenannten *stolypins*, verladen wurden[299]. Oftmals wurde diese Fahrt in das Lager als Besserung der Lage gegenüber den Verhältnissen in den Gefängnissen betrachtet[300]. Die Entfernungen in der Sowjetunion machten ein Netz von Etappenstationen, in denen die Gefangenen mitunter Wochen und Monate zubrachten, bevor der Transport fortgesetzt wurde, notwendig. Diese lagen in der Regel in größeren Städten, Eisenbahnknotenpunkten und an Kreuzungen anderer Verkehrslinien und waren meist Untersuchungsgefängnisse oder Durchgangslager. In diesen *peresylkas*[301] machten die zukünftigen Lagerhäftlinge die erste Bekanntschaft mit Lagerhierarchien und erhielten Einblicke in überlebensnotwendige Verhaltenweisen. Vorläufiger Endpunkt der Fahrt war oft einen größeres Durchgangs- oder Transitlager, von wo aus

[296] Swianiewicz, Forced labour, S. 36.

[297] Siehe allgemein zu Häftlingstransporten: Solschenizyns Kapitel „Die Schiffe des Archipels" in: Ders., Archipel GULag I, S. 463-500. Rossi, GULAG Handbook, S. 510-513. Schilderungen von Transporten aus der Memoirenliteratur: Kapitel „‚Viehverladung' und 20.000 km Transport" in: Witschel, S. 92-100. Solschenizyn, Archipel GULag III, S. 37-54, schildert seinen eigenen Transport von seiner Scharaschka über Kuibyschew, Omsk, Pawlodar in ein Speziallager bei Ekibastus 1950.

[298] Dazu: Artemiev, Forces, S. 251-252.

[299] Solschenizyn, Archipel GULag I, S. 463. Zu den *stolypin*-Waggons (Aufteilung, Abteilbelegung, Verpflegung, schlechte sanitäre Bedingungen): Ebd., S. 465-471. Rossi, GULAG Handbook, S. 432-433. Beispiele: Kravtschik, Dornenwege, S. 100-101.

[300] Schalamow, „Artikel 58", S. 112, ist der Auffassung, daß sich die Gefängnisinsassen auf den Transport in die Lager gefreut hätten, um so der Enge des Gefängnisses zu entgehen. Auch Solschenizyn, Archipel GULag III, S. 37, gibt an, daß mit dem Transport zunächst eine „eigenartige, fröhlich-erregte Stimmung" verbunden gewesen sei.

[301] Vgl. zu den *peresylkas*: Solschenizyns Kapitel „Die Häfen des Archipels" in: Ders., Archipel GULag I, S. 501-530, hier S. 501. Ders., Archipel GULag III, S. 49-50. Scholmer, Arzt, S. 53, bezeichnet die „peresilka" als Verteilungslager.

die Häftlinge dann je nach Arbeitskräftebedarf der einzelnen Lagergebiete verteilt wurden.

Im Unterschied zu zahlenmäßig geringeren Transporten wurden bei Massendeportationen von Völkern und sozialen Schichten[302] keine *stolypins*, sondern sogenannte „rote Waggons“ eingesetzt. Es handelte sich dabei um umgebaute rote Viehwaggons, in die die Häftlinge für die Dauer der Fahrt eingesperrt wurden. Diese Züge hielten nicht in Durchgangsgefängnissen, sondern fuhren direkt zu den Lagern[303]. Neben diesen beiden gebräuchlichsten Varianten des Eisenbahntransports geschah es auch, daß Häftlinge zu Tausenden auf Seeschiffen (Nachodka/Wladiwostok-Nogajew/Magadan) zu ihren Lagern gebracht wurden[304]. Auch Flußtransporte per Flußschiff gab es[305]. Bei geringeren Entfernungen dienten Lastkraftwagen als Transportmittel[306]. Existierten zu besonders weit außerhalb gelegenen Lagerpunkten weder Eisenbahn- noch Straßen- oder Flußverbindungen, so wurden die Häftlinge in Pferdewagen oder im Fußmarsch dorthin verbracht[307]. In einzelnen Ausnahmefällen wurde ein „Sonderkonvoi“ oder „Spezialkonvoi“ angeordnet, bei dem der Häftling in Zivilkleidung und bewacht von NKWD-Personal mit öffentlichen Verkehrsmitteln an seinen Bestimmungsort gebracht wurde[308]. Dieser Bestimmungsort war das Einzellager – der Lagerpunkt.

[302] Solschenizyn nennt „Kulaken“ 1929-1931, die Häftlinge, die in den dreißiger Jahren in den DALSTROI transportiert wurden, die Wolgadeutschen 1941, die aus deutschen Kriegsgefangenenlagern befreiten und sofort in sowjetische PFL weitergeleiteten sowjetischen Soldaten und ab 1948 die in die Speziallager verlegten Häftlinge, die nach Artikel 58 einsaßen (Ders., Archipel GULag I, S. 532).

[303] Zu den roten Waggons (innerer Aufbau, Essen, Verhalten der Kriminellen): Solschenizyn, Archipel I, S. 531-542. Rossi, GULAG Handbook, S. 181-182. Er nennt diese roten Waggons *krasnucha*.

[304] Schiff: Solschenizyn, Archipel GULag I, S. 545-548. Rossi, GULAG Handbook, S. 511. Beispiele: Witschel, S. 113-118, und Lipper, Jahre, S. 82-87 (Transport nach Magadan). Eine genaue Zusammenstellung sowjetischer Schiffe, die zum Gefangenentransport benutzt wurden, mit Namen, Bauzeit, Einsatzorten und Transportkapazität findet sich in Corson/Drowley, KGB, S. 500-503 (Appendix III). Die dort genannten 19 Schiffe konnten zwischen 3000 und 9000 Häftlingen transportieren. 13 von ihnen verkehrten innerhalb des DALSTROI und hatten Wladiwostok, Nogajew oder Nachodka als Heimathafen, eines fuhr die Strecke zwischen Archangelsk und Ambartschik, also ebenfalls in den DALSTROI, zwei hatten Odessa als Heimathafen; die Einsatzorte zweier Schiffe sind unbekannt. Siehe auch Kap. 7.7.1.

[305] Flußtransporte: Solschenizyn, ebd., S. 542-545. Rossi, GULAG Handbook, S. 181-182.

[306] Rossi, GULAG Handbook, S. 512.

[307] Solschenizyn, Archipel GULag I, S. 548-551. Rossi, GULAG Handbook, S. 512. Letzterer verweist auf einen Fall in der Memoirenliteratur, wo Häftlinge zu Fuß im Dezember 1952 von Irkutsk aus über 1000 Meilen nach Norden marschieren mußten (Ebd.). Auch Mund, GPU, S. 149, nennt Fußmärsche „über Hunderte von Kilometern“.

[308] Solschenizyn selbst wurde mittels Sonderkonvoi zu einer Scharaschka gebracht (Ders., Archipel GULag I, S. 553-558). Rossi, GULAG Handbook, S. 413. Beispiele: Kravtschik, Dornenwege, S. 70.

8 Organisation und Leben im Lagerpunkt der Stalinzeit

„Das Grundprinzip des Stalinismus ist das Lager."
Bernhard Roeder
(Katorga-Häftling in Workuta)[1]

Dem Häftling trat der GULag nicht als administratives Großgebilde, sondern in der Form des einzelnen Lagers[2] entgegen. Der sowjetische Begriff für die Gesamtheit der Verhältnisse innerhalb des Lagers ist *Lagerregime*, dessen deutsche Entsprechung die Lagerordnung wäre. Dieses Lagerregime war in den unzähligen Lagern je nach Zeit, Kategorie und wichtigstem Arbeitsauftrag unterschiedlich. Insgesamt war das Lagerregime in den ITL bis Mitte der dreißiger Jahre im Vergleich zu später weniger streng. Mitte der dreißiger Jahre, noch vor der Reorganisation des GULag unter Berija, verschärfte sich das Lagerregime dann enorm. Als Wendepunkt ist das Jahr 1937 festzumachen[3]. Hintergrund dieser Verhärtung war zum einen der in der ganzen Sowjetunion schärfer werdende Kurs, zum anderen das Bemühen, aus den Lagern noch mehr Arbeitsproduktivität herauszuholen. Erst in den Jahren 1942-1944, während derer von den ITL im Zeichen des Sowjetpatriotismus von „Arbeitsstätten für die Verteidigung des Vaterlandes" gesprochen wurde, lockerte sich das Regime in den ITL wieder. In der Nachkriegszeit wurde die Lagerordnung bis zur großen Umwälzung Anfang der fünfziger Jahre wieder schärfer; die Versorgungslage besserte sich aber ab 1948. Zu bedenken ist, daß diese Entwicklung ausschließlich für die ITL gilt, während das Regime in den Katorga- und Speziallagern der vierziger Jahren grundsätzlich sehr streng war.

---

1 Roeder, Katorgan, S. 186.

2 Es gibt verschiedene Ansichten über die Bezeichnung des eigentlichen Lagers (Solschenizyn: Lagerpunkt, Rossi, Rousset, Barton: Lager[abschnitt]). Im folgenden wird der Begriff „Lagerpunkt" benutzt. Er bezeichnet die administrativ eigenständige GULag-Institution, die oberhalb der Lagerstelle und der *komandirowka* sowie anderer Lageraußenstellen und unterhalb der mehrere Lager umfassenden Lagerabteilungen anzusiedeln ist. In Zitaten und Anmerkungen werden die Begriffe benutzt, die die Autoren selbst gebrauchen.

3 Für 1937: Solschenizyn, Archipel GULag II, S. 113, 117, 125. S., Bericht, S. 1177. Leonhard, Fahrt, S. 87, spricht allgemein für einen Zeitpunkt nach 1934 von der Einführung eines „strengeren Lagerregimes".

In den folgenden Ausführungen werden der Aufbau des einzelnen Lagerpunktes und die Lebensbedingungen der Häftlinge dargestellt[4].

8.1 Der Lagerpunkt und seine Außenstellen (Lagerstelle und Komandirowka)

Der Lagerpunkt entstand meist, indem Häftlinge in unbebautem Gelände Stacheldraht zogen, Baracken für die Wachen und abschließend Unterkünfte für sich selbst bauten[5]. Inbegriff für das Lager war die *Zone*[6]. Es bestehen unterschiedliche Angaben über die Aufteilung innerhalb des Lagerpunktes, allgemein ist aber von einer Wohnzone und einer „Produktionszone" genannten Arbeitszone auszugehen. Beide waren durch Stacheldrahtverhaue voneinander getrennt[7].

Die *Wohnzone (Shilsona)*, die Zone im engeren Sinne, bestand aus den Wohnbaracken, Rossi spricht von bis zu dreißig, der Kantine, einem Lagergefängnis (Strafisolator), dem *banja* genannten Waschhaus, einem Abortgebäude, dem Krankenrevier, der *komendantura* der Lagerpolizei, dem Gebäude der Lagerverwaltung und einem Lagerladen, mitunter einem Erholungspunkt[8] und einer

[4] Die Ausführungen beziehen sich auf die Verhältnisse in Lagerpunkten eines „Besserungsarbeitslagers" (ITL). Die weitaus schärferen Bedingungen in den Einrichtungen, die gemeinhin Straflager genannt werden, in den Katorga-Lagern und den Speziallagern werden in den Unterkapiteln gesondert aufgeführt. Zum Arbeitsprozeß im Lagerpunkt: Vgl. Kap. 9.

[5] Solschenizyn, Archipel GULag II, S. 197. Ähnliche Schilderungen in großer Anzahl bei anderen Autoren (Antonow-Owsejenko, Weg, S. 109).

[6] Solschenizyn, Archipel GULag II, S. 649, Anmk. 27. Nach seinen Angaben wurden mit dem Begriff *Zone* sowohl das Gebiet innerhalb der Umzäunung, also Wohn- und Produktionszone, als auch die Sperranlagen selbst bezeichnet. Rossi macht die gleichen Angaben und fügt hinzu, daß die Zone auch der offizielle Begriff für ein numeriertes einzelnes Lager gewesen sei (Ders., GULAG Handbook, S. 137). Dies stimmt mit Angaben in Siegl, Tore, S. 38, überein, wonach auch heute noch in Rußland mit „Zone" das Lager insgesamt gemeint sei. Eine idealtypische Zeichnung eines Lagerpunktes: Rossi, GULAG Handbook, S. 197. Ein Photo einer Wohnzone: Ebd., S. 377.

[7] Solschenizyn, Archipel GULag II, S. 649, Anmk. 27. Rossi nennt neben Wohnzone und Produktionszone als drittes eine Industriezone (Ders., GULAG Handbook, S. 137-138 [Wohnzone], 339 [Produktionszone], 342-343 [Industriezone]).

[8] Der Erholungs- oder Gesundungspunkt (*Otdyschatelny punkt* oder *Osdorowitelny punkt*) bestand aus einer abgesonderten Baracke, in der die Unterkünfte und die Verpflegung besser waren und die Häftlinge nicht an der gewohnten harten Arbeit teilnehmen mußten, sondern lediglich drei bis vier Stunden am Tag mit leichter Arbeit beauftragt wurden oder, so Harms, überhaupt nicht arbeiten mußten. Solschenizyn, Rossi, Harms und Lipper sprechen übereinstimmend von zwei bis drei Wochen. Voraussetzung war meist nicht etwa körperliche Schwäche, sondern ganz im Gegenteil Normüberfüllung, tadelloses Verhalten und die Zustimmung der Operativen Stelle. Der OP war somit in der Regel keine medizinische Einrichtung, sondern eher ein Teil des Prämiensystems. Infolge der strengen Zulassungsbestimmungen und von Manipulationen kamen nur wenige Häftlinge in den Genuß eines OP-Aufenthaltes. Viele von denen, die es schafften, waren *pridurki* und keine Häftlinge der „Allgemeinen Arbeiten", die eine solche Ruhephase nötiger gehabt hätten. Nach Rossi war der Erholungspunkt keine ständige Einrichtung, sondern wurde in den Lagerpunkten nur einmal im Jahr oder alle anderthalb Jahre eingerichtet, in denen die Arbeitsleistung stark gesunken war. Lipper spricht ebenfalls davon, daß ein OP jeweils für einen kurzen Zeitraum (ein bis zwei Monate) eingerichtet und anschließend wieder geschlossen worden sei. Die Angaben bei Ginsburg und Harms weisen hingegen darauf hin, daß der OP in deren Lagerpunkten ständig bestand. In Katorga-Lagern gab es generell

Fülle weiterer Funktionsgebäude[9]. In kleineren Einzellagern fehlten manche dieser Einrichtungen. Alle diese Gebäude waren in der Regel Holzbauten, lediglich in den Speziallagern gab es ein steinernes Gebäude: das Lagergefängnis[10].

Zur *Produktionszone (Proiswodstwennaja sona)* gehörten in kleineren Lagerpunkten die einzelnen Lagerwerkstätten, die vorwiegend für das Lager arbeiteten[11], und in manchen größeren Lagerpunkten oder Lagerpunkten, die unmittelbar einer höheren Lagerebene unterstanden, ein *Wirtschaftshof*, in dem verschiedene Lagerwerkstätten zusammengefaßt waren[12]. Die Arbeitsplätze der „Allgemeinen Arbeiten" lagen oft außerhalb des eigentlichen Lagerpunktes in Bergwerken, Straßen-, Eisenbahn- oder Kanalbauabschnitten und anderen Einsatzorten. Für die Lagerpunkte, deren Insassen vornehmlich mit industriellen Aufgaben beschäftigt waren, nennt ROSSI eine *Industriezone (Promyschlennaja sona, Promsona, Promploschtschadka)*, in der die Industriebetriebe gestanden hätten, und die meist größer als die gewöhnliche Produktionszone gewesen sei[13].

An die meisten Lagerpunkte grenzte eine Siedlung von Freien, in denen die NKWD-Bediensteten, deren Familien und freie Arbeitnehmer, die innerhalb des Lagerpunktes oder bei den diesem zugeordneten „Allgemeinen Arbeiten" tätig waren, wohnten[14]. Oft bestanden in unmittelbarer Nähe des Lagerpunktes Siedlerkolonien (*kolonii poselenzow*), in welche ehemalige Lagerinsassen, denen ein Teil der Lagerhaft erlassen worden war, einquartiert wurden[15].

Der Zusammenhang zwischen Lagerpunkt und dem umliegenden Gebiet war oft sehr eng. Die wirtschaftliche Einbindung des Lagerpunktes wurde meist für wichtiger erachtet als die Isolation der Lagerinsassen. Viele ITL-Lagerpunkte lagen nicht abgeschlossen und für sich allein in der Wildnis, sondern waren in ein Geflecht mit ihrem Umland eingebettet[16]. Viele Bewohner des Umlandes eines Lagerpunktes arbeiteten in Produktionszone, Industriezone und den anderen Einsatzstellen des Lagerpunktes, in Zulieferbetrieben, Verwaltungen von Lagerabteilungen oder Lagergebietsverwaltungen. Nicht zu vergessen ist, daß viele

---

keine Erholungspunkte (Zum OP: Solschenizyn, Archipel GULag II, S. 207-208. Rossi, GULAG Handbook, S. 264. Ginsburg, Gratwanderung, S. 9. Harms, Tal, S. 62-63. Lipper, Jahre, S. 192).

9 Rossi, GULAG Handbook, S. 137-138, nennt eine überdachte Kochplatte „für die individuelle Beköstigung", Harms, Tal, S. 38-39, die *chleboreska* (Brotausgabestelle), *stolowaja* (Speisesaal), *kipetilka* (Ausgabestelle für heißes Wasser), *sushilka* (Trockenraum), *basharka* (Entlausung von Kleidungsstücken), *kaptiorka* (Ausgabestelle für Kleidungsstücke und Schuhwerk) und den *Klub* (Aufenthaltsraum). Siehe auch Scholmers Lagervokabelverzeichnis (Ders., Arzt, S. 8-9).

10 Dazu: Solschenizyn, Archipel GULag II, S. 161. Rossi, GULAG Handbook, S. 137-138, 195.

11 Rossi, GULAG Handbook, S. 138, 339,

12 Solschenizyn berichtet von einem solchen im Lager Kingir. Dieser habe über Schneider-, Kürschner-, Buchbinder- und Tischlerwerkstätten, eine Gießerei und eine Schlosserwerkstatt verfügt, für andere Fabriken in Auftragsarbeit Kanalisationsdeckel gegossen, verschiedene Maschinen hergestellt, Reparatur-, Wartungs- und Inspektionsaufgaben durchgeführt (Solschenizyn, Archipel GULag II, S. 568-569).

13 Rossi, GULAG Handbook, S. 342, 343. Der Terminus „Industriezone" als eigener abgezäunter Bereich findet sich auch in: Gubarew, Arsamas-16, S. 169.

14 Vgl. eine solche Beschreibung bei Solschenizyn, Tag, S. 30.

15 Rossi, GULAG Handbook, S. 167.

16 Auszunehmen sind hier die Katorga-Lager (ab 1943) und viele Speziallager (ab 1948), die weitaus isolierter angelegt wurden als die Besserungsarbeitslager.

Bewohner der Lagerumgebung nicht vor den aus Sicht der Sowjetbehörden schädlichen Einflüssen des Lagerpunktes geschützt werden mußten, da sie diese aus eigener Anschauung sehr genau kannten. Die Bevölkerung der Siedlungen, Orte und Städte in unmittelbarer Nähe von Lagerpunkten oder höheren GULag-Ebenen setzte sich zu einem großen Teil aus Deportierten, Ex-Häftlingen, denen es verboten war, wegzuziehen, und GULag-Personal zusammen[17]. Die eingesessene Bevölkerung war gerade in den dicht mit Lagerpunkten belegten Gebieten oft nomadisierend oder ländlich verwurzelt, so daß sie in ihrer mit Lagerpunkten und städtischen Siedlungen allmählich neu gestalteten Heimat immer mehr zu Fremden, oft sogar zur Minderheit wurde[18]. Auf diese Weise entstanden große Gebiete, die vom GULag geprägt waren.

Der einzelne Lagerpunkt war in der Regel fest in die Ebenen-Hierarchie des GULag eingebunden und unterstand einer Lagerabteilung. Es kam aber auch vor, daß einzelne Lagerpunkte, beispielsweise solche mit besonders wichtigen Produktionsaufträgen, direkt einer Lagergebietsverwaltung unterstellt wurden[19]. Der Lagerpunkt wurde meist mit einer Nummer bezeichnet[20]. Im Lagerslang kam es aber auch vor, daß Lagerpunkte nach Siedlungen, Flüssen, Waldstücken benannt wurden. Über die Anzahl der Lagerinsassen eines Lagerpunktes gibt es unterschiedliche Angaben. Es ist jedoch von mehreren hundert bis einigen tausend Sträflingen je Lagerpunkt auszugehen[21].

Die dem Lagerpunkt unterstellten GULag-Ebenen waren die *Lagerstelle* (*lagernaja tschast*) und die *komandirowka*. Über deren exakte Zuordung liegen unterschiedliche Ansichten vor[22]. Ungeachtet dieser kann man diese Untereinhei-

[17] Zu den verschiedenen Kategorien von Bewohnern und deren Tätigkeiten: Solschenizyn, Archipel GULag II, S. 546-547.

[18] Vgl. Kap. 12.2.2 und zur Russifizierung mit Hilfe des GULag: Kap. 12.1.

[19] Vgl. Organisationsschema bei Artemjew, Reshim, S. 204.

[20] So spricht beispielsweise Harms, Tal vom 8. (S. 54), 1. (S. 92, 109), 14. (S. 106), 6. (S. 108) und 10. „LagPunkt" (S. 119) einer Lagerabteilung, zwischen denen sie hin und her versetzt wurde.

[21] Leonhard nennt für den einzelnen Lagerpunkt *800-1200*, in größeren Lagerpunkten, so in denen von Workuta, bis zu *3000* Gefangene (Leonhard nach: Armanski, Maschinen, S. 150). An anderer Stelle spricht sie von „durchschnittlich *1000* Gefangenen" pro Lagerpunkt (Dies., Fahrt, S. 198). Lewytzkyj nennt je Lagerpunkt „einige Hunderte bis einige Tausende von Sträflingen" (Lewytzkyj nach: Pauschner, Teufelskreis, S. 172-173). Solschenizyn, Archipel GULag II, S. 223, nennt *6000* für einen Lagerpunkt des KARLag, *6000-10.000* für einen Bauabschnitt am Rybinsker Wasserwerk. Für das Speziallager Ekibastus nennt er über zweihundert Brigaden (Ders., Archipel GULag III, S. 248). Rechnet man diese zu 30-50 Mann, so ergeben sich auch hier *6000-10.000* Häftlinge. Für einen Lagerpunkt Nr. 2 in der Lagerabteilung Kingir des STEPLag nennt er *3000* Häftlinge (Ebd., S. 281). Rossi ordnet einem Lagerabschnitt bis *5000* Insassen zu (Ders., GULAG Handbook, S. 195), Scholmer, Arzt, S. 56, 97, in Workuta jedem Lagerpunkt durchschnittlich *3500* Häftlinge. In S., Bericht, S. 1164, ist für die Lagerpunkte im WORKUTLag von durchschnittlich *700-1200* Gefangenen die Rede. Morosow/Rogatschew nennen für den „OLP Abes", wahrscheinlich ein Speziallager, *11.000* Häftlinge in sechs Lagerpunkten (Dies., GULag Komi, S. 186).

[22] Artemjew, Reshim, S. 204, sieht unter den Lagerpunkten die Lagerstellen und darunter die Ebene der *komandirowkas*. Jakowlew, Lageri, S. 51, beschreibt Lagerstellen und *komandirowkas* ebenfalls als zwei dem Lagerpunkt unterstellte Institutionen, die jedoch auf einer gemeinsame Ebene stünden. Solschenizyn nennt als nach dem Lagerpunkt nächstkleinere administrative Einheiten die Lageraußenstelle, die er allerdings mit der *komandirowka* gleichsetzt, und die manchmal darunter angesiedelte Sub-Lagerstelle (*podkomandirowka*) (Ders., Archipel GULag II, S. 648, Anmk. 18). Rossi nennt ebenfalls die *komandirowka* und *podkomandirowka*. Nach ihm war die *komandirowka*

ten als häufig kleinere und kleinste Arbeitsaußenkommandos ansehen. In ihnen lebten weitaus weniger Häftlinge und Lagerpersonal als im Lagerpunkt; sie bestanden nur aus provisorischen Unterkünften mit schlechteren Bedingungen und hatten oft zeitlich befristete Aufgaben außerhalb des Lagers[23].

8.2 Aufbau der Lagerverwaltung

Die Lagerbehörden waren bemüht, so viele Funktionen wie möglich mit Häftlingen zu besetzen. Dies galt nicht nur für niederrangige Posten, sondern auch für Leitungsaufgaben. Der Hauptgrund für dieses Bestreben lag in der Minderung der Personalkosten. Grundsätzlich wurde nur soviel NKWD-Personal oder noch teureres freies Personal eingesetzt, wie erforderlich war, um die Kontrolle des Lagers und die Erfüllung der Arbeitspläne sicherzustellen. Neben dieser Verringerung der Verwaltungskosten diente der Einsatz von Funktionshäftlingen auch dazu, das Kastendenken im Lager zu fördern.

Falsch wäre es, die so ab Mitte der dreißiger Jahre aufgebaute Verwaltung als Häftlingsselbstverwaltung, wie sie auf den Solowki bestanden hatte, zu bezeichnen. Die in zaristischen Zeiten und bis in die zweite Hälfte der zwanziger Jahre erlaubte Wahl eines Lager-"Ältesten" als Häftlingsvertreter gegenüber der Lagerleitung wurde unmöglich gemacht, indem der Kontakt der Häftlinge untereinander stark eingeschränkt wurde. Die daraufhin in den Baracken und größeren Zellen gewählten Ältesten mußten ab Anfang der dreißiger Jahre von der Lagerleitung bestätigt werden. Im Sommer 1938 wurde der Posten des Lagerältesten ganz abgeschafft[24]. Barackenälteste gab es zwar weiterhin, jedoch wurden diese von der Lagerleitung eingesetzt und sind nicht mehr als Vertrauensleute der einfachen Häftlinge anzusehen.

Die höchsten Posten im Lagerpunkt waren der Kommandant, ein oder zwei Unterkommandanten, der Leiter der Operativen Stelle, der Regimechef und die

(„remote forced labor camp sector") eine aus arbeitstechnischen Gründen abgetrennte „subdivision" eines „camp sector or other camp entity", die *podkomandirowka* („remote forced labor camp sub-sector") eine ähnliche Einrichtung mit administrativ niederrangigerem Status (Ders., GULAG Handbook, S. 169 [Komandirowka], 196 [Lagpunkt], 138). Seine Angaben sind jedoch unbrauchbar. Er geht von einem anderen administrativen Aufbau des Lagersystems aus und bleibt häufig unscharf in seinen Äußerungen. So setzt er Lagerpunkt und *komandirowka* gleich, nennt die Ebenen Lagerabteilung und Lagerstelle nicht und bezeichnet auch nicht den Lagerpunkt, sondern den „camp sector", einen in der sonstigen Literatur nicht gebräuchlichen Begriff, als Terminus für das reguläre Einzellager. Es würde hier zu weit führen, auf die Unstimmigkeiten und Überschneidungen zwischen „subdivision", „sub-sector", „sector" und den Verhältnissen unter und zwischen den kleineren administrativen GULag-Ebenen einzugehen.

[23] Schalamow, „Artikel 58", S. 45-58, beschreibt ein solches Außenkommando. Dieses bestand aus vier Häftlingen, die, anfangs ohne Aufseher, mit einer Zehntagesration Proviant ausgerüstet waren, in einer alten Blockhütte Quartier bezogen und den Auftrag hatten, eine Schneise zu schlagen. Witschel, S. 110-112, nennt für eine Außenstelle, auf der sie 1949 eingesetzt war, Häftlingsbewachung durch bewaffnete Kriminelle, das Fehlen von Winterbekleidung und miserable Unterbringung ohne Matratzen und Bettwäsche.

[24] Zum Ältesten: Rossi, GULAG Handbook, S. 429. Anleihen an die Häftlingsselbstverwaltung wurden allerdings während des Zweiten Weltkrieges gemacht, als es an freiem GULag-Personal mangelte.

Leiter der wichtigsten anderen Dienststellen[25]. Diese stellten die Lagerleitung dar. Von diesen Personen waren lediglich der Kommandant und der Chef der Operativen Stelle, der Vertretung der Staatssicherheit im Lager, grundsätzlich Freie. Bei anderen Dienststellen ist davon auszugehen, daß sie von Freien oder Häftlingen und oft ausschließlich von letzteren besetzt wurden[26].

Zur Verwaltung des Lagerpunktes zählten einige Dienststellen, die vom Lagerkommandanten kontrolliert wurden, und zwar die Kommandantur (*komendantura*), die *Registrierungs- und Verteilungsstelle (URTsch)*, die *Kultur- und Erziehungsstelle (KWTsch)*, die *Operativ-Tschekistische*, ab 1937 *Operative Stelle (OperTschTsch/OperTsch)*, die *Verwaltungs- und Wirtschaftsstelle (AChTsch)* und die *Produktions- und Planstelle (PPTsch)*. Stets aufgeführt werden weiter die *Sanitätsstelle (SanTsch)* und die *Spezialstelle (SpezTsch)*[27]. Darüber hinaus werden als weitere Diensteinheiten erwähnt: *Finanz- und Buchhaltungsstelle (FinTsch), Produktions-Technische Stelle (PTTsch), Allgemeine Versorgungsstelle (TschOS), Quartiermacherstelle (KETsch), Stelle für Unterhalt und Reparatur von Gebäuden (KBTsch), Lebensmittelstelle (PTsch)* und *Kontroll- und Planstelle (KPTsch)*[28]. Für den Zeitraum der zwanziger Jahre bis Anfang der dreißiger Jahre sind die *Informations- und Untersuchungsstelle (ISTsch)* und die *Politische Erziehungsstelle (PWTsch)* zu nennen. Mit Ausnahme der Operativen Stelle waren alle diese Dienststellen in der Stabsbaracke angesiedelt. Im folgenden werden die wichtigsten Dienststellen des Lagerpunktes und deren Aufgaben, soweit bekannt, vorgestellt. Dabei wird anschaulich werden, daß die Lagerverwaltung nicht die Aufgabe hatte, die Häftlinge politisch umzuerziehen oder sie mit aller Konsequenz von der Umgebung zu isolieren, sondern den reibungslosen Produktionsablauf und die Planerfüllung innerhalb des Lagerpunktes sicherzustellen. Dieser Auftrag hatte oberste Priorität im Lager.

---

25 Siehe dazu: Solschenizyn, Archipel GULag III, S. 61 und 72. Silde, Profits, S. 36. Rossi, GULAG Handbook, S. 195-196. Nach Stürmer waren die „Chefs der Lager" meistens Stabsoffiziere im Dienstgrad eines Majors oder Obersten (Ders., Sh 895, S. 138). Den selten genannten Regimechef erwähnen Witschel, S. 148, und Silde, Profits, ebd. Unklar ist, in welchem Verhältnis OperTsch und Regimechef zueinander standen.

26 Nach Lewytzkyj waren anfangs in vielen Lagern nur die Kommandanten Freie, erst durch Berijas Reformen sei 1941 bestimmt worden, daß auch der Leiter der für die politische Erziehung zuständigen KWTsch ein Freier sein müsse (Ders., Inquisition, S. 171. Auch in: Paschner, Teufelskreis, S. 172). Möglicherweise hat sich diese Anweisung geändert, denn Solschenizyn nennt für die Zeit seiner Inhaftierung in der zweiten Hälfte der vierziger Jahre neben einem Häftling als stellvertretendem Versorgungschef (Ders., Archipel GULag III, S. 55) auch den Leiter der Kultur- und Erziehungsstelle (KWTsch) (Ebd., S. 123) einen Gefangenen.

27 Siehe dazu: Solschenizyns Abkürzungsverzeichnisse im Anhang der drei Bände (Hier: Ders., Archipel GULag II, S. 669-671). Rossi, GULag, Handbook, S. 196.

28 *PTTsch*, *TschOS*, *KETsch*, *FinTsch*: Rossi, GULAG Handbook, S. 196. *KBTsch*: Ebd., S. 157. *KPTsch*: Ebd., S. 180. *PTsch*, *ISTsch*, *PWTsch*: In Solschenizyns Abkürzungsverzeichnissen. Schalamow, „Artikel 58", S. 182, 185, nennt für ein DALSTROI-Durchgangslager, wahrscheinlich Magadan, eine „Material- und Wirtschaftsabteilung", die wahrscheinlich mit der TschOS gleichzusetzen ist.

8.2.1 *Verwaltungsdienststellen*

Im Unterschied zu den Dienststellen, die vornehmlich mit der Wirtschaft beschäftigt waren, liegen für die Verwaltungsdienststellen nur wenige ungenaue Angaben vor. Zentrale Leitungsstelle für die gesamte Lagerverwaltung war die *Kommandantur*. Von Bedeutung waren weiter die mit allgemeinen Verwaltungsaufgaben betraute *Verwaltungs- und Wirtschaftsstelle (AChTsch)*, die *Allgemeine Versorgungsstelle (TschOS)*, die wahrscheinlich den Nachschub an Material sicherstellte, *die Quartiermacherstelle (KETsch)*, die die Belegung und Unterhaltung von Baracken, Zelten, Gebäuden und anderen Lagereinrichtungen zu organisieren hatte, die *Stelle für Unterhalt und Reparatur von Gebäuden (KBTsch)*[29] und die *Spezialstelle (SpezTsch)*, welche die Häftlingsakten führte[30].

Im weiteren Sinne gehörte zu den Verwaltungsstellen auch die *Sanitätsstelle (SanTsch)*. Sanitätsstellen wurden seit 1930 in den Besserungsarbeitslagern der OGPU und bald darauf auch in den Besserungsarbeitseinrichtungen des NKJu eingerichtet. Die Leitung der Sanitätsstelle hatte grundsätzlich ein Freier inne. Andere Ärzte und sonstiges medizinisches Personal konnten Freie, aber auch Gefangene sein. Lediglich in den Katorga- und Speziallagern war es verboten, Ärzte unter den Gefangenen auszuwählen[31].

8.2.2 *Wirtschaftsdienststellen*

Die bekannteste Dienststelle, die für die Organisation des Produktionsablaufes in den Lagern zuständig war, war die *Registrierungs- und Verteilungsstelle (URTsch)*. Zur URTsch, deren Chef gewöhnlich ein Freier war, gehörten Häftlinge, die als Inspektoren und Arbeitsanweiser eingesetzt waren. Ihr werden in der Literatur eine Vielzahl verschiedener Funktionen zugewiesen. Die bekannteste von ihnen war seit Ende der dreißiger Jahre, die Arbeitsfähigkeit der neu angekommenen Häftlinge zu beurteilen und sie einer Arbeitskategorie zuzuweisen[32]. Sie wird deswegen in der Literatur auch „Arbeitsverteilungsstelle“ genannt[33]. Vorläufer der URTsch waren in dieser Funktion bis in die späten zwanziger Jahre ein *Registrierungs- und Verteilungsbüro (Utschotno-raspredelitelnoje bjuro, URB)*[34] und in den dreißiger Jahren bis zur Reform innerhalb des GULag die Bescheinigungskommisssionen[35].

---

[29] Rossi, GULAG Handbook, S. 11, 46, 157 und 187.

[30] Zur SpezTsch: Solschenizyn, Archipel GULag III, S. 58. Rossi, GULAG Handbook, S. 420. Sie war auch für das Photografieren von Häftlingen zuständig.

[31] Rossi, GULAG Handbook, S. 380-382.

[32] Rossi, GULAG Handbook, S. 470, 471.

[33] So: Leonhard, Fahrt, S. 151. Lipper bezeichnet die URTsch als Stelle „für Statistik und Arbeitsverteilung (URTsch)“ (Dies., Jahre, S. 113).

[34] Rossi, GULAG Handbook, S. 470.

[35] Rossi spricht für die Zeit von 1930 bis Ende der dreißiger Jahre von *Bescheinigungskommissionen* (*Attestazionnaja komissija*). Diese hätten dem Lagerkommandanten Vorschläge für das Haftregime des einzelnen Häftlings oder vorzeitige Entlassung gemacht und die Arbeitsfähigkeit des Häftlings zu beurteilen gehabt. Nachdem die Möglichkeit der vorzeitigen Entlassung zunächst für politische,

Daneben war die URTsch offensichtlich auch mit den Häftlingsakten befaßt. Sie unterrichtete die Lagerinsassen über Nachverurteilungen, andere die Häftlingsakte betreffende Dinge[36] und stellte nach GINSBURG, die sie deshalb „Hauptexekutive unseres wunderlichen Staates“ nennt, die Transportlisten für die Verlegung von Häftlingen in andere Lagerpunkte zusammen[37]. Offensichtlich war sie die wichtigste personalbearbeitende Stelle im Lagerpunkt. Die genaue Abgrenzung zur Spezialstelle, die ebenfalls mit der Führung der Häftlingsakten betraut war, ist unklar.

Die konkrete Arbeitsplanung oblag der *Produktions- und Planstelle (PPTsch)*. Sie verteilte die Arbeit auf die Brigaden und war für die Normerfüllung zuständig. In ihr versammelten sich allmorgendlich die Brigadiere und erhielten ihre Tagesaufträge. Ihr wurden täglich auch die Krankenlisten zugesandt, so daß die Einsatzbereitschaft des Lagerpunktes stets bekannt war[38]. Vor Berijas Umstrukturierung des GULag waren andere Diensteinheiten mit Produktions- und Planaufgaben beauftragt. Zu nennen ist die *Kontroll- und Planstelle (KPTsch)*, die gegen Ende der dreißiger Jahre durch andere Verwaltungseinheiten ersetzt wurde[39]. Jedoch war die Organisationsstruktur auch in den vierziger Jahren nicht in allen Lagern einheitlich. ROSSI nennt für die Stalinzeit eine *Produktions-Technische Stelle (PTTsch)*[40], und LEONHARD berichtet ebenfalls von abweichenden Strukturen[41].

8.2.3 Die Operative Stelle (OperTsch)

Vorläufer der späteren OperTsch war in den zwanziger und bis Anfang der dreißiger Jahre die *Informations- und Untersuchungsstelle (ISTsch)*[42]. Sie führte unter Leitung eines Untersuchungsrichters Untersuchungsverfahren wegen nichtpolitischer Delikte, beispielsweise Selbstverstümmelung durch[43]. Die ISTsch war somit eher eine Diensteinheit der Justiz als der Staatssicherheitsbehörden.

---

dann auch für kriminelle Häftlinge aufgehoben worden sei, seien die Kommissionen aufgelöst worden. Die Aufgabe, die Arbeitsfähigkeit zu bestimmen, sei Ende der dreißiger Jahre auf die Registrier- und Verteilungseinheiten der Lagergebietsverwaltungen (URO) und Lager (URTsch) übertragen worden, die Bescheinigungskommissionen seien aufgelöst worden. Offensichtlich gab es diese Kommissionen in den Lagern selbst. Rossi äußert sich nicht dazu, für welche Lager welcher Behörde dies galt (Rossi, GULAG Handbook, S. 10-11).

36 Solschenizyn, Archipel GULag II, S. 362.

37 Ginsburg, Gratwanderung, S. 43.

38 Solschenizyn, Tag, S. 10, 17. Rossi, GULAG Handbook, S. 329.

39 Rossi, GULAG Handbook, S. 180. Bei diesen „anderen Dienststellen“ handelte es sich wahrscheinlich um die PPTsch.

40 Rossi, GULAG Handbook, S. 196, 347.

41 Nach Leonhard, Fahrt, S. 158, wurde im Januar 1939 im Invalidenlager Adak eine „Bauabteilung“ zur „Produktionsabteilung“ erweitert. An anderer Stelle (S. 175) spricht sie von einer „Planabteilung“. Somit waren der Plan- und Produktionsbereich zumindest in Adak auf zwei Dienststellen verteilt.

42 Rossi, GULAG Handbook, S. 147.

43 Siehe dazu die Schilderung bei: Schalamow, „Artikel 58“, S. 58, 119.

Von 1934 bis zur Umstellung 1937 folgte ihr die *Operativ-Tschekistische Stelle (OperTschTsch)*[44]. Sie befaßte sich neben den früheren Aufgaben der ISTsch zunächst auch mit den Aufträgen für die „Allgemeinen Arbeiten" und der Planerfüllung. Diese Funktionen trat sie im Zuge der Umorganisation mit dem Amtsantritt Berijas ab und konzentrierte sich auf die Staatssicherheitsaufgaben[45].

Danach *Operative Stelle (OperTsch)* genannt, beaufsichtigte sie Häftlinge hinsichtlich ihrer politischen Einstellung, führte politische Untersuchungsverfahren[46] durch und kontrollierte alle Freien, einschließlich des Lagerkommandanten. Eine der wichtigsten Aufgaben der Operativen Stelle war es, „geheime Mitarbeiter" (*Sekretny sotrudnik, Seksot*), also Spitzel, anzuwerben[47]. Leiter der Dienststelle war ein NKWD-Offizier, der *Operative Bevollmächtigte* (*Operatiwny upolnomotschenny*), der im Häftlingsjargon *Oper* oder *Gevatter* genannt wurde[48].

Die Operative Stelle war das wichtigste Überwachungsorgan im Lagerpunkt und völlig autonom. Sie war offiziell Teil der Lagerverwaltung, tatsächlich aber der Operativ-Tschekistischen Stelle in der ihrem Lagerpunkt übergeordneten Lagerabteilung unterstellt. Im Unterschied zu allen anderen Dienststellen der Lagerverwaltung lag das Gebäude der OperTsch gewöhnlich außerhalb des Lagerpunktes[49].

8.2.4 *Die Politische Erziehungsstelle (PWTsch) und die Kultur- und Erziehungsstelle (KWTsch)*

Für Agitation und politische Erziehung im Lagerpunkt waren zu verschiedenen Zeiten in den Strafvollzugssystemen zwei Dienststellen zuständig. In den Kon-

[44] Diese Dienststelle wird unterschiedlich bezeichnet: Bis 1937: Operativ-Tschekistische Stelle, dann Operative Stelle oder Operativ-Regime-Stelle (Rossi, GULAG Handbook, S. 266-267).

[45] Solschenizyn, Archipel GULag II, S. 117.

[46] Im Falle eines Untersuchungsverfahrens wurde der Untersuchungs-Lagerhäftling in das „Untersuchungsgefängnis" des Lagerpunktes gebracht. Dieses konnte in einer schlichten Baracke, aber auch in Zelten oder innerhalb einer Strafaußenstelle gelegen sein. Untersuchungseinrichtungen waren wahrscheinlich oft mit diesen Strafeinrichtungen kombiniert. Zu Untersuchungsverfahren und Untersuchungsgefängnissen: Solschenizyn, Archipel GULag II, S. 368-369.

[47] Spitzel wurden in der Regel mit Hilfe von Appellen an ihre Ehre als Sowjetmensch, durch das Angebot, von den „Allgemeinen Arbeiten" befreit zu werden, Zonen-Pridurki zu werden, mehr Essen und Geld zu erhalten, früher entlassen zu werden oder aus Neigung der Betreffenden gewonnen. Das Leben als Spitzel war nicht ungefährlich. Bei ihrer Enttarnung war Lynchjustiz recht häufig. Zum Spitzelsystem: Solschenizyn, Archipel GULag II, S. 340-344, 346. Er schildert einen Anwerbungsversuch an ihn selbst (Ebd., S. 346-353). Silde, Profits, S. 37-38. Rossi, GULAG Handbook, S. 435-438. Scholmer, Arzt, S. 153-156. In der zweiten Hälfte der vierziger Jahre verlor das Spitzelsystem erheblich an Bedeutung. Besonders in den Speziallagern wurde beim sogenannten „Spitzelstechen" Jagd auf die Vertrauensleute der Staatssicherheit gemacht (Vgl. dazu Solschenizyn, Archipel GULag III, S. 234-248).

[48] Zum *Oper*: Solschenizyn, Archipel GULag I, S. 580, Anmk. 34. Ders., Archipel II, S. 345, 348. Rossi, GULAG Handbook, S. 264-266. Stürmer, Sh 895, S. 52, 76 („Beichtvater"). Offensichtlich wurde der Ausdruck „Gevatter" auch für höhere NKWD-Offiziere verwandt, die im Auftrag höherer GULag-Ebenen Lager inspizierten, Verhöre durchführten und Beschwerden entgegennahmen (Solschenizyn, Tag, S. 5, Anmk). Zu Beschwerden: Ebd., S. 123. Zu Lagerverfahren und Untersuchungen: Solschenizyn, Archipel GULag II, S. 363-371.

[49] Rossi, GULAG Handbook, S. 267.

zentrationslagern der OGPU und auf den SLON waren dies bis zur Gründung der GULag der OGPU 1930 die PWTsch. Ab Ende der zwanziger Jahre wurden diese in KWTsch umbenannt. In den Zwangsarbeitslagern des russischen NKWD hießen die entsprechenden Dienststellen KWTsch. Mit der Übernahme der NKWD-Lager durch das russische NKJu wurden diese KWTsch in PWTsch umbenannt. Als schließlich 1934 die GULag des Unions-NKWD gegründet und alle Lager zentral geleitet wurden, wurden die PWTsch der NKJu-Besserungsarbeitseinrichtungen wieder in KWTsch zurückbenannt. Danach waren einzig die KWTsch für die politische und kulturelle Arbeit zuständig[50].

Offizielle Aufgabe der KWTsch war es, die Häftlinge, die nicht zu den „Klassenfeinden" zählten, „kulturell" und „erzieherisch" zu fördern[51]. In der Realität konzentrierte sich die Agitation der KWTsch jedoch mehr darauf, die Häftlinge zur Planerfüllung und –übererfüllung zu treiben[52]. Sie hatten zudem die Aufsicht über sogenannte *Kameradschaftsgerichte*[53] und dienten als Treff- und Anwerbepunkt für Lagerspitzel.

Die KWTsch wurde in der Regel von einem Freien geleitet, der gleichzeitig stellvertretender Lagerkommandant war. Jede KWTsch verfügte über eine Anzahl freier Inspektoren und *Erzieher*. Zu Beginn des Lagersystems waren die Erzieher Freie, ab 1932 wurden zunehmend nichtpolitische Häftlinge, die „dem Proletariat nahestehenden Schichten" entstammen mußten, zu diesen Posten herangezogen. Oft erhielten Berufsverbrecher und andere Personen ohne jede pädagogische oder wissenschaftliche Ausbildung diese begehrten Posten. Für je 250 Häftlinge sei, so SOLSCHENIZYN, ein Erzieher zuständig gewesen. Sie wurden für ihre Aufgaben von der Arbeit im Lager freigestellt. Unterstützt wurden sie bei diesen Tätigkeiten von den *Aktivisten* der Kultur- und Erziehungsstelle, deren Aufgaben weitgehend denen der Erzieher entsprachen[54]. Auch diese wa-

[50] Zur Organisationsgeschichte von PWTsch und KWTsch: Rossi, GULAG Handbook, S. 157, 158, 317, 318. In der Literatur tritt auch die Übersetzung „Kultur- und Bildungsstelle" auf. Heller, Stacheldraht, S. 110, verweist darauf, daß auch im Besserungsarbeitskodex von 1933, von „politisch-erzieherischer Arbeit" statt „kultureller und erzieherischer Arbeit" die Rede ist.

[51] Im Besserungsarbeitslagerstatut von 1930 wurde es Aufgabe der KWTsch bezeichnet, sich im Einklang mit dem „Klassencharakter" des Besserungsarbeitslagersystems um Häftlinge zu kümmern, die der Arbeiterklasse oder der Bauernschaft entstammten. Dabei wurde festgesetzt, daß alle Analphabeten bis zum Alter von 50 Jahren in ihrer freien Zeit an kulturellen und erzieherischen Veranstaltungen der KWTsch teilzunehmen hätten (Rossi, GULAG Handbook, S. 158).

[52] Rossi, GULAG Handbook, S. 158.

[53] Die Kameradschaftsgerichte waren nach Solschenizyn bereits zu Beginn der Sowjetherrschaft eingerichtet worden. Anfangs beschäftigten sie sich mit Diebstählen, Glücksspiel und Prügeleien. Seit 1928 erweiterte sich ihr Kompetenzbereich auf Häftlinge, die zu langsam oder schlecht arbeiteten, Krankheiten simulierten, nachlässig mit Werkzeug, Inventar und anderem Material umgingen. Die Urteile der Kameradschaftsgerichte konnten den Entzug der Besuchs- und Paketerlaubnis, Streichungen einer vorfristigen Entlassung und Versetzung in einen anderen Lagerpunkt enthalten und mußten vom Lagerkommandanten bestätigt und vollstreckt werden (Solschenizyn, Archipel GULag II, S. 455).

[54] *Aufgaben der Erzieher*: Darunter zählt Solschenizyn, die Häftlinge nach der Arbeitszeit zur Planübererfüllung zu motivieren, Ehrentafeln und Tafeln mit den Namen der leistungsschwachen Häftlinge zu führen, Vorträge zu halten, Zeitungen zu verteilen und den Kontakt zwischen OperTsch und Informanten unter den Häftlingen zu halten. *Aufgaben der Aktivisten*: Außer den Aufgaben, die auch von „Erziehern" durchgeführt wurden, nennt Solschenizyn

ren ausschließlich „sozial-nahe Elemente", mußten im Unterschied zu den Erziehern jedoch arbeiten[55].

8.2.4.1 Agitation und Propaganda

Sehr ausgeprägt waren Agitation und Propaganda der PWTsch/KWTsch in der ersten Hälfte der dreißiger Jahre. Dabei sind besonders die Kanalbauten hervorzuheben. Im Unterschied zu den SLON, in denen die Agitation nur eine nachrangige Bedeutung hatte, begleitete dort erzieherische Agitation den gesamten Tagesablauf der Häftlinge[56]. Die Gefangenen wurden „Kanalarmisten" genannt und eine Reihe von Einrichtungen gegründet, mit deren Hilfe die Lebensumstände in den Lagern verbessert, die Bildung der Häftlinge erweitert und die Position des Kommunismus gestärkt werden sollten[57]. Von größerer Bedeutung war jedoch das Bemühen, die Häftlinge durch verschiedenste Kampagnen und Institutionen dazu zu bewegen, ihre Produktivität zu verbessern und so die Produktion zu steigern. „Stäbe des Stoßbrigadlertums" und „Kontrollposten für den Industrie- und Finanzplan" wurden geschaffen, es wurde für eine Verbesserung der Arbeitsdisziplin agitiert, Arbeitsverweigerer sollten aufgeklärt, Bildungsrückstände aufgehoben werden. Mit der Unterstützung von Lautsprechern, die in den Zonen und in den Baracken aufgehängt wurden, wurden laufend Informationen über den Stand der Arbeit, Produktionsergebnisse, besonders arbeitseifrige und besonders schlechte Brigaden und Häftlinge durchgegeben. Es gab Lagerzeitungen in der Form von Wandzeitungen oder hektographierten Blättern, in denen Lagerkorrespondenten beispielsweise über Bestarbeiter berichteten; diese durften allerdings nicht außerhalb des Lagers verteilt werden[58]. Sammelaktionen wurden durchgeführt, „freiwillige" Arbeitsschichten geleistet und Staatsanleihen gezeichnet. Die KWTsch hielten Schulungskurse ab, verteilten Zeitungen und richteten Schautafeln ein. Dem gleichen Zweck dienten Theateraufführungen, Musicals, musikalische Darbietungen und der Einsatz von Agitationsbrigaden[59].

---

zusätzlich: Kontrollbesuche in Kantinen und Berichte über die Stimmung unter den Gefangenen für die OperTsch. Auch die Mitglieder in Theater- und Musikensembles waren, so Rossi, Aktivisten.

[55] Zu Erziehern und Aktivisten: Solschenizyn, Archipel GULag II, S. 449-451. Rossi, GULAG Handbook, S. 3, 158 (Aktivisten), S. 57, 158 (Erzieher).

[56] Zur Agitation allgemein: Solschenizyn, Archipel GULag II, S. 91, 98.

[57] Zum Begriff „Kanalarmisten": Solschenizyn, Archipel GULag II, S. 91-93 (BELBALTLag), 104 (DMITLag). Zu den Einrichtungen: Solschenizyn nennt „Kulturräte der Freiheitsentzügler", „kulturbildnerische Kommissionen" und „Sanitätskommissionen" zur Betreuung der Unterkünfte (Ders., Archipel GULag II, S. 451).

[58] Zum Beispiel einer Lagerbroschüre: *Kanalarmeika* („Die Kanalarmistin"), herausgegegen 1935 im DMITLag (Ebd., S. 104, Anmk.). Vgl. Kap. 7.6 über die Lagerzeitschriften der Lagergebietsverwaltungen.

[59] Solschenizyn, Archipel GULag II, S. 64, 451-456. Lager-Agitbrigaden werden auch bei Schalamow, „Artikel 58", S. 153, erwähnt. Antonow-Owsejenko berichtet vom Bau des Wasserkraftwerks an der Tuloma ab 1934, in dem Spruchbänder mit Aufschriften wie „Stachanow-Arbeit ist der beste Weg, um die Haftzeit zu verkürzen!", „Errichten wir eine Musterstadt für das Kraftwerk an der Tuloma" oder „Für Bestarbeiter an der Tuloma beste zusätzliche Versorgung" hingen (Ders., Weg, S. 134).

Ab Mitte der dreißiger Jahre wurden diese AgitProp-Kampagnen erheblich zurückgeschraubt. Die Forderungen nach Produktionssteigerung wurden nicht mehr mit dem Mantel der Besserungs- und Erziehungsarbeit umhüllt. Nach SOLSCHENIZYN verloren Agitation und Propaganda besonders ab 1937 fast völlig ihre vorherige Bedeutung[60]. Wichtig blieben sie allerdings für das Spitzelsystem im Lager[61]. Die meisten Einrichtungen, Sonderkomitees und „Stäbe" wurden aufgelöst, die Aktivität der KWTsch vollzog sich nun in einem weit geringeren Ausmaß. Sie wurde aus dem Arbeitsprozeß ausgeschaltet und beschränkte sich auf Wandlosungen[62], Politschulungen sowie, besonders an Feiertagen, Kinovorführungen und Laienkunstabende, die durch Lagerkapellen, Chöre und Theatergruppen gestaltet wurden[63].

Trotz Spitzelfunktion und politischer Indoktrination bot die Arbeit der KWTsch dem normalen Häftling die Möglichkeit, von Lager- und Arbeitsalltag abzuschalten, und verschaffte künstlerisch veranlagten oder interessierten Häftlingen Arbeit und Auftrittsmöglichkeiten als Musiker, Bildhauer, Maler, Dichter oder Schauspieler[64]. Allerdings sank die Bedeutung der freizeitgestalterischen Aktivitäten nach dem Krieg weiter[65], und auch in den Speziallagern hielt sich ihre Tätigkeit in engen Grenzen[66]. Der stetige Bedeutungsverlust der politischen Arbeit im allgemeinen und der Tätigkeit der KWTsch im besonderen zeigt, wie weit sich das Strafvollzugssystem GULag von der Besserungsrhetorik der zwanziger Jahre entfernt hatte und wie stark sich alle Energien der Lagerverwaltung auf die Wirtschaft konzentrierten.

8.3 Das Wach- und Kontrollsystem

Für die Außen- und Innenbewachung des Lagerpunktes ist von zwei Gruppen von *Wach- und Aufsichtspersonal* auszugehen. Zuständig für die Außenbewa-

[60] Diese Aussage wird bestätigt durch Harms, Tal, 46, die davon berichtet, daß in ihrer Lagerzeit seit 1943 niemals politische Schulungen stattgefunden hätten. Ginsburg, Gratwanderung, S. 46, erwähnt für Juli 1940, daß sich die politische Bildung der KWTsch „im wesentlichen auf das Vorlesen von Zeitungen, die ein halbes Jahr alt waren", beschränkt habe.

[61] Vgl. Solschenizyn, Archipel GULag II, S. 117.

[62] Ginsburg, Gratwanderung, S. 46, gibt Beispiele für Plakate und Spruchbänder: „Vor dem Essen Hände waschen."; „Durch aufopferungsvolle Arbeit kehren wir in die Familie der Werktätigen zurück."; „Wir erfüllen und übererfüllen den Produktionsplan des Sowchos für das laufende Quartal."

[63] Vgl. Solschenizyn, Archipel GULag II, S. 114, 458. Schalamow, „Artikel 58", S. 130-131, 132. Harms, Tal, S. 43, 46, nennt einen „Kulturkreis", der Theaterstücke zum „Tag der Oktoberrevolution" geprobt habe, und ein „Spektakel" (Lustiger Abend mit Musik und Theaterstück) am Abend des Feiertages.

[64] Solschenizyn, Archipel GULag III, S. 465, 468-469, 473-483.

[65] Nach Harms wurden die Kinovorführungen seit 1948 immer seltener, Theatergruppen erschienen gar nicht mehr (Harms, Tal, S. 119).

[66] Solschenizyn nennt als Aufgaben der KWTsch in den Speziallagern, die Lagerbücherei zu führen, die Häftlingsnummern durch einen „Lagermaler" erneuern zu lassen, Filme vorzuführen und Gitarrenabende zu gestalten. Sie seien neben ihrer Funktion als Spitzeltreff auch für die Briefzensur zuständig gewesen (Solschenizyn, Archipel GULag III, S. 120-127. Ders., Tag, S. 83).

chung des ITL-Lagerpunktes war die örtliche Garnison der Militarisierten Wache (WOchr) der GULag, für die eines Speziallagerpunktes die Konvoitruppen der GUPWO/GUWWO. Das Lagerinnere kontrollierten eine Zeit lang Aufseher des NKWD, die aber in den Speziallagern mit Sicherheit nicht zu den Konvoitruppen und in den ITL mit hoher Wahrscheinlichkeit nicht zu den WOchr gehörten[67].

Hauptaufgabe der Wachmannschaften war, die Außensperren des Lagers zu überwachen und zu sichern, die Häftlinge auf ihrem Marsch zum und vom Arbeitsplatz zu eskortieren („Konvoibewachung") und sie am Arbeitsplatz zu bewachen[68]. Ihr Unterstellungsverhältnis ist nicht eindeutig bekannt, jedoch ist davon auszugehen, daß die WOchr-Truppen in den normalen GULag-Dienstweg eingebunden waren und der WOchr-Abteilung auf der Ebene der Lagergebietsverwaltungen unterstanden[69]. Ähnlich der OperTsch spielten auch die WOchr-Wachmannschaften eine Sonderrolle. Ihre Baracken waren ebenfalls außerhalb des Lagers angesiedelt[70], sie unterstanden wahrscheinlich nicht der direkten Kommandogewalt des örtlichen Lagerkommandanten. Über ihre Stärke gibt es keine befriedigenden Angaben[71].

Die *Außensperren* waren in der Regel nach einem einheitlichen Schema angelegt. Der einzelne Lagerpunkt wurde meist von einem zwei bis sechs Meter hohen Holzzaun oder Stacheldrahtverhau gesichert. An den Ecken und in regel-

---

67 Zur Unterscheidung beider Gruppen von Aufsichtspersonal wird oft auf die Farbe der Kragenspiegel und Mützen hingewiesen. Danach trugen nach Solschenizyn und Rossi die Staatssicherheitsmitarbeiter wie die Angehörigen der OperTsch, die Aufseher im Lagerinneren und später die zum MGB Gehörigen hellblaue, während die NKWD/MWD-Soldaten der WOchr-Wachmannschaften rote Kragenspiegel trugen (Solschenizyn, Tag, S. 9. Ders., Archipel GULag III, S. 57, 69, 568, Anmk. 29. Rossi, GULAG Handbook, S. 83, 181). Silde, Profits, S. 36, unterscheidet ebenfalls in „Reds" und „Blues", macht dies aber an Dienstmützen fest. Für die Außenbewachung seien die „Roten", im Lagerinnern die „Blauen" zuständig gewesen. Armanski, Maschinen, S. 164-165, differenziert für die ITL zwischen Wachsoldaten der WOchr für die Außensicherung und Aufsehern des NKWD, die er „unmittelbare Lagersoldaten" nennt, für das Lagerinnere. Einzig Artemiev, Forces, S. 257, nennt als Aufgabe der WOchr ITL auch die Wache im Lagerinneren. Scholmer sagt für die Speziallager ausdrücklich, daß die „Roten", die er als MWD-Truppen bezeichnet, für die Außenbewachung zuständig gewesen seien, während er die „Blauen", die organisatorisch nichts mit den „Roten" zu tun gehabt hätten, als unbewaffnete Aufseher im Lagerinneren benennt (Scholmer, Arzt, S. 126). Siehe zu den Wachmannschaften allgemein: Solschenizyns Kapitel 9 („Die MP-Söhnchen") in: Ders., Archipel GULag III, S. 220-228. Vgl. Kap. 4.4.

68 Artemiev, Forces, S. 257. Solschenizyn, Archipel GULag II, S. 538-542, 671, und Archipel GULag III, S. 225. Rossi, GULAG Handbook, S. 58-59.

69 Nach Artemiev, Forces, S. 257 (Stand 1955), waren die örtlichen WOchr-Garnisonen truppendienstlich der Wach- und Regimeabteilung der GULag, verwaltungsmäßig dem Lagerkommandanten und operativ dem Vertreter der Operativen Stelle des Lagerpunktes unterstellt. Rossi führt aus, daß der Befehlsstrang der WOchr-Wachtruppen der GULag regional gegliedert gewesen sei. Die einzelnen Wachmannschaften für die Lager hätten nicht dem Lagerkommandanten, sondern NKWD-Kommandeuren, die alle Wachmannschaften in ihrem Zuständigkeitsbereich befehligten, unterstanden (Rossi, GULAG Handbook, S. 46).

70 Rossi, GULAG Handbook, S. 46.

71 Artemiev, Forces, S. 256, 257, gibt als Anhalt für die Größe der örtlichen WOchr ITL fünf Prozent der Lagerinsassenschaft, begründet dies aber nicht. Für das ganze Lagersystem spricht er von „hundreds of thousands" von WOchr ITL-Angehörigen (Ebd., S. 256). Silde, Profits, S. 36, nennt ein Verhältnis von 1:12 zwischen Wachen und Bewachten.

mäßigen Abständen standen Wachtürme mit Suchscheinwerfern. Besonders in Lagern, die in der Nähe von Siedlungen, die nichts mit dem Lager zu tun hatten, lagen, wurden keine Stacheldrahtverhaue, sondern Bretter- oder Ziegelwände als Außenanlagen benutzt, um ein Hereinschauen von außen zu verhindern[72]. In Katorga-Lagern, Speziallagern und anderen Lagern eines strengen Regimes gab es zwei Sperringe, einen niedrigeren und weniger stark gesicherten inneren Zaun und einen weitaus besser bewachten Außenzaun. Zwischen diesen beiden Zäunen lag die *Vorzone.* Bei dieser handelte es sich um ein oft umgegrabenes und geharktes Erdstück, das zum einen dazu diente, den Fluchtwilligen keine Deckung zu bieten, zum anderen bei einem erfolgreichen und zunächst unentdeckten Ausbruch anhand von Fußspuren die Verfolgung aufzunehmen[73]. In den ITL, wo in der Regel nur ein Zaun vorhanden war, war diesem zum Lagerinneren hin ebenfalls eine sorgsam geharkte *Verbotene Zone* (*sapretnaja sona*) vorgelagert, die kein Häftling betreten durfte[74].

Das Bewachungssystem, das nach SOLSCHENIZYN in den zwanziger Jahren noch sehr locker und durchlässig gewesen war, wurde gegen Ende des ersten und zu Beginn des zweiten Fünfjahresplanes erheblich verschärft. Die Sperrzone wurde elektrisch beleuchtet, für die Wachmannschaften eine „Schießvorschrift" erlassen und Hunde eingesetzt; Sondergenehmigungen zum Verlassen des Lagerpunktes wurden eingezogen[75]. Im Zweiten Weltkrieg verlor das Bewachungssystem an Strenge. Viele NKWD-Soldaten wurden an die Front versetzt, die Wachmannschaften mußten mit geringerer Personalstärke immer mehr Lagerpunkte und ihre Außenstellen bewachen[76]. Als Ersatz wurden Reservisten, verwundete Frontsoldaten der Roten Armee, Angehörige von SMERSCH, Militärtribunalen oder anderen NKWD-Einheiten eingesetzt[77]. Da dieser Personalersatz aber nicht ausreichte, wurde auch für die Außenbewachung auf das Prinzip der Selbstbewachung unter Einsatz zuverlässiger Häftlinge zurückgegriffen[78]. Nach Ende des Krieges wurde in den ITL das Wachregime der Vorkriegszeit wieder übernommen und in den Speziallagern besonders strenge Bewachungsmaßnahmen eingeführt[79].

Die Motivation zu Fluchtversuchen war gering. Die großen Entfernungen, das widrige Klima, die durch Fangprämien aufgestachelte Feindseligkeit der Bevölkerung, insbesondere der Stammeinwohner, geheime Außenposten der La-

---

[72] Rossi, GULAG Handbook, S. 137. Beispiele: Harms, Tal, S. 38. Silde, Profits, S. 34. Scholmer, Arzt, S. 56-57. Abbildung: Silde, Profits, S. 37.

[73] Solschenizyn, Archipel GULag II, S. 649, Anmk. 38. Rossi, GULAG Handbook, S. 137.

[74] Harms, Tal, S. 38. Ähnliche Schilderung bei Scholmer, Arzt, S. 56-57.

[75] Solschenizyn, Archipel GULag II, S. 115, 117.

[76] So berichtet Solschenizyn (Ders., Archipel GULag II, S. 378), daß eine Sub-Außenstelle im UST-WYMLag lediglich durch einen niedrigen Lattenzaun statt des üblichen Stacheldrahtzaunes umgeben und die elektrische Beleuchtung aus Gründen der Stromersparnis abgeschaltet worden sei. In einem Straflagerpunkt habe ein einziger NKWD-Soldat mehrere Dutzend Gefangene zu bewachen gehabt.

[77] Solschenizyn, Archipel GULag III, S. 220. Rossi, GULAG Handbook, S.58. Antonow-Owsejenko, Weg, S. 148.

[78] Solschenizyn, Archipel GULag II, S. 377, 541-543.

[79] Solschenizyn, Archipel GULag III, S. 57, 69, 568, Anmk. 29. Die Zonenstreifen wurden verstärkt, die Vorzone mit Stacheldraht gesichert und die Marschwege zum Arbeitsplatz mit MG-Stellungen überwacht.

gerwachtruppen, „Operationsgruppen" des NKWD, die durch die Umgebung patrouillierten, um entflohene Häftlinge zu suchen, Entkräftung und Lethargie des Lagerhäftlings und der zu erwartende Hunger schreckten die meisten Sträflinge von einem solchen ab[80]. Denen, die es trotzdem wagten und dabei gefaßt wurden, drohten empfindliche Strafen[81].

Die *Kontrolle des Lagerinneren* wurde zu Beginn der dreißiger Jahren, als der Besserungs- und Erziehungsgedanke noch propagiert wurde, nach dem auf den Solowki erprobten Prinzip der Selbstbewachung durchgeführt. Diese Selbstbewacher in ITL-Lagerpunkten waren in der Regel ehemalige Tschekisten und „sozial-nahe Elemente" mit militärischer Erfahrung. In Strafaußenstellen, in denen nur „58er" inhaftiert waren, konnten es aber auch politische Gefangene sein. Als Mitte der dreißiger Jahre die Besserungspropaganda fallengelassen wurde und sich die Bedingungen im GULag allgemein verschärften, wurde die Häftlingslagerpolizei größtenteils abgeschafft und durch Aufseher des NKWD/MWD ersetzt[82]. Es ist zu vermuten, daß die Aufseher dem Regimechef des Lagerpunktes unterstellt waren. Mit Ausbruch des Krieges änderten sich die Kontrollmechanismen für das Lagerinnere erneut. Aufseher wurden nun durch lazarettentlassene Armeesoldaten ersetzt oder auf Aufseher verzichtet und das Prinzip der Selbstbewachung erneut eingeführt. In diesem recht häufigen Fall sorgten (Häftlings-) *Kommandant* (*sakljutschonny komendant*) genannte Häftlinge für Ruhe und Ordnung im Lagerinneren[83]. In den

[80] Zu den geheimen Außenposten der Lagerwachtruppen: Rossi, GULAG Handbook, S. 387, und Scholmer, Arzt, S. 57. Zu einer fünfköpfigen NKWD-"Operationsgruppe": Schalamow, „Artikel 58", S. 67-68. Zu Kopfprämien für das Ergreifen eines Flüchtlings: Rossi, GULAG Handbook, S. 80-81, 204. Scholmer, Arzt, S. 57.

[81] Zu den Strafen: „58er" erhielten eine zusätzliche Haftstrafe von zehn Jahren nach Art. 58,14 (Wirtschaftssabotage), Kriminelle und Bytowiki zwei Jahre nach Art. 82 Strafgesetzbuch (Ausbruch) (Solschenizyn, Archipel GULag II, S. 378-382). Nach dem Zweiten Weltkrieg kamen bei wiederholtem Ausbruch auch Kriminelle nach Art. 58.14 in die Speziallager (Ders., Archipel GULag III, S. 71). Prügel kamen regelmäßig, Hinrichtungen zur Abschreckung manchmal vor (S. 379). Andere Angaben macht Antonow-Owsejenko. Er nennt zwei Jahre zusätzliche Haft nach Art. 158 StGB RSFSR und spricht von einer Verschärfung während des Krieges. Danach konnten eingefangene Häftlinge nach Art. 59,14 wegen „konterrevolutionärer Sabotage" zum Tode verurteilt werden (Ders., Weg, S. 140). Beispiele einiger Fluchtversuche: Solschenizyn, Archipel GULag II, S. 382-393, 394-397 (aus ITL). Archipel GULag III, S. 128-156, 157-194, 195-219 (aus Speziallagern).

[82] Zur Selbstbewachung: Solschenizyn, Archipel GULag II, S. 542-543. Zu den Aufsehern: Solschenizyn, Archipel GULag II, S. 535-538. Silde, Profits, S. 36, setzt Aufseher und „political officiers", also Mitarbeiter der Operativen Stelle, gleich. Auch wenn beide als Staatssicherheitsmitarbeiter Uniformen mit blauen Kragenspiegeln trugen, so gibt es jedoch keinen Hinweis darauf, daß die Aufseher im Lagerpunkt zur Operativen Stelle gehörten. Auszuschließen ist dies jedoch nicht, zumal die Unterscheidung zwischen OperTsch und Regimechef unsicher ist. Vgl Kap. 8.2.

[83] Allgemein: Solschenizyn, Archipel GULag II, S. 542-543. Rossi, GULAG Handbook, S. 378. Beispiel für Selbstbewachung durch kriminelle Häftlinge in einer Außenstelle: Witschel, S. 110. Zu den Armeesoldaten: Solschenizyn, Archipel GULag III, S. 536-537. Zu den (Häftlings-) *komendanten*: Nach Solschenizyn und Stürmer waren die (Häftlings-) *komendanten sukas* (Solschenizyn, Archipel GULag II, S. 118. Ders., Archipel GULag III, S. 61 und 568, Anmk. 26. Stürmer, Sh 895, S. 66), nach Rossi, GULAG Handbook, S. 170, 352 nichtpolitische Häftlinge, die wegen Banditentums verurteilt waren. Die (Häftlings-) *komendanten* dürfen nicht mit dem Lagerkommandanten, der ein Freier und Angehöriger des NKWD war, verwechselt werden. Diesem Irrtum erliegt beispielsweise Mund, GPU, S. 149.

Speziallagern wurde dieses Prinzip beibehalten. Die dortigen Komendanten waren fast ausschließlich Häftlinge, die von ihrer Herkunft her Kriminelle waren, aber nach Unterpunkten des Artikels 58 verurteilt worden waren[84].

8.4 Die Freien

Die Anzahl der nichtinhaftierten Bediensteten in einem Lagerpunkt war gering, ebenso die Anzahl der Angehörigen des freien NKWD-Lagerpersonals[85]. Der Dienst war nicht beliebt; für ihn mußte mit Prämien, Klima-, Trennungs- und Gefahrenzulagen und der höheren Anrechnung der Dienstjahre geworben werden[86]. Zu den Bediensteten des NKWD kamen in geringer Zahl angeworbene freie Fachkräfte hinzu, die fast ausschließlich mit Aufgaben betraut waren, die der Sicherung der Planerfüllung dienten. Auch diese wurden mit hohen Gehältern gelockt[87]. Eine Sondergruppe waren Freie, denen als Arbeitsstrafe auferlegt worden war, als „Freiwillig-Verpflichtete" für eine Zeit in einem Lagerpunkt zu arbeiten[88]. Häufig hatten sie ähnliche Tätigkeiten wie die angeworbenen Freien auszuführen, waren für den GULag aber von größerem Vorteil, da sie als Sanktionierte nicht erst unter Aufwand von Geld, Personal und Zeit angeworben werden mußten, sondern in die Lagerpunkte strafversetzt wurden. Höher war die Zahl der „freien Arbeiter", die in Wirklichkeit vom NKWD kontrollierte Ex-Häftlinge waren, denen es verwehrt worden war, wegzuziehen. Sie arbeiteten weiterhin im Lagerpunkt oder bei den „Allgemeinen Arbeiten" und hatten dort die gleichen Aufgaben wie zu ihrer Häftlingszeit. Es kam auch vor, daß in Zeiten von Arbeitskräftemangel Ex-Häftlinge, die in der Umgebung des Lagerpunktes lebten, aber anderweitig beschäftigt waren, in Kommandos, die verstärkt werden mußten, beordert wurden[89]. Im GULag waren somit nicht nur Gefangene, Aufseher und Wachsoldaten, sondern auch viele, die weder als „Freie" noch als Häftlinge bezeichnet werden können, vereint.

---

[84] Solschenizyn, Archipel GULag III, S. 61, 71-72 und 568, Anmk. 26.

[85] Siehe dazu Kapitel 20 („Der Wach-, Beiß- und Kläffdienst") in Solschenizyn, Archipel GULag II, S. 515-543. Er wirft den GULag-Bediensteten in den Lagern Dünkelhaftigkeit, Dummheit und Stumpfheit, Selbstherrlichkeit, Eigensinn und Verbohrtheit, Habgier, Gewinnsucht, sexuelle Begierde, Bosheit und Grausamkeit vor (S. 520-528). Zur Willkür von Lagerkommandanten mit eigenem „Hofstaat", Dienern und zur Prostitution gezwungenen weiblichen Häftlingen: Ebd., S. 141-142.

[86] Im Hohen Norden seien die Dienstjahre sogar doppelt angerechnet worden. Dem einfachen Wachsoldaten des MWD seien nach dem Krieg 230 Rubel Monatssold, das Zwölffache des Soldes eines einfachen Rotarmisten, im Polargebiet sogar 400 Rubel gezahlt worden. Vgl. dazu Solschenizyn, Archipel GULag II, S. 523, Archipel GULag III, S. 223.

[87] Schalamow, „Artikel 58", S. 140, spricht davon, daß Freie, die sich nach Ostsibirien gemeldet hätten, alle sechs Monate eine Gehaltserhöhung von zehn Prozent erhalten hätten.

[88] Solschenizyn, Archipel GULag II, S. 609. Als Beispiel: Ders., Archipel GULag III, S. 229.

[89] Schalamow berichtet von solchen Ex-Häftlingen in Schürfkommandos an der Kolyma (Ders., „Artikel 58", S. 96-97).

8.5 Die Häftlinge im Lagerpunkt: Hierarchie und Atomisierung statt Gemeinsinn und Zusammenhalt

Die Gefangenen des GULag waren alles andere als eine zur gegenseitigen Hilfe verpflichtete Gemeinschaft. Stattdessen zerfiel die Insassenschaft eines Lagerpunktes in eine kaum überschaubare Zahl von Untergruppen, die sich aufgrund verschiedenster Faktoren voneinander abgrenzten. Grundlegend war bereits vor Ankunft im Lagerpunkt, zu welcher der drei Großgruppen („Konterrevolutionäre" oder „58er", Kriminelle, Bytowiki) der Häftling gehörte. Während diese Unterscheidung aus Herkunft und Art der Verurteilung herrührte, ist im Einzellager eine weitere Differenzierung festzustellen. Wie es verschiedene Lagerregimes gab, so gab es nach Verurteilung von einander abweichende Regimes für unterschiedliche Häftlingsgruppen. Darüber hinaus schlossen sich Gefangene, die in der Lagerverwaltung oder bei den „Allgemeinen Arbeiten" eingesetzt waren, zusammen und grenzten sich voneinander so scharf ab, daß es zu einer starken Abneigung kam[90]. Weitere Sondergruppen entstanden aufgrund nationaler, sozialer und religiöser Bindungen[91]. Aus all diesen Gruppen entstand unter Mitwirkung der GULag-Funktionäre eine Lagerhierarchie, die sich in streng voneinander getrennte Kasten unterteilte. Das Lagerregime förderte diese Entwicklung, indem es versuchte, Bindungen aller Art zu zerstören und kein Gemeinschaftsgefühl aufkommen zu lassen. Die Häftlinge wurden zu diesem Zweck oft von Lagerpunkt zu Lagerpunkt verlegt und innerhalb des Lagerpunktes von einer Brigade in eine andere versetzt[92], Familien wurden systematisch auseinandergerissen, Ehepartner niemals gemeinsam in ein Lager gesperrt[93], Gottesdienste waren verboten, gegen die Pflege von Brauchtum und anderer Traditionen wurde rigoros vorgegangen. Der Häftling sollte als Individuum eingeschüchtert und leicht führbar gemacht werden.

8.5.1 Eingliederung der Häftlinge in Kategorien und die Zuweisung von Arbeit

Der Hauptgrund für die Zersplitterung der Insassenschaft war das Arbeitssystem. Unmittelbar nach Ankunft neuer Häftlinge im Lagerpunkt wurden diese

[90] Solschenizyn, Tag, S. 98-99, schildert dies recht drastisch: Friseure, Buchhalter oder Mitarbeiter in der Kultur- und Erziehungsstelle seien „erfahrene Drückeberger, gewiefte Gauner, die immer in der Lagerzone blieben. Für die Häftlinge, die draußen schufteten, waren sie der letzte Dreck (und umgekehrt) ...".

[91] Die nationale, religiöse und soziale Verteilung der Häftlinge wird in dieser Arbeit nicht behandelt. Siehe dazu: Semskow, GULAG II, S. 3-4. Ders., Sakljutschonnye, S. 154-162. Interviewäußerung zur Nationalitätenverteilung (Stand: 1. Januar 1939) in: Zaplin, Dokumenty. Für die Kriegszeit: Bacon, Gulag, S. 149-152. Zur nationalen Verteilung am Beispiel einzelner Lagerpunkte: Scholmer, Arzt, S. 97-98 (Workuta, 1950). Silde, Profits, S. 26 (Workuta, 1956).

[92] Ein Beispiel für häufige Verlegungen an andere Lagerpunkte bietet Harms, Tal. Scholmer, Arzt, S. 95, nennt monatlich ein bis zwei Umschreibungen in andere Brigaden. Silde, Profits, S. 50, erwähnt ebenfalls regelmäßige Verlegungen.

[93] Solschenizyn, Archipel GULag II, S. 144.

flüchtig auf ihre körperliche Leistungsfähigkeit untersucht und einer Kategorie zugeteilt[94]. Verantwortlich für dieses Verfahren war die URTsch und in ihrem Auftrag eine Medizinische Kommission. Ausschlaggebend waren nicht Gesundheit und Leistungsfähigkeit des Häftlings, sondern die Produktionserfordernisse des Lagerpunktes. Je nach Planvorgaben wurden die Anforderungen gehoben oder gesenkt. Am schlimmsten waren die Auswahlverfahren in den Katorga-Lagern, in denen es keine Medizinischen Kommissionen gab, und in den Speziallagern, in denen die Anforderungen so gesenkt waren, daß viele Häftlinge, die in ITL als Invaliden galten, dort voll eingesetzt werden konnten[95]. Die Kategorienordnung im GULag veränderte sich im Laufe der Jahre. Grundsätzlich ist von einer Norm-Kategorisierung nach schwerer, mittlerer und leichter Arbeit sowie Invalidenkategorien auszugehen. Im Laufe der Zeit wurden diese Klassen weiter differenziert[96]. Diese Kategorisierung nach körperlicher Leistungsfähigkeit ist grundsätzlich von der Kategorisierung nach Arbeitsbereichen zu unterscheiden[97].

Häufig verhinderten die Bedingungen vor Ort und der Druck innerhalb der Brigaden, daß die Häftlinge Arbeit entsprechend ihrer Kategorie zugeteilt bekamen. Oftmals wurden Häftlinge, die als nur zu leichter körperlicher Tätigkeit

94 Conquest, Anfang, S. 414. Siehe dazu die Schilderung bei Buber-Neumann, Gefangene, S. 82.

95 Rossi, GULAG Handbook, S. 171.

96 Dallin/Nicolaevsky nennen fünf Kategorien: a) Fähigkeit zu Arbeiten jeder Art; b) Fähigkeit zu Arbeiten mit mäßigem Aufwand; c) Fähigkeit zu leichten Arbeiten; d) Invaliden 1. Klasse; e) Invaliden 2. Klasse (Dallin/Nicolaevsky, Forced labor, S. 6). Nach Rossi bestanden seit Ende der zwanziger Jahre zunächst drei Kategorien (Kategorie 1 [*Harte körperliche Arbeit, Tjasholy fisitscheski trud, TFT*]; Kategorie 2 [*Leichte körperliche Arbeit, Ljogki fisitscheski trud, LFT*]; Kategorie 3 [Invaliden]). Diese Dreiteilung sei im Laufe der Zeit immer weiter differenziert worden, so daß es Mitte der vierziger Jahre bereits ein Dutzend verschiedener Kategorien je nach Art der Arbeit gegeben habe. An der Spitze standen danach verschiedene Kategorien im Bergbau und die *TFT*, deren zugeordnete Häftlinge einhundert Prozent der Norm zu erfüllen hatten. Danach folgte die *Mittlere körperliche Arbeit (Sredni fisitscheski trud, SFT)* mit 75 Prozent der Norm und die LFT. LFT-Häftlinge verrichteten Handlangerdienste wie Kohle sortieren, Arbeiten in der Landwirtschaft, Sammeln und Verbrennen von Ästen bei Holzfällerarbeiten. Sie hatten die Hälfte der Norm zu erfüllen. Ganz unten auf der Skala der gesunden Häftlinge standen diejenigen, die *Individuelle körperliche Arbeit (Indiwidualny fisitscheski trud, IFT)* leisteten und lediglich ein Viertel der Norm zu erfüllen hatten (Siehe dazu: Rossi, GULAG Handbook, S. 457-458 [TFT], 444 [SFT], 206-207 [LFT], 147 [IFT]). Es folgten drei Klassen von Invaliden. Von diesen sei, so Rossi, die erste von aller Arbeit befreit gewesen, die zweite, so solche mit Amputationen, zu Invalidenarbeit eingesetzt worden, die dritte habe leichte Arbeit, falls diese nicht vorhanden, normale Arbeit zu heruntergesetzten Normen verrichten müssen. Sie waren von Akkordarbeit ausgenommen und erhielten die garantierte Mindestration (Rossi, GULAG Handbook, S. 140, 458). Leonhard, Fahrt, S. 113, nennt ebenfalls die TFT und S. 120 zwei Kategorien für Invaliden: *GIT* (tauglich für Invalidenarbeit) und *NGIT* (nicht tauglich für Invalidenarbeit). Lipper, Jahre, S. 207, und S., Bericht, S. 1172, berichten gleichfalls von TFT, SFT, LFT und den beiden Invalidenkategorien (GIT und NGIT). Bacon, Gulag, S. 129, spricht unter Bezug auf Archivmaterial ebenfalls von fünf Kategorien: a) Fähigkeit zur harten körperlichen Arbeit, b) Fähigkeit zur durchschnittlichen körperlichen Arbeit, c) Fähigkeit zur leichten körperlichen Arbeit, d) Nicht arbeitende Invaliden, e) Arbeitende Invaliden. In einer Tabelle mit Stand vom 1. Januar 1942 weist er 32,9 % der Lagerinassen der ersten Kategorie, 29,5 % der zweiten, 25,9 % der dritten, 6,7 und 5 Prozent den beiden Invalidenkategorien zu (Ebd., S. 130, Tabelle 7.3). In den Kriegsgefangenenlagern der GUPWI gab es vergleichbare Kategorien (Siehe dazu: Karner, GUPVI, S. 140-141).

97 Siehe dazu: Kap. 11.

fähig eingestuft waren, dennoch bei den schweren „Allgemeinen Arbeiten" eingesetzt[98]. Die Kategorisierung war daher nicht selten von nur geringer Bedeutung für das tatsächliche Leben im Lager.

Nachdem die Häftlinge den Kategorien zugeordnet worden waren, wurden sie auf die verschiedenen Arbeitsbereiche verteilt. Dies betraf nicht nur Arbeitsplätze innerhalb der Wohnzone und der Lagerbetriebe in der Produktionszone, sondern auch die Einteilung zu Zwangsarbeit in staatlichen Betrieben außerhalb des Lagerbereichs.

Dabei wurde im einzelnen Lagerpunkt wie auch bei der zentralen Verteilung nur ungenügend Rücksicht auf Berufsausbildung und Kenntnisse der Häftlinge genommen. Im Unterschied zu Scharaschkas und den Lagern, die an Großbauprojekten beteiligt waren[99], galt in den ITL die Richtlinie, wonach „Konterrevolutionäre" und „58er" generell nicht in Verwaltungs- und Wirtschaftsfunktionen eingesetzt werden durften. Gerade unter diese Häftlingskategorie fiel jedoch die Mehrzahl der verurteilten Ingenieure und Fachkräfte, und in den oft weit abgelegenen Lagerpunkten war es meist nicht möglich, genügend qualifiziertes freies Personal anzuwerben. Die Lagerpunkte reagierten unterschiedlich auf die restriktiven Befehle. In manchen Lagerpunkten wurde versucht, die Vorschriften zu umgehen und die Fachkräfte in einer für die Planerfüllung sinnvollen Weise einzusetzen[100], in anderen wurden die Vorschriften befolgt und Ingenieure und Techniker wie alle anderen „58er" zu den „Allgemeinen Arbeiten" abkommandiert[101]. Insgesamt gesehen war es wahrscheinlich üblicher, die Bestimmungen zum Nutzen des eigenen Lagerpunktes zu umgehen, als sie genau zu befolgen und so Planeinbrüche wegen fehlender Ingenieure, Verwaltungskräfte, Facharbeiter oder Ärzte zu riskieren.

---

[98] Rossi, GULAG Handbook, S. 457-458. So auch: Bacon, Gulag, S. 129, der eine „discrepancy .. between the categorisation of prisoners according to their physical fitness and the labour-use of the same prisoners" feststellt.

[99] Vgl. Solschenizyn, Archipel GULag II, S. 562, und Heller, Stacheldraht, S. 111, zum Einsatz von Fachkräften bei Großprojekten.

[100] Conquest, Anfang, S. 415, Dallin/Nicolaevsky, Forced labor, S. 240, und Artemjew, Reshim, S. 50, 75, sprechen davon, daß Ingenieure und andere Experten entsprechend ihrer Ausbildung eingesetzt wurden, um die Effizienz zu verbessern. Weissberg-Cybulski, selbst Physikprofessor, berichtet, daß ihm während des Verhörs im Sommer 1937 in Aussicht gestellt worden sei, nach einem Geständnis zu fünf Jahren Lagerhaft verurteilt zu werden und dort als Ingenieur arbeiten zu können (Ders., Hexensabbat, S. 367-368). Nach Solschenizyn wurden Ingenieure, Techniker und andere Spezialisten in den zwanziger Jahren meist bei den „Allgemeinen Arbeiten" eingesetzt. Erst mit den Großbauten seit Anfang der dreißiger Jahre seien sie als Produktions-Pridurki eingesetzt worden. Die dreißiger Jahre seien die für die technische Intelligenz „begünstigste Zeit" gewesen. Seit 1937 bis in die fünfziger Jahre sei dann eine rückläufige Entwicklung eingetreten; viele Ingenieure seien wieder zu den „Allgemeinen Arbeiten" versetzt worden (Ders., Archipel GULag II, S. 562). Wahrscheinlich ist der Grund darin zu sehen, daß nun genügend sowjetisch geprägte Ingenieure vorhanden waren.

[101] Der Zeuge Margolin in Slavenarbeit, S. 52, bestreitet den fachgerechten Einsatz von Ingenieuren und Technikern. Auch Schalamow, „Artikel 58", S. 38, berichtet, daß man in den Lagern der Kolyma für die Fachkenntnisse von Agronomen, Ärzten, Ingenieuren und Wirtschaftsfachleuten keine Verwendung gehabt habe.

8.5.2 Die bei den „Allgemeinen Arbeiten" eingesetzten Häftlinge

Zu den „Allgemeinen Arbeiten" wurde die große Mehrheit der Häftlinge eingeteilt[102]. Sie waren das Zwangsarbeitskräftepotential, mit dessen Hilfe die Arbeitsaufträge des Lagerpunktes erfüllt wurden. Unter ihnen befanden sich in den frühen Jahren der Sowjetherrschaft die „Konterrevolutionäre", später dann die meisten der nach Artikel 58 verurteilten Häftlinge. Zu ihnen gehörten auch die Opfer von Zwangskollektivierung und „Dekulakisierung" und die wegen arbeitsdisziplinarischer Vergehen Bestraften. Von den restlichen Häftlingen waren es alle die, die aufgrund ihrer Berufe nicht als Funktionshäftlinge (*pridurki*) in Frage kamen[103]. Die Häftlinge der „Allgemeinen Arbeiten" waren in den zwanziger bis Mitte der dreißiger Jahre in *Kompanien* (*roty*) gegliedert[104]. Die Kompanien wiederum wurden zu *Phalangen*, eine Bezeichnung nach Charles Fourier[105], zusammengefaßt[106]. Mitte der dreißiger Jahre wurden die Phalangen durch *Kolonnen* mit jeweils mindestens einigen hundert Häftlingen ersetzt[107] und die Kompanien in *Brigaden* in Stärken von etwa 15 bis 40 Mann umgegliedert[108], die ihrerseits noch einmal in Zehnerschaften unter Leitung eines Aufsehers (*desjatnik)* unterteilt wurden[109].

[102] So Solschenizyn, Archipel GULag II, S. 239, allerdings ohne Zahlen. Rossi, GULAG Handbook, S. 334, und Armanski, Maschinen, S. 157, geben an, daß 80 % der Häftlinge bei den „Allgemeinen Arbeiten" eingesetzt gewesen seien.

[103] Solschenizyn, Archipel GULag II, S. 244, 254. Er nennt Juristen, Geistliche, Künstler und Geisteswissenschaftler. Als Oberbegriff für die bei den „Allgemeinen Arbeiten" Eingeteilten spricht er von *Arbeitsseki.*

[104] Zur *Kompanie*: Rossi, GULAG Handbook, S. 374.

[105] In Charles Fouriers (1772-1837) Utopie wird der gesamte Staat und später die ganze Welt in „Phalangen", Arbeits- und Wohngemeinschaften von 1800 Menschen gegliedert. Eine Phalange lebt in einem Phalanstère, einem riesigen Wohn- und Arbeitsgebäudekomplex mit angrenzender Nutzfläche. Größere industrielle und landwirtschaftliche Maßnahmen sollen durch „industrielle Armeen" bewerkstelligt, zu denen jede Phalange Vertreter zu entsenden hat (Siehe zum Aufbau von Fouriers Phalangen beispielsweise die Darstellung in: Dietrich-E. Franz. Saint-Simon, Fourier, Owen. Sozialutopien des 19. Jahrhunderts. Köln, 1988. S. 91-96). Der Grundaufbau der Phalange ähnelte damit sehr dem der späteren Lager mit Wohnzone und Produktionszone. Die „industriellen Armeen" erinnern an Trotzkis Arbeitsarmeen und die sowjetischen Arbeitsarmeen in der Zeit des Zweiten Weltkrieges.

[106] Zu den *Phalangen*: Solschenizyn, Archipel GULag II, S. 88, nennt Phalangen in Stärke von 250 bis 300 Mann beim Bau des Weißmeer-Ostsee-Kanals. Auch Mund, GPU, S. 136, erwähnt beim BBK-Bau Phalangen in Stärke von 250-300 Mann, gliedert diese aber nicht in Kompanien, sondern in zehn Brigaden zu je 25-30 Mann.

[107] Zu *Kolonnen*: Die Umbenennung der Phalangen zu Kolonnen erfolgte 1937 wegen der Wortverwandschaft zur 1933 gegründeten spanischen autoritären national-sozialen Falange, seit 1936 unter Führung Francos (Ebd., S. 117). Auch Schalamow, „Artikel 58", S. 67, und Solschenizyn, Tag, S. 22, erwähnen den Begriff „Kolonne". Solschenizyn, Tag, S. 82, 90, nennt zwei Kolonnen von 463 und rund 300 Mann, Lewytzkyj hingegen solche von 600 bis 1800 Mann (Ders., Inquisition, S. 171. Auch in: Paschner, Teufelskreis, S. 173).

[108] Zur Stärke der *Brigaden der „Allgemeinen Arbeiten"*: 24 Mann (Solschenizyn, Tag, S. 22, 28). 15-35 Mann (Rossi, GULAG Handbook, S, 30). 25-40 Mann (Lewytzkyj, Inquisition, S. 171. Auch in: Paschner, Teufelskreis, S. 173). 30 Frauen (Harms, Tal, S. 42).

[109] So Lewytzkyj, Inquisition, S. 171 (Auch in: Paschner, Teufelskreis, S. 173).

8.5.3 *Die Funktionshäftlinge (pridurki)*

Neben den „Allgemeinen Arbeiten“ waren eine Fülle von Dienstposten in der Lagerverwaltung zu besetzen, Arbeiten innerhalb des Lagerpunktes zu erledigen[110] und Leitungsfunktionen bei den „Allgemeinen Arbeiten“ wahrzunehmen. Der Sammelbegriff für alle diejenigen Häftlinge, die diese Funktionen in der Wohnzone oder der Produktionszone innehatten und nicht an den „Allgemeinen Arbeiten“ teilnehmen mußten, war *pridurki*. Sie bildeten das Rückgrat der Lagerverwaltung, hatten engeren Kontakt zur Lagerleitung, ihr Lebensstandard war weit höher als der der normalen Häftlinge, und sie genossen eine Reihe von Vorrechten[111].

Im Umkehrschluß zur Zahl der bei den „Allgemeinen Arbeiten“ Eingesetzten ist von einem relativ niedrigen Prozentsatz der Pridurki an der Gesamtinsassenschaft auszugehen[112]. Zu unterscheiden sind (Wohn-) Zonen-Pridurki, die Aufgaben innerhalb der Wohnzone ausführten, und Produktions (-zonen)-Pridurki mit Leitungs- oder Aufsichtsfunktionen in der Arbeitsorganisation der Produktionszone und anderen Arbeitsstätten des Lagerpunktes außerhalb der Wohnzone.

Zonen-Pridurki[113] mußten im Gegensatz zu den Häftlingen, die zu den „Allgemeinen Arbeiten“ eingeteilt waren, nicht zum Morgenappell erscheinen und hatten so mehr Zeit zum Schlafen und Frühstücken. Sie hatten oft bessere Unterkünfte und mußten keine langen Märsche zum Arbeitsplatz zurücklegen. Ihr Arbeitstag war dadurch kürzer. Sie arbeiteten meist in beheizten Räumen und waren nicht in das Brigadesystem eingebunden.

Produktions-Pridurki[114] hatten zum Morgenappell anzutreten, wurden in bewachten Kolonnen zum Arbeitsplatz geführt, durften sich dort dann aber frei

---

[110] Angaben über diese Arbeiten innerhalb des Lagers machen: Conquest, Anfang, S. 435. Swianiewicz, Forced labour, S. 303. Jasny, Labor, S. 416 und ebd., Anmk. 23. Artemjew, Reshim, S. 51-52.

[111] Siehe dazu: Solschenizyn, Archipel GULag II, S. 239-280 (Kap. 9 „Die Pridurki“). Rossi, GULag Handbook, S. 334. Stürmer, Sh 895, S. 42, 129-132 (Kap. XIII. „Der Pridurki“).

[112] Solschenizyn, Archipel GULag II, S. 239, nennt eine Statistik des NKJu, nach der 22 Prozent der Lagerinsassen Zonen-Pridurki waren. Zöge man die Kräfte für die Selbstbewachung ab, so blieben „17 bis 18 Prozent ... immerhin ein Sechstel der gesamten Archipelbevölkerung“, zu denen noch eine unbekannte Anzahl von Produktions-Pridurki zu zählen seien. Armanski, Maschinen, S. 162, zitiert Solschenizyn ungenau, wenn er von „mindestens ein[em] Sechstel .. Zonen- und Produktionspridurki“ spricht. Rossi, GULAG Handbook, S. 334, nennt als Gesamtzahl „up to 20 percent“ an Pridurkis.

[113] Beispiele für *Zonen-Pridurki*: Arbeiter im lagerinternen Wirtschaftshof, Schlosser, Tischler, Ofensetzer, Schuster, Schneider, Wäscherinnen, Sanitäter, Tellerwäscher, Bäcker, Stubendienste in den Baracken, Heizer in *banjas* und Kesseln, Köche, Brotschneider, Magazinverwalter, Ärzte, Friseure, die Erzieher in der Kultur- und Erziehungsstelle, die Chefs der *banjas*, Bäckereien, Bekleidungskammern und Paketausgabestellen, Barackenälteste, Verwalter, Anordner, Buchhalter und Schreiber in der Stabsbaracke, Ingenieure der Wohnzone (Solschenizyn, Archipel GULag II, S. 240-241). Ähnlich: Armanski, Maschinen, S. 160 u.B.a. Leonhard. Rossi: Bürotätigkeiten, Leiter des Lagerladens (Ders., GULAG Handbook, S. 334). Harms, Tal, S. 45, 49: Häftlinge in den Funktionen eines Verwalters, Agronomen und Kontoristen.

[114] Beispiele für *Produktions-Pridurki*: Ingenieure, Bauführer, Vorarbeiter, Meister, Planer, Arbeitsnormer, Buchhalter, Sekretärinnen, Stenotypistinnen, Konstrukteure, Techniker, Landvermesser, Elektriker, Mechaniker (Solschenizyn, Archipel GULag II, S. 242). Entsprechende Angaben bei: Armanski, Maschinen, S. 160 u.B.a. Leonhard. Rossi, GULAG Handbook, S. 334.

bewegen und hatten ihren eigenen Arbeitsraum. Zu diesen Erleichterungen kam, daß manche nicht in den Baracken schlafen mußten, sondern eigene Stuben hatten[115]. Zonen- und Produktions-Pridurkis hatte auch Vergünstigungen hinsichtlich der Essensrationen. Sie waren in kein Norm-Essensration-Verhältnis eingebunden, sondern erhielten als *ITP (Ingenieur-Technisches Personal)*, *ATP (Administrativ-Technisches Personal)* oder *MOP (niederrangiges Dienstleistungspersonal)* eine festgesetzte Essensration[116].

Die Pridurki-Posten boten somit eine weitaus bessere Chance, auch bei langen Haftstrafen das Lager zu überleben[117]. Verständlich ist daher, daß Pridurki-Posten sehr begehrt waren. Die besten Chancen dazu hatten Handwerker und Vertreter von Dienstleistungsberufen, die wegen nichtpolitischer Vergehen inhaftiert waren[118]. In der Regel gaben die nichtpolitischen Häftlinge, die über keine handwerkliche Ausbildung verfügten, nicht ihre tatsächlichen Berufe an, sondern eine andere Ausbildung vor, um so einen Pridurki-Posten zu erlangen[119].

Ordnet man die Personen, die Pridurki-Posten bekleideten, den drei großen Gruppen der politischen Gefangenen, Kriminellen und Bytowiki zu, so ergibt sich, daß zwar ein beträchtlicher Anteil dieser Funktionen von Kriminellen und Bytowiki ausgeübt wurde, die Lagerverwaltungen jedoch auf die politischen Gefangenen nicht verzichten konnten. Da Ärzte und Ingenieure in der Regel nicht zu Kriminellen und Bytowiki, sondern fast ausschließlich zu den wegen politischer Delikte Verurteilten gehörten, mußten diese und viele andere Spezialisten entgegen der Verordnungen auf Pridurki-Stellen eingesetzt werden[120].

Nach SOLSCHENIZYN durften für Pridurki-Posten nur solche Häftlinge vorgesehen werden, die aufgrund von Alter, Krankheit, Behinderung oder anderer

[115] Solschenizyn, der als Frontoffizier zeitweilig den hohen Pridurki-Posten eines Produktionsleiters bei „Allgemeinen Arbeiten" innehatte, beschreibt in Archipel GULag II, S. 256-257, seine für Lagerverhältnisse exklusive Unterkunft mit Bett und Elektrokochplatte, die mit dieser Stelle verbunden war.

[116] *ITP* oder *ITR*: Leitende Pridurkis; *ATP*: Hebammen, Kuriere, die Chefs von *banja*, Apotheke, Küche, Schneiderei und Schuhmacherei, Erzieher der KWTsch und Leitungspersonal des Krankenreviers; *MOP:* Kehrer, Reinemachfrauen, Aufsichten und Bedienungen (Vgl. Rossi, GULAG Handbook, S. 10 [ATP], 147 [ITR], 237 [MOP]). Zum ATP auch: u.B.a. Leonhard. Armanski, Maschinen, S. 169.

[117] Solschenizyns Behauptung, nach der sehr viele Überlebende ehemalige Pridurki waren, ist anhand der Lagerbiographien vieler Verfasser von Memoiren und Berichten zu überprüfen und zuzustimmen (Solschenizyn, Archipel GULag II, S. 239-240). Für überlebende „58er" schätzt er den Pridurki-Anteil auf „neun Zehntel". Die meisten der in dieser Arbeit herangezogenen Berichte, beispielsweise Ginsburg, Scholmer, Leonhard, aber auch Solschenizyn selbst, wurden von Personen geschrieben, die vorwiegend Pridurki-Tätigkeiten verrichteten (So auch: Medvedev, History, S. 512-513). Einer der wenigen, der lange Zeit bei „Allgemeinen Arbeiten" eingesetzt war und darüber schrieb, ist Schalamow.

[118] Solschenizyn, Archipel GULag II, S. 254.

[119] Schalamow, „Artikel 58", S. 19-25, gibt ein Beispiel, wie sich Geisteswissenschaftler als Zimmerleute ausgaben, um einen Pridurki-Posten zu erhalten. Auch er spricht vom Neid der bei den „Allgemeinen Arbeiten" Eingesetzten auf „unsere Bekannten, die zusammen mit uns hierher gekommen waren und im Büro, in der Sanitätsbaracke oder im Pferdestall arbeiteten. Dort gab es jene unerträglich schwere körperliche Arbeit nicht ..." (Ebd., S. 82). Siehe auch Rossi, GULAG Handbook. S. 412.

[120] Solschenizyn, Archipel GULag II, S. 243. Rossi, GULAG Handbook, S. 334.

Umstände nur zur Arbeit innerhalb des Lagerpunktes eingesetzt werden durften. Die tatsächliche Zahl der Pridurki in der Wohnzone habe aber stets über der vorgeschriebenen Obergrenze gelegen. Dies habe am Drang vieler Häftlinge gelegen, von den „Allgemeinen Arbeiten" wegzukommen und einen Pridurki-Posten zu erhalten, an der Unfähigkeit der Lagerverwaltung, ihre Arbeitskräfte rationell einzusetzen, und an gut funktionierenden „Seilschaften" innerhalb der Insassenschaft[121]. Die Konsequenz sei gewesen, daß es sehr viele Pridurki gab, in den Brigaden der „Allgemeinen Arbeiten" aber Arbeitskräfte fehlten[122]. Die Folge war, daß dort oft die Normen erhöht wurden. Nicht nur deswegen, sondern auch wegen der besseren Überlebensbedingungen der Pridurki, ihres Kastendenkens und ihrer engen Beziehung zur Lagerleitung war das Verhältnis zwischen ihnen und den bei den „Allgemeinen Arbeiten" eingesetzten Gefangenen schlecht. SOLSCHENIZYN stellt mit Recht die Frage, inwieweit die Pridurki aus eigenem Überlebensinteresse regimestabilisierend wirkten[123].

8.5.4 Sondergruppen

Innerhalb des Lagerpunktes gab es neben der grundlegenden Unterteilung in „Konterrevolutionäre" oder „58er", Kriminelle und Bytowiki und der arbeitsorganisatorischen Aufspaltung in Häftlinge der „Allgemeinen Arbeiten" und Pridurki noch eine Reihe von kleineren Gruppen, deren Mitglieder ebenfalls Teil der oben genannten größeren Teilgruppen waren, dazu aber noch eigene Charakteristika hatten, die sie untereinander verbanden.

8.5.4.1 Die sukas

Eine Außenseiterrolle innerhalb des Lagers spielten die *sukas*, die sich aus dem Ehrenkodex der Kriminellen gelöst und voll in den Dienst der Lagerverwaltung gestellt hatten. Sie fungierten dort als Pridurki oder als (Häftlings-) *komendanten*[124]. Zwischen den Kriminellen und den Sukas entwickelte sich in den ITL eine immer größere Rivalität, die sich ab den vierziger Jahren in brutalen Machtkämpfen und wechselseitigen Morden entlud. Die Ordnung in den Lagern wurde dadurch nachhaltig erschüttert[125].

---

[121] Zu diesen „Seilschaften", die aus nationalen, ideologischen oder persönlichen Gemeinsamkeiten herrühren konnten: Solschenizyn, Archipel GULag II, S. 252. Ein Beispiel für völlig sinnlose Pridurki-Tätigkeiten sind die bei Solschenizyn erwähnten drei Maler in einem Speziallagerpunkt, die hauptsächlich Privatbilder für die höheren Lagerfunktionäre malten und nebenbei die Häftlingsnummern erneuerten (Ders., Tag, S. 23).

[122] Solschenizyn, Archipel GULag II, S. 239.

[123] Solschenizyn, Archipel GULag II, S. 244-249.

[124] Allgemein: Silde, Profits, S. 42. Stürmer, Sh 895, S. 66-67. Für *sukas* in der Funktion als Komendanten: Solschenizyn, Archipel GULag II, S. 118. Vgl. Kap. 6.1.2 und 8.3. Beispiele: Ders., Archipel GULag III, S. 73 (*suka* als stellvertretender Versorgungschef).

[125] Solschenizyn, Archipel GULag III, S. 244-245. Er spricht vom „Suka-Krieg" mit dem Höhepunkt 1951-1952 in den ITL und vergleicht diesen mit dem „Spitzelstechen" in den Speziallagern. Rossi,

8.5.4.2 Die „Außendienstler" und „Konvoifreien"

„Außendienstler" wurden Häftlinge genannt, die einzeln und unbewacht in den Wohnzonen lebten und nicht in Gruppen, sondern alleine zu ihrem Arbeitsplatz gehen konnten[126]. Wahrscheinlich ist diese Personengruppe identisch mit den sogenannten *„Konvoifreien"* oder *„Konvoibefreiten"*. Diese unterlagen nicht in allen Punkten dem Lagerregime und durften ohne Bewachung zur Arbeit marschieren und arbeiten[127]. Weiter nennt ROSSI Häftlinge „privilegierten Regimes", die Pridurki-Posten innehatten und das Recht hatten, sich außerhalb der Lagerumzäunung zu bewegen. Ausgeschlossen von diesem Regime seien „arbeitsscheue Elemente" und Lagerinsassen, die wegen „konterrevolutionärer Verbrechen" verurteilt worden waren. 1934 sei dieses privilegierte Regime abgeschafft worden[128].

8.5.4.3 Die Sonderbeorderten

Sonderbeorderte waren Spezialisten, die mit einem Begleitschein höherer Lager-Behörden ausgerüstet waren, von Lager zu Lager geschickt und dort nur zu Arbeiten eingesetzt wurden, für die sie aufgrund ihrer Ausbildung besonders qualifiziert waren[129].

8.5.4.4 Die „Freiwilligen Siedler"

Die *„Freiwilligen Siedler"* waren nach ROSSI in den frühen dreißiger Jahren Gefangene, die ihre Strafe zur Hälfte verbüßt, ihre Normen stets weit übererfüllt und deshalb die Erlaubnis erhalten hatten, mit ihren Familien in der Umgebung des Lagers zu wohnen. Dazu hätten sie sich verpflichten müssen, drei bis fünf Jahre am alten Lagerarbeitsplatz zu bleiben. „58er" und rückfällige Kriminelle seien von dieser Regelung ausgeschlossen gewesen. Nach der Verschärfung des Lagerregimes sei 1935-1938 vielen Häftlingen dieser Status entzogen worden, und sie hätten wieder innerhalb des Lagerpunktes wohnen müssen[130]. Die Lebensumstände dieser Gefangenen glichen damit exakt denen vieler Ex-Häftlinge, die ihre Strafe abgesessen hatten und danach verpflichtet worden waren, in der Nähe ihres alten Lagerpunktes zu wohnen und dort weiterzuarbeiten. Lediglich der Status war anders[131].

GULAG Handbook, S. 443-444, datiert den Suka-Krieg auf die Zeit ab Kriegsausbruch. Scholmer, Arzt, S. 68, spricht für 1950 ebenfalls von den blutigen Auseinandersetzungen zwischen *blatnois* und *sukas*. Ähnlich: Stürmer, Sh 895, S. 66-67. Bericht Inferno.

[126] Solschenizyn, Archipel GULag II, S. 123, 144-145.

[127] Nach Solschenizyn, Archipel GULag III, S. 567, Anmk. 8 und S. 158. Siehe auch: Rossi, GULAG Handbook, S. 21. Harms, Tal, S. 40.

[128] Rossi, GULAG Handbook, S. 207.

[129] Solschenizyn, Archipel GULag I, S. 528-529. Er nennt das Beispiel eines Bautechnikers.

[130] Vgl. zu den „Freiwilligen Siedlern": Rossi, GULAG Handbook, S. 53-54.

[131] Die Statusunterscheidung war offenbar rein bürokratischer Art, denn nach Albaz, Geheimimperium, S. 15, hießen auch die Ex-Gefangenen, die ihre Strafe abgesessen hatten, aber am Lagerpunkt verbleiben mußten, „Freisiedler". Vgl. Kap. 8.9.

8.6 Existenzbedingungen im Lager

In zahlreichen Erinnerungen und Berichten sind Lebens- und Arbeitsbedingungen im sowjetischen Lagersystem der Stalinzeit beschrieben[132]. Da es jedoch an einem schlagwortartigem Überblick ermangelt, ein solcher aber für das Verständnis des Systems GULag wichtig ist, werden hier die für den Häftling wichtigsten Umstände aufgeführt.

In den Lagern galt das Recht des Stärkeren. Gegenseitige Schikanen, Diebstähle und Körperverletzung bis hin zum Mord waren an der Tagesordnung. Die Häftlinge machten sich sogar das wenige streitig, was sie besaßen oder was ihnen zugewiesen worden war. Übereinstimmend berichten die Autoren, daß in den Lagern wegen dieser Zustände eine große Gleichgültigkeit, Kaltherzigkeit und Stumpfheit geherrscht habe und es, auch aus den oben geschilderten Zersplitterungen, nicht zu einer Geschlossenheit unter den Häftlingen gekommen sei. Letztlich war der Häftling auf sich allein gestellt[133].

Die Existenzbedingungen unterschieden sich je nach Lagerkategorien. Generell ist zu sagen, daß sie in den Katorga- und Speziallagern deutlich härter waren als in den ITL[134]. In ihnen herrschten allgegenwärtiger Kommandoton, ständige Durchsuchungen und Körperkontrollen[135]. Weitere wichtige Unterschiede werden jeweils am Ende der Unterkapitel genannt.

Auskünfte darüber, worin aus der Sicht der Häftlinge die wichtigsten Mängel und Zumutungen im Lagerregime lagen, geben die Forderungskataloge während der Unruhen und Aufstände ab Ende der vierziger und in den fünfziger Jahren[136]. Spätestens in der ersten Hälfte der fünfziger Jahre waren die Lebensbedingungen aufgrund der schweren Arbeit zwar immer noch hart, aber keinesfalls mehr so menschenverachtend und tödlich wie in den dreißiger Jahren, während des Krieges und der unmittelbaren Nachkriegszeit[137].

---

[132] Siehe zu folgendem besonders: Kapitel 7 („Der Alltag der Archipelager“) in: Solschenizyn, Archipel GULag II, S. 188-215. Silde, Profits, S. 29-43. Da in den folgenden Kapiteln ausführlich die Arbeitsordnung sowie Einsatzarten, die Einsatzbereiche und die wirtschaftliche Funktion des GULag behandelt werden, wird in diesem Unterkapitel auf Häftlingsarbeit und den Arbeitsalltag nicht eingegangen.

[133] Solche Äußerungen liegen in der Literatur in Fülle vor: Schalamow nennt „die drei Gebote des Lagerlebens: Niemand trauen, niemand fürchten, niemand um etwas bitten.“ (Ders., „Artikel 58“, S. 21, 27, 47). Scholmer, Arzt, S. 93, erläutert einem neuen Mithäftling die „Grundregeln des Lagerlebens“: „Möglichst wenig arbeiten. Möglichst viel essen. Soviel als möglich ausruhen. Jede Gelegenheit nutzen, sich aufzuwärmen. Sich nichts gefallen lassen. Wenn jemand schlägt, sofort und ohne Bedenken zurückschlagen.“ Solschenizyn urteilt: „Wer ist der größte Feind des Häftlings? Der andere Häftling.“ (Ders., Tag, S. 92).

[134] Vgl. Rossis Appendix 6 mit Vergleichspunkten für Lebensbedingungen in ITL und Speziallagern (Ders., GULAG Handbook, S. 526-527).

[135] Solschenizyn, Archipel GULag III, S. 57, 67-68.

[136] Vgl. Kap 13.

[137] Dies wird aus der Lektüre von Häftlingsberichten deutlich. Untersucht man Solschenizyns „Ein Tag des Iwan Denissowitsch“, so fällt auf, daß zwar viele Härten in Alltag und Arbeit auftauchen, die Häftlinge aber selbst darauf hinweisen, daß es in früheren Zeiten und an anderen Orten weitaus schlimmer gewesen sei (Ebd., S. 51, 111). Dem entspricht, daß in der gesamten Erzählung nicht einmal die Rede davon ist, daß ein Häftling getötet oder, wie auf den SLON der zwanziger oder im Kolyma-Gebiet der dreißiger Jahre, in außerordentlich brutaler Art und Weise mißhandelt oder

8.6.1 Tagesablauf

Der übliche Tagesablauf[138] war, daß die Häftlinge nach dem Wecken kurz Gelegenheit zum Waschen und zum Frühstück hatten und dann zur Arbeit marschierten. Beim Marschantritt wurden sie von den NKWD-Soldaten, die die Häftlinge beim Marsch und am Arbeitsplatz bewachten, am Lagertor der Nummer nach aufgerufen, in Fünferreihen formiert, gezählt und in die Produktionszone oder zu einem anderen Arbeitsplatz geführt[139]. Während des Tages gab es ein Mittagessen. Nach der Arbeit erfolgte nicht sofort der Rückmarsch. Häufig mußte noch Arbeitsgerät abgegeben werden, wurde am Arbeitsplatz ein Zählappell durchgeführt und mußte noch Material, beispielsweise Brennholz, an anderen Orten geholt oder gesammelt werden, um es in die Lagerzone mitzunehmen. Nach dem Rückmarsch folgten wieder Zählen und Durchsuchen am Tor[140], Waschen und Abendessen. Für das Speziallager Iwan Denissowitschs sagt SOLSCHENIZYN, daß die Häftlinge zwischen Einmarsch in das Lager und Schlußappell die Zeit für das Abendessen und eigene Erledigungen genutzt hätten[141]. Dies dürfte in den ITL genauso gewesen sein. Vor der Nachtruhe erfolgte ein Lager-Abschlußappell, der bis zu anderthalb Stunden dauern konnte[142]. Im Anschluß daran hatten die Gefangenen Ruhezeit, maximal vier bis fünf Stunden. In den Katorga-Lagern wurden die Häftlinge nicht einfach gezählt, sondern mußten bei dem morgendlichen Zählen, bei Ausmarsch und Abendappell eine Reihe weiterer Angaben machen; das alles kostete viel Zeit und ging zu Lasten der Schlafzeit, die dort im Höchstfall vier Stunden betragen habe[143]. In den Speziallagern gab es abends sogar meist zwei Zählappelle[144].

---

gequält worden sei. Das Lagerleben wirkt auf den Leser so, als ob es in ruhigen und ausgetretenen Bahnen verlaufen, politische Erziehung unbedeutend gewesen und der Zweck des Lagers völlig auf die Arbeit ausgerichtet worden sei. Dabei ist allerdings zu berücksichtigen, daß Solschenizyn in dieser Erzählung bewußt nur einen kleinen Ausschnitt aus der Lagerrealität zeigen wollte.

[138] Allgemeine Schilderungen zum Tagesablauf: Solschenizyn, Tag. Solschenizyn, Archipel GULag, S. 162-163. Silde, Profits, S. 30. Schalamow, „Artikel 58“, S. 78, 90, 104-105. Weiter unten (S. 113-114) gibt er einen groben Tagesablaufplan: Anderthalb Stunden für Aufstehen, Frühstück, Ausmarsch zur Arbeitsstelle, sechzehn Stunden Arbeit, eine Stunde Mittagessen, anderthalb Stunden für Rückmarsch, Abendessen und Abschlußappell, vier Stunden Schlaf. Die jeweiligen Zeiten verschoben sich von Lager zu Lager.

[139] Zur Schilderung eines solchen Zählvorganges und Marsches: Solschenizyn, Tag, S. 28-30.

[140] Dazu: Solschenizyn, Tag, S. 92-96.

[141] Erst nach dem Zählappell bei Wiedereinrücken in das Lager sei der Häftling „ein freier Mensch“ (Ders., Tag, S. 96). Er könne nun Briefe und Pakete empfangen, eigene Briefe bei der Kultur- und Erziehungsstelle abgeben, ins Krankenrevier, die Sauna oder zum Friseur gehen (Ebd., S. 83).

[142] Vgl. Solschenizyn, Tag, S. 117-122.

[143] Solschenizyn, Archipel GULag III, S. 9. Bei den Appellen waren folgende Angaben zu machen: Häftlingsnummer, vollständiger Name, Geburtsdaten, der Paragraph, nach dem der Häftling verurteilt worden war, Haftzeit, die Gerichtsbehörde, die ihn verurteilt hatte, und das Ende der Haftzeit.

[144] Rossi, GULAG Handbook, S. 526-527.

8.6.2 Unterkünfte

Während auf den Solowki die Gefangenen in fest gemauerten Klostergebäuden einquartiert worden waren, ging man schon bei den Kanalbauten dazu über, die Häftlinge in Baracken, manchmal auch in Zelten unterzubringen. Im Norden gab es oft nur Zelte, die durch Erde oder Bretter notdürftig geschützt waren[145]. Gewöhnlich handelte es sich aber um Holzbaracken. Die Belegungszahl der Baracken war nicht einheitlich. Die Angaben schwanken zwischen einhundert bis sechshundert Gefangenen[146]. Die Unterteilung der Baracken variierte. In manchen Barackentypen gab es einen Latrinenraum und einen Raum für den Barackenältesten, in anderen nicht. Einige Baracken hatten Extrakabinen für privilegierte Häftlinge[147]. Es gab die verschiedenartigsten Schlafplätze. Meist handelte es sich um meterlange Bretterreihen, einfache Pritschen, die mehrstöckig übereinander gebaut waren, oder andere Holzkonstruktionen[148]. Die Ausstattung dieser Schlafgelegenheiten war unterschiedlich[149]. Elektrisches Licht gab es selten; meist wurden Petroleumlampen oder selbstgefertigte Benzinlampen verwandt[150]. Beheizt wurden die Baracken durch Benzinfässer, die zu Öfen

145 Zu Unterkünften: Solschenizyn, Archipel GULag II, S. 92, 195, Archipel GULag III, S. 8. S., Bericht, S. 1170. Schalamow, „Artikel 58", S. 111, spricht für die Bergbaulager an der Kolyma von „durchlöcherten Zelten bei sechzig Grad Kälte".

146 Schalamow, „Artikel 58", S. 88: 500-600 Häftlinge (Baracke in einem Durchgangslager). Rossi, GULAG Handbook, S. 16: 120 bis 240 Personen (je nach Art der Schlafstelle) Witschel, S. 119: 400 bis 500 Personen. Harms, Tal, S. 41: „etwa hundert" Männer. Silde, Profits, S. 29: rund 280 Mann (Baracken in Workuta Anfang der fünfziger Jahre).

147 Solschenizyn, Tag, S. 109-110, nennt einen Typ, der in zwei große Räume unterteilt worden sei, einen anderen, in dem es zehn Stuben gegeben habe. Nach Rossi, GULAG Handbook, S. 15-16, waren die Baracken durch einen Flur, in dem zwei Waschkübel standen, von denen in „geschlossenen Baracken" (Strafbaracken, Baracken der Speziallager, Baracken eines verschärften Regimes) einer als Latrinenkübel genutzt wurde, in zwei Schlafbereiche getrennt. Von einem eigenen Raum für den Barackenältesten und einer Latrine spricht er nicht (Siehe Rißzeichnung: Ebd., S. 43). Zu Räumen für Privilegierte: Solschenizyn, Archipel GULag III, S. 72.

148 Beim BBK schliefen die Häftlinge zu acht Mann auf Sperrholzliegen, wobei aus Platzgründen je zwei Häftlinge Kopf an Fuß liegen mußten (Solschenizyn, Archipel GULag II, S. 91-92. Dazu auch: Rossi, GULAG Handbook, S. 40). Als weitere Variante gab es die *wagonka*, ein wackeliges Holzgestell, an das vier Bretter als Pritschen befestigt sind (Ebd., S. 161, 195. Vgl. Stürmer, Sh 895, S. 80). Schalamow, „Artikel 58", S. 88, spricht von vierstöckigen Pritschen. Rossi, GULAG Handbook, S. 15 und 40, nennt *wagonki*, Doppelstockpritschen und durchlaufende Bretterreihen. Bis zu den Aufständen 1953/54 seien die *wagonki* den Pridurki und dem Ingenieur-Technischem Personal (ITP) vorbehalten geblieben, die überwiegende Mehrheit der Häftlinge habe auf den Bretterreihen geschlafen (Ebd., S. 40). Siehe auch seine Zeichungen S. 16 (Querschnitt durch Baracke), 41 (*wagonka*), 43 (Längsriß durch Baracke).

149 Leonhard, Fahrt, S. 106-107, berichtet von Matrazen und Decken für solche Gefangene, die ihre Norm ständig übererfüllt hätten. Solschenizyn verneint, daß Häftlinge über Bettwäsche oder Kissen verfügt hätten (Solschenizyn, Archipel GULag II, S. 161). Rossi hingegen nennt als Bettzeug eine Matraze, ein Kopfkissen mit Bezug, zwei Laken oder einen Sack. In neuerrichteten Lagern, Lagergefängnissen und Einzelzellen habe es kein Bettzeug gegeben. In den Katorga-Lagern habe es Bettzeug erst nach der Verbüßung von drei Jahren gegeben (Ders., GULAG Handbook, S. 327-328). Witschel, S. 122, sagt, daß in ihrem Lager Bettwäsche oder Strohsäcke nicht vorhanden gewesen seien.

150 Solschenizyn, Archipel GULag II, S. 195. Schalamow, „Artikel 58", S. 7. Rossi, GULAG Handbook, S. 16.

umgebaut worden waren, oder durch Kanonenöfen[151]. Die Unterkünfte wurden durch einen eigenen Barackendienst gereinigt[152]. Gewöhnlich schlief eine Brigade gemeinsam in einem Teil einer Baracke[153]. Es gab aber nicht immer eine feste Zuordnung einer Brigade zu einer bestimmten Baracke oder eines Häftlings zu einem bestimmten Schlafplatz. Oft mußten die Häftlinge Baracke und Schlafplatz wechseln[154]. Die Umstände in den Lagern wurden oft erheblich dadurch verschlechtert, daß die Angehörigen verschiedener Schichten nicht in eigenen Baracken, sondern gemischt untergebracht waren. Die Folge war ein ständiges Kommen und Gehen, was nur sehr wenig Zeit für Ruhe und Erholung ließ[155].

Die Aufsicht in der Baracke hatte in der Regel ein *Barackenältester*. Er befahl zu den Appellen, hatte ein enges Verhältnis zu den NKWD-Aufsehern und konnte dem normalen Häftling somit gefährlich werden. Barackenälteste waren oft Kriminelle, Invaliden oder sonstige nicht zu den „Allgemeinen Arbeiten" eingeteilte Häftlinge oder auch Brigadiere[156].

Neben den gewöhnlichen Baracken gab es besser ausgestattete Baracken für Pridurki[157], Stoßarbeiter und Stachanow-Arbeiter[158] sowie Baracken für Invaliden[159].

In Katorga-Lagern und Speziallagern war die Unterkunftssituation noch beengter. Die Katorga-Unterkünfte waren schlechter ausgestattet und stets erheblich überbelegt, in den Speziallagern waren die Fenster der Baracken vergittert. Darüber hinaus waren die Abweichungen von den normalen ITL-Baracken gering[160]. Der grundlegende Unterschied lag darin, daß sich die ITL-Häftlinge in

151 Solschenizyn, Archipel GULag II, S. 196. Schalamow, „Artikel 58", S. 41. Rossi, GULAG Handbook, S. 16. Witschel, S. 122.

152 Rossi, GULAG Handbook, S. 16.

153 Solschenizyn, Tag, S. 6.

154 Solschenizyn, Archipel GULag II, S. 143.

155 Vgl. die Schilderung bei: Solschenizyn, Archipel GULag, S. 162-163: Die Morgenschicht sei gegen 14.00 Uhr von der Arbeit in die Wohnzone zurückgekommen. Gefolgt seien Waschen, das Mittagessen, das Anstellen an der Aufbewahrungskammer, um die tagsüber abgegebenen Privatsachen zu empfangen, ein ein- bis anderthalbstündiger Appell, dann eine kurze Zeit Ruhe und anschließend gegen 18.00 Uhr das Abendessen. Wenn sich die Morgenschicht gegen 20.00 Uhr Schlafen gelegt habe, habe um 21.00 Uhr die Abendschicht begonnen, sich fertigzumachen, und gegen 22.00 Uhr die Baracken verlassen. Gegen 23.00 Uhr sei dann die Tagesschicht hereingekommen; so daß erst gegen 23.30 Uhr Ruhe in der Wohnzone geherrscht habe. Gegen 04.15 Uhr sei dann die Morgenschicht geweckt worden. Insgesamt hätten die Häftlinge somit höchstens fünf Stunden Schlaf gehabt.

156 Zum Barackenältesten: Schalamow, „Artikel 58", S. 122. Solschenizyn, Tag, S. 118. Armanski, Maschinen, S. 165. Witschel, S. 124, 149. Harms, Tal, S. 56-59.

157 Schalamow. „Artikel 58", S. 7, spricht bei der Beschreibung einer Baracke privilegierter Pferdeführer von Steppdecken und Kopfkissen. Solschenizyn, Archipel GULag III, S. 72, nennt Pridurki-Baracken auch für das Speziallager Ekibastus.

158 Solschenizyn, Archipel GULag II, S. 454. Harms, Tal, S. 56-57.

159 Solschenizyn, Tag, S. 15, nennt „Invalidenbaracken", in denen die Häftlinge wohnten, die „nicht außerhalb des Lagers arbeiteten".

160 Solschenizyn, Archipel GULag III, S. 57. In dem Speziallager, welches er in seiner Erzählung „Ein Tag des Iwan Denissowitsch" beschreibt, schliefen 200 Häftlinge in einer Baracke auf 50 zweistöckigen Doppelpritschen. Beleuchtet war diese mit einigen Glühbirnen. Der Barackendienst leerte morgens die Latrinenkübel und reinigte die Baracke. Die Häftlinge verfügten über Decken, Sägemehlmatrazen und Kopfkissen, nicht hingegen über Bettlaken (Ders., Tag, S. 6-8, 21, 122).

der arbeits- und schlaffreien Zeit frei in der Wohnzone bewegen konnten, während die Katorga- und Speziallager-Häftlinge in ihren Baracken eingeschlossen wurden. Waren somit die ITL-Häftlinge untereinander in Kontakt, so waren die Katorga-Häftlinge und Insassen der Speziallager ausschließlich auf ihre eigene Baracke beschränkt[161].

8.6.3 *Versorgung*

Die Häftlinge waren bis Ende der vierziger Jahre ausschließlich auf die Verpflegung, Bekleidung und anderen Versorgungsgüter angewiesen, die ihnen die Lagerverwaltung zur Verfügung stellte. Zwar gab es die Kantine, in der zusätzliche Güter eingekauft werden konnten, jedoch besaßen die meisten Häftlinge zuwenig Geld, um die dürftige Versorgung dort auf eigene Kosten ergänzen zu können. Hinzu kamen die Willkür der Lagerleitung und Lagerverwaltung, die Normerfüllung und andere Faktoren[162].

Insgesamt lag die Versorgung der Häftlinge während der längsten Zeit des GULag unter dem Existenzminimum. Ausschlaggebend für die GULag-Führung war, sowenig Versorgungsausgaben wie möglich zu haben. Solange der Nachwuchs an Häftlingen konstant blieb, wurde keine Rücksicht auf die Sterberate genommen. Erst als in den Nachkriegsjahren die Planerfüllung des GULag gefährdet war und keine großen Verhaftungswellen mehr zu erwarten waren, verbesserte sich ab 1948 und besonders ab 1950 in vielen Lagern die Versorgungslage[163].

8.6.3.1 *Verpflegung*

„Wer nicht arbeitet, soll auch nicht essen!“[164].

Das Grundprinzip der Verpflegung in allen Lagerkategorien war die Bindung der Höhe der Essensration an die Normerfüllung und andere Kriterien. Die einzelnen Rationskategorien wurden in der GULag-Sprache der Häftlingen „Kessel“ *(kotjol)*, das System *kotlowka* genannt[165]. Besonders betroffen waren von

[161] Zur Überbelegung: Solschenizyn, Archipel GULag III, S. 8. Er nennt statt 80-100 Mann Sollstärke eine Ist-Stärke von 200 Häftlingen. Zur Ausstattung: Conquest, Kolyma, S. 60, berichtet, daß in ihnen Matratzen und Decken verboten gewesen seien. Zur Einsperrung: Rossi, GULAG Handbook, S. 526-527.

[162] Leonhard, Fahrt, S. 109, berichtet, daß in der NKWD-Sowchose Kotschmes 1938 nur diejenigen, die mehr als 120 Prozent Normerfüllung hatten, im Lagerladen einkaufen durften. Ähnlich: Harms, Tal, S. 119, dort galten allerdings 100 Prozent.

[163] Siehe dazu Kap. 13.

[164] Spruch auf den Spruchbändern in vielen Lagern (Solschenizyn, Archipel GULag II, S. 164).

[165] Im folgenden werden nur die wichtigsten Informationen zu diesem für die Häftlinge lebenswichtigen Komplex genannt. Für nähere Hinweise sei auf die in den Anmerkungen genannte Literatur

dieser Regelung die Häftlinge, die bei den „Allgemeinen Arbeiten“ eingesetzt waren. Dort gab es grundsätzlich Normen, während viele Pridurki eine nicht nach Normen, sondern nach ihrer Dienststellung festgesetzte Essensration erhielten. Ursprungsort dieses Verfahrens waren nach SOLSCHENIZYN die Solowezki-Lager, in denen es seit Mitte der zwanziger Jahre unter Federführung Frenkels eingeführt worden sei[166].

Täglich wurde eine Tagesration für den gesamten Lagerpunkt errechnet. Dazu meldeten die Brigadiere tags zuvor die Normerfüllung der einzelnen Gefangenen, denen aufgrund dieser Angaben eine Essensration zugewiesen wurde, über deren ordnungsgemäße Verteilung der Brigadier zu achten hatte. Über das Verhältnis von Arbeitsleistung zur Essensration gibt es in der Literatur eine Vielzahl unterschiedlicher Angaben je nach Zeit und Lagerkategorie. In der Regel handelte es sich um Portionen („Kategorien“ oder „Kessel“), die je nach Normerfüllung bestimmt wurden[167]. Neben der Normerfüllung waren Höhe der Ration und Art des warmen Essens von weiteren Faktoren abhängig. Zunächst unterschied sich das Essen in den verschiedenen Lagerarten, sodann gab es innerhalb des einzelnen Lagerpunktes Differenzierungen nach Art der Arbeit, die der Häftling verrichtete, welcher Häftlingskategorie er angehörte, welchen Status er in der Lagerhierarchie innehatte, über welche Privilegien und Beziehungen er verfügte, ob er eine Strafe zu verbüßen hatte und anderes mehr. Die Vielfalt der verschiedenen Rationen ist kaum zu überblicken. ROSSI nennt in einer unvollständigen Auflistung allein 39 Arten von Essensrationen[168].

verwiesen. Zur Ernährung allgemein: Silde, Profits, S. 175-177. S., Bericht, S. 1169-1170. Zur den Häftlingstermini: Solschenizyn, Archipel GULag II, S. 146-147. Rossi, GULAG Handbook, S. 178, 179.

166 Vgl. Kap. 2.3.3.2.2.

167 Siehe zu diesem in der Literatur besonders oft beschriebenen Komplex: Solschenizyn, Archipel GULag II, S. 192 (*Karzerration*, *Strafration*, *Produktionsrationen*, *Stoßarbeiterrationen*). Zur Ration in Invalidenlagern: Solschenizyn, Archipel GULag III. S. 64-65. Rossi erwähnt für die OGPU-Lager 1930 vier Kategorien: *Basisration*, *Arbeitsration*, *Intensivration* und *Strafration*. Seit 1934 sei dies dann mehr differenziert worden. Danach gab es die Strafration und je einen „Kessel“ für 99-75, 100-124, mehr als 125 Prozent Normerfüllung und für das Ingenieur-Technische Personal. In manchen Lagern seien bis zu zehn verschiedene „Kessel“ eingeführt worden (GULAG Handbook, S. 178-179). Siehe auch seine Norm-Rationen-Liste für einen Zehnstundentag in sibirischen Holzfällerlagern in den Dreißigern (400-1200 Gramm) und für einen Zwölfstundentag in Goldschürflagern der Kolyma in den Vierzigern (300-850 Gramm): Ebd., S. 289. Weitere Beispiele für *kotlowka* und Rationen bei: Schalamow, „Artikel 58“, S. 114. Silde, Profits, S. 176. Leonhard, Fahrt, S. 110, 157-158 (Auch in: Armanski, Maschinen, S. 169). Witschel, S. 121, 126. Mund, GPU, S. 150-151. Harms, Tal, S. 110. Als offizielles Beispiel für die Koppelung von Normen und Rationen siehe auch das „Verwaltungsreglement für das Besserungsarbeitslager Uchta-Petschora“ vom 27. Mai 1937 in: Barton, L'institution, S. 391-465 (Annex I). Inhaltlich wiedergegeben in: Das Hungersystem in den sowjetischen Arbeitslagern. In: Ost-Probleme v. 29. September 1952, S. 1197-1200.

168 Rossi, GULAG Handbook, S. 284-288. Darunter fallen solche nach Arbeitsart, nach Lager- und Häftlingsregime, für verschiedene Krankheiten, für Schwangere, Kriegsrationen, Arktisrationen, Prämienrationen und weitere. Siehe dazu auch seinen Appendix 1 „Daily Ration of Soviet prisoners“ (Ebd., S. 517-518). Scholmer, Arzt, S. 69-71, nennt sieben „Kessel“ (1. Invaliden/Hilfsarbeiter, 2. Erdarbeiter, 3. Holzarbeiter, 4. Krankenverpflegung, 5.- 6. Bergarbeiter, 7. Aufseher, Oberaufseher, Chef der Lagerverwaltung), Buber-Neumann, Gefangene, S. 84, vier Lebensmittelzuteilungen (Agrotechnisches Personal, Arbeiter des Transport- und Bauwesens, Reparaturwerkstatt/Büroarbeiter, Feldarbeiter/Strafblock).

Das Essen war schlecht, unzureichend und entsprach in keiner Weise den Anforderungen der Schwerstarbeit. Es fehlte ihm an Kalorien, Vitaminen und anderen unbedingt erforderlichen Substanzen. Mit Hilfe des ständigen Hungerzustandes wollte man die Lagerinsassen dazu bringen, die Normen zu erfüllen oder überzuerfüllen, um mehr essen zu können. Diese Art der Motivation zur Arbeit brachte indes kaum den gewünschten Erfolg: Die Häftlinge starben, statt mehr zu arbeiten. Der ohnehin schon geschwächte Häftling, der seine Norm nicht mehr schaffte, wurde durch reduzierte Essensrationen in Krankheit und Tod getrieben. Vor dem Tod kam die Verzweiflung. Lebensmitteldiebstähle und Gewalttaten, um Mitgefangene zu zwingen, etwas abzugeben, waren an der Tagesordnung.

Mit Kriegsbeginn wurden die ohnehin schon völlig unzulänglichen Rationen zunächst weiter gekürzt. Die Verpflegung der zumeist sowjetischen GULag-Insassen wurde schlechter als die der kriegsgefangenen deutschen Soldaten[169]. Große Hungerwellen durchliefen daraufhin 1941 und 1942 die Lager. Erst als die Arbeitsproduktivität erheblich sank, wurden die Vorkriegsrationen wieder eingeführt[170]. Dennoch lag der Kalorienwert der Lagerverpflegung zu Kriegsende immer noch 30 Prozent unter dem Vorkriegsniveau, und erst 1948 endete der „Große Hunger" im GULag[171].

In der Regel wurde am frühen Morgen die Ration Tagesration Brot *(pajok, paika)*, abgesehen von Strafrationen meist 400 bis 800 Gramm[172], in der Baracke oder der Kantine ausgegeben. Mittags gab es meist am Arbeitsplatz zum Brot eine warme Mahlzeit und abends in der Baracke oder einer Kantine warme oder kalte Suppe. Art und Umfang des Essens, das sehr schnell zu sich genommen werden mußte[173], waren in den einzelnen Lagerpunkten verschieden[174].

Die Zustände in den Katorga-Lagern glichen denen in den ITL. Der wesentliche Unterschied lag einzig darin, daß den Häftlingen verboten war, die Kantine zu betreten und sie ihre Essensration in einer „langwierigen Prozedur" durch eine Essensklappe in die Zeltbaracke gereicht bekamen[175]. Gleiches gilt für die Speziallager. Die Rationen waren dort nicht niedriger als in den ITL[176]; auch beim Norm-Rationen-Verhältnis gab es keine wesentlichen Unterschiede[177].

[169] So Karner, GUPVI, S. 88, Abb. 2.23.

[170] Solschenizyn, Archipel GULag II, S. 124. Zu den Hungerwellen 1941-42: Bacon, Gulag, S. 148.

[171] Bacon, Gulag, S. 148. Auch Scholmer, Arzt, S. 54, berichtet für 1942 bis 1947 von „Massensterben" infolge Hungers in Workuta. Zur Bedeutung des Jahres 1948 als Wendepunkt für die Verpflegung auch: Paul Barton. Die Rationalisierung der Zwangsarbeit. In: Ost-Probleme v. 21. September 1959, S. 1306-1314. Hier: S. 1306, 1307.

[172] Rossi, GULAG Handbook, S. 288-290. Hier: S. 288.

[173] Solschenizyn, Tag, S. 14, spricht für Iwan Denissowitschs Speziallager von zehn Minuten Essenszeit für das Frühstück und je fünf Minuten für Mittag- und Abendessen.

[174] Allgemeine Informationen: Schalamow, „Artikel 58", S. 26, 37. Solschenizyn, Archipel GULag III, S. 9. Beispiele für Art und Umfang des Essens: Schalamow, „Artikel 58", S. 19-20, 44, 88-89. Solschenizyn, Archipel GULag II, S. 92, 164.

[175] Solschenizyn, Archipel GULag III, S. 8, 9. Er erwähnt „Bergarbeiter"- und „Prämienportionen" als Zusatzportionen.

[176] Zu den Rationen: Solschenizyn, Tag, S. 13-15, 20, 26, 55, 106-108).

[177] Vgl. Schalamow, „Artikel 58", S. 56, und Solschenizyn, Tag, S. 51.

8.6.3.2 Bekleidung

Die Häftlinge verfügten gewöhnlich über eine Standardbekleidung, und zwar Winter- und Sommerkleidung. Um Fluchtversuche zu erschweren, wurde die Kleidung oft gelb eingefärbt oder als Schwarz-Weiß-Kombination ausgegeben[178]. Frauen erhielten die gleiche Ausrüstung, manchmal ergänzt um einige speziellere Stücke[179]. Geeignetes Schuhwerk wurde selten zur Verfügung gestellt. Meist mußten sich die Häftlinge mit Ersatzmitteln wie Bastschuhen behelfen. Üblich war, daß die Häftlinge ihre Sträflingskluft durch private Bekleidungsstücke ergänzten. Es kam auch vor, daß Sträflinge erst ihre mitgebrachte Privatkleidung aufbrauchen mußten, ehe sie die Lagerbekleidung erhielten[180].

Guterhaltene Kleidungsstücke waren für das Überleben entscheidend. Die Häftlinge achteten daher sehr darauf, ihre Kleidung stets bei sich zu behalten oder an abgeschlossenen Orten, so bewachten Aufbewahrungskammern im Lagerpunkt, zu verwahren. Es kam oft vor, daß Bekleidungsgegenstände gestohlen oder geraubt wurden. Die Mittel, die dazu angewandt wurden, reichten von Nötigung bis zum Mord. Tote wurden nur mit Unterwäsche oder unbekleidet begraben, da die Kleidung von anderen Gefangenen weitergenutzt wurde[181]. In den Katorga- und Speziallagern verfügten die Häftlinge über noch weniger Bekleidung als die Insassen der ITL, da ihnen das Tragen von Privatkleidung verboten war, um einen Fluchtversuch zu erschweren[182]. Spezifikum der Katorga-Lager wie auch der Speziallager war eine Häftlingsnummer, die auf die Lagerkleidung genäht werden mußte. Die Häftlinge sollten dort nicht mit Namen, wie in den ITL, angesprochen, sondern nur nach ihrer Nummer benannt werden[183].

8.6.3.3 Hygienische Verhältnisse, Krankheiten und medizinische Versorgung

Die *hygienischen Verhältnisse* in den Lagern waren wie die Verpflegung und die Bekleidung völlig unzureichend. Den Häftlingen standen zum Waschen innerhalb ihrer Baracken Waschkübel zur Verfügung, die bei der Belegungsstärke der Baracken sehr schnell verschmutzt waren. Duschen und ausgiebigeres Waschen in dem Waschgebäude (*banja*) war nur in größeren Abständen, ROSSI spricht von zehn Tagen, erlaubt[184]. Noch schlimmer waren die Zustände in Katorga-

[178] Ausführliche Angaben bei Rossi, GULAG Handbook, S. 257, 258, und in der Liste Sildes (Ders., Profits, S. 183). Als Beispiel siehe: Schalamow, „Artikel 58", S. 12-13, 20, 54, 186.

[179] Siehe dazu die Liste in: Silde, Profits, S. 184. Beispiele: Witschel, S. 118-119. Harms, Tal, S. 46.

[180] Solschenizyn, Archipel GULag II, S. 143, 194-195.

[181] Mord: Schalamow, „Artikel 58", S. 13-14, schildert einen Vorfall, in dem ein krimineller Häftling einen Mitgefangen erstochen habe, da dieser sich geweigert habe, ihm ein gut erhaltenes Kleidungsstück zu überlassen. Kleidung von Toten: Ebd., S. 17-18, 57.

[182] Solschenizyn, Archipel GULag III, S. 66-67. Ders., Tag, S. 6, 11, 25-27. Harms, Tal. S. 119, nennt ebenfalls das Verbot der Zivilkleidung.

[183] Zu den Häftlingsnummern: Solschenizyn, Archipel GULag III, S. 7, 55, 58-61. Ders., Tag, S. 8. Rossi, GULAG Handbook, S. 253-254. Harms, Tal, S. 119. Siehe dazu die Abbildung in Solschenizyn, Archipel GULag III, S. 59. Eine der Hauptforderungen der Häftlinge während der Aufstände 1953/54 war, die Nummern abzuschaffen.

[184] Rossi, GULAG Handbook, S. 14.

und Speziallagern, da die Gefangenen dort keine Möglichkeit hatten, außerhalb der Arbeitszeiten ihre Baracke zu verlassen. Stattdessen standen innerhalb der Baracken je ein Wasch- und Latrinenkübel direkt nebeneinander[185].

Als Folge der katastrophalen hygienischen Verhältnisse, schlechten Ernährung, des Mangels an Schlaf und der Auszehrung durch die harte Arbeit litten sehr viele Häftlinge ständig unter *Krankheiten*. Fast alle waren von Läusen befallen und hatten Skorbut[186], litten an Ruhr, Dystrophie, Arthritis, Asthma, Erfrierungen, Kurzatmigkeit, Rheuma oder Herzkrankheiten. Der Arzt SCHOLMER nennt als „Hauptkrankheiten“ in Workuta Hypertonie und Tuberkulose. Zwar war vorgesehen, daß Kranke leichtere Arbeit erhalten sollten, jedoch war diese zeitlich begrenzt, und es galt, die dem Lager gesetzten Normen zu erfüllen. Epidemien traten seit Anfang der dreißiger Jahre in geringerer Zahl auf. Häufiger genannt werden Typhusepidemien[187].

Angesichts dieser Bedingungen kann nicht überraschen, daß auch die *medizinische Versorgung* erhebliche Mängel aufwies[188]. In den meisten Lageraußenstellen gab es weder eine ärztliche Versorgung noch einen Sanitäter. Feste Institutionen in einem Lagerpunkt waren das Krankenrevier der Sanitätsstelle, in der Lagergebietsverwaltung ein Krankenhaus[189]. An dieses angeschlossen war oft eine *sangorodok*, eine Genesungssiedlung[190].

Über die Wirksamkeit der Sanitätseinrichtungen liegen voneinander abweichende Wertungen vor. Während SCHALAMOW Krankenhäusern und Krankenrevieren in seinen Schilderungen viel Platz einräumt und sich nicht negativ zu ihnen äußert[191], spricht SOLSCHENIZYN den Sanitätsstellen und Krankenrevieren im Lager ab, auch nur annähernd die unbedingt erforderliche Behandlung und Betreuung gewährleistet zu haben[192].

Insgesamt verschlechterte sich das Gesundheitswesen im GULag unaufhörlich[193]. Seit das Gesundheitswesen in den Lagern den GULag-Stellen und nicht

---

185 Solschenizyn, Archipel GULag III, S. 8.

186 Angeblich um den Häftlingen mehr Vitamin C zukommen zu lassen und sie so vor dem Skorbut zu bewahren, wurden Nadeln von Nadelbäumen gesammelt und zu einem Absud verarbeitet (Dazu: Schalamow, „Artikel 58“, S. 41-42. Harms, Tal, S. 52.Shifrin, Reiseführer, S. 180).

187 Zu den Krankheiten: Silde, Profits, S. 185.189. Rossi, GULAG Handbook, S. 23. Scholmer, Arzt, S. 118. Solschenizyn, Archipel GULag S. 117-118 (Läuse, Typhus). Schalamow, „Artikel 58“, S. 42, 90, 96 (Skorbut, Typhus). Er berichtet gesondert über die Verhältnisse in einer Typhusquarantäne eines Durchgangslagers, wahrscheinlich desjenigen in Magadan (Ebd., S. 174-179). Harms, Tal, S. 12 (Skorbut). Stürmer beschreibt das Erscheinungsbild des Lagerhäftlings mit folgenden Worten: „Der dystrophische Körper, die gichtigen Gelenke, der gebeugte Buckel, der schleichende Gang und die ewig blinzelnden, tränenden Augen waren die äußeren Merkmale des GULAG-Sträflings.“ (Ders., Sh 895, S. 71).

188 Siehe dazu: Solschenizyn, Archipel GULag II, S. 198-202, 204-207. Silde, Profits, S. 43-44. S., Bericht, S. 1173. Aus fachlicher Sicht: Scholmer, Arzt, S. 117-122.

189 Solschenizyn, Archipel GULag II, S. 199. Rossi, GULAG Handbook, S. 169, 196.

190 Silde, Profits, S. 189.

191 So beispielsweise in: Ders., „Artikel 58“, S. 162-173.

192 Solschenizyn kritisiert Schalamow, daß dieser die Sanitätsstellen in einem zu rosigen Licht dargestellt habe (Ders., Archipel GULag II, S. 204).

193 1919 war für die neu einzurichtenden Zwangsarbeitslager, die jeweils 300 Häftlinge umfassen sollten, bestimmt worden, daß für diese 15 Krankenbetten zur Verfügung stehen müßten. Dieses Verhältnis von 1:20 wurde jedoch nicht realisiert. Seit Mitte der dreißiger Jahre sei, so Rossi, eher von

mehr dem Volkskommissariat für Gesundheit unterstand, die Gesundheitsfürsorge und medizinische Behandlung ebenfalls den Planzielen untergeordnet worden war, sank besonders in den vierziger Jahren der Behandlungsstandard weit unter das in der „freien" Sowjetgesellschaft übliche Maß[194]. Es wurde verboten, Gefangene in Notsituationen in freie Krankenhäuser einzuliefern, und die OperTsch legte fest, wer krank war und wer nicht[195]. Noch eine Spur schlechter war die medizinische Versorgung in den Katorga-Lagern. Auch dort wurde den Häftlingen verwehrt, selbständig zum Krankenrevier zu gehen[196]. Die medizinische Versorgung verbesserte sich erst ab 1951 und besonders ab 1953 als Folge der Maßnahmen gegen Planrückstände und der Aufstände[197].

8.6.4 Kontakt zur Außenwelt

Hinsichtlich der Verbindungen zur Außenwelt bestanden große Unterschiede zwischen den Besserungsarbeitslagern und den Lagern schärferen Regimes wie Katorga-Lagern und Speziallagern. In vielen Fällen wurde versucht, den Standort des Lagers zu verschweigen. Ab Mitte der dreißiger Jahre wurden die Begriffe „Lager" oder „Gefängnis" als Postadresse oft, wenn auch nicht überall[198], durch Postfachnummern ersetzt. Vielfach wurden die Postfächer mit geographischen Namen versehen, die Tausende von Kilometern von dem tatsächlichen Standort des Lagerpunktes entfernt waren[199]. Gleichfalls waren die Adressen der Speziallager, deren genaue Lage oft noch nicht einmal den Häftlingen selbst bekannt war, chiffriert[200]. Unabhängig von all diesen Bemühungen war die Existenz der Lager jedoch ein offenes Geheimnis und allgegenwärtige Realität im Leben des Sowjetbürgers. Mit der zunehmenden Einbindung des GULag in das Wirtschaftssystem wurde es immer schwieriger, Einzelheiten

einem Verhältnis von 1:200-250 auszugehen (Ders., GULAG Handbook, S. 28). Beispiel: In den dreißiger Jahren hätten, so ein in S., Bericht, S. 1173, genannter Zeuge, in einem Lagergebiet namens Gornaja Chorija – womit wahrscheinlich GORSCHOLag gemeint ist – für 20.000 bis 30.000 Häftlinge zwei Krankenhäuser mit insgesamt 240-300 Betten zur Verfügung gestanden.

194 Ebd., S. 381. Völlig unverständlich ist in diesem Zusammenhang die bei Bacon, Gulag, S. 149 (Tabelle 8.1.) für 1943 genannte Zahl von 165.000 „hospital beds in Gulag". Setzt man diese in Relation zu der von Bacon für 1943 genannten Zahl von 1,2-1,5 Millionen Lagerinsassen (Ebd., S. 149), so hätte es ein Verhältnis von Insassenzahl zur Zahl der Krankenhausbetten von rund 1:8 gegeben. Dies kann nicht der Realität entsprechen: Entweder ist die Zahl der Betten viel zu hoch oder die der Lagerinasssen viel zu niedrig angegeben.

195 Rossi, GULAG Handbook, S. 28.

196 Solschenizyn, Archipel GULag III, S. 8.

197 Silde, Profits, S. 190-191.

198 So berichtet Wolfgang Leonhard, daß die Absenderanschrift eines Briefes seiner im Lager einsitzenden Mutter vom Juli 1937 „L.P. Schor, Tschibiju, Komi ASSR" gelautet habe (Leonhard, Revolution, S. 43. [„L.P." steht für LagPunkt. R.S.]). In Kravchenko, Schwert, S. 196-197, 307-308, sind wiedergegebene Texte von Schreiben verschiedener Lagergebietsverwaltungen enthalten, aus denen klar KARGOPOLLag, „NKWD-Lager des Nordostens" (SWITLag, R.S.) oder andere Lagerebenen als Absender hervorgehen.

199 Rossi, GULAG Handbook, S. 1-3, 350.

200 Solschenizyn, Archipel GULag III, S. 66.

über seine geographische Lage und seinen wirtschaftlichen Auftrag zu verheimlichen.

8.6.4.1 *Briefe und Pakete*

Die Versorgung mit Briefen und Paketen war abhängig vom jeweiligen Lagerregime, dem Status des Häftlings und dem Standort des Lagerpunktes[201]. Grundsätzliche Unterschiede bestanden auch hier zwischen ITL, Katorga- und Speziallagern[202]. In Lagern ohne Erlaubnis zur Korrespondenz war jegliche Art von Korrespondenz generell untersagt[203]. Allen Lagerarten gemeinsam war, daß herausgehende und eingehende Briefe und Pakete grundsätzlich zensiert und durchsucht wurden[204].

In den Besserungsarbeitslagern durften kriminelle Häftlinge in der Regel schreiben, so oft sie wollten. „58er" konnten nur einmal im Monat, „Trotzkisten" alle drei Monate nur an Verwandte ersten Grades schreiben[205]. Allen drei Gruppen war jedoch gestattet, Briefe, Geld und Pakete in unbegrenzter Zahl zu erhalten[206]. Diese Bedingungen konnten allerdings als Strafe oder bei anderen Umständen für den einzelnen Gefangenen oder für ganze Lagerpunkte verschärft werden. SOLSCHENIZYN berichtet davon, daß Lageraußenstellen die Brieferlaubnis entzogen worden sei[207]. Mit Kriegsbeginn wurden die Bedingungen in manchen ITL verschärft und verboten, Briefe zu verschicken, sie durften aber weiterhin empfangen werden[208].

Häftlinge in den Katorga-Lagern hatten grundsätzlich keine Erlaubnis, Briefe oder Pakete zu empfangen[209]. In den Speziallagern durften Häftlinge zweimal im Jahr an nächste Verwandte schreiben und monatlich einen Brief empfangen. Bekamen sie monatlich mehrere Briefe, wurden diese jeweils bis zu den nächsten Monaten zurückgehalten. Nach ROSSI wurden in ihnen bis 1956 grundsätz-

[201] Siehe dazu allgemein: Rossi, GULAG Handbook, S. 296-298, 298-301. Solschenizyn, Archipel GULag II, S. 259, 268, 350, spricht – auch am eigenen Beispiel – von Lagerpunkten innerhalb des Moskauer Stadtgebietes, in dem Ehefrauen durch die Post Eßpaktete ablieferten. Für das abgelegene Kolyma-Gebiet jedoch nennt Schalamow, „Artikel 58", S. 29, es „ein großes Wunder", ein Päckchen zu erhalten. Nach Rossi, GULAG Handbook, S. 3, war es ausländischen Lagerinsassen von Anfang der dreißiger Jahre bis 1952 verboten, Briefe zu schreiben.

[202] Zum Vergleich siehe: Rossi, GULAG Handbook, S. 526-527.

[203] Rossi, GULAG Handbook, S. 297.

[204] Solschenizyn, Tag, S. 96-97, schildert einen solchen Vorgang. Zuständig dafür war die Operative Stelle, die die Briefzensur mit Hilfe nichtpolitischer Häftlinge oder von Familienangehörigen des freien Lagerpersonals durchführte (Rossi, GULAG Handbook, S. 299).

[205] Leonhard, Fahrt, S. 107, 166. Solschenizyn differenziert nicht nach Kriminellen, „58ern" und „Trotzkisten", sondern sagt, daß seine Häftlingskategorie im ITL einmal monatlich, im Speziallager nur zweimal jährlich schreiben durfte. Da er sich zu den „58ern" zählte, bestätigt er somit Leonhards Angaben (Ders., Tag, S. 30). Harms, Tal, S. 119, berichtet, daß sie vor der Überweisung in einen Lagerpunkt, der wahrscheinlich ein Speziallager war, sechs Mal im Jahr schreiben durfte.

[206] Leonhard, Fahrt, S. 166. Witschel, S. 102, berichtet ebenfalls vom Empfang von Paketen.

[207] Solschenizyn, Archipel GULag II, S. 627.

[208] Ebd., S. 123. Falsch hier die Aussage Karners, wonach in den ITL „das Schreiben überhaupt verboten" gewesen sei (Ders., GUPVI, S. 189).

[209] Solschenizyn, Archipel GULAG II, S. 10. Rossi, GULAG Handbook, S. 299.

lich verboten, Pakete zu empfangen[210]. Geld, welches von Verwandten geschickt wurde, kam auf ein Häftlingskonto, von dem man einmal im Monat in der Kantine Waren kaufen mußte, die man vorher beantragt hatte. Kaufte der Häftling diese nicht, wurde das Geld der Verfügungsgewalt des Häftlings entzogen[211].

8.6.4.2 Hafturlaub und Besuche

Während Hafturlaub faktisch bereits seit Mitte der zwanziger Jahre in keiner Lagerkategorie mehr gewährt wurde[212], waren Besuche von Verwandten bis Mitte der dreißiger Jahre noch durchaus üblich[213]. Wie in allen anderen Sparten des ITL-Systems, so verschlechterte die Regimeverschärfung auch die Regelungen für Besuche und Hafturlaube. Bereits früher konnte als besondere Maßnahme über ganze Lagergebiete ein zeitlich befristetes Besuchsverbot verhängt werden[214]. Ab Mitte der dreißiger Jahre wurden die Besuchsrechte grundsätzlich sehr restriktiv gehandhabt[215]. Aus den Berichten von ITL-Gefangenen aus der Zeit nach 1940 ist zu entnehmen, daß keine Besuche mehr gestattet waren; dies gilt auch für die Katorga- und Speziallager[216].

8.7 Strafen und Strafeinrichtungen

Der GULag hat eine große Vielfalt an *Strafen* und Sanktionen hervorgebracht. Besonders betroffen waren von diesen Häftlinge, die sich nicht der Lagerordnung fügten, später solche, die ihre Norm nicht erfüllten und deren Essensrationen bereits erheblich gesenkt worden waren. Außer den bei der Darstellung der SLON bereits genannten Strafen und Schikanen seien als Sanktionen hier nur der Entzug der Schreib- oder Besuchserlaubnis[217], Fußketten und Handschellen in Katorga- und Speziallagern[218] und die Erschießung[219] genannt.

---

[210] Dies galt noch 1951 (Solschenizyn, Tag, S. 30). Solschenizyn, Archipel GULag III, S. 66. Rossi, GULAG Handbook, S. 297, 299. Zu zwei Briefen pro Jahr: Harms, Tal, S. 119.

[211] Solschenizyn, Tag, S. 109.

[212] Rossi, GULAG Handbook, S. 280-281.

[213] Rossi spricht für Tscheka-Einrichtungen von 25 bis 104 und für NKJu-Einrichtungen Anfang der dreißiger Jahre von 25 bis 60 Besuchen pro Jahr (Rossi, GULAG Handbook, S. 383). Er orientiert sich allerdings an den BessArbK von 1924 und 1933. Diese spiegelten besonders seit Mitte der zwanziger Jahre nicht mehr die Realität wider. Leonhard, Fahrt, S. 87, berichtet von einem Besuch einer Bekannten beim ihrem in einem Lager in Workuta inhaftierten Mann im Sommer 1934. Diese Vergünstigung habe es nach Einführung „des strengeren Lagerregimes" nicht mehr gegeben.

[214] So im Februar 1933 bei BELBALTLag, als der Kanalbau in seiner Endphase stand (Solschenizyn, Archipel GULag II, S. 91).

[215] Nach Solschenizyn wurden Mitte der dreißiger Jahre alle Besuchserlaubnisse zurückgezogen und Besuche generell verboten (Ders., Archipel GULag II, S. 114). Rossi berichtet, daß seit Ende der dreißiger Jahre allen politischen Häftlingen verboten worden sei, Besuch zu empfangen (Ders., GULAG Handbook, S. 383).

[216] Solschenizyn, Archipel GULag III, S. 66.

[217] Schreibverbot: Leonhard, Fahrt, S. 107. Besuchsverbot: Rossi, GULAG Handbook, S. 383.

[218] Fußketten: Conquest, Kolyma, S. 60. Handschellen: Solschenizyn, Archipel GULag III, S. 56-57.

[219] So Schalamow, „Artikel 58", S. 28.

Seit Beginn des Lagersystems wurden unbequeme, aufsässige und der Lagerordnung gefährliche Häftlinge in *Strafeinrichtungen* von ihren Mitgefangenen isoliert. Zu unterscheiden sind Einzelzellen und Strafbaracken für mehrere Bestrafte. Der Besserungsarbeitskodex des Jahres 1924 verbot jede Art von Grausamkeit oder körperlichem Zwang wie Handschellen, Fußketten, Nahrungsentzug und Einzelhaft. Erlaubt war allerdings, Häftlinge in gesonderten Zellen, die trocken, hell, mit Schlafgelegenheit ausgestattet sein mußten, zu isolieren. Dabei durften 14 Tage nicht überschritten werden, es mußte täglich warme Nahrung bereitstehen und alle drei Tage Außengang gegeben werden. Im BessArbK von 1933 wurde die Einzelisolierung sogar ausdrücklich verboten[220].

Wie bereits ausgeführt, ist es allerdings sehr wahrscheinlich, daß der 1933 für die GUITU-Hafteinrichtungen des NKJu geschaffene BessArbK für die ab 1934 der GULag des Unions-NKWD unterstehenden Lager nicht galt. Fest steht jedenfalls, daß viele Bestimmungen des BessArbK von 1933 in den Besserungsarbeitslagern kaum oder gar nicht, in den Katorga-Lagern und Speziallagern grundsätzlich nicht befolgt wurden.

Entgegen den Bestimmungen des Besserungsarbeitskodex gab es in den Lagern seit Anfang der dreißiger Jahre Einzelzellen unter verschiedenen Bezeichnungen. Am häufigsten findet man neben dem offiziellen Begriff *Strafisolator (Schtrafnoi Isoljator, SchIso)* den Terminus *Karzer*[221]. In diesen wurden Häftlinge nach Willkür des Lagerpersonals wegen Verstößen gegen die Lagerordnung, Normuntererfüllung, Kontakt mit Frauen, Arbeitsverweigerung, Selbstverstümmelung und anderer Gründe gesperrt. Die Dauer der Einsperrung war unterschiedlich[222]. Die Strafisolatoren waren von den Wohnbaracken und anderen Lagergebäuden abgeteilt, die Existenzbedingungen in ihnen weitaus härter als in den Strafbaracken. Die Häftlinge wurden grundsätzlich auf eine Karzerration oder Strafration gesetzt, die noch unterhalb der ohnehin schon geringen Lagerration lag[223]. Neben den normalen SchIsos gab es spezielle Einzelzellen, die besonders klein und kalt waren, eine niedrige Decke besaßen und unter Wasser gesetzt werden konnten[224].

Bereits auf den Solowki hatte die Lagerleitung jedoch erkannt, daß es für die Arbeitsaktivitäten des Lagers zweifelsohne förderlicher war, bestrafte Häftlinge in Gruppen zusammenzulegen und im Straf-Kollektiv einzusetzen, als sie einzeln in Zellen ihre Zeit untätig absitzen zu lassen. Auf den SLON wurden daher schon Anfang der zwanziger Jahre *Kompanien mit verschärftem Regime (RUR)*

---

220 Zu beiden Kodizes: Solschenizyn, Archipel GULag II, S. 399-400. Zum BessArbK 1924 auch: Rossi, GULAG Handbook, S. 153.

221 Zum *SchIso*: Solschenizyn, Archipel GULag III, S. 56-57. Rossi, GULAG Handbook, S. 152-154, 501-502. Zu anderen Begriffen: Rossi, ebd., S. 154, 103 (Disziplinarisolator).

222 Nach Solschenizyn, Archipel GULag III, S. 56-57, handelte es sich in der Regel um ein bis fünfzehn Tage, jedoch gab es nach oben keine Grenze. Rossi, GULAG Handbook, S. 153, nennt eine Verfügung des Rates der Volkskommissare aus dem Jahre 1930, in der von bis zu 30 Tagen die Rede ist.

223 Zu den Einzelzellen: Solschenizyn, Archipel GULag III, S. 56-57. Rossi, GULAG Handbook, S. 153. Zur Karzerration: Solschenizyn, Archipel GULag III, S. 56-57. Rossi, GULAG Handbook, S. 153. Harms, Tal, S. 16.

224 Rossi, GULAG Handbook, S. 154. Silde, Profits, S. 35.

eingeführt, in denen auffällig gewordene Häftlinge zusammengefaßt wurden. RUR gab es in manchen Lagern bis in die fünfziger Jahre[225]. In den meisten ITL wurden sie jedoch ab Ende der zwanziger Jahre durch „Baracken mit verschärftem Regime" (BUR) und „Zonen mit verschärftem Regime" (SUR) ersetzt[226].

Die Strafbrigaden in den *Baracken mit verschärftem Regime (BUR)* entstanden Ende der zwanziger Jahre und bestanden aus Häftlingen, die zu unterschiedlich langer Dauer in diese strafversetzt worden waren; SOLSCHENIZYN und ROSSI nennen Zeiten von einigen Wochen bis einem Jahr und länger. Die BUR konnte eine Baracke mit Stacheldrahtumzäunung oder ein regelrechtes Lagergefängnis mit eigenem Karzer sein. Die Häftlinge wurden meist zu den schwersten und unangenehmsten Arbeiten eingeteilt und außerhalb der BUR von einem (Häftlings-) Komendanten ständig beaufsichtigt. ROSSI weist ihnen daher einen Vorbildcharakter für ITL mit Sonderregime (*Osoboi reshimny lager*) und die späteren Katorga-Lager und Speziallager zu[227].

Um die Arbeitskraft der bislang in SchIsos und BURs einsitzenden Häftlinge besser zu nutzen, wurden abgesonderte *Strafaußenstellen (Schtrafnaja sona, schtrafnaja komandirowka)* geschaffen , die seit den frühen vierziger Jahren *Zonen mit verschärftem Regime (Sona usilennogo reshima, SUR)* genannt wurden. In diese wurden Häftlinge, so ROSSI, für eine Dauer von bis zu einem Jahr eingewiesen. In den SUR waren Kost und Unterkunft schlechter als in den normalen ITL-Lagerpunkten, es gab keine Kantinen, die Sträflinge mußten besonders harte und gesundheitsschädigende Strafarbeiten verrichten, ihre Arbeitszeit war länger als in den normalen Lagerpunkten. Dies alles führte, so SOLSCHENIZYN, dazu, daß in den SUR die Zahl der Todesfälle besonders hoch gewesen sei[228]. Die SUR war die Institution, für die der oft falsch gebrauchte Begriff „Straflager" am zutreffendsten ist.

Im Unterschied zu den ITL werden von den Lagerpunkten der Speziallager kaum SUR genannt. Diese verfügten fast immer über ein steinernes Lagergefängnis, in dessen „Bunker", einer Einzelzelle, die Häftlinge bei Verfehlungen eingesperrt wurden[229]. Hinzu kamen in den Wohnzonen eine bis zwei Strafbaracken mit eigener Umzäunung, die sogenannten Regimebaracken *(reshimka)*[230], die am ehesten mit den BUR der ITL zu vergleichen sind.

---

[225] Zu *RUR*: Rossi, GULAG Handbook, S. 375. Solschenizyn, Archipel GULag II, S. 398. Mund, GPU, S. 137.

[226] Solschenizyn, Archipel GULag II, S. 398. Die BUR bezeichnet er als Strafbrigaden, die SUR als Strafaußenstellen.

[227] Solschenizyn, Archipel GULag II, S. 400-402. Rossi, GULAG Handbook, S. 37. Silde, Profits, S. 36.

[228] Zu *SUR*: Solschenizyn, Archipel GULag II, S. 402-407. Silde, Profits, S. 35-36. Rossi, GULAG Handbook, S. 138, 507. Als Beispiele für diese Strafarbeiten nennt Solschenizyn Heuarbeiten, Steinbrucharbeit, Torfstechen, das Aufbringen von Silofutter, Erdarbeiten und als meistverbreitetste Strafarbeit Tätigkeiten in der Kalkgewinnung, vor allem das Kalkbrennen (Ders., Archipel GULag II, S. 402-403). Zu Insassen der SUR: S. 403, zu den chaotischen Zuständen in vielen SUR: Ebd., S. 404-407.

[229] Solschenizyn, Tag, S. 117, beschriebt den Bunker in Iwan Denissowitschs Speziallager des Jahres 1951.

[230] Solschenizyn, Archipel GULag III, S. 57-58. Solschenizyn, Tag, S. 9, 27.

8.8 Der Tod im Lager

Die Häftlinge starben an Hunger und Entkräftung, sie erfroren oder wurden erschossen, sie fielen Arbeitsunfällen oder den Strafeinrichtungen zum Opfer. Der menschenverachtende Umgang mit den lebenden Häftlingen setzte sich in der „Verwertung" der Gestorbenen fort. Der tote Gefangene wurde durch ein hölzernes Schildchen oder eine andere Art von Identifizierungsmarken am linken Fuß mit seiner Häftlingsnummer gekennzeichnet, Goldzähne wurden herausgebrochen. Um Fluchtversuche durch vorgetäuschten Tod zu verhindern, wurde der Kopf des Leichnams mit einem Hammer zertrümmert oder ein Metallsporn in seine Brust getrieben. Anschließend verscharrte man die meist nackte oder nur mit der abgetragenen Unterwäsche bekleidete Leiche außerhalb des Lagers. Die Gräber wurden nicht oder nur völlig unzureichend markiert[231].

8.9 Entlassung aus dem Lager und Weiterleben im GULag

Die Häftlinge, die das Glück hatten, ihre Haftstrafe überlebt zu haben, und keine „zweite Frist" bekommen hatten, wurden zwar aus ihrem Status als Lagerhäftling entlassen, hatten damit aber nicht die Freiheit. Die Innenbehörden waren daran interessiert, den ehemaligen Häftling zwar aus dem Lagersystem GULag, nicht aber aus dem Wirtschaftsimperium GULag oder aus seiner Kontrolle zu entlassen, sondern ihn unter Aufsicht des NKWD/MWD weiter am wirtschaftlichen Aufbau des Lagergebietes oder anderer unterentwickelter Regionen zu beteiligen. Dazu bedienten sie sich zweier Methoden. Die eine Möglichkeit war, dem entlassenen Sträfling eine Liste, die sogenannte „Minus"- Liste, mit einer Anzahl von Städten, in denen er sich nicht ansiedeln durfte, zu geben und ihn so zu zwingen, sich in Gebieten niederzulassen, die Siedlungsgebiete des GULag und des NKWD waren[232]. Die zweite ebenso häufige Variante war, dem Ex-Lagerinsassen aufzuerlegen, als Kolonist in der Umgebung seines alten Lagerpunktes weiter zu wohnen und dort weiterhin seine gewohnte und im Plan festgesetzte Tätigkeit auszuüben[233]. Diese Ex-Häftlinge lebten

---

[231] Siehe dazu: Rossi, GULAG Handbook, S. 22. Witschel, S. 141 (Holzbrettchen). Antonow-Owsejenko, Weg, S. 130 (Identifizierungsmarken). Scholmer, Arzt, S. 133-134. Stürmer, Sh 895, S. 55.

[232] Zu den „Minus"-Listen: Rossi, GULAG Handbook, S. 235. Danach waren seit 1918 zunächst „Minus-drei"-Listen (Moskau, Leningrad, Kiew) im Gebrauch, die dann Ende der zwanziger Jahre auf „Minus-12" anstiegen. Seit der Einführung des Inlandspasses (Dezember 1932) uferte die „Minus"-Zahl aus. Leonhard berichtet für „minus neun", daß der entlassene Lagerhäftling sich nicht in Leningrad, Moskau, Kiew, Charkow und fünf weiteren angegebenen Städten ansiedeln durfte. Es habe „Minus-20" oder „Minus-40"-Listen, in denen dann alle Hauptstädte der Unionsrepubliken, Hafenstädte, grenznahe Städte und die Umgebung von Moskau und Leningrad im Umkreis von 100 km verboten war, gegeben (Dies., Fahrt, S. 204). Albaz, Geheimimperium, S. 19, nennt eine „Minus-200" Liste, durch die der Daueraufenthalt in Moskau, Leningrad und zweihundert weiteren Städten verboten war.

[233] Barton, L'institution, S. 74-75. Silde, Profits, S. 42. Roeder, Katorgan, S. 119-122. Dies sah bereits das Statut über Besserungsarbeitslager von 1930 vor (Rossi, GULAG Handbook, S. 327). Solschenizyn, Archipel GULag III, S. 408, 410, 450-452. Er gibt Beispiele für Kolyma und Workuta, wo Ex-Häftlinge am alten Arbeitsplatz weiterarbeiteten, mancherorts unter erbärmlichen

außerhalb der Lagerzone, nahmen nicht mehr an den Appellen teil und standen nicht unter direkter Bewachung. Ihnen wurden jedoch Personalausweise vorenthalten, sie durften Lagerpunkt und Lagergebiet nicht verlassen[234]. Diese „Freisiedler“ bildeten somit weiterhin einen Bestandteil des GULag: mehr Ex-Lagerhäftlinge als tatsächlich Freie.

Fazit einer Betrachtung der Verhältnisse im Lagerpunkt ist, daß im einzelnen Lager versucht wurde, mit einem Minimum an Finanzmitteln und freiem Personal eine Organisationsform zu schaffen, deren Zweck es immer mehr wurde, die Grundbedingungen für den reibungslosen Ablauf des Arbeitsprozesses zu schaffen. Dieses Ergebnis stützt die These, daß der GULag der Stalinzeit sowohl von der Struktur als auch von Motivation und Zielsetzung her spätestens von Mitte und Ende der dreißiger Jahre an eine gigantische Straf-Zwangsarbeitsorganisation war. Bevor die Spitzengliederung der GULag unter Berija Ende der dreißiger Jahre effizienter gestaltet wurde, hatte das Lagersystem bereits seit Mitte dieses Jahrzehnts das Lagerregime derart verschärft, daß alle Konzentration auf die Planerfüllung gerichtet werden konnte.

Wie dies im Lagerpunkt konkret durchgeführt wurde, ist Inhalt des nächsten Kapitels.

Bedingungen in „provisorischen Zivilbaracken“ lebten (Ebd., S. 542/453), weiter Schikanen ausgesetzt waren (S. 454-457), psychische Probleme mit der Umstellung hatten (S. 457-464) und wegen ihrer Kontaktscheue gegenüber Frauen und Ehefrauen oft allein blieben (S. 468-470).

234 Nach Albaz, Geheimimperium, S. 15-16. Nach ihrer Diktion wurden die Ex-Lagerinsassen „Freisiedler“ genannt.

9 Arbeitsordnung und Arbeitsorganisation an den Arbeitsplätzen des Lagerpunktes

„Die Arbeit ist eine Sache der Ehre, eine Sache des Ruhms, eine Sache des Mutes und des Heldentums.“[1]

Arbeitsordnung und Arbeitsorganisation im GULag der Stalinzeit entsprachen – wenn auch in verschärftem Maße – denen in der freien Sowjetwirtschaft. Im Lagersystem galten die gleichen Prinzipien und Schlagworte, wie auch außerhalb des GULag, wobei es jedoch eine Besonderheit der Lager war, daß hier die Militarisierung des gesamten Arbeitsablaufes und das Verlangen nach Bestleistungen ohne Rücksicht auf Verluste auf die Spitze getrieben wurden. Wie überall führten auch die Lager zu Zeiten des ersten Fünfjahresplanes die „wirtschaftliche Rechnungsführung“, den „Wettbewerb“ und das „Stoßbrigadlertum“ ein.

9.1 Konvoibewachung und Bewachung des Arbeitsplatzes

In den Fällen, in denen der Arbeitsplatz von Häftlingen außerhalb von Wohn- und Produktionszone des Lagerpunktes lag, waren für die Bewachung der Häftlinge beim Hin- und Rückmarsch und bei der Arbeit NKWD-Soldaten zuständig. Diese gehörten, wie bereits mehrfach dargestellt, bei Besserungsarbeitslagern der WOchr der GULag, bei Speziallagern den Konvoitruppen der GUWWO/GUWPO an[2]. Der Arbeitsplatz war oft durch eine Hauptwache, Wachtürme und Stacheldraht gesichert. Bei unerlaubten Bewegungen außerhalb des befohlenen Gebietes wurde sofort geschossen[3]. Die Häftlinge wurden je-

[1] Schriftzug über dem Haupttor von Schalamows Lagerpunkt an der Kolyma (Ders., „Artikel 58“, S. 53). Heller, Stacheldraht, S. 262-263, interpretiert Schalamows Aussage ungenau dahingehend, daß dieser Spruch über allen Toren sowjetischer Lager gestanden habe. Davon ist bei Schalamow nicht die Rede.

[2] Vgl. Kap. 4.4 und 8.3.

[3] Zum Wachsystem am Arbeitsplatz: Solschenizyn, Tag, S. 33, 68. Beispiel für scharfen Schuß bei Hinüberbeugen über den abgesperrten Bereich: Harms, Tal, S. 115. Berichte Schalamows über das Verhalten von NKWD-Soldaten, Schikanen während der Arbeit und willkürliche Erschießung von Häftlingen in: Ders., „Artikel 58“, S. 35-37, 42, 59-62.

doch nicht überall bewacht: es mangelte am System und vor allem an Wachpersonal[4]. Während des Krieges wurden Selbstbewacher eingesetzt[5], manche Brigaden zogen ohne Bewachung zu ihren Arbeitsplätzen[6], und auch nach dem Krieg war die Bewachung offensichtlich nicht sehr personalintensiv[7]. Ein Grund dafür lag darin, daß wie im Lagerpunkt, so auch am Arbeitsplatz die Motivation zur Flucht sehr gering war und Einsparungen am dortigen Wachpersonal die Gesamtausgaben minderten.

9.2 Brigadesystem und Brigadiere

Der einzelne Lagerhäftling, besonders der der „Allgemeinen Arbeiten", war fest in ein Brigadesystem eingebunden[8]. Wie jedem Häftling, so war auch jeder Brigade oder anderen Arbeitseinheiten eine Norm gesetzt, die sie zu erfüllen hatten. Blieb ein Einzelner unter seiner Norm, so hatte dies nicht nur Konsequenzen für die Höhe seiner Essensration. Die anderen Häftlinge seiner Brigade mußten mehr arbeiten, um die Minderleistungen auszugleichen. Andernfalls wäre die gesamte Brigade unter ihrer Norm geblieben, hätte die Arbeit nach Dienstende nachholen oder wäre kollektiv durch Rationenkürzung bestraft worden[9]. Das Brigadesystem war daher ein Mittel, die Häftlinge dazu zu bringen, ihre Arbeitsleistung selbst zu kontrollieren. Auf der anderen Seite bot die Brigade aber auch die Möglichkeit der gegenseitigen Unterstützung[10].

Leiter der Brigaden waren die *Brigadiere*[11], denen oft ein Hilfsbrigadier zur Seite stand[12]. Die Brigadiere galten nicht als Pridurki, standen aber über den

---

4 So berichtet Schalamow von der Bewachung einer drei Mann starken Häftlingsgruppe durch einen Wachsoldaten, beschreibt aber an anderer Stelle ein Außenkommando, das zunächst völlig unbewacht und auf sich gestellt arbeitete und dann lediglich durch einen unbewaffneten Aufseher kontrolliert wurde (Schalamow, „Artikel 58", S. 45-58, 78-79).

5 Solschenizyn, Archipel GULag III, S. 229, nennt 1942 Selbstbewacher aus der Gruppe der Bytowiki.

6 Schalamow, „Artikel 58", S. 117-118.

7 Beim einem von Solschenizyn geschilderten Bau eines Kraftwerkes samt Häusern und Autoreparaturwerkstatt seien bei elf Brigaden mit 463 Mann nur sechs Wachposten auf sechs Wachtürmen eingesetzt gewesen (Solschenizyn, Tag, S. 34-35, 52, 82).

8 Möglicherweise wurden Kriminelle und politische Gefangene mancherorts in eigenen Brigaden zusammengefaßt. Dies läßt zumindest Schalamow, „Artikel 58", S. 35, vermuten, da er von nur Brigaden berichtet, die nur aus Kriminellen bestanden hätten.

9 Beispiele für solche Strafen: Solschenizyn, Archipel GULag II, S. 185, 190. In dem Speziallager Iwan Denissowitschs des Jahres 1951 gab es drastische Strafen wie Nachtarbeit einer Brigade bei Nichtnormerfüllung nicht mehr (Solschenizyn, Tag, S. 51). Witschel, S. 131-132, berichtet, daß in ihrem Waldarbeitslager 1950 die Brigaden generell bis zur Normerfüllung draußen bleiben mußten.

10 Zum Brigadesystem: Solschenizyn, Archipel GULag II, S. 148-149. Zur gegenseitigen Kontrolle: Ders., Tag, S. 44. Zur gegenseitigen Hilfe: Ebd., S. 63, wo er davon spricht, daß die Brigade „auch eine Familie" sei.

11 Zu Brigadieren: Solschenizyn, Archipel GULag II, S. 148-150, 244. Ders., Tag, S. 34. Rossi, GULAG Handbook, S. 31-32. Vgl. die Einschätzung Gerlands: „In den sowjetischen Lagern ist der ‚Brigadier' der Verbindungsmann zwischen Sklavenhalter, Sklaventreiber und Sklaven." (Dies., Jahre).

12 So in Solschenizyn, Tag, S. 6. Ähnlich Rossi, GULAG Handbook, S. 31.

normalen Häftlingen in den Arbeitsbrigaden. Sie stellten die Verbindung zur Lagerverwaltung, insbesondere zur Produktions- und Planstelle (PPTsch), her und waren Befehlsempfänger, vertraten aber, oft auch aus eigenem Interesse, die Belange ihrer Brigade gegenüber der Lagerverwaltung. Bis 1934 wurden sie von ihren Brigaden gewählt, von da ab von der Lagerleitung eingesetzt. Seitdem wurden viele Brigadiersposten von Kriminellen besetzt, da diese das Vertrauen der Lagerleitung besaßen. Nach WITSCHEL arbeiteten die meisten Brigadiere mit der OperTsch des Lagerpunktes zusammen[13]. In den ITL bekam der Brigadier die Tagesaufträge auf der Produktions- und Planstelle, hielt Kontakt zu übergeordneten Stellen wie Lagerkommandanten, Bauführern und Ingenieuren, zum Innendienst und zu Nachbarbrigaden. Er leistete selbst keine körperliche Arbeit, war aber verantwortlich für Arbeitsdisziplin und Normerfüllung und haftete persönlich für die Arbeitsleistung seiner Brigade. Zu seinen wichtigsten Aufgaben zählte es, täglich Bericht über die Arbeitsleistung seiner Brigade abzulegen. Von dieser Tagesmeldung hing die tägliche Essensration seiner Brigade ab, die dann nach Anweisung des Brigadiers je nach Normerfüllung auf die Gefangenen verteilt wurde. Brigadier und Brigade standen in einem wechselseitigen Abhängigkeitsverhältnis, und es lag am Charakter der einzelnen Person, ob er seine Brigade schikanierte oder zu einer Gemeinschaft zusammenschweißte[14].

In vielen Fällen hatten Brigadiere besondere Privilegien. Bis Anfang der dreißiger Jahre erhielten sie grundsätzlich die doppelte Ration, danach zumindest die höchste Essensration in ihrer Brigade[15]; sie verfügten oft über eigene Brigadiersküchen und schliefen in den Speziallagern, wo fast immer die wenigen dort einsitzenden rückfälligen Kriminellen als Brigadiere eingesetzt wurden, in eigenen Baracken außerhalb der Umzäunung. Im Unterschied zu den ITL war dort ihre Essensration unabhängig von der Arbeitsleistung der Brigade, das Verhältnis der Brigadiere zu ihren Brigaden war entschieden schlechter als in den ITL. In den Speziallagern sind die Brigadiere daher in erster Linie als Unterdrückungsinstrument anzusehen[16].

9.3 Arbeitsnormen und Arbeitsaufsicht

Von den Arbeiten waren die „Allgemeinen Arbeiten“ grundsätzlich, die Pridurki-Tätigkeiten in manchen Fällen mit einer Tagesnorm verbunden. Die Norm in

---

[13] Witschel, S. 146.

[14] Solschenizyn, Tag, S. 66-67, 74, stellt die Bedeutung des Brigadiers für die Stimmung in der Brigade und ihr Überleben besonders stark heraus. Unter den schlechten Brigadieren seien überwiegend Kriminelle (Ders., Archipel GULag II, S. 148), unter den guten vor allem „Kulakensöhne“ (Ebd., S. 150) gewesen. Er urteilt: „Der Brigadier ist im Lager alles: Ein guter Brigadier schenkt dir ein zweites Leben, ein schlechter bringt dich unter die Erde.“ (Ders., Tag, S. 34).

[15] Vgl. Solschenizyn, Tag, S. 55, über den „doppelten ‚Brigadier-Schlag‘“ bei der Essensausgabe.

[16] Rossi, GULAG Handbook, S. 31, 526-527. Solschenizyn, Archipel GULag II, S. 89, für das Lager Beresniki. Diese Stellung der Brigadiere galt nach 1956 auch in den Lagern (Kolonien) mit verschärftem Regime und Sonderregime.

den Lagern war an den Normen in der freien Sowjetwirtschaft ausgerichtet und lag meist genauso hoch wie dort, wobei die Normen in den Katorga-Lagern die der ITL übertrafen[17].

Bei der Normbemessung wurde nicht berücksichtigt, daß der Häftling meist keine Vorbildung für seine Arbeit mitbrachte, seine Arbeitszeit länger war als die der freien Arbeiter, seine Lebensbedingungen und Motivation in den Lagern alles andere als arbeitsfördernd waren[18].

Die Arbeitsaufträge wurden von *Anordnern*[19], die wahrscheinlich der PPTsch angehörten, erteilt. Die Leitung auf den einzelnen Arbeitsplätzen hatten *Einsatzleiter* und deren Stellvertreter inne[20]. Die Arbeit selbst wurde von einem *Aufseher* überwacht, der aber oft nicht am Arbeitsplatz war, sondern lediglich abends die Normerfüllung kontrollierte. Fehlten Wachpersonal und Aufseher, so arbeiteten die Brigaden mitunter völlig ohne Aufsicht.

9.4 Stoßarbeit und „sozialistischer Wettbewerb“

„Stoßarbeit ist der schnellste Weg zur Freiheit!“[21]

Wie in der gesamten Sowjetwirtschaft so wurde auch im Lagersystem auf Stoßarbeit[22] und „sozialistischen Wettbewerb“ abgezielt. Eine Vorreiterrolle innerhalb des GULag spielten auch hier die Solowki[23] und die beiden großen Kanal-

---

17 Beispiel für Normen in Katorga-Lagern: Schalamow, „Artikel 58“, S. 56. Vgl. die Angaben Karners zu den Arbeitsnormen in den Kriegsgefangenenlagern der GUPWI (Ders., GUPVI, S. 155-157).

18 Zu Normen allgemein: Rossi, GULAG Handbook, S. 254-256. Beispiele für Normen: Allgemeine Arbeiten: Holz: fünf bis sieben Festmeter täglich (Solschenizyn, Archipel GULag II, S. 189); Erz: 800 Pud täglich an der Kolyma (Ebd., S. 190 unter Verweis auf Schalamow). Pridurki-Tätigkeiten: Zimmermannsarbeit: 15 Axtstiele (Schalamow, „Artikel 58“, S. 24).

19 Genannt beispielsweise bei Solschenizyn, Archipel GULag III, S. 72.

20 Solschenizyn, Tag, S. 21-22.

21 „Udarny trud – kratschaischi put k swobode!“ war eines der geläufigsten Spruchbänder in Lagern des GULag (Rossi, GULAG Handbook, S. 133). Kravchenko beschreibt ein Fahnentuch eines Lagers mit der Inschrift „Wiedergeburt durch Arbeit“ (Ders., Freiheit, S. 215).

22 Stoßarbeit war der Begriff für „freiwillige“ zusätzliche Arbeit außerhalb der regulären Arbeitszeit, ohne daß diese auf die Norm angerechnet wurde. Zur Stoßarbeit in den Lagern: Rossi, GULAG Handbook, S. 465.

23 Solschenizyn berichtet unter Bezug auf Awerbachs Propagandabuch von der Gründung eines „Stabes für Wettbewerb und Stoßarbeit“ auf den Solowki im Herbst 1930, von Arbeitskommunen und Arbeitskollektiven, in denen sich Häftlinge, die zur Stoßarbeit bereit gewesen seien, zusammengeschlossen hätten. Im Februar 1931 habe, so Awerbach, eine „Konferenz der Solowezker Stoßbrigaden“ eine „breite Entfaltung des sozialistischen Wettbewerbs“ beschlossen, und im März 1931 habe es dort bereits 196 Stoßbrigaden gegeben (Solschenizyn, Archipel GULag II, S. 65-66). Ein großer Teil dieser Angaben dürfte jedoch, so auch Solschenizyn, aus Propandagründen geschönt sein. Von der Teilnahme an den Stoßarbeitereinheiten auf den Solowki ausgenommen seien die „58er“ gewesen (Ebd.). Zu erkunden ist, wieso auf den Solowki erst im Herbst 1930 massiv für die Stoßarbeit geworben wurde, wo doch die Kampagne für Stoßarbeit und „sozialistischen Wettbewerb“ bereits seit Anfang 1929 lief (Vgl. Hösch/Grabmüller, Daten, S. 73-75).

bauten (Weißmeer-Ostsee-Kanal und Moskwa-Wolga-Kanal), bei denen Stoßarbeit und „sozialistischer Wettbewerb" besonders stark propagiert wurden. Eine Jagd nach Normüberfüllungen und Normsteigerungen setzte ein, Resolutionen wurden verfaßt, „freiwillige" Arbeitsschichten erzwungen, die Zahl der Krankentage sollte vermindert werden, „Sturmergebnisse" wurden veröffentlicht, Ehrenurkunden und Ehrenbücher verschenkt, „Umerziehungsfenster" und Leistungstafeln angebracht[24]. Das Best-, Stachanow- und Stoßarbeiterwesen umfaßte später alle Arbeitseinheiten in den Lagerpunkten, sogar die Strafeinrichtungen[25]. Für herausragende Arbeitsleistungen wurden Prämien und Geschenke[26], bessere Verpflegung, Erholungstage im Erholungspunkt und weitere Vergünstigungen gewährt. Trotz all dieser Anstrengungen und Angleichungen des Arbeitssystems der Lager an das in der freien Sowjetwirtschaft praktizierte System blieb die Arbeitsproduktivität aufgrund der widrigen Umstände und der niedrigen Motivation der Häftlinge jedoch geringer als in der freien Wirtschaft.

9.5 Die Arbeitszeit: Arbeitstag, Arbeitsstunden, Schichten und Ruhetage

Der typische Arbeitstag begann mit dem Einmarsch in die Produktionszone oder den weiter entfernten Arbeitsplatz. Die Brigadiere setzten sich mit dem Bauführer oder anderem Leitungspersonal in Verbindung und erhielten ihre Arbeitsaufträge und Tagesnorm. Nach dem Werkzeugempfang arbeiteten die Häftlinge bis zur kurzen Mittagspause und dann bis zum Ende des Arbeitstages. Es folgten Abgabe des Werkzeugs, Vollständigkeitsüberprüfung des Materials, Zählappell und Abmarsch[27].

Die Anzahl der Arbeitsstunden veränderte sich. Die Verfügung vom 17. Mai 1919 hatte zwar festgesetzt, daß für den Lagerhäftling der Zwangsarbeitslager der Achtstundenarbeitstag der Freien gelten sollte. Diese Anweisung wurde jedoch nach ROSSI nicht lange angewandt, sondern in Anweisungen der GULag durch den Neun-, dann Zehnstundenarbeitstag ersetzt. An der Kolyma wurde bereits 1939, in der Anspannung des Krieges dann in allen Lagern 1941 bis 1946 ein Arbeitstag von elfeinhalb Stunden eingeführt[28], während in Straflagerpunkten bereits seit den späten dreißiger Jahren dreizehn Stunden gearbeitet wurde. Ab 1946 ging die tägliche Arbeitszeit auf zehn, Ende der fünfziger Jahre auf acht Stunden zurück[29]. Insge-

[24] Vgl. Solschenizyn, Archipel GULag II. S, 88-91, 100-112.
[25] Solschenizyn, Archipel GULag II, S. 454.
[26] Harms, Tal, S. 76, berichtet von Lebensmittelpräsenten bei Normübererfüllung.
[27] Solschenizyn, Tag, S. 39-89, beschreibt einen solchen Arbeitstag in allen Einzelheiten. Siehe besonders die Schilderung der Prozedur des Zählappells vor Verlassen des Arbeitsplatzes (S. 81-89). Dazu auch: Rossi, GULAG Handbook, S. 357-359.
[28] Rossi, GULAG Handbook, S. 142, 255, 356.
[29] Rossi, GULAG Handbook, S. 356.

samt schwanken die Angaben zwischen von zwölf bis sechzehn Stunden[30].

Berücksichtigt werden muß, daß die Zeit für den Marsch von der Wohnzone zum Arbeitsplatz darin nicht enthalten sind. Diese Entfernungen wurden fast immer zu Fuß zurückgelegt. Befand sich die Produktionszone des Lagerpunktes direkt neben der Wohnzone, waren diese zusätzlichen Zeiten gering, lagen hingegen mehrere Kilometer zwischen den Wohnbaracken und einem staatlichen Betrieb, einem Holzfällbezirk oder einem Eisenbahnbauabschnitt, so mußten die Häftlinge zusätzlich zur Arbeitszeit in geschwächtem Zustand und bei jeder Witterung noch mehrere Stunden täglich marschieren.

Arbeitszeiten und Schichteinteilung unterschieden sich je nach Art der Arbeit und dem dafür vorgesehenen Zeitrahmen. Für Großbauprojekte, die unter erheblichem Termindruck standen, später aber offensichtlich auch für den normalen Lagerablauf wird davon berichtet, daß die Häftlinge in drei Schichten eingeteilt waren, so daß rund um die Uhr gearbeitet werden konnte[31]. Nach Rossi arbeitete jedoch die überwiegende Mehrheit der Häftlinge am Tage, verließ morgens das Lager und kam am Abend wieder herein[32]. Es davon auszugehen, daß das Dreischichtensystem nur dort, wo die Beleuchtung ganztägig gesichert war, so bei Großbauprojekten und in Industriebetrieben, Anwendung fand.

Ruhetage gab es im GULag kaum. Anfang der dreißiger Jahre war festgelegt worden, daß alle zehn Tage ein Ruhetag zu gewähren sei, doch diese Regelung wurde nicht immer befolgt. Die Sonntage waren oft nicht arbeitsfrei, und selbst an den beiden einzigen Feiertagen, an denen im Lager offiziell nicht gearbeitet wurde, am 1. Mai und 7. November, wurden die Häftlinge oft anderweitig beschäftigt[33].

Für die Katorga-Lager berichtet Solschenizyn, daß dort in zwei Schichten zu zwölf Stunden gearbeitet worden sei. Jeweils die Hälfte der Häftlinge sei am Arbeitsplatz, die andere in den Unterkünften gewesen. Freie Tage oder Feiertage habe es dort ebenfalls nicht gegeben[34]. In den Speziallagern wurde vergleichbar lang wie in den ITL gearbeitet. Sonntage waren freie Tage, wenn an ihnen nicht Arbeit nachgeholt werden mußte oder willkürlich neue Arbeit erfunden wurde[35].

---

30 Zwölf Stunden: Lager Beresniki ca. 1931-33 (Solschenizyn, Archipel GULag II, S. 92). Offenbar galt auch in den Scharaschkas ein Zwölfstunden-Arbeitstag (Solschenizyn, Archipel GULag III, S. 37). Dreizehn Stunden: Erdarbeiten im KARLag, Holzarbeiten im Norden (Ebd., S. 190). Sechzehn Stunden: Erzabbau an der Kolyma (Schalamow, „Artikel 58“, S. 28, 111, 113. Ebenso: Solschenizyn, Archipel GULag II, S. 190).

31 So beim Bau einer Eisenbahnlinie in Nordrußland durch die SLON 1929 (Solschenizyn, Archipel GULag II, S. 54) oder beim Bau des Weißmeer-Ostsee-Kanals 1933 (Ebd., S. 90). Für 1945: Ebd., S. 163.

32 Rossi, GULAG Handbook, S. 357.

33 Solschenizyn, Archipel GULag II, S. 142. Schalamow, „Artikel 58“, S. 30. Rossi, GULAG Handbook, S. 356. Harms, Tal, S. 63, berichtet von Arbeitsbefreiung am 1. Mai und 7. November und Ruhetagen, die aber nicht auf den Sonntag fielen. Allerdings sei an diesen Ruhetagen oft Arbeit nachgearbeitet worden.

34 Solschenizyn, Archipel GULag III, S. 8.

35 Arbeitszeit: Zehn Stunden (08.00 Uhr-18.00 Uhr) in einem Speziallager: Kraftwerkbau, verkürzter Arbeitstag im Winter (Solschenizyn, Tag, S. 35, 39). Ebd., S. 9, berichtet er, daß bis zu Temperaturen von –40 Grad in den Speziallagern gearbeitet werden mußte. Zur Sonntagsarbeit: Ebd., S. 39. Er berichtet, daß von fünf Sonntagen drei frei gewesen seien (Ebd., S. 98).

9.6 Arbeitslöhne

Zu Beginn der Sowjetherrschaft war zunächst beabsichtigt, den Gefangenen grundsätzlich den gleichen Lohn zu zahlen wie freien Arbeitern[36]. Dieser Grundsatz wurde jedoch schon zu Beginn der Planwirtschaft verworfen[37]. Den Häftlingen wurden zwar offiziell Löhne gezahlt, jedoch behielt die Lagerverwaltung den weitaus größten Teil dieser Gelder als Kompensation für Versorgung, Bewachung und Verwaltung ein, so daß die tatsächlich ausgezahlten Gelder bei etwa 30 Rubel monatlich lagen[38].

In den Lagern strengeren Regimes waren die Lohnzahlungen noch geringer. In den Katorga-Lagern wurde überhaupt kein Lohn ausgezahlt[39]. Gleiches galt für Speziallager, so im Lager des Iwan Denissowitschs 1951[40]. SOLSCHENIZYN berichtet, daß sich dies Anfang der fünfziger Jahre geändert habe[41]. Kurz danach hörte der GULag alter Prägung allerdings auf zu bestehen.

Aus dem Geschilderten ist klar zu ersehen, daß das Brigadeprinzip, die allgegenwärtige Normierung der Arbeit, der Druck zur Normübererfüllung und die laufend verlängerte Gesamtarbeitszeit wichtige Instrumente dazu waren, die Arbeitskraft der Häftlinge bei geringstem Investitionsaufwand systematisch auszubeuten. Angemessene Lohnzahlungen hätten dieser Zielsetzung widersprochen.

Die Darstellung des Arbeitsablaufes in den Arbeitsstätten des einzelnen Lagerpunktes hat, so ist zu hoffen, deutlicher machen können, wie dieser Ar-

---

[36] So die Verfügung des Allrussischen ZEK über Zwangsarbeitslager vom 17. Mai 1919 (Vgl. Rossi, GULAG Handbook, S. 142).

[37] Solschenizyn, Archipel GULag II, S. 114, erwähnt ein „Rundschreiben" der GUMS vom 25. November 1926, wonach ein Lagerhäftling 25 Prozent des Lohnes eines freien Arbeiters, der eine entsprechende Tätigkeit in der Staatsindustrie ausübe, erhalten solle. Rossi, GULAG Handbook, S. 142, 331, berichtet von der gleichen Anweisung, die er als geheime Instruktion wertet, nennt aber statt der von Solschenizyn genannten 25 Prozent 75 Prozent.

[38] Für die Kriegszeit nennt Solschenizyn einen ausgezahlten Monatslohn von 30 Rubeln. Diese Summe habe an Wert einem Kilogramm Kartoffeln entsprochen (Solschenizyn, Archipel GULag II, S. 124. Solschenizyn, Tag, S. 109). Rossi spricht für die vierziger Jahre von einem ausgezahlten Durchschnittsmonatslohn von 23 Rubeln (Rossi, GULAG Handbook, S. 331). Semskow hingegen nennt Tageslöhne von neun Rubeln und 50 Kopeken (1941) und 21 Rubeln (1944) (Semskow, GULAG I, S. 22). Er sagt nicht, ob diese die Zahlen vor oder nach Abrechnung der Lohnabzüge sind. Unabhängig davon erscheinen sie im Vergleich mit allen Zahlen ehemaliger Häftlinge als viel zu hoch. Morosow/Rogatschew berichten für die Lager in der Komi ASSR, daß dort erst nach einer Verordnung vom 29. August 1950 Löhne gezahlt wurden. Diese hätten sich auf 200 bis 300 Rubel im Monat belaufen (Dies., GULag Komi, S. 186).

[39] Solschenizyn, Archipel GULag III, S. 9.

[40] Solschenizyn, Archipel GULag III, S. 66.

[41] Er führt dies auf Einführung des Rentabilitätsprinzips (*chosrastschot*) in den Speziallagern zurück. Von diesem Zeitpunkt an hätten 45 Prozent des Arbeitsertrages als Häftlingslohn gegolten. Davon seien 70 Prozent als Entgelt für Verwaltung und Versorgung einbehalten, das restliche Geld dem Häftling auf ein Konto gutgeschrieben worden. Dieses Geld habe er sich dann in Bons umtauschen lassen und damit in der Kantine oder dem Laden des Lagerpunktes einkaufen können (Solschenizyn, Archipel GULag III, S. 273). 1954 seien sogar Vorschüsse an Häftlinge gezahlt worden, damit diese in Lagerläden einkaufen konnten (Solschenizyn, Archipel GULag III, S. 290).

beitsprozeß im Mikrokosmos Lagerpunkt konkret ablief. Um die volkswirtschaftliche Bedeutung des aus unzähligen Lagerpunkten bestehenden Wirtschaftssystems GULag zu erkennen, muß sich die Betrachtung vom einzelnen Lagerpunkt lösen und auf die höheren Ebenen hinüberwechseln.

10 Einsatzarten der Lagerzwangsarbeit

Der GULag war in vielfältiger Weise in die Projektplanung anderer Sowjetinstitutionen eingebunden. Oftmals wurden Lagerpunkte auf Ersuchen und Anforderung anderer Stellen errichtet und die Insassen dieses Lagerpunktes dann zur Vorbereitung oder Durchführung eines bestimmten Vorhabens eingesetzt[1]. In den meisten Darstellungen wird über diesen Einsatz der Lagerinsassen allerdings gesprochen, ohne daß ihre Einsatzarten klar definiert und getrennt werden würden[2]. Dies ist jedoch insbesondere für die Einsatzarten notwendig, in denen der GULag nach außen gar nicht aktiv in Erscheinung trat. Die genauen Verästelungen von Lager- und Wirtschaftsorganisation sind kaum aufzuschlüsseln. Nicht in allen Fällen waren beide Teil einer Gesamtorganisation[3], wie im DALSTROI, sondern es gab verschiedene Arten der Zusammenarbeit.

---

1 Siehe dazu die Beispiele von Anforderungen an Berija zur Errichtung bestimmter Lagerpunkte aus den Jahren 1946 und 1947: In: Wolkogonow, Triumph, Band 2/2, S. 81.

2 Die einzige genauere Darstellung liefert Redding, Reliability, S. 338, für den Baubereich. Er unterscheidet drei Arten der GULag-Bauarbeit: Danach konnten Lagerhäftlinge erstens auf Baustellen von GULag/NKWD bei Bauten für den Eigenbedarf oder bei Auftragsbauten für andere Institutionen eingesetzt werden. Hier hätten GULag/NKWD die Bau- und Arbeitsleitung innegehabt und galten als Bauträger (Vgl. Kap. 10.1). Sodann habe es zweitens den Einsatz der Lagerhäftlinge auf Baustellen, auf denen der GULag im Auftrag anderer Institutionen baute, aber der Auftraggeber und Vertragspartner, meist ein Branchenministerium oder Staatsunternehmen, als Bauträger in Erscheinung trat, gegeben (Vgl. Kap. 10.2). Drittens schließlich seien Lagerhäftlinge unter Bau- und Arbeitsleitung des Vertragspartners des NKWD an Baustellen anderer Organisationen vermietet oder verliehen worden. Diese sind vom Status mit den vermieteten Industriearbeitern während des Krieges gleichzusetzen (Vgl. Kap. 10.3). Die in Kap. 10.2 aufgeführten Arbeiten in direktem Staatsauftrag nennt Redding nicht, würde sie aber, so ist seiner Argumentation zu folgen, seiner zweiten Kategorie zuordnen.

3 Der Zeuge Romanenko spricht ungenau davon, daß Lager oft als „Gesellschaften“ bezeichnet worden seien, und gibt einige Beispiele: UCHTPETSCHLag-"UchtPetschTsest" (UchtPetsch-Zech, R.S.), WORKUTLag-WorkutStroi, SEWSHELDORLag- SewShelDorStroi (In: Sklavenarbeit, S. 72). Romanenko verkürzt den Sachverhalt damit zu stark. Die Unterscheidung in Lager und „Gesellschaften“ ist nicht willkürlich, sondern sinnvoll, da es sich in einem Fall um die regionale Lagerorganisation, im anderen um die NKWD-Wirtschaftsunternehmen, denen der GULag zuarbeitete, handelte.

10.1 Lagerzwangsarbeit zur Versorgung des Lagers und für GULag/NKWD zu ihrem Eigenbedarf

Zu dieser Kategorie gehörten Arbeiten zur Versorgung des Lagers und Tätigkeiten von GULag/NKWD-Unternehmen, die für den GULag oder das NKWD selbst bestimmt waren, so der Bau von NKWD-Kasernen und NKWD-Verwaltungsgebäuden.

10.2 Lagerzwangsarbeit durch GULag/NKWD im Auftrag und auf Bezahlung anderer Institutionen oder in direktem Staatsauftrag

Diese Kategorie unterscheidet sich in drei Unterarten. Lagerhäftlinge waren grundsätzlich in einer Vielzahl von Unternehmen des GULag eingesetzt, die Aufträge für andere Staatsunternehmen erledigten. Diese Arbeiten wurden vom GULag geleitet und waren diesem auch haushaltstechnisch zugeordnet. Seine Ausgaben mußten wie in der normalen Wirtschaft durch den Auftraggeber durch Entschädigung oder Kaufpreis ausgeglichen werden.

Eine weitere Art von Tätigkeiten waren solche, die von GULag-Unternehmen im Auftrag und auf Bezahlung anderer Institutionen durchgeführt wurden, die aber haushaltstechnisch nicht dem NKWD, sondern dem Auftraggeber zugeordnet waren. Über das Ausmaß dieser Vertragstätigkeiten des NKWD für andere Unternehmen ist nur sehr wenig bekannt[4]. Entscheidend war, daß das NKWD diese Arbeitsaufträge anderer staatlicher Institutionen, beispielsweise zum Bau einer Eisenbahnlinie oder einer Fabrik, übernahm und diese Arbeiten selbst leitete. Dies geschah allerdings unter dem Haushaltstitel des Auftraggebers, so daß der GULag haushaltstechnisch gar nicht in Erscheinung trat. Wirtschaftliche Volkskommissariate übertrugen dem NKWD auf diese Weise in hohem Umfang arbeitsintensive Projekte, da sie sich so nicht um Beschaffung und Versorgung der Arbeitskräfte – besonders in entlegenen Gebieten – kümmern mußten. Diese Praxis sei, so SCHWARZ, vor allem gegen Ende des Krieges sehr verbreitet gewesen.

Der Ablauf war folgendermaßen: Das Branchenministerium plante das Projekt nach Kosten für Arbeit und Lohn auf der Basis freier Arbeit und ordnete ihm in seinem Haushalt eine entsprechende Summe zu. Dann wurde ein Vertrag zwischen dem Ministerium und dem GULag abgeschlossen, der bestimmte, daß der GULag die für das Projekt im Haushaltsplan des Ministerium vorgesehene Summe erhielt und dafür Arbeitskräfte und Spezialisten in benötigter Menge zusammenstellte, falls nötig, Lager errichtete, und das Projekt in eigener Regie durchführte[5]. DALLIN, SCHWARZ und SWIANIEWICZ sind der Überzeugung,

[4] Swianiewicz, Forced labour, S. 31-32.

[5] Dallin, Economics, S. 14-15, berechnet für einen freien Arbeiter zehn, für einen freien Ingenieur 30 Rubel Tageskosten. Da diese komplett an den GULag abgeführt wurden, dieser aber nur fünf Rubel Tageskosten für Versorgung, Verwaltung und Bewachung der Häftlinge benötige, sei dies für das Lagersystem gewinnbringend gewesen. Siehe dazu Kap. 9.6 und 12.2.5.

daß die Zahl dieser Auftragsarbeiten so umfangreich war, daß die Zahl der dort eingesetzten Lagerzwangsarbeiter viel größer gewesen sei als die Zahl der bei NKWD-eigenen Projekten beschäftigten oder an andere Behörden oder Unternehmen vermieteten oder verliehenen Häftlinge[6].

Als dritte Untergruppe sind Projekte zu betrachten, die nicht an Branchenministerien oder Staatsunternehmen, sondern direkt an das NKWD vergeben wurden. Verträge oder interministerielle Absprachen waren für diesen direkten Staatsauftrag nicht notwendig. Das bekannteste Beispiel für diese Art von Lagerzwangsarbeit war der Bau des Weißmeer-Ostsee-Kanals, der der OGPU übertragen, von dieser geleitet und durch den GULag durchgeführt wurde[7].

10.3 Lagerzwangsarbeit als Miet- oder Leiharbeit für andere Staatsunternehmen[8]

Hierbei handelt es sich um die Häftlinge, die gegen Entgelt von der GULag an andere Staatsunternehmen vermietet wurden. Es waren oft Kräfte, die in der Industrie eingesetzt wurden, aber auch Spezialisten wie Professoren, Ingenieure und Dozenten. Viele von diesen Spezialisten arbeiteten gemeinsam mit Freien und wurden gleichzeitig von diesen bewacht. In Krisenzeiten wurden Gefangene auch ohne Bewachung für mehrere Monate einem Betrieb zugeordnet[9]. Bis zum deutschen Angriff war die Form der Mietarbeit für Insassen von ITL sehr selten[10] und wurde kaum in den Regionen praktiziert, in denen viele Lager vorhanden waren (ASSR der Komi, Raum Workuta, Kolyma-Region). Dort unterstanden die meisten Produktionsbetriebe ohnehin dem NKWD. Häufiger kam

---

6 Dallin, Economics, S. 14. Schwarz, Statistik, S. 1562-1563. Swianiewicz, Forced labour, S. 15, 302. Ebenso der Zeuge Romanenko, der angibt, als Geschäftszimmerhäftling viele dieser Verträge bearbeitet zu haben, in: Sklavenarbeit, S. 71-72. Als Beispiele nennt Dallin einen großen Anteil der Holzfällerarbeiten und der Bauarbeiten bei Großprojekten. Wheatcroft, Analysis, S. 236, verweist darauf, daß die Ansicht, daß die Zahl der nach außen nicht für das NKWD/MWD arbeitenden Lagerinsassen größer gewesen sei als die der direkt für die Sicherheitspolizei eingesetzten Sträflinge, weiter gestützt werde durch eine Ausarbeitung des U.S. Department of State, Intelligence and Research Bureau vom 3. Oktober 1960. In dieser werden für 1952 und 1953 1,8 und 1,6 Millionen Lagerinsassen genannt, die direkt für das MWD oder gar nicht arbeiteten, demgegenüber aber drei Millionen Sträflinge, die offiziell oder tatsächlich bei Wirtschaftministerien und diesen nachgeordneten Staatsunternehmen eingesetzt waren. Siehe auch Barton, L'institution, S. 62.

7 Dallin, Economics, S. 16. Ein spezielles Budget wurde nicht veröffentlicht, die Kosten beliefen sich wegen des fast ausschließlichen Einsatzes von Lagerinsassen auf einem, im Vergleich zur freien Sowjetwirtschaft, sehr niedrigem Niveau. Rosefielde, Lessons, S. 572, spricht von 90 Millionen Rubeln Gesamtkosten, wobei bei freien Arbeitern allein die Lohnkosten 160 Millionen Rubel betragen hätten.

8 Allgemein: Dallin/Nicolaevsky, Forced labour, S. 241-242. Andreevich, Structure, S. 146. Schwarz, Statistik, S. 1562. Der 1941er Staatsplan enthält keine Angaben darüber, wieviele Lagerinsassen für Projekte und Unternehmungen anderer Volkskommissariate und Staatsunternehmen vermietet und verliehen waren.

9 So: Artemjew, Reshim, S. 50-51. Solschenizyn, Archipel GULag II, S. 68, berichtet von dieser Praxis bereits für die SLON 1928/1929.

10 Swianiewicz, Forced labour, S. 38.

diese Art der Lagerzwangsarbeit in Gebieten vor, in denen andere Volkskommissariate und Staatsunternehmen große Industriebetriebe unterhielten. Hier waren es zunächst Besserungsarbeitskolonien, die ihre Insassen vermieteten. Diese waren verstreuter errichtet worden als die ITL und hatten engeren Kontakt zu Industriebetrieben[11].

Die Unterstützung der Fabriken mit Lagerzwangsarbeitern des GULag nahm während des Krieges stark zu. Fast jeder große Baubetrieb und jedes große Industrieunternehmen der Sowjetunion erhielten vom GULag Arbeitskräfte auf der Basis von Verträgen[12]. Die einzelnen Lagerpunkte vermieteten ihren Arbeitskräfteüberschuß an örtliche Fabriken und Unternehmen, wobei über Verfahrensweise und Mietpreise verschiedene Aussagen vorliegen[13]. Viele der nach Osten verlagerten Betriebe hätten ohne diese Personalunterstützung des GULag nicht bestehen können[14].

---

11 Ebd., S. 302. Bacon, Gulag, S. 142, nennt für die Vorkriegszeit 350 „non-NKVD-enterprises", in denen „Gulag prisoners" eingesetzt worden seien. Diese Zahl habe sich nach Kriegsbeginn verdoppelt.

12 Andreevich, Structure, S. 149: „Nearly every large construction or industrial organization in the USSR uses slave labor to some extent on the basis of conctracts with GULAG.". Semskow nennt diese Vertragszwangsarbeiter, wenn sie ITK-Häftlinge waren, *krontragentskije* und spricht für den 1. März 1940 von 172 ITK, die auf dieses Basis arbeiteten (Ders., GULAG I, S. 13). Später nennt er für die zweite Hälfte der fünfziger Jahre 353.723 „Kontraktarbeiter" des GULag und führt die Einsatzbereiche auf (Ders., GULAG II, S. 7). Seine Zahlen sind jedoch nicht belegt. Vgl. auch Semskow, GULAG I, S. 25, über die Einsatzbereiche von 225.000 Häftlingen, die 1944 bei anderen Institutionen eingesetzt worden seien, und Iwaschow/Jemelin, GULAG, S. 21, über 380 „Spezial-ITK", deren Insassen 1941-1944 an 640 Betrieben und Baustellen anderer Volkskommissariate gearbeitet hätten (34 % Bauarbeiten, 30 % Holzwirtschaft, 25 % Produktion, 11 % Erzbergbau). Bacon, Gulag, S. 142, wiederholt diese Angaben.

13 Nach Artemjew, Reshim, S. 67, wurde in diesem Fall ein Vertrag zwischen dem Verwaltungschef des Lagerpunktes und einem örtlichen Industriebetrieb über die Lieferung von Lagerzwangsarbeitern geschlossen. Die Bezahlung war nicht einheitlich geregelt, sondern wurde ausgehandelt. Die Lagerinsassen seien meist teuer bezahlt worden, da die Betriebe angesichts des allgemeinen Arbeitskräftemangels auf diese angewiesen waren, um ihre Normen zu erfüllen. Für die Lager hätten die örtlich vermieteten Lagerinsassen zusätzlichen Gewinn gebracht. Dieses Vermieten von Sträflingen sei, so Artemjew, nicht oft praktiziert worden, da die Produktionspläne der Lager sehr hoch gewesen seien und auch dort meist Arbeitskräftemangel und Furcht vor Normuntererfüllungen geherrscht habe. Der Zeuge Petrov, ein ehemaliger Fabrikdirektor, schildert in Livre blanc, S. 82-83, die Vorgehensweise. Danach schlossen die Unternehmen bei eigenem Mangel an Arbeitskräften und in Stoßzeiten einen Vertrag mit den GULag-Dienststellen über die Lieferung von Sträflingen. Der GULag habe zwölf Rubel täglich für diese erhalten. Angesichts der schlechten körperlichen Verfassung hätten die angemieteten Häftlinge ihre Normen meist nicht erfült. Auch Petrov sagt, daß der GULag seine Häftlinge meist bei eigenen Projekten eingesetzt habe. Der Zeuge Romanenko berichtet von acht bis zehn Rubeln, die das Lager täglich für einen vermieteten Häftling erhalten habe (In: Sklavenarbeit, S. 72). Kravchenko sagt, daß bei einem Bauprojekt innerhalb des Kombinats in Nikopol, in dem er arbeitete, 1935/36 Gefangene eingesetzt worden seien. Vorher habe es „formelle Verhandlungen" zwischen dem NKWD und den Bauleitern gegeben, und das Kombinat habe dem NKWD „eine bestimmte Summe pro Gefangenen, ungefähr entsprechend dem Arbeitslohn eines freien Arbeiters gezahlt" (Ders., Freiheit, S. 264-265). Rossi, GULAG Handbook, S. 493, spricht von 13 Rubeln, die der Arbeitgeber für jeden Häftling je Tag an das zuständige Lager abzuführen gehabt habe. Scholmer, Arzt, S. 56, nennt für Workuta 1950 rund 1200 Rubel pro Monat.

14 Andreevich, Structure, S. 149-150. Melville/Steffens, Bevölkerung, S. 1101. Beck/Godin, Purge, S. 73-74 (Auch in: Jasny, Labor, S. 415, Anmk. 22).

Das Verhältnis von Lagerverwaltung und den staatlichen Betrieben, die auf die Lagerinsassen als Arbeitskräfte angewiesen waren, war zuweilen gespannt. Während die für die Produktion Zuständigen auf eine möglichst große Arbeitsleistung unter möglichst geringen Kosten abzielten, waren die Lagerbehörden, welche die Arbeitskräfte stellten, an hohen Mietpreisen oder Häftlingslöhnen interessiert[15]. Die Mietpreise kamen direkt der Lagerverwaltung zugute, von den Löhnen behielt sie einen hohen Anteil zurück, da der Häftling den Großteil des Lohnes für Verpflegung, Bekleidung, Unterkunft und Versorgung abzutreten hatte. Der GULag erwirtschaftete durch das Vermieten von Lagerinsassen in absoluten Zahlen einen erheblichen Bruttogewinn, der allerdings durch die Gesamtkosten des GULag-Apparates verringert wurde[16].

Über die Zahl der vermieteten Insassen von ITL herrscht keine Klarheit. SWIANIEWICZ vermutet, daß 15 % aller verfügbaren Lagerzwangsarbeiter, nicht einbezogen die zum Bergbau Vermieteten, verliehen oder vermietet wurden. Dies wären rund eine Million[17]. JASNY nimmt an, daß 20 % aller Lagerinsassen (578.000 Personen) vom NKWD an andere Institutionen oder Staatsunternehmen ausgeliehen oder vermietet worden seien. Das Ausleihen oder Vermieten sei weiterhin die Ausnahme, der Einsatz in NKWD-Unternehmen die Regel gewesen[18]. DALLIN hält diesen Ansatz der ausgeliehenen Lagerzwangsarbeiter für zu niedrig[19]. Die Zahlen der neueren Forschung sind hingegen weit niedriger. Wie bereits genannt geht SEMSKOW für 1944 von 1955 225.000 und für die fünfziger Jahre von rund 354.000 Häftlingen, die außerhalb des NKWD eingesetzt waren, aus[20]. BACON reduziert diesen Ansatz für die Jahre 1943 und 1944 auf rund 200.000[21].

[15] Solschenizyn, Archipel GULag II, S. 150-151. In den Lagern jedoch, in denen der GULag auch die Produktion unter sich hatte, Solschenizyn nennt Workuta (S. 147) und das USTWYMLag (S. 153), sei dieser Konflikt nicht aufgetreten (S. 153).

[16] So auch Zeuge Petrov in Livre blanc, S. 82-873.

[17] Swianiewicz, Forced labour, S. 302-303 (Auch bei: Conquest, Anfang, S. 432).

[18] Jasny, Labor, S. 415 und ders., Comments. In: The Journal of Political Economy 4/1952, S. 340-342. Hier: S. 342. Barton, L'institution, S. 64-65, stimmt dem zu. Redding, Reliability, S. 338, fragt nach Jasnys Beweggründen, ein Fünftel festzusetzen.

[19] Jasny, Labor, S. 416, Anmk. 24.

[20] Ders., GULAG I, S. 25 und GULAG II, S. 7.

[21] Er nennt für August 1943 196.310, Januar 1944 208.595, Juni 1944 194.415 Lagerinsassen (Bacon, Gulag, S. 142. Exakte Zahlen mit Aufgliederung nach Einsatzbereichen: Ebd. S. 170 [Tabelle A. 12]). Die von Semskow für 1944 genannte Zahl von 225.000 habe dieser dem auch von Bacon ausgewerteten Nasedkin-Bericht entnommen. Nasedkin habe jedoch um etwa 30.000 Personen übertrieben (Bacon, Gulag, S. 142). Von den rund 200.000 Lagerinsassen, die außerhalb des NKWD eingesetzt gwesen seien, hätten 40.000 in der metallurgischen Industrie, 38.000 in der Rüstungsindustrie, 19.000 in der Flugzeug- und Panzerindustrie, 15.000 in der Kohle- und Ölindustrie, und je 9000 in der elektrischen Industrie und Holzwirtschaft gearbeitet (Ebd., S. 143).

11 Einsatzbereiche der Lagerzwangsarbeit

Grundsätzlich sind zwei Arten von Arbeit, in denen Lagerhäftlinge eingesetzt wurden, zu unterscheiden[1]. Zum einen gab es eine Reihe von Tätigkeiten in der Lagerverwaltung und zur Versorgung des Lagers und zum anderen die oft erwähnten „Allgemeinen Arbeiten"[2], bei denen der größere Teil der Häftlinge eingesetzt war[3]. Die GULag-Behörden unterteilten die Lagerbevölkerung nach ihren Einsatzbereichen in vier Kategorien: In die Gruppe A fielen alle diejenigen, die bei den „Allgemeinen Arbeiten" oder Produktivarbeiten eingesetzt waren. Gruppe B umfaßte die im Innendienst Beschäftigten, Gruppe C die

---

1 Im folgenden werden nach einem Überblick die Prioritätsbereiche näher vorgestellt, Aktivitäten von geringerer Bedeutung und niedrigerem Personalansatz nur aufgelistet. Ausführliche Zusammenstellungen in: Swianiewicz' Appendix in: Ders., Forced labour, S. 290-303, und Solschenizyns Übersicht in: Ders., S. 571-574 (Auch in: Rosefielde, Lessons, S. 576-577). Allgemeine Angaben: Solschenizyn, Archipel GULag II, S. 188-189. Swianiewicz, Forced labour, S. 39. Wolin/Slusser, Secret police, S. 19, 149. Dallin, Economics, S. 12. Torke, Lexikon, S. 106. Livre blanc, S. 172. Carlton, Forced labor, S. 19-20. Schramm, Industrialisierung, S. 824-825. Jebedshans, Proiswodstwenny, S. 189 (Dort auch Hinweise auf Rubelleistungen „des GULag" in den einzelnen Branchen). Molotow nannte in einer Rede vom 8. März 1931 als Einsatzgebiete von Häftlingen: Bau von Autostraßen und Eisenbahnen, Bauindustrie, Torfgewinnung, Holzkohlearbeiten in der metallurgischen Industrie, Anlegen von Holzvorräten, Phosphatbergbau, Steinbrucharbeit, Transportprojekte, Kiesarbeiten. An Großprojekten nannte er vier Autostraßen und den Weißmeer-Ostsee-Kanal (Vgl. Dallin/Nicolaevsky, Forced labor, S. 222-224. Siehe auch: Jakobson, Origins, S. 128).

2 Für eine allgemeine Charakterisierung der „Allgemeinen Arbeiten": Solschenizyn, Archipel GULag I, S. 529-530 und ders., Archipel GULag II, S. 188-189.

3 Die Zahlen weichen auch hier erheblich voneinander ab: Dallin spricht unter Bezug auf einen ehemaligen Chef einer Lagerpolizei von 50-60 % produktiv Tätigen (Nach: Jasny, Labor, S. 416, Anmk. 24). Nach Angaben des Zeugen Andrejev waren nur 75 % der Häftlinge zum Arbeitseinsatz eingeplant. Von diesen seien jedoch 30 % Invalide, Kranke, Alte, Junge, Arbeitsunfähige oder Arbeitsverweigerer gewesen. Weitere 20 % seien ausschließlich in der Verwaltung des Lagers eingesetzt worden, so daß insgesamt nur 35 bis 40 % aller Häftlinge zu potentiell gewinnbringenden wirtschaftlichen Tätigkeiten zur Verfügung gestanden hätten (In: Livre blanc, S. 91-92). Seine Angaben zitiert Hofmann, Arbeitsverfassung, S. 273, Anmk. 49, 50. Auf S. 276, Anmk. 59, verweist er auf den Bericht eines ehemaligen Häftlings, nach denen nur 50 % der Lagerinsassen produktiv tätig gewesen seien. Conquest, Anfang, S. 435, schätzt, daß auf einen produktiv tätigen Zwangsarbeiter anderthalb Hilfspersonen gekommen seien. Armanski, Maschinen, S. 157, wiederum sagt, daß „rund 80 Prozent" der Lagerinsassen bei den „Allgemeinen Arbeiten" eingesetzt gewesen seien. Bacon, Gulag, S. 132, nennt für 1942-1944 einen Anteil der „in productive labour" eingesetzten Lagerinsassen des GULag von durchschnittlich 69,2 (1942), 72, 3 (1943) und 74,8 (1944) Prozent. Aus seiner Tabelle wird ersichtlich, daß es in dieser Hinsicht zum Teil erhebliche Unterschiede zwischen den Branchen-Lagerhauptverwaltungen und Lagerverbundsystemen gab.

Häftlinge, die aufgrund von Krankheit oder Invalidität nicht arbeiten konnten, und Gruppe D schließlich Lagerinsassen, die aus anderen Gründen, meist Lagerstrafen, nicht zur Arbeit eingesetzt wurden[4]. Die GULag-Führung war bestrebt, möglichst viele Häftlinge bei den Produktionsarbeiten zu verwenden und die Zahl der nichtarbeitenden Häftlinge der Gruppen C und D erheblich zu reduzieren[5].

Im Rahmen der „Allgemeinen Arbeiten" wurden die Lagerinsassen von 1928 bis 1941 in ihrer überwiegenden Zahl in der Bauwirtschaft, im Bergbau und in der Holzwirtschaft eingesetzt[6]. Einen besonderen Schwerpunkt der Häftlingsarbeit im Baubereich stellten die Großprojekte zur Infrastrukturverbesserung (Kanal-, Eisenbahn- und Straßenbauten) und die vorbereitenden Arbeiten (Erdarbeiten) für die Errichtung von Industriezentren dar. Die Lagerkomplexe entstanden in unmittelbarer Umgebung von Rohstoffgebieten, Großbauten und entlang der geplanten Wasserwege, Fernverkehrsstraßen und Eisenbahnstrecken. Von Ausnahmen wie dem Bau von Großkraftwerken und anderen Technikbauten abgesehen, umfaßten diese Masseneinsätze in der Regel Tätigkeiten, die keine höherwertige Ausbildung notwendig machten, vorwiegend einfache Handarbeit ohne größere maschinelle Ausstattung[7]. HOFMANN ist

[4] Die Kategorisierung nach Arbeitsbereichen ist von der in Kap. 8.5.1 genannten Kategorisierung nach körperlicher Leistungsfähigkeit zu unterscheiden. Solschenizyn und Leonhard sprechen von vier Kategorien. Zur Kategorie A hätten jene Häftlinge gehört, die zum Einsatz bei den *Allgemeinen Arbeiten* (Siehe dazu auch Schalamow, „Artikel 58", S. 164) abkommandiert worden seien oder zum technischen Personal bei den „Allgemeinen Arbeiten", also zu den *Produktions-Pridurki*, gehört hätten. Zur begehrten Kategorie B hätten alle Gefangenen gehört, die Tätigkeiten und Funktionen im Lagerinnendienst innehatten. Sie werden in dieser Arbeit als *Zonen-Pridurki* bezeichnet. Unter Kategorie C seien die von der Arbeit befreiten Krankgeschriebenen gefallen und unter D die Lagerinsassen, die zu Karzerstrafe verurteilt worden seien und in Straf einrichtungen einsäßen. Nach Leonhard gehörten zu C oder D auch Gefangene auf dem Durchmarsch (*etapniki*) (Solschenizyn, Archipel GULag II, S. 73, 141. Leonhard, Fahrt, S. 90). Bacon, Gulag, S. 127-128, bestätigt diese Einteilung A-D aufgrund von Archivmaterialien. Leicht abweichend S., Bericht, S. 1170: Hier wird ebenfalls von vier Kategorien berichtet, diese aber etwas anders eingeteilt: 1. „Administratives und technisches Personal" (ATP, R.S.), 2. „Gefangene auf „allgemeiner Arbeit"„ 3. „Gefangene, die für das Lager arbeiten", 4. „Nichtarbeitende Gefangene".

[5] Leonhard nennt eine Direktive der GULag über die „Limite für die Ausnützung der Arbeitskräfte", wonach 85 Prozent der Häftlinge zur Kategorie A (Produktionsbrigaden und Produktions-Pridurki) höchstens zehn Prozent zur Kategorie B („Lagerbedienung", d.h. Zonen-Pridurki) und die restlichen fünf Prozent zu den Nichtarbeitenden gehören durften (Leonhard. S. 174 f. nach Armanski, Maschinen, S. 160). Rossi, GULAG Handbook, S. 201, spricht von der gleichen Quote seit Mitte der dreißiger Jahre. Danach sollten mindestens 85 Prozent der gesamten GULag-Bevölkerung zur Kategorie A (Produktionsarbeiter und technisches Personal) (ITP, R.S.), neun bis zehn Prozent zur Kategorie B (Verwaltungs- und Versorgungspersonal) (ATP, R.S.) und fünf bis sechs Prozent zu den Kategorien C und D (nichtarbeitendes Personal aufgrund Voll-Invalidität, Krankheit, Einzelhaft) gehören. Für die Kriegszeit siehe besonders: Bacon, Gulag, S. 127-133.

[6] Siehe zum Vergleich die Angaben Karners über die Arbeitskräfteverteilung der 1,8 Millionen deutschen und österreichischen Kriegsgefangenen 1946: 35, 2 % Bau (inkl. Straßen- und Eisenbahnbau), 22, 4 % Heiz- und Energieindustrie, 17, 4 % Rüstungsindustrie und Ministerium für Streitkräfte, 13, 5 % Baumaterialerzeugung und Holzindustrie, 7, 8 % Metall- und Maschinenbauindustrie , 4 % andere Industriesparten und Landwirtschaft (Ders., GUPVI, S. 138 und S. 143 [Tabelle 3]).

[7] Vgl. dazu mit Beispielen für diese Arbeiten: Swianiewicz, Forced labour, 38-39. Lewytzkyj, Inquisition, S. 76. Barton, L'institution, S. 207-213. Fainsod, Russia, S. 384. Solschenizyn, Archipel GULag II, S. 558-560. Hofmann, Arbeitsverfassung, S. 269. Dallin, Economics, S. 12, 17-18.

zuzustimmen, daß die Lagerzwangsarbeit in der überwiegenden Zahl der Fälle den Charakter einer „Vor-Investition" hatte. Indem Häftlinge Wälder rodeten, Fundamente legten, Straßen und Eisenbahnlinien bauten und Industriekomplexe errichteten, schufen sie die Grundlagen für den Aufbau und späteren Betrieb einer modernen Industrie[8].

Große Lagerkomplexe waren generell neben ihrem Hauptauftrag in einer Vielzahl weiterer Branchen aktiv und beauftragten einzelne Lagerabteilungen und Lagerpunkte mit diesen nebenrangigeren Wirtschaftszweigen. Von diesen waren die häufigsten die Landarbeit auf NKWD-Sowchosen, die Produktion von Ziegeln und Zement, die Fischerei im Hohen Norden, Herstellung von Schuhwerk, Bekleidung und Möbeln, Straßentransport, Betrieb neuer Eisenbahnlinien im Hohen Norden, Instandhaltung von Kanälen und Flußläufen und wissenschaftliche Arbeiten, die Arbeit in Steinbrüchen, bei der Torfgewinnung, in Gerbereien, Papier- und Konservenfabriken[9].

Die bislang umfassendsten Versuche, den verschiedenen Tätigkeitsbereichen eine Zahl von Häftlingen zuzuordnen, machten SWIANIEWICZ und JASNY für 1940. Sie stützten sich dabei im wesentlichen auf den Staatswirtschaftsplan von 1941[10]

Hunter, Costs, S. 590. Dallin/Nicolaevsky, Arbeiter, S. 45, nennen eine staatliche Direktive des Jahres 1934, nach der Massenarbeit von Lagerhäftlingen in folgenden Bereichen eingesetzt werden sollte: Industriegroßbauten (Fabriken, Staudämme, Deiche, Hochöfen. Eisenbahnlinien), Bewässerungsarbeiten und Landstraßenbau. Aus Erfahrungsberichten polnischer Häftlinge wird ersichtlich, daß sieben Prozent in der Goldgewinnung, aber 85 Prozent bei Erd- und Forstarbeiten eingesetzt worden waren (Abschlußbericht der CICRC in Livre blanc, S. 188). Rosefielde, Lessons, S. 579, vermutet, daß 90 Prozent der Lagerinsassen in den Sparten Bergbau, Holzwirtschaft und Bauwirtschaft und nur zehn Prozent zur Versorgung und Verwaltung der Lager, in Leichtindustrie, Landwirtschaft und verschiedenen anderen Tätigkeiten eingesetzt waren. Zu Technikbauten: Laut Staatswirtschaftsplan 1941 bestellte das NKWD fünf Dampfkessel, zwei Dampfturbinen und zwei Wasserturbinen für Kraftwerke in Besymjansk, Workuta, Rybinsk und eine Fabrik (Baykov, Note, S. 35, Tabelle IV). Fraglich sei, so Baykov, ob dieser Kauf auch bedeute, daß das NKWD diese Kraftwerke baue und ob diese Arbeiten vom GULag oder von einer anderen NKWD-Verwaltung durchgeführt wurden (Ebd., S. 39).

8 Hofmann, Arbeitsverfassung, S. 275. Vgl. Kap. 12.2.2.

9 Swianiewicz, Forced labour, S. 39, 290-303. Wolin/Slusser, Secret police, S. 149.

10 Um die Auswertung dieses Plan mit dem Namen *Gossudarstwenny plan raswitija narodnogo chosjaistwa SSSR na 1941 goda* (Gos. plan 1941. Im folgenden: 1941er Plan) entzündete sich eine heftige Forschungskontroverse. Der 1941er Plan war unter höhere Sowjetfunktionäre verteilt worden und gab Auskünfte über Investitionen, industrielle Produktion, Löhne und Gehälter. Er fiel 1941 zunächst den Deutschen, nach deren Niederlage den Amerikanern in die Hände. Unter Geheimhaltung stehende Zahlen sind in ihm aber nicht aufgeführt, Industriezweige wie die Rüstungsindustrie, Goldbergbau, Nichteisenmetallbergbau fehlen, die Maßnahmen zu industrieller Neubesiedlung und Ostverlagerung werden nicht erwähnt. Somit fehlen gerade Bereiche, in denen die Lagerzwangsarbeit eine besonders hervorgehobene Stellung hatte. Der Plan erwähnt zwar den GULag, enthält aber keine Angaben über die Zahl der Lager und ihrer Insassen. Es finden sich keine genauen Informationen über die wirtschaftlichen Unternehmungen und Strukturen von NKWD und GULag. Entscheidend ist das Fehlen jeglicher Ausführungen über Auftragstätigkeiten des GULag für andere Institutionen auf eigene oder deren Haushaltstitel und über die Vermietung von Lagerinsassen. Seine Angaben reichen infolgedessen nicht aus, um den Gesamtumfang der Lagerzwangsarbeit zu bestimmen, geben aber Aufschlüsse über einzelne Branchen (Bauwirtschaft, Holzeinschlag, Kohlebergbau) (Vgl. Swianiewicz, Forced Labour, S. 27. Jasny, Labor, S. 406-407. Conquest, Anfang, S. 631). Der erste, der den Plan als Grundlage nahm, die wirtschaftliche Bedeutung der Lagerzwangsarbeit zu beurteilen, war 1951 Jasny (Ders., Labor. Gekürzt in:

und Erinnerungsberichte. Vorangestellt werden muß, daß alle Bearbeiter, sowohl Wirtschaftswissenschaftler als auch die meistens noch vorsichtigeren Historiker, betonten, daß alle Berechnungen und Schätzungen mit einem sehr hohen Grad an potentieller Fehlerhaftigkeit versehen seien und Sicherheit erst nach Einsicht sowjetischen Quellenmaterials möglich sei.

JASNY schätzt die Zahl der Lagerinsassen, die im 1941er Plan in den zu NKWD und GULag gehörigen wirtschaftlichen Unternehmungen eingesetzt wurden, auf 2,322 Millionen (Bauwesen: 1,172 Mio, Industrie: eine Million, Andere: 150.000). Diese Zahl steige auf 2.900.000 Millionen, wenn man weitere 20 % (578.000 Personen) einrechne, die vom GULag vermietet oder verliehen waren, und erreiche, unter Einschluß der 600.000 Lagerinsassen, die zum Unterhalt des Lagers eingesetzt waren, endgültig 3,5 Millionen Lagerinsassen, die Zwangsarbeit in und für die Lager verrichteten[11]. SWIANIEWICZ, der darauf verweist, daß es sich um einen Plan handele und dieser nur Tendenzen und Absichten aufzeigen könne, nicht Realitäten darstelle, errechnet eine Zahl von 5,72 bis 5,93 Millionen zuzüglich einer unbekannten sehr hohen Zahl von Vertragsarbeitern in der Industrie während der Kriegs- und Nachkriegsjahre. Im einzelnen weist er der Bauwirtschaft 3,5 Millionen, dem Unterhalt der Lager (ohne NKWD-Sowchosen) 600.000, der Holzwirtschaft 400.000 bis 430.000, dem Goldbergbau 400.000, der Förderung von Nichteisenmetallen 300.000 bis 430.000, der Arbeit auf den NKWD-Sowchosen 200.000, dem Abbau nichtmetallischer Minerale 100.000, der Platinförderung 30.000, dem Kohlebergbau 30.000, der Eisenerzgewinnung „einige zehntausend"[12] und sonstigen wirtschaftlichen Tätigkeiten 120.000 bis 200.000 Lagerzwangsarbeiter zu[13].

Livre blanc, S. 207-210). Seine Ergebnisse wurden durch Schwarz, Redding und Swianiewicz stark kritisiert (Siehe zu diesem Streit zusammenfassend: Hofmann, Arbeitsverfassung, S. 269, Anmk. 40. Beyrau, „Archipel GULAG", S. 548. Depretto, Construction workers, S. 198-200). Alle drei bemängelten neben seinen Berechnungsmethoden, daß Jasny Auftragsarbeiten auf Rechnung anderer Institutionen und Vermietung erheblich unterschätzt habe und die Zahl von 3,5 Millionen Lagerzwangsarbeitern daher viel zu niedrig sei (Schwarz, Statistik, S. 1562-1563. Redding, Reliability, S. 337-340. Swianiewicz, Forced Labour, S. 31. Mit zurückhaltenderer Kritik an den Berechnungsmethoden: Baykov, Note, S. 39 und Anmk. 41). In seiner Erwiderung wies Jasny die Kritik zurück und führte an, daß die Bedeutung der Auftragsarbeiten des GULag für andere Institutionen gering gewesen und in der Industrie überhaupt nicht vorgekommen sei. Er geht allerdings auf die weitaus wichtigeren Auftragsbereiche Holz- und Bauwirtschaft nicht ein (Ders., Comments, S. 341-342. Siehe auch Jack Miller, der Schwarz' Kritik zurückweist [Ders., The 1941 economic plan. In: Soviet Studies 4/1952, S. 365-386. Hier S. 365, Anmk. 2]). Zu Jasnys Berechnungen und dem 1941er Plan auch: Fainsod, Russia, S. 385-386. Fainsod weist deutlich auf die vielen im Plan fehlenden Häftlingskategorien und Einsatzbereiche hin.

11 Jasny, Labor, S. 415-416. Bei der Addition der einzelnen von ihm genannten Wirtschaftsbereiche ergibt sich jedoch eine Gesamtzahl von 3,403 Millionen Lagerzwangsarbeitern: Bauwirtschaft (1,172 Millionen), Arbeiten in der Industrie (eine Million), Unterhalt der Lager (600.000), Holzwirtschaft und Holzverarbeitung (260.000), Goldbergbau (200.000), Kohlebergbau (20.000), Chromabbau (1000) und sonstige wirtschaftliche Tätigkeiten (150.000).

12 Hierbei wurden die „einigen zehntausend Vertragsarbeiter" des Eisenerzbergbau mit 40.000 berechnet.

13 Swianiewicz, Forced labour, S. 31. Für einen schnellen Überblick siehe Rosefielde, Assessment, S. 64, der Swianiewicz' Angaben tabellarisch zusammenfaßte.

Die Arbeiten SWIANIEWICZ'und JASNYS blieben bis vor kurzem die einzigen, die sich intensiver mit der Verteilung der Häftlinge auf Arbeitsbereiche in der Vorkriegszeit beschäftigt hatten. In jüngster Zeit folgten russische Arbeiten auf Basis von Archivmaterial, die aber bislang nur Einzelinformationen, keine Gesamtbetrachtung zur Frage der Arbeitsbereiche der GULag-Häftlinge enthielten[14]. Eine abschließende Bewertung steht somit noch aus.

Von besonderer Bedeutung für die Sowjetwirtschaft wurde die Arbeit der Lagerinsassen während des Zweiten Weltkrieges. Die Zahl der Gefangenen, die bei anderen Institutionen eingesetzt wurden, stieg sehr stark an, und große Häftlingskontingente wurden in kriegswichtigen Bereichen wie der Rüstungsindustrie, Bau strategisch wichtiger Verkehrslinien und bei Verteidigungsbauten eingesetzt[15]. Die Verantwortlichen innerhalb des Lagersystems bemühten sich in der von einem allgemeinen Arbeitskräftemangel gekennzeichneten Kriegszeit in besonderer Weise um effizientere Arbeitsweisen und eine bessere Ausschöpfung des Arbeitskraftpotentials der Lagerinsassen[16].

11.1 Arbeiten zum Unterhalt des Lagers

Ein nicht unerheblicher Teil der Lagerinsassen, die bereits erwähnten Pridurki, aber auch Invaliden war ständig für Arbeiten innerhalb des Lagers eingesetzt. Neben den Verwaltungstätigkeiten der Pridurki waren dies Handwerksarbeiten, Reinigungsarbeiten und andere Tätigkeiten[17]. Als absolute Gesamtzahl sprechen SWIANIEWICZ und JASNY für 1940/41 übereinstimmend von rund 600.000 Häftlingen[18], die direkt in den Lagern arbeiteten.

---

[14] Zaplin verweist in seiner Arbeit auf Archivmaterial über die Zahl der Gefangenen, die 1939 und 1940 in der Produktion eingesetzt gewesen seien. Diese Quellen enthalten Materialien der GULag, GUShDS und „GUDALSTROI" über die Arbeit von Lagerinsassen in der Produktion. Danach seien die Gefangenen in drei Kategorien unterteilt worden: Gruppe A (Einsatz in der Produktion), B (Einsatz in der Wirtschaft, jedoch nicht in Produktion), W oder G (nichtarbeitende Gefangene). In einer 1939 erstellten Erhebung innerhalb der GULag sei von 1939 461.183 und 1940 432.627 Häftlingen, die in der Produktion eingesetzt gewesen seien, die Rede (Ders., Archiwnye, S. 157-158).

[15] Siehe dazu vor allem: Iwaschow/Jemelin, GULAG, S. 19-22, mit einer Fülle an Einzelinformationen über den Einsatz von „Spezial-ITK", verschiedenste Bauprojekte, einer Liste der 1941-1944 ausgeführten Bauten, Fördermengen, Zahl der Gefangenen in Industriezweigen. Die beiden Autoren nennen jedoch keine Gesamtzahlen. Bacon, Gulag, S. 134-141, geht für die Kriegszeit zwar auf die großen Bereiche Rüstungsproduktion (S. 134-137), Landwirtschaft (S. 137-140), Bauwirtschaft (S. 140-141) und Holzwirtschaft ein (S. 141), läßt aber einen sehr großen Teil der wirtschaftlichen Tätigkeiten des GULag unberücksichtigt, widmet einzelnen Produktions- und Erntezahlen zu große Aufmerksamkeit und nennt ebenfalls keine Gesamtzahlen.

[16] Dazu: Bacon, Gulag, S. 123-134.

[17] Solschenizyn, Tag, S. 6, nennt beispielsweise den Barackendienst, der aus Invaliden bestanden habe und für das Leeren der Latrinenkübel und andere Aufgaben in der Baracke eingesetzt worden sei.

[18] Diese Zahl bezieht sich auf Zonen-Pridurkis. Schwarz, Statistik, S. 1562, hält die Zahl von 600.000 für zu niedrig, nennt aber keine andere.

11.2 Arbeiten auf Sowchosen des NKWD und in der Landwirtschaft

Die Sowchosen des NKWD dienten der Versorgung von Lagern und Städten und führten in einigen Fällen auch Forschungsvorhaben durch[19]. Die meisten der in ihnen eingesetzten Lagerinsassen waren Frauen[20]. Der Umfang der Tätigkeit des Lagersystems in der Landwirtschaft war beträchtlich. Für die Kriegszeit nennen IWASCHOW/JEMELIN 414 landwirtschaftliche Betriebe, drei „landwirtschaftliche Speziallager", 96 landwirtschaftliche Kolonien und 315 „Hilfswirtschaften"[21]. SWIANIEWICZ schätzt die Zahl der ständig in den den Lagern zugeordneten Sowchosen arbeitenden Zwangsarbeiter auf 200.000[22].

11.3 Bauwirtschaft

Die Bauvorhaben waren die gesamtwirtschaftlich wichtigsten und personalintensivsten ökonomischen Aktivitäten des GULag[23]. Ohne die Millionen Bauarbeiter, die das Zwangsarbeitslagersystem zur Verfügung stellte, hätten eine Fülle von Großbauprojekten, Infrastrukturverbesserungen und Erschließungsvorhaben nicht realisiert werden können. Der finanzielle Anteil der NKWD-Bautätigkeiten am Gesamtbauvolumen oder die Höhe des Personaleinsatzes sind kaum zu bestimmen. Einzige Zahlengrundlage ist der 1941er Plan, dessen Lücken jedoch gerade im Baubereich gravierend sind[24]. Neben dem Volkskom-

[19] Die Kombination von großen Lagern, die mit Industrie, Bergbau oder Bauvorhaben beschäftigt waren, und zugeordneten Sowchosen sollte die Zusammenarbeit von nichtagrarischer und agrarischer Arbeit effizienter gestalten. Swianiewicz vermutet, daß diese Strukturexperimente Vorstufen der später projektierten Agrarstädte waren. Als gründliche Darstellung über Aufbau und Arbeitsweise einer von ihm stets „Sowchose des GULag" genannten NKWD-Sowchose siehe die russischsprachige Arbeit Belosors (S. Belosor. An NKVD Sovkhoz in the Altai region [Research programme on the USSR. Mimeographed Series No. 22]. New York, 1952).

[20] Auf der GULag-Sowchose Kotschmes südlich Workuta arbeiteten 800-850 Gefangene, von denen rund 500 Frauen waren (Leonhard, Fahrt, S. 102). Zur Frauenarbeit auf den zu den Lagern gehörenden Staatsfarmen: Conquest, Kolyma, S. 112. Leonhard, Fahrt, S. 102-115 (Ackerbau, Viehzucht, Butterfabrik, Hühnerzucht, Gemüseanbau; Hauptaufgabe: Versorgung Workutas mit Fleisch, Butter, Eiern und Gemüse) und Buber-Neumann, Gefangene, S. 98-111.

[21] Dies., GULAG, S. 22. Die Zahl von „414 agricultural establishments" und der Hinweis auf drei speziell der landwirtschaftlichen Produktion zugeordnete „camps" der UITK auch in: Bacon, Gulag, S. 138. Nekritsch berichtet von einer Verteilung von Traktoren im März 1935, bei der das Volkskommissariat für Verteidigung 100, für Landwirtschaft 380 und „der GULag" 200 bekommen hätten (Ders., Klärung, S. 99).

[22] Swianiewicz, Forced labour, S. 298-299 (Auch bei: Conquest, Anfang, S. 432).

[23] Dazu vor allem Redding, Reliability, S. 337-338. Jasny, Labor, S. 408-410. Swianiewicz, Forced labour, S. 290-292. Dallin/Nicolaevsky, Arbeiter, S. 119-123. Fainsod, Russia, S. 365. Lewytzkyj, Inquisition, S. 203-204. Für die dreißiger Jahre: Jean-Paul Depretto. Construction workers in the 1930s. In: Lampert/Rittersporn, Stalinism, S. 184-210. Hier besonders der Abschnitt „Forced labour": Ebd., S. 194-203. Für die Zeit des Zweiten Weltkrieges: Bacon, Gulag, S. 140-141.

[24] Danach entfielen von den 57 Mrd. Rubeln, die 1941 für Kapitalinvestitionen im Baubereich aufgebracht werden sollten, rund acht Milliarden Rubel auf das NKWD. Mit diesen sollten Bauten im Wert von 6,81 Mrd. Rubeln (GULag 2,675 Mrd., GUSchos[s]Dor 0,55 Mrd., GUShDS 1,35 Mrd.,

missariat für Bauwesen waren GULag/NKWD das zweitwichtigste Bauressort der Sowjetunion. Die Aufträge erstreckten sich dabei über die Sowjetunion hinaus auf die Mongolei[25].

Der GULag führte die grundlegenderen und mit weniger Fachpersonal durchzuführenden Bauphasen aus. Darunter fielen Rodungen, Ausschachtungen und Vorbereiten des Bauplatzes. Wie im gesamten Bausektor der Sowjetunion, so mangelte es auch bei den Bauprojekten des GULag an Maschinen und technischer Ausstattung. Die Häftlinge mußten jedoch mit noch weniger Technik auskommen als die freien Arbeiter. Oftmals waren Schaufel und Hacke die einzigen Hilfsmittel[26]. Die technisch anspruchsvolleren Arbeiten, die den Einsatz besonderer Maschinenparks notwendig machten, übernahm das Volkskommissariat für Bauwesen.

Die Angaben über die vom GULag für Bauarbeiten eingesetzten Häftlinge bewegen sich für 1940/41 zwischen 1.172.000[27] und 3,5 Millionen[28]. REDDING hält es für nicht möglich, die Gesamtzahl der im Baubereich eingesetzten Lagerzwangsarbeiter ohne nähere Kenntnis der sowjetischen Buchführung zu schätzen[29].

Sonstige 2,235 Mrd. Rubel) errichtet werden (Jasny, Labor, S. 409). Jasny interpretiert dies fehlerhaft dahingehend, daß das NKWD diese Bauten im Wert von sechs Mrd. Rubel errichten sollte, und schloß daraus, daß 17 Prozent des geplanten Bauvolumens 1941 auf das NKWD entfielen. Redding wies jedoch nach, daß diese Bauten im Wert von sechs Mrd. Rubel nicht von NKWD-Personal, sondern für das NKWD errichtet werden sollten. Damit sei noch nichts über die Bautätigkeit des GULag für andere Organisationen gesagt (Ders., Reliability, S. 337-338 und S. 338, Anmk. 2). Jasny erkannte diese Kritik an und spricht ausdrücklich davon, einen Fehler gemacht zu haben (Ders., Comments, S. 340-341). Zu ergänzen ist, daß dies auch dann gilt, wenn das NKWD alle diese Bauten für sich von eigenen Arbeitskräften hätte durchführen lassen. Nekrassow bezieht sich ebenfalls auf den 1941er Plan, nennt aber keine Berechnungsmethode, sagt nicht, daß sich die von ihm genannten Investitionsvorhaben von 6,8 Mrd Rubel ausschließlich auf den Bausektor beziehen, und erkennt, wie Jasny vierzig Jahre zuvor, nicht, daß die Bauinvestitionen sich nicht auf Bauten bezogen, die von NKWD-Personal, sondern für das NKWD errichtet wurden (Nekrassow, Finale, S. 471). Nach ihm sind 1940 etwa 13 Prozent des Bauvolumens der Volkswirtschaft vom NKWD durchgeführt worden. 1941-1944 hätten NKWD-Betriebe 14, 9 % und damit „nahezu ein Siebentel aller in diesem Zeitraum in der sowjetischen Volkswirtschaft realisierten Bauvorhaben" durchgeführt (Ders., Finale, S. 471-472). Er gibt eine umfangreiche Liste dieser Projekte, darunter 842 Flugplätze, mindestens vier Flugzeugwerke, 3573 km Eisenbahnstrecken, 4700 km Fernstraßen und der gesamte Komplex der Werke von Besymjansk (Ebd., S. 472-473).

[25] Zum Bau von Eisenbahnstrecken und Fernstraßen durch den GULag in der Mongolei: Rossi, GULAG Handbook, S. 93.

[26] Vgl. dazu: Depretto, Construction workers. Für den GULag besonders: Ebd., S. 199-202.

[27] Jasny, Labor, S. 408-410. Er läßt dabei erneut die Zwangsarbeitskräfte außer acht, die das NKWD für Bauprojekte an andere Kommissariate und Organisationen vermietet hatte oder die unter Leitung des GULag auf Rechnungsführung anderer Staatsorganisationen arbeiteten und daher in keiner Statistik als Lagerzwangsarbeiter auftauchen. Seinen Kritikern entgegnete er, daß unter den im 1941er Plan genannten 3.085.000 freien Bauarbeitern „vielleicht" vom NKWD an andere Organisationen vermietete Häftlinge inbegriffen seien (Ders., Comments, S. 341, Anmk. 1), eine Bauarbeit des NKWD für andere Organisationen unter deren Rechnungsführung habe es jedoch nicht in nennenswertem Umfang gegeben (Ebd., S. 341-342).

[28] Swianiewicz, Forced labour, S. 290-292. Damit seien mehr als die Hälfte aller dem NKWD zur Verfügung stehenden Lagerzwangsarbeiter, die er für 1941 auf sieben Millionen schätzt, im Baubereich eingesetzt worden.

[29] Ders., Reliability, S. 338, Anmk. 4.

Die Zwangsarbeitskräfte wurden vorzugsweise bei Neubauten und Erweiterungen von Eisenbahnlinien, schiffbaren Inlandswasserwegen und Fernverkehrsstraßen, beim Bau von Städten und Industriezentren eingesetzt. In den vierziger Jahren wurden sie zusätzlich mit einer Fülle militärstrategischer Bauten beauftragt. SEMSKOW spricht für die Kriegszeit von mehr als zwei Millionen, BACON von einer Million Lagerinsassen, die bei Bautätigkeiten eingesetzt waren[30]. Um einen Einblick, keinen Überblick, zu geben, werden die wichtigsten Sparten und größten Projekte genannt[31].

Im Bereich des Baus von *Eisenbahnstrecken*[32] wurden die Sträflinge bei der vordringlichsten Infrastrukturmaßnahme, der Erweiterung des völlig unzureichenden und fast nur auf Moskau ausgerichteten Schienennetzes, eingesetzt. Viele Neubaustrecken lagen in abgelegenen Regionen und sollten neue, oft ebenfalls erst durch Häftlingsarbeit erschlossene oder zu erschließende Rohstoffgebiete mit den industriellen Zentren verbinden[33]. Neben diesen infrastrukturellen und wirtschaftlichen Gründen waren es vor allem militärstrategische Erwägungen, die einen forcierten Ausbau notwendig machten. Einige Eisenbahnbauprojekte werden in der Literatur immer wieder genannt, so der Bau der *Eisenbahnstrecke Kotlas-Workuta* im Nordosten des europäischen Rußlands durch das Nördliche Eisenbahnlager[34], die Arbeiten an den Anfangs- und Endstücken der *Baikal-Amur-Magistrale (BAM)*, die Taischet mit Komsomolsk verbinden sollte, und die Erweiterung der *Transsibirischen Eisenbahn (Transsib)* um ein zweites Gleis[35]. Weitere wichtige Strecken waren die Wolga-Bahn von Sysran über Saratow nach Stalingrad[36], die Turksib, die von Nowosibirsk aus Sibirien mit Turkestan verbinden sollte[37], die Linie Workuta-Salechard und ihre nie fertiggestellte Anschlußstrecke von Salechard nach Igarka, die „Tote Bahn"[38].

---

30 Nach Semskow waren während der ersten drei Kriegsjahre mehr als zwei Millionen „GULag-Gefangene" auf Baustellen des NKWD beschäftigt: Eisenbahnbau: 448.000; Industriebaustellen: 310.000; Holzwirtschaft: 320.000; Metallurgie: 171.000; Fernstraßenbau: 268.000 (Semskow, GULAG I, S. 25). Bacon spricht für 1941-1944 von einer Million „inmates" im Einsatz zum Bau von Industrieanlagen, Eisenbahnen, Straßen und Flugplätzen (Ders., Gulag, S. 140).

31 Siehe als Anhalt die Auflistungen bei Solschenizyn, Archipel GULag II. S. 571-572, und Nekrassow, Finale, S. 471-473.

32 Zu den Eisenbahnbauten des GULag allgemein: Conquest, Anfang, S. 432-433. Swianiewicz, Forced labour, S. 290-292. Dallin, Sowjetrußland, S. 202-203. Dallin/Nicolaevsky, Arbeiter, S. 26-27. Solschenizyn, Archipel GULag II, S. 69, 131-132, 191. Andreevich, Structure, S. 149. Beispiel kleinerer Strecken: Bau des zweiten Gleises der Linie Kotlas-Konoscha (1948-1953) (Antonow-Owsejenko, Weg, S. 135).

33 So bauten Häftlinge in den dreißiger Jahren entlang der Küste des menschenleeren östlichen Teiles der Kola-Halbinsel einen Eisenbahndamm. Ziel war die Erschließung dieser Region durch eine Eisenbahn. Der Damm wurde zwar fertiggestellt, eine Eisenbahnstrecke aber nie vollendet (Wostok, 1/1994, S. 22).

34 Vgl. Kap. 7.7.2.

35 Vgl. Kap. 7.7.5.

36 Dazu beispielsweise: Bacon, Gulag, S. 140.

37 Zur Turksib: Mund, GPU, S. 129.

38 Zur Strecke Salechard-Igarka: Bericht eines sowjetischen Ingenieurs in: Conquest, Anfang, S. 434. Solschenizyn, Archipel GULag II, S. 131-132. Heller verweist auf einen sowjetischen Ingenieur mit Namen Poboschi, der von zehntausenden Toten und der Einstellung der Arbeiten nach Stalins Tod spricht (Ders., Stacheldraht, S. 248). Shifrin, Reiseführer, S. 322. Beabsichtigt gewesen sei, eine

Besonders stark engagierte sich der GULag beim Bau von Kanälen[39]. Dazu gehörten mit 200.000 bis 500.000 Häftlingen der *Weißmeer-Ostsee-Kanal* (1931-1933)[40], der *Moskwa-Wolga-Kanal* (1932/33 bis 1937)[41] mit 200.000 Lagerzwangsarbeitern, der *Wolga-Don-Kanal* bei Stalingrad (Enddreißiger bis 1952)[42] und der *Wolga-Ostsee-Kanal*[43]. Hinzukamen zahlreiche Projekte zur Regulierung von Flüssen[44].

Der GULag war an einer Vielzahl von *Straßenbauvorhaben* beteiligt. Über diese ist jedoch weitaus weniger bekannt als über die Kanal- oder Eisenbahnbauten[45]. Seine Arbeitskräfte wirkten beim Bau und Wiederaufbau zahlreicher

---

Strecke, die von Nowaja Semlja bis zur Beringstraße den gesamten Norden des asiatischen Rußlands erschließen sollte zu bauen. Ähnliches berichtet Silde. Geplant gewesen sei eine Linie von Norilsk über Charpich, Jakutien nach Wladiwostok, praktisch das nördliche Pendant zur Transsib. Dazu seien Anfang der fünfziger Jahre auf dem Teilstück Norilsk-Charpich, an dem der Bau begonnen worden sei, 480.000 bis 950.000 Häftlinge eingesetzt worden (476 Lagerpunkte zu 1000-2000 Mann) (Silde, Profits, S. 93-94). Die Salechard-Igarka-Bahn war möglicherweise eine weitere Teilstrecke dieses Riesenprojekts. Silde nennt für Salechard 48.000 Häftlinge (Ebd., S. 82). In einem anderen Bericht wird vom Jahr 1949 als Zeitpunkt des Baubeginns einer Strecke, die von Dudinka über 1000 Kilometer nach Westen bis an den Unterlauf des Ob verlaufen sollte und als Fortsetzung der bereits geschaffenen Linie Dudinka-Norilsk gedacht gewesen sei, gesprochen. Dieser Bau sei „unter Einsatz von Zwangsarbeitern begonnen" worden, habe „unvorstellbare Opfer" gekostet und sei nie vollendet worden (Wolfgang Mölleken. Zobelfelle, Gold und dann der GULag. Den Jenissei hinaus in den sibirischen Norden. In: FAZ v. 24. Mai 1995). Wenn in einem anderen FAZ-Artikel die Lagerverdichtung um Salechard „501 Baustellen" genannt wird (Elfie Siegl. Tjumen. In: FAZ-Magazin v. 3. September 1993, S. 32-36), so ist dies wahrscheinlich ein Übersetzungsfehler, denn es gab dort ein „Bauobjekt Nr. 501", das 1950 durch einen Aufstand bekannt wurde (Zum „Stroi No. 501": Silde, Profits, S. 82. Stürmer, Sh 895, S. 28, spricht vom „Arbeitslager der 501. Stroika". Zum Aufstand in Salechard 1950: Kap. 13.1.2).

39 Vgl. im Überblick: Swianiewicz, Forced labour, S. 290. Mit den beiden großen Kanalbauten am Weißmeer-Ostsee-Kanal und am Moskwa-Wolga-Kanal waren bei fristgerechter Fertigstellung Amnestieversprechen verbunden gewesen. Tatsächlich wurden nach Rossi am BBK von 300.000 Häftlingen nur 60.000, deren Fristen ohnehin bald abliefen, darunter 5000 politische Gefangene, und am Moskwa-Wolga-Kanal 1938 praktisch niemand entlassen (Ders., GULAG Handbook, S. 5-6). Mund, GPU, S. 153, nennt einen Kanal Kama-Petschora, bei dessen Erstellung Häftlinge beteiligt gewesen seien.

40 Siehe dazu: Kap. 7.7.3.2.

41 Dallin, Sowjetrußland, S. 202. Dallin/Nicolaevsky, Arbeiter, S. 118-120. Wolin/Slusser, Secret police, S. 149. Solchenizyn, Archipel GULag II, S. 98. Lewytzkyj, Inquisition, S. 92-93.

42 Swianiewicz, Forced labour, S. 290-292. Torke, Lexikon, S. 106. Andreevich, Structure, S. 149. Rossi, GULAG Handbook, S. 52. Dieser gibt an, daß die Sowjetpropaganda Komsomol-Mitglieder als Erbauer nannte, während es in Wirklichkeit Häftlinge gewesen seien. Nach Shifrins Angaben waren 150.000 Häftlinge beim Bau des Kanals beteiligt (Ders., Reiseführer, S. 228). Wein, Sowjetunion, S. 275-276, nennt zwar den 1952 fertiggestellten Kanal, nicht aber den Gefangeneneinsatz.

43 Swianiewicz, Forced labour, S. 301.

44 Mund, GPU, S. 131, nennt für die Zeit 1929 bis etwa 1935 Flußregulierungen am Swir, im Rahmen des BBK-Baus, an der Wolga und an der Schatura.

45 Dallin/Nicolaevsky, Arbeiter, S. 118, nennen lediglich vier Strecken, darunter Strecken Syktywkar-Uchta und Syktywkar-Pinega (bei Archangelsk) innerhalb des Uchta-Petschora-Workuta-Lagergebietes. Mund ist fälschlicherweise der Ansicht, daß durch die Eingliederung der GUSchossDor in das NKWD mit Datum von 28. Oktober 1935, wobei er nur das Datum, nicht aber die ihm offensichtlich unbekannte GUSchossDor nennt, „sämtliche .. in der Sowjetunion vorhandenen Autostraßen" von Häftlingen gebaut worden seien. Er nennt die Autostraßen Moskau-Minsk, Minsk-Kiew, Moskau-Kiew, Biisk-Mongolei. Unklar ist, warum er von einer Autostraße namens „BAM .. Baikal-Amur-Magistrale" spricht, an der 500.000 Häftlinge gearbeitet hätten und die für den „Aufmarsch im Fernen Osten" gedacht sei (Ders., GPU, S. 138). Eine solche strategische Straße mit Namen BAM ist nicht bekannt.

Städte[46], *Industriezentren und Fabriken* verschiedenster Branchen, besonders aber der Metallurgie, Kohle, Chemie und Atomwirtschaft mit. Dabei ist der Bau großer Werke nicht von dem der zugehörigen Stadt zu trennen. Hervorzuheben sind die metallurgischen Werke in der Hüttenmetropole Magnitogorsk und im Kusnezker Becken[47]. Möglicherweise entstand auch das bekannte Stalingrader Traktorenwerk auf der Basis von Sträflingsarbeit[48].

Im Rahmen der *Elektrifizierungsmaßnahmen* nahm der GULag am Bau von *Wasserkraftwerken*[49] teil. Zu deren bedeutendsten gehören das 1932 fertiggestellte Dnepr-Wasserkraftwerk DNEPROGES bei Saporoshje und das 1958 vollendete Wasserkraftwerk bei Wolgograd. Bei beiden Bauten wirkten wahrscheinlich in großer Zahl Häftlinge mit[50]. Zahlreiche *Flugplätze*[51], *Verteidigungsanlagen*, *Hafenbauten*, darunter Nachodka bei Wladiwostok, der wichtigste der drei Häfen, von wo die Häftlingstransporter nach Magadan aufbrachen, weite Teile des Moskauer U-Bahn-Systems, die Erdgaspipeline Saratow-Moskau, Erdölpipelines und Kanalisationsnetze hätten ohne den Einsatz von Lagerzwangsarbeitern nicht verwirklicht werden können[52]. Über die hier genannten Großbauprojekte hinaus ist bei jedem Großvorhaben der ersten fünf Fünfjahrespläne im Einzelfall zu prüfen, ob und in welchem Ausmaß Häftlinge beteiligt waren[53].

---

46 Zum Bau neuer Städte siehe Kap. 12.2.2.2. Wiederaufbauschwerpunkt war beispielsweise Stalingrad (Shifrin, Reiseführer, S. 227),

47 Siehe dazu: Andreevich, Structure, S. 149. Swianiewicz, Forced labour, S. 290. Mund, GPU, S. 129. Für 1930/31: Graziosi, Visitors, S. 165 und 177, Anmk. 30 (Magnitogorsk, Kusnezk, Gorki). Bacon, Gulag, S. 140, erwähnt folgende GULag-Bauten: Flugzeugfabrik in Kuibyschew, Metallurgische Fabriken in „Nowo-Tagil" (Gemeint ist wahrscheinlich Nishni Tagil. R.S.) und Tscheljabinsk (1942-1944), Metallurgische Kombinate in Aktjubinsk, Dnida und Boguslaw (GlawPromStroi-Projekt).

48 So Mund, GPU, S. 129.

49 Allgemeine Angaben: Andreevich, Structure, S. 149. Dallin/Nicolaevsky, Forced labour, S. 251. Swianiewicz, Forced labour, S. 290. Beispiel: Das Wasserkraftwerk Tuloma im Gebiet Murmansk wurde ab 1934 von Häftlingen gebaut. Eingesetzt wurden zunächst 17.000 zu Erdarbeiten, dann 26.000 zum Bau der Staumauer (Antonow-Owsejenko, Weg, S. 134). Wolkogonow nennt auch das Wasserkraftwerk Kuibyschew (Ders., Triumph, Band 2/2, S. 165).

50 Mund, GPU, S. 129, spricht von der Teilnahme der Häftlinge beim Bau des „Kraftwerkes Dneprostroi". Die Arbeiten hätten dort 1926/27 begonnen. Nach Wein begann der Bau 1927. 1930 seien 62.000 Arbeiter beim Bau von DNEPROGES eingesetzt gewesen (Ders., Sowjetunion, S. 254). Er hält DNEPROGES für das „eindrucksvollste Bauwerk [des] Elektrifizierungsplans", das zum Zeitpunkt der Fertigstellung das größte der Welt gewesen sei, und lobt den „großen Elan", mit dem es erschaffen worden sei (Ebd., S. 193), erwähnt aber keine Gefangenen. Rossi, GULAG Handbook, S. 91, behauptet, daß DNEPROGES komplett von Gefangenen gebaut worden sei. Nach Shifrin, Reiseführer, S. 227, bauten GULag-Gefangene und Kriegsgefangene in der Nachkriegszeit das Wasserkraftwerk bei Wolgograd. Auch Wolkogonow ist dieser Auffassung (Ders., Triumph, Band 2/2, S. 166). Das Wasserkraftwerk Wolgograd war bei seiner Fertigstellung 1958 wiederum das größte der Welt (Wein, Sowjetunion, S. 195, 272).

51 Lewytzkyj, Inquisition, S. 203-204. Swianiewicz, Forced labour, S. 290. Andreevich, Structure, S. 149.

52 Lewytzkyj, Inquisition, S. 203-204. Andreevich, Structure, S. 149. Zum Bau der Erdölpipeline Astrachan-Saratow 1943: Bacon, Gulag, S. 140.

53 Dies gilt beispielsweise für den Großen Fergana-Kanal (Bau: 1939-40) in Mittelasien, den Mingetschaurer Stausee (1953-1956) in Aserbaidshan, den Ob-Stausee (1950-1957) bei Nowosibirsk (Zu den Projekten: Wein, Sowjetunion, S. 262, 284, 301).

11.4 Bergbau

Der Bergbau war nach dem Bausektor der zweitgrößte Bereich, in dem Lagerzwangsarbeiter des GULag eingesetzt wurden. Ohne diese und ohne die anderen der NKWD-Aufsicht unterliegenden Personen wäre es der Sowjetunion nicht möglich gewesen, die oft schon zu Zarenzeiten entdeckten Bodenschätze in den entlegensten Teilen des Landes seit den dreißiger Jahren abzubauen[54].

Es war in erster Linie die Gewinnung von Edelmetallen, vor allem Gold, und anderen Nichteisenmetallen, die viele Häftlinge in Anspruch nahm. Der Abbau von Kohle, Eisenerz, Erdöl und nichtmetallischen Mineralen blieb demgegenüber von zweitrangiger Bedeutung. Insgesamt arbeiteten nach SWIANIEWICZ rund eine Million Lagerzwangsarbeiter in den verschiedenen Sparten des Bergbaus[55].

Von diesen war der *Goldbergbau*[56] die Branche, die seit den 30er Jahren fast ausschließlich unter Einsatz von Lagerzwangsarbeitern betrieben wurde und „die eigentliche Domäne des NKWD" war. Nur durch den Masseneinsatz von Sträflingen gelang es, die reichhaltigen, aber klimatisch völlig ungünstig gelegenen Reviere in Ostsibirien zu erschließen. Ihre Arbeit war von gesamtsowjetischer Bedeutung, denn mit Hilfe der Goldreserven konnten die ausländische Wirtschaftshilfe und somit moderne Technik und know-how-Transfer bezahlt werden. Die Arbeit wurde unter härtesten Bedingungen durchgeführt und forderte viele Tote. Die maßgebliche Organisation innerhalb von NKWD und GULag, die mit der Goldgewinnung beschäftigt war, war DALSTROI mit seinen Goldfeldern in der Kolyma-Region, der Tschuktschen-Halbinsel und in Jakutien[57]. Über die Goldgewinnung wurden in der Sowjetunion keine Zahlen veröffentlicht. Sie galt als Staatsgeheimnis. Demzufolge sind in der westlichen Forschung der Umfang des Gesamtjahresgoldabbaus und der DALSTROI-Anteil heftig umstritten. Insgesamt ergibt sich kein einheitliches Bild[58]. Sehr grobe Schätzungen bewegen sich für die Zahl der 1940/41 im Goldbergbau beschäftigten GULag-Sträflinge um 400-500.000[59].

Weitere Zwangsarbeiter waren im Bergbau bei der *Gewinnung anderer Nichteisenmetalle* – insbesondere Buntmetalle – eingesetzt. Zu diesen gehörten

[54] Siehe dazu das Unterkapitel „Bodenschätze" in: Sowjetunion (1979), S. 21-22.

[55] Swianiewicz, Forced labour, S. 292, 296 (Auch bei Conquest, Anfang, S. 432).

[56] Vgl. zum folgenden: Jasny, Labor, S. 412-413. Swianiewicz, Forced labour, S. 293-294.

[57] Zur Bedeutung der GULag-Goldgewinnung: Swianiewicz, Forced labour, 293-294. Michael von Berg. Sowjetisches Gold. In: Osteuropa-Wirtschaft 1/1963, S. 21-31. Hier: S. 23. Barton, L'institution, S. 63. Zitat: Schwarz, Statistik, S. 1562. Solschenizyn, Archipel GULag II, S. 572. Sowjetunion (1979), S. 44. Vgl. Kap. 7.7.1.

[58] Nach Dallin/Nicolaevsky stieg die Goldproduktion der Sowjetunion durch den DALSTROI um das Fünffache (Dies., Forced labor, S. 144-146). Zahlen der DALSTROI-Produktion: Dreißiger Jahre um 150.000 bis 300.000 kg, vierziger Jahre und die Nachkriegszeit um 300.000 bis 400.000 kg (Mora, Kolyma, S. 46-50, Conquest, Kolyma, S. 110). Jasny, Labor, S. 412-413, schätzt die sowjetische Gesamtgoldproduktion für 1940 nur auf 100.000 kg, nennt aber auch höhere Schätzungen Petrovs (1939: unter 250.000 kg) und Lippers (Kriegsjahre: 400.000 kg). Swianiewicz, Forced labour, S. 292, geht für 1940/41 von 200.000 kg bis 300.000 kg, Dallin/Nicolaevsky, Forced labor, S. 144-146, nennen für die dreißiger Jahre rund 340.000 kg und für die Kriegsjahre rund 500-560.000 kg. Vgl. Bartons Auflistung der Schätzungen über den Gesamtgoldabbau in: Ders., L'institution, S. 63.

[59] Swianiewicz, Forced labour, S. 293.

Kupfer, Nickel, Silber, Zink, Zinn, Blei, Wolfram, das auch in Magadan abgebaute Molybdän und Bauxit. Leichtmetalle waren vor allem in der Aluminiumindustrie von großer Bedeutung. Es fällt auf, daß von den Standorten dieser Bodenschätze und der zugehörigen Industrie jene in schwer erschließbaren Gebieten identisch mit Lagerverdichtungen sind. Wie der Goldbergbau so unterlag auch die Buntmetallurgie starker Geheimhaltung[60].

Bedeutende Vorkommen von Buntmetallen sind im europäischen Rußland nur in Karelien und auf der Halbinsel Kola (Nickel, Kupfer), wo vom NKWD das Werk SeweroNikel errichtet und betrieben wurde[61], zu finden. Hingegen befinden sich im asiatischen Teil Bodenschätze, die, so WEIN, „Superlative im Weltmaßstab" darstellen. Von den Kupferabbaugebieten sind im Hinblick auf den GULag vor allem Dsheskasgan in der kasachischen Wüste und das subarktische Norilsk, dessen Kupfer-Nickel-Erze bis heute wegen ihrer chemischen Zusammensetzung besonders wertvoll sind, zu nennen[62]. Beide Gebiete waren Zentren von Lagergebieten (KARLag und NORILSKLag) und wären ohne die Pionierarbeit des GULag in ihrer heutigen Form nicht existent[63]. Eine Sonderrolle spielte der *Uranbergbau*, auf den später genauer eingegangen wird[64]. Insgesamt seien, so SWIANIEWICZ, 300.000 bis 400.000 Lagerinsassen ausschließlich mit Nichteisenmetallgewinnung beschäftigt gewesen[56].

Bei der *Gewinnung von nichtmetallischen Mineralen* handelte es sich fast ausschließlich um den Abbau von Phosphaten. Ein Schwerpunkt lag in Karelien. Insgesamt waren nach SWIANIEWICZ etwa 100.000 Lagerhäftlinge in dieser Branche beschäftigt[66].

Der *Kohleabbau*[67] zählt zu den am häufigsten beschriebenen Einsatzbereichen von Häftlingen. Über das Ausmaß der Gefangenenarbeit herrschen verschiede-

---

[60] Wein, Sowjetunion, S. 183.

[61] So der führende NKWD/MWD-Funktionär Sawenjagin im Protokoll des ZK-Plenums vom Juli 1953 in Knoll/Kölm, Fall Berija, S. 251.

[62] Wein, Sowjetunion, S. 179-181. Wenn dieser S. 181 deshalb den Abbau in Norilsk „selbst im hohen Norden" für „lohnenswert" hält, so ist zu kritisieren, daß er verschweigt, daß ein erheblicher Faktor der Kostenreduzierung der Jahrzehnte währende Einsatz von Lagerzwangsarbeitern in Norilsk war.

[63] Nach dem Bericht Kravtschiks wurde die Kupferschmelzhütte in Balchasch, die für die Kupfererzvorkommen von Koundradski, Dsheskasgan und Uspenski zuständig war, von Häftlingen gebaut. Das entsprechende Unternehmen habe PribalchaschStroi geheißen (Ders., Dornenwege, S. 112-113). Auch Silde nennt für Balchasch ein Kombinat, welches auf die Zwangsarbeit der Insassen zweier Lagerpunkte zurückgreife (Ders., Profits, S. 170).

[64] Zu Atomforschung und Uranabbau der GULag vgl. Kap. 11.8.

[65] Ebd., S. 294. Seine Berechnungsmethode ist angreifbar: Mora/Zwierniak nennen zehn, Dallin/Nicolaevksy, Forced labor, S. 62-71, 25 Lagergruppen, die, neben anderen Tätigkeiten, mit Nichteisenmetallgewinnung beschäftigt gewesen seien. Swianiewicz rechnet diese 25 Lagerkomplexe zu durchschnittlich 50.000 Zwangsarbeitern und kommt so auf 1,25 Millionen Häftlinge. Von diesen seien schätzungsweise 30 %, also rund 375.000, bei der Nichteisenmetallgewinnung eingesetzt gewesen.

[66] Swianiewicz, Forced labour, S. 296. Mund, GPU, S. 131, nennt Apatitabbau durch Lager bei Murmansk für die Zeit 1929 bis Mitte der dreißiger Jahre.

[67] Mengenangaben für Workuta und das südwestlich gelegene Tochterrevier Inta bei Barton, L'inquisition, S. 73. Swianiewicz, Forced labour, S. 193-194, nennt die Kohlepreise aus Petschora, dem Donbas und Karaganda. Die von freien Arbeitern geförderte Kohle aus dem Donbas sei 80 Prozent teurer als die fast ausschließlich von Lagerzwangsarbeitern abgebaute Petschora-Kohle gewesen. Die Kohle aus Karaganda habe nur zwei Drittel der Donbas-Kohle gekostet. Siehe auch: Solschenizyn, Archipel GULag II, S. 572.

ne Ansichten. Nach JASNY und SWIANIEWICZ waren nur relativ wenige Lagerzwangsarbeiter in ihm eingesetzt, SCHOLMER, langjähriger Workuta-Häftling, hingegen sieht in über der Hälfte der sowjetischen Kohleproduktion Gefangenenarbeit[68]. Die meisten Kohleabbauunternehmungen des GULag waren Pionierprojekte in Gebieten, für die sich freie Arbeiter kaum finden ließen. Die größten und durch zahlreiche Häftlingsberichte bekannten Gruben lagen in Workuta und am Fluß Petschora (Steinkohle), im Raum Karaganda, im Fernen Osten (Stein- und Braunkohle) und auch im Kusnezker Becken. Bis heute ist das Kohlerevier Petschora-Workuta nach dem Donez-Gebiet (Donbas) das zweitwichtigste im europäischen Rußland. Im asiatischen Teil folgt nach dem Kusnezker Gebiet (Kusbas) das von Karaganda[69]. Ohne den GULag, mit dessen Hilfe diese Gebiete erschlossen wurden, hätten diese Kohlebabbaugebiete nicht ihren heutigen Stellenwert. JASNY schätzt die Zahl der Zwangsarbeitskräfte auf 20.000, SWIANIEWICZ mit 30.000 Lagersträflingen etwas höher[70]. Die Zahl der an andere Volkskommissariate zum Kohlebergbau vermieteten Zwangsarbeiter ist unbekannt.

Von den zwei Regionen, in denen *Platinbergbau* betrieben wurde, im Ural und im Kolymagebiet, wurden im letzteren vorwiegend Lagerinsassen der Goldabbaulager herangezogen. SWIANIEWICZ schätzt deren Zahl auf 30.000[71]. Nach ANTONOW-OWSEJENKO wurden 40 Prozent des *Chromerzes* in der Sowjetunion (150.000 von 370.000 Tonnen) von Lagerinsassen abgebaut[72].

Auch die *Eisenerzgewinnung* war für den GULag nur von untergeordneter Bedeutung. Fördergebiete waren Dsheskasgan und die Halbinsel Kola[73]. JASNY nennt nur 1000 Zwangsarbeiter, berücksichtigt aber wiederum nicht die Mietarbeiter. MORA/ZWIERNIAK sprechen von fünf, DALLIN von elf Lagern, die mit Eisenerzabbau beschäftigt gewesen seien. SWIANIEWICZ wertet in der Weise, daß der GULag aus diesen Lagern Arbeitskräfte an das Volkskommissariat für Eisenmetallurgie vermietet habe. Deren Zahl habe einige zehntausend nicht überschritten[74].

11.5 Arbeiten in der Industrie

Obwohl immer wieder darauf hingewiesen wurde, daß während des Zweiten Weltkrieges eine große Zahl von Lagerinsassen an die Stelle der zum Militärdienst eingezogenen Industriearbeiter trat, liegen für diesen Bereich, im Unter-

[68] Scholmer, Arzt, S. 170.

[69] Wein, Sowjetunion, S. 170. Barton sieht das Workutakohlerevier als fünftwichtigstes der UdSSR mit regionaler Bedeutung für Leningrad und den Norden Rußlands an (Ebd.). Conquest hingegen bezeichnet die Bergwerke von Workuta wegen der Entfernungen und der geringen Gesamtproduktion als unwirtschaftlich (Ders., Anfang, S. 434).

[70] Jasny, Labor, S. 413-414 (Siehe dazu: Hofmann, Arbeitsverfassung, S. 269, Anmk. 40). Swianiewicz, Forced labour, S. 295.

[71] Swianiewicz, Forced labour, S. 294. Er beziffert den Anteil der beim Platinabbau Beschäftigen auf 5-10 % derjenigen, die im Goldabbau tätig waren, gibt jedoch keine Begründung für dieses Verhältnis.

[72] Antonow-Owsejenko, Weg, S. 136, wahrscheinlich auf Basis des 1941er Planes.

[73] Solschenizyn, Archipel GULag II, S. 572.

[74] Jasny, Labor, S. 413-414. Swianiewicz, Forced labour, S. 295-296.

schied zu Bauwirtschaft, Bergbau und Holzwirtschaft, ausgesprochen wenig Darstellungen und Schätzungen vor. Ausgehend von Daten über die industrielle Produktion im 1941er Plan, gibt JASNY die Zahl der in der Industrie beschäftigten Lagerinsassen mit einer Million an[75]. SWIANIEWICZ und DALLIN/NICOLAEVSKY verweisen auf den Fabrikeinsatz der Lagerzwangsarbeiter während der Kriegsjahre, gehen auf deren Zahl und Bedeutung jedoch nicht näher ein[76]. Dagegen sind in neueren russischen Darstellungen erstmals konkretere Zahlen über den Häftlingseinsatz in der Industrie zu finden. Diese bewegen sich jedoch auf weit geringerem Niveau als die in der älteren Forschung angegebenen Zahlen[77]. BACON weist dem Einsatz der ITK in der Rüstungsindustrie einen besonderen Stellenwert zu und hebt den Beitrag des NKWD bei der Munitionproduktion hervor, nennt aber ebenfalls keine genaueren Zahlen[78].

11.6 Holzwirtschaft

Die Holzwirtschaft[79] war in der Zeit der Industrialisierung von besonderer Gewichtigkeit und wird oft als die bedeutendste wirtschaftliche Tätigkeit des GULag angesehen[80]. Sie belieferte die Bauholzindustrie und stellte das Hauptexportprodukt der Sowjetunion. Die Holzreserven befanden sich zum größten Teil in den nördlichen Regionen Rußlands, in denen Arbeitskraftreserven kaum vorhanden und Menschen aus anderen Gebieten kaum zu arbeiten bereit waren[81]. Ab 1929 übernahm die OGPU die Rekrutierung der Arbeitskräfte und

75 Jasny, Labor, S. 414. Vgl. Hofmann, Arbeitsverfassung, S. 269, Anmk. 40, und die Tabelle über die industrielle Produktion des NKWD laut 1941er Plan in: Baykov, Note, S. 35, Tabelle III.

76 Swianiewicz, Forced labour, S. 38. Dallin/Nicolaevsky, Forced labor, S. 261.

77 Nach Semskow waren 1944 von den Häftlingen, die in Betrieben anderer Behörden arbeiteten, in den metallurgischen Werken von Magnitogorsk und Kusnezk 4300, in der Kupferschmelzerei in Dsheskasgan 3000 und beim Bau eines Gaswerkes in Ufimski 2000 eingesetzt (Semskow, GULAG I, S. 25).

78 Bacon, Gulag, S. 134-137. Im ersten Quartal 1944 habe der Anteil des NKWD an der Gesamtproduktion von Munition bei 17 Prozent gelegen (Ebd., S. 137). Bacon spricht im Zusammenhang mit der Rüstungsproduktion von „NKVD industrial colonies „ und „Gulag ammunition industry colonies", womit er sehr wahrscheinlich ITK meint. Bacon nennt außerdem die Produktion von Holzkisten zum Munitionstransport und die Lieferung von Leder an die Rüstungsindustrie durch „Gulag colonies" (Ebd.); andere industrielle Wirtschaftszweige oder in der Industrie beschäftigte Lagerarten erwähnt er nicht.

79 Zum folgenden: Jasny, Labor, S. 410-412, 415. Swianiewicz, Forced labour, S. 296-298. Für die Zeit des Zweiten Weltkrieges: Bacon, Gulag, S. 141 (ohne genauere Zahlen).

80 Mund sieht in der Waldarbeit die Tätigkeit, die am meisten Zwangsarbeiter erfordert habe (Ders., GPU, S. 129). Dallin/Nicolaevsky, Arbeiter, S. 120, nennen die Holzgewinnung die überragende Aufgabe der Zwangsarbeitslager während des ersten Fünfjahresplanes. Jasny, Labor, S. 410, hält Holzarbeiten für die wichtigste industrielle Aktivität des NKWD. Scholmer, Arzt, S. 170, schätzt, daß „80 % der Holzerzeugung Gefangenenarbeit ist". Auch Solschenizyn behauptet, daß „die Hälfte des Archipels" aus Holzfällerlagern bestanden habe (Ders., Archipel GULag II, S. 572-573). An anderer Stelle sagt er: „aller Seki Vater ist unser russischer Wald" (Ebd., S. 189).

81 Swianiewicz, Forced labour, S. 113-114, spricht von 900.000 Waldarbeitern, die im ersten Fünfjahresplan benötigt wurden, von denen aber nur 50.000 geworben werden konnten. Dallin/Nicolaevsky, Arbeiter, S. 105-106, nennen für 1930 als Forderung der Holzwirtschaft 1,7 Millionen zusätzliche Waldarbeiter.

baute eine große Holzindustrie im extremen Norden des europäischen Rußland auf. Der größte Teil des Holzexports wurde seitdem aus diesen Waldabholzungen durch Lagerzwangsarbeiter bereitgestellt[82], und in den wichtigsten Holzeinschlagsgebieten der Sowjetunion konzentrierten sich fortan die Holzfällerlager des GULag[83]. Bäume wurden in der Regel in jedem Lager, welches in der Taiga lag, gefällt. Doch war dies selten die einzige Tätigkeit oder der wichtigste Auftrag. Zu den Zwangslagerinsassen in der Holzwirtschaft kommen diejenigen, die am Transport des Holzes und dessen Weiterverarbeitung beteiligt waren.
Ein großer Teil nicht nur des Holztransportes in andere Teile der Sowjetunion, sondern auch des Holzexports wurde vom NKWD selbst bewerkstelligt. NKWD und GULag arbeiteten dabei oft unter anderen Namen. Die Sowjetunion versuchte dadurch, westlichen Vorwürfen wegen des Einsatzes von Zwangsarbeit zu begegnen und einen mehrfach angedrohten Handelsboykott zu vermeiden. Es war vor allem Großbritannien, das sich Anfang der dreißiger Jahre lautstark gegen den Einsatz von Zwangsarbeitern in der Holzwirtschaft wandte und mit Boykottmaßnahmen drohte. Die Sowjetunion ersann daraufhin eine Fülle an Maßnahmen, um den Einsatz der Zwangsarbeiter vor den Briten zu tarnen und deren Vorwürfe zu entkräften[84].

---

[82] Swianiewicz, Forced labour, S. 113-114. Solomon, Policy, S. 208-209. Von Knorre, Ausbau, S. 479.

[83] In einer im 1941er Plan enthaltenen Tabelle sind alle 59 Gebiete und Bezirke, in denen laut Plan durch das Volkskommissariat für Holzindustrie, das NKWD und andere Institutionen Holz geschlagen werden soll, aufgeführt. Das NKWD wird in 43 Regionen, darunter 30 in Europa und 13 in Asien genannt. Größere Anteile hatte das NKWD in der Komi ASSR, Karelo-Finnischen SSR und den Gebieten Archangelsk, Jaroslawl, Gorki, Swerdlowsk und Molotow, den Bezirken Krasnojarsk, Chabarowsk und im Küstengebiet („Primorje").
(Tabelle II in: Baykov, Note, S. 33-34). Jasny schlüsselt diese Anteile näher auf: Komi ASSR über 50 %, Bezirk Chabarowsk: 34,1 %, Gebiet Molotow: 21,6 %, Gebiet Archangelsk, von dem Swianiewicz sagt, daß in ihm zusätzlich besonders viele Holzarbeiter vom NKWD an das Volkskommissariat für Holzindustrie ausgeliehen worden seien, 26,5 %. (Jasny, Labor, S. 410-412. Swianiewicz, Forced labour, S. 296-298). Swianiewicz versucht, aus den Angaben des 1941er Plan über den Wassertransport von Bauholz durch das NKWD Aufschlüsse über die Dislozierung der Holzarbeit des NKWD zu erzielen. Er nimmt an, daß 1940/41 der größte Teil dieser Aktivitäten in den nordwestlichen russischen Gebieten am Weißmeer-Ostsee-Kanal und am Fluß Wodla und nicht in der ASSR Komi und in Sibirien, wie frühere Häftlinge oft aussagten, stattfand. Diese Fehleinschätzung rühre daher, daß ausländische Häftlinge, besonders Polen, in der Komi ASSR und Sibirien konzentriert worden seien und die Verhältnisse im Nordwesten nicht gekannt hätten (Swianiewicz, Forced labour, S 298, Anmk. 10). Antonow-Owsejenko, Weg, S. 135, übernimmt ebenfalls Zahlen aus dem Plan des Jahres 1941. Mund bezeichnet für 1929 bis Mitte der dreißiger Jahre die Lager in Karelien und in den Gebieten Archangelsk, Wjatka, Wologda sowie im Ural als die wichtigsten Lagergebiete, die sich mit Holzwirtschaft beschäftigt hätten (Ders., GPU, S. 131-132). Tuominen, Schatten, S. 55, spricht davon, daß 1931/32 in den karelischen Wäldern das Holz „fast ausschließlich von Zwangsarbeitern" geschlagen worden sei. Siehe auch: Schwarz, Statistik, S. 1563.

[84] Molotow behauptete in seiner obengenannten Rede vom 8. März 1931, daß keine Häftlinge zur Herstellung von Exportgütern eingesetzt würden, und erwähnte bei seiner Auflistung von Zwangsarbeiten aber nicht die Arbeiten der Sträflinge in der Holzwirtschaft, der Hauptexportbranche der Sowjetwirtschaft (Vgl. Dallin/Nicolaevsky, Forced labor, S. 222-224). Schwarz berichtet von einem vom NKWD organisierten Export von Bauholz auf Schiffen unter dem Namen der Murmansk-Eisenbahn: Die von Häftlingen gefällten Bäume seien durch Beauftragte eines Holzunternehmens der Murmansk-Eisenbahn markiert worden, nicht durch die Lagerverwaltung. Dieses Holzunternehmen habe einen Vertrag mit Großbritannien abgeschlossen und das Holz geliefert. Auch Schwarz vermutet, daß die Markierung durch das Eisenbahnunternehmen aus

Die Angaben über die in der Holzwirtschaft beschäftigten Häftlinge bewegen sich zwischen 240.000 und 380.000, unter Einbeziehung von Transport und Weiterverarbeitung 260.000 bis 430.000[85].

11.7 Forschungstätigkeiten

Wie bereits bei den Scharaschkas geschildert, war das Lagersystem auf vielfältige Weise an den Forschungsaufgaben von NKWD/MWD und NKGB/MGB beteiligt. Einen besonderen Schwerpunkt bildete dabei die militärische und polizeitechnische Forschung. Es ist nicht exakt festzustellen, welcher Dienststelle von NKWD/MWD oder NKGB/MGB die Labore und Forschungsbereiche unterstanden[86]. Unabhängig davon, ob diese Institutionen der GULag oder ei-

Tarnungsgründen erfolgt sei, um einen Handelsboykott zu verhindern (Schwarz, Statistik, S. 1563, unter Bezug auf einen Häftling). Tuominen, Schatten, S. 55-57, schildert einen Auftrag, der im Winter 1931/32 an zwei ihm persönlich bekannte finnische Kommunisten der Karelischen ASSR gegangen sei: Eine dreiköpfige Delegation einer von der britischen Regierung beauftragten Kommission habe den Auftrag gehabt, die Vorwürfe des Einsatzes von Lagerzwangsarbeitern in der Sowjetunion vor Ort in Karelien zu prüfen. Die karelische Regierung sei daraufhin vom Leningrader Parteichef Kirow angewiesen worden, innerhalb von 48 Stunden alle Lagerzwangsarbeiter, die an der Reiseroute der britischen Delegation eingesetzt waren, abzuziehen und durch freie Arbeitskräfte zu ersetzen. Daraufhin seien die Lagerinsassen tief in die Wälder verlegt worden und Landarbeiter aus den benachbarten Kolchosen, Sowchosen sowie Fabrikarbeiter aus Petrosawodsk herantransportiert und auf eventuelle britische Fragen präpariert worden. Rossi führt aus, daß Anfang der dreißiger Jahre viele Lager der OGPU aus Tarngründen in Unternehmen umbenannt und in manchen Häfen des russischen Nordwestens alle Hinweise auf den Einsatz von Zwangsarbeitern beseitigt worden seien (Ders., GULAG Handbook, S. 451). Siehe zu Boykott und Tarnmaßnahmen auch: Jakobson, Origins, S. 126-128.

85 Im 1941er Plan war vorgesehen, daß das NKWD zwölf Prozent des zu beschaffenden Bauholzes einschließlich Brennholzes besorgt (Jasny, Labor, S. 410-412. Miller, Plan, S. 372). Die Gesamtzahl der im Holzeinschlag und anderen Holzarbeiten beschäftigten Häftlinge schätzt Jasny auf 240.000, bemerkt aber, daß eine unbekannte Zahl von Sträflingen an das Volkskommissariat für Holzindustrie vermietet worden sei. Er weist darauf hin, daß der 1941 angesetzte Durchschnittslohn für Holzarbeiter mit 2240 Rubeln trotz der harten Arbeit weit unter dem für Arbeiter bei 4300 Rubeln liegenden Gesamtdurchschnittslohn gelegen habe. Dies sei nur dadurch zu erklären, daß durch die vom GULag an das Volkskommissariat für Holzindustrie vermieteten Lagerinsassen der Schnitt erheblich nach unten gedrückt worden sei (Jasny, Labor, S. 410-412, 415). Weitere 20.000 Häftlinge seien in holzverarbeitenden Fabriken, worunter er die Möbelproduktion einschließt, eingesetzt worden (Ebd., S. 410-412). Schwarz vermutet, daß die Masse der laut Plan 88 Prozent nicht dem NKWD zugehörigen Holzarbeiten vom GULag unter dem Namen und auf Rechnung des Auftraggebers durchgeführt worden seien. Es sei unwahrscheinlich, daß vier Fünftel der in entlegenen und bevölkerungsarmen Gebieten durchzuführenden Holzfällerarbeiten von Freien erledigt worden sei (Schwarz, Statistik, S. 1563). Swianiewicz geht von 350.000 bis 380.000 Lagerinsassen aus, die in der Holzwirtschaft des GULag und weiteren 50.000 Lagerinsassen, die in Transport und Weiterverarbeitung (Transport: 17.500-20.000, Flößarbeiten 5-6000, Sägemühlen 20.000, Herstellung von Eisenbahnschwellen „einige Tausend") beschäftigt waren (Ders., Forced labour, S. 296-298). Völlig aus diesem Zahlenspiegel fällt Rossi. Seiner Ansicht nach waren allein im SIBLag zwei Millionen Häftlinge in der Holzwirtschaft eingesetzt (Ders., GULAG Handbook, S. 390).

86 Zum GULag-Anteil an der Rüstungstechnologie siehe auch: Swianiewicz, Forced labour, S. 229, 301. Wenn Rossi, GULAG Handbook, S. 93, sagt, daß seit Anfang der vierziger Jahre die Militär- und Polizeitechnik zum Verantwortungsbereich „des GULag" gehört habe, so ist dies zu ungenau.

ner anderen Lagerbehörde unterstellt waren, bleibt die Tatsache, daß Häftlinge wesentlich zum Aufbau und zur Arbeit der Forschungseinrichtungen beigetragen haben[87].

11.8 Nuklearforschung und Atomindustrie

Eine überragende Stellung hatte das sowjetische Lagersystem während der Anfangsphase der sowjetischen Atomwirtschaft inne. Die sowjetische *Nuklearforschung* und *Atomindustrie* der dreißiger bis Mitte der fünfziger Jahre wurde zu einem wesentlichen Anteil, eine Zeitlang sogar in Monopolstellung, von NKWD und GULag mitgestaltet[88]. Dem NKWD unterstand dazu seit 1934 der Uranabbau, so auf Nowaja Semlja[89]. Bereits während der dreißiger Jahre war in der UdSSR damit begonnen worden, erste Nuklearforschungszentren aufzubauen. Viele dieser Einrichtungen entstanden am Standort von Gefängnissen und Lagern, deren Insassen die Wissenschaftsbauten errichten mußten[90]. Intensiviert wurde die Forschungsarbeit seit Kriegsbeginn. Das Ziel war, im Wettlauf mit Großbritannien und den USA eine Atombombe zu bauen. Wissenschaftliche Zentren waren dafür seit Herbst 1942 zunächst das Physikalisch-Technische Institut in Leningrad und ein „Laboratorium Nr. 2" genanntes Wissenschaftszentrum in Moskau[91]. Nachdem im Uranprogramm zwar Fortschritte gemacht,

---

87 Bobrenjow/Rjasanzew, Geheimlabor, beschreiben ein „Labor für Sonderaufgaben" des NKWD in Moskau, das 1938 bis 1949/51 bestanden habe und mit Giftversuchen an zum Tode Verurteilten, der Entwicklung von Gift-Spezialwaffen für Attenate sowie Hinrichtungen durch Gift beauftragt gewesen sei. Es habe verschiedenen Dienststellen des NKWD, ab 1943 des MGB unterstanden. Das Labor wird als „Labor Nr. 12" auch bei Albaz, Geheimimperium, S. 47, erwähnt.

88 Vgl. dazu den guten Überblick in: Igor Trutanow. Die Hölle von Semipalatinsk. Ein Bericht. Berlin, Weimar, 1992. Besonders das Kapitel „Eine Atombombe für die Diktatur des Proletariats": Ebd., S. 62-146. Kurze Zusammenfassung: Konstantin Sorokin. Das Manhattan-Projekt des Ostens. In: Siegfried Fischer/Otfried Nassauer (Hgg.). Satansfaust. Das nukleare Erbe der Sowjetunion. Berlin, Weimar 1992, S. 39-49. Besonders: S. 41-43. Zur Arbeit gefangener deutscher Wissenschaftler und Techniker in der Raketentechnik und bei Arbeiten zum Bau einer sowjetischen Atombombe – so auf der Insel Gorodomlja im Seliger-See ab 1946: Magnus, Raketensklaven. Christoph Mick. Nur das Fachwissen zählte. Die Verschleppung deutscher Wissenschaftler und Techniker in die Sowjetunion vor fünfzig Jahren. In: FAZ v. 26. Oktober 1996. Rossi, GULAG Handbook, S. 388. Neu zum Gesamtkomplex: David Holloway. Stalin and the bomb. The Soviet Union and atomic energy 1939-1956. New Haven, 1994.

89 Wolin/Slusser, Secret Police, S. 54, Anmk. 128, unter Bezug auf Beck/Godin. Auch bei von Borcke, KGB, S. 103, die aber fälschlicherweise Anmk. 124 und nicht 128 nennt. Auf Nowaja Semlja, „one of the cruelest and most secret of the the forced labour camps", waren nach Rossi seit den dreißiger Jahren Häftlinge im Uranabbau beschäftigt (Ders., GULAG Handbook, S. 253).

90 Vgl. dazu die Angaben in dem Artikel „Technopolis darf nicht sterben". In: Wostok, 2/1992, S. 25-27.

91 Offiziell verantwortlich war Außenvolkskommissar Molotow, die administrative Leitung hatte der Volkskommissar für die Chemische Industrie inne. Wissenschaftlicher Leiter wurde Igor W. Kurtschatow, der führende Wissenschaftler unter den damaligen sowjetischen Atomforschern. Siehe dazu: Wladimir Gubarew. Arsamas-16. Wissenschaftler der geheimen russischen Atomstadt brechen das Schweigen, Berlin, 1993. Hier S. 8-9. Das Buch des russischen Journalisten enthält außer einem informativen Vorwort von Christian Spiering über das sowjetische Atomprogramm mit wertvollen Hinweisen auf die Rolle von NKWD und GULag Interviews mit leitenden Wissenschaftlern von Arsamas-16 zur Kernwaffenproblematik. Angaben über die Bedeutung der Lager für die Atomindustrie machen die sowjetischen Wissenschaftler nicht. Siehe auch: Sacharaow, Leben, S. 116.

aber noch keine einsatzfähige Bombe entwickelt worden war, die Amerikaner hingegen bereits im Krieg gegen Japan zwei Bomben eingesetzt hatten, wurde im Herbst 1945 dem Uranprojekt uneingeschränkte Priorität beigemessen. Am 20. August 1945 wurde auf Beschluß des Staatlichen Verteidigungskomitees ein Sonderkomitee mit dem Auftrag der „Leitung aller Arbeiten zur Anwendung inneratomarer Energien des Uran" eingesetzt. Seine Hauptaufgabe bestand darin, alle wissenschaftlichen, wirtschaftlichen und materiellen Ressourcen bereitzustellen, die zum Bau einer Atombombe benötigt wurden. Vorsitzender dieses Sonderkomitees wurde Berija[92]. Das Sonderkomitee koordinierte die Arbeit der beteiligten Volkskommissariate und der mit dem Atombauprogramm befaßten Ersten Hauptverwaltung beim Rat der Volkskommissare der UdSSR[93].

Bis am 29. August 1949 auf dem Versuchsgelände von Semipalatinsk in Kasachstan die erste sowjetische Atombombe explodierte[94], war unter massivem Einsatz von Lagerinsassen ein weite Teile der Sowjetunion umfassendes „Nuklear-Archipel" entstanden. Dieses umfaßte eine Vielzahl von Uranminen[95], Versuchsgelände in Semipalatinsk und später auf Nowaja Semlja und eine immer größere werdende Anzahl geheimer Atomstädte. Dazu gehörten das 500 km östlich von Moskau gelegene und 150 km von Gorki entfernt gegründete Kernwaffenlaboratorium Arsamas-16[96], von dem SACHAROW, der von März 1950 bis Juli 1968 im Forschungsinstitut für Experimentalphysik von Arsamas-16 arbeitete, eine ausgezeichnete Beschreibung der dortigen Verhältnisse gibt[97], Tschelja-

[92] Weitere Mitglieder des Sonderkomitees waren G.M. Malenkow, N.A. Wosnesenski, B.L. Wannikow (Volkskommissar für Munition), A.P. Sawenjagin (stellvertretender NKWD-Vorsitzender), I.W. Kurtschatow, P.L. Kapiza, W.A. Machnejew und M.G. Perwuchin (Volkskommissar für Chemische Industrie). Nach Knoll/Kölm, Fall Berija, S. 37, Anmk. 1. Siehe dazu auch: Wolin/Slusser, Secret police, S. 25. Gubarew, Arsamas-16, S. 9-10. Sehr ungenau: Wolkogonow, Ungeheuer, S. 209.

[93] Die *Erste Hauptverwaltung beim Rat der Volkskommissare der UdSSR* wurde auf Grundlage des Beschlusses vom 26. August 1945 im gleichen Jahr gegründet. Sie hatte die engeren Leitungsaufgaben bei der Herstellung von Atombomben inne und wurde von B.L. Wannikow als Vorsitzendem und A.P. Sawenjagin als stellvertretendem Vorsitzenden geführt (Knoll/Kölm, Fall Berija, S. 37, Anmk. 2 und 3, S. 231. Anmk. 1). Siehe zu ihr für 1949 auch: Sacharow, Leben, S. 131-132.

[94] Gubarew, Arsamas-16, S. 10-11. Siehe zu den Atomtests in Semipalatinsk: Trutanow, Semipalatinsk.

[95] Gubarew, Arsamas-16, S. 11 nennt solche an der Kolyma und in Aldan im Hohen Norden, in Krasnokamensk, Wichorewka, Sljudjanka und Wladiwostok in Sibirien, in Sheltye Wody in der Ukraine und in Mittelasien. Trutanow, Semipalatinsk, S. 83, nennt folgende Uranerzgruben, in denen Lagerhäftlinge eingesetzt worden seien: Hoher Norden: Kolyma, Aldan; Sibirien: Krasnokamensk, Wichorewka, Sljudjanka bei Tscheljabinsk, Wladiwostok; Ukraine: Sholtye Wody; Mittelasien: Aksujek, Kara-Balta, Kadshi-Sai, Ak-Tjus, Bystrowka, Min-Kusch, Schewtschenko, Utschkuduk, Stepnogorsk, Samsar, „Kysyldshar" (Gemeint ist wahrscheinlich Kysyl-Syr. R.S.), Arkalyk, Taboschar. Sacharow, Leben, S. 136, bestätigt ebenfalls die Arbeit von Lagerinsassen in „Uranbergwerken und – objekten". Ebenso: Wolkogonow, Triumph, Band 2/2, S. 164-165).

[96] Gubarew, Arsamas-16, S. 11, nennt als Gründungsdatum das Jahr 1946. In einem Artikel der FAZ vom 18. Mai 1994 wird die Gründung von Arsamas-16 auf „Ende der vierziger Jahre" datiert.

[97] Siehe vor allem sein Kapitel „Das Objekt" über Arsamas-16, das Zentrum des sowjetischen Atombauprogramms (Ders., Leben. S. 133-148), welches er als „Symbiose aus einem supermodernen Forschungsinstitut, Versuchsbetrieben, Versuchsfeldern und einem großen Lager" bezeichnet (Ebd., S. 141).

binsk-70 und Tscheljabinsk-40[98], Krasnojarsk-26, Tomsk-7, Swerdlowsk-45, Pensa-19, Slatonsk-36, Dubna und Obninsk, wo 1954 der erste stromproduzierende Atomreaktor der Welt in Betrieb gesetzt wurde[99]. SOLSCHENIZYN nennt zusätzlich Moskau-10, Tura-38 und Swerdlowsk-39[100] und weitere[101]; TRUTANOW darüber hinaus noch Tomsk-10, Angarsk, „Baikalyk", Ust-Kamenogorsk, „Nowai" und „Dshalai Abad"[102]. Viele dieser geheimen Städte existieren bis heute und wurden erst durch den Zusammenbruch der Sowjetunion bekannt[103].

Das Lagersystem war bis Mitte der fünfziger Jahre maßgeblich an Aufbau und Unterhalt der Atomprojekte beteiligt. Das gesamte Netz der Atomforschungs- und –produktionseinrichtungen der vierziger und fünfziger Jahre wurde durch Lagerzwangsarbeiter aufgebaut[104]. Die Bergleute in den Uranminen

---

[98] Nach Sorokin wurde der Atomproduktionskomplex bei Tscheljabinsk von 1945 bis 1948 von über 70.000 Häftlingen aus zwölf „NKWD-Lagern" aufgebaut (Ders., Manhattan-Projekt, S. 42).

[99] Gubarew, Arsamas-16, S. 11. Geprüft werden muß, wann welche dieser Städte und Einrichtungen genau entstanden und ob sie dem GULag unterstanden. Zum Reaktor in Obninsk: Wein, Sowjetunion, S. 198.

[100] Solschenizyn, Archipel GULag II, S. 392. Auch er nennt Tscheljabinsk-40.

[101] Rossi, GULAG Handbook, spricht von einem Nuklearforschungsinstitut in Kuchino bei Moskau (Ebd., S. 187).

[102] Trutanow, Semipalatinsk, S. 83 (Gemeint sind wahrscheinlich Baikalsk, Nowaja und Dshalilabad. R.S.).

[103] Aktuelle Angaben zu den heute vorhandenen Atomstädten, deren genaue Lage aber nicht immer festgestellt werden konnte: Gubarow, Arsamas-16, S. 12, nennt zehn Nuklearstädte mit 750.000 Einwohnern (Darunter: Arsamas-16: 80.000 Einwohner, Tscheljabinsk-70: 40.000 Einwohner, Tomsk-7, Krasnojarsk-26). In einem Bericht der Zeitschrift „Wostok" wird für 1992 von vierzig „geheimen" Städten gesprochen. Von diesem seien zehn dem früheren sowjetischen „Ministerium für Atom- und Energieindustrie" zugeordnet. Genannt werden Selenograd, Troizk, Protwino, Dolgoprudny, Istra, Tschernogolowka (Gebiet Moskau), Obninsk (Kalugagebiet), Leninsk, Arsamas-16 („Kremlew"), Tscheljabinsk-70 (Smeschninsk), Krasnojarsk-40 und Tscheljabinsk-33 („Technopolis darf nicht sterben". In: Wostok, 2/1992, S. 25-27). In einem Bericht der FAZ werden zehn „geschlossene Städte" genannt: Tomsk-7 (Sewersk), Krasnojarsk-26 (Schersunogorsk), Tscheljabinsk-65 (Oschorsk), Tscheljabinsk-70 (Suneschinsk), Pensa-19 (Sarchinui), Slatonsk-36 (Torifugornui) Arsamas-16 („Kremrjuw"), Swerdlowsk-45 (Nowouralsk und Rusnoi), Krasnojarsk-45 (Sernogorsk) (Elfie Siegl. Die Lage in den geschlossenen Nuklearstädten Rußlands: Kartoffelanbau statt Forschung. In: FAZ v. 18. August 1994, Seite 5). Shifrin, Reiseführer, S. 41-45, gibt eine Dislozierungskarte von Atomstandorten, in denen in den siebziger und achtziger Jahren Häftlinge eingesetzt gewesen seien und nennt S. 363 Tscheljabinsk-51. Zu Arsamas-16: FAZ vom 3. August 1993 und vom 18. Mai 1994.

[104] Solschenizyn, Archipel GULag II, S. 572, ist der Auffassung, daß wegen der Geheimhaltung und der Strahlungsgefahr „fast alle Objekte der Atomindustrie" durch Lagerhäftlinge errichtet worden seien. Als „Bauchef" der „Atomwerke" nennt er einen Generalleutnant des NKWD, der direkt Stalin und Berija unterstellt gewesen sei. Ab 1946 wurden nach Spiering allein 70.000 Lagerzwangsarbeiter eingesetzt, um bei Tscheljabinsk eine geheime Stadt zu bauen, deren Mittelpunkt der erste industriell zu nutzende Kernreaktor der Sowjetunion, der im Juni 1948 in Betrieb ging, war (In: Gubarew, Arsamas-16, S. 10). Gubarew berichtet, daß „Tausende Sträflinge" Ende der vierziger Jahre Arsamas-16 gebaut hätten. Nach einigen Jahren seien die Lager aufgelöst und die Häftlinge abgezogen worden. Deren Arbeitskraft sei aber „in anderen Betrieben der Atomindustrie noch sehr lange genutzt" worden (Ders., Arsamas-16, S. 170). Gleichfalls berichtet Sacharow vom Einsatz der Häftlinge in Arsamas-16 vor 1949. Sie hätten dort „Betriebe, Versuchsstände, Straßen und Wohnhäuser für die künftigen Mitarbeiter" gebaut, in Baracken gewohnt und seien unter Bewachung von Hunden zur Arbeit geführt worden. Arsamas-16 sei zu diesem Zeitpunkt „nichts als ein Lager gewesen" (Ders., Leben, S. 141).

und viele der Menschen, die in den bereits bestehenden Atom-Produktionsfabriken arbeiteten oder beim Ausbau der „Objekte“ tätig waren, waren ebenfalls Lagerhäftlinge[105]. Wenn auch die Lebensbedingungen für Häftlinge in den Atomforschungszentren weitaus besser als in normalen Lagern waren, so ist doch die ständige Strahlenbelastung, denen die freien Arbeiter nicht ausgesetzt wurden, nicht zu verharmlosen[106]. Schwierig ist es, einzuschätzen, wie groß der Anteil der Häftlinge unter den Wissenschaftlern, Ingenieuren und Technikern in den wissenschaftlichen Einrichtungen der Nuklearforschung war[107].

Nachdem im März 1953 das Sonderkomitee „Atombombe“ auch mit der Leitung anderer Spezialarbeiten militärischen Charakters betraut worden war, wurde nach dem Sturz Berijas die enge Verbindung von NKWD, GULag und Atomindustrie offiziell gelöst. Am 26. Juni 1953 wurde das Sonderkomitee aufgelöst und in ein am gleichen Tag wiedergegründetes „Ministerium für Mittleren Maschinenbau“, das ausschließlich mit dem Ausbau der Atomindustrie befaßt war, überführt. Diesem wurde auch die „Erste Hauptverwaltung beim Rat der Volkskommissare der UdSSR“ eingegliedert[108]. Die Trennung war jedoch mehr nomineller als faktischer Art. Der MWD-General A.P. Sawenjagin, 1946 als einer der stellvertretenden MWD-Minister direkter Verantwortlicher für den DALSTROI, seit 1945 Mitglied des Sonderkomitees „Atombombe“ und stellvertretender Leiter der oben genannten Ersten Hauptverwaltung, wurde stellvertretender Minister und ab dem 28. Februar 1955 Leiter dieses Ministeriums[109]. Nicht nur in der Spitze, auch unter den normalen Mitarbeitern dieses Tarn-Ministeriums finden sich zahlreiche Mitarbeiter von GULag und NKWD[110]. Hinzu kommt, daß GULag-Zwangsarbeiter weiterhin in den Atomstädten beschäftigt waren. Wie in anderen gesamtwirtschaftlich bedeutenden Projekten des GULag, so vollzog sich auch in den „Objekten“ der Atomindustrie die Reduzierung des

---

[105] In den Interviews Gubarews werden von den befragten Wissenschaftlern an wenigen Stellen Kolonnen von NKWD-Zwangsarbeitern und Häftlingen genannt (Ders., Arsamas-16, S. 91, 166), aber es wird nicht näher ausgeführt, wo sie eingesetzt waren. Sacharow erwähnt, daß es 1950 bis 1953 in unmittelbarer Nähe von Arsamas-16 ein Lager gegeben habe, das „nach der Amnestie 1953“, gemeint ist wahrscheinlich die Woroschilow-Amnestie vom März 1953, aufgelöst worden sei (Ders., Leben, S. 143).

[106] Nach Solschenizyn war die Lebenserwartung infolge der Strahlenbelastung geringer. Jeder Häftling, der an diesen Atomprojekten beteiligt war, habe eine „Schweigeverpflichtung“ abgeben und diese alle vier Monate erneuern müssen. 1945-1949 sei es den Häftlingen in den „Atomwerken“ verboten gewesen sei, Briefe zu schreiben. Die Insassen dieser Lager, die entlassen wurden, hätten nicht nach Hause gedurft, sondern seien 1950 geschlossen in der Kolyma-Region angesiedelt worden. Dort seien sie nicht bewacht, aber zu einem „besonders gefährlichen Sonderkontingent“ erklärt worden (Solschenizyn, Archipel, GULag II, S. 392, 572, 627). Siehe auch: Swianiewicz, Forced labour, S. 301.

[107] In Gubarew, Arsamas-16, ist nicht einmal die Rede von Wissenschaftlern, die Häftlinge gewesen seien. Angesichts der apologetischen Grundeinstellung der Befragten muß dies aber nicht bedeuten, daß es diese gefangenen Spezialisten nicht gab.

[108] Allgemein: Wolin/Slusser, Secret police, S. 25. Zum Ministerium: Knoll/Kölm, Fall Berija, S. 37, Anmk. 1, S. 231. Anmk. 1. Von Borcke, KGB, S. 103.

[109] Lebenslauf Sawenjagins in: Knoll/Kölm, Fall Berija, S. 352-353. Siehe auch Ebd., S. 37, Anmk. 3. Wolin/Slusser, Secret police, S. 54, Anmk. 130. Zu Sawenjagin siehe auch Kap. 4.5.

[110] So schildert Albaz, Geheimimperium, S. 89, 140, daß ein von ihr interviewter ehemaliger NKWD-Untersuchungsführer im Ministerium für Mittleren Maschinenbau untergekommen sei.

Lagersystems 1953 bis 1956 langsamer als in weniger wichtigen Bereichen[111]. Der enge Kontakt von Staatssicherheit, GULag und Atomindustrie überdauerte den Sturz Berijas.

11.9 Weitere wirtschaftliche Aktivitäten

Die Zahl der in diesen Bereichen, inklusive der Atomprojekte, eingesetzten Häftlinge ist schwer zu schätzen. SWIANIEWICZ geht von 120.000, unter Einschluß der Insassen „geheimer Lager“[112] von 200.000, JASNY von 150.000[113] aus. Der folgende kurze Überblick strebt keine Vollständigkeit an, sondern gibt einen Eindruck von der Bandbreite der Häftlingszwangsarbeit.

Rund 2000 Lagerzwangsarbeiter waren vorwiegend in einem Lager in Uchta in der ASSR der Komi mit der Förderung von *Erdöl* beschäftigt. Diese Arbeit war besonders während des deutschen Vormarsches im Kaukasus von Bedeutung[114]. Möglicherweise waren Häftlinge auch an der Erdölförderung seit Ende der dreißiger Jahre im Raum Perm-Ufa-Kuibyschew beteiligt[115]. Wahrscheinlich waren auch nach dem Krieg Häftlinge bei der Erdölgewinnung, Erdölweiterverarbeitung und beim Bau von Erdölpipelines eingesetzt[116].

Möbel wurden insbesondere von Invalidenlagern und Frauenlagern hergestellt. SWIANIEWICZ zitiert Aussagen eines früheren NKWD-Planers vor der CICRC, wonach die Möbelproduktion für das NKWD besonders lukrativ gewesen sei[117], und MILLER sieht im NKWD den drittgrößten Möbelproduzenten der Sowjetunion[118]. Im *Straßentransportwesen* nahm der GULag, so SWIANIEWICZ und MILLER, den zweitwichtigsten Platz ein[119]. Gleiches gilt für den *Betrieb*

[111] In Gubarews Buch sagt einer der befragten leitenden Wissenschaftler, daß bis 1957 Häftlinge in Arsamas-16 gearbeitet hätten (Ders., Arsamas-16, S. 91).

[112] Swianiewicz, Forced labour, S. 301-302. Er vermutet, daß diese Lager mit Waffenentwicklung und –produktion beschäftigt waren. Vgl. Kap. 7.2.5.

[113] Jasny, Labor, S. 415. Swianiewicz, Forced labour, S. 301-302.

[114] Baykov, Note, S. 35. Jasny, Labor, S. 413-414. Swianiewicz, Forced labour, S. 299. Miller, Plan, S. 370. Hofmann, Arbeitsverfassung, S. 269, Anmk. 40. Barton, L'institution, S. 63-64. Antonow-Owsejenko, Weg, S. 136.

[115] Wein spricht von reichen Erdölfeldern an der Westseite des Ural, die in den dreißiger Jahren entdeckt worden seien und in denen seit 1937 Erdöl gefördert worden sei. 1953 hätten diese Wolga-Ural-Felder im Raum Perm-Ufa-Kuibyschew die der Baku-Region an Fördermenge übertroffen. Die Förderkosten hätten erheblich unter denen von Baku gelegen (Ders., Sowjetunion, S. 203). Den Einsatz von Gefangenen nennt er nicht, jedoch ist dieser angesichts der Nähe zur Uchta-Region und der Gründungszeit Ende der dreißiger Jahre anzunehmen.

[116] Siehe dazu den Abschnitt „Die Arbeit Gefangener in der Erdölförderung der UdSSR“ In: Shifrin, Reiseführer, S. 369-370. Er berichtet für 1954 aus eigenem Erleben in einem Lagerpunkt des Speziallagers KAMYSCHLag in Omsk, daß dort in vier Lagern 12.000 Häftlinge beim Bau einer Erdölraffinerie und einer erdölverarbeitenden Fabrik beschäftigt gewesen seien. Die Arbeiten hätten bis 1969 gedauert. Andere Häftlinge anderer KAMYSCHLag-Lagerpunkte seien beim Bau der Erdölpipeline Kuibyschew-Omsk, Gefangene anderer Lagergebiete derer von Kuibyschew nach Moskau eingesetzt gewesen. Die letzteren Angaben beziehen sich möglicherweise auf die Nach-Stalinzeit.

[117] Swianiewicz, Forced labour, S. 300.

[118] Miller, Plan, S. 374.

[119] Swianiewicz, Forced labour, S. 300-301. Miller, Plan, S. 380.

von Eisenbahnstrecken. Es handelte sich um die Linien, die vom NKWD selbst errichtet worden waren. Oft ging es dabei um die Übergangszeit zwischen Fertigstellung und Übertragung an das zuständige Volkskommissariat für Verkehr. Bis dahin wurden Funktionen wie Lokomotivführer und Stationspersonal von Sträflingen ausgeführt. Bei *Erhaltungs- und Ausbesserungsarbeiten von Kanälen* waren Zehntausende von Lagerinsassen eingesetzt. Nebenrangige Tätigkeiten waren die *Produktion von Gebrauchsgegenständen*[120], die *Zementproduktion*, die *Ziegelherstellung*, die besonders in Lagern produziert wurden, die mit Bauprojekten beschäftigt waren, der *Fischfang* vornehmlich in der Kolyma-Region und anderen Lagern des Fernen Osten. Gleichfalls gehörten *Textil- und Schuhproduktion* zum Arbeitsbereich des GULag. Diese Produkte wurden in ihrer großen Masse nicht für die Häftlinge, sondern für die Armee und andere Großabnehmer hergestellt[121].

Angesichts dieser Vielfalt an Tätigkeiten kommt SOLSCHENIZYN zu dem bitteren Fazit: „Es ist leichter aufzuzählen, womit die Häftlinge niemals beschäftigt waren: mit der Herstellung von Wurst und Zuckerbäckereien"[122].

Das Lagersystem wurde während der rund dreißig Jahre seiner Existenz in steigendem Maße in die staatliche Planwirtschaft eingebunden, so daß viele Wirtschaftszweige ohne den Einsatz der Lagerinsassen stärkste Einbrüche hätten hinnehmen müssen (Bauwesen, Bergbau, Holzwirtschaft) oder völlig zusammengebrochen wären (Goldabbau, Atomwirtschaft). Das Wirtschafts- und Lagersystem GULag unterschied sich in einer Hinsicht grundlegend von den Volkskommissariaten und Großkombinaten: Es war in einer Vielzahl von Branchen aktiv und muß daher als einer der Schlüsselkomplexe der Sowjetwirtschaft angesehen werden.

---

[120] Bacon sieht unter Bezug auf seine Hauptquelle, den Bericht des GULag-Chefs Nasedkin, für die Zeit vor dem Krieg in der Konsumgüterindustrie das Hauptarbeitsfeld der „NKVD industrial colonies". Nach Kriegsbeginn habe sich der Schwerpunkt dann von der Konsumgüterindustrie zur Produktion militärischer Erzeugnisse verlagert (Ders., Gulag, S. 127, 134). Diese Einschätzung kann möglicherweise für die ITK zutreffen, keinesfalls aber für die ITL und andere Lager im GULag gelten. Die Konsumgüterindustrie wurde – wie in Kap. 3.1. skizziert – während der Stalinzeit systematisch vernachlässigt; weder in der älteren Fachliteratur noch in Häftlingsberichten gibt es Hinweise auf eine besondere Bedeutung der Konsumgüterherstellung innerhalb der wirtschaftlichen Aktivitäten des GULag.

[121] *Gebrauchsgegenstände*: Bernard: in Livre blanc, S. 163. Miller, Plan, S. 374. *Zement*: Jasny, Labor, S. 413-414. Hofmann, Arbeitsverfassung, S. 269, Anmk. 40. *Ziegel*: Jasny, Labor, S. 413-414. Swianiewicz, Forced labour. S. 299-300. Antonow-Owsejenko, Weg, S. 135-136. Solschenizyn, Archipel, GULag II, S. 167-169, 181-187. *Fischfang*: Jasny, Labor, S. 413-414. Swianiewicz, Forced labour, S. 299. Bacon, Gulag, S. 139, nennt ein „camp" in Astrachan, acht „colonies" und 45 „sub-divisions of camps", die während des Krieges im Fischfang eingesetzt gewesen sein sollen. Für Kolyma: Conquest, Kolyma, S. 113-114. *Textil-/Schuhproduktion*: Swianiewicz, Forced labour, S. 300. Bacon, Gulag, S. 137, spricht von „twenty Gulag enterprises", die während des Krieges mit der Herstellung von Uniformen für die Sowjetarmee beschäftigt gewesen seien.

[122] Solschenizyn, Archipel GULag II, S. 574.

C Bilanz und Ausblick

12 Die Doppelfunktion des Lagersystems: Instrument zur Herrschaftssicherung und Wirtschaftsgigant

Das Lagersystem hatte seit 1928/29 und, vollends gefestigt, seit der zweiten Hälfte der dreißiger Jahre, die Doppelfunktion eines Herrschaftsinstruments und eines Wirtschaftssystems. Beide Momente waren von wechselnder Priorität und nicht nur nicht voneinander zu trennen, sondern bedingten einander[1]. Zunächst werden in diesem Abschnitt beide Aspekte bilanzierend herausgestellt, dann das Ende des Lagersystems in seiner für die Stalinzeit charakteristischen Form skizziert.

12.1 Die machtpolitische Funktion des Lagersystems: Herrschaftssicherung und Gesellschaftsveränderung

Herrschaftssicherung und Gesellschaftsveränderung waren die wichtigsten Ziele des Terrors[2]. Dazu dienten ihm die Zwangsarbeitslager als direkt einzusetzendes Instrument der Herrschaftssicherung und als Teil des Arbeitszwangssystems. Allein seine Existenz und die dadurch allgegenwärtige Drohung der Lagerhaft untermauerte die Arbeitsrechtspraxis, die auf Arbeitsdisziplin und Normerfüllung abzielte, und schreckte vor Straftaten ab. Der GULag trug also in erheblichem Maße zur Disziplinierung und Einschüchterung der Sowjetbevölkerung bei[3].

1 Zu einer ähnlichen Bewertung kommen Armanski und Bacon. Armanski, Maschinen, S. 146: „Die ökonomischen und politischen Anteile dieses Prozesses (der Herausbildung des GULag, R.S.) waren in Tat und Wahrheit zwei, im Zeitverlauf und je nach Gruppe unterschiedlich gewichtete, Seiten der gleichen Sache.". Bacon, Gulag, S. 4, betont ebenfalls die Doppelrolle des GULag als „vital source of human resources" und als Instrument von Zwang und Terror (Siehe auch: Ebd., S. 124). Ebenso: Jebedshans, Proiswodstwenny, S. 188.

2 Siehe hierzu besonders: Arendt, Elemente, S. 676-699. Ihr besonderes Augenmerk auf die gesellschaftspolitische Funktion der Lager läßt sie die wirtschaftliche Komponente unterschätzen.

3 In Sowjetunion (1979), S. 26, wird die „politische Bedeutung des Lager-Systems" mit „ständiger Bedrohung der Sowjetbevölkerung" und der Ausübung eines „erheblichen Zwanges zum Wohlverhalten" beschrieben. Ähnlich: Armanski, Maschinen, S. 143. Merl, System, S. 297.

Zu dieser offensichtlichen Funktion kam der langfristiger angelegte Beitrag zur Sowjetisierung der Bevölkerung. Die Sowjetführung hatte erkannt, daß Macht zwar kurzfristig durch Disziplinarstrafen, Verhaftungen und Erschießungen, langfristig aber nur durch Veränderungen im Bewußtsein der Bürger zu sichern war. Die Gesellschaftsveränderung diente somit der Herrschaftssicherung. Der GULag hat in diesem jahrzehntelangen, das gesamte Land umspannenden Prozeß der Sowjetisierung durch Zerstörung der vorkommunistischen Verhältnisse und Normen, durch Industrialisierung und Totalitarisierung einen erheblichen Anteil gehabt. Jede der folgenden Zielsetzungen und Wirkungen des Lagersystems ist sowohl als Maßnahme der Herrschaftssicherung als auch der Gesellschaftsveränderung zu bewerten.

Seit seinen Anfängen war das Lager neben der Hinrichtung das übliche Mittel zur *Vernichtung der Eliten*. Zu diesen gehörten im Lagersystem unterschiedliche Personengruppen. Noch bevor sich das Lagersystem zum GULag der Stalinzeit gewandelt hatte, waren die Angehörigen der Elite aus vorkommunistischer Zeit, die den Bürgerkrieg überlebt hatten, zu Häftlingen gemacht worden. Darunter zählten Pfarrer, Diplomaten, Hochschullehrer, Offiziere und Beamte. Als „Konterrevolutionäre" ohne Pridurki-Posten und nicht an körperliche Arbeit gewöhnt, gehörten sie meist zu den ersten, die noch in den Konzentrationslagern und in den SLON an Erschöpfung starben.

Das gleiche Los traf viele Verhaftete aus der Funktionselite der Stalinzeit. Da nicht alle Verwaltungsfunktionäre, Offiziere, Techniker, Ingenieure und Wissenschaftler, die vor, in und nach der „Großen Säuberung" in die Lager kamen, ihrer Ausbildung entsprechend eingesetzt wurden, gingen viele von diesen bei den „Allgemeinen Arbeiten" zugrunde. Gleichermaßen erging es den Angehörigen der Intelligenzija, die aus Studierstuben, Hochschulen, Theatern und anderen kulturellen Einrichtungen heraus verhaftet worden waren[4].

Insgesamt gesehen, förderte das Lagersystem eine Negativ-Auslese. Viele Nichtbolschewiki, besser Ausgebildete und Nonkonformisten kamen in das Lager und überlebten es nicht. Indem die Elite vernichtet wurde, entzog die sowjetische Diktatur potentiellen und vorhandenen oppositionellen oder nichtsowjetischen Gruppierungen die Führungspersönlichkeiten. Der GULag trug somit in bedeutendem Maße dazu bei, das Niveau von Bildung, Kultur und Moral zu senken und zu einer *Nivellierung auf niedrigem Niveau* innerhalb der Sowjetbevölkerung zu gelangen. Linientreue bolschewistische Kommunisten, Minderqualifizierte und Opportunisten blieben übrig und prägten die Sowjetunion in vermehrtem Maße[5].

---

4 Unter diesem Gesichtspunkt mahnt Solschenizyn, Archipel GULag II, S. 7, zu Recht, daß nicht zu vergessen sei, daß „die Lager zur Ausrottung ersonnen worden" seien. Auch Arendt verweist darauf, daß in sowjetischen Lagern „durch Hunger und Vernachlässigung systematisch ausgerottet" werde. Sie bezieht dies allerdings nur auf „Vernichtungslager", während in „Zwangsarbeiterkolonnen" und „Konzentrationslagern" die Arbeit wichtiger sei (Dies., Elemente, S. 682). Eine solche Dreiteilung gab es hingegen weder administrativ, noch entspricht sie der Realität des GULag. Gearbeitet und gestorben wurde überall.

5 Vgl. Solschenizyn, Archipel GULag II, S. 607: „Das System der Besserungsarbeitslager mit ihrem Zwang zu erdrückender physischen Arbeit, mit ihrem Zwang zum Gemeinschaftsleben ... war .. ein wirkungsvolleres Instrument zur Vernichtung der Intelligenz als das Gefängnis.". An anderer Stelle äußert er sich ähnlich: „In unserem Land hat man siebzig Jahre lang Menschen vernichtet,

Die Existenz des GULag trug jedoch nicht nur zur *Sowjetisierung* derjenigen bei, die außerhalb der Lager blieben, die Lagerinsassen selber unterlagen einer Zwangs-Sowjetisierung, deren Grad weit über den in der freien Sowjetgesellschaft hinausging. Ob die Lagerinsassen wollten oder nicht, im GULag wurden sie meist endgültig zu Sowjetmenschen. Orientierungslos, von Lager zu Lager versetzt und einem bis ins kleinste durchorganisierten Strafsystem unterworfen, waren sie über Jahre hinweg einer durchdringenden geistigen Sowjetisierung unterworfen. Die Lagerinsassen nahmen sowjetische Denkweisen, Bräuche und Wert- und Moralvorstelllungen notwendigerweise immer mehr an und entfernten sich immer mehr von ihren früheren geistigen Grundlagen. Da zwischen der „großen Zone" – der Sowjetunion- und den unzähligen „kleinen Zonen" – den Lagern – ein reger Personalaustausch bestand[6], übertrugen sich viele GULag-Normen und Traditionen auf das Leben außerhalb der Lager. Die Millionen Sowjetbürger, die über lange Zeit hinweg im GULag eingesperrt und dann oft in die Verbannung geschickt worden waren, waren für ihr Leben geprägt, in ihrem Selbstbewußtsein erschüttert und zwangssowjetisiert worden[7]. In Weiterentwicklung SOLSCHENIZYNscher Terminologie wäre dieser Prozeß als Sowjetisierung in der Form der *„GULagisierung"* zu bezeichnen.

Ein Aspekt, der im Zusammenhang mit der Zwangssowjetisierung zu nennen ist, in der Forschung aber kaum beachtet wurde, ist die Unterstützung der *Entnationalisierung* und *Sowjetisierung in der Form der Russifizierung* durch den GULag. Dieser Prozeß betraf die Lagerinsassen, ihre Herkunftsgebiete und die Gegenden, in denen Lager errichtet wurden. In den Lagern, die BARTON richtig als „melting pots" bezeichnet, wurden die Insassen zwangssowjetisiert. Diese Zwangssowjetisierung war meist, wie generell in der sowjetischen Nationalitätenpolitik, gleichzeitig eine Zwangsrussifizierung, da die verschickten und nach ihrer Entlassung häufig in ihren Lagergebieten zwangsangesiedelten Häftlinge und Ex-Häftlinge entwurzelt und ihrer Nationalität entfremdet wurden[8].

Die Sowjetrussifizierung endete jedoch nicht am Lagertor oder Lagerzaun. Die in den Lagergebieten lebenden Stammvölker wurden durch die Lager vielfach in ihren alten Bindungen an die Heimat gestört und anfälliger für die Sowjetisierung. Zudem waren Erschließungs-, Siedlungs- und Urbanisierungs-

---

und zwar nicht einfach beliebige, ... sondern gerade die, die sich durch geistige und ethische Qualitäten abheben." (In: Henning Ritter. Rußland kehrt zurück. Die Versuchung. In: FAZ v. 29. Dezember 1993, Seite N 5). Ähnlich Leonhard, Fahrt, S. 73: „Am meisten gefährdet waren die Menschen, die aus der breiten Masse hervorragten. Sitzt nicht jeder selbständig denkende Kopf auf den Schultern eines präsumtiven Gegners?".

[6] Ein oftgenannter bitterer Witz teilt die Sowjetbevölkerung in drei Gruppen: „Die, die im Gefängnis waren, die, die im Gefängnis sind, und die, die ins Gefängnis kommen.".

[7] Rossi nennt den GULag aus diesem Grund ein „gigantic laboratory to study and test sociopolitical methods" (In: Ders., GULAG Handbook, Vorwort). Arendt spricht von „Laboratorien der Konzentrationslager", in denen „Experimente" mit dem Ziel, die Insassen und die Gesellschaft zu ändern, betrieben würden (Dies., Elemente, S. 676-677, 699). Baberowski, Wandel, S. 111, bezeichnet neben dem Aufbau schwerindustrieller Zentren die „Kreation ... des sozialistischen Menschen"als eines der beiden wichtigsten Ziele von Massenverhaftungen und Massendeportationen.

[8] Vgl. als einzige: Barton, L'institution, S. 42, 76-77, und, bezogen auf die Minderheiten, der Zeuge Romanenko in: Sklavenarbeit, S. 73.

politik unter Einsatz des GULag grundsätzlich mit Sowjetisierung und Kolonisierung verbunden. Mit Hilfe von Lagern und Verbanntensiedlungen entstanden Industriezentren in bislang nicht industrialisierten Gebieten. Nachdem die Grundlage für diese neuen Zentren und Städte gelegt war, kamen freie Fachleute und Arbeiter, oft russischer Herkunft, in diese Regionen. Zu ihnen stießen die nach ihrer Entlassung in den Lagergebieten Zwangsangesiedelten, von denen ebenfalls viele Russen waren. Die ethnische Zusammensetzung der Gebiete änderte sich, alte Bindungen wurden durch sowjetrussische Normen ersetzt[9].

12.2 Der GULag: Faktor im sowjetischen Wirtschaftssystem

Der GULag war einerseits Herrschafts- und Terrorinstrument, andererseits ein bedeutender Faktor des Wirtschaftssystems. Mit der erstmals auf Gewinnarbeit abzielenden Verordnung von 1928, den Entscheidungen des Jahres 1929, dem Statut über Besserungsarbeitslager 1930 und der Gründung der GULag der OGPU 1930 erfolgte der entscheidende Umschwung in dem seit dem Oktoberumsturz bestehenden sowjetischen Lagersystem. Der Strafvollzug wurde den Industrialisierungsbestrebungen unterworfen und das von der GULag geleitete Zwangsarbeitslagerimperium als integraler Bestandteil der Sowjetwirtschaft fest in die gesamtwirtschaftliche Produktionsplanung eingebunden[10]. In den dreißiger Jahren stieg die Bedeutung der wirtschaftlichen Funktion innerhalb des Gesamtsystems GULag immer mehr an. Der Höhepunkt dieser Entwicklung ist für die Kriegsjahre festzumachen, als ökonomische Fragen gegenüber der Funktion des Lagersystems als Strafvollzugs- und Terrorinstrument eindeutig Priorität genossen[11], ohne daß jedoch der Charakter des GULag als Wirtschaftssystem den des Zwangs- und Isolationsmittels je verdrängt hätte.

Betrachtet man die Gesamtzeit des Bestehens des Lagersystems, so waren der Terror im allgemeinen und der GULag als besonderes Terrorinstrument im be-

---

[9] In diesem Zusammenhang ist darauf hinzuweisen, daß in gleicher Weise die Deportationen gesamter sozialer Gruppen und Völker im Laufe der Stalinzeit zur Entnationalisierung und Sowjetisierung sowohl unter den Deportierten als auch unter der Bevölkerung in den Neuansiedlungsgebieten beitrugen. Im Falle eines hohen Anteils von Russen oder Ostslawen sind hier auch Russifizierung oder zumindest Slawisierung zu nennen. Als Beispiel ist hier Kasachstan zu nennen. Dessen ethnische Zusammensetzung änderte sich in den dreißiger und vierziger Jahren wegen der Zwangsansiedlungen von Rußlanddeutschen, Kaukasiern, Koreanern, Polen und Angehörigen anderer Völker sowie der Errichtung vieler Lager grundlegend (Vgl. beispielsweise den Artikel „Kasachstan“ in: Wostok, 3/1993, S. 20-49. Hier S. 23).

[10] So: Conquest, Anfang, S. 432, 589. Wolin/Slusser, Secret police, S. 19. Lewytzkyj, Inquisition, S. 75. Melville/Steffens, Bevölkerung, S. 1100-1101.

[11] So besonders Bacon, Gulag. Hier: S. 124 und 155. Wenn Sacharow schreibt, daß erst die Nachkriegslager eine vorwiegend wirtschaftliche Funktion, einen „ökonomische[n] sklavenhalterische[n] Zweck“ gehabt hätten, und dies damit begründet, daß nach dem Krieg die Todesrate in den Lagern gesunken sei (Ders., Leben, S. 56), so ist ihm entgegenzuhalten, daß die ökonomische Funktion auch schon während der dreißiger Jahre vorlag, jedoch der zu dieser Zeit unbegrenzte Personalnachschub eine bessere Versorgung der Häftlinge und damit eine niedrigere Todesrate nicht erforderlich machte. Zuzustimmen ist ihm jedoch in der Hinsicht, daß „Vernichtung durch Arbeit“ in den Vorkriegsjahren massiver praktiziert wurde als in den Jahren ab 1948.

sonderen an sich wirtschaftsschädigend. Die wirtschaftliche Funktion des GULag war jedoch wirtschaftsfördernd, da die Zwangsarbeit in den Lagern bestimmten Wirtschaftssparten und Problemregionen Entlastung bot und so den durch den Terror entstandenen Schaden reduzierte[12].

12.2.1 Der arbeitskräftepolitische Vorzug: Die Lagerinsassen als preiswerte und stets verfügbare strategische Arbeitskräftereserve

Die Lagerinsassen waren für die Sowjetunion in erster Linie Zwangsarbeitskräfte. Dies gilt unabhängig von der Diskussion um Motivation und Zielsetzung der Massenverhaftungen und von dem Streit um die wirtschaftliche Bedeutung des GULag.

Läßt man die Lagerzwangsarbeit der Zeit vor 1928 beiseite, so sind für die Zeit des stalinistischen GULag zwei Phasen zu unterscheiden. Von 1928 bis Anfang der dreißiger Jahre herrschte in der Sowjetunion ein Arbeitskräfteüberhang, der sich vorwiegend aus Landbewohnern zusammensetzte. Der GULag diente als Strafvollzugssystem und als eines der Steuerungsinstrumente, um die nach „Dekulakisierung“ und Kollektivierung entwurzelten überschüssigen ländlichen Arbeitskräfte in die Regionen zu versetzen, in denen sie gebraucht wurden.

Nach Eintritt des Arbeitskräftemangels ab 1930 war es ab Mitte der dreißiger Jahre, SWIANIEWICZ benennt die Terrorwelle 1937/38 als Scheitelpunkt und Trennlinie, die wichtigste Aufgabe des GULag, eine große Anzahl von Lagerinsassen als Arbeitskraftreserve dem NKWD und Staatsunternehmen zur Verfügung zu stellen[13]. Die Lagerinsassen trugen als stets verfügbare strategische Personalreserve in erheblichem Ausmaße dazu bei, den Arbeitskräftemangel in den Bereichen Bauwirtschaft, Holzwirtschaft, Bergbau und Rüstungsindustrie zu reduzieren. Die Nettoarbeitsleistung der Lagerinsassen war kostengünstiger. Der Verpflegungs- und Versorgungsaufwand bewegte sich auf unterstem Niveau, Sozialleistungen für Lagerinsassen gab es nicht, Löhne wurden nicht oder nur in minimaler Höhe gezahlt, Arbeitsabwesenheit und andere Disziplinprobleme gab es infolge des strengen Lagerregimes kaum[14].

Dadurch bewegten sich die Investitionskosten des Staates für unfreie Lagerzwangsarbeit auf einem erheblich niedrigeren Niveau als bei freier vollbezahlter

---

12 Prägnant dazu Armanski, Maschinen, S. 154: „Die Auspowerung der Häftlinge erwies sich jedenfalls als kostengünstiger als ihre bloße Gefangenenhaltung.“

13 Die International League spricht von Zwangsarbeitslagern als „human warehouses for the accumulation, processing and distribution of the manpower“ (Carlton, Forced labor, S. 20). Buber-Neumann, Gefangene, S. 121, nennt den GULag eine „gigantische Umschlagstelle für rechtloses Menschenmaterial“. In Sowjetunion (1979), S. 26, nennt Adolf Karger die „wirtschaftliche Funktion der Lagerbevölkerung .. die einer Reservearmee“. Zum folgenden: Swianiewicz, Forced labour, S. 133-134, 171-173, 206-207. Hofmann, Arbeitsverfassung, S. 137-140, 269-271. Wolin/Slusser, Secret police, S. 146. Carmichael, Säuberung, S. 219. Lewytzkyj, Inquisition, S. 226. Solschenizyn, Archipel GULag II, S. 134. Dallin, Sowjetrußland, S. 207. Zeuge Romanenko in: Slavenarbeit, S. 71. Depretto, Construction workers, S. 196.

14 Dallin/Nicolaevsky, Arbeiter, S. 45-46. Solschenizyn, Archipel GULag II, S. 134, 560-561.

und sozial abgesicherter Arbeit. Gerade in Arbeitssparten, in denen Zwangsarbeiter vornehmlich eingesetzt wurden, wie Kohlebergbau und Metallurgie, wurden freien Arbeitern besonders hohe Entgelte gezahlt. Für die Arbeit in der Schwerindustrie (Kohle, Erzgewinnung, Metallverarbeitung, schwere Chemie), bei Eisenbahnen und Wasserwegen wurden für die dort beschäftigten freien Arbeiter Sonderklassen mit besseren Leistungen in den Krankenkassen gebildet. Auch im Bereich der allgemeinen Sozialversicherung wurden diese Bereiche bevorzugt. All diese Kosten konnten beim Einsatz der Lagerzwangsarbeiter eingespart werden[15]. Der Masseneinsatz von Handarbeit ersparte einerseits den Kauf teurer ausländischer Maschinen und schonte den Devisenbestand des Landes, sorgte aber andererseits gerade in der Exportbranche Holzwirtschaft dafür, daß Devisen ins Land kamen[16].

Von Bedeutung waren die schnelle Verfügbarkeit und hohe Mobilität der Lagerzwangsarbeiter. Projekte von örtlicher und zeitlicher Prioriät konnten so bevorzugt mit Arbeitskräften versorgt werden, ohne daß erst langwierige Werbekampagnen oder Personalgespräche geführt werden mußten. Dies betraf in erster Linie die Großprojekte. Besonders wichtig wurde die Funktion der Zwangsarbeitslager als Arbeitskraftreservoir für die neuerschlossenen Industriegebiete des Nordens und Ostens in der Endphase des Krieges und während der Nachkriegsjahre. Nach der großen Ostverlagerung der Sowjetwirtschaft, insbesondere zu Kriegsbeginn, setzte ab 1943 eine Rückwanderung vieler freier Arbeitskräfte ein, die weit über das staatlich geplante Maß hinausging. Die neuen Industriezentren östlich des Ural blieben daher neben örtlichen Arbeitskräften und weiterhin überführten Arbeitern auf die Kriegsgefangenen, Zwangsumgesiedelten und Lagerhäftlinge als Arbeitskraftquellen angewiesen[17]. Angesichts dieser Einsätze in Schlüsselbereichen der Entwicklungspläne ist der International League zuzustimmen, wenn sie in ihrem Bericht die Zwangsarbeitslagerinsassen als „shock troops (Stoßbrigaden) of the Five Year Plans" bezeichnet[18].

[15] Schwarz, Arbeiterklasse, S. 328-329. Dallin, Economics, S. 10-12. Industrieschlüssel bei: Hofmann, Arbeitsverfassung, S. 147. Durchschnittslöhne bei: Swianiewicz, Forced labour, S. 202-203.

[16] Dallin/Nicolaevsky, Forced labor, S. 89-90. Dallin, Economics, S. 12. Lorenz, Sowjetunion, S. 350-351.

[17] Melville/Steffens, Bevölkerung, S. 1098-1099.

[18] Zitat: Carlton, Forced labor, S. 20. Auch Armanski, Maschinen, S. 142, bezeichnet die Lager als „Stoßarmeen". Silde, Profits, S. 280, sieht in ihnen „one of the mainstays of the Soviet economic system". Siehe auch: Wolin/Slusser, Secret police, S. 146. Lorenz, Sowjetunion, S. 350-351. Lewytzkyj, Inquisition, S. 226. Rossi irrt jedoch, wenn er in seinem Vorwort behauptet, daß in den Zeiten vor Stalins Tod der GULag „for all Soviet timber felling, goldmining, highway and railway construction, as well as the bulk of all major construction projects" zuständig gewesen sei (In: Ders., GULAG Handbook). Das Lagersystem war sicherlich in großem Maße an diesen Tätigkeiten beteiligt. Wie gezeigt, arbeiteten viele Branchenministerien mit GULag-Leiharbeitern. Es darf jedoch nicht vergessen werden, daß daneben auch freie Arbeitskräfte bei solchen Arbeiten und Projekten eingesetzt waren.

12.2.2 Zwangsarbeitslager als Mittel der Bevölkerungs- und Siedlungspolitik

Die Siedlungs- und Urbanisierungspolitik der Sowjetunion wäre nicht denkbar gewesen ohne den massiven Einsatz des GULag[19]. Auch die Forscher, die einen allgemeinen wirtschaftlichen Nutzen der Lagerzwangsarbeit ablehnen, halten die Arbeit der Häftlinge in entlegenen Gebieten für wichtig[20]. Erstaunlicherweise wird dies in vielen Darstellungen über die Erschließung des russischen Nordens und Fernen Ostens gar nicht oder nicht angemessen beachtet[21].

12.2.2.1 Lagerinsassen als Arbeitskräfte und Kolonisatoren in unerschlossenen Gebieten

Eines der wesentlichsten Probleme der Sowjetunion und Rußlands war und ist die wirtschaftlich ungünstige Bevölkerungsverteilung. Zentren mit Populationsdichte existierten nur im westlichen europäischen Raum der Sowjetunion, in Transkaukasien und Zentralasien. Völlig unterbevölkert waren die nördlichen europäischen russischen Gebiete und Kasachstan[22]. Bis heute sprechen die Wirtschaftsgeographen von einer „Grenze des Nordens“[23]. Im Norden Rußlands herrschen meist sehr rauhe Natur- und Klimaverhältnisse mit niedrigen Temperaturen, kurzen Vegetationszeiten, Dauerfrostböden, Versumpfung und Insektenschwärmen. Die Ausbeutung der gerade dort sehr reichen Boden- und Naturschätze wurde so immens erschwert, die Erschließungs-, Bau- und Transportkosten waren weit höher als in den zentralsowjetischen und zentralrussi-

[19] Vgl. zum folgenden Hofmann, Arbeitsverfassung, S. 139-140, 143, 270. Melville/Steffens, Bevölkerung, S. 1103. Andreevich, Structure, S. 146, 149. Dallin, Economics, S. 12-13. Lewytzkyj, Inquisition, S. 226. Buber-Neumann, Gefangene, S. 121. Rapport, S. 97. Zeuge Romanenko in Sklavenarbeit, S. 71. Depretto, Construction workers, S. 196. Barton, L'institution, S. 69, nennt unter Verweis auf den Siedlungsforscher Kolarz die Kolonisation durch Sträflinge und Zwangsarbeiter die wichtigste von vier Kolonisationsmethoden in der Sowjetunion. Lorimer, Population, S. 121, 172-173, erwähnt den Einsatz politischer Gefangener, wertet ihn jedoch in seinem Werk nicht (Ders., Population, S. 172-173).

[20] Schramm, Industrialisierung, S. 824-825, schätzt diesen Aspekt bedeutender ein als den der geringen Kosten. Jasny, Labor, S. 418, sieht in diesem Einsatz den einzigen wirtschaftlichen Nutzen der Lagerzwangsarbeit und gesteht zu, daß ohne diese viele Großprojekte nicht hätten verwirklicht werden können. Nove, History, S. 198-199, bezeichnet Lagerinsassen und Deportierte wegen ihrer Kolonisatorentätigkeit als „significant factors in the economic life of the country“. Lorenz, Sowjetunion, S. 350-351.

[21] Ein Beispiel dafür bietet Wein, Sowjetunion. In der sehr informativen wirtschaftsgeographischen Arbeit berichtet der Autor im Kapitel „Die Besiedlung der Ostgebiete“ ausführlich über die Besiedlung Sibiriens durch das zaristische Verbannungssystem, die Bauernkolonisation und staatliche Arbeitskräfteanwerbung seit den späten fünfziger Jahren. Die GULag-Epoche von Ende der zwanziger bis Anfang der fünfziger Jahre überspringt er kommentarlos (Ebd., S. 22-26). Er nennt zwar Arbeitslager (Ebd., S. 22, 34), spricht ihnen aber keine Relevanz für Besiedlung und Urbanisierung zu. Die Begriffe DALSTROI oder GULag tauchen bei ihm an keiner Stelle auf.

[22] Lorimer, Population, S. 66, 77, und seine Auflistung S. 78.

[23] Wein, Sowjetunion, S. 11.

schen Gebieten[24]. Freiwillige für die Gewinnung der Rohstoffe und die industrielle Kolonisation dieser unerschlossenen Gebiete fanden sich nicht genug. Der Staat hätte in diesen Regionen, in denen Zwangsarbeiter einen großen Teil der Arbeitskräfte stellten, den dorthin geworbenen freien Arbeitern besonders hohe Löhne zahlen müssen[25]. Trotz Prämien und höherer Entgelte ließen sich die freien Arbeitskräfte jedoch nicht in ausreichender Zahl in die unwegsamen Gebiete locken.

So blieb als einzige Art von Arbeit, über die der Staat uneingeschränkt verfügen konnte, die Zwangsarbeit der Lagerinsassen und Deportierten[26]. Schon seit Anfang der dreißiger Jahre hatte die GULag der OGPU Erfahrungen mit Zwangskolonisation bei der Leitung der Kulakenzwangsansiedlung gewonnen[27]. Nachdem 1933 das für Siedlungspolitik zuständige Volkskommissariat für Arbeit aufgelöst worden war, wurden 1936 die gesamten Aufgaben der inneren Kolonisation auf das NKWD übertragen. Die in die Arbeitslager verschickten Häftlinge erfüllten neben ihrer Funktion als Zwangsarbeiter somit auch die von Kolonisatoren. Die Sowjetunion übernahm damit für den Hohen Norden und Fernen Osten Rußlands eine Praxis, die bereits im 19. Jahrhundert von den zaristischen Behörden zur Erschließung Sibiriens angewendet worden war und in Rußland Tradition hatte[28]. Es besteht jedoch nicht nur ein quantita-

[24] Bis heute hat sich diese zwiespältige Situation nicht geändert. Um einen Eindruck von der Bedeutung der Rohstoffe, aber auch den Kosten für ihre Ausbeutung zu geben, sei auf einige aktuelle Zahlen verwiesen: Im russischen Norden werden gegenwärtig 75 Prozent des Erdöls, 92 Prozent des Erdgases und 15 Prozent der Kohle gefördert. Die Hälfte des russischen Nutzholzes wird in dieser Gegend geschlagen. Nach Ansicht des zuständigen Ministers sind die Ressourcen der Region die wichtigsten Devisenquellen für die Russische Föderation. Mehr als fünfzig Prozent der russischen Exportwaren stammten von dort (Vgl. den Artikel „Völker in der Russischen Föderation. Der Norden ist die wichtigste Quelle für Devisen". In: Wostok, 4/1993, S. 28-30. Hier S. 28). Gleichzeitig aber ist der Abbau dieser Produkte mit hohen Kosten verbunden. Im Gebiet Tjumen liegen die Wirtschaftskosten erheblich über den russischen Durchschnittskosten: Die Einrichtungskosten je Arbeitskraft übersteigen die des Wolgagebietes um das Doppelte, die Baukosten liegen um das Zwei- bis Fünffache über dem Durchschnitt, und die Transportkosten betragen 40-60 Prozent gegenüber zehn bis zwölf Prozent in Mittelrußland (Dazu: Russische Föderation. Das Gebiet Tjumen. In: Wostok, 2/1993, S. 49-55. Hier S. 51). Bedenkt man, daß die Grundlagen für die Ausbeutung der Rohstoffe in der Stalinzeit gelegt wurden, so ist davon auszugehen, daß die Verhältnisse in diesen Pionierzeiten noch schlechter und die Kosten relativ gesehen noch höher waren. Damals wurden im Raum Tjumen vorwiegend Lagerhäftlinge und Deportierte als Arbeitskräfte eingesetzt (Ebd., S. 50. Siehe auch Kap. 11.3). Der Grund lag eindeutig darin, die ohnehin hohen Kosten zu senken und mit Hilfe der Gefangenen zunächst einmal die infrastrukturellen Grundlagen für eine spätere Ausbeutung zu schaffen.

[25] Regionenschlüssel bei: Hofmann, Arbeitsverfassung, S. 149. Vgl. Conquest, Anfang, S. 435. Swianiewicz, Forced labour, S. 202-203. Jasny, Labor, S. 418, sagt, daß die Sowjetunternehmen den freien Bergarbeitern im Petschora-Kohlebecken 80 % mehr Lohn gezahlt hätten als denen des Donbas.

[26] Raupach, Grundlagen, S. 10, betont, daß es bereits zu zaristischen Zeiten Zusammenhänge zwischen dem Erschließungsvorgang und Eigenarten der Arbeitsverfassung gegeben habe. Die menschenleeren und unwirtlichen Gebiete Rußlands seien schon immer vorwiegend durch unfreie Arbeitskräfte erschlossen worden.

[27] Vgl. Plotnikow, Likwidirowali, S.162-163, über die führende Rolle der GULag der OGPU bei der Kulakenansiedlung im Ural.

[28] Vgl. Rossi, GULAG Handbook, S. 165-166.

tiver, sondern auch ein qualitativer Unterschied, ob dabei einige zehn- oder hunderttausend oder mehrere Millionen Gefangene eingesetzt wurden.

Die besondere Verbindung von Lagerzwangsarbeit und Zwangssiedlung begann bereits zu Anfang der Planära. HOFMANN berichtet von einer Konferenz höherer Funktionäre der „Straflagerverwaltung" im Oktober 1929, die den besonderen arbeitskräftepolitischen Vorzug der Lagerzwangsarbeit betont hätten. Der Fünfjahresplan beinhalte Aufgaben, für die eine große Zahl ungelernter Arbeiter benötigt werde. „Hafteinrichtungen" mit einem Überschuß an Arbeitskräften könnten daher Wirtschaftsunternehmen in Regionen mit Arbeitskräftemangel aushelfen[29]. Die Gebiete sollten nicht nur industrialisiert, sondern auch kultiviert werden. Man hoffte, dadurch freie Arbeiter leichter motivieren können, in diese Regionen umzuziehen. HOFMANN faßt diesen Einsatz der Häftlinge zur Industrialisierung und Kultivierung der neuen Gebiete als „ökonomische Funktion der Zwangsarbeit" zusammen[30]. Die Lagerzwangsarbeit wurde zum härtesten Mittel der Zwangsansiedlung und neben der Verbannung in verschiedene Arten von Zwangssiedlungen sowie dem Erlaß vom Oktober 1940 über die Zwangsversetzung das wichtigste Instrument, um die Kolonisation des Hohen Nordens und anderer rohstoffreicher Gebiete voranzutreiben[31]. Besonders augenscheinlich wird dies, wenn man einen Blick auf die Erschließungsprojekte Anfang der achtziger Jahre im russischen Norden wirft. Für die Mehrzahl dieser Großprojekte (Kola, Petschora-Workuta-Gebiet, BAM-Zone, Norilsk, Bratsk) wurde der Grundstock durch den Großeinsatz von Häftlingen in der Stalinzeit gelegt[32]. Es waren somit GULag-Zwangsarbeitskräfte, die erst die Grundlage dafür schufen, daß seit der Nachkriegszeit in diesen Erschließungsgebieten Industrieansiedlung möglich wurde[33]. Inwieweit

[29] Hofmann, Arbeitsverfassung, S. 270-271, Anmk. 44, allerdings ohne Quellenangabe. Wahrscheinlich bezieht er sich auf die auch von Dallin/Nicolaevsky genannte Oktober-Konferenz (Vgl. Kap. 4.1.1).

[30] Hofmann, Arbeitsverfassung, S. 160. Er verweist (S. 269) auf eine Äußerung H. Raupachs (aus: „Über den Ausgangspunkt einer kritischen Wertung der Sowjetgesellschaft". In: Schmollers Jahrbuch 71. Jg. [1951], S. 577 f.): „Niemals hätte in Rußland ein freier Lohn geboten werden können, um Arbeitskräfte in subarktische oder in Wüstenzonen anzulocken ... Die Zwangsarbeitslager ... sind die Grenzproduzenten .. eines unter ungünstigen Bedingungen produzierenden zentralverwalteten Industriestaats".

[31] Armanski nennt unter Verweis auf Hildebrand ein Zitat Stalins aus der Mitte der dreißiger Jahre, worin die Motivation der Sowjetführung deutlich wird: „Besserungsarbeitslager werden wir mit minimalem Kostenaufwand in entlegenen Gebieten errichten, da, wo voraussichtlich Industriebetriebe entstehen werden, im fernen Osten, Kasachstan, Karelien oder Sibirien, auch die Gebiete im hohen Norden müssen besiedelt werden ... Laßt die Gefangenen die schwersten Gruben- und Bergwerksarbeiten verrichten, setzt sie beim Straßenbau ein." (Armanski, Maschinen, S. 157).

[32] In Rußland nennt Wein sieben Erschließungsprojekte: Erzförderung auf der Halbinsel Kola, Kohleförderung im Petschora-Workuta-Gebiet, Erdöl- und Erdgasförderung in Westsibirien, Buntmetall-Förderung in Norilsk, den „Territorialen Produktionskomplex" Bratsk/Ust-Ilimsk, die BAM-Zone und den „Territorialen Produktionskomplex Südjakutien" (Siehe dazu die Karte in: Wein, Sowjetunion, S. 178).

[33] Dies ist gegenüber Merl zu betonen. Dieser fragt, ob der Aufschwung der Rohstoffförderung und der industriellen Produktion in den nördlichen und östlichen Regionen seit den fünfziger Jahren nicht darauf zurückzuführen sei, daß „weitgehend" auf Zwangsarbeit verzichtet worden sei (Ders., System, S. 297). Er läßt dabei außer acht, daß die Zwangsarbeit die Entwicklung dieser Gebiete nicht hemmte, sondern vielmehr die Zwangsarbeit in Form von Zwangskolonialisierung und Zwangsurbanisierung erst die Grundlage des in den fünfziger Jahren beginnenden Aufschwungs in diesen Gebieten gelegt hatte.

dies auch für die Anfangsphase der „Neulandaktion" in Nordkasachstan und Südsibirien, die ab 1954 nach offiziellen Angaben durch Komsomol-Jugendliche durchgeführt wurde, zutrifft, muß noch untersucht werden[34]. Da der GULag der Stalinzeit zu diesem Zeitpunkt bereits im Niedergang begriffen war, ist dies eher unwahrscheinlich.

12.2.2.2 Der Anteil des GULag an Urbanisierung und Städtebau

Zur Kolonisation gehört neben infrastruktureller Erschließung an erster Stelle die Anlage von städtischen Siedlungen. Zu diesem Urbanisierungsprozeß in bislang unbesiedelten Gebieten trugen die Zwangsarbeitslager erheblich bei. Daß diesem Prozeß wirtschaftliche Bedeutung zukommt, steht außer Zweifel.

Besondere Bedeutung gewann dies im Hohen Norden des europäischen Rußlands, im nördlichen Teil Sibiriens und im Fernen Osten Rußlands. Dort lebten vor Ankunft der Lagerzwangsarbeiter fast ausschließlich nomadisierende Naturstämme. In der Forschung herrschen unterschiedliche Meinungen darüber, ob in der Volkszählung von 1939 viele Zwangsarbeitslager als „Städte" mit Einwohnerzahlen von 3-5000 gezählt wurden oder nicht. Fest steht jedoch, daß das höchste Anwachsen von städtischen Siedlungen und Städten nicht in den alten Industriegebieten Rußlands, sondern im Hohen Norden und im Fernen Osten festzustellen ist. Hier aber lagen die großen Zwangsarbeitslagerkomplexe[35]. Vergleicht man die obige Liste der unterbesiedelten Gebiete mit der Liste großer Lagerverbundsysteme, so ergeben sich fast überall Überschneidungen[36].

---

[34] Wein, Sowjetunion, S. 123-131, nennt „Kriegsveteranen" und „vom Mythos des Vaterländischen Krieges beseelte Jugend". Erneut gewinnt man den Eindruck, daß Wein sich zu stark an der sowjetischen Terminologie und Propaganda orientiert. Wie in dieser Arbeit mehrfach gezeigt, waren die Arbeitskräfte, die an einem „Komsomol-Einsatz" beteiligt waren, manchmal nicht oder zumindest nicht nur Jung-Kommunisten, sondern auch Verbannte und Lagerinsassen.

[35] Während 1926 bis 1939 die städtische Bevölkerung in der Sowjetunion insgesamt um 100 % zunahm, lagen die Steigerungsraten in den Gebieten mit hoher Lagerdichte am höchsten: Karelien/Murmansk 558 %, Nordöstliche Gebiete (Wologda, Archangelsk, Komi ASSR, Nationalkreis der Nenzen) 335 %, Ostsibirien 384 % und Ferner Osten 329 %. Hervorstechendstes Beispiel war Magadan, die Hauptstadt von DALSTROI, wo laut Einwohnerstatistik die Bevölkerungszahl um das 8,4fache zunahm. In all diesen Gebieten ist von einer hohen Konzentration an Zwangsarbeitslagern auszugehen (Dallin/Nicolaevsky, Arbeiter, S. 8-10. Swianiewicz, Forced labour, S. 124. Ahlberg, Vergangenheitsbewältigung, S. 929). Wheatcroft, Size, S. 284, stimmt zu, daß in Regionen mit hoher Lagerdichte das Anwachsen der Städte besonders augenfällig war, lehnt jedoch die von Dallin/Nicolaevsky vorgelegte und von Rosefielde, Assessment, S. 68, übernommene Vermutung ab, daß viele Lagerpunkte als städtische Siedlungen von 3-5000 Einwohnern gezählt worden seien. Lorimer, Population, S. 145-157, beschreibt zwar den Verstädterungsprozeß detailliert und nennt als Beispiele den Hohen Norden und den Raum Kolyma-Magadan, erwähnt aber nicht die ausschlaggebende Rolle der GULag-Häftlinge gerade in diesen Gebieten. Ähnlich Wein, Sowjetunion: Er schildert das außerordentliche Wachstum der südsibirischen Städte, von denen er Magnitogorsk und Bratsk, an deren Aufbau Lagerzwangsarbeiter an führender Stelle mitwirkten, nennt, ohne die Rolle des GULag zu erwähnen (Ebd., S. 26-27).

[36] Besonders augenfällig ist dies in folgenden Regionen: Murmansk, Archangelsk, Komi (Weißmeer-Ostsee-Kanal-Bauten, Uchta-Petschora-Workuta-Lagergebiet), Ostsibirien (Lagergebiet Norilsk), Jakutien und Ferner Osten (DALSTROI), Kasachstan (Lagergebiet Karaganda).

Die Bevölkerung vieler neuerrichteter Städte und Industriezentren bestand fast ausschließlich aus Lagerinsassen, ehemaligen Lagerinsassen, Deportierten, NKWD- und GULag-Personal und freien Ingenieuren und Technikern. Bis heute sind die großen Städte im äußersten Norden der ehemaligen Sowjetunion identisch mit damaligen Lagerzentren (Murmansk, Archangelsk) oder sogar in ihrer heutigen Form von Häftlingen erbaut worden (Workuta[37], Uchta[38], Norilsk[39], Magadan[40]).

Lagerzwangsarbeiter gründeten jedoch nicht nur im äußersten russischen Norden und Fernen Osten, sondern auch in den anderen Entwicklungsregionen der Sowjetunion Städte oder waren an deren Errichtung maßgeblich beteiligt. Zu nennen sind hier Karaganda, Balchasch und Dsheskasgan in Kasachstan[41], Magnitogorsk im südlichen Ural (1929-1932)[42], Komsomolsk am Amur (ab

[37] Mehrere Darstellungen bestätigen dies: „Workuta wurde mit Hilfe von Gefangenen aufgebaut" (dtv-Lexikon, Bd. 20, S. 193). Barton, L'institution, S. 368-369, nennt für Workuta folgende Bevölkerungszahlen: 1950: 70 % Häftlinge, 10 % Zwangsangesiedelte, 5 % freie Techniker, 15 % Funktionäre und Soldaten; 1953: 44 % Häftlinge, 51 % Zwangsangesiedelte, 5 % Funktionäre und Soldaten.

[38] Uchta wurde Mitte der zwanziger Jahre durch Häftlinge unter dem Namen Tschibju erbaut und 1937 in Uchta umbenannt (Rossi, GULAG Handbook, S. 494). Es war Verwaltungszentrum eines Lagergebiets im Lagerverbundsystem Kotlas-Uchta-Petschora-Workuta (Vgl. Kap. 7.7.2).

[39] Gründung Norilsk: Wein, Sowjetunion, S. 290, nennt 1935 als Gründungsdatum und spricht hier zum ersten und einzigen Mal vom Einsatz von Zwangsarbeitern. Vgl. Barton, L'institution, S. 71-72, und seine Bevölkerungszahlen für Norilsk (1953: von 345.000 Einwohnern 45.000 Häftlinge (13 %) und 225.000 frühere Häftlinge (65 %), 18 % Einwanderer, 4 % Funktionäre und Soldaten). Albaz schildert die Aussage eines ehemaligen Strafgefangenen, der angibt, daß er mit anderen Lagerinsassen im August 1939 an dem Ort ankam, an dem heute Norilsk steht. Damals sei dort nur „kahle, öde Tundra" gewesen. Die Gefangenen seien von „dem zentralen Gefängnis auf den Solowki-Inseln mit dem Dampfer „Budjonny" nach Dudinka und dann mit der Eisenbahn (in Güterwagen, in denen Tausende starben) [nach Norilsk] gebracht worden" und dort zum Bau der Stadt eingesetzt worden (Dies., Geheimimperium, S. 141-142). Depretto, Conctruction workers, S. 196, sieht ebenfalls in den Häftlingen die Erbauer der Stadt Norilsk. Angaben Sildes und Shifrins lassen vermuten, daß auch Dudinka, Igarka und Chatanga in der Region um Norilsk von Häftlingen erbaut wurden (Silde, Profits, S. 95. Shifrin, Reiseführer, S. 193).

[40] Zu Magadan siehe Kap. 7.7.1.

[41] Nach Nove, History[1], S. 198-199, ist nur ein geringer Teil der Einwohnerschaft freiwillig nach Karaganda gezogen. Zu Dsheskasgan: Antonow-Owsejenko, Weg, S., 136. Zu Balchasch: Kravtschik, Dornenwege, S. 112.

[42] Die Hüttenstadt Magnitogorsk war Brückenkopf für die weitere Erschließung Sibiriens und hat bis heute zentrale Bedeutung für die sowjetische Schwarzmetallurgie (Eisen und Stahl) (Wein, Sowjetunion, S. 167, 175). Nach der offiziellen Propaganda wurden Magnitogorsk, aber auch Komsomolsk am Amur von Komsomol-Mitgliedern erbaut. Viele Darstellungen nennen daher für Magnitogorsk Komsomol-Angehörige als Erbauer. Nach Rossi erbauten hingegen Strafgefangene Magnitogorsk (Ders., GULAG Handbook, S. 91). Dabei seien 22.000 Gefangene gestorben (Ebd., S. 209). Die Jungkommunisten seien nicht als Arbeiter, sondern als Aufsichtspersonal eingesetzt worden (Ebd., S. 172). Vergleiche auch Scholmer, Arzt, S. 72, für Workuta. Auch dort seien offiziell Komsomolzen eingesetzt gewesen, tatsächlich seien die Arbeiten aber von Lagerhäftlingen ausgeführt worden. Scott berichtet in seinen Erinnerungen, daß 1933 über 50.000 Arbeiter in Magnitogorsk unter unmittelbarer Überwachung der „GPU" gestanden und in Besserungsarbeitskolonien gelebt hätten (Scott, Ural, S. 103-104. Auch in: Altrichter/Haumann, Sowjetunion II, Dok. 176, S.427). 1938 lebten nach Scotts Angaben noch 2000 ITK-Insassen in Magnitogorsk (Scott, Ural, S. 282. Auch in: Altrichter/Haumann, Sowjetunion II, Dok. 176, S. 427). Auch nach Angaben der Leiterin des Werksmuseums des Industriekombinats in Magnitogorsk waren es nicht „freiwillige Komsomolzen", die zum Bau des Industriekombinats „aus der ganzen Sowjetunion herbeigeströmt" seien, sondern vielmehr „Zwangsarbeiter", von denen allein 1930 30.000 in Magnitogorsk eingesetzt gewesen seien (In: Horst Bacia. Ganz ohne Mythen geht es auch heute noch nicht. Die sozialistische „Musterstadt" Magnitogorsk. In: FAZ v. 30. März 1994).

1932)[43], Wolshski (ab 1951) bei Stalingrad[44] und möglicherweise Bratsk[45]. Bei einer Reihe weiterer Stadt-Neugründungen der dreißiger bis fünfziger Jahre, so Angarsk und Igarka, muß unter dem Gesichtspunkt der Beteiligung des GULag die Entstehungsgeschichte noch überprüft werden. Gleiches gilt für den Ausbau bereits bestehender Städte[46].

12.2.3 Zwangsarbeitslager als inflationshemmender Faktor

Neben den arbeitskräfte- und bevölkerungspolitischen Funktionen erfüllte der GULag einen weiteren oft übersehenen Zweck. Durch die Vernichtung des Mittelbauerntums und die Zwangskollektivierung hatte sich der Viehbestand drastisch verringert. Es herrschte starker Mangel an Fleisch, Fett und Milchprodukten. Da die Millionen Lagerinsassen in der Regel von diesen Mangelprodukten gar nichts, wenn überhaupt, dann auf das Jahr verteilt nur Minimalportionen erhielten, erhöhte sich das Angebot und erleichterte die Situation für die freie Bevölkerung. Gleiches galt für die Versorgung mit Brot. Die Lagerbevölkerung spielte so gleichsam die Rolle eines inflationshemmenden Faktors. Je mehr Lagerinsassen es gab, desto leichter war es für die staatliche Planung, den unzureichenden Bestand an Konsumgütern und Nahrungsmitteln unter der freien Bevölkerung aufzuteilen. Die Zwangsarbeitslager erhöhten das Angebot für die Freien, indem sie den Lagerinsassen wenig zu essen gaben und so die Nachfrage reduzierten. Bei Mißernten und anderen Lebensmittelversorgungsmängeln spielten sie die Rolle von Puffern. Zuerst bekamen die Lagerzwangsarbeiter weniger zu essen und erst, wenn die Reduzierung der Nahrung nicht mehr weiter fortgeführt werden konnte, traf der Mangel auch die freie Sowjetbevölkerung[47]. Ähnlich lagen die Verhältnisse beim Konsumgüterverbrauch.

Inflation als Geldvermehrung bei gleichzeitig geringem oder sinkendem Angebot an Konsumwaren bewirkt das Ansteigen der Preise für die in nicht aus-

---

[43] Nach Ansicht Rossis wurde Komsomolsk am Amur durch GULag-Zwangsarbeiter errichtet (Ders., GULAG Handbook, S. 91). Nach der sowjetischen Version waren es indes Komsomol-Angehörige.

[44] Die aus dem geheimgehaltenen Raketenstützpunkt Kapustin Jar östlich Wolgograd stammende Schriftstellerin Swetlana Wassilenko berichtet, daß Wolshski von Strafgefangenen erbaut worden sei: „Sie (die Stadt Wolshski, R.S.) war von Verbrechern erbaut worden und wurde von Verbrechern bewohnt." (Dies., Stadt hinter Stacheldraht. Erzählungen aus Rußland. Reinbek, 1992. Hier S. 10). Zum Gründungsdatum Wolshkis: dtv-Lexikon, Bd. 20, S. 191.

[45] Zu Bratsk: Besonders Wein, Sowjetunion und Karger in Sowjetunion (1979). Wein sagt an einer Stelle, daß Bratsk 1957 gegründet worden sei (Ders., Sowjetunion, S. 27), an anderem Ort spricht er unbestimmter von „etwa 1960" (Ebd., S. 280). Nach Karger wurde 1953-1961 das große Wasserkraftwerk Bratsk gebaut. Er erwähnt aber keine Zwangsarbeiter. Einzig Shifrin, Reiseführer, S. 175, berichtet unbestimmt davon, daß Bratsk von Gefangenen erbaut worden sei.

[46] Zu Angarsk (Gründung 1951): Wein, Sowjetunion, S. 286.

[47] Swianiewicz, Forced labour, S. 110, 201-202. Er verweist darauf, daß nach der Mißernte 1936 keine Brotrationierungen eingeführt wurden, gleichzeitig aber im Zuge des Massenterrors Millionen von Menschen in den Lagern verschwanden. Dort, nicht in der freien Bevölkerung, seien im Sommer 1936 und Winter 1936/37 Hunderttausende verhungert. Swianiewicz' Argumentation wurde nur von Depretto aufgegriffen, ist aber schlüssig. Armanski, Maschinen, S. 155, berichtet von zwei großen Hungersnöten im GULag: 1937/38 und 1947/48.

reichender Zahl vorhandenen Konsumwaren. Eine scharfe Antiinflationspolitik durch staatliche Investitionen in die Konsumgüterindustrie widersprach der sowjetischen Wirtschaftsstrategie. Daher dienten die Lager als Antiinflationsfaktor. Die praktisch ohne Lohn arbeitenden Lagerhäftlinge stellten einen nicht unbedeutenden Teil der Gesamtarbeiterschaft dar. Da sie jedoch als Käufer gar nicht auf dem Markt erschienen, wurde die absolute Nachfrage nach Konsumgütern reduziert[48]. Durch die Mangelversorgung der Sträflinge bekamen die Freien also mehr Konsumprodukte und Lebensmittel. Der Hunger und die Isolation in den Lagern stabilisierte – wenn auch auf niedrigem Niveau – den Lebensstandard der Freien.

12.2.4 Die Einbeziehung des Zwangsarbeitslagersystems in die Fünfjahrespläne

Das gesamte Lagersystem mit seinen Untergliederungen war fest in die gesamtwirtschaftliche Produktionsplanung integriert[49]. Wann genau die Lager in die Zentrale Planwirtschaft eingebunden wurden, ist nicht bekannt; möglicherweise schon 1929, wahrscheinlich aber 1930[50]. Dies betraf nicht nur die Lager der GULag der OGPU, sondern auch die Besserungsarbeitseinrichtungen des NKJu[51]. Wie die Zusammenarbeit zwischen Lagersystem und Planbehörden erfolgte, ist ungewiß, jedoch wird in Forschung und Memoirenliteratur oft darauf abgehoben, daß es Produktionspläne bis auf die Ebene der einzelnen Lager je nach der Zahl der arbeitsfähigen Lagerinsassen gegeben habe[52].

Da die Lagerverwaltung unter einem Normerfüllungsdruck stand, waren Reibungen zwischen der Zielsetzung der Isolation der Häftlinge und der Absicht, deren Arbeitskraft so gewinnbringend wie möglich auszubeuten, recht häufig. In diesen Fällen hatten die Produktionsinteressen und die Erfüllung des Planes generell Vorrang. Die Erfüllung des Planes war oberstes und fundamentales Prinzip der GULag-Verwaltung und der Lagerleitungen[53]. Entsprechend un-

---

48 Swianiewicz, Forced labour, S. 198-202. Ihm folgend: Depretto, Construction workers, S. 196.

49 Melville/Steffens, Bevölkerung, S. 1101. Carlton, Forced labor, S. 14. Dallin/Nicolaevsky, Forced labor, S. 232.

50 Nach Dallin/Nicolaevsky, Forced labor, S. 116-117, erfolgte 1930 eine zentrale Anweisung an die Planstellen, die Lagerzwangsarbeit in Planwirtschaft und Fünfjahresplan einzugliedern. Report, S. 31, nennt ebenfalls das Jahr 1930. Solschenizyn, Archipel GULag II, S. 116, spricht bereits für 1929/30 von einem „Industriefinanzplan" der Lager. Armanski, Maschinen, S. 154, nennt ohne Beleg das Jahr 1929, von welchem Zeitpunkt an die Lager in die zentralen Volkswirtschaftspläne einbezogen gewesen seien.

51 Dies wird besonders deutlich im Besserungsarbeitskodex von 1933, der, vom NKJu erarbeitet, immer wieder auf die Pläne eingeht. Jakobson teilt mit, daß die GUMS/GUITU im ersten Fünfjahresplan (1928-1932) noch nicht aufgenommen worden sei, allerdings bereits zahlreiche regionale Pläne mit den Häftlingen gerechnet hätten. Im zweiten Fünfjahresplan (1933-1937) sei die GUITU dann voll inbegriffen gewesen (Ders., Origins, S. 106-107).

52 Wolin/Slusser, Secret police, S. 148. Conquest, Anfang, S. 436. Barton, L'institution, S. 227.

53 Artemjew, Reshim, S. 43, 49, sagt, daß die Politische Abteilung der Normerfüllung höhere Priorität als der Isolation der Häftlinge beimaß, dies sich aber nicht in der Lagerordnung widergespiegelt hätte. So auch: Mora, Kolyma, S. 21, und Andrejev in Livre blanc, S. 93. Wolin/Slusser, Secret

mißverständlich begrüßte General Derewenko, DALSTROI-Chef von 1946 bis 1953, Neuankömmlinge: „Ihr seid hier, um zu arbeiten, und zwar, um hart zu arbeiten! ... Wir brauchen Metall, und Ihr habt dieses Metall gemäß der Planvorgaben zu produzieren. Unsere heilige Pflicht ist es, den Plan zu erfüllen."[54].

Wie groß der Anteil des GULag an den Fünfjahresplänen war, ist gegenwärtig nicht ersichtlich. Nimmt man jedoch die Angaben KARNERS, wonach die 2,5 Millionen deutschen Kriegsgefangenen, Zivilisten und zwangsmobilisierten Sowjetdeutschen etwa acht bis zehn Prozent der Leistungen des vierten Fünfjahresplans erbracht haben[55], dann kann der entsprechende Anteil des GULag mit seinen Millionen Lagerzwangsarbeitern nicht wesentlich geringer, sondern muß mindestens von gleicher Bedeutung, wenn nicht höher gewesen sein.

Es liegen keine Angaben vor, ob und wann der GULag die an ihn gestellten Normen erfüllt hat[56]. Die von den Lagerverwaltungen gemeldeten Ergebnisse und Normerfüllungen waren, wie auch in der freien Sowjetwirtschaft, oft übertrieben und gefälscht. Diese ständigen Vertuschungen, Fälschungen und Manipulationen wurden im Lagerjargon *tufta* genannt[57]. Unklar ist auch, wohin die vom NKWD erwirtschafteten Gelder gingen. Der Anteil des NKWD am Staatshaushalt war gemessen an der Fülle der Aufgaben, die es wahrnahm, verhältnismäßig klein[58]. DALLIN und SWIANIEWICZ vermuten, daß sich das NKWD zu einem großen Teil selbst finanzierte und die Gewinne aus Zwangsarbeit und Lagerzwangsarbeit eine größere Einkommensquelle für das NKWD darstellten als die zugeteilten Gelder aus dem Staatshaushalt. Die Gewinne des GULag seien vermutlich nicht für Investitionen des Staates, sondern zur Finanzierung des NKWD-Systems, zum Beispiel der NKWD-Streitkräfte, verwandt worden[59]. Sicher ist, daß die vom GULag erwirtschafteten Gelder auch zur Finanzierung des Zwangsarbeitslagersystems selbst verwandt wurden.

Police, S. 148-149. Dallin, Economics, S. 19-20, berichtet, daß das Lagersystem stets zwischen übertriebener Strenge und Lockerungen, um die Arbeitsproduktivität zu erhöhen, hin und her geschwankt sei. Zum Normerfüllungsdruck: Berichte Tallgrens (Pseudonym für Swianiewicz. Vgl. Wheatcroft, Size, S. 276) und Shchekachs in Dallin/Nicolaevsky, Forced labor, S. 19, und 29. Rossi, GULAG Handbook, S. 94, bemerkt zurückhaltender, daß „the requirements of the regime in some specific cases were subordinate to the interests of production". Einzig W.I. Jukschinski. Sowetskije konzentrazionnye lageri w 1945-1955. München, 1958. S. 45-46, schreibt, daß die Wachbedingungen Priorität vor der Normerfüllung gehabt hätten.

[54] Conquest, Kolyma, S. 66. Eine längere Fassung des Zitats in: Armanski, Maschinen, S. 168.

[55] Karner, GUPVI, S. 7 und 9.

[56] Dallin, Sowjetrußland, S. 206, schreibt, ohne Angabe von Quellen, daß der GULag 1941-1945 seine Vorgaben nicht erfüllt habe, da die Zahl der Lagerinsassen erheblich zurückgegangen sei.

[57] Ders., Anfang, S. 434. Solschenizyn gibt eine Reihe von Beispielen (Ders., Archipel GULag II, S. 152-158, 566-568). Zur *tufta* siehe auch Rossi, GULAG Handbook, S. 455-457. Leonhard, Fahrt, S. 106, definiert *tufta* folgendermaßen: „Unter „Tufta" versteht man die Vortäuschung der Normerfüllung, während in Wirklichkeit das Leistungssoll nicht erreicht ist."

[58] Im 1941er Plan wird das NKWD bei einem Gesamthaushalt von 216 Millionen Rubel nur mit einem Etat von sieben Millionen Rubel genannt.

[59] Dallin, Economics, S. 16. Swianiewicz, Forced labour, S. 205-206. Dies bestätigen auch die Zeugen Petrov und Lot in Livre blanc, S. 82 und 110.

12.2.5 *Arbeitsproduktivität, Arbeitseffizienz, Kosten und die Frage des Gewinns*

Die Arbeitsproduktivität des einzelnen Lagerzwangsarbeiters war geringer als die des freien Arbeiters[60]. Die Gründe waren vielschichtig. Solange die Zahl der Neuverhaftungen stieg und damit der stetige Personalnachschub gesichert war, bestand für die Sowjetführung wenig Anlaß, in Erhaltung und Pflege dieser Arbeitskraftreserve zu investieren. Klimatische Bedingungen blieben unberücksichtigt, örtliche Möglichkeiten zur Verbesserung des Lebens der Häftlinge ungenutzt, da die davon abhängige Todesrate für den GULag der dreißiger Jahre vergleichsweise unerheblich blieb. Nach dem Nützlichkeitsprinzip wurde der Faktor Arbeitskraft bis zur völligen Erschöpfung ausgebeutet und der Tod der Häftlinge bewußt in Kauf genommen.

Die Arbeitsproduktivität litt jedoch nicht nur unter den katastrophalen Lebensbedingungen, sondern auch unter den wenig effizienten Arbeitsverhältnissen[61]. Wie geschildert, war ein nicht unbedeutender Teil der Lagerinsassen nicht in der Produktion tätig, sondern zum Unterhalt des Lagers eingesetzt. Hinzu kam eine unbekannte Zahl nicht arbeitsfähiger Insassen wie Kinder, Vollinvaliden und alter Menschen. Den Lagerinsassen, die bei den „Allgemeinen Arbeiten“ eingesetzt und damit produktiv tätig waren, fehlte es meist nicht nur an Motivation, sondern auch an Maschinen. Oft wurden an den wenigen vorhandenen Maschinen nicht die Arbeitskräfte eingesetzt, die daran ausgebildet waren, sondern Ungeschulte. Hoher Verschleiß, häufige Reparaturen und lange Maschinenruhezeiten waren die Folge. Die Transportkapazität war gering, Traktoren und Pferde selten, so daß die Häftlinge Holzschlitten meist selbst zogen oder Transporte zu Fuß bewältigten. Dies brachte Zeitverluste mit sich und erforderte eine weit größere Zahl von Arbeitskräften als in der besser ausgerüsteten „freien“ Wirtschaft. Zu Brigadieren und anderem unteren Leitungspersonal wurden oft privilegierte Kriminelle ernannt, die für diese Aufgabe weder ausgebildet noch befähigt waren. Um Solidargemeinschaften und Kontinuitäten zu verhindern und zu brechen, wurden Mitglieder einer Brigade häufig in eine andere versetzt und die Häftlinge von Zeit zu Zeit in andere Lager verlegt. Die ständige Unruhe, Normdruck und Plandiktate ließen Brigadieren und Häftlingen kaum Möglichkeit zu eigenen Arbeitsinitiativen, Überlegungen oder Experimenten, um die Arbeitskraft besser, schonender und effizienter einzusetzen[62].

[60] So auch die stets vorsichtig formulierenden Hofmann (Arbeitsverfassung, S. 73) und Baykov (Note, S. 40). Rossi, GULAG Handbook, S. 93, ist der Auffassung, daß, gesamtwirtschaftlich gesehen, die geringe Arbeitsproduktiviät in den Lagern durch die Verfügbarkeit preiswerter, jederzeit einsatzbereiter und mobiler Zwangsarbeitskräfte kompensiert worden sei.

[61] Zum folgenden: Dallin/Nicolaevsky, Forced labor, S. 15. Gorbatovs Bericht und die Schilderung eines sowjetischen Ingenieurs in: Conquest, Anfang, S. 410-411 und 435, Ebd., S. 413. Jasny, Labor, S. 410. Carlton, Forced labor, S. 19-21.

[62] Vgl. am Beispiel Kolyma: Conquest, Kolyma, S. 115-123, der von „desaströsem Mißmanagement“ (S. 117) spricht. Jasny, Labor, S. 410, 418, ist der Auffassung, daß ein im Bau eingesetzter Lagerzwangsarbeiter nur 75 Prozent der Arbeitsproduktivität eines freien Bauarbeiters erbringen würde. An anderer Stelle behauptet er, daß mehr als zwei Lagerhäftlinge benötigt würden, um

Insgesamt litt die Effizienz der Arbeit beträchtlich unter diesen Umständen. Es ist unwahrscheinlich, daß dies durch die höheren Arbeitszeiten und die erzwungene Disziplin kompensiert werden konnte[63].

Um die Arbeitsproduktivität zu steigern, ergriff die GULag-Führung eine ganze Reihe von Maßnahmen: sinnvollere Verteilung der Häftlinge, Normierung der Arbeit, Koppelung von Normerfüllung und Essensration, Prämien und Vergünstigungen bis zur Haftverkürzung, Best- und Stoßarbeiterwesen, Straf- und Disziplinarmaßnahmen, Spitzelsystem, die weitreichende Heranziehung der Häftlinge zur Lagerverwaltung und die Förderung einer Lagerhierarchie[64]. Es gelang jedoch trotz dieser Bemühungen nicht, die Arbeitsproduktivität im benötigten Maße zu steigern.

Ein weiterer Schwachpunkt der Lager waren die Kosten, die sie trotz der minimalen Aufwendungen für die Häftlinge verursachten. Die Kosten für den Unterhalt des Lagers setzten sich aus folgenden Positionen zusammen: Ernährung, Bekleidung, Bewachung der Häftlinge, Anlage besonderer Plätze mit Baracken, Zäunen und Wachtürmen, Entlohnung, Verköstigung, Unterkunft des freien Lagerpersonals, allgemeine Verwaltungsausgaben. Die Schätzungen für die monatlichen Unterkunftskosten bewegen sich zwischen 66 und 262 Rubel, die der Gesamtkosten zwischen 175 und 450 Rubel je Häftling. Während des Krieges und im Hohen Norden waren die Kosten für Unterhalt und Bewachung offenbar besonders niedrig[65] und lagen zum

---

die Arbeitsleistung eines Freien zu erreichen. Dallin/Nicolaevsky, Forced labor, S. 105, schätzen, daß die durchschnittliche Effizienz eines Lagerzwangsarbeiters aufgrund der Begleitumstände 30 % unter der eines Freien liege.

[63] Dallin, Economics, S. 20-21, stimmt zwar zu, daß die Arbeitsproduktivität weniger als die Hälfte eines freien Arbeiters erreiche, jedoch werde dies ausgeglichen durch die höhere Jahresarbeitszeit von 3080 Stunden gegenüber 2200 Stunden des freien Arbeiters. Ähnlich argumentieren Rosefielde, Lessons, S. 577, und Romanenko, der noch das nach Arbeitsleistung abgestufte Nahrungssystem, die höheren Normen und die Angst vor Strafen anführt (In: Sklavenarbeit, S. 70-71. Aus der englischen Ausgabe: Slave labor, S. 58-60 (zitiert bei Jasny, Labor, S. 410, Anmk. 9), und Redding, Reliability, S. 338, der es für unmöglich hält, eine bestimmte Prozentzahl der durchschnittlichen Arbeitsproduktivität festzulegen. Er führt allerdings das abwegige Argument an, daß sich durch den Tod der körperlich Schwachen und das Überleben der Kräftigen, die die Normen erfüllen konnten, die durchschnittliche Arbeitseffizienz erhöht habe. Dies ist abstrus, da die vielen Kranken, Sterbenden und Toten, die auf die Lagerbevölkerung angerechnet werden müssen, durch ihren Ausfall den Arbeitsertrag erheblich minderten.

[64] Dallin/Nicolaevsky, Forced labor, S. 7-10, 234. Conquest, Anfang, S. 434-440. Hofmann, Arbeitsverfassung, S. 272-274, 276-277. Carlton, Forced labor, S. 37-38. Dallin, Economics, S. 21-22.

[65] In der Forschung differieren die Angaben über die durchschnittlichen Monatskosten eines Lagerhäftlings erheblich: Der Zeuge Andrejev spricht in Livre blanc, S. 91-92, von monatlichen Gesamtkosten in Höhe von 400 Rubeln (66 Rubel Unterhaltskosten, Verwaltungskosten in den Lagerebenen und der Moskauer GULag-Zentrale, Ausgaben für Bewachung und Transport [Barton, L'institution, S. 240, und Armanski, Maschinen, S. 154-155, übernehmen diese Angaben.]). Der Zeuge Lot nennt für die ITK rund 262 Rubel Unterhaltskosten (Unterhalt, Nahrung, Lohn, Unterhalt der Invaliden, Barackenunterhalt) monatlich (Ebd., S. 108). Dallin, Economics, S. 15, geht von rund 150 Rubeln monatlichen Gesamtkosten (Versorgung, Verwaltung, Bewachung), gegenüber rund 300 Rubeln für einen freien Arbeiter und 900 für einen freien Ingenieur aus (Er übernimmt dabei die ersten beiden Zahlen ganz offensichtlich von dem Zeugen Romanenko in: Sklavenarbeit: S. 760). Hofmann, Arbeitsverfassung, S. 276, gibt unter Bezug auf verschiedene Quellen (ehemalige Häftlinge, NKWD-Mitarbeiter) folgende Zahlen an: für 1941 rd. 450 Rubel

Teil weit unterhalb der vergleichbaren Pro-Kopf-Ausgaben für die Kriegsgefangenen[66].

Solange es Lager gab, gab es Bestrebungen der kommunistischen Führung, die Kosten zu verringern und wenn möglich durch die Häftlingsarbeit zu decken. Entsprechende Anordnungen gab es seit dem Jahr 1919 und setzten sich während der gesamten Existenz des GULag fort[67]. Das Lagersystem nahm Anteil an den wirtschaftlichen Neuerungen in der freien Sowjetwirtschaft, die einer effizienteren Wirtschaftsführung dienen sollten. So wurde auch im Lagersystem das Rentabilitätsprinzip oder Prinzip der „wirtschaftlichen Rechnungsführung" (*chosrastschot*) eingeführt. Es beinhaltete, daß Produktionserhöhungen in Form von Prämien an die Arbeiter, hier die Lagerinsassen, weitergegeben würden, Betriebe, hier Lager, und Brigaden nach ökonomischen Grundsätzen und Rentabilitätsgesichtspunkten arbeiteten[68]. Ziel des einzelnen Lagers wie des gesamten GULag war, die Gewinnspanne der Lagerzwangsarbeit so groß zu gestalten, daß die Unterhaltsausgaben nicht nur ausgeglichen wurden, sondern die Arbeit des GULag darüber hinaus dem Staat einen Überschuß erbrachte. Ob solche Gewinne erwirtschaftet wurden oder nicht, ist in der Forschung umstritten[69].

(monatliche Kosten pro Sträfling und „Gemeinkosten" der Lagerverwaltung pro Sträfling); für das Gebiet Jaroslawl rd. 270 Rubel; während des Zweiten Weltkrieges 155 Rubel (direkte Unterhaltskosten); 1938-1941 in Lagern des Nordens 155 Rubel. Negretov, Vorkuta, S. 572, berechnet für 1938 durchschnittliche Gesamtkosten (Verwaltung, Bewachung, Nahrung, Verbrauchsgüter, Unterkunft, medizinische Versorgung, Kulturarbeit, Abgabe an GULag-Zentralverwaltung, Abgabe an einen „Fonds zur Unterstützung entlassener Häftlinge" und Häftlingstransport) monatlich 175 Rubel. Swianiewicz schätzt die monatlichen Kosten für Unterhalt und Verpflegung auf monatlich 66 bis 100 Rubel, zuzüglich der Kosten für die Verwaltung aber auf 358 Rubel (Ders., Forced labour, S. 204-205). Rossi gibt an, daß die Arbeit von sieben bis acht Lagerzwangsarbeitern benötigt worden sei, um die Unterhaltskosten und die Pension für einen Lageraufseher zu erwirtschaften (Ders., GULAG Handbook, S. 493).

66 So: Karner, GUPVI, S. 147.

67 Solschenizyn, Archipel GULag II, S. 561, nennt unter Verweis auf eine sowjetische offiziöse Darstellung eine Reihe entsprechender staatlicher Anordnungen: Bereits erwähnt wurden die „Satzungen über die Haftverbüßungsorte" aus dem Jahr 1921, in denen festgelegt worden sei, daß „der Unterhalt der Haftanstalten tunlichst durch die Arbeit der Häftlinge gedeckt werden solle". Der Besserungsarbeitskodex von 1924 forderte gleichfalls, daß die Lager kostendeckend seien. Die gleichfalls schon genannte 1928 abgehaltene I. Unionstagung der „Funktionäre des Strafvollzugs" habe die „unbedingte Rückzahlung der in die Haftverbüßungsorte vom Staat investierten Mittel durch die den Haftanstalten angeschlossenen Betriebe" verlangt. Seit dem 1. Janur 1931 hatten alle Lager und Kolonien der RSFSR und der Ukraine per Gesetz kostendeckend zu sein.

68 Allgemein zum *chosrastschot*: Wein, Sowjetunion, S. 103, 237. Zum Chosrastschot im GULag: Nach Rossi, GULAG Handbook, S. 481, gingen die ITL 1949, die Speziallager 1952 zum Prinzip Chosrastschot über. Es beinhaltete eine bessere Bezahlung und bessere Möglichkeiten, im Lager einzukaufen (Solschenizyn, Archipel GULag III, S. 273, 290).

69 Nach Ansicht Dallin/Nicolaevskys und Hofmanns war die Gewinnspanne groß genug, die Existenz unfreier Arbeiter ökonomisch zu rechtfertigen (Dallin/Nicolaevsky, Arbeiter, S. 43. Hofmann, Arbeitsverfassung, S. 271). Von Gewinnen spricht auch der Zeuge Lot, ehemaliger Planungschef einer ITK (In: Livre blanc, S. 108, 110). Conquest sagt hingegen, daß die Gesamtkosten des Lagers – selbst bei Zuteilung nur des Minimums zur Lebenserhaltung an die Häftlinge – bei weitem den Wert der Arbeitsergebnisse überstiegen hätten (Conquest, Anfang, S. 434, unter Bezug auf Ekart und Swianiewicz). So auch der Zeuge Petrov in Livre blanc, S. 83. Weiter in Rechnung zu stellen sei die Zahl der nichtarbeitsfähigen Lagerinsassen, deren Zahl nicht zu schätzen sei

12.2.6 Die Diskussion um die wirtschaftliche Bedeutung des GULag

In der Diskussion um die Bedeutung des GULag für die sowjetische Wirtschaft unterscheiden sich die Einschätzungen je nach Fragestellung[70]. Während die einen einen wirtschaftlichen Nutzen völlig ablehnen und dies meist mit den hohen Unterhalts- und Verwaltungskosten für den Apparat bei gleichzeitiger geringer Arbeitsproduktivität begründen[71], sprechen andere von einer bedeutenden Rolle der Zwangsarbeitslager innerhalb der Sowjetwirtschaft[72] oder geben mit Hinweis auf die schlechte Quellenlage bewußt gar kein Urteil ab[73].

(Jasny, Labor, S. 416). Barton, L'institution, S. 243, sieht unterschiedliche Größen in der Relation Häftling-Verwaltung. Zu Beginn der Fünfjahrespläne seien die GULag-Verwaltung im Verhältnis zur Häftlingszahl nur gering ausgebaut, die Gewinne durch den billigen Masseneinsatz der Häftlinge bei Großprojekten daher größer gewesen. Der enorme nicht nur absolute, sondern auch relative Ausbau der GULag-Verwaltung in den vierziger Jahren haben diese Gewinnspanne beträchtlich reduziert. Er kann diese einsichtige These allerdings nicht durch Zahlen der in der GULag-Verwaltung Beschäftigten untermauern. Karner, GUPVI, S. 147, entnimmt den Quellen, daß aufgrund der im GULag niedrigen Aufwendungen für den Einzelhäftling „einige GULAG-Lager-Gruppen aktiv bilanzierten", während die GUPWI-Lager ihre Ausgaben meist nicht erwirtschaften konnten. Vgl. die Diskussion unter Häftlingen zur Frage des Gewinns: Lew Kopelew. Aufbewahren für alle Zeit! München, 1987, S. 351.

70 Gute Zusammenfassung dieser Diskussion mit den wesentlichen Standpunkten in: Beyrau, „Archipel GULAG", S. 551-554. Kurze Skizze auch in: Fainsod, Russia, S. 387.

71 Nove, History[1], S. 237. Davies/Wheatcroft, Kliuvka, S. 601, sprechen von „negative and parasitic dysfunctions of the forced labor system" und sehen es als Hindernis für die Wirtschaft und Produktionssteigerung an. Schramm, Industrialisierung, S. 845, bewertet die Lager am Vorabend des Krieges als „ausgesprochene Zuschußbetriebe". Jasny, Labor, S. 417-418, bezeichnet diese mehr als Verbindlichkeiten denn als Gewinnquelle und schätzt in Industrialization, S. 185, die NKWD-Aktivitäten nicht als Stimulanz für die sowjetische Wirtschaft ein. Der Zeuge Andrejev in Livre blanc, S. 91, spricht von der Lagerzwangsarbeit als einem Verlustgeschäft für die Sowjetunion. Auch Ahrendts Äußerungen sind so zu werten (Dies., Elemente, S. 684). Merl bemerkt unter Bezug auf die Verwaltungs- und Bewachungskosten sowie die Unterversorgung der Häftlinge: „Ökonomisch war die dadurch bewirkte geringe Nutzung der Arbeitskräfte nicht rational." (Ders., System, S. 297).

72 So: Schwarz, Arbeiterklasse, S. 8. Lewytzkyj, Inquisition, S 226. Dallin, Sowjetrußland, S. 189. Beck/Godin, Purge, S. 74. Fainsod, Russia, S. 387 („essential aspect of the Soviet system", besonders in der Nachkriegszeit). Barton, L'institution, S. 42. Oppenheim, Labor camps, S. 241. Buber-Neumann, Gefangene, S. 121. Bacon, Glasnost, S. 1078, 1080. Wolin/Slusser, Secret police sprechen S. 19 von „one of the largest economic enterprises in the world". Siehe auch ebd. S. 149. Rousset in Livre blanc, S. 22. Im Abschlußbericht, S. 172, wird auf die „große Bedeutung [der] Arbeitskraft [der Zwangsarbeitslager] in der Produktionsplanung der UdSSR" verwiesen. Rapport, S. 97, wertet die Verwendung der Zwangsarbeit bei „vordringlichen Aufgaben" als „qualitativ wichtige Rolle" und spricht S. 501 von ihrer „role essentiel". Nach Ansicht des UN-ILO-Ad-hoc-committee wurde die Zwangsarbeit in der Sowjetunion für wesentliche Aufgaben in der Volkswirtschaft genutzt und spielte dort ein Rolle von „considerable significance" (Nach: Carlton, Forced labor, S. 7, 13, und Swianiewicz, Forced labour, S. 19-20). Rosefielde, Assessment, S. 76, schätzt, daß der GULag mehr als 20 % der nichtlandwirtschaftlichen Arbeitskräfte gestellt habe. Seine Bedeutung für die sowjetische Industrialisierung könne daher nicht als „trivial" oder vernachlässigenswert bezeichnet werden (Siehe dazu allerdings Bacon, Gulag, S. 125, 143, der nur zehn Prozent der nicht in der Landwirtschaft eingesetzten Arbeitskräfte als Zwangsarbeiter [inklusive Zwangsarbeiter ohne Freiheitsentzug] ansieht und somit – auf den GULag bezogen – zu noch weit niedrigeren Zahlen kommen würde.).

73 So der in dieser Frage sehr vorsichtige Bacon (Ders., Gulag, S. 142-143).

Beide einander widersprechenden Seiten heben in der Regel die wichtige Stellung des GULag in einzelnen Arbeitsbereichen und wirtschaftsgeographisch bedeutsamen Regionen hervor[74]. Die Gegner eines gesamtwirtschaftlichen Nutzens weisen meist auf eine Reihe von Negativpunkten hin: die geringe Arbeitseffizienz und Arbeitsproduktivität der Lagerzwangsarbeit, der hohe Aufwand an Zeit und Geld für den Transport, die Kosten für Verwaltung, Bewachung der Gefangenen und Unterhalt der Lager, der wirtschaftliche Vorteil beim Einsatz der erwachsenen Häftlinge in der freien Wirtschaft, die fehlende Amortisation der staatlichen Ausbildung derjenigen, die später als Häftlinge in den Lagern saßen; die Todesfälle in den Lagern als zusätzlicher Verlust für den Staat[75].

Diese Kritikpunkte sind auch in den Augen derer, die der Lagerzwangsarbeit trotz dieser Nachteile eine in Teilbereichen wichtige wirtschaftliche Bedeutung beimessen, berechtigt[76]. Sie betonen aber, daß eine rein innerökonomische Analyse das Problem nicht völlig erfasse. Im Vergleich zur freien Wirtschaft seien die absoluten Produktionszahlen der Lagerzwangswirtschaft nicht hervorstechend. Der GULag sei besonders an den neuralgischen Punkten der Wirtschaftsplanung eingesetzt worden: Ohne ihn hätten viele prioritäre Großprojekte nicht verwirklicht werden können. In bestimmten Rohstoffbranchen und

[74] Hofmann, Arbeitsverfassung, S. 269. Carlton, Forced Labor, S. 19-21. Swianiewicz, Forced Labour, S. 171: „Forced labour was a peripheral phenomenon in respect of free labour ... but ... a very large periphery." Conquest, Anfang, S. 433, 435-436, formuliert vorsichtig, daß eventuelle Einsparungen durch die Zwangsarbeit – bezogen auf die Gesamtwirtschaft – völlig unerheblich seien (S. 434) und das Zwangsarbeitssystem nicht grenzenlos auszudehnen und auf alle Bereich anwendbar gewesen sei. Es sei aber in Teilbereichen und in Sonderumständen von wirtschaftlichem Nutzen für das System gewesen. Lorenz, Sowjetunion, S. 350-351, hält den Arbeitsertrag der Lagerzwangsarbeit für „wenig ergiebig" und billigt ihr im gesamtwirtschaftlichen Rahmen nur eine „periphere Rolle" zu, jedoch sei sie in Wirtschaftszweigen wie Eisenbahnbau, Holzwirtschaft und Goldförderung „unentbehrlich" gewesen. Auch Jasny, Labor, S. 417-418, der einen wirtschaftlichen Zweck des GULag ansonsten ablehnt, stimmt dieser Auffassung zu. Bacon, Glasnost, S. 1080, sieht den Einsatz des Lagersystem in Siedlungs- und Industrialisierungsgebieten des Nordens und Ostens für entscheidend. Ohne den GULag sei deren Erschließung nicht möglich gewesen. (Auch in: Ders., Gulag, S. 39).

[75] Nove, History[2], S. 260. Hunter, Costs, S. 590-591. Davies/Wheatcroft, Kliuvka, S. 601. Jasny, Labor, S. 417-418. In nüchterner ökonomischer Rechnung stellt Jasny fest, daß sich die Massenzwangsarbeit von Ausländern bis zur physischen Erschöpfung oder Tod mehr lohne, da deren Ausbildungs- und Versorgungskosten bis zur Verhaftung ein anderer Staat getragen habe. Dies ist auf die deutschen und anderen ausländischen Kriegsgefangenen anzuwenden.

[76] Swianiewicz, Forced labour, S. 4, 206-207, stellt heraus, daß es keinen Nettogewinn und von der Kosten-Nutzen-Analyse her das gesamte Arbeitszwangssystem schon in der Periode des zweiten und dritten Fünfjahresplanes keine Berechtigung mehr gehabt habe. Barton, L'institution, S. 251, sieht das Zwangsarbeitslagersystem angesichts der seiner Ansicht nach geringen wirtschaftlichen Effizienz als „ökonomische Absurdität" an. Solschenizyn, Archipel GULag II, S. 563, 566, stellt fest, daß der GULag niemals kostendeckend gearbeitet habe, sondern subventioniert werden mußte. An Gründen nennt er mangelnden Arbeitsfleiß von Häftlingen und freien Arbeitern, Sabotage, geringe Arbeitseffizienz, die Unselbständigkeit der Häftlinge, die Kosten für die Bewachung, Fehlplanungen und andere organisatorische Mängel (Ebd., S. 563-565) Gnedin, Labyrinth, S. 182, gibt an, daß die „Sklavenarbeit" der Lagerinsassen „enorme Anstrengungen bei geringstem Nutzen" bedeutet habe. Er fügt allerdings hinzu: „Aus diesem geringsten Nutzen zog die GULAG-Buchhaltung .. ihre Millionenbilanz.".

-gebieten, insbesondere in solchen, für die sich freie Arbeiter kaum und dann nur unter erheblicher Erhöhung der Investitionskosten werben ließen, hätten die Zwangsarbeitslager einen großen Teil der Arbeitskräfte gestellt. Als ständig präsente Arbeitskräftereserve seien Millionen Sträflinge in Krisenzeiten zum Einsatz in der Industrie oder anderen Wirtschaftszweigen, wo gerade Mangel an Arbeitskräften geherrscht habe, verfügbar gewesen. Hinzu komme die Rolle des GULag in Bereichen, die von großer Bedeutung für die Gesamtwirtschaft waren: als Instrument der Beschäftigungspolitik, Kolonisationsorganisation in abgelegenen Gebieten mit großer Bedeutung für die Bevölkerungs- und Siedlungspolitik, als inflationshemmender Faktor und die arbeitspsychologisch wichtige Funktion des GULag als Teil des Arbeitszwangssystems. All dies müsse in eine Bewertung der wirtschaftlichen Bedeutung der Lagerzwangsarbeit einfließen[77].

Am Ausgangspunkt einer Überlegung, welche wirtschaftliche Rolle der GULag gespielt hat, darf somit nicht nur eine betriebswirtschaftliche Kosten-Nutzen-Rechnung stehen, sondern sind die anderen aufgeführten Faktoren ebenfalls zu berücksichtigen. Die Frage der wirtschaftlichen Ausrichtung und gesamtwirtschaftlichen Bedeutung des GULag läßt sich nicht auf die Frage seiner ökonomischen Effizienz reduzieren[78]. Bei der Beurteilung der wirtschaftlichen Funktion des GULag ist gleichfalls das politische Umfeld einzubeziehen. Alle totalitären Systeme haben die Neigung, umfangreiche und teure Sicherheitsstrukturen aufzubauen und einzusetzen. Der stalinistische Terrorapparat OGPU/NKWD und seine Unterorganisation GULag waren konstitutive Bestandteile des kommunistischen Regimes[79]. Sie schädigten die Wirtschaft der

[77] Arbeitskraftreserve: Dallin/Nicolaevsky, Forced labor, S. 252. Swianiewicz, Forced Labour, S. 3-5. Hofmann, Arbeitsverfassung, S. 271-272. Bevölkerungspolitik: Barton, L'institution, S. 251-252. GULag als Teil des Arbeitszwangssystems: Zeuge Romanenko (Sklavenarbeit, S. 73). Carlton, Forced labor, S. 19-21, 37-38.

[78] Dies ist gegenüber Nove und Jasny zu betonen: Nove führt aus, daß ein effektiver Einsatz der Häftlinge im Vergleich zu ihren Wirkungsmöglichkeiten in der Freiheit nicht erfolgt sei (Nove, History[1], S. 236-237, 256, 377). Dieser Vergleich ist zwar statthaft, diese Alternative bestand jedoch nicht. Jasny kritisiert Dallin und behauptet, daß sich dieser widerspräche, wenn er einerseits von der geringen Arbeitsproduktivität der Lagerzwangsarbeiter und der enormen Verschwendung von „human material" spreche, andererseits aber „huge profits" des NKWD durch seine Unternehmen konstatiere und diese Profite als wichtigen Faktor zur Kapitalakkumulation in der Industrialisierungsphase einschätze (Jasny, Labor, S. 418, Anmk. 29, unter Bezug auf Dallin/Nicolaevsky, Forced labor, S. 105, 113-115 und 88). Diese Kritik ist nicht berechtigt. Es ist ein Unterschied, ob man niedrige Arbeitsproduktivität und Verschleiß von Lagerhäftlingen im gesamtwirtschaftlichen Zusammenhang beurteilt und beides, wie Jasny, berechtigterweise als Schädigung von Staat und Wirtschaft ansieht oder ob man diesen systemimmanenten Terrorschaden als gegeben hinnimmt und dem NKWD innerhalb dieser wirtschaftsschädigenden Verhältnisse eine nützliche Rolle zumißt, da mit seiner Hilfe die Industrialisierung vorangetrieben und der Terrorschaden reduziert werde.

[79] Ähnlich äußert sich Solschenizyn. Er bemerkt, daß Lagersystem und kommunistisches System miteinander verwachsen und für einander existenznotwendig gewesen seien (Ders., Archipel GULag III, S. 494). Für ihn hat daher der veränderte GULag in der Form des Koloniesystems im veränderten Sowjetsystem der Nach-Stalinzeit die gleiche Bedeutung wie der originale GULag der Stalinzeit: „Die Machthaber wechseln, der Archipel bleibt. Er bleibt deshalb, weil dieses Staatssystem nicht ohne ihn bestehen könnte. Würde es den Archipel auflösen, würde es aufhören zu bestehen." (Ebd., S. 512). Genauso Rossi: „Soviet power is unthinkable without forced labor camps." (Ders., GULAG Handbook, S. 190). Bedenkt man, daß die Sowjetunion von dem Augenblick an

Sowjetunion im höchsten Maße. Jedoch können die Kosten für den Apparat und für den Verwaltungsaufwand des Lagersystems nicht als eine mögliche Variante sowjetischer Wirtschaftspolitik angesehen werden. Sie waren vielmehr systemimmanent, da die Alternativen einer freien Gesellschaft oder der Entlassung der Häftlinge an ihren effizienter zu nutzenden alten Arbeitsplatz nicht gegeben waren[80]. Die Zwangsarbeit der Lagerinsassen bot indes die Möglichkeit, den Terrorschaden zu reduzieren, die Volkswirtschaft in Problembereichen nachhaltig zu unterstützen und die infrastrukturelle Erschließung des Nordens und Ostens voranzutreiben. Hierin beruht die wirtschaftliche Bedeutung des GULag.

Dabei darf nicht die entscheidende Tatsache übersehen werden, daß nach Auffassung der Spitzenfunktionäre der Stalinzeit die Zwangsarbeit der Häftlinge nutzbringend war[81]. Diese Einschätzung änderte sich bis 1953/56 nicht. Es wäre falsch, den damaligen Machthabern im nachhinein aus westlichem, durch Demokratie und Marktwirtschaft geprägtem Denken heraus das Gegenteil beweisen zu wollen. Der GULag verlor seine Bedeutung erst von dem Zeitpunkt an, als die Sowjetführung seine Weiterexistenz in der alten Form als unangebracht erachtete.

---

zusammenbrach, als der Sowjetgesellschaft mehr geistige und materielle Freiheit zugebilligt wurde, und nimmt man den GULag als institutionalisierte Verkörperung der Unfreiheit, so ist der von Solschenizyn und anderen hergestellte Kausalzusammenhang zu bejahen. Es ist für diese Argumentation unerheblich, ob Glasnost und Perestroika aus Einsicht oder ökonomischen Zwängen erfolgten.

80 Zur Verdeutlichung: Ein verhafteter Ingenieur, der als Hilfsarbeiter im Hohen Norden eingesetzt wurde, erbrachte dort eine weitaus geringere Arbeitsleistung als als freier Ingenieur an seinem alten Arbeitsplatz. Dort hätten sich die vom Staat in seine Ausbildung investierten Geldmittel ausgezahlt. Diese letztere Möglichkeit war für die Millionen verhafteter Facharbeiter, Ingenieure, Techniker und Wissenschaftler jedoch nicht gegeben. Es war ökonomisch sinnvoll, diesen Ingenieur, da er nun verhaftet war und nicht mehr an seinem alten freien Arbeitsplatz tätig sein konnte, zumindest als Hilfsarbeiter in einem Lager einzusetzen und eine Arbeitskraft dort bis zur Erschöpfung auszubeuten.

81 So Molotow auf dem VII. All-Unions-Sowjetkongreß (Februar 1935) über den Einsatz von Häftlingen zur Zwangsarbeit: „Wir haben dies früher getan, tun es jetzt und werden es fürderhin tun. Es ist vorteilhaft für die Gesellschaft. Es ist nützlich für den Verbrecher.“ (Nach: Solschenizyn, Archipel GULag II, S. 577).

13 Der GULag in der späten Stalinzeit und die Reduzierung des Lagerimperiums seit 1953

Der grundlegende Umbruch im Herrschafts- und Wirtschaftssystem GULag fand in der ersten Hälfte der fünfziger Jahre statt. Er zeigt die Interdependenz von politischen und wirtschaftlichen Entwicklungen und Entscheidungsprozessen in der Sowjetunion und den Verhältnissen innerhalb des Lagersystems.

Ausschlaggebend war die innen- und wirtschaftspolitische Entwicklung in der Endphase der Stalin-Herrschaft und vor allem nach Stalins Tod. Verbunden sind diese Prozesse mit den Namen Berija und Chruschtschow. Beide trugen auf unterschiedliche Art und Weise dazu bei, die Rahmenbedingungen, innerhalb derer der GULag bislang operiert hatte, grundlegend zu ändern. Die aus diesen Änderungen heraus erfolgende Umstrukturierung und Verkleinerung des GULag war somit kein isolierter Vorgang, sondern Bestandteil der nach Stalins Tod einsetzenden umfassenden Reorganisationsmaßnahmen in Staat und Wirtschaft.

Wichtig für die Auflösung des GULag in seiner bekannten Form waren jedoch nicht nur die Änderungen in den Rahmenbedingungen. Im Lagersystem selber zeichneten sich seit Ende der vierziger Jahre Wandlungen ab, die in Intensität und Umfang an den Grundfesten des GULag rüttelten.

13.1 Veränderungen innerhalb des GULag bis zu Stalins Tod

Ausgangspunkte der ersten substantiellen Änderungen im Lagersystem waren zum einen Bemühungen um Verbesserung des Lebensstandards im Lager, die noch ganz den alten Bestrebungen um Effizienzsteigerung folgten, und zum anderen der Zusammenbruch der Lagerhierarchien und die damit verbundene Unruhe, die zu immer weniger kontrollierbaren Verhältnissen führte.

13.1.1 Verbesserung der Lebensbedingungen seit 1948

Die Sowjetunion litt in der Nachkriegszeit erneut an einem enormen Arbeitskräftemangel. Zu den Verlusten durch den Terror, die bereits vor 1941 zu einem

Männerfehlbestand in Millionenhöhe geführt hatten, kamen nun Millionen Kriegstote. Das Lagersystem behielt daher nach 1945 zunächst seine volkswirtschaftliche Stellung und wurde im Wiederaufbau und zur Ankurbelung der Wirtschaft eingesetzt. Problematisch war, daß der GULag außerstande war, die ab Kriegsende neu Eingelieferten in ausreichendem Maße zu versorgen. Der GULag war für die neuen Wellen an Lagerinsassen nicht gerüstet. Nachdem es bereits in den dreißiger Jahren Versorgungsengpässe gegeben hatte, verschärfte sich die Situation in der Nachkriegszeit, besonders 1947/48, enorm. Die Sterbequote stieg in seit zehn Jahren unerreichte Höhen, die Planerfüllung war grundlegend gefährdet. Da das Lagersystem vor der Gefahr stand, seine volkswirtschaftlich bedeutsame Funktion zu verlieren, wurden die Existenzbedingungen der Häftlinge erheblich verbessert. Es gab mehr Lohn, die Verpflegung wurde reichhaltiger, das Sortiment der Lagerläden erweitert, mancherorts „freie Restaurants" errichtet, in denen die Häftlinge regelrecht essen gehen konnten, neue Baracken errichtet, angemessenere Kleidung ausgegeben, die Freizeitmöglichkeiten erweitert und die medizinische Versorgung auf einen höheren Stand gebracht. Die Lage der Lagerhäftlinge besserte sich seit 1948 und besonders ab 1950 in hohem Maße. Die Sterblichkeit sank auf die Höhe der „freien" Bevölkerung[1]. Nicht außer acht zu lassen ist dabei jedoch, daß viele Häftlinge in die Speziallager abtransportiert wurden, was die Situation der in den ITL Zurückbleibenden förderte[2]. Allerdings profitierten auch die Speziallager von der allgemeinen Entwicklung[3].

Die Verbesserung der Existenzbedingungen in den Lagern führte jedoch wider Erwarten nicht dazu, daß die gesättigteren Häftlinge nun ohne Murren ihrer Arbeit nachgingen und ihre Normen mit Begeisterung übererfüllten.

13.1.2 Die Aufstandsbewegung im GULag 1948 bis 1952: Unruhen, Streiks und Erhebungen

Ganz im Gegenteil sahen sich Sowjetführung und Lagerverantwortliche mit einer Entwicklung konfrontiert, die vor allem Anfang der fünfziger Jahre den

---

1 Conquest, Anfang, S. 616, 634-636, unter Verweis auf Wiles. Swianiewicz, Forced Labour, S. 45. Lewytzkyj, Inquisition, S. 224 (Auch in: Paschner, Teufelskreis, S. 178). Bacon, Gulag, S. 148, nennt das Jahr 1948 als Zeitpunkt, am dem der „Große Hunger" im GULag geendet habe. Zur Einschätzung des Jahres 1948 als „Wendepunkt" auch: Barton, Rationalisierung, S. 1306, 1307. Einzelbeispiele: Workuta: Scholmer, Arzt, S. 54, spricht ebenfalls von einer Besserung ab 1947 (Siehe auch ebd., S. 162-163). Potma: Harms, Tal, S. 113, spricht für Herbst 1948 von wenigen Toten und einer befriedigenden Versorgung. Silde ist der Auffassung, daß die Verbesserung der Lebensumstände nur in den Lagergebieten stattgefunden habe, die von „strategischer Bedeutung" gewesen seien. Während die Versorgung in Workuta auf ein höheres Niveau gebracht worden sei, seien in Potma keine Verbesserungen zu verzeichnen gewesen (Silde, Profits, S. 69-70). Dem stehen jedoch die Äußerungen Harms' entgegen, und an anderer Stelle (S. 192-193) schreibt er selbst von einer allgemeinen Verbesserung der Lebensumstände ab 1951.

2 Lewytzkyj, Inquisition, S. 225.

3 Solschenizyn, Archipel GULag III, S. 273. Auch dort bestand ab Anfang der fünfziger Jahre die Möglichkeit, einen Teil des Lohnes in Bons einzutauschen und damit innerhalb des Lagers einzukaufen. Diese Bons entwickelten sich zu einer Art Lagerwährung.

Charakter einer Bewegung annahm: Die Zahl der Befehlsverweigerungen, Arbeitsniederlegungen, Streiks, Hungerstreiks und offenen Rebellionen erreichte ein im GULag bislang nicht gekanntes Maß[4].

Hungerstreiks und politische Forderungen hatte es bereits früher gegeben[5]. Es hatte sich dabei aber nie um bewaffnete Aufstände gehandelt. Dies änderte sich erstmals während des Zweiten Weltkrieges und in den unmittelbaren Nachkriegsjahren[6]. Ausschlaggebend waren jedoch die Nachkriegsjahre. Mit Kriegsende kehrte in den Lagern eine Aufbruchsstimmung ein. Viele alteingesessene Häftlinge dachten, daß mit Ende des Krieges auch das Ende des harten Regimes innerhalb der Sowjetunion und damit das Ende der Lagerhaft kommen würde[7]. Um so größer war die Verbitterung, als diese Hoffnungen enttäuscht wurden und sich die Lebensbedingungen sogar so stark verschlechterten, daß ungewöhnlich viele Lagerinsassen der großen Hungersnot 1947/48 zum Opfer fielen. Die gereizte Stimmung unter den Insassen stieg und äußerte sich in ersten, meist kleineren Auftänden 1946 und 1947[8].

---

[4] Vgl. grundsätzlich Silde, Profits, S. 258 (Liste aller bekannten Streiks und Aufstände). Siehe auch: S. S. Wilenski (Hg.). Soprotiwlenije w Gulage: wospominanija, pisma, dokumenty. Moskau, 1992. Die nun folgenden Angaben über Streiks und Aufstände sind mit einem besonders großen Unsicherheitsfaktor behaftet. Zu vermuten ist, daß in den Lagern viele Legenden von vermeintlichen und tatsächlichen Aufständen kursierten, und es ist schwer, herauszufiltern, wo es sich sehr wahrscheinlich um Tatsachen und wo um Fiktion handelt. Genannt sei ein Beispiel: Friede berichtet von einer, wie er selbst sagt, „Gefangenen-Sage", wonach bei einem Aufstand im Raum Uchta 1946 die Insassen von 17 Lagern mit insgesamt 50.000 Häftlingen unter Führung eines ehemaligen sowjetischen Panzerobersten namens Boris Mechtejew ausgebrochen seien, sich bis zu den Ausläufern des Ural durchgekämpft hätten und dann unter Einsatz von Bombern geschlagen worden seien. Insgesamt seien dabei 22.000 Häftlinge getötet worden (Friede, Panzer). Der geschilderte Ablauf (Führung der Ausbruchsgruppe durch einen ehemaligen hohen sowjetischen Offizier, Niederschlagung mit Hilfe von Luftangriffen) ähnelt sehr stark anderen, besser belegten Darstellungen (Ust-Ussa 1942, Workuta 1948, Salechard 1950), allerdings sind die angegebenen Zahlen an Aufstandsbeteiligten und Toten mit Sicherheit viel zu hoch.

[5] So unterstützten – wie bereits erwähnt – die „Politischen" auf den SLON 1924/25 ihre Forderung nach Selbstverwaltung und Privilegien mit einem Hungerstreik. Mitte der dreißiger Jahre verweigerten an der Kolyma für etwa hundert Tage Lagerinsassen die Nahrung und forderten eine Auflösung der Lager und freie Ansiedlung. Im gesamten Workuta-Lagergebiet fand vom 27. Oktober 1936 bis zum März 1937 ein Hungerstreik, in dem die Gefangenen, angeführt von einigen hundert „Trotzkisten", die Absonderung der politischen Gefangenen von den Kriminellen, die Wiederherstellung einiger der früheren Privilegien für politische Häftlinge, gleiche Kost für alle ohne Rücksicht auf Normerfüllung, die Auflösung der Sonderkollegien des NKWD (OSO) und die Aufhebung derer Urteile forderten, statt. Zu den Hungerstreiks an der Kolyma und in Workuta: Solschenizyn, Archipel GULag II, S. 307-309. Zu Workuta auch: Rossi, GULAG Handbook, S. 120.

[6] Solschenizyn, Archipel GULag III, S. 229, nennt einen bewaffneten Aufstand, Flucht und Partisanenkampf einiger hundert Häftlinge im Januar 1942 in einer ITL-Lageraußenstelle bei Ust-Ussa an der Petschora. Dieser Aufstand wird als „first armed uprising .. in Gulag history" von Bacon bestätigt und beschrieben: Danach rebellierten auf Veranlassung der Wachmannschaft im Januar 1942 die Häftlinge in einem Lagerpunkt bei Ust-Ussa, brachen unter Führung des Lagerchefs namens Mark Retiunin, eines ehemaligen Häftlings, aus, marschierten in Stärke von rund hundert Mann in Richtung Koshwa, wurden aber Anfang März 1942 von Militär mit der Unterstützung von Kampfflugzeugen zerschlagen (Ders., Gulag, S. 155-156). Siehe auch Silde, Profits, S. 212, mit Angaben über Unruhen in Ust-Uchta (Uchta, R.S.) (1940), Ust-Wym (1947) und Kolyma (1946).

[7] Harms, Tal, S. 77, schildert diese Stimmung des „skoro domoi" („bald geht' s nach Hause!").

[8] Allgemein: Armanski, Maschinen, S. 181. Rossi schildert Aufstände 1946 in einem Lager im Norden (5000 Tote, die nach seiner Quelle durch Gas getötet worden seien), 1947 in Igarka, Workuta und auf einem der Transportschiffe, die Häftlinge nach Magadan transportierten (mehrere hundert Tote)

Diese Entwicklung ist um so bedeutsamer, als in den Lagern zu diesem Zeitpunkt nicht nur durch jahre- oder jahrzehntelange Lagerhaft resignierte Gefangene saßen, sondern auch eine Vielzahl kriegserfahrener, kampferprobter und damit widerstandsfähigerer Häftlinge. Es waren dies Partisanen, besonders aus dem Baltikum und der Ukraine, die für oder gegen die Deutschen, immer aber gegen die Sowjets gekämpft hatten, Soldaten der Wlassow-Armee und andere Angehörige von Freiwilligenverbänden, die auf deutscher Seite gestanden hatten, und ehemalige Sowjetsoldaten, die wegen Kollaboration oder Verrat in die Lager geschickt worden waren. Diese neuen Häftlingskontingente waren nicht bereit, sich den jahrzehntealten Strukturen zu fügen und sich den Hierarchien unterzuordnen. Macht und Einfluß der Kriminellen gingen immer mehr zurück. Aktion und Reaktion lösten einander ab. Selbstbewußtsein und Widerstandsgeist nahmen in den Lagern immer mehr zu. Disziplin und Ordnung waren in den Lagern immer weniger gewährleistet[9]. Dies traf in besonderem Maße auf die Speziallager zu[10].

1948 bis 1952 setzten sich die bewaffneten Aufstände fort und erfaßten immer mehr Lagerpunkte[11]. Im *September 1948* entbrannte ein Aufstand in einem ITL-Lagerpunkt in *Workuta*. Unter Führung von Offizieren eroberten die Lagerinsassen die Siedlung der Freien und einen benachbarten Lagerpunkt. Sie marschierten auf die Stadt Workuta zu, wurden aber von sowjetischen Fallschirmjägereinheiten gestellt und geschlagen[12]. *1949* rebellierten in einem Lagerpunkt der Lagerabteilung Nishni At-Urjach des in der Kolyma-Region liegenden *Speziallagers BERLag* Häftlinge, eroberten ihren Lagerpunkt, wurden jedoch im Kampf gegen sowjetische Infanterie und leichte Panzer aufgerieben[13]. Weitere

(Ebd., S. 120-121). Die Tötung von Gefangenen durch Gas im GULag wird an keiner anderen Stelle genannt, jedoch spricht auch Albaz von der Tötung zum Tode Verurteilter 1950 mit Hilfe als Getreidewagen getarnter Vergasungswagen (Dies., Geheimimperium, S. 74, unter Bezug auf *Komsomolskaja Prawda* vom 29. Oktober 1990).

9 So auch Heller, Stacheldraht, S. 268. Zur Rolle der baltischen und ukrainischen Partisanen: Rossi, GULAG Handbook, S. 14.

10 Solschenizyn schildert diesen Prozeß anhand eigener Erfahrungen exemplarisch am Beispiel des Speziallagers Ekibastus. Die Stadien dieser Entwicklung seien „in allen Lagern gleich gewesen" (Ders., Archipel GULag III, S. 234). Die Speziallagerhäftlinge der Jahre 1948-1951 seien „armselige, eingeschüchterte Sklaven" gewesen, die sich „jämmerlich .. unwürdig" verhalten und keinen Widerstandsgeist gezeigt hätten. (S. 70). Erste Anzeichen für eine Veränderung habe es ab 1950 gegeben. Er beschreibt diese für die Zeit seines Transportes in das Speziallager bei Ekibastus in diesem Jahr. In den Durchgangspunkten sei die früher selbstverständliche Macht der Kriminellen gebrochen gewesen. Die politischen Häftlinge hätten diesen in zunehmenden Maße Paroli geboten. Auch gegenüber den Gefängnis- und Lagerleitungen seien die „rebellisch gestimmten" Gefangenen weitaus selbstbewußter aufgetreten als in den dreißiger und vierziger Jahren (Ders., Archipel GULag III, S. 38-42, 49. Zitat S. 38). Nachdem sich dort die Gegensätze zwischen normalen Häftlingen und Pridurki verringert hatten (Ders., Archipel GULag III, S. 232-233), das Verhalten der Brigadiere sich erheblich verbessert hatte und das Spitzelsystem durch systematische Enttarnung und Tötung der Spitzel in der zweiten Hälfte der vierziger Jahre („Spitzelstechen") erheblich geschwächt worden war (S. 234-249. Siehe dazu auch Solschenizyn, Tag, S. 51-52), hatten die Häftlinge eine weitaus stärkere Stellung als zuvor.

11 Siehe dazu besonders Silde, Profits, S. 211-217 und 258. Weiterhin: Barton, L'institution, S. 319-350. Swianiewicz, Forced labour, S. 45-49, 50-52. Rossi, GULAG Handbook, S. 120-123.

12 Solschenizyn, Archipel GULag III, S. 229-231. Rossi, GULAG Handbook, S. 121.

13 Solschenizyn, Archipel GULag III, S. 249.

Unruhen und Aufstände gab es im *Juni oder Juli 1950* in *Salechard* (Bauobjekt Nr. 501 an der Eisenbahnstrecke Siwaja Maska-Salechard), wo die Aufständischen unter Führung eines ehemaligen sowjetischen Generals mehrere Lagerpunkte befreiten und anschließend am Rande des Uralgebirges durch Truppen des Innenministeriums und durch die Luftwaffe geschlagen wurden[14], *1951* in dem *ITL Wachruschew* auf der Insel Sachalin, wo die Insassen mit einem fünftägigen Hungerstreik auf die Ermordung dreier Häftlinge durch die Wachmannschaften reagierten, *1951* im *Speziallager Ekibastus*[15], im Sommer 1952 im Lager *Woshajel* in der ASSR der Komi[16], im *September 1952* im *Speziallager OSER-Lag*, wo Unruhen ausbrachen, als Konvoisoldaten in eine Marschkolonne geschossen hatten[17]; weitere Unruhen ereigneten sich *1947* und *1951* in *Dsheskasgan* und *Karaganda*, *1950* in *Taischet*, im *Herbst 1952* in *Krasnojarsk und 1952* in *Molotow*[18]. Die Zahl der kleineren oder unbekannten Aufstände dürfte weit höher sein[19]. Es gab also bereits vor 1953 eine solche große Anzahl von Unruhen, Streiks, Meutereien und Revolten, daß von einer Aufstandsbewegung von 1948 bis 1955 gesprochen werden muß.

Zwar ging von den Aufständen der Jahre 1948 bis 1952 trotz des mitunter großen Umfanges der Rebellion und der Notwendigkeit, größere militärische Verbände zu ihrer Niederschlagung einzusetzen, noch nicht die Signalwirkung derjenigen von 1953-1954 aus, jedoch unterminierten die Zustände in den Lagern und die Gerüchte über Widerstand und Rebellionen immer mehr den Respekt vor den Lagerleitungen. Die Lagerbehörden hatten bei weitem nicht mehr die Kontrolle über ihre Einrichtungen wie vor dem Krieg[20]. In den Augen

---

14 Shifrin, Reiseführer, S. 322-323 (Juni). Silde, Profits, S. 213-214 (Juli). Für 1950 auch genannt in: Stürmer, Sh 895, S. 112.

15 Nachdem es dort seit 1950 zu selbständigerem Handeln der Häftlinge gekommen sei, sei die Situation 1951 eskaliert. Die Häftlinge hätten gefordert, die Baracken über Nacht unverschlossen zu lassen, die Nummern abzuschaffen, die Erlaubnis, statt zwei nunmehr zwölf Briefe im Jahr schreiben zu dürfen und die Latrinenkübel zu entfernen (Solschenizyn, Archipel GULag III, S. 251). Der Konflikt zwischen Spitzeln und Häftlingen habe sich schließlich in einem offenen Kampf, bei dem die Wachmannschaften auf Seiten der Spitzel eingegriffen hätten, entladen und es zu Toten und Verletzten gekommen sei. Ein anschließender Hungerstreik hätte abgebrochen werden müssen, das Lager sei nach Verhaftungen und Verlegungen unter ein strenges Regime gestellt worden (Ebd., S. 253-266, 266-272). Die Führer der Aufständischen seien nach Kingir verbracht worden, wo bald darauf das „Spitzelstechen" von neuem begonnen habe (Ebd., S. 277-280).

16 Silde, Profits, S. 212.

17 Solschenizyn, Archipel GULag III, S. 280-281.

18 Silde, Profits, S. 214-216. Zum Krasnojarsker Aufstand auch: Bericht Inferno.

19 So berichtet Sacharow für 1950 von einer blutigen Meuterei und Flucht in Arsamas-16 (Ders., Leben, S. 142-143). In einem Zeitungsbericht ist von einem Aufstand in Norilsk Ende 1952, an dem sich 30.000 Häftlinge beteiligt hätten und bei dessen Niederschlagung es 3000 bis 4000 Tote gegeben hätte, die Rede (In: The Times [London] v. 21. Juni 1955). Auffällig ist, daß hier, wie beim unten genannten Norilsker Aufstand von Ende 1955, von einer dreimonatigen Dauer gesprochen wird. Möglicherweise handelt es sich um ein und denselben Aufstand, der dann aber in einem der beiden Berichte falsch datiert sein müßte. Passin/van Briessen sprechen von einem Aufstand in einem „Zwangsarbeitslager" 1952 in Karaganda (Dies., Streik, S. 350).

20 Solschenizyn, Tag, S. 111, bestätigt für das Jahr 1951, daß man sich im Speziallager „Luft machen" könne. Im Gegensatz zu den ITL der vierziger Jahre, wo bereits die kleinste sowjetkritische oder sowjetfeindliche Äußerung eine neue Frist von zehn Jahren nach sich gezogen hätte, habe man im

der Sowjetführung mußte der Eindruck entstehen, daß die GULag und die Lagerbehörden ihre Institutionen nicht mehr im Griff hatten.

Im Lagersystem war trotz der Verbesserung der Lebensbedingungen infolge der parallel zunehmenden Streiks und Aufstände bis 1951/52 eine gärende Atmosphäre entstanden[21]. Die Reaktion der politischen Führung ist kaum zu durchschauen, jedenfalls nicht als entschlossen zu bezeichnen. Statt grundlegender Reformen begannen Planungen für neue Massenverfolgungen 1952/53, die auch im GULag ihren Niederschlag fanden, indem dort 1952 neue Speziallager vorbereitet wurden[22].

13.2 Reduzierung und Umwandlung des GULag 1953 bis 1956[23]

13.2.1 Reformpläne und Amnestie für ITL-Häftlinge unter Berija 1953

Der Durchbruch zur Reform des GULag erfolgte erst nach dem Tode Stalins (5. März 1953)[24]. Bis zu diesem Zeitpunkt bestand offenbar das Verlangen, die Lager weiterhin zu nutzen, um den Terrordruck aufrechtzuerhalten. Seit März 1953 wurde im MWD unter Berija damit begonnen, Vorbereitungen dazu zu treffen, die Zahl der Zwangsarbeitslager zu reduzieren, Branchenhauptverwaltungen des MWD den Wirtschaftsbehörden zu übergeben und die GULag aus dem Verantwortungsbereich des MWD herauszulösen und dem Justizministerium der UdSSR zu unterstellen. Nach NEKRASSOW wies Berija am 6. März 1953 Kruglow an, Vorschläge für die Übergabe aller Hauptverwaltungen des MWD, welche in der Bauwirtschaft tätig waren, an andere Ministerien auszuarbeiten. Die GULag sollte dem Justizministerium unterstellt werden. Mit Schreiben vom 17. März 1953 unterbreitete Berija dem Ministerrat einen entsprechenden Beschlußentwurf, und am 18. oder 28. März 1953 wurde ein Beschluß des Ministerrates veröffentlicht, nach dem die Besserungsarbeitslager und „Strafkolonien mit allen dazugehörigen Diensten, Bereichen und örtlichen Organen", mit de-

Speziallager seine Meinung frei äußern können. Die Macht der Spitzel sei bereits gebrochen gewesen, die Kultur- und Erziehungsstelle habe das Selbstvertrauen und die Lagerleitung als Ganzes an Durchsetzungskraft verloren.

21 So auch Scholmer, Arzt, S. 163.

22 So sei der Speziallagerpunkt Ekibastus, bislang Lagerpunkt des STEPLag, darauf vorbereitet worden, Verwaltungszentrale (GOLP) eines neuen Speziallagergebietes am Irtysch unter dem vorläufigen Namen DALLag zu werden. Die dafür erforderlichen Verwaltungsfunktionäre des GULag seien in Ekibastus bereits eingetroffen gewesen (Solschenizyn, Archipel GULag III, S. 276-277).

23 Einzelne Angaben für die Zeit des Überganges in den fünfziger Jahren in: Barton, L'institution, S. 282-283, 351-361, 373-374. Lewytzkyj, Inquisition, S. 306-307, 312-313, 349-350. Solschenizyn, Archipel GULag II, S. 25. Conquest, Anfang, S. 616-617. Rosefielde, Assessment, S 81-82, Anmk. 77. Exemplarisch für die Lager der Komi ASSR: Morosow/Rogatschew, Gulag Komi, S. 186-187.

24 So auch Solschenizyn: „... der Tod des Tyrannen war nicht ohne Folgen geblieben. ... Eine neue Zeit ist angebrochen!" (Ders., Archipel GULag III, S. 281).

nen wahrscheinlich die ITK gemeint waren, an das Justizministerium zu übergeben seien. Berija drängte jedoch darauf, daß die „Sonderlager für gefährliche Staatsverbrecher" – womit die Speziallager gemeint waren – und die „Lager der Kriegsgefangenen, die wegen Kriegsverbrechen verurteilt wurden", „im Zuständigkeitsbereich des MWD" verbleiben sollten[25].

Diese Reformpläne Berijas liefen auf eine grundlegende Umstrukturierung und Dezentralisierung des Lagersystems hinaus. Kurze Zeit später begann die Sowjetführung, die Insassenzahl der Lager durch eine Reihe von *Amnestien* zu verringern. Deren erste größere war die sogenannte *„Woroschilow-Amnestie" vom 27. März 1953*, die allerdings von Berija initiiert wurde[26]. Da von dieser Amnestie jedoch alle wegen „Konterrevolution" oder ähnlicher Vergehen Verurteilten ausgeschlossen wurden, profitierten von ihr fast ausschließlich kriminelle Häftlinge. Die Amnestie galt für Häftlinge mit Haftstrafen bis zu fünf Jahren und, nach NEKRASSOW und HERBST-OLTMANNS, unabhängig von der Höhe der Strafe, für Personen mit Amtsstraftaten, Wirtschaftsstraftaten, bestimmten Militärstraftaten, Frauen mit Kindern unter zehn Jahren, Schwangere, Minderjährige unter 18 Jahren, Alte und Kranke. Die meisten politischen Häftlinge wurden nicht freigelassen. Eine weitere Regelung besagte, daß Haftstrafen der Häftlinge über fünf Jahre halbiert werden sollten, aber auch dies durfte nicht auf politische Häftlinge und „sozial gefährliche Elemente" angewendet werden. Als Folge der Woroschilow-Amnestie verminderte sich die Zahl der ITL-Insassen um rund eine Million[27].

Die meisten Gefangenen der Speziallager verblieben indes weiterhin im GULag. Nach SILDEs Angaben verschlechterte sich die Situation der „58er" sogar, da durch die Entlassung der Kriminellen in vielen Lagergebieten ein Arbeitskräftemangel einsetzte und die Lagerbehörden versuchten, diesen durch Neuverteilung der verbleibenden Häftlinge zu mindern[28].

13.2.2 Erschütterung des GULag 1953-1954: Sturz Berijas und Massenaufstände

Die entscheidenden Jahre, in welchen Sowjet- und GULag-Führung den Entschluß zur Umstrukturierung des GULag faßten, waren 1953 und 1954. Es wa-

[25] 18. März 1953: Nekrassow, Finale, S. 479. 28. März 1953: Karner, GUPVI, S. 247, Anmk. 209. Allgemein: Lewytzkyj, Inquisition, S. 269. Karner, GUPVI, S. 79.

[26] Nach Nekrassow, Finale, S. 480, schrieb dieser am 24. März 1953 einen Brief mit einem entsprechenden Vorschlag an die Mitglieder des Präsidiums des ZK der KPdSU.

[27] Zur Amnestie vom 27. März 1953: Solschenizyn, Archipel GULag III, S. 281, 441. Rossi, GULAG Handbook, S. 6-7. Knoll/Kölm, Fall Berija, S. 36, Anmk. 1. Nekrassow, Finale, S. 481. Knoll/Kölm sprechen von einer Million, Nekrassow von 1.181.264 Entlassenen. Herbst-Oltmanns datiert die Amnestie abweichend auf den 28. Marz 1953 (Anne Herbst-Oltmanns. Entstalinisierung. Der Einzelne zählt wieder in der Sowjetunion. In: Reinhard Crusius/Manfred Wilke (Hgg.). Entstalinisierung. Der XX. Parteitag der KPdSU und seine Folgen. Beiträge von Roy Medwedew, Anne Herbst-Oltmanns, Robert Havemann, Reinhard Crusius/Manfred Wilke, Jiri Pelikan, Franz Marek, Helmut Martin, Jochen Steffen, Hermann Weber, Heinz Brandt, Bernd Rabehl, Jan Skala, Pierre Frank, Isaac Deutscher, Ernst Bloch, Hans Mayer, Berni Kelb, Herbert Kuehl, Manfred Hertwig. Frankfurt/Main, 1977, S. 50-64. Hier: S. 51).

[28] Silde, Profits, S. 73.

ren vor allem zwei Ereignisse, die das Lagersystem nachhaltig erschütterten: der Sturz Berijas im Juni 1953 und Lageraufstände 1953 und 1954, die sich an manchen Orten zu Volksaufständen und Meutereien regulärer Einheiten ausweiteten[29].

Die Entmachtung Berijas, der seit 1938 das NKWD geleitet hatte und seit dem Tod Stalins die sowjetische Politik beherrschte, verunsicherte die Sicherheitsbehörden und die GULag-Funktionäre erheblich[30]. Die Verhaftungen vieler führender Sicherheitsfunktionäre und die in der Sowjetunion geäußerte Kritik an den „Organen" ließen Macht und Einfluß der Lagerleitungen weiter sinken.

Die Häftlinge nutzten diese Chance. Im Jahr 1953, als im Sommer in der DDR der Aufstand vom 17. Juni und im polnischen Posen Unruhen ausbrachen, begannen Streiks und Aufstände in bislang ungekannter Zahl und Intensität, die Ordnung insbesondere in den Speziallagern zu erschüttern[31]. Am bedeutendsten sind jene in Norilsk, Workuta und Kingir[32].

In *Speziallagerpunkten in Norilsk* beteiligten sich seit Mai *1953* bis zu 50.000 Häftlinge an den Streiks und Unruhen. Die Lagerinsassen blockierten weite Teile des Norilsker Industriegebietes und riefen Engpässe in der gesamten Sowjetunion hervor. Nachdem Verhandlungen gescheitert waren und die Aufständischen nicht nachgaben, schlugen Truppen des Innenministeriums den Aufstand im Juli und August 1953 blutig nieder, wobei mindestens 120 Lagerinsassen getötet wurden[33].

In einem weithin bekanntgewordenen und in der Literatur oft erwähnten *Streik in Workuta im Juli/August 1953* streikten die Insassen mehrerer Schacht-

---

29 Siehe dazu: Graziosi, Strikes, vor allem S. 420-438.

30 Nach Solschenizyn wirkte „auf dem Archipel .. der Sturz Berijas wie ein Donnerschlag" (Ders., Archipel GULag III, S. 281).

31 Rossi, GULAG Handbook, S. 121

32 Die vielen Darstellungen dieser drei großen Aufstände unterscheiden sich in sehr vielen Details. Genannt werden hier nur die wesentlichen und bei allen übereinstimmenden Aspekte.

33 Zum Streik in Norilsk: Willkürliche Erschießung eines Gefangenen im 5. Berglager in Norilsk am 15. Juni 1953, 16. Juni 1953 Niederlegung der Arbeit durch die Insassen dreier Lagerpunkte (5. Berglager mit 900 Gefangenen, 4. Berglager mit 1300 Gefangenen und das 3. „katorja-Lager" [Katorga-Lager] mit 3000 Mann), Scheitern der Verhandlungen mit dem Chef der Norilsker Lager, Generalmajor Semjonow, Eintreffen einer von den Häftlingen verlangten Kommission, 1. Juli 1953 Stürmung des 5. Berglagers, dabei Tod von 75 Insassen, Abbruch des Streiks im 4. Berglager am 5. Juli 1953, aber Fortsetzung im 3. Katorga-Lager, Stürmung 3. Katorga-Lagers am 4. August 1953, dabei 125 Häftlinge getötet (Friede, Saga). In vielen Details andere Schilderung bei Passin/van Liessen, Streik, S. 350-354: 7. Mai 1953: Streikbeginn nach Schußverwundung eines Häflings im Speziallagerpunkt Nr. 5, Ausweitung auf andere Lagerpunkte, Verhandlungen, Forderungen (S. 352), Streikfortsetzung, 23. Mai 1953: Stürmung des Speziallagerpunktes Nr. 5, wobei eine unbekannte Zahl an Häftlingen getötet und verletzt wird, Fortsetzung des Streiks in anderen Lagerpunkten, besonders im Speziallagerpunkt Nr. 4, 11. August 1954: Stürmung des Speziallagerpunktes Nr. 4, dabei rund 1500 Tote und Verwundete. Ähnlich Heinrich, Norilsk: Anfang Mai 1953: Streik nach Schußverwundung, Ausdehnung des Streiks, so daß Anfang Juni 1953 30.000 Häftlinge im Ausstand waren, Juli 1953: Stürmung mehrerer Lagerpunkte, 4. August 1953: Erstürmung des letzten noch streikenden Lagerpunktes, wobei 120 Häftlinge starben und rund 200 verwundet wurden (Ebd., S. 359-360). Siehe auch: Armanski, Maschinen, S. 183-184, Solschenizyn, Archipel GULag III, S. 281, und ausführlich: Silde, Profits, S. 217-230.

lager aufgrund willkürlicher Behandlung und forderten eine bessere Behandlung, volle Essensrationen, die Abschaffung der Häftlingsnummern, die Entfernung von Gittern und Schlössern an den Baracken, Brief- und Besuchsrecht und eine Überprüfung der Urteile. Nach dem Scheitern von Verhandlungen wurde der Streik unter Einsatz von Truppen blutig niedergeschlagen, wobei es zumindest in einem Schachtlager, der Grube Nr. 29, viele Tote gab. Die Zahl der Toten und Verwundeten ist umstritten und liegt zwischen 60 und 500 Toten sowie 200 bis 800 Verletzten, von denen in der Folge viele starben[34].

Besonders lange dauerte der große und oft beschriebene *Aufstand in Kingir im Mai/Juni 1954*. Nach sechswöchigem Streik und dem Scheitern der Verhandlungen kamen bei dem mit Panzerunterstützung durchgeführten Sturm auf das Lager Ende Juni 1954 500 bis 700 Häftlinge ums Leben[35].

---

[34] Zum Workuta-Streik: Streikbeginn in Grube Nr. 7 am 22. Juli 1953; Ausweitung des Streiks auf zehn weitere Gruben, darunter die Grube Nr. 29, ein Frauenlager und die Lager zweier geplanter Kraftwerke; Scheitern von Verhandlungen mit einer Moskauer Delegation und dem Leiter der Workuta-Lager, General Derewjanko; Fortsetzung des Streiks trotz Androhung militärischer Gewalt; Brechen des Widerstandes durch Erstürmung der Grube Nr. 29 am August 1953; Bilanz: nicht, wie nach Malmoumians Worten vom MWD vorgetäuscht, zwischen 63 und 83 Tote und mehr als 200 Verletzte, sondern 481 Tote und 780 Verletzte (Malmoumian, Schüsse). Beteiligung von fünf der dreizehn „Regimelager" (Speziallagerpunkte) Workutas am Streik (S. 179). 64 Tote und viele Opfer beim Sturm auf Schacht 29 (S. 174) (Scholmer, Arzt, S. 165-188). Streik im Speziallager RETSCHLag; 66 Tote (Solschenizyn, Archipel GULag III, S. 282-285). 64 Tote (Lewytzkyj, Inquisition, S. 285-286 [auch in: Paschner, Teufelskreis, S. 180]). Beteiligung von 100.000 Häftlingen und 50 Bergwerken (Armanski, Maschinen, S. 184). 64 Tote bei der Niederschlagung des Streiks im 29. Schacht (Friede, Saga). Streikbeginn am 20. Juli 1953 in einer Zeche mit 7000 Häftlingen nach der Hinrichtung eines Häftlings; bis 23. Juli Ausweitung des Streiks auf 25 Zechen; Scheitern der Verhandlungen; 1. August „120 Rädelsführer erschossen", aber Fortgang des Streiks (Gerland, Jahre). Andere Zeitungsberichte sprechen von „einer im Männerlager Workuta II unterdrückten Revolte, die 167 Männern das Leben kostete" (Strafgefangen am Rande des Eismeeres. 60.000 unter der Knute – Zwei Jahre Frauenlager in Workuta. In: Frankfurter Neue Presse v. 13. Februar 1954) oder beschränken den Streik auf Schacht 29, wo nach der Verhaftung von Häftlingen im Juni 1953 die Arbeit niedergelegt worden sei und es beim Sturm 56 Tote und 180 Verwundete gegeben habe (Zwangsarbeiter streikten in Sibirien. In: Rhein-Zeitung v. 15. Mai 1954. [Ähnlich auch in: General-Anzeiger [Bonn] v. 15. Mai 1954. Streik mit Forderungen nach Verbesserungen, bei Sturm 56 Tote, 180 Verwundete]). Hinrichtung von 110 Gefangenen durch „Sondereinheiten des MWD, 500 Gefangene verwundet, spätere Hinrichtung weiterer 50-60 Gefangener (Die Welt [Essen] v. 12. Januar 1955). Ausführlich: Silde, Profits, S. 230-244.

[35] Zum Aufstand in Kingir: Aufstand in den STEPLag-Speziallagerpunkten Nr. 2 und 3 in Kingir Mai/Juni 1954: Arbeitsstreik nach willkürlicher Erschießung eines Häftlings im Februar 1954, unblutige Beendigung dieser Meuterei durch Abtransport der Streikführer im März/April 1954 in andere Lager; Mai 1954 Einquartierung von Kriminellen, um politische Gefangene zu spalten; Bündnis beider Häftlingsgruppen; Ausweitung anfänglicher Unruhen ab dem 18./19. Mai 1954 zu einem militärisch geplanten Aufstand; Aufbau eigener Verwaltung, Stäbe und Kampfeinheiten, Scheitern tagelanger Verhandlungen, 25. Juni 1954 Sturm von MWD-Einheiten mit Unterstützung von Kampfpanzern, 600-700 Tote, Abtransport von rund 1000 Häftlingen (Solschenizyn, Archipel GULag III, S. 286-332 [Kap. 12 „Die vierzig Tage von Kengir"]. Hier besonders: S. 286-294, 311, 328-331). Sehr ähnliche Schilderung: der Ereignisse in einem Zeugenbericht: Mitte April 1954 Ankunft der *blatnois*, 15. Mai 1954 Beginn Aufstand im 2. und 3. LagPunkt, 16. Mai 1954 Angriff der MGB-Truppen, 60-70 Tote, Verhandlungen, Forderungen (S. 336), 10. Juni 1954 Sympathiestreiks in Dheskasgan, 26. Juni 1954 Sturm mit Panzerunterstützung, 500 Tote, davon 200 Frauen (In: Burmeister, Aufstand, S. 334-343). 500 Tote, darunter 200 Frauen (Lewytzkyj, Inquisition, S. 285). Beteiligung von etwa 8000 Häftlingen (Armanski, Maschinen, S. 184). Angaben aus

Berichtet wird von einer ganzen Reihe weiterer Unruhen, Aufständen und Streiks. 1953 ereigneten sich solche im ITL KARLag[36] und im Herbst 1953 in der Komi ASSR[37]. Am 11. Januar 1954 schlugen sowjetische Truppen einen Streik in einem Lagerpunkt des WJATLag nieder, wobei es mehr als 275 Toten gab[38]. Im gleichen Jahr starben 460 Häftlinge, vorwiegend Balten, in der Grube „Sewernaja" im WORKUTLag bei einem Aufstand[39]. In SILDEs Liste sind weiter für 1953 ein Aufstand in einem Lager in der Arktis, 1954 ein Hungerstreik an der Kolyma mit 150.000 Teilnehmern, im August 1954 erneut ein Aufstand im Lager Woshajel in der Komi ASSR, 1953 und dann vom 15. bis 27. Juli 1954 Unruhen in Dsheskasgan und Karaganda, bei deren Niederschlagung 82 Frauen gestorben seien, 1954 in Balchasch, 1954 in Krasnojarsk 1954, im Sommer 1954 in Rewda bei Swerdlowsk und in Karabasch, im Herbst 1954 in Taischet, im Oktober 1954 im Gebiet Krasnodar, im Sommer 1955 in Potma, im Juni/Juli 1955 in SOLIKAMLag verzeichnet[40]. Genannt seien abschließend Revolten im Januar 1955 in Taischet[41], Ende 1955 in Norilsk[42] und im April 1956 in drei Lagerpunkten am Jenissei[43].

Der Ablauf der Aufstände vollzog sich besonders in den Speziallagern nach einem gleichartigen Schema. Anlaß für die Unruhen waren oft Morde, Schikanen oder Kompetenzüberschreitungen des freien Lagerpersonals. Nach Ausbruch der Revolte wurde das freie Lagerpersonal abgezogen und der oder die aufstän-

---

zeitgenössischen Presseberichten: Anfang Mai 1954 Ankunft der *blatnois*, mindestens 60 Tote, mindestens 400 beim zweiten Angriff (Panzer gegen Strafgefangene. In: Die Zeit v. 15. Dezember 1955). Einsatz von Panzern am 27. Juni 1954 gegen das „6. Sonderlager" in Kingir, 530 Tote, darunter 200 Frauen (Friede, Saga). Aufstandsbeginn, besonders in der dritten Lagerabteilung, am 16. Mai 1954 (im Text falsch: „6. Mai"); Beteiligung von rund 8000 Häftlingen, Tötung von 76 Häftlingen am 17. Mai 1954 durch Wachpersonal (im Text falsch: „7. Mai"), Verhandlungen über Forderungen der Häftlinge (mit genauer Auflistung der 15 Forderungspunkte), erneute Kämpfe (über 100 tote Häftlinge), Wiederaufnahme der Verhandlungen, Niederschlagung des Aufstandes am 26. Juni 1954 unter Einsatz von Panzern und 1600 Mann, 700 tote Häftlinge (N. Warkoni. Aufstand der Sklaven. In: Rheinischer Merkur v. 15. Juni 1956). Niederschlagung unter Panzereinsatz, 500 Tote, über 1000 Schwerverwundete (Aufstände in russischen Arbeitslagern. In: Die Presse [Wien]. v. 29. Juli 1956). Streik von 7000-8000 Männern und 2500 Frauen im 6. Sonderlager, 16. Mai 1954 Tötung von 31 Gefangenen durch Wachpersonal, Erklärung des gesamten Lagerbezirks zum Streikgebiet am 17. Mai 1954, Streik, Niederschlagung des Streiks unter Panzereinsatz am 27. Juni 1954: 530 Tote, davon über 200 Frauen (Friede, Panzer). Ausführlich: Silde, Profits, S. 169-170, 244-257. Siehe auch: A.I. Kokurin (Hg.). Wosstanije w Steplage, mai ijun 1954 g. In: Otetschestwennye archiwy 4/1994, S. 33-81.

[36] Solschenizyn, Archipel GULag III, S. 280-281.

[37] Dazu auch: Armanski, Maschinen, S. 184. Von tausenden aufständischen Häftlingen hätten nur drei überlebt.

[38] Friede, Panzer.

[39] Smets, „Menschenleben". Insgesamt habe es im WORKUTLag acht Aufstände gegeben, von denen der von 1954 der letzte gewesen sei.

[40] Silde, Profits, S. 213-217.

[41] Passin/van Briessen, Streik, S. 346, 347.

[42] Nach: Aufstände in russischen Arbeitslagern. In: Die Presse (Wien) v. 29. Juli 1956. Demnach beteiligten sich 25.000 Gefangene an diesem Aufstand, bei dessen Niederschlagung nach dreimonatiger Dauer 800 Lagerinsassen getötet und mehr als 2000 verwundet worden sein sollen.

[43] Nach: Warkoni, Aufstand. Er spricht von etwa 200 Toten in den Lagerpunkten Wereschtschagino, Werchneimbatsk und Mirnoje (Auch genannt in: Burmeister, Aufstand, S. 333).

dischen Lagerpunkte durch die Wachmannschaften von außen eingeschlossen. Die Gefangenen organisierten Streikkomitees und begannen, die Verwaltung des Lagerinneren zu übernehmen. Sie forderten die GULag-Behörden auf, Kommissionen aus Moskau zu schicken, das Lagerregime zu erleichtern und den ITL anzupassen und das Fehlverhalten des freien Lagerpersonal zu ahnden. Die konkreten Forderungen zur Verbesserung der Zustände waren bei vielen Aufständen gleich. Verlangt wurde Verbot des Schußwaffengebrauchs, Abschaffung der Häftlingsnummern, Entfernung der Gitter an den Barackenfenstern, Öffnung der Baracken über Nacht, Reduzierung der Arbeitszeit auf acht bis neun Stunden, Aufhebung der Korrespondenzeinschränkungen, Wiedereinführung der vorzeitigen Entlassung, Aufhebung der Trennung von Männern und Frauen am Lagerarbeitsplatz, Rückzug der Spitzel, Ausdehnung der Woroschilow-Amnestie auf politische Häftlinge und Erhöhung der Essensrationen[44]. Die Reaktionen der Sowjetführung waren zunächst von Unsicherheit und Gesprächsbereitschaft gekennzeichnet. Sehr oft wurden Streiks nicht direkt blutig unterdrückt, sondern Kommissionen hochrangiger Funktionäre aus Moskau gesandt und verhandelt[45]. Erst als diese Gespräche scheiterten, wurden die meisten der Unruhen unter Einsatz militärischer Gewalt niedergeschlagen.

Die Kunde von den großen Aufständen erreichte den gesamten GULag und die ganze Sowjetunion. Die Lager wurden immer weniger beherrschbar und entwickelten sich nun zu einem potentiellen Unruheherd, der Auswirkungen auf das Herrschaftssystem als Ganzes hatte.

13.2.3 Weitreichende Erleichterungen im Lagerregime 1954-1956

Die GULag-Führung bemühte sich, der Widerstands- und Aufstandsstimmung durch Unterdrückung, aber auch mittels der Erleichterung des Lagerregimes Herr zu werden. Dies geboten nicht nur die Interessen des Herrschaftssystems an Ruhe und Ordnung, sondern auch die Belange der Planerfüllung[46].

Tatsächlich wurden die Bedingungen in den Lagern so stark gelockert, daß Solschenizyn von einem „zerzausten Archipel" mit einem „freien und angenehmen Leben", wie zuletzt höchstens in den Gefängnissen Mitte der zwanziger Jahre, spricht, und auch Rossi die Verhältnisse im GULag als die eines „noticeably relaxed regime" bezeichnet[47].

Schon seit Jahren erhobene Forderungen der Lagerinsassen von Speziallagern wurden nun erfüllt. Die Häftlingsnummern, die Gitter an den Barackenfenstern und die Schlösser an den Barackentüren wurden entfernt, und die Speziallager

---

44 Rossi, GULAG Handbook, S. 122, faßt die Forderungen gut zusammen. Siehe dazu am Beispiel Kingir auch Silde, Profits, S. 248-249.

45 Scholmer, Arzt, S. 172, für den Streik in Workuta 1953: „Man will keine Explosion, man bemüht sich, die Revolte versanden zu lassen.".

46 Siehe zum ökonomischen Aspekt besonders: Barton, Rationalisierung.

47 Solschenizyn, Archipel GULag III, S. 505. Rossi, GULAG Handbook, S. 122. Silde datiert die Hafterleichterungen auf 1954 und sieht „beginning in 1955 ... considerable changes" (Ders., Profits, S. 17 [Zitat], 129, 227).

verloren so ihren gefängnisähnlichen Charakter. Die Ausländer in den Speziallagern wurden unabhängig von ihrer noch zu verbüßenden Strafe entlassen. Den Häftlingen wurde erlaubt, die Haare länger wachsen zu lassen, und statt der früheren Lagerkonten und der Lagerbons wurden Arbeitslöhne in Geld ausgezahlt. Aufgegeben wurden die Beschränkungen im Briefeschreiben; es wurde erstmals generelle Besuchserlaubnis erteilt, ein verbessertes Prämiensystem eingeführt[48]. Insgesamt gesehen, endet die Geschichte der Speziallager 1954[49].

Auch in den ITL wurden Umgangston und das Verhalten der Freien in den Lagern korrekter. Die Holzfällerarbeiten für Frauen wurden abgeschafft. Es gab auch hier mehr Geldlohn, so daß die Häftlinge in den Lagerläden und sogar in der Siedlung der Freien einkaufen konnten. Viele Insassen, die bereits zwei Drittel ihrer Strafe abgesessen hatten, wurden entlassen[50]. Diese Verbesserungen galten auch für die Strafisolatoren: Fortan wurde dort täglich warme Nahrung ausgegeben, die Häftlinge durften auch tagsüber die Außenkleidung tragen[51]. Die Straflagerpunkte behielten ihr altes Regime im Grundsatz zwar bei, aber auch dort wuchs die Macht der Häftlinge immer mehr an[52]. Überall wurden Einrichtungen der zwanziger und frühen dreißiger Jahre, die seit der Regimeverschärfung Mitte der dreißiger Jahre abgeschafft oder in ihrer Bedeutung erheblich gemindert worden waren, wiederbelebt[53]. Die Erleichterungen gingen so weit, daß völlig neue Haftverbüßungsarten geschaffen wurden. So gab es „Lager mit erleichtertem Regime“ und „Haftverbüßung außerhalb der Zone“. In beiden Fällen kann von Lagern im alten Sinne nicht mehr gesprochen werden[54]. Gleiches kann für alle Lagerkategorien gesagt werden.

---

48 Siehe dazu: Solschenizyn, Archipel GULag III, S. 502-504. Silde, Profits, S. 182- 183, 205, und seine Liste S. 228-229 (für Norilsk), 232 (für Workuta). Stürmer, Sh 895, S. 133 (Entfernen der Häftlingsnummern und Fenstergittern). An der Kolyma wurden im Frühjahr 1954 erstmals seit Bestehen des DALSTROI Besuchsgenehmigungen für Angehörige erteilt (Ginsburg, Gratwanderung, S. 449). Erleichterungen am Beispiel Norilsk auch in: Passin/van Briessen, Streik, S. 354-356, und Heinrich, Norilsk, S. 362-363.

49 Besonders der ehemalige Speziallagerhäftling Solschenizyn hebt darauf oft ab (So: Ders., Archipel GULag III, S. 504) Er verweist darauf, daß in diese nun auch Kriminelle eingewiesen und damit das Prinzip der Speziallager durchbrochen wurde, und nennt einen solchen Fall für den Speziallagerpunkt Nr. 3 in Kingir, wo im Mai 1954 650 Kriminelle und Bytowiki einquartiert wurden (Solschenizyn, Archipel GULag III, S. 290-291).

50 Solschenizyn, Archipel GULag III, S. 505.

51 Rossi, GULAG Handbook, S. 154).

52 Solschenizyn, Archipel GULag III, S. 506, Anmk.

53 Darunter fielen die alten AgitProp-Maßnahmen. Es seien wieder Lautsprecher eingesetzt und Tageszeitungen verteilt worden, Vortragsabende, Theater- und Musikaufführungen hätten ihre alte Bedeutung wiedergewonnen. Gleichfalls habe es wieder „Aktivistenräte“ und „Kameradschaftsgerichte“ gegeben. Wie früher sollten diese dazu beitragen, die Arbeitsproduktivität zu steigern und die Disziplin aufrechtzuerhalten (Solschenizyn, Archipel GULag III, S. 505).

54 In den „Lagern mit erleichtertem Regime“ hätten sich die Gefangenen nur noch zum Schlafen in der Wohnzone aufgehalten. Sie hätten ohne Bewachung zur Arbeit gehen können, und am Sonntag, an dem früher in der Regel gearbeitet wurde, hätten zwei Drittel der Häftlinge Ausgang gehabt (Solschenizyn, Archipel GULag III, S. 506). „Haftverbüßung außerhalb der Zone“ bedeutete, daß der Gefangene außerhalb der Zone lebte, dort Haus und Familie haben konnte, zwar seiner Lagerarbeit nachging, aber den Arbeitslohn ohne Abzüge für Lagerverwaltung oder Bewachung ausgehändigt bekam und sich lediglich alle vierzehn Tage in der Zone zu melden hatte (Ebd., S. 506-507. Rossi, GULAG Handbook, S. 53-53).

13.2.4 Der innenpolitische und wirtschaftliche Bedeutungsverlust des GULag bis 1956

Die Erleichterungen im Lagerleben waren für den einzelnen Häftling von größter Bedeutung, jedoch waren es der innenpolitische Wandel nach 1953 und vor allem die wirtschaftspolitische Neuorientierung der frühen Chruschtschow-Zeit, die den endgültigen und nicht umkehrbaren Umbruch im GULag bewirkten[55].

Solange sich die wirtschaftlichen Rahmenbedingungen für den GULag nicht grundlegend geändert hatten, war es nicht möglich, das Lagersystem aufzulösen, da es in grundlegenden Branchen fest in die staatliche Wirtschaftsplanung eingebunden war und aus dieser nicht in einer kurzfristigen Maßnahme herausgelöst werden konnte, ohne daß das gesamte Gefüge beschädigt worden wäre[56].

Da eine kurzfristige Zerschlagung des GULag nicht zu verwirklichen war, entschloß sich die Sowjetführung, das Wirtschafts- und Lagersystem GULag des MWD mittelfristig zu ändern, und folgte den Plänen, die schon Berija für eine GULag-Reform hatte ausarbeiten lassen. Die entscheidende Frage ist, warum für den GULag der vorhandenen Struktur keine Verwendung mehr war. Zur Beantwortung müssen drei Sachverhalte herangezogen werden.

Von Einfluß war mit hoher Wahrscheinlichkeit der Kurs, der nach Berijas Sturz darauf abzielte, den gesamten Staatssicherheitsapparat, zu dem im weiteren Sinn auch der GULag gehörte, in seinen Kompetenzen einzuschränken und wieder unter die direkte Kontrolle der Partei zu stellen[57]. Die Aufstände in den Lagern trugen das ihrige dazu bei, daß harsche Kritik an den Sicherheitsbehörden laut wurde.

---

55 Lewytzkyj, Inquisition, S. 287, spricht von den vielen Aufständen in den Lagern, als „Anstoß zu einer beschleunigten Reform" des Lagersystems. Von Rauch, Geschichte, S. 505, sieht in den Streiks und Erhebungen seit 1953 den Anlaß, „die unrentablen und nicht mehr zeitgemäßen Einrichtungen zu entleeren und aufzulösen".

56 Dallin/Nicolaevsky, Forced labor, S. 252, meinen, daß es schon 1934 nicht mehr möglich gewesen sei, das Zwangsarbeitslagersystem abzuschaffen. Es sei fest in die Sowjetwirtschaft eingebunden gewesen, und eine Rückstufung der Verästelungen hätte unvorhersehbare Komplikationen hervorgerufen. Im Holzexport, der Goldförderung, Straßen- und Eisenbahnbau und dem Bau neuer Industrieanlagen seien die GULag-Häftlinge unverzichtbar gewesen (So auch: Beck/Godin, Purge, S. 75). Swianiewicz, Forced labour, S. 214-215, teilt diese Ansicht. Der GULag habe als eigener Konzern ein Eigenleben entwickelt und andere Institutionen unterstützt. Hätte man ihn aufgelöst, hätte dies einen Arbeitskräftemangel in vielen Branchen und Auswirkungen auf die weiterverarbeitende Industrie und Planerfüllung gehabt. Millionen ehemaliger Lagerzwangsarbeiter wären auf den Verbrauchermarkt gelangt, die Inflationsrate wäre gestiegen. Der Lebensstandard der freien Bevölkerung hätten eingeschränkt und zusätzliche finanzielle Aufwendungen erbracht werden müssen, um sozialen Unruhen vorzubeugen. Ähnlich argumentiert Scholmer, Arzt, S. 170-171. Da die Industrie zu einem erheblichen Teil auf der Arbeit von Gefangenen basiert habe, sei es unmöglich gewesen, das Lagersystem „in einem schnellen Prozeß aufzulösen oder auch nur zu lockern", ohne „die Industrie aufs schwerste [zu] erschüttern". Zu beachten sei auch, daß für die Hunderttausende und Millionen freigelassener Häftlinge gar kein Wohnraum zur Verfügung gestanden hätte. In einer neueren russischen Veröffentlichung stimmt auch Iwaschow zu, daß eine Freilassung aus ökonomischen Gründen lange Zeit nicht möglich gewesen sei (In: Iwaschow/Jemelin, GULAG, S. 14).

57 Siehe dazu Wolin/Slusser, Secret police, S. 29.

Zudem hatte der GULag seine Hauptaufgaben erfüllt, arbeitete für die nun anstehenden Aufgaben zu ineffizient und war volkswirtschaftlich gesehen nicht mehr rentabel. Es sind besonders HOFMANN und SWIANIEWICZ, die wirtschaftliche Notwendigkeiten als Hauptursache des Wandels in der Einschätzung des GULag sehen. Nach dem Kriege habe sich das Wirtschaftssystem immer mehr konsolidiert und modernisiert, die ökonomische Zweckmäßigkeit der Lagerzwangsarbeit sei geschwunden. Anfang der fünfziger Jahre seien nicht nur die industrielle und infrastrukturelle Erschließung neuer rohstoffreicher Gebiete erreicht, sondern diese Regionen durch den jahrzehntelangen Masseneinsatz der Häftlinge auch kultiviert und attraktiver gemacht worden. Es sei nunmehr in größerem Umfange gelungen, freie Arbeiter zu bewegen, in diesen Gebieten zu arbeiten. Die Phase des beschleunigten industriellen Aufbaus sei damit beendet gewesen, die Effizienz der sowjetischen Arbeit gestiegen, und die Sowjetführung habe eingesehen, daß brutale Methoden des Arbeitszwanges zusehends mehr schaden als nützen würden. Die bevölkerungs-, arbeitskräftepolitische und wirtschaftliche Notwendigkeit der Zwangsarbeitslager sei damit nicht mehr gegeben gewesen[58]. Ähnlich argumentiert ROSSI. Nachdem die GULag-Arbeiter in vielen Regionen die Grundlagen für die Industrialisierung gelegt hätten, habe die Sowjetunion in der Zeit nach Vollendung des Wiederaufbaus für die zahlreich vorhandenen Industriebetriebe und Rohstoffabbaugebiete keine schlecht ausgerüsteten, unzureichend motivierten und nach kurzer Zeit entkräfteten Lagerzwangsarbeiter, sondern qualifizierte und motivierte Facharbeiter benötigt. Diese Zwänge hätten es der Sowjetführung in den fünfziger Jahren leichter gemacht, Amnestien zu gewähren und Haftstrafen zu verkürzen[59].

Zweifelsohne eine große Bedeutung hatte zum dritten, daß für einen zentralisierten GULag in der zunehmend auf Dezentralisierung abzielenden Wirtschaftspolitik Chruschtschows keine Verwendung mehr bestand[60]. Für die im fünften Fünfjahresplan (1951-1955)[61] vorgesehenen „Stalinbauten" mußte zwar weiterhin auch auf Lagerinsassen zurückgegriffen werden, jedoch sollte deren Einsatz nun nicht mehr durch die GULag oder andere Wirtschaftsbehörden des MWD, sondern durch die zuständigen Ministerien organisiert werden.

Wie bereits von Berija geplant, wurden die Branchen-Hauptverwaltungen des MWD und zahlreiche Wirtschaftsbetriebe von Lagersystem und MWD den zuständigen Fachministerien übertragen[62]. Die wirtschaftliche Macht des MWD und der GULag wurde dadurch gebrochen, die GULag verlor ihre Leitungs-

58 Hofmann, Arbeitsverfassung, S. 160 und 275-277. Swianiewicz, Forced labour, S. 22-24.

59 Rossi, GULAG Handbook, S. 192 (Genauso: Paschner, Teufelskreis, S. 181). Shifrin, Reiseführer, S. 318.

60 Hofmann, Arbeitsverfassung, S. 266. Torke, Lexikon, S. 106. Conquest, Terror, S. 542. Barton, L'institution, S. 320-321, 368-371.

61 Vgl. Stökl, Geschichte, S. 760. Von Rauch, Geschichte, S. 487-488.

62 Wolin/Slusser, Secret police, S. 28. So wurde am 26. August 1953 dem MWD die Verantwortung für Straßen und Fernverkehrstraßen entzogen und dem Ministerium für Transportwesen und Autofernstraßen übertragen (Ebd., S. 58, Anmk. 160). Rossi, GULAG Handbook, S. 94, 96, sagt, daß die GUSchossDor am 26. August 1956 dem All-Unionsministerium für Autotransport und Fernstraßen unterstellt worden sei. 1953 seien die GUShDS zum All-Unions-Ministerium für Eisenbahnen gekommen und die GUGMP aufgelöst worden (Ebd., S. 90).

funktion und wurde für die restlichen Jahre ihrer Existenz auf die Rolle des Arbeitskräftebeschaffers reduziert[63].

13.3 Die Auflösung der GULag 1956 und die große Entlassungswelle 1956/1957

Parallel zur wirtschaftlichen Entmachtung des Lagersystems wurde die Zahl der Lagerinsassen erheblich reduziert. Der Woroschilow-Amnestie folgten 1953 bis 1955 eine Reihe weiterer Amnestien und Entlassungen[64]. Die GULag blieb jedoch noch bestehen. Allerdings wurde die Generalstaatsanwaltschaft 1955/56 beauftragt, die Arbeit der Staatssicherheitsorgane und die Strafvollzugseinrichtungen zu kontrollieren[65].

Der Wendepunkt war das Jahr 1956. Einige Monate nach der „Geheimrede" Chruschtschows auf dem 20. Parteitag (14.-25. Februar 1956) wurde die GULag im Mai 1956 offiziell abgeschafft. Da zahlreiche GULag-Betriebe anderen Dienststellen unterstellt worden waren und in den Lagern die Entlassungen verstärkt vorangetrieben wurden, war die GULag überflüssig geworden. Ihre Auf-

[63] Rossi, GULAG Handbook, S. 94, ist der Auffassung, daß dem GULag für die Zeit ab 1953/54 „only the role of supplier of a prisoner work force" geblieben sei.

[64] Am 8. September 1953 wurde verfügt, daß künftige Amnestien auch auf jene Häftlinge Anwendung finden sollten, die aufgrund des Gesetzes vom 7. August 1932 verurteilt worden waren. Am 24. April 1954 folgte ein Ukas, der die erleichterte Entlassung von Häftlingen, die bei der Tat noch keine 18 Jahre alt gewesen waren, sich in der Haft gut verhalten hätten und ihre Strafe zu mindestens einem Drittel abgebüßt hatten, vorsah. Am 17. September 1955 wurden alle jene Häftlinge, die zu Strafen bis zu zehn Jahren wegen Spionage, Hochverrat, Bestrebungen zum Sturz der Sowjetmacht und Nichtmeldung dieser Delikte verurteilt worden waren, amnestiert. Allen, gegen die wegen dieser Delikte Strafen über zehn Jahre verhängt worden waren, wurden diese um die Hälfte erlassen. Freigelassen wurde die Häftlinge, die in der Deutschen Wehrmacht, in deutschen Polizeieinheiten oder anderen Militäreinheiten gedient hatten. Alle die durch den Ukas vom 17. September 1955 entlassenen Häftlinge wurden allerdings in Verbannungsgebiete gesandt. Wenige Tage später, am 28. September 1955, wurden die letzten deutschen Kriegsgefangenen und ehemaligen deutschen Mitarbeiter der Besatzungsbehörden, die als „Militärverbrecher" im GULag einsaßen. nach Deutschland entlassen (Rossi, GULAG Handbook, S. 7. Silde, Profits, S. 200, 250. Herbst-Oltmanns, Entstalinisierung, S. 54). Vgl. Semskows Zahlen über entlassene „58er" in: Ders., GULAG II, S. 14.

[65] Wolin/Slusser, Secret police, S. 29, führen aus, daß in der Generalstaatsanwaltschaft Abteilungen zur Überwachung von Geheimpolizei, Kriminal- und Zivilgerichten und der Gefängnisse errichtet worden seien, sie sprechen aber nicht von der Aufsicht über das Lagersystem. Nach Lewytzkyj war am 24. Mai 1955 vom ZK beschlossen worden, die Geheimpolizei staatsanwaltlicher Aufsicht zu unterstellen. Nachdem dies vom Obersten Sowjet bestätigt worden sei, sei mit Wirkung vom 7. April 1956 bei der Staatsanwaltschaft der UdSSR eine Sonderabteilung zur Aufsicht über die Sicherheitsorgane eingesetzt worden. Eine andere Abteilung habe die Gefängnisse und Besserungsarbeitslager „kontrolliert" (Ders., Inquisition, S. 289). Albaz nennt für 1955 eine Gruppe innerhalb der „Militär-Oberstaatsanwaltschaft (GWP)", die Willkürverurteilungen revidieren und die Betroffenen rehabilitieren sollte (Dies., Geheimimperium, S. 88). Armanski behauptet, daß nach Berijas Tod die „Lageraufsicht in die Hand des Generalstaatsanwalts" gelegt worden sei (Ders., Maschinen, S. 149), spricht aber an anderer Stelle (S. 185) davon, daß die Lager 1955 „unter staatsanwaltschaftliche Aufsicht gestellt" worden seien. Dies ist jedoch nicht mit einer „Lageraufsicht" gleichzusetzen.

lösung war weniger ein politisches Zeichen als eine weitere der in dieser Zeit zahlreichen Maßnahmen zur den gesamten Staatsaufbau umfassenden Dezentralisierung und Umorganisation[66].

Im gleichen Jahr kamen Entlassungskommissionen des Obersten Sowjets in die Lager, um eine möglichst große Anzahl an Häftlingen freizulassen. Sie arbeiteten unter Umgehung der örtlichen Lagerleitung, da diese daran interessiert war, möglichst viele Häftlinge zu behalten, um ihr Produktionssoll zu erfüllen[67]. Neben diesen Einzeluntersuchungen wurden 1956 und 1957 weitere Häftlingsgruppen entlassen[68]. Insgesamt sollen nach sowjetischen Angaben bis Mai 1957 rund 70 Prozent der Gefängnis- und Lagerinsassen entlassen worden sein[69].

Nicht aus den Augen zu verlieren ist jedoch, daß Entlassung nicht mit Freiheit gleichzusetzen war. Viele Lagerhäftlinge, besonders die politischen Häftlinge, die vor 1956 entlassen worden waren, verbrachten noch eine geraume Zeit in

---

66 Im gleichen Monat (30. Mai 1956) wurden eine große Anzahl von Betrieben, die Moskauer Zentralbehörden unterstanden hatten, den Unionsrepubliken unterstellt und das Unionsministerium für Justiz aufgelöst (Hösch/Grabmüller, Daten, S. 164).

67 Solschenizyn, Archipel GULag II, S. 636. Er kritisiert das Entlassungsverfahren. Der Häftling habe zunächst in einem Einzelgespräch vor der Kommission ein Schuldbekenntnis ablegen müssen, erst dann seinen Personalausweis und eine Eisenbahnkarte erhalten (Ebd., III, S. 507-509). Medwedew spricht von rund 100 Entlassungskommissionen, die nach dem 20. Parteitag im Auftrag des ersten stellvertretenden Ministerpräsidenten der Sowjetunion, Anastas Mikojan, in Zwangsarbeitslager und andere Haftverbüßungsorte geschickt worden seien, um dort die Urteile politischer Gefangener zu überprüfen (Roy Medvedev. All Stalin's men. Oxford, 1983. Hier: S. 48. Vgl. auch: Roy Medwedew. Vom XX. zum XXII: Parteitag der KPdSU. Ein kurzer historischer Überblick. In: Crusius/Wilke, Entstalinisierung, S. 23-49. Hier: S. 38).

68 Dies betraf die meisten Ausländer (ohne die Ausländer der nach 1939 von der Sowjetunion annektierten Staaten und Gebiete) (14. September 1956), ehemalige sowjetische Soldaten, die in fremder Kriegsgefangenschaft gewesen waren und dafür im GULag einsaßen (20. September 1956), japanische Kriegsgefangene und Fischer (13. Dezember 1956 und 25. November 1957) und die Häftlinge, die von einer Amnestie zum vierzigsten Jahrestag des Oktoberumsturzes (1. November 1957) profitierten. Unter letztere fielen viele politische Häftlinge, die als „sozial gefährlich" angesehen wurden, nicht (Rossi, GULAG Handbook, S. 7-8). Nach den Ausführungen Medwedews kamen im Sommer 1956 „mehrere Millionen" Gefangene frei und wurden rehabilitiert. Zunächst seien Parteimitglieder und die Familienangehörigen umgekommener Kommunisten freigelassen worden, dann alle diejenigen, deren Strafen bereits abgelaufen waren, die aber dennoch in Lager oder Verbannung hatten bleiben müssen (Ders., Parteitag, S. 38).

69 Im Mai 1957 erklärte der stellvertretende Generalstaatsanwalt der Sowjetunion, P.I. Kudrjawszew im Verlauf einer Unterredung mit dem Harvard-Professor, H.J. Berman, daß die Zahl der Häftlinge in Lagern und Gefängnissen der Sowjetunion gegenüber dem Stand Anfang des Jahres 1953 um 70 Prozent zurückgegangen sei. Im Zuge der im März 1953 verkündeten Amnestie seien 52 Prozent der Häftlinge unverzüglich freigelassen und von 1953 bis Mai 1957 zwei Drittel der „Konzentrationslager" (NZZ)/„Zwangsarbeitslager" (FAZ, Die Welt), aufgelöst worden. Er verwies weiter auf einen Beschluß des Ministerrates der Sowjetunion vom 23. Oktober 1956, wonach „Konzentrationslager" (NZZ)/"Zwangsarbeitslager" (FAZ, Die Welt) abgeschafft werden würden und es in Zukunft nur noch zwei Arten von Hafteinrichtungen gebe: Gefängnisse und „Kolonien für Umerziehung durch Arbeit" (In: Neue Zürcher Zeitung v. 16. Mai 1957. FAZ v. 16. Mai 1957. Die Welt v. 16. Mai 1957). Kudrjawszews Äußerung teilweise ungenau wiedergegeben in: Lewytzkyj, Inquisition, S. 287-289 (Auch in: Paschner, Teufelskreis, S. 180). Swianiewicz, Forced labour, S. 50. Wheatcroft, Analysis, S. 236. Conquest, Anfang, S. 616. Korrekte Wiedergabe: Herbst-Oltmanns, Entstalinisierung, S. 54, die allerdings den Artikel in der NZZ falsch auf den 21. Mai 1957 legt.

Durchgangsgefängnissen. Anschließend konnten sie nicht in ihre Heimat zurück, sondern wurden oft an einen zugewiesenen Verbannungsort oder wie in früheren Zeiten zur „freien" Ansiedlung an ihren alten Lagerpunkt entlassen[70]. Diejenigen, die das Glück hatten, nicht in Lagergebieten und Verbannungsorten leben zu müssen, standen vor dem Problem, daß sie in ihrem Paß als Ex-Häftling gekennzeichnet waren und aus diesem Grunde in vielen Städten keine Aufenthaltsgenehmigung und damit keine Arbeit und keine Lebensmittelmarken erhielten. Die Konsequenz war, daß auch sie an ihre alten Lagerarbeitsplätze zurückkehrten oder von dort erst gar nicht weggingen.

Die Entlassungen und Umstrukturierungen zogen sich über mehrere Jahre hin. Gesamtwirtschaftlich wichtige Lagerkomplexe wie Kolyma und Workuta arbeiteten zunächst normal weiter, wurden nach und nach abgebaut und erst Anfang der sechziger Jahre geschlossen[71].

13.4 Das Erbe des GULag: Das „Besserungsarbeitskolonie"-System der Sowjetunion

Die Auflösung *der* GULag im Mai 1956 bedeutete nicht das Ende *des* GULag. Die Sowjetunion verfügte bis zur ihrem Zusammenbruch 1991 über ein weitläufiges Lager (Kolonie)-System, welches weiterhin wirtschaftliche Aufgaben, wenn auch gegenüber der Stalinzeit von geringerer Bedeutung hatte.

Das Lagersystem verkleinerte sich ab 1956, das Regime wurde lockerer. Die Institution eines Lagersystems als Strafvollzugsform wurde jedoch befürwortet und beibehalten. Wie die gesamte Sowjetunion wurde auch das Lagersystem von der Welle der Re-Leninisierung erfaßt und der Erziehungsgedanke wieder stärker hervorgehoben. Die Lager, die bestehen blieben, wurden in „Besserungsarbeitskolonien"[72] umbenannt und vom Oktober 1956 bis April 1957 zunächst der *Hauptverwaltung der Besserungsarbeitskolonien (Glawnoje uprawlenije isprawitelno-trudowych koloni, GUITK)* des Union-Republik-Ministeriums der Justiz unterstellt[73]. Im April 1957 wurde die GUITK dann dem Unions-Republik-Ministerium des Innern unterstellt und Anfang der sechziger Jahre in *Hauptverwaltung der Besserungsarbeitseinrichtungen (Glawnoje uprawlenije isprawitelno-trudowych utschreshdeni, GUITU)* umbenannt[74]. Wie sich die ad-

---

[70] Siehe dazu: Silde, Profits, S. 17-18, 205-207.

[71] Conquest, Anfang, S. 616-617. Negretov, Vorkuta, S. 572, berichtet, daß erst 1960 in Workuta die Umwandlung der GULag-Unternehmen mit Lagerzwangsarbeitern in staatliche Wirtschaftsunternehmen mit freien Arbeitern abgeschlossen gewesen sei.

[72] Silde, Profits, S. 21, nennt dazu den auch von Kudrjawszew erwähnten Beschluß des Ministerrates der Sowjetunion vom 23. Oktober 1956. Diese Umbenennung hat sehr wahrscheinlich nicht nur administrative, sondern auch propagandistische Hintergründe. Da in dieser Arbeit nicht beabsichtigt ist, kommunistisches Vokabular zu benutzen, wird zur Unterscheidung von der Zeit vor 1956 für die ab 1956 existierenden Lager von „Lager (Kolonie)" gesprochen. Rossi, GULAG Handbook, S. 94, bezeichnet die Umbenennungen in „Kolonie" oder „Institution" als „Tarnung".

[73] Rossi, GULAG Handbook, S. 90, 192.

[74] Rossi, GULAG Handbook, S. 90, 91.

ministrativen Änderungen auf die Situation in den verbleibenden Besserungsarbeitskolonien auswirkten, muß an Einzelfällen untersucht werden[75].

In politischen Gremien und der Publizistik wurde schon bald scharfe Kritik an den seit 1954 erleichterten Zuständen in den Lagern (Kolonien) geübt[76]. Ab 1956/57 wurden die enormen Erleichterungen wieder zurückgeschraubt und restriktivere Regimeordnungen[77] erlassen. In den Jahren 1957 und 1958 wurden die Strafvollzugsverhältnisse dann dahingehend geregelt, daß in Gefängnisse nur diejenigen Strafgefangenen untergebracht wurden, die nur vorübergehend verhaftet oder wegen besonders schwerer Verbrechen verurteilt worden waren. Alle übrigen kamen in das Lager (Kolonie)-System[78]. Das Lager (Kolonie)-System wurde damit zur institutionellen Fortsetzung des GULag der Stalinzeit[79].

Die Parallelen zwischen Stalins GULag und den neuen Verhältnissen in dem Lager (Kolonie)-System sind augenscheinlich. Die Lebensbedingungen in den Lagern (Kolonien) gleichen denen der Stalinzeit in organisatorischer Hinsicht völlig. Sie haben lediglich an Schärfe verloren[80]. In den Lagern (Kolonien) der Nach-Stalinzeit schlug das Pendel zwischen Wirtschaftsbetrieb und Strafvollzugsorgan nun wieder mehr zugunsten des letzteren aus. Das Lagersystem behielt seine Funktion als Herrschaftsinstrument und Disziplinierungsmittel, verlor aber durch die Reduzierung der Insassenzahlen und die Abgabe vieler Funktionen und Unternehmen an die Branchenministerien an wirtschaftlichem Einfluß. Dennoch blieb immer das Prinzip der Selbstfinanzierung. Es ist daher nicht verwunderlich, daß der letzte Chef der Hauptverwaltung der Besserungsanstalten im Unionsinnenministerium 1991 klagte, daß die Einführung marktwirtschaftlicher Strukturen das „traditionelle Selbstfinanzierungssystem des Strafvollzugs" gefährde und die Regierung gezwungen sein werde, den Strafvollzug zu finanzieren und zu subventionieren[81].

---

[75] Solschenizyn berichtet von Briefen von Koloniehäftlingen, die ihn nach 1964 erreicht hätten. Der Tenor dieser Schreiben sei gewesen, daß sich die Existenzbedingungen in den Kolonien nicht von denen der Lager zur Zeit der Inhaftierung Solschenizyns, wie in „Ein Tag im Leben des Iwan Denissowitsch" beschrieben, geändert hätten (Ders., Archipel GULag III, S. 494-496). Solschenizyn äußert sich dahingehend, daß die Kolonien der Chruschtschow-Zeit sich von den „Stalinlagern" nicht im Lagerregime, sondern nur in der Zusammensetzung der Häftlinge unterscheiden würden. Weiterhin säßen „Millionen", aber es würden die „Achtundfünfziger-Millionen" fehlen (Ebd., S. 512).

[76] Vgl. solche Stimmen in: Solschenizyn, Archipel GULag III, S. 495, Anmk. und 511.

[77] So wurde die „Haftverbüßung außerhalb der Zone" vielerorts zurückgezogen (Rossi, GULAG Handbook, S. 54).

[78] Dazu: Harold J. Berman. Justice in the U.S.S.R.. An interpretation of Soviet law (Russian Research Center Studies 3). Revised edition, enlarged. (1. Aufl. 1950 u.d.T. „Justice in Russia"). Cambridge, Mass., 1963. Hier: S. 73 und 401, Anmk. 25.

[79] Zum Lager (Kolonie)-System der Nach-Stalinzeit: Rasma Karklins. The organisation of power in the Soviet labour camps. In: Soviet Studies 2/1989, S. 276-297. Allgemein: Solschenizyn, Archipel GULag III, S. 512-538. Oppenheim, Labor camps, S. 241. Lewytzkyj, Inquisition, S. 312-313. Weitere Informationen in Rossi, GULAG Handbook, und Shifrin, Reiseführer. Heranzuziehen ist auch eine Fülle an journalistischem und publizistischem Material.

[80] Siehe dazu: Elfie Siegl. Die Tore des GULag öffnen sich langsam. In: FAZ Magazin vom 8. April 1994, S. 30-41.

[81] Ahlberg, Vergangenheitsbewältigung, S. 923-924. Bei der Auflösung des Unionsinnenministeriums im Juni 1991 unterstanden der Hauptverwaltung für Besserungsanstalten noch 1053 Besserungsarbeitskolonien mit 765.000 Häftlingen, deren Jahresproduktion sich auf ungefähr neun Milliarden Rubel belief (Karklins, Organisation, S. 78). Siehe dazu auch: Ahlberg, Vergangenheitsbewältigung, S. 922.

Eine wirtschaftsrelevante Zweitbedeutung hat das Lager (Kolonie)-System über die Auflösung der Sowjetunion hinaus somit bis zum heutigen Tage[82].

[82] Nach Elfie Siegls Bericht wurden die Gefangenen in dem Frauenlager mit Textilarbeiten für das russische Verteidigungsministerium beschäftigt, die minderjährigen Häftlinge der Besserungsarbeitskolonie seien in Koloniewerkstätten eingesetzt gewesen (Siegl, Tore, S. 38, 41).

14 Zusammenfassung und Bewertung

In dieser Arbeit konnte es nur darum gehen, einen ersten Ansatz einer Darstellung von Organisation und Funktion des GULag zu erstellen. Angesichts der unzureichenden, vielfach verfälschten und unterschiedlich zu interpretierenden sowjetischen Quellen und der vielen oft widersprüchlichen Berichte ist es gegenwärtig nicht möglich, zu einem abschließenden Ergebnis zu kommen. Vielen Fragen, so der nach dem Verhältnis von GULag und nationalsozialistischem KZ-System[1] oder nach der Integration von sowjetischen Lagern außerhalb der Sowjetunion, so der Speziallager in der SBZ/DDR[2], in den Gesamtapparat des sowjetischen Lagersystems, konnte nicht nachgegangen werden. Solange die Archive von OGPU/NKWD/MWD und GULag größtenteils verschlossen bleiben, wird es nicht möglich sein, Organisationsstruktur und Funktion des so-

1 Gegenstand dieser Arbeit ist nicht, die Organisationsstruktur und Zielsetzung des GULag der Kommunisten mit dem des KZ-Systems der Nationalsozialisten zu vergleichen – wobei zu betonen ist, daß „vergleichen" und „gleichsetzen" Verschiedenes beinhaltet –, Gemeinsamkeiten und Unterschiede herauszuarbeiten. Dies muß einer eigenen Untersuchung vorbehalten bleiben. Bei einer Reihe von Merkmalen sind jedoch auffällige Parallelen festzustellen. Dies betrifft den organisatorischen Aufbau, den Arbeitseinsatz der Häftlinge, die Stellung innerhalb des staatlichen Wirtschaftssystems und die Millionenzahl von Toten durch indirekte Vernichtung (Äußerungen dazu bei: Schalamow, „Artikel 58", S. 53. Solschenizyn, Archipel GULag I, S. 64. Armanski, Maschinen, S. 38, 137, 187-190. Arendt, Elemente, 676-702). Wichtig zu wissen ist, ob es in der Zeit des deutsch-sowjetischen Bündnisses 1939-1941 Kontakte zwischen hohen KZ- und GULag-Funktionären gegeben hat, wie intensiv die Deutschen das bereits vorhandene Lagersystem der Sowjets studierten und welche Wechselwirkungen und gegenseitige Beeinflussungen es zwischen beiden Seiten in dieser Hinsicht gab (Rossi, GULAG Handbook, S. 192, nennt eine französische Darstellung, nach der sich im August 1939 hochrangige deutsche NS-Funktionäre auf einer Inspektionsreise zur Besichtigung des GULag-Systems in der Sowjetunion befunden hätten. Ohne Quellenangabe berichtet Rossi weiter, daß sich im Sommer 1941 kurz vor dem deutschen Angriff auf die Sowjetunion eine Kommission des NKWD in Deutschland aufgehalten und dort das deutsche Strafvollzugssystem studiert habe [Ebd.]). Nur in einem wesentlichen Punkt unterscheiden sich beide Lagersysteme: der direkten Vernichtung. Die Massenerschießungen und Gaskammern des KZ-Systems der Nationalsozialisten gab es im GULag der Kommunisten nicht. Auf die Höhe der Zahl der Opfer hatte dies jedoch keinen Einfluß. Insgesamt gesehen, ist eine vergleichende Arbeit über KZ-System und GULag und deren Einfluß aufeinander ein Desiderat.

2 Die Speziallager in der SBZ/DDR sind nicht mit den Speziallagern in der Sowjetunion gleichzusetzen. In ihnen wurde nicht gearbeitet, sie unterstanden zunächst dem Militär und ähnelten auch in anderen Punkten eher den PFL. Siehe dazu beispielsweise: Klonovsky/Flocken, Stalins Lager. Agde, Sachsenhausen. Gräfe/Ritschler, Speziallager. Lipinskiy, Speziallager.

wjetischen Zwangsarbeitslagersystems in einer befriedigenden und umfassenden Art und Weise darzustellen.
Festzumachen sind jedoch die großen Linien, die den GULag prägten.

Die Entwicklung des Lagersystems hin zum GULag der Stalinzeit wurde wesentlich dadurch gefördert, daß seit Beginn des Sowjetstaates Lager bestanden hatten und in diesen sehr früh Zwangsarbeit geleistet wurde. Der Besserungsarbeitsgedanke, die Besserungs-Zwangsarbeit und Straf-Zwangsarbeit, die Zwangsarbeitslager und Kolonien von NKJu und NKWD und die Konzentrationslager und SLON von Tscheka, GPU und OGPU der Zeit Lenins waren die Grundlagen, auf denen das Lagersystem der Zeit Stalins, der GULag, aufbaute.

Der grundlegende Unterschied zwischen den Strafvollzugssystemen der Leninzeit und dem GULag war jedoch, daß die wirtschaftliche Rolle bei ersteren kaum vorhanden war, bei letzterem aber im Laufe der Jahre immer mehr zunahm[3]. Die entscheidende Wende fand in den Jahren 1928-1930 statt. In ihnen wurde die Zentrale Planwirtschaft eingeführt, Verordnungen erlassen, die darauf abzielten, die Zwangsarbeit von Gefangenen erstmals volkswirtschaftlich nutzbar zu machen, und die Behörde geschaffen, die diese Aufgabe durchzuführen hatte: die GULag der OGPU.

Es wird darüber gestritten, ob das sich nun entwickelnde Lagersystem weiterhin vorwiegend oder ausschließlich als Strafvollzugsinstitution zu verstehen ist[4], ob politische und wirtschaftliche Zwecksetzungen gleichwertig waren[5] oder der wirtschaftliche Aspekt sogar von Beginn an Priorität genoß[6]. Nicht zu be-

---

[3] Fainsod ist richtig der Auffassung, daß der „initial impetus“ zur Errichtung der Konzentrationslager in politischen, weniger in wirtschaftlichen Überlegungen gelegen habe. Er führt weiter aus, daß die Massenverhaftungen zunächst nicht aus Gründen der Arbeitskräftebeschaffung erfolgt seien; als die „Kulaken“ und andere politische Mißliebige dann jedoch die Lager gefüllt hätten, seien NKWD-Wirtschaftsunternehmen entstanden, die nun ihrerseits neue Lagerzwangsarbeitskräfte forderten und dadurch die Verhaftungsmaschinerie in Gang hielten (Ders., Russia, S. 387). Fainsod geht allerdings nicht der Frage nach, inwiefern die auffällige zeitliche Übereinstimmung von Beginn der „Dekulakisierung“ und der Massenverhaftungen, Einführung der Planwirtschaft und Aufbau des GULag 1928-30 von einem engen Zusammenhang zeugen könnten.

[4] Im Unterschied zu anderen legt Rousset Wert darauf, daß der GULag ist erster Linie strafrechtliche und nicht ökonomische Ziele verfolge und seine Bedeutung vor allem in der politschen Strafe zu sehen sei (Ders. in Livre blanc, S. 22). Ebenso Barton, L'institution, S. 67-68, der zwar von der wirtschaftlichen Bedeutung, jedoch von dem Lager als einer „nicht vom Wesen her ökonomischen Einrichtung“ spricht. Ihre Argumente, daß deshalb auch die Verteilung nicht gemäß der Vorbildung der Häftlinge erfolgt sei, ist nicht zwingend, denn bereits im Besserungsarbeitskodex von 1933 wurde eine fachgerechte Verwendung der Sträflinge gefordert. Daß dies nicht erfolgte, liegt weniger an der fehlenden wirtschaftlichen Ausrichtung als vielmehr an der schlechten Organisation im Sowjetstaat.

[5] Der Bericht der International League bewertet gleichrangig politischen Zwang und wirtschaftlichen Gewinn als Ziel der Lagerzwangsarbeit (Carlton, Forced labor, S. IV und 3). Artemjew, Reshim, S. 41, nennt Isolation und Produktion als Gründe für die Errichtung des Lagersystems.

[6] Solschenizyn, Archipel GULag II, S. 67-69, schließt aus den Beschlüssen des Rates der Volkskommissare vom 26. März 1928, daß die Gründung des GULag und die Erweiterung seines Bereiches „ökonomisch begründet“ waren. Für Dallin, Economics, S. 8, war das Zwangsarbeitslagergebilde ein „punitive-economic system“, mit einer von Beginn an ökonomischen Ausrichtung. Später (S. 28) schreibt er, daß die Lager in erster Linie eine ökonomische Rolle spielten und ihr strafrechtlicher Aspekt mit einigen zeitweiligen Ausnahmen als völlig nebensächlich zu bewerten sei. Hofmann, Arbeitsverfassung, S. 268, geht davon aus, daß „ein hoher Grad ökonomischer Motivation

zweifeln ist aber, daß die neuen ökonomischen Anforderungen ab Ende der zwanziger Jahre entscheidend zum Ausbau des GULag beitrugen[7].

Betrachtet man die Gesamtentwicklung des GULag von 1928/29 bis 1953/56, so ist klar zu ersehen, daß das Lagersystem der Stalinzeit von Beginn seiner Existenz an zwei gleichrangige Aufgaben hatte: Sein erster Auftrag bestand darin, Straftäter zu inhaftieren, vermeintliche und tatsächliche Gegner oder Konkurrenten zu isolieren, die Sowjetbevölkerung einzuschüchtern und so die kommunistische Herrschaft zu sichern und zu festigen. In dieser Funktion war der GULag nicht nur Strafvollzugssystem, sondern auch Terrorinstrument und Mittel zur Sowjetisierung. Die zweite Aufgabe des GULag war, die Arbeitskraft der Lagerinsassen in umfassender Weise der staatlichen Wirtschaftsplanung verfügbar zu machen und so einen Beitrag zum wirtschaftlichen Aufbau, aber auch zur Siedlungspolitik zu leisten.

Der GULag der Jahre 1928/29 bis 1953/56 war somit immer zugleich Herrschaftsinstrument und Bestandteil der Sowjetwirtschaft. Mit dem Anwachsen des GULag verschoben sich jedoch die Gewichte immer mehr zugunsten der wirtschaftlichen Aufgabe: Je länger das Lagersystem bestand, um so mehr wurde es neben seiner Funktion als Strafvollzugseinrichtung und Sowjetisierungsinstrument zu einem riesigen Wirtschaftsbetrieb, auf den die Wirtschaftsunternehmen des NKWD und viele Volkskommissariate angewiesen waren.

Mit Hilfe der Lagerzwangsarbeiter wurden die Industrialisierung vorangetrieben, die Arbeitskosten gesenkt und Devisen eingespart. Dies förderte die Kapitalbildung – eine unabdingbare Voraussetzung der Industrialisierung, da nur mit ausreichenden Finanzmitteln moderne Technik gekauft und installiert werden konnte. Der GULag stellte eine preiswerte, hochmobile und ständig verfügbare strategische Arbeitskräftereserve bereit und war wesentlicher Organisator der infrastrukturellen und industriellen Erschließung abgelegener Rohstoffgebiete. Die Lagerorganisation verteilte die Sträflinge auf vorrangige Großprojekte und Schwerpunktbranchen und leistete darüber hinaus örtlichen Staatsunternehmen Personalunterstützung. Hatte sich die Dislozierung bis Ende der zwanziger Jahre nach dem Grundsatz der Isolation ausgerichtet, so wurde bis Anfang der vierziger Jahre versucht, Isolation und Wirtschaftsinteressen zu verbinden. Nach Kriegsbeginn wurden der Grundsatz der totalen Isolation dann auf die Katorga-Lager beschränkt und alle anderen Lager fast ausschließlich nach wirtschaftlichen und standortpolitischen Gesichtspunkten disloziert. Ohne die vom GULag sichergestellte Lenkung von Millionen unfreier Arbeitskräfte wäre die Industrie- und Rüstungspolitik der Sowjetunion während des Krieges erheblich gefährdet gewesen. In der Nachkriegszeit waren es die Lagerinsassen des GULag, die der Sowjetführung dabei behilflich waren, während des Wiederaufbaus Schwerpunktprogramme durchzuführen und wirtschaftsstrate-

der sowjetischen unfreien Arbeit von vornherein anhaftete". Solomon, Policy, S. 208-210, sieht im Inhalt des Geheimerlasses vom 11. Juli 1929 ein überdeutliches Indiz dafür, daß der Ausbau des Lager- und Koloniesystems von OGPU und russischem NKWD eindeutig in wirtschaftlichen Interessen begründet lag. Auch Armanski, Maschinen, S. 142, spricht von „primär ökonomischen Beweggründen".

7 Gleiche Einschätzung: Bacon, Gulag, S. 51 und 52.

gisch bedeutsame Betriebe, Städte und Regionen beschleunigt instandzusetzen.

Angesichts dieser umfassenden wirtschaftlichen Tätigkeiten muß das Lagersystem GULag als einer der Eckpfeiler der Sowjetwirtschaft angesehen werden. Zu den direkten wirtschaftlichen Aktivitäten kam die Rolle des Lagersystems bei der Bevölkerungs- und Siedlungspolitik. Mit seiner Hilfe wurden unbewohnte Räume erschlossen und systematisch besiedelt. Ohne den GULag wären der gesamte russischen Norden, weite Gebiete Kasachstans und zahllose kleinere abgelegenere Gebiete innerhalb bereits bewohnter Regionen bei weitem nicht so in die staatlichen und wirtschaftlichen Strukturen integriert, wie dies heute der Fall ist.

Ungeachtet dieser wirtschaftlichen Funktionen blieb die Rolle des Lagersystems als Strafvollzugsorgan und Terrorinstrument. Tatsächliche und potentielle Gegner verschwanden in den Lagern, und die allgegenwärtige Gefährdung, in den GULag geschickt zu werden, trug erheblich zur Disziplinierung der Bevölkerung bei.

Das Lagersystem war schließlich auch eine Institution zur Sowjetisierung und dadurch auch zur Russifizierung seiner Millionen Insassen und der Menschen, die in Regionen, in denen viele Lager errichtet worden waren, lebten. Die Lagerinsassen des GULag wurden von Bindungen jeder Art gelöst und zu Sowjetbürgern einer besonderen Kategorie gemacht. Der GULag trug damit maßgeblich zur Herausbildung eines Sowjetvolkes bei.

Die Bedeutung des GULag liegt in der Vielzahl seiner machtpolitischen, wirtschaftlichen und gesellschaftlichen Funktionen, mit denen er während der Stalinzeit nachhaltig in den sowjetischen Staat, besonders aber in Wirtschaft und Gesellschaft eingriff. Das Lagersystem prägte die Sowjetunion und ist eine der Hypotheken, die auf deren Nachfolgestaaten, besonders aber auf Rußland lasten. Die Aufarbeitung dieser Vergangenheit hat dort erst begonnen. Es ist zu hoffen, daß die Rolle des GULag in der sowjetischen Geschichte erkannt und das Lagersystem entsprechend der ihm zukommenden Bedeutung untersucht wird.

Anhang

Anhang 1

Dislozierungskarten

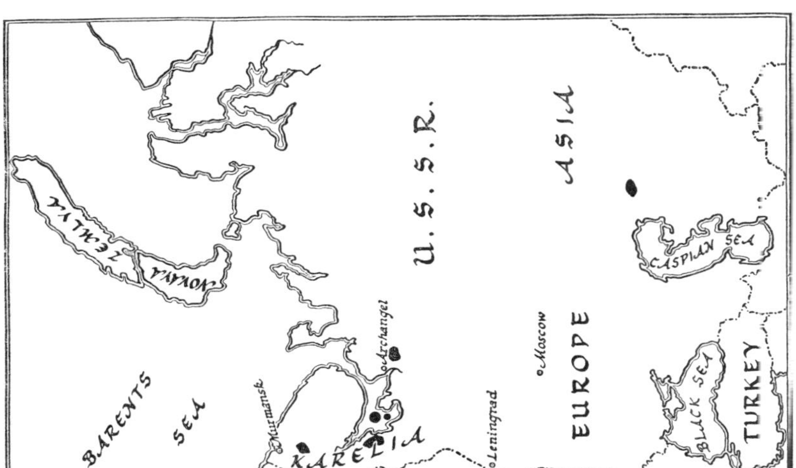

1.1. Dislozierung der Lager 1930 (Aus: David J. Dallin/B. Nicolaevsky. Arbeiter oder Ausgebeutete? Das System der Arbeitslager in Sowjet-Rußland. München, 1948. S. 9).

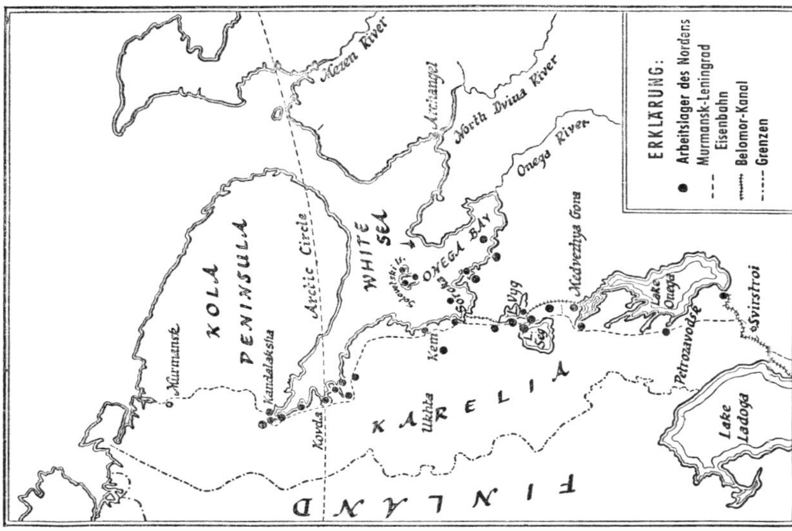

1.2. Dislozierung der Lager 1932 (Aus: David J. Dallin/B. Nicolaevsky. Arbeiter oder Ausgebeutete? Das System der Arbeitslager in Sowjet-Rußland. München, 1948. S. 13).

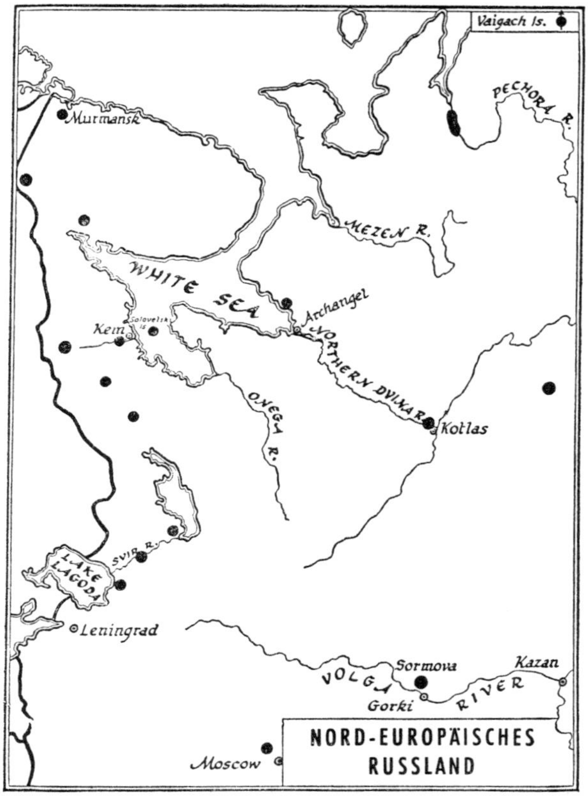

1.3. Dislozierung der Lager im europäischen Teil Nordrußlands 1936 (Aus: David J. Dallin/B. Nicolaevsky. Arbeiter oder Ausgebeutete? Das System der Ar-beitslager in Sowjet-Rußland. München, 1948. S. 14).

1.4. Dislozierung der Lager im asiatischen Teil der Sowjetunion 1936 (Aus: David J. Dallin/B. Nicolaevsky. Arbeiter oder Ausgebeutete? Das System der Arbeitslager in Sowjet-Rußland. München, 1948. S. 15).

1.5. Dislozierung der Lager im europäischen Teil der Sowjetunion 1947 (Aus: David J. Dallin/B. Nicolaevsky. Arbeiter oder Ausgebeutete? Das System der Arbeitslager in Sowjet-Rußland. München, 1948. S. 22).

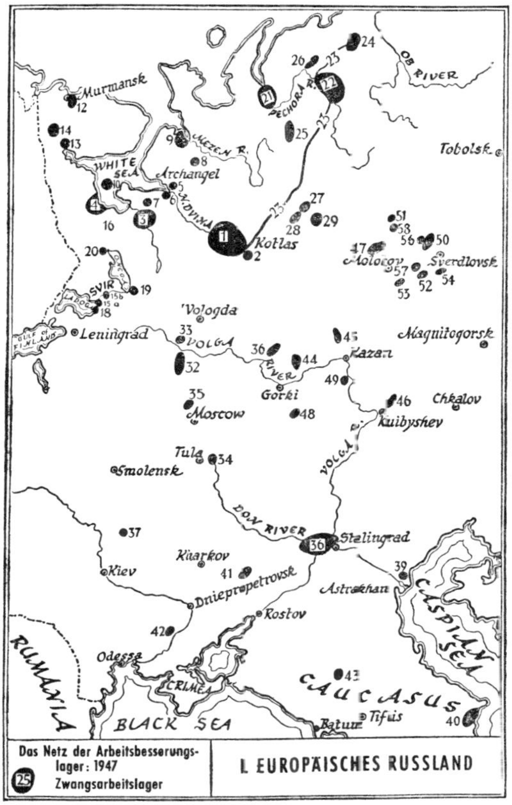

1.6. Dislozierung der Lager im asiatischen Teil der Sowjetunion 1947 (Aus: David J. Dallin/B. Nicolaevsky. Arbeiter oder Ausgebeutete? Das System der Arbeitslager in Sowjet-Rußland. München, 1948. S. 23).

1.7. Dislozierung der Lager im asiatischen Teil der Sowjetunion (1918-1958)

(Aus: Martin Gilbert. Russian history atlas. London, 1972. S. 111).

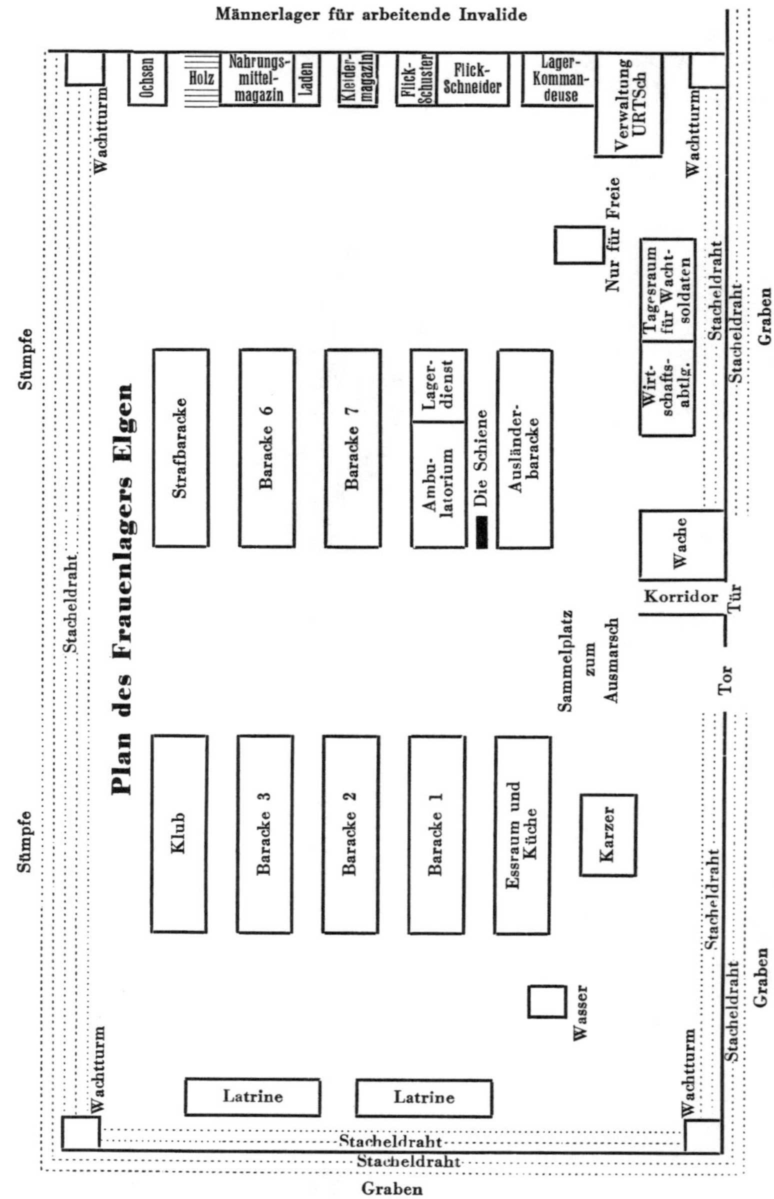

1.8. Plan des Frauenlagers Elgen (Aus: Elinor Lipper. Elf Jahre in sowjetischen Gefängnissen und Lagern. 2. Aufl. Zürich, 1959. S. 111).

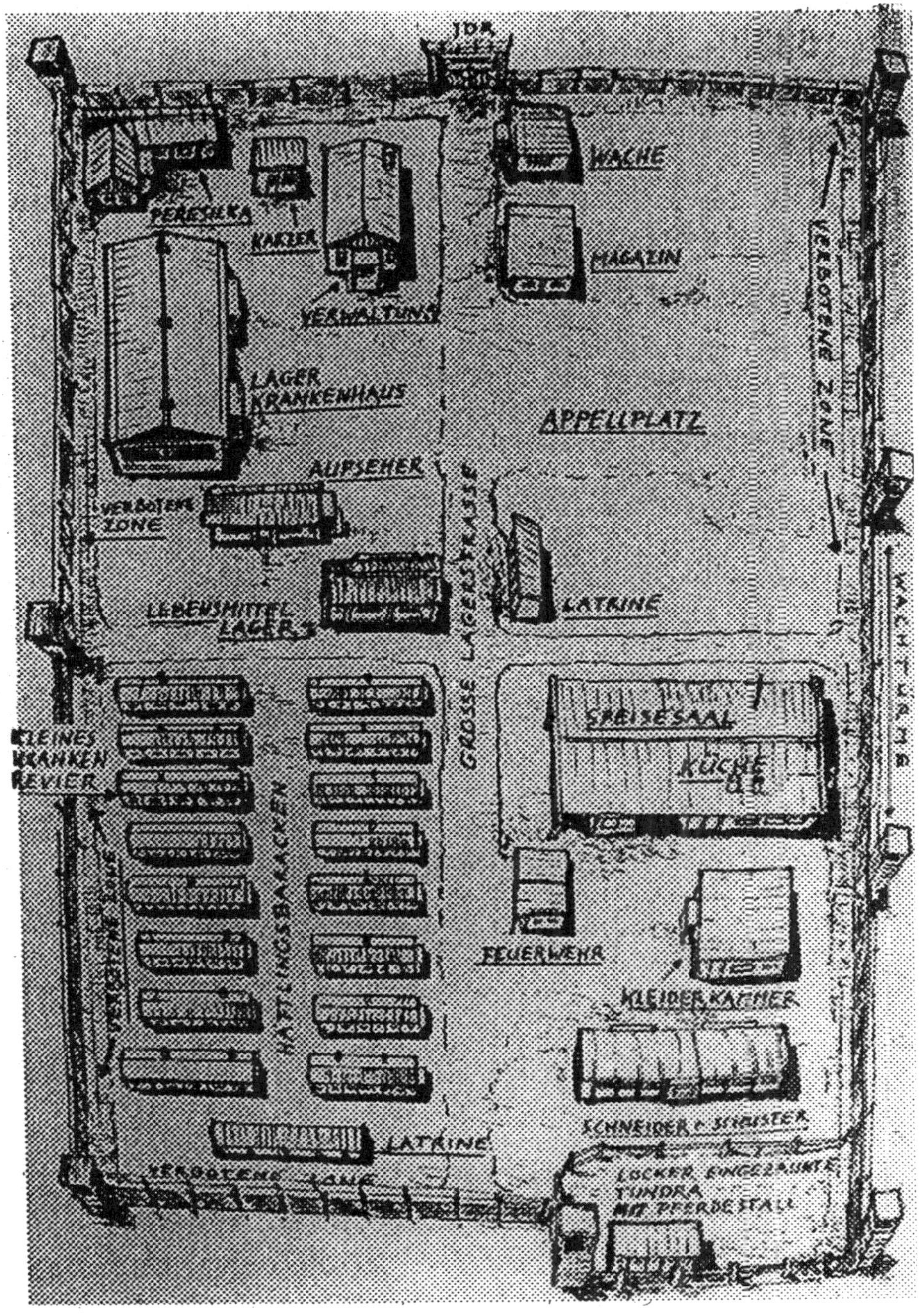

1.9. Skizze eines Lagerpunktes in Workuta (Aus: Generalanzeiger [Bonn] vom 5. Mai 1994).

Anhang 2

Die Forschungskontroverse um die Insassenzahl der Lager

Über die Insassenzahl der Lager gibt es in der Forschung seit langem eine intensive Diskussion, an der sich nicht nur Historiker, sondern vor allem auch Wirtschaftswissenschaftler und Demographen beteiligten. Bis heute ist diese Auseinandersetzung zu keinem Abschluß gekommen. Um über die unterschiedlichen und vorsichtigen Zahlenangaben in Gesamtdarstellungen hinauszugehen[1], sollen in diesem Anhang die wichtigsten Aussagen der Jahrzehnte währenden Diskussion dargestellt und im Anschluß eine Bewertung neuester sowjetischer und russischer Zahlen gegeben werden.

Die Diskussion innerhalb der westlichen Forschung bis zum Zusammenbruch der Sowjetunion[2]

Bereits die Nationalsozialisten hatten sich mit dem Umfang des sowjetischen Lagersystems befaßt und – vornehmlich zum Zwecke der Propaganda – Zahlen von bis zu acht Millionen „Zwangsarbeitern" im Sinne von Lagerinsassen veröf-

---

[1] Deutschsprachige Gesamtdarstellungen nennen folgende Zahlen an durchschnittlichen Lagerinsassen: Ruffmann, Sowjetrußland, S. 60, 67: 1936-1938: *fünf bis sechs Millionen*; 1940-42: *zehn bis zwölf Millionen*; Nachkriegszeit: *zehn Millionen;* Lorenz, Sowjetunion, S. 350-351: Ende der dreißiger Jahre: *sieben Millionen;* Von Rauch, Geschichte, S. 283, übernimmt Dallin/Nicolaevskys Angaben (1935-1937: *fünf bis sechs Millionen*, 1940-42: *zehn Millionen*); Heller/Nekrich, Geschichte, Bd II, S. 3, 194: 1939: *8,5 Millionen* „Gefangene", März 1953: *acht Millionen* Lagerinsassen; Karger in: Sowjetunion (1979), S. 26: Ende der dreißiger Jahre: *fünf bis zehn Millionen*, Nachkriegsjahre bis Stalins Tod: „niedrige Schätzungen" bei *zehn Millionen;* Katzer in: Sowjetunion (1992), S. 30: 1936-38: *acht Millionen;* Fischer/Lindemann in: ebd., S. 40: Nachkriegszeit: *zehn Millionen* Lagerinsassen.

[2] Eine Übersicht über neun Schätzungen der älteren Forschung mit Zahl, Quellenangabe und Methode in: Bacon, Glasnost, S. 1070. (Auch in: Ders., Gulag, S. 10). Vgl. zur älteren Diskussion auch: Fainsod, Russia, S. 285-386.

fentlicht[3]. Forschungskontroversen über den personellen Umfang des GULag begannen dann in den vierziger Jahren. MORA und ZWIERNIAK (1945) stellten für 1941 aus Häftlingsberichten eine Liste von 38 Lagerkomplexen zusammen, in denen polnische Sträflinge gesessen hatten. Indem sie je Lagerkomplex 250.000 Insassen berechnen, kommen sie auf eine Gesamtzahl von 9,5 Millionen[4]. DALLIN/NICOLAEVSKY (1947) sammelten eine Vielzahl von Häftlingsberichten und nennen für 1937 eine Zahl von fünf bis sechs Millionen und für 1940-41 von acht bis zwölf Millionen Häftlingen[5]. Zur gleichen Zeit beschäftigten sich auch Ökonomen mit dem Umfang des sowjetischen Zwangsarbeitssystems. BERGSON stellt für Ende der dreißiger Jahre eine Differenz zwischen der angegebenen Lohnsumme für die gesamte Sowjetwirtschaft und den nach den amtlichen Zahlen der Arbeitskräfte tatsächlich gezahlten Löhnen fest. Er vermutet, daß sich hinter dieser Differenz die Gruppe der Zwangsarbeiter verberge und geht für 1941 von 3,5 Millionen Zwangsarbeitern aus. Harry SCHWARTZ schätzt die Zahl der Zwangsarbeiter für 1940 auf 13,5 Millionen Personen[6]. LORIMER (1946) errechnet in seiner Untersuchung der sowjetischen Bevölkerungs- und Arbeitsstatistik für 1939 eine Personenzahl von 6,793 Millionen, die in der Bevölkerungsstatistik erschienen, aber keiner sozialen Gruppe zuzuordnen sei und deren Tätigkeit nicht bei den bezahlten Arbeiten erwähnt werde. Daß sich unter diesen Personen Zwangsarbeiter und in der Mehrzahl Lagerinsassen befanden, gibt LORIMER nicht an[7]. TIMASHEFF (1948) versucht, anhand der Zahlen der Wahlberechtigten die Größe der Lagerinsassen zu ermitteln, und kommt für 1937 auf zwei Millionen und 1948 auf höchstens vier Millionen[8].

Von sehr hohen Zahlen, die noch über denen DALLIN/NICOLAEVSKYs lagen, gehen BECK/GODIN und AWTORCHANOW aus[9]. Die Zeugen der Publikation

---

3 Mund, GPU, bringt eine Fülle an Zahlen über Lager und Lagerinsassen. Danach gab es Mitte der zwanziger Jahre bereits „fünfzig Lager in Sibirien", in denen „politische Gefangene (lies „Klassenfeinde") und Jugendliche" eingesessen hätten (Ebd., S. 113). Für 1930 nennt er bereits „90 Zwangsarbeitslager" mit rund anderthalb Millionen Insassen, meist „Kulaken"(Ebd., S. 129) und für 1937 „durchschnittlich 7 bis 8 Millionen Menschen" (Ebd., S. 130). Insgesamt seien Ende der dreißiger Jahre etwa 30 Millionen Sowjetbürger „zu Zwangsarbeitern, Zwangskolonisten und Verbannten" gemacht worden" (Ebd., S. 147). An anderer Stelle (S. 137) spricht er konkret von „8 Millionen Zwangsarbeitern unter der Regie der GPU".

4 Nach: Conquest, Anfang, S. 405, und Wheatcroft, Size, S. 283.

5 Dallin/Nicolaevskys Zahlen nach: Conquest, Anfang, S. 632, Jasny, Labor, S. 405, und Wheatcroft, Size, S. 266.

6 Beide Autoren sprechen allerdings nicht ausschließlich von Lagerinsassen, sondern auch von denjenigen, die wegen Arbeitsverfehlungen zu Zwangsarbeit an ihrem alten Arbeitsplatz verurteilt worden waren. Wiedergegeben bei: Swianiewicz, Forced labour, S. 29-30, Conquest, Anfang, S. 632, und Wheatcroft, Size, S. 266.

7 Lorimer, Population, S. 230. Seine Zahlen auch in: Conquest, Anfang, S. 632, Swianiewicz, Forced labour, S. 32, Wheatcroft, Size, S. 269-270.

8 Timasheffs Zahlen nach Wheatcroft, Size, S. 266 und 269.

9 Beck/Godin, Purge, S. 74, sprechen für die Jahre 1936-38 von sieben bis vierzehn Millionen „prisoners living in detention under the NKVD" (Nach: Fainsod, Russia, S. 385, und Swianiewicz, Forced labour, S. 36-37). Awtorchanow geht für 1930 von 1,5 Millionen, für 1936 von 6,5 Millionen und für 1938 von 11,5 Millionen aus (Nach: Swianiewicz, Forced labour, S. 36-37). Wheatcroft, Size, S. 270, hält Awtorchanows Ansichten wegen nicht vorhandener oder undurchsichtiger Berechnungsmethoden für belanglos und berücksichtigt sie nicht.

SLAVE LABOR (1949) nennen für 1938 bis 1941 sechs bis zehn Millionen Lagerhäftlinge[10]. JASNY (1951) hält solche und andere Schätzungen von bis zu 15-20 Millionen Lagerinsassen für phantastisch und sogar DALLINs acht Millionen für eine Übertreibung. Stattdessen geht er in Auswertung des 1941er Staatswirtschaftsplans für Ende 1940 von höchstens 3,5 Millionen Lagerinsassen aus[11]. Sein Kritiker REDDING stimmt ihm in dieser Hinsicht zu[12].

Salomon SCHWARZ hingegen spricht von „Pessimisten", die die Zahl der Zwangsarbeiter in Lagern auf 20-25 Millionen, und „Optimisten", die sie auf fünf bis sieben Millionen schätzen. Er selbst nimmt eine Zahl von zehn Millionen als Obergrenze für die Zahl der Lagerzwangsarbeiter in der zweiten Hälfte der dreißiger Jahre an. Er schließt diese aus der Differenz zwischen den Zahlen der Arbeiter und Angestellten von 1937 bis 1939. Bei der ersten Berechnung seien nur freie Arbeitskräfte und vom NKWD an freie Unternehmen vermietete Häftlinge einbezogen, zwei Jahre später jedoch auch die Lagerinsassen in die Statistik aufgenommen worden. Diese seien nicht nach ihrem früheren Beruf, sondern nach ihrer Tätigkeit im Lager und in NKWD-Betrieben aufgeführt worden. Die enorme Differenz für 1939 von zehn Millionen sei anders nicht erklärbar[13].

Die Zeugen der Berichtauswertung LIVRE BLANC (1951) sprechen für die Nachkriegszeit von 15-17 und 15-20 Millionen Häftlingen, davon 12-15 Millionen Lagerinsassen[14]. Indem er die sowjetischen Bevölkerungsstatistiken mit den Aussagen früherer Häftlinge und Sowjetfunktionäre vergleicht, kam WILES in seiner unveröffentlichten Untersuchung „The number of Soviet prisoners" (1953) auf folgende Zahlen für die Insassen von Gefängnissen, Lagern und Isolatoren: 1928: 30.000; 1929-30: 660.000 bis 730.000; 1931: zwei Millionen; Januar 1937: zwei Millionen; Dezember 1937: drei Millionen; 1939: acht Millionen; 1940 6,5 Millionen; Juni 1941: neun Millionen. Er geht von einer Stagnation der Zahlen von 1931 bis 1937 und einem gewaltigen Anstieg seit der Jeshowschtschina aus[15]. Auf ähnliche Weise wie LORIMER gelangt EASON (1953) für 1939 zu einer Zahl von zehn Millionen Personen, die nach seinen Berechnungen zum Arbeitskräftepotential gehörten, nicht aber in den Sowjetstatistiken für 1939 er-

---

10 Sklavenarbeit, S. 75 und 79.

11 Jasny, Labor, S. 405-406, und auch noch in: Ders., Industrialization, S. 180. Seine Argumentation in Labor, S. 416, stützt sich im wesentlichen darauf, daß bei Zahlen von 15 Millionen Lagerinsassen fast ein Drittel aller arbeitsfähigen Männer zwischen 20 und 50 Jahren eingesessen habe, aus dem von ihm ausgewerteten 1941er Plan eine derart große Zahl von NKWD-Zwangsarbeitern nicht ersichtlich und es in Sparten wie der Holzwirtschaft nicht zu enormen Planrückständen gekommen wäre, wenn in einem solchen Maße Lagerzwangsarbeiter eingesetzt worden seien. Fainsod, Russia, S. 385-386, zitiert Jasnys Einschätzungen ausführlich, weist aber zurecht darauf hin, daß der 1941er Plan „uncomplete" sei, da er eine große Anzahl von Häftlingskategorien und Einsatzbereichen nicht enthalte.

12 Redding, Reliability, S. 339.

13 Zitat: Schwarz. Statistik, S. 1562. Allgemein: Ders., Statistik, S. 1563-1564, und ders., Arbeiterklasse, S. 45-47. Ablehnend dazu: Jasny, Comments, S. 342, Anmk. 5.

14 Zeugen Andrejev und Erchov in Livre blanc, S. 102, 107.

15 Wiles' Zahlen nach: Swianiewicz, Forced labour, S. 32-36, Conquest, Anfang, S. 631-632, Wheatcroft, Size, S. 272. Swianiewicz hält Wiles Zahlen für die Zeit vor 1937 für zu niedrig und dessen Einschätzung des Anstieges in der Zeit Jeshows für zu hoch gegriffen.

schienen. Hinter diesen würden sich Zwangsarbeiter verbergen. Er kommt somit zum gleichen Ergebnis wie Salomon SCHWARZ, differenziert die Gruppe der Zwangsarbeiter aber nicht in die Untergruppen der Lagerzwangsarbeiter, Zwangssiedler und Zwangsarbeiter am alten Arbeitsplatz[16]. Indem er EASONs Berechnung weiter aufschlüsselt, kommt BERGSON später zu einem Ergebnis von 3,5 Millionen Lagerinsassen und sieht dadurch JASNYs Vermutung gestützt[17]. SCHOLMER (1954) schätzt die Zahl der Lagerhäftlinge für 1953 auf 15 Millionen[18]. Der Bevölkerungsstatistiker WOOL (1959) berechnet die Zahl der Lagerinsassen für 1941 auf drei bis 3,5 Millionen und stützt so JASNYs Schätzung[19]. SWIANIEWICZ (1965) nimmt den Staatswirtschaftsplan 1941 als Quelle, untersucht diesen im Hinblick auf die Zahl der Lagerinsassen und errechnet eine Zahl von 6,9 Millionen Häftlingen für Ende 1940[20].

CONQUEST (1968) stellt fest, daß die Volkszählung 1939 in Gebieten mit einer besonderen Dichte von Lagern, wie die ASSR der Komi und dem Gebiet um Magadan, eine viel zu niedrige Einwohnerzahl angab und dort offenbar nur die Freien, nicht jedoch die erheblich größere Zahl der Lagerhäftlinge in die offizielle Berechnung aufgenommen worden sei. Auffällig sei auch, daß bei der Volkszählung 1939 eine Gesamteinwohnerzahl von 170.467.000 genannt werde, im 1936 erarbeiteten Vorwort für den zweiten Fünfjahresplan aber mit einer Gesamteinwohnerzahl von 180.700.000, also etwa 10,2 Millionen Einwohnern mehr, gerechnet worden sei[21]. In seiner ersten Auflage nennt CONQUEST für 1928 30.000, 1930 600.000, 1931/32 zwei Millionen, 1933-35 fünf Millionen und 1935 bis 1937 sechs Millionen Lagerinsassen. An anderer Stelle sagt er, daß 1938 acht Millionen Säuberungsopfer in den Lagern eingesessen hätten. Über den Zeitraum 1936 bis 1950 gesehen, geht CONQUEST von einer durchschnittlichen Zahl der Lagerinsassen von acht Millionen aus[22].

SOLSCHENIZYN (1974) nennt Zahlen von zehn bis fünfzehn Millionen. Allgemein spricht er von 15 Millionen Lagerhäftlingen, die gleichzeitig in den Lagern gewesen seien, sagt aber an anderer Stelle, daß nie mehr als zwölf Millionen Menschen gleichzeitig in den Lagern gesessen hätten. Er weist diese Zahlen mit einer Ausnahme keinem Zeitpunkt oder Zeitraum zu. Über den Gesamtzeitraum der Sowjetherrschaft bezogen, geht er von

16 Eason, Population, S. 110. Auch bei: Swianiewicz, Forced labour, S. 49.

17 Vgl. Wheatcroft, Size, S. 271, 279. Unklar ist, wieso Bergson hier von 3,5 Millionen Lagerzwangarbeitern für 1939 spricht, aber in einer früheren Arbeit für 1941 von einer Gesamtzahl aller Arten von Zwangsarbeitern von 3,5 Millionen ausging.

18 Scholmer, Arzt, S. 189.

19 Wools Zahlen nach: Wheatcroft, Size, S. 272.

20 Swianiewicz, Forced labour, S. 31-32. Harsche Kritik an seiner Methode äußert Wheatcroft, Size, S. 272.

21 Conquest, Anfang, S. 632-633.

22 Ebd., S. 405, 407, 636. In der britischen Erstauflage seines Werkes „The Great Terror" spricht Conquest für 1938 von acht Millionen Lagerinsassen (Robert Conquest. The Great Terror. Stalin's purges of the thirties. London, 1968. Hier: S. 532. Nach: Baberowski, Wandel, S. 126). Rossi, GULAG Handbook, S. 113, zitiert aus Conquests britischer Ausgabe eine Zahl von 12-14 Millionen Verhafteten und eine Million Erschossenen während der Jeshowschtschina.

„mehreren Dutzend Millionen Inhaftierter", anderenorts von 40-50 Millionen aus[23].

In der achtziger Jahren fand eine heftige und mit großer Schärfe geführte Forschungsdiskussion um die Häftlingszahlen statt. Sie war Teil der vornehmlich in den USA geführten harten und umfassenden Auseinandersetzung über die Einschätzung Stalins und des Stalinismus zwischen den Anhängern des Totalitarismusmodells und den sozialhistorisch ausgerichteten „Revisionisten"[24]. Bei den Arbeiten der Revisionisten fällt immer wieder auf, daß bei der Darstellung des Terrors der GULag eine völlig untergeordnete Rolle spielt[25]. Dies ist umso erstaunlicher, als die Erforschung der Ursprünge und des Verlaufs der sowjetischen Terrormaßnahmen einen hohen Stellenwert bei der wissenschaftlichen Arbeit dieser Forschergruppe einnimmt. Es stellt sich die Frage, wie objektiv Arbeiten sind, die den Sowjetterror untersuchen, den GULag hingegen systematisch vernachlässigen[26]. Bezeichnenderweise sind es denn auch mit GETTY und RITTERSPORN zwei der führenden Vertreter der „jüngeren Revisionisten", die sich – wie unten zu zeigen sein wird – in jüngster Zeit in Zusammenarbeit mit dem umstrittenen russischen Historiker SEMSKOW für sehr niedrige Häftlingszahlen aussprechen.

Hauptopponenten in der vor allem in angelsächsischen Veröffentlichungen und Zeitschriften geführten Diskussion über die Häftlingszahlen wa-

---

23 15 Millionen: Solschenizyn, Archipel GULag II, S. 188, 298, Archipel GULag III, S. 29 (für Juni 1941); zwölf Millionen: Ders., Archipel GULag I, S. 358, wo er auch auf Dallin/Nicolaevskys Schätzung von 15-20 Millionen verweist. Zehn bis fünfzehn Millionen: Ders., Archipel GULag II, S. 194. Für seine Angaben zum Gesamtzeitraum: Ders., Archipel GULag II, S. 580, 617. Solschenizyn behauptet, daß die 40-50 Millionen das „drei- oder Vierfache der durchschnittlichen Bevölkerung des GULAG" gewesen seien. Rechnet man dies um, so kommt man für 40 Millionen auf eine durchschnittliche Lagerbevölkerung von 10-13,3 Millionen, bei 45 Millionen auf 11,25-15 Millionen und bei 50 Millionen auf 12,5-16,6 Millionen. Bildet man die Quersumme dieser drei Ergebnisse, so ergeben sich als durchschnittliche Lagerbevölkerung 13,1 Millionen. Kritik an Solschenizyns Zahlen und seinen fehlenden Zeitzuweisungen äußern Ahlberg, Vergangenheitsbewältigung, S. 924-925, Wheatcroft, Size, S. 274, Rosefielde, Assessment, S. 85.

24 Vgl. als gute historiographische Einführung zur Stalinismus-Diskussion zwischen den Anhängern der Totalitarismusschule (Conquest), „älteren Revisionisten" (Cohen) und „jüngeren Revisionisten" (Fitzpatrick, Getty, Rittersporn, Manning, Viola, Thurston): Vladimir Andrle. Demons and devil' s advocates: Problems in historical writing on the Stalin era. In: Lampert/Rittersporn, Stalinism, S. 25-47. Hier: S. 25-34. Siehe besonders die Zusammenfassung der Diskussion in der Zeitschrift *Russian Review*: Ebd., S. 25-28.

25 In zwei der wichtigsten Werke der „jüngeren revisionistischen" Richtung (J. Arch Getty/Roberta T. Manning (Ed.). Stalinist terror. New perspectives. Cambridge, 1993. Gábor Tamás Rittersporn. Stalinist simplifications and Soviet complications. Social tensions and political conflicts in the USSR, 1933-1953 (Social orders 4). Chur, 1991) findet der GULag gar keine oder nur unzureichende Berücksichtigung. In dem Sammelband von Getty/Manning zum Thema Terror findet sich nicht ein Artikel über den GULag, in Rittersporns Buch fallen immer wieder Wertungen auf, die eindeutig verharmlosend sind und fast von Verständnis für die Repressalien zeugen.

26 Andrle, Demons, kritisiert zu Recht die besonders bei Fitzpatrick, Rittersporn und Getty zu erkennenden „radical sympathies" für das System Stalins (Ebd., S. 31) und warnt die jüngeren Revisionisten davor, durch ihren „Anti-Antikommunismus" in eine Verharmlosung des Stalinismus und eine Stalin-Apologie zu verfallen (Ebd., S. 45-46).

ren auf der einen Seite Steven ROSEFIELDE und Robert CONQUEST, auf der anderen Stephen WHEATCROFT[27].

ROSEFIELDE, der Hauptgegner WHEATCROFTs, stützt sich in erster Linie auf demographische Studien und geht für die dreißiger Jahre von einer durchschnittlichen Lagerbevölkerung von 5,5 Millionen und für 1929 bis 1953 von 8,8 Millionen aus. Er unterscheidet drei Phasen: Die Ausweitung des GULag im Zuge der Kollektivierung 1929-1933 bis auf über fünf Millionen Lagerinsassen, eine Zeit der Konsolidierung 1934-1936 mit geringem Anstieg der Häftlingszahlen auf sechs bis sieben Millionen, die Phase des ständigen Ausnahmezustandes in Massenterror und Krieg 1937 bis 1947, in der sich der GULag enorm ausweitete und möglicherweise bis zu 15 Millionen Häftlinge umfaßte[28].

CONQUEST warnte davor, sich zu stark auf Statistiken zu verlassen, und neigte, wie ROSEFIELDE, zu eher gemäßigt höheren als niedrigeren Schätzungen über die Zahl der Lagerinsassen[29]. Einige Zeit später übernimmt er sogar SOLSCHENIZYNs Zahlen und spricht davon, daß die GULag-Gesamtbevölkerung „at one time as high as 15 million" gewesen sei[30].

Ihr lange Zeit wichtigster Opponent WHEATCROFT schätzt die Zuverlässigkeit von Häftlingsberichten und literarischen Quellen als gering ein und stützt sich meist auf ältere sowjetische Statistiken und deren westliche Interpretationen. Auf seine Kritik an ROSEFIELDE kann hier nicht näher eingegangen werden[31]. Für 1939 rechnet WHEATCROFT mit maximal vier bis fünf Millionen Lagerinsassen und verweist auf eine Ausarbeitung amerikanischer Staatsbehörden, die für 1952 und 1953 von 4,8 und 4,6 Millionen Lagerinsassen ausging[32].

---

27 Diese Forschungskontroverse wurde vornehmlich mit Hilfe von Artikeln in den Zeitschriften *Soviet Studies* und *Slavic Review* geführt. Die Streitpunkte der beiden Bevölkerungsstatistiker waren methodischer Art und behandelten neben der Frage der Sterberate in der Sowjetunion vor allem die Zahl der Lagerinsassen. Zusammenfassung der gegensätzlichen Positionen in: Bacon, Gulag, S. 11-22. Siehe auch: Ebd., S. 173-174, Anmk. 13, mit Literaturhinweisen auf die Diskussionsbeiträge Rosefieldes, Wheatcrofts und Conquests.

28 Rosefielde, Assessment, S. 65-66. Vgl. seine Tabelle im Anhang. Ders., Evidence, S. 292, 303. Zu Rosefieldes Argumentation: Bacon, Gulag, S. 11-17.

29 Conquest, Statistics, S. 436. Die schwerwiegenden Fälschungen in den Bevölkerungsstatistiken, vor allem bei den Volkszählungsdaten von 1939, erwähnt auch Rosefielde, Evidence, S. 303. Wheatcroft wertet diese dennoch aus, wird dafür von Conquest kritisiert (Ders., Statistics, S. 436) und gibt Mängel zu, lehnt es aber ab, von einer Verfälschung zu sprechen (Wheatcroft, Analysis, S. 223). Zu Wheatcroft siehe auch: Bacon, Gulag, S. 17-19. Bacon kritisiert Wheatcroft mehrmals (S. 18, 19, 20) sowohl wegen dessen scharfen Angriffen gegen Rosefielde und Conquest als auch aus methodischen Gründen.

30 In seinem 1986 geschriebenen Vorwort für Rossi, GULAG Handbook. Offensichtlich bezieht er diese Zahl nicht nur auf die Lagerinsassen, sondern auf alle Personen, denen die Freiheit entzogen worden war. Den Zeitpunkt läßt er allerdings offen.

31 Vgl. dazu insbesondere Wheatcroft, Size, S. 274-286.

32 Ebd., S. 286, und ders., Analysis, S. 224, 236. Er wertet Angaben über Personen, denen das Wahlrecht entzogen wurde, aus und kommt so zu einer „possible camp population" von drei bis 5.25 Millionen für Ende der dreißiger Jahre. Vgl. Ders., Size, S. 290.

Zur Bewertung der neuen sowjetischen und russischen Zahlen

Die Forschungsdiskussion bekam erheblichen Auftrieb durch neue Arbeiten sowjetischer und russischer sowie einiger weniger westlicher Forscher, die nach Angaben der Autoren auf sowjetischem Archivmaterial beruhen[33]. Es handelt sich dabei um Materialien des *Staatsarchivs der RSFSR (GARF)*, dem früheren „Zentralen Staatlichen Archiv der Oktoberrevolution (ZGAOR)". Hervorzuheben ist allerdings, daß der Zugang zu diesen für den GULag relevanten Akten den Wissenschaftlern mit wenigen Ausnahmen verschlossen ist, und diejenigen, die Zugang zu einigen ausgewählten Akten hatten, diese nur für eine knapp begrenzte Zeit einsehen durften[34].

Von den Wissenschaftlern, die diese Dokumente einsehen konnten, gehen SEMSKOW, DUGIN und NEKRASSOW von weit niedrigeren Insassenzahlen als den bislang in der westlichen Forschung genannten aus[35]. Von ihnen bezieht nur ZAPLIN vorsichtig eine mittlere Position. Andere Autoren wie vor allem ANTONOW-OWSEJENKO arbeiten dagegen mit sehr hohen Zahlen an Lagerinsassen[36]. Voranzustellen ist, daß in all diesen Arbeiten überhaupt keine oder keine ausreichende Quellenkritik betrieben, willkürlich mit Begriffen umgegangen wird und keine exakten Definitionen vorangestellt werden. Dies trifft besonders auf „GULag"[37],

---

[33] Vgl. die Zusammenstellungen verschiedener neuerer Zahlen über Verhaftete, Hinrichtungen, Lagerinsassen und Lagertote in: Getty/Rittersporn/Zemskow, Victims, S. 1022 (Table 1). In Teilen wiedergegeben in: Baberowski, Wandel, S. 126. Gute Zusammenfassungen der neueren Diskussion in: Nove, Victims[2]. Darstellung der Auseinandersetzung zwischen Semskow, Dugin, Poljakow/Shiromskaja/Kiselew und Zaplin in: N. A. Aralowez. Poteri naselenija sowetskogo obstschestwa w 1930-e gody: problemy, istotschniki, metody isutschenija w otetschestwennoi istoriografii. In: Otetschestwennaja istorija, 1/1995, S. 135-146. Hier: S. 141-143.

[34] Gleiche Einschätzung bei Bacon, Gulag, S. 1.: „Only since the late 1980s have Russian scholars published selected data .... Only ... a few Western scholars [have] been allowed to see some of these archives. Access remains restricted." Ebd., S. 2, sagt Bacon, daß nur „ [a] small select band of Russian historians .. were granted access to the state archives".

[35] Besonders Bacon kritisiert dies an vielen Stellen (So: Ders., Glasnost, S. 1073, und: Ders., Gulag, S. 25/26). Ähnlich: Karner. GUPVI, S. 30.

[36] Bibliographischer Überblick: Kuromiya, Terror, S. 157, Anmk. 4. Gute kritische Einführungen: Vera Tolz. Publication of archive materials on Stalin' terror (Radio Liberty. Report on the USSR. Vol. 2, No. 32, 1990 v. 10. August 1990. Dies., Archives yield new statistics on the Stalin terror (Radio Liberty. Report on the USSR. Vol. 2, No. 36, 1990 v. 7. September 1990). Rene Ahlberg. Stalinistische Vergangenheitsbewältigung. Auseinandersetzung über die Zahl der GULAG-Opfer. In: Osteuropa 11/1992, S. 921-937. Bacon, Glasnost.

[37] In den meisten russischsprachigen Arbeiten wird nicht zwischen der GULag (Hauptverwaltung) und dem GULag (Lagersystem) unterschieden. Es ist daher oft nicht zu erkennen, ob die Lagerinsassen *der* GULag oder *des* GULag gemeint sind. Zu bemängeln ist weiter, daß dem Leser zu Beginn der Abhandlung nicht erklärt wird, welche verschiedenen Einrichtungen und Lagerbehörden es gab und welche Zuständigkeiten diese hatten. Dies ist besonders deswegen zu kritisieren, da – wie in der vorliegenden Untersuchung gezeigt – eine Vielzahl von Lagern zeitweilig oder überhaupt nicht der GULag unterstanden. Mitunter gewinnt man den Eindruck, daß dies den Autoren gar nicht bekannt ist.

„Spezkontingent“[38] und „Lager“[39] zu. Weiter fehlen sehr oft konkrete Fundstellennachweise[40].

Der führende und meistzitierte Vertreter der Forscher, die sehr niedrige Insassenzahlen nennen, ist W.N. SEMSKOW[41]. Er kritisiert Forscher wie COHEN, CONQUEST, MEDWEDEW, TSCHALIKOWA, aber auch SCHATUNOWSKAJA und CHRUSCHTSCHOW scharf, da diese untereinander „wetteiferten“, den Leser mit „astronomischen Zahlen betroffen“ machen wollten und dazu „entstellte und stark übertriebene Zahlen an Opfern“ verbreiteten[42]. In seinen wichtigsten Arbeiten, die eine große Zahl an Tabellen und umfangreiches Zahlenmaterial enthalten[43], nennt er als höchste Zahl von Insassen in ITL und ITK für den Zeitraum 1930 bis 1947 das Jahr 1941 mit 1,5 Millionen und weitere 352.000 Sträflinge in ITK am 1. März 1940[44] und als höchste Gesamtzahl 1934 bis 1953 für den 1. Januar 1950 rund 2,56 Millionen „Gefangene im GULag“[45].

SEMSKOWS Ergebnissen ist mit Vorsicht zu begegnen. Er steht offensichtlich den Sicherheitsorganen, deren Archive er lange Zeit alleine nutzen konnte, nahe und verteidigte vom KGB veröffentlichte Zahlen[46]. Schwerwiegend ist vor al-

---

38 Das „Spezkontingent“ und seine Unterkategorien sind ein vieldiskutiertes Forschungsobjekt. Die Diskussion kann hier nicht wiedergegeben werden, zumal sie vornehmlich eine der Demographen und Statistiker ist. Hier seien nur Hinweise auf einige sich widersprechende Definitionen genannt: Poljakow/Shirowskaja/Kiselew, Polweka, S. 31. Semskow, Utschote, S. 74. Semskow, GULAG II, S. 4. Rossi, GULAG Handbook, S. 413. Kritik an Poljakows, Semskows und Wheatcrofts „Spezkontingent“-Definitionen: Bacon, Glasnost, S. 1072. Er verweist richtig darauf, daß manche Lagerkategorien, so die PFL, nicht berücksichtigt werden.

39 Es fällt auf, daß meist nur von ITL und ITK, selten von Katorga-Lagern und praktisch gar nicht von Speziallagern und anderen Lagerarten die Rede ist.

40 Manche der Arbeiten, besonders die Semskows, enthalten umfangreiche Tabellenwerke, von denen hier nur die Grundaussagen und unten in der Vergleichstabelle nur die Schlüsseldaten (Mitte der dreißiger Jahre, Juni 1941, März 1953) aufgeführt werden.

41 Nach eigenen Angaben ermöglichte ihm seine Mitgliedschaft in einer Kommission unter Leitung des Historikers Poljakow, welche die Bevölkerungsverluste der Sowjetunion untersuchen sollte, den Zugang zu „streng geheimen Dokumenten“ (Interviewäußerung in Zaplin, Dokumenty).

42 Semskow, GULAG I, S. 10, 12.

43 Ders., GULAG I und II. Ders., Sakljutschonnye. Siehe vor allem Tabelle 1 mit der Gesamtzahl der Insassen (Ders., GULAG I, S. 11. Auch in: Ders., Sakljutschonnye, S. 152. Weitere tabellarische Abdrucke seiner Zahlen in: Getty/Rittersporn/Zemskov, Victims. Merl, System, S. 302-305). Weitere Angaben zu: Vergehen (S. 14), Strafmaß (Ebd.), Altersverteilung und Nationalitätenanteil (Ebd.), Sozialstruktur (S. 15), Sterblichkeit und Sterbefälle (S. 19, 21), Geschlechterverteilung (S. 22), Einsatzbereiche (S. 25).

44 Semskow, GULAG I, S. 13 (Auch in: Wheatcroft, Light, S. 356, unter Bezug auf mehrere Artikel Semskows in Argumenty i fakty aus dem Jahre 1989).

45 Exakt nennt er mit Stand 1. Januar 1950 2.561.351 Gefangene, davon 1.416.300 Lagerinsassen und 1.145.051 Kolonieinsassen (Ders., GULAG I, S. 10, 11 (Tabelle 1). Auch in: Interviewäußerung in Zaplin, Dokumenty.

46 Es handelt sich um Äußerungen des KGB-Chefs Krjutschkow, wonach die Zahl der GULag-Opfer 1934 bis 1947 963.776 betragen habe (Nach: Albaz, Geheimimperium, S. 201). Semskow bestätigt diese Zahlen (Ders., GULAG I, S. 12), Albaz hält sie hingegen für Bestrebungen, die Zahl der Lagerinsassen und Toten im GULag herunterzureden, und bezeichnet die KGB-Zahlen als „offensichtliche Lüge“ und „töricht“ (Albaz, Geheimimperium, S. 201). Tolz sieht das KGB als „active participant“ in der Diskussion und lehnt die KGB-Zahlen mit Hinweis auf die Massengräber (siehe Liste mit dreizehn Massengräbern), Schatunowskaja und Zaplin ab (Dies., Publication, S. 4-15).

lem, daß SEMSKOW die Aussagen seines ersten grundlegenden Aufsatzes nicht belegte und seine Quellen nicht vorstellte[47]; er unterscheidet weder zwischen *der* GULag und *dem* GULag noch nennt er die Insassen aller Lagerkategorien[48]. In seinen Artikeln läßt er sich immer wieder zu unwissenschaftlichen und abstrusen Äußerungen hinreißen[49]. Ähnlich wie SEMSKOW kommt auch eine Autorengruppe um POLJAKOW[50], DUGIN[51] und NEKRASSOW[52] zu niedrigen Zahlen.

---

47 Nach eigenen Angaben beruht seine erste wichtige Arbeit (Ders., GULAG I und II) auf einer „ZGAOR Kollekzija dokumentow". Später erläutert er genauer, daß es sich eine im ZGAOR vorliegende Materialsammlung mit statistischen Angaben über „den GULag" handele, weist aber nicht nach, von wem diese erstellt oder zusammengestellt wurde (Ders., GULAG I und II. Ders., Sakljutschonnye, S. 151). Stattdessen spricht er unbestimmt von „Vorträgen vor der GULAG-Leitung" und Notizen von Jeshow, Berija, Kruglow und Stalin (Ders., Sakljutschonnye, S. 151). In einem späteren Aufsatz (Getty/Rittersporn/Zemskow, Victims), in welchem die Quellenangaben enthalten sind, wird das Fehlen dieser Angaben in den ersten Aufsätzen Semskows mit der Zensur erklärt.

48 In seiner „Gesamtzahl" werden stets nur ITL, zu denen er auch „spezielle Lager" und Katorga-Lager rechnet, und ITK berücksichtigt. Die 1948 errichtete Speziallager für „58er" werden von ihm nicht ausdrücklich erwähnt. Bacon hebt ebenfalls hervor, daß neben weiteren Häftlingskategorien die Insassen in „execution camps" und der Prüf- und Filtrationslager nicht in den vom Semskow genannten GULag-Statistiken enthalten seien (Ebd., S. 29-31).

49 So wirft er Eleonore Roosevelt, der bei einer Reise durch die Sowjetunion „potemkinsche Dörfer" als Lagerrealität vorgespielt worden waren und die nach ihrer Rückkehr in einem Bericht von 20 Millionen Lagerinsassen für die Nachkriegszeit sprach, vor, „sieben Mal" übertrieben zu haben. Ihr Bericht sei ein propagandistischer Versuch, die gesellschaftliche Meinung zu beeinflussen, und habe bezweckt, der USA zu ermöglichen, einen Krieg gegen die Sowjetunion als „befreiende Mission" zu tarnen (Interviewäußerung in Zaplin, Dokumenty). An anderer Stelle hebt er hervor, daß die Repressionen gegen die Intelligenz im Stalinismus einen „Mittelplatz" zwischen dem „radikalen" Vorgehen Pol Pots und der „verhältnismäßig humanen" Handhabung in China eingenommen hätte (Ders., GULAG I, S. 15), lobt die „Helden der Sowjetunion" unter den entlassenen Lagerhäftlingen (Ebd., S. 24-25) und die Bereitschaft der Häftlinge zum Kampf gegen den Nationalsozialismus, die sie durch ihre Arbeit bewiesen hätten (Ebd., S. 25-26).

50 Vgl. Poljakow/Shirowskaja/Kiselew, Polweka, S. 31, 35. Sie sprechen nach Auswertung der Unterlagen der geheimen Volkszählung von 1937 von einer Gruppe von insgesamt 2.389.570 Personen, zu der Häftlinge und die Mehrheit der NKWD-Bediensteten gehörten. Zum starken Anteil des „Dalne-Wostotschny krai", hinter dem sich sehr wahrscheinlich Teile des DALSTROI verbergen: Vgl. die Tabellen ebd., S. 35, 36-37.

51 Seine Zahlenangaben für ITL- und ITK-Sträflinge pendeln zwischen 179.000 (1930) und 2,5 Millionen (1950-1952) (Nach: Ahlberg, Vergangenheitsbewältigung, S. 930, 931 und 933). Vgl. zu Dugin mit vorsichtiger Kritik: Tolz, Archives, S. 1-3, mit deutlicher Ablehnung („unscholary", „polemical style", „example of the .. traditional style of conservative Soviet writing") und stichhaltiger Kritik an Dugins Methoden: Bacon, Glasnost, S. 1073-1075.

52 Kriegsbeginn: 2,3 Millionen Personen in Lagern, Kolonien und Gefängnissen; 21. Dezember 1944: 1,45 Millionen; März 1953: 2,53 Millionen (Wheatcroft, Light, S. 356, unter Bezug auf einen Artikel Nekrassows in der Komsomolskaja Prawda vom 29.September 1989. Größtenteils auch in: Nekrassow, Finale, S. 471). Auch die Arbeit Nekrassows, General der MWD-Akademie (Tolz, Publication, S. 16), weist methodische Mängel auf. Für 1953 gibt er als Quelle einen Brief Berijas vom 24. März 1953 an. In diesem informierte Berija die Mitglieder des Präsidiums des ZK der KPdSU, daß zu diesem Zeitpunkt 2.526.402 Häftlinge in „Besserungslagern und Strafkolonien" einsäßen, von denen 221.435 „besonders gefährliche Staatsverbrecher (Spione, Diversanten, Terroristen, Trotzkisten, Sozialrevolutionäre, Nationalisten usw)" seien. Berija erwähnt diese Zahlen im Zusammenhang mit seinem Vorschlag, die „Besserungslager und Strafkolonien" den Justizbehörden zu unterstellen, während die „Sonderlager für gefährliche Staatsverbrecher" und die „Lager der Kriegsgefangenen, die wegen Kriegsverbrechen verurteilt wurden", beim MWD verbleiben sollten (Vgl. Nekrassow, Finale, S. 480). Aus dem Brief Berijas geht somit eindeutig heraus, daß in diese

SEMSKOWS Berechnungen wurden oft, darunter von NOVE[53], AHLBERG[54], TOLZ[55], ANTONOW-OWSEJENKO[56], LAQUEUR[57], BACON[58], GRAZIOSI[59], WEHNER[60] und KARNER[61] kritisiert oder sogar als KGB-Fälschung verworfen. Auf den Inhalt dieser Kritik kann hier nicht im Detail eingegangen werden.

Unterstützt wird SEMSKOW in der westlichen Forschung von zwei der führenden amerikanischen „Revisionisten“: J. Arch GETTY, der in einem früheren

---

Zahl die Insassen der „Sonderlager für gefährliche Staatsverbrecher“, womit sehr wahrscheinlich die Speziallager gemeint waren, und der „Lager der Kriegsgefangenen, die wegen Kriegsverbrechen verurteilt wurden“, nicht einbezogen waren. Scharfe Kritik an Nekrassow auch bei: Tolz, Publication, S. 16.

53 Nove merkt an, daß die Angaben Semskows (1936: 821.000, Ende 1937: 996.000 Lagerinsassen) unterhalb der Zahlen derjenigen Forscher, die von niedrigeren Häftlingszahlen ausgehen, lägen. Er hält zunächst weitere Informationen für notwendig und ist Semskows Berechnungen gegenüber mißtrauisch (Ders., Victims, S. 373).

54 Die Veröffentlichungen Semskows und Dugins, die seit 1989 Einsicht in GULag-Archivalien nehmen konnten und 1991 weitere Zahlen über Lager und Lagerinsassen publizierten, hält Ahlberg für eine KGB-Fälschung mit apologetischem Charakter. So verschweige Semskow, daß es sich bei den für den 1. März 1940 genannten 53 „ITL“ nicht um Lagerpunkte, sondern Lagergebiete mit einer Unzahl von einzelnen Lagerpunkten handele (Ahlberg, Vergangenheitsbewältigung, S. 927-935). Die Kritik ist in diesem Punkt nicht berechtigt, da Semskow von „vielfältigen Lagerabteilungen“ spricht (Semskow, GULAG I, S. 13). Dennoch ist Ahlbergs Auffassung grundsätzlich zuzustimmen. Ahlberg verweist auf die höheren Zahlen Schatunowskajas (Ebd., S. 935-937) und Arbeiten der Historikerin W.A. Tschalikowa, die in einer neueren Publikation für die Zeit von 1936 bis 1950 mit acht bis zwölf Millionen Lagerinsassen im Jahresdurchschnitt rechnet (Ebd., S. 926).

55 Dies., Publikation, S. 16. Sie bemängelt die fehlenden Belege und zu geringen Insassenzahlen.

56 Seine Hauptkritik bezieht sich auf die fehlenden Belegstellen, den geringen Anteil der „58er“ und die geringe Zahl der Häftlinge, die bei GULShDS, GUSchossDor und GlawGidroStroi eingesetzt gewesen seien (Ders., Protiwostojanije). Semskow spricht allerdings nicht von der GUSchossDor, sondern der GULSchossDor.

57 Laqueur bewertet Semskows Zahlen als „mit an Sicherheit grenzender Wahrscheinlichkeit nicht vollständig“, da viele direkt Hingerichtete und andere Kategorien an Lager- und Gefängnisinsassen gar nicht registriert worden seien (Ders., Stalin, S. 177. Siehe auch seine Kritik an Wheatcroft und Nekrassow: Ebd., S. 419-420, Anmk. 10).

58 Bacon moniert, daß die neuen Zahlenangaben nicht frei von politischen Interessen seien, und hält es für falsch, die älteren Schätzungen anzugreifen, statt die Bedingungen, die diese Schätzungen notwendig gemacht hätten (Ders., Glasnost, S. 1069). In seiner neuesten Arbeit, in deren Dankworte er auch Semskow nennt (Ders., Gulag, S. X), wiederholt er seine methodische Kritik im Detail, wenn auch konzilianter (Ders., Gulag, S. 25-32).

59 Sie bemängelt seine fehlenden Belegstellen und bemerkt völlig zu recht, daß es „traurig“ sei, daß Semskow als „polemisches Ziel“ diejenigen ausgewählt habe, die die Lagerzwangsarbeit anprangerten, und nicht jene, die sie jahrzehntelang verschwiegen (Dies., Strikes, S. 440, Anmk. 6.).

60 Wehner spricht bei seiner Bewertung des unten genannten Aufsatzes von Getty/Rittersporn/Zemskov (Dies., Victims), der auf Semskows Zahlen beruht, von „überaus interessantem Material“, das aber mehr Fragen aufwerfe als Antworten gebe. Er moniert die unkritische Herangehensweise an die Statistiken und rät, die „Interpretationen, die die Autoren aus dem Zahlenmaterial ableiten .. durchweg mit Vorsicht zu betrachten“ (Ders., Revisionsmus).

61 Karner, der auch Schatunowskajas und Chruschtschows Zahlen nennt, stellt völlig zu recht fest, daß es „zur Anzahl der im GULAG festgehaltenen Menschen .. noch keine endgültigen Forschungsergebnisse gibt“ und wirft Dugin und Semskow unter Verweis auf Ahlberg vor, von einer „offensichtlich manipulierten Quellenbasis“ ausgegangen zu sein (Ders., GUFVI, S. 238-239, Anmk. 9).

Werk mit verharmlosenden Äußerungen auffiel[62], und Gábor T. Rittersporn[63]. Alle drei publizierten 1993 gemeinsam einen Artikel[64], in dem sie für 1938 eine Zahl von 1,9 Millionen Lagerinsassen, für 1952 von 2,5 Millionen nennen[65].

Wheatcroft übernimmt die Angaben Semskows und Nekrassows und schätzt die Lagerbevölkerung des GULag für Januar 1932 auf 268.700, für Januar 1934 auf 510.307 und, zuzüglich der in Gefängnissen einsitzenden Häftlinge, für die späten dreißiger Jahre auf höchstens vier bis fünf Millionen. Die Zahlen der älteren For-

[62] Siehe Bacons scharfe Kritik an Gettys Äußerung, nach der lediglich „thousands of innocent people“ verhaftet, inhaftiert und in Lager gebracht worden seien (In: J. Arch Getty. Origins of the Great purges. The Soviet communist party reconsidered. 1933-1938. Cambridge, 1985). Bacon verurteilt diese Schätzung, da diese von einem „absurd and unsupportably low level“ ausgehe (Bacon, Gulag, S. 22).

[63] Rittersporn befaßte sich bereits in einem früheren Werk mit den Schätzungen über die Zahl der Lagerinsassen (Gábor Tamás Rittersporn. Stalinist simplifications and Soviet complications. Social tensions and political conflicts in the USSR, 1933-1953 [Social orders 4]. Chur, 1991. Hier: S. 12-16), kritisierte Conquests Zahlen als „exaggerated“ (Ebd., S. 13) und lehnte die Schätzungen der älteren Forschung als angesichts der Ergebnisse neuerer Archivforschungen nicht mehr haltbar ab (Ebd., S. 14).

[64] Siehe: Getty/Rittersporn/Zemskov, Victims. Getty und Rittersporn, die wie Sheila Fitzpatrick und Wheatcroft, zu den „Revisionisten“ in der US-amerikanischen Stalinismusdiskussion zählen und sich nach eigenen Angaben zu den „investigators with a less hostile stance toward the Soviet Union“ zählen (Ebd., Vorwort), waren die ersten westlichen Historiker, die Einblick in die von Semskow, Dugin und Nekrassow genannten ZGAOR-Bestände bekamen. In dem Artikel wird darauf verwiesen, daß Semskow seine früheren Angaben nicht habe genau belegen dürfen, was in diesem Aufsatz getan werde (S. 1018). Die Zahlen und der Aufbau (Angaben über Geschlechtsverteilung, Altergruppen, Jugendliche, Nationalitäten, Bildung, Verurteilungsgrund) (Ebd., S. 1025-1031) sind größtenteils identisch mit denen in Semskow, GULAG I und II, so daß auch Getty und Rittersporn von nicht mehr als maximal 2,5 Millionen Personen als „GULAG and Colony population“ ausgehen (Ebd., S. 1040. Siehe Tabellen S. 1048-49). Ziel ist offenbar, Semskows Zahlen der nichtrussischsprachigen westlichen Forschung, die nicht länger mit „impressions and speculations of novelists and poets“ arbeiten solle (Ebd., S. 1044), näherzubringen. In dem Artikel werden alle Angaben anhand von ZGAOR-Fondnummern belegt. Fraglich ist, ob diese von kritischeren Forschern eingesehen werden dürfen. Getty und Rittersporn, die sich beide mit Stalinismusforschung, nicht aber mit der Organisationsgeschichte des Lagersystems beschäftigt haben, ist wahrscheinlich nicht bewußt, daß die Insassen in Lagern der GULag nicht identisch sind mit denen des GULag. In ihrer „Note on Sources“ (Ebd., S. 1045-47) teilen sie mit, daß sich die Materialien aus Unterlagen der Hauptverwaltung (GULag) zusammensetzen würden, geben aber sonst keine genauen Herkunftsangaben. Dieses Material wird daher keine oder nicht genügend Aufschlüsse über die PFL, die Speziallager, die Scharaschkas und viele andere Lagerkategorien, die nicht der GULag unterstanden, aber zum GULag (Lagersystem) gehörten, enthalten (Ähnliche kritische Einschätzung in: Bacon, Gulag, S. 29-31. Wehner, Revisionimus). Der Artikel vermag daher nicht die berechtigte Kritik an Semskows Wertungen ausräumen. Baberowskis Einschätzung, wonach die drei Autoren Getty, Rittersporn und Semskow erstmals „Aufklärung“ in die Diskussion gebracht hätten, ist somit nicht zuzustimmen (Ders., Wandel, S. 126). Gleiches gilt für die Einschätzung Merls, daß „die Geheimnisse um die Zahl der Zwangsarbeiter zu einem bestimmten Zeitpunkt heute doch als weitgehend gelüftet gelten“ müßten (Ders., System, S. 281) und „die Zahl der Häftlinge in Arbeitslagern – und –kolonien ... geklärt“ sei (Ebd., S. 292). Merl stützt sich in seinem Artikel praktisch vollständig auf Semskow und geht auf die von Ahlberg, Tolz, Bacon, Wehner und anderen geäußerte Kritik mit keinem Wort ein. Der organisatorische Aufbau des Lagersystems mit einer Vielzahl von Lagerarten, die nicht der GULag unterstanden, wird bei ihm nicht vorgestellt, die erheblichen methodischen Mängel, die an Semskows Arbeiten immer moniert wurden, kennt oder nennt Merl nicht.

[65] Getty/Rittersporn/Zemskov, Victims, S. 1022 (Teilweise auch in: Baberowski, Wandel, S. 126).

schung (DALLIN/NICOLAEVSKY u.a.) und neuere Schätzungen CONQUESTs, ROSEFIELDEs, MEDWEDEWs und ANTONOW-OWSEJENKOWs hält er für zu hoch[66].

Vorsichtiger als SEMSKOW agiert ZAPLIN, der die Zahl der Lagerinsassen für 1939 auf etwa vier Millionen schätzt und stets auf die schlechte Quellenlage verweist[67]. Eine ähnliche Größenordnung nennt BACON. Er geht für 1943 von 1,2 bis 1,5 Millionen Insassen in Lagern und Kolonien, für 1945 von einer Gesamtzahl von 3,36 Millionen Inasssen von Lagern, Kolonien, Spezialsiedlungen, PFL und Gefängnissen aus[68]. Von diesen seien allerdings nur 1,67 Millionen Lager- und Kolonieinsassen gewesen.

WOLKOGONOW zitiert aus ZGAOR-Material und spricht für den 1. Januar 1948 von 2,19 Millionen ITK/ITL-Insassen[69] und für den 1. Januar 1949 von 2,55 Millionen ITL/ITK-Insassen[70], weist aber ausdrücklich darauf hin, daß darüber hinaus weitere Gefangene in anderen „Einrichtungen" gesessen hätten[71]. Insgesamt geht er für 1937/38 von 3-4 Millionen Gefangenen und 1948/49 4-5 Millionen Gefangenen in Lagern, Kolonien und Gefängnissen aus[72]. An anderer Stelle nennt er für 1937/1938 von 4,5-5,5 „Repressierte" und für Ende der vierziger Jahre 5,5-6,5 Insassen von Lagern, Kolonien und Gefängnissen sowie „Ausgewiesene und Verbannte"[73].

---

66 Wheatcroft, Light, S. 366. In seiner Anmk. 19 (S. 367) lehnt er ausdrücklich die Angaben Rosefieldes, der für Ende der dreißiger Jahre von zehn Millionen, und Conquests, der in seiner älteren Ausgabe von „Great Terror" für 1938 von acht Millionen GULag-Insassen ausgeht, ab. Wheatcroft trifft auf die Ablehnung Tolz', die ihm vorwirft, die „unrealistischen" Zahlen Semskows und Nekrassows zu benutzen und den Terror zu verharmlosen, indem er das Massengrab in Winniza für einen Einzelfall gehalten habe, obwohl mindestens dreizehn weitere gefunden wurden (Dies., Publication, S. 15-16, dort bes. Anmkk. 19, 25, 27).

67 Zaplin kritisiert, daß viele Schlüsseldokumente zu Fragen des GULag gesperrt und Wirtschaftsstatistiken, Bevölkerungsstatistiken und Volkszählungsergebnisse gefälscht seien, um die hohen Todeszahlen durch Hunger und Terror zu verbergen. Aufgrund anderer Dokumente rechnet Zaplin für Januar 1937 mit mindestens 2,6 bis drei, für 1939 mit vier Millionen Lagerinsassen (Artikel in: Woprosy Istorii, April 1989. Nach: Nove, Victims, S. 369-372, und Tolz, Publication, S. 16). In einer späteren Arbeit gibt Zaplin für 1939 1.615.400 Gefangene der GULag, der Eisenbahnbaulager und DALSTROI an, bemerkt aber, daß alle Zahlen nur „vorläufig" seien und es für endgültige Zahlen „unbedingt erforderlich" sei, alle verfügbaren Materialen der Sicherheitsorgane einzusehen (Ders., Archiwnye, S. 159-161).

68 Bacons nüchterne Darstellung hebt sich wohltuend von vielen Beiträgen anderer an der Insassendiskussion Beteiligter ab. Er gibt folgende Ansätze: 1943: 1,2-1,5 Millionen Insassen in Lagern und Kolonien (Ders., Gulag, S. 149); Kriegsende 1945: 700.000 Lagerinsassen in Lagern der GULag (unabhängig von deren Zuordnung zu Branchen-Lagerhauptverwaltungen), 850.000 Lager- und Kolonieinsassen in den OITK/UITLK des NKWD, 1,4 Millionen Personen in Spezialsiedlungen, 160.000 Lagerinsassen der PFL, 250.000 in Gefängnissen des NKWD. (Ders., Gulag, S. 121. Siehe Tabelle 6.8: Ebd. S. 122. Zu den einzelnen Kategorien: Ebd., S. 117-119). Bacon betont, daß die Zahl der Insassen in den Hafteinrichtungen 1945 sehr niedrig gewesen sei und diese vorher und nachher erheblich höher gelegen habe (Ebd., S. 121).

69 Bericht Kruglows an Stalin vom 7. März 1948 (Wolkogonow, Triumph, Band 1/2, S. 230). Es handelt sich nach den Worten Kruglows eindeutig um „Arbeitserziehungslager- und kolonien".

70 Bericht Kruglows an Stalin vom 23. Januar 1950 (Wolkogonow, Triumph, Band 1/2, S. 230). Auch hier beziehen sich die Zahlen nur auf ITL/ITK-Insassen, ausdrücklich nicht auf die von Kruglow weiter unten genannten „Sonderlager".

71 Wolkogonow, Triumph, Band 1/2, S. 230.

72 Ebd., S. 229-230, wobei er sich etwas undeutlich ausdrückt.

73 Wolkogonow, Triumph, Band 2/2, S. 62.

CONQUEST spricht in seinen neueren Arbeiten ebenfalls von „neueren sowjetischen Untersuchungen“, auf Grund derer Ergebnisse die Zahl der Lagerinsassen für 1935 bis 1937 auf zwei bis vier Millionen gesenkt werden müsse, und schätzt für 1938 nicht mehr acht, sondern nur noch fünfeinhalb bis sechseinhalb, an anderer Stelle sieben Millionen Lagerhäftlinge[74].

IPSEN, der, ähnlich den Demographen der älteren Forschung, Populationsstatistiken mit Beschäftigungsstatistiken verglich, kam für 1939 auf eine Abweichung von drei Millionen Personen, die er als Lagerzwangsarbeiter ansieht[75].

Zu den Autoren, die weit höhere Zahlen nennen, gehören O.G. SCHATUNOWSKAJA, die für 1935 bis 1941 von rund 13 Millionen[76], und A. ANTONOW-OWSEJENKOW, der für 1935 bis 1938 von 20 Millionen Lagerinsassen ausgeht[77] und für 1938 eine Zahl von 16 Millionen Lagerinsassen nennt[78]. ROSSI spricht von bis zu 22 Millionen Lagerinsassen[79].

Betrachtet man die verschiedenen Ansätze und Einschätzungen, so ist ersichtlich, daß die neueren Arbeiten von deutlich niedrigeren Insassenzahlen in den Lagern und Kolonien des GULag ausgehen. Die von DALLIN/NICOLAEVSKY oder CONQUEST genannten höheren Zahlen werden in den neueren Arbeiten SEMSKOWs, DUGINs und anderer Forscher in erheblicher Weise reduziert. Die

74 Conquest, Terror, S. 358, 360, 551. Ders., Deaths, S. 951. Dies ist Baberowski, Wandel, S. 126, entgangen, der noch die Angaben von acht Millionen Lagerinsassen 1938 aus der britischen Ausgabe von 1968 erwähnt, die neueren Arbeiten Conquests offensichtlich nicht kennt.

75 Ipsen, Arbeitskraft, S. 53-54.

76 Schatunowskaja war nach eigenen Angaben Mitglied der Parteikontrollkommission und gehörte in den sechziger Jahren einer Kommission an, die den Tod Kirows und die Prozesse der dreißiger Jahre zu untersuchen hatte. Nach ihren Informationen wurden von 19.840.000 Personen, die vom 1. Januar 1935 bis zum 22. Juni 1941 verhaftet worden seien, rund sieben Millionen hingerichtet, und die restlichen rund 13 Millionen Personen seien in Lager geschickt worden und dort meist umgekommen. 1962 sei das 64 Bände umfassende Dokumentenmaterial unveröffentlicht in Archive verbannt und in der Folge der „grundlegende“ Teil vernichtet worden (Schatunowskaja, Falsifikazija, S. 4). Auch in: Ahlberg, Vergangenheitsbewältigung. S. 935-937). Nach Tolz werden Schatunowskajas Angaben durch das Politbüro-Mitglied Alexandr Jakowlew bestätigt (Dies., Publication, S. 13). Bacon, Gulag, S. 36 und 38, spricht von einer „remarkable similarity“ zwischen Schatunowskajas Zahlen und neueren Angaben einer Rehabilitationskommission des Russischen Sicherheitsministeriums unter Leitung von N.W. Grashowen. Hingegen bestreitet Getty die Angaben Schatunowskajas unter Hinweis auf einen Artikel in der Iswestija ZK KPSS, 7/1989 (J. Arch Getty. The politics of repression revisited. In: Getty/Manning, Terror, S. 40-62. Hier: S. 46).

77 Anton Antonow-Owsejenko spricht von 20 Millionen Menschen, die während der Jahre 1935-38 in den GULag verbracht worden seien, und über eine Million Erschießungen (In: Der Spiegel v. 2. Juli 1984, S. 120. Nach: Rossi, GULAG Handbook, S. 43). An anderer Stelle nennt er für 1941 elf Millionen, anderenorts 16 Millionen Lagerinsassen (Antonow-Owsejenko, Protiwostojanije). Er belegt dies jedoch nicht, sondern verweist auf angebliche Meinungsäußerungen von NKWD-Funktionären, Weissberg-Cybulski und Heller.

78 Baberowski, Wandel, S. 126, nennt diese Zahl unter Bezug auf Antonow-Owsejenko, Stalin, S. 262.

79 Rossi, GULAG Handbook, S. 494, spricht von „penitentiary population“ und „prisoner“. Er unterscheidet dabei nicht nach Gefängnis-, Kolonie- und Lagerinsassen. Möglicherweise schließen seine Zahlen auch Verbannte ein. Da er keine Methode der Erhebung oder Belegstellen nennt, sind seine Angaben sehr kritisch zu betrachten: 1924: 86.000 „prisoner“; 1927: 200.000; 1937: 16 Millionen; 1940er-1950er Jahre: 17-22 Millionen.

Darstellung der Diskussion seit 1989 zeigt aber auch, daß trotz der neu publizierten Zahlen zur Zeit keine abschließende Bewertung möglich ist[80]. Es besteht die Gefahr, daß ältere Schätzungen und Forschungsergebnisse ohne Prüfung verworfen[81] und die in den Archiven gefundenen neuen Zahlen vorbehaltlos als korrekt angesehen werden. Beides wäre falsch.

Zu fordern ist daher, die Ergebnisse der älteren Forschung und die neueren Archivzahlen zu vergleichen und mit vorläufigen Ergebnissen zu arbeiten. Bewußt bleiben muß dabei jedoch, daß auch bei niedrigeren Insassenzahlen im Laufe der Stalinzeit Millionen Menschen durch den GULag gingen und dort starben.

Ziel der folgenden Auflistung ist nicht, die Quellen der Schätzungen oder die Berechnungsmethoden zu nennen und zu beurteilen, auf die langjährigen und zahlreichen Forschungsstreitigkeiten über die verschiedenen Berechnungsarten einzugehen oder Vollständigkeit anzustreben, sondern anhand der Zahlen ein Bild über die Angaben zur Größenordnung des Zwangsarbeitslagersystems zu vermitteln.

Zahlenangaben über Lagerinsassen und Lager[82]

Jahr/Zeitraum	Anzahl der Lagerinsassen	Anzahl der Lager
1.1.1920	8660 LgIns.	34 ZwALg. (NKWD) in RSFSR[83]
Ende 1920	25.336 LgIns.	84 ZwALg. (NKWD) in RSFSR[84]
Ende 1920/ Anfang 1921	180.000 Gef. u. LgIns.[85]	

[80] Ähnlich Bacon, Gulag, S. 23 und 32, der davon spricht, daß die neuen Archivzahlen trotz ihrer Unvollständigkeit und Fehlerhaftigkeit „of great significance“ seien, aber „not the final word in the ‚Great Gulag debate‘“ darstellten.

[81] Beispielhaft für die ungerechtfertigte Vernachlässigung und Abwertung der älteren Forschung steht Baberowski, Wandel, S. 126, der die älteren Arbeiten summarisch als „Mutmaßungen“ charakterisiert, ohne sich näher mit den verschiedenen Ansätzen und Argumenten beschäftigt zu haben.

[82] Zu berücksichtigen ist, daß nicht alle Lagerinsassen auch Zwangsarbeiter waren und bei den Auflistungen oftmals nicht zwischen Lagergebieten, Lagerabteilungen und Lagerpunkten unterschieden wird. In den Fällen, in denen die genannten Lagereinrichtungen einer bestimmten Dienststelle unterstehen, ist nicht gesagt, daß nicht auch andere Behörden Lager unterhielten. Berücksichtgt werden sollte auch, daß eine ständige Fluktuation in den Lagern herrschte und stets nur durchschnittliche Belegungszahlen genannt werden können.
Abkürzungen:

ZwA = Zwangsarbeiter	Lg. = Lager	Lgkompl. = Lagerkomplex
Gef. = Gefängnis	Ins. = Insassen	Abtlg. = Abteilung
Kol. = Kolonie	Gefe. = Gefangene	ZwALg. = Zwangsarbeitslager

[83] Leggett, Cheka, S. 178, nach sowjetischen Zahlen 1918-1920.

[84] Offizielle Zahlen nach: Solschenizyn, Archipel GULag II, S. 22. Weitere 24.400 „Kriegsgefangene des Bürgerkrieges“ hätten sich in diesen Lagern befunden. Solschenizyn hält diese Zahlen für zu niedrig. Auch in Leggett, Cheka, S. 178.

[85] Jakobson, Origins, S. 24.

Jahr/Zeitraum	Anzahl der Lagerinsassen	Anzahl der Lager
1.1.1921	51.158 LgIns.	107 ZwALg. (NKWD) in RSFSR[86]
1.1.1921	35.703 LgIns.	99 ZwALg. (NKWD) in RSFSR[87]
1.9.1921	60.457 LgIns.	117 ZwALg. (NKWD) in RSFSR[88]
1.12.1921	40.913 LgIns.	120 ZwALg. (NKWD) in RSFSR[89]
Ende 1921	170-200.000 Gef. u. LgIns.[90]	
Anfang 1922	200.000 Gef. u. LgIns.[91]	
1922	6000 in Haft[92]	
1922		65 ZwALg. (NKWD) in RSFSR)[93]
1922	24 750	56 KonzLg. (GPU)[94]
Okt. 1922	ca. 60.000	132 ZwALg. (NKWD) in RSFSR[95]
1923		23 KonzLg. (OGPU)[96]
Okt. 1923	68.297	355 Lg.[97]
1924	86.000 Gefe.[98]	
1926	188.000 Gef. u. LgIns.[99]	
1927	140.000 in Haft[100]	
1927	200.000 Gefe.[101]	
1928	300.000 Gef. u. LgIns.[102]	
1928	30.000 Gef. u. LgIns.[103]	
1928	30.000 ZwA	sechs Lg.[104]
Sommer 1929	ca. 159.000 Gefe. in NKWD-Haft[3] und 30.000 in OGPU-Lagern[105]	

[86] Leggett, Cheka, S. 178, nach sowjetischen Zahlen aus dem Jahr 1922.
[87] Leggett, Cheka, S. 398, Anmk. 42, nach sowjetischen Zahlen 1918-1920.
[88] Leggett, Cheka, S. 178, nach sowjetischen Zahlen aus dem Jahr 1922.
[89] Leggett, Cheka, S. 178, nach sowjetischen Zahlen aus dem Jahr 1922.
[90] Jakobson, Origins, S. 24.
[91] Jakobson, Origins, S. 24.
[92] Schätzung Kosyk nach: Armanski, Maschinen, S. 150.
[93] Diese standen unter Verwaltung der Hauptverwaltung für Zwangsarbeit des russischen NKWD (GUPR) (Vgl. Conquest, Anfang, S. 406).
[94] Dallin/Nicolaevsky, Arbeiter, S. 67, Anmk. 44. Leggett, Cheka, S. 180.
[95] Leggett, Cheka, S. 178, nach Gerson und sowjetischen Zahlen aus dem Jahr 1922.
[96] Leggett, Cheka, S. 180.
[97] Offizielle Zahlen nach: Solschenizyn, Archipel GULag II, S. 22. Hinzu kamen weitere 67.256 Insassen von 207 Besserungsanstalten, 105 Haftanstalten und Gefängnissen und 35 landwirtschaftlichen Kolonien.
[98] Rossi, GULAG Handbook, S. 495.
[99] Jakobson, Origins, S. 80.
[100] Awtorchanows Schätzung nach: Swianiewicz, Forced labour, S. 36-37. Swianiewicz moniert, daß Awtorchanow (Pseud.: A. Oralow) in seinem Werk „Staline au pouvoir“, 1951, seine Quellen nicht nenne (Auch in: Rosefielde, Assessment, S. 58).
[101] Rossi, GULAG Handbook, S. 495.
[102] Jakobson, Origins, S. 134.
[103] Wiles' Schätzung nach: Swianiewicz, Forced labour, S. 32-36 (Auch in: Conquest, Anfang, S. 497).
[104] Schätzung eines GPU-Mannes nach: Dallin/Nicolaevsky, Arbeiter, S. 10-12.
[105] Wheatcroft, Size, S. 287, nach sowjetischen Statistiken der Jahre 1928 und 1929. Auch für den Zeitraum von 1930-1934 nahm er nur 150-160.000 Häftlinge in den Besserungsarbeitseinrichtungen

Jahr/Zeitraum	Anzahl der Lagerinsassen	Anzahl der Lager
Herbst 1929	734.000[106]	
„Ende 20er“	„höchstens 200.000“[107]	
1929-1930	660.000 bis 730.000 Gef. u. LgIns.[108]	
1929-1930	2-2,5 Mio LgIns. in ITL[109]	
1930	650.000 ZwA[110]	
1930		sechs „Hauptlagergruppen“[111]
1930	662.257	an 873 Stellen“[112]
1930	mindestens 750.000[113]	
1930	über 600.000[114]	
1930	1,5 Mio in Haft[115]	
1930	1,5 Mio in Haft[116]	
1930	175.000 „Gefe. i. GULAG“[117]	
1931	ca. 2 Mio in RSFSR, Ukraine u. Weißrußland[118]	
1931	2 Mio Gef. u. LgIns.[119]	
Anfang 1932	2 Mio Gef. u. LgIns.[120]	
1932	2,5 Mio in Haft[121]	
1932		rd. 300 landwirtschaftl. Kolonien[122]
1932/33	1 Mio[123]	
1933	334.300 „Gefe. i. GULAG“[124]	
1933	bäuerliche 800.000 LgIns.[125]	

des NKJu an (Ebd., S. 288). Damit ist allerdings nichts über die zur gleichen Zeit in den Lagern des GULag einsitzenden Sträflinge gesagt.

106 Schätzung eines GPU-Mannes nach: Dallin/Nicolaevsky, Arbeiter, S. 10-12.

107 Swianiewicz, Forced labour, S. 13-14.

108 Wiles' Schätzung nach: Ebd., S. 32-36 (Auch in: Conquest, Anfang, S. 407).

109 Schröder, Social mobility, S. 170, u.B.a. Wheatcroft, Size.

110 Dallin/Nicolaevsky, Arbeiter, S. 10-12. Dallin, Sowjetrußland, S. 189.

111 Conquest, Anfang, S. 407.

112 Schätzung eines GPU-Mannes nach: Dallin/Nicolaevsky, Arbeiter, S. 10-12 und 97.

113 Gilbert, Atlas, S. 109.

114 Melville/Steffens, Bevölkerung, S. 1101, unter Bezug auf Solomon, Policy, S. 210.

115 Awtorchanows Schätzung nach: Swianiewicz, Forced labour, S. 36-37, Rosefielde, Assessment, S. 58.

116 Schätzung Kosyk nach: Armanski, Maschinen, S. 150.

117 Dugin nach Monsejew, BAM, S. 146.

118 Resultat einer Berechnung der Zeitungen, die an „Haftstätten“ gesandt wurden nach: Dallin/Nicolaevsky, Arbeiter, S. 10-12 (Auch in: Conquest, Anfang, S. 407).

119 Wiles' Schätzung nach: Swianiewicz, Forced labour, S. 32-36.

120 Jakobson, Origins, S. 103.

121 Schätzung Awtorchanows nach: Ebd., S. 36-37. Rosefielde, Assessment, S. 58.

122 Solschenizyn, Archipel GULag II, S. 70.

123 Melville/Steffens, Bevölkerung, S. 1101, unter Bezug auf Solomon, Policy, S. 210.

124 Dugin nach: Monsejew, BAM, S. 146.

125 Lewytzkyj, Inquisition, S. 77, nach einer von Wolin 1955 veröffentlichten sowjetischen Anweisung. (Auch in: Paschner, Teufelskreis, S. 175-176, der die Zahl aber falsch auf 1930/31 datiert).

Jahr/Zeitraum	Anzahl der Lagerinsassen	Anzahl der Lager
Mai 1933	2,6 Mio Gef. u.LgIns.[126]	
1933-35	1-5 Mio[127]	
1933-35	5 Mio[128]	
1.1.1934	510.307 ITL Ins. davon 510.307 ITL Ins.[129].	
1934	510.307 „Gefe. i. GULAG“[130]	
1934	rund 800.000 LgIns.[131]	
1934	5 Mio[132]	
1934/35	5-6 Mio ZwA[133]	
1.1.1935	965.742 ITL/ITK Ins. davon 725.483 ITL Ins.[134]	
22.5.1935		63 ITL u. „Baustellen des NKWD“[135]
1935-37	5-6 Mio[136]	
1935-37	2-4 oder 6 Mio[137]	
1935-38	20 Mio LgIns.[138]	
1936	6,5 Mio in Haft[139]	
1.1.1936	1.296.494 ITL/ITK Ins. davon 839.406 ITL Ins.[140]	
1936	821.000 LgIns.[141]	
1936-38	bis zu 12-13 Mio LgIns.[142]	

[126] Scherer/Jakobson, Collectivisation, S. 539. Jakobson, Origins,. S. 107.

[127] Schätzungen eines amerikanischen und eines französischen Ingenieurs nach: Dallin/Nicolaevsky, Arbeiter, S. 10-12.

[128] Durchschnittlicher Schätzwert nach: Conquest, Anfang, S. 407.

[129] Semskow, GULAG I, S. 11 ([Tabelle 1]. Auch in: Ders., Sakljutschonnye, S. 152 [Tabelle 1]). ITL-Insassenzahl auch in: Getty/Rittersporn/Zemskov, Victims, S. 1048.

[130] Dugin nach Monsejew, BAM, S. 146.

[131] Laqueur, Stalin, S. 103, nach „amtlichen Berichten“.

[132] Schätzung eines sowjetischen Emigranten nach: Dallin/Nicolaevsky, Arbeiter, S. 10-12.

[133] Ebd. und Dallin, Sowjetrußland, S. 189.

[134] Semskow, GULAG I, S. 11 ([Tabelle 1]. Auch in: Ders., Sakljutschonnye, S. 152 [Tabelle 1]). ITL-Insassenzahl auch in: Getty/Rittersporn/Zemskov, Victims, S. 1048.

[135] Iwaschow/Jelenin, GULAG, S. 19.

[136] Schätzung eines sowjetischen Emigranten nach: Ebd.

[137] Conquest, Anfang, S. 407, spricht von sechs Millionen. Ders., Terror, S. 360, korrigiert diese Angabe unter Verweis auf „neuere sowjetische Darstellungen“ nach unten auf zwei bis vier Millionen.

[138] Antonow-Owsejenkos Schätzung in: Der Spiegel vom 2.7.1984. Nach: Rossi, GULAG Handbook, S. 43.

[139] Awtorchanows Schätzung nach: Swianiewicz, Forced labour, S. 36-37. Rosefielde, Assessment, S. 58.

[140] Semskow, GULAG I, S. 11 ([Tabelle 1]. Auch in: Ders., Sakljutschonnye, S. 152 [Tabelle 1]). ITL-Insassenzahl auch in: Getty/Rittersporn/Zemskov, Victims, S. 1048.

[141] Semskow nach: Nove, Victims, S. 369-373. In Semskow, GULAG I, S. 11 (Tabelle 1), taucht die Zahl von 820.881 ITL-Insassen für den 1.1.1937 auf.

[142] Schätzung der Brüder Medwedew nach: von Borcke, KGB. S. 26, 30. An anderem Ort äußert sich R.A. Medwedew unbestimmt dahingehend, daß es während der „Periode des Wachstums des Lagersystems“ zehn Millionen „Gefangene“ gegeben habe (In: O Staline i Stalinisme, S. 98).

Jahr/Zeitraum	Anzahl der Lagerinsassen	Anzahl der Lager
Jan. 1937	5 Mio Gef. u. LgIns.[143]	
Jan. 1937	2 Mio Gef. u. LgIns.[144]	
1.1.1937	1.196.369 ITL/ITK Ins. davon 820.881 ITL Ins.[145]	
1937	8,4 Mio LgIns.	35 Lgkompl.[146]
1937	16 Mio Gefe.[147]	
Dez. 1937	3 Mio Gef. u. LgIns.[148]	
1937/1.1.1938	2 Mio LgIns.[149]	
1935-37	2-4 Mio LgIns.[150]	
1.1.1938	1.881.570 ITL/ITK Ins. davon 996.367 ITL Ins.[151]	
1938	1,9 Mio LgIns.[152]	
1938	2-3 Mio[153]	
1938	6 Mio LgIns.[154]	
1938	15 Mio Lg. u.Kol.Ins.[155]	
1938	14 Mio LgIns.[156]	
1938	16 Mio LgIns.[157]	
1938	11,5 Mio in Haft[158]	
1938	11,5 Mio in Haft[159]	
Ende 1938	8 Mio LgIns.[160]	
Ende 1938	5,5-6 Mio LgIns.[161]	

[143] Conquests Schätzung in: Ders., Anfang, S. 634.
[144] Wiles' Schätzung nach: Swianiewicz, Forced labour, S. 32-36, Wheatcroft, Size, S. 272.
[145] Semskow, GULAG I, S. 11 ([Tabelle 1]. Auch in: Ders., Sakljutschonnye, S. 152 [Tabelle 1]). ITL-Insassenzahl auch in: Getty/Rittersporn/Zemskov, Victims, S. 1048.
[146] Smorodins Schätzung nach: Conquest, Anfang, S. 405. Er spricht von 200 Lagern mit durchschnittlich 1200 Lagerinsassen.
[147] Rossi, GULAG Handbook, S. 495.
[148] Wiles' Schätzung nach: Swianiewicz, Forced labour, S. 32-36.
[149] Timasheffs Schätzung nach: Jasny, Labor, S. 416-417, Anmk. 25. Wheatcroft, Size, S. 266. Jasny kritisiert Timasheffs Methode.
[150] Conquest, Terror, S. 360.
[151] Semskow, GULAG I, S. 11 ([Tabelle 1]. Auch in: Ders., Sakljutschonnye, S. 152 [Tabelle 1]). ITL-Insassenzahl auch in: Getty/Rittersporn/Zemskov, Victims, S. 1048.
[152] Getty/Rittersporn/Zemskow, Victims, S. 1022 (Table 1). Diese Zahl umschließt nach Angabe der Autoren auch die Inassen von „labor colonies". Auch in: Baberowski. Wandel, S. 126.
[153] Timasheffs Schätzung nach: Swianiewicz, Forced labour, S. 30-31. Swianiewicz lehnt diese Zahl als zu niedrig ab.
[154] Trenews Schätzung nach: Dallin, Economics, S. 25. Diese Zahl bezieht sich nur auf ITL-Insassen, nicht auf Gefängnisse und ITK.
[155] Krawtschenkos Schätzung nach: Rosefielde, Assessment, S. 79, Anmk. 23.
[156] Beck/Godin, Purge, S. 74.
[157] Antonov-Owsejenkos Schätzung nach: Rosefielde, Assessment, S. 59.
[158] Awtorchanows Schätzung nach: Swianiewicz, Forced labour, S. 36-37. Rosefielde, Assessment, S. 58.
[159] Schätzung Kosyk nach: Armanski, Maschinen, S. 150.
[160] Conquest, Anfang, S. 405 und 634.
[161] Conquest, Terror, S. 358.

Jahr/Zeitraum	Anzahl der Lagerinsassen	Anzahl der Lager
Ende 1938	7 Mio LgIns.[162]	
Ende 1938	6 Mio LgIns.[163]	
1936-38	6-9 Mio in Haft, davon durchschnittl. 5-8 Mio LgIns.[164]	
1936-38	8 Mio in Haft[165]	
1936-50	durchschnittl. 8-12 MioLgIns.[166]	
1.1.1939	1,3 Mio ITL Ins.[167]	
1.1.1939	1.672.438 ITL/ITK Ins. davon 1.317.195 ITL Ins.[168]	
22.5.1939		63 ITLKompl.[169]
1939	8 Mio[170]	
1939	8,5 Mio Gefe.[171]	
1939	rd. 10. Mio LgIns.[172]	
1939	10 Mio ZwA[173]	
1939	10 Mio ZwA[174]	
März 1939	16 Mio LgIns.[175]	
„Dreißiger Jahre“	durchschnittl. 5,5 Mio LgIns.[176]	
„Dreißiger Jahre“	durchschnittl. 2,5-3 Mio LgIns.[177]	
„Enddreißiger“	3-5,25 Mio LgIns.[178]	
1.1.1940	1.659.992 ITL/ITK Ins. davon 1.344.408 ITL Ins.[179]	

[162] Conquest, Terror, S. 551.
[163] Zeuge Filistinski in: Sklavenarbeit, S. 79.
[164] Conquests Schätzung in: Ders., Anfang, S. 626-628.
[165] Charmichael, Säuberung, S. 208-209.
[166] Tschalikowas Schätzung in: Dies., Archiwny, S. 158.
[167] Interviewäußerung Semskows in: Zaplin, Dokumenty.
[168] Semskow, GULAG I, S. 11 ([Tabelle 1]. Auch in: Ders., Sakljutschonnye, S. 152 [Tabelle 1]). ITL-Insassenzahl auch in: Getty/Rittersporn/Zemskov, Victims, S. 1048.
[169] Angabe Jemelin. Nach: Antonow-Owsejenko, Protiwostojanije.
[170] Wiles Schätzung nach: Swianiewicz, Forced labour, S. 32-36, Conquest, Anfang, S. 632, Wheatcroft, Size, S. 272.
[171] Heller/Nekrich, Geschichte, Bd. II, S. 3.
[172] Conquests Schätzung in: Ders., Anfang, S. 632-633.
[173] Schwartz, Arbeiterklasse, S. 45-47, und ders., Statistik, S. 1563-1564.
[174] Easons Schätzung nach: Swieniewicz, Forced labour, S. 49.
[175] Antonow-Owsejenko, Weg, S. 92.
[176] Rosefielde, Assessment, S. 65-66.
[177] Schätzung Wolkogonows in: O Staline i Stalinisme, S. 97-98.
[178] Wheatcroft, Size, S. 286, 290. Ders., Analysis, S 224, 236.
[179] Semskow, GULAG I, S. 11 ([Tabelle 1]. Auch in: Ders., Sakljutschonnye, S. 152 [Tabelle 1]). ITL-Insassenzahl auch in: Getty/Rittersporn/Zemskov, Victims, S. 1048.

Jahr/Zeitraum	Anzahl der Lagerinsassen	Anzahl der Lager
1.1.1940	1.659.992 Gef. davon 352.000 ITK Ins.[180]	
1.3.1940	1.668.200 ITL/ITK Ins.	53 LgKompl. 425 ITK[181]
1940	3,5 bis 13,5 Mio LgIns[182]	
1940	4 Mio[183]	
1940	13,5 Mio ZwA[184]	
1940	11,2 Mio LgIns.[185]	
1940	6,5 Mio[186]	
Ende 1940	6,9 Mio[187]	
1.1.1941	1.929.729 ITL/ITK Ins. davon 1.500.524 ITL Ins.[188]	
vor Juni 1941	12-14 Mio LgIns.[189]	
vor Juni 1941	20 Mio LgIns.[190]	
Juni 1941	9 Mio Gef. u. LgIns.[191]	
Juni 1941	7 Mio LgIns.[192]	
Juni 1941	2,3 Mio Lg.u.KolIns.[193]	
Juni 1941	2,3-2,9 Mio Gef.[194]	
1941	1,5 Mio ITL/ITK Ins.[195]	
1941	3,5 Mio LgIns.[196]	
1941	3-3,5 Mio LgIns.[197]	

180 Jebedshans, Proiswodstwenny, S. 188. Semskow nennt zum selben Datum 315.584 ITK-Insassen (Ders., GULAG I, S. 11).

181 Semskow, GULAG I, S 13-14. Unter Bezug auf GARF gleiche Angaben für März 1940 in: Jebedshans, Proiswodstwenny, S. 188, der noch 50 Kolonien für Minderjährige nennt.

182 Schröder, Social mobility, S. 170, u.B.a. Wheatcroft, Size.

183 Rosanows Schätzung bei: Dallin, Economics, S. 25.

184 Harry Schwartz' Schätzung nach: Swianiewicz, Forced labour, S. 29-30.

185 Rosefielde, Excess Deaths, S. 280, 285 (Tabelle 1).

186 Wiles Schätzung nach: Swianiewicz, Forced labour, S. 32-36, und Conquest, Anfang S. 632.

187 Swianiewicz, Forced labour, S. 31-32 (Auch in: Conquest, Anfang, S. 631).

188 Semskow, GULAG I, S. 11 ([Tabelle 1]. Auch in: Ders., Sakljutschonnye, S. 152 [Tabelle 1]). ITL-Insassenzahl auch in: Getty/Rittersporn/Zemskov, Victims, S. 1048.

189 Zeuge Andrejev in: Livre blanc, S. 102, nach: Swianiewicz, Forced labour, S. 28-29. Rosefielde, Assessment, S. 59.

190 Angabe Krawtschenkos nach: Swianiewicz, Forced labour, S. 28-29 (Auch in: Jasny, Labor, S. 405).

191 Wiles' Schätzung nach: Swianiewicz, Forced labour, S. 32-36.

192 Swianiewicz Forced labour, S. 37-38. Er gibt zu, daß diese Zahl niedrig gegriffen sei und er nicht auschließe, daß diese im Kriege und in der Nachkriegszeit angestiegen sei.

193 Nekrassow, Finale, S. 471, unter Bezug auf „dokumentarisch belegte Zahlen" aber ohne Quellenangabe. Diese Zahlen beziehen sich auf Häftlinge in „Lagern und Strafkolonien des NKWD".

194 2,3 Mio „Gefangene im GULag": Jemelin in: Iwaschow/Jemelin, GULAG, S. 19 (Auch in: Antonow-Owsejenko, Protiwostojanie). 2,9 Mio „Gefangene": Ebd., S. 23. Wahrscheinlich arbeitet Jemelin mit zwei verschiedenen Berechnungsgrundlagen, nennt diese aber nicht.

195 Wheatcroft, Light, S. 356, unter Bezug auf mehrere Artikel Semskows in: Argumenty i fakty aus dem Jahre 1989.

196 Jasny, Labor, S. 416.

197 Wools Schätzung nach: Wheatcroft, Size, S. 272.

Jahr/Zeitraum	Anzahl der Lagerinsassen	Anzahl der Lager
1941	3,5 Mio ZwA[198]	
1941	6 Mio LgIns.[199]	
1941		80 Lgkompl.[200]
1941	8-10 Mio LgIns.[201]	
1941	13,5 Mio in Haft[202]	
1939-1941	9,5 Mio LgIns.	38 Lgkompl.[203]
1938-1941	6-14 Mio[204]	
1940-41	8-12 Mio[205]	
1940-42	über 10 Mio[206]	
1940-42	15 Mio[207]	
1942-45	10 Mio Gef. u. LgIns.[208]	
1.1.1942	1.777.043 ITL/ITK Ins. davon 1.415.596 ITL Ins.[209]	
1.1.1943	1.484.182 ITL/ITK Ins. davon 983.974 ITL Ins.[210]	
1.1.1944	1.179.819 ITL/ITK Ins. davon 663.594 ITL Ins.[211]	
1.12.1944		52 ITLKompl. mit 667 LgAbtl u. 22 andere Lg.[212]
21.12.1944	1,45 Mio Lg u. KolIns.[213]	
1939-45	4-5 Mio LgIns.[214]	

198 Bergsons Schätzung nach: Ebd., S. 266.

199 Schätzung eines GOSPLAN-Mitarbeiters nach: Swianiewicz, Forced labour, S. 29.

200 Zeuge Andrejev in Livre blanc, S. 103. Übernommen von Barton, L'institution, S. 52, und Lewytzkyj, Inquisition, S. 172 (Auch in: Paschner, Teufelskreis, S. 178). Er spricht von 20 bis 100 Abteilungen je Lager.

201 Zeuge Petrov in: Sklavenarbeit, S. 75.

202 Awtorchanows Schätzung nach: Swianiewicz, Forced labour, S. 36-37. Rosefielde, Assessment, S. 58.

203 Auflistung Mora/Zwiernaks der Lager, in denen polnische Häftlinge saßen. Nach: Conquest, Anfang, S. 405, Wheatcroft, Size, S. 283.

204 Schätzungen ehemaliger NKWD-Funktionäre nach: Conquest, Anfang, S. 633-634.

205 Auf Häftlingsaussagen basierende Berechnungen Dallin/Nicolaevskys nach: Conquest, Anfang, S. 632.

206 Schwedische Schätzung nach: Dallin/Nicolaevsky, Arbeiter, S. 10-18.

207 Ebd., S. 10-18.

208 Lewytzkyj, Inquisition, S. 205.

209 Semskow, GULAG I, S. 11 ([Tabelle 1]. Auch in: Ders., Sakljutschonnye, S. 152 [Tabelle 1]). ITL-Insassenzahl auch in: Getty/Rittersporn/Zemskov, Victims, S. 1048.

210 Semskow, GULAG I, S. 11 ([Tabelle 1]. Auch in: Ders., Sakljutschonnye, S. 152 [Tabelle 1]). ITL-Insassenzahl auch in: Getty/Rittersporn/Zemskov, Victims, S. 1048.

211 Semskow, GULAG I, S. 11 ([Tabelle 1]. Auch in: Ders., Sakljutschonnye, S. 152 [Tabelle 1]). ITL-Insassenzahl auch in: Getty/Rittersporn/Zemskov, Victims, S. 1049.

212 Nach Semskow waren dies 17 Lager „strengen Regimes" und fünf Katorga-Lager. Hinzu seien 475 ITK gekommen (Semskow, GULAG II, S. 3).

213 Nekrassow, Finale, S. 471, unter Bezug auf „dokumentarisch belegte Zahlen", aber ohne Quellenangabe. Diese Zahlen beziehen sich auf Häftlinge in „Lagern und Strafkolonien des NKWD".

214 Wheatcroft, Size, S. 366.

Jahr/Zeitraum	Anzahl der Lagerinsassen	Anzahl der Lager
1.1.1945	1.460.677 ITL/ITK Ins., davon 715.505 ITL Ins.[215]	
„Nachkriegszeit“ – Vierziger und Fünfziger Jahre	12-17 Mio LgIns.[216] 17-22 Mio Gef.[217]	
1945-1947		125 Lg. u. Lgkompl.[218]
1.1.1946	1.703.095 ITL/ITK Ins. davon 746.871 ITL Ins.[219]	
1.1.1947	1.721.543 ITL/ITK Ins. davon 808.839 ITL Ins.[220]	
1947	8-12 Mio ZwA[221]	
1.1.1948	2.199.535 ITL/ITK Ins. davon 1.108.057 ITL Ins.[222]	
1948	10 Mio LgIns.[223]	
1948	4 Mio LgIns.[224]	
1936-1950	durchschnittl. 8 Mio LgIns.[225]	
1948-53	10-15 Mio LgIns.[226]	
1.1.1949	2.356.685 ITL/ITK Ins. davon 1.216.361 ITL Ins.[227]	
1.1.1950	2,56 Mio ITL/ITK.Ins.[228]	
1.1.1950	2.561.351 ITL/ITK Ins. davon 1.416.300 ITL Ins.[229]	
1950-52	12-14 Mio LgIns.[230]	

[215] Semskow, GULAG I, S. 11 ([Tabelle 1]. Auch in: Ders., Sakljutschonnye, S. 152 [Tabelle 1]). ITL-Insassenzahl auch in: Getty/Rittersporn/Zemskov, Victims, S. 1049.

[216] Schätzungen der Zeugen Andrejev (12-15 Millionen) und Erchov (15-17 Millionen) in Livre blanc, S. 102 und 107 (Erneut zitiert bei: Conquest, Anfang, S. 633-634).

[217] Rossi, GULAG Handbook, S. 495.

[218] Auflistung in: Dallin/Nicolaevsky, Arbeiter, S. 18-26.

[219] Semskow, GULAG I, S. 11 ([Tabelle 1]. Auch in: Ders., Sakljutschonnye, S. 152 [Tabelle 1]). ITL-Insassenzahl auch in: Getty/Rittersporn/Zemskov, Victims, S. 1049.

[220] Semskow, GULAG I, S. 11 ([Tabelle 1]. Auch in: Ders., Sakljutschonnye, S. 152 [Tabelle 1]). ITL-Insassenzahl auch in: Getty/Rittersporn/Zemskov, Victims, S. 1049.

[221] Auflistung in: Dallin/Nicolaevsky, Arbeiter, S. 31.

[222] Semskow, GULAG I, S. 11 ([Tabelle 1]. Auch in: Ders., Sakljutschonnye, S. 152 [Tabelle 1]). ITL-Insassenzahl auch in: Getty/Rittersporn/Zemskov, Victims, S. 1049.

[223] Swianiewicz, Forced labour, S. 44.

[224] Timasheffs Schätzung nach: Wheatcroft, Size, S. 269.

[225] Conquests Schätzung in: Ders., Anfang, S. 636.

[226] Swianiewicz, Forced labour, S. 44-45.

[227] Semskow, GULAG I, S. 11 ([Tabelle 1]. Auch in: Ders., Sakljutschonnye, S. 152 [Tabelle 1]). ITL-Insassenzahl auch in: Getty/Rittersporn/Zemskov, Victims, S. 1049.

[228] Interviewäußerung Semkows in Zaplin, Dokumenty.

[229] Semskow, GULAG I, S. 11 ([Tabelle 1]. Auch in: Ders., Sakljutschonnye, S. 152 [Tabelle 1]). ITL-Insassenzahl auch in: Getty/Rittersporn/Zemskov, Victims, S. 1049.

[230] Conquest, Kolyma, S. 229.

Jahr/Zeitraum	Anzahl der Lagerinsassen	Anzahl der Lager
1.1.1951	2.528.146 ITL/ITK Ins. davon 1.533.767 ITL Ins.[231]	
1951	14 Mio Gefe.	175 Lg. u. „mehrere Hundert" Kol.[232]
1.1.1952	2.504.514 ITL/ITK Ins. davon 1.711.202 ITL Ins.[233]	
1952	2,5 Mio LgIns.[234]	
März 1953	3 Mio LgIns[235]	
März 1953	8 Mio LgIns.[236]	
1.1.1953	2.468.524 ITL/ITK Ins. davon 1.727.970 ITL Ins.[237]	
24.3.1953	2.526.402 ITL u. KolIns.[238]	
1953	15 Mio LgIns.[239]	
1953	15 Mio LgIns.[240]	
1953	15 Mio LgIns.[241]	
1953	6-7 Mio ZwA[242]	
1953	3 Mio in ZwALg.[243]	
1928-1955	durchschnittl. 8,8 Mio LgIns.[244]	
März 1957	800.000-900.000[245]	
1957	2-4 Mio LgIns.[246]	
1957	1 Mio in ZwALg.[247]	

[231] Semskow, GULAG I, S. 11 ([Tabelle 1]. Auch in: Ders., Sakljutschonnye, S. 152 [Tabelle 1]). ITL-Insassenzahl auch in: Getty/Rittersporn/Zemskov, Victims, S. 1049.

[232] Liste der American Federation of Labor nach: Andreevich, Structure, S. 147-148.

[233] Semskow, GULAG I, S. 11 ([Tabelle 1]. Auch in: Ders., Sakljutschonnye, S. 152 [Tabelle 1]). ITL-Insassenzahl auch in: Getty/Rittersporn/Zemskov, Victims, S. 1049.

[234] Getty/Rittersporn/Zemskov, Victims, S. 1022 (Table 1). Diese Zahl umschließt nach Angabe der Autoren auch die Inassen von „labor colonies".

[235] Swianiewicz, Forced labour, S. 50. Wheatcroft, Analysis, S. 236. Conquest, Anfang, S. 616.

[236] Heller/Nekrich, Geschichte, Bd. II, S. 194.

[237] Semskow, GULAG I, S. 11 ([Tabelle 1]. Auch in: Ders., Sakljutschonnye, S. 152 [Tabelle 1]). ITL-Insassenzahl auch in: Getty/Rittersporn/Zemskov, Victims, S. 1049.

[238] Berija-Brief vom 24. März 1953: Von diesen 2.526.402 Häftlingen, die in „Besserungslagern und Strafkolonien" einsäßen, seien 221.435 „besonders gefährliche Staatsverbrecher (Spione, Diversanten, Terroristen, Trotzkisten, Sozialrevolutionäre, Nationalisten usw.)" seien (Nach: Nekrassow, Finale, S. 480). Nach Wheatcroft, Light, S. 356, nennt Nekrassow in einem Artikel für die Komsomolskaja Prawda vom 29. September 1989 die Zahl von 2,53 Millionen.

[239] Floyds Schätzung nach: Swianiewicz, Forced labour, S. 45.

[240] Kopelew, Trauer, S. 246, „plus-minus 2 bis 3 Millionen".

[241] Scholmer, Arzt, S. 189.

[242] Schätzung Graziosi nach: Armanski, Maschinen, S. 150.

[243] Berman, Justice, S. 400, Anmk. 15, unter Bezug auf sowjetische Quellen.

[244] Rosefielde, Assessment, S. 65-66.

[245] Aussage des sowjetischen stellvertretenden Generalstaatsanwaltes Kudrjawszew (Vgl. Lewytzkyj, Inquisition, S. 287-289. Swianiewicz, Forced labour, S. 50. Wheatcroft, Analysis, S. 236. Conquest, Anfang, S. 616).

[246] Roeders Schätzung nach: Swianiewicz, Forced labour, S. 50.

[247] Berman, Justice, S. 400, Anmk. 15, unter Bezug auf sowjetische Quellen.

Anhang 3

Organisationspläne[1]

Verzeichnis der Organisationspläne

[1] Angemerkt sei, daß die hier erarbeiteten Organisationspläne nur als erster Anhalt zu verstehen sind. Dienststellen, deren Existenz oder Zuordnung ungesichert sind, sind durch gestrichelte Kästen kenntlich gemacht.
Abkürzungen: ZE = Zentralebene
RE = Regionalebene

Die Strafvollzugssysteme der Justizbehörden (1917 - April 1918)

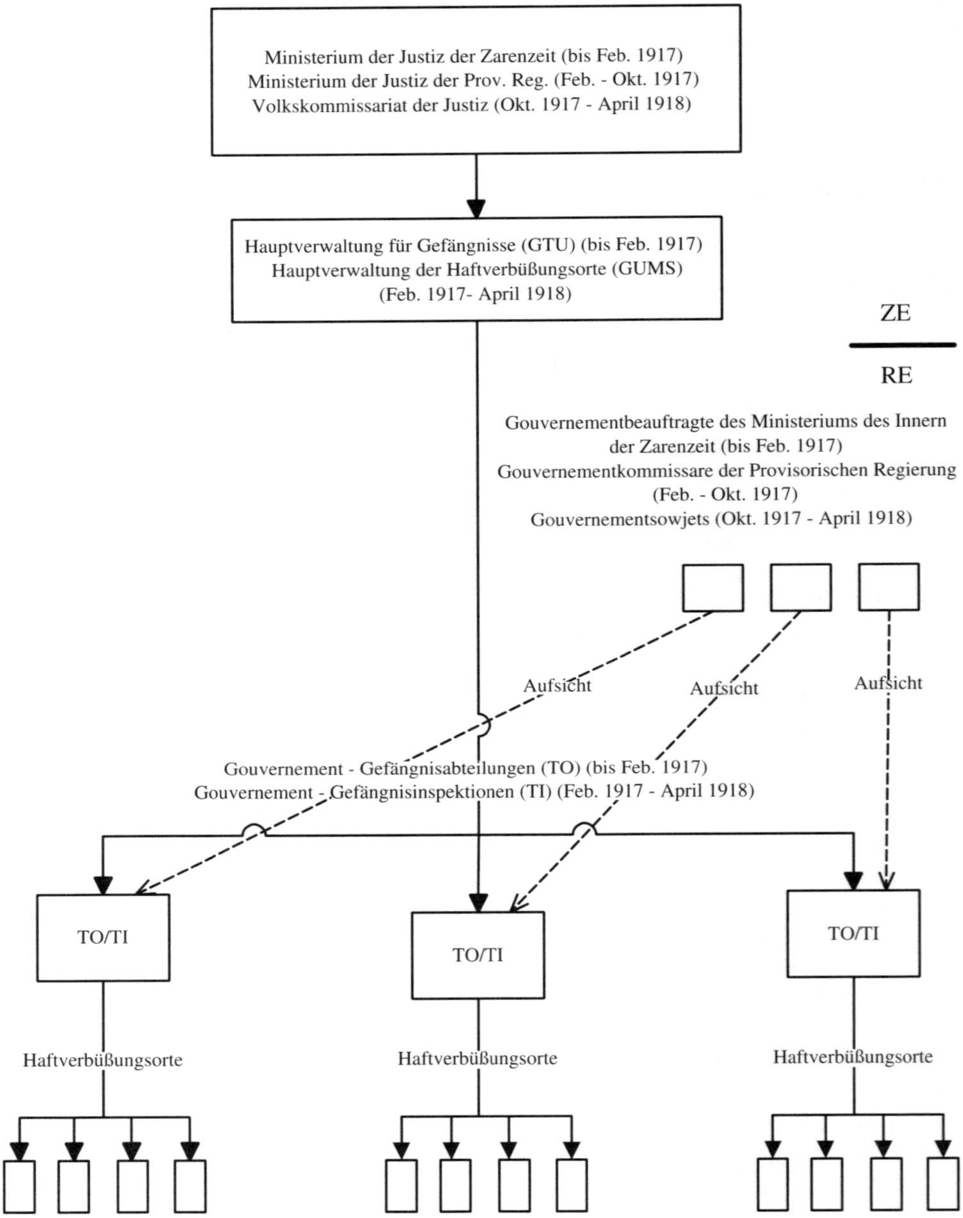

April 1918: Auflösung der GUMS
Mai 1918: Umgliederung zur ZKO

Das Strafvollzugssystem des NKJu der RSFSR (Mai 1918 - Oktober 1922)

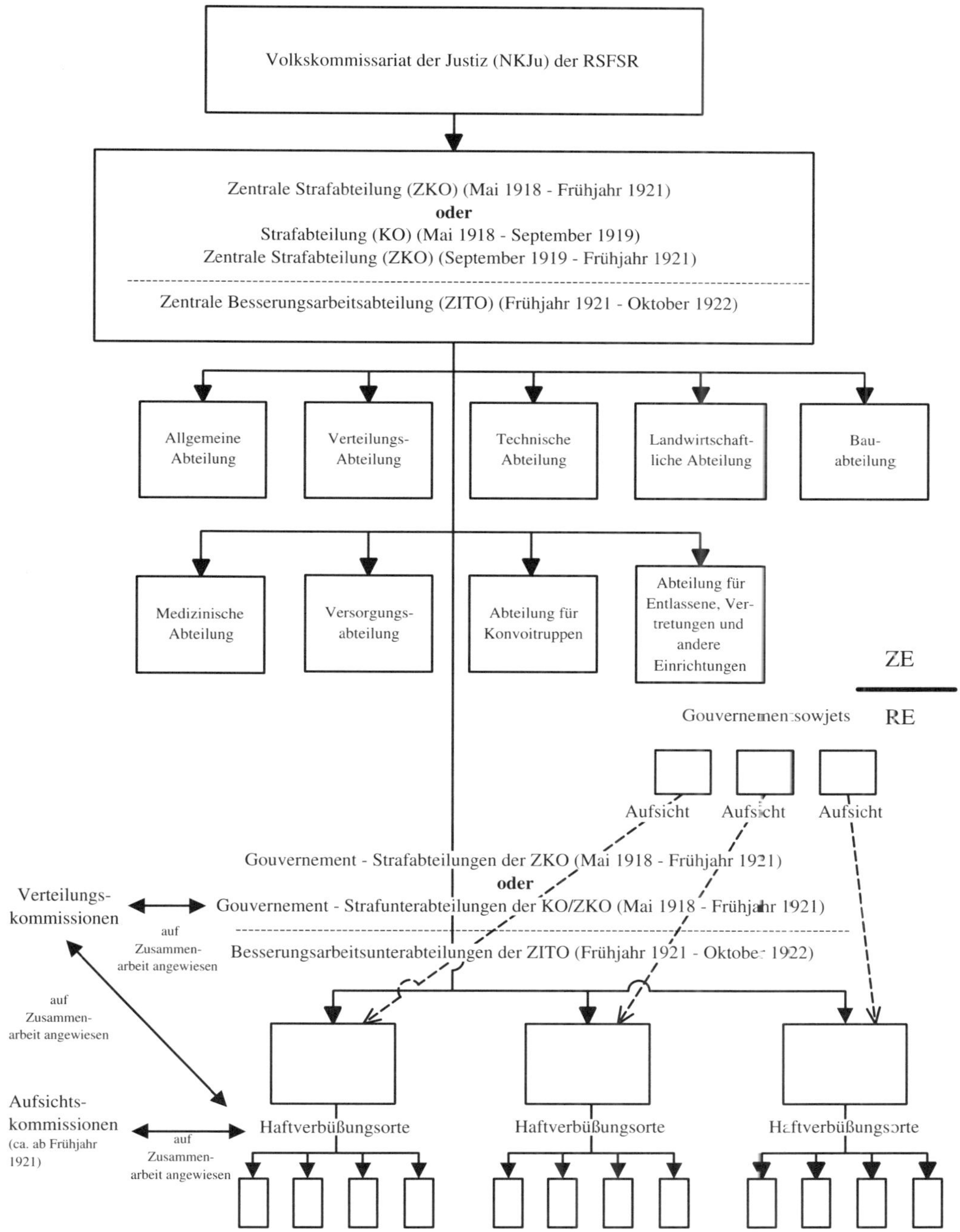

Frühjahr 1921: Umbenennung der ZKO in ZITO
Oktober 1922: Eingliederung der ZITO in die GUPR des NKWD der RSFSR

Das Zwangsarbeitslagersystem des NKWD der RSFSR (1919 - November 1922)

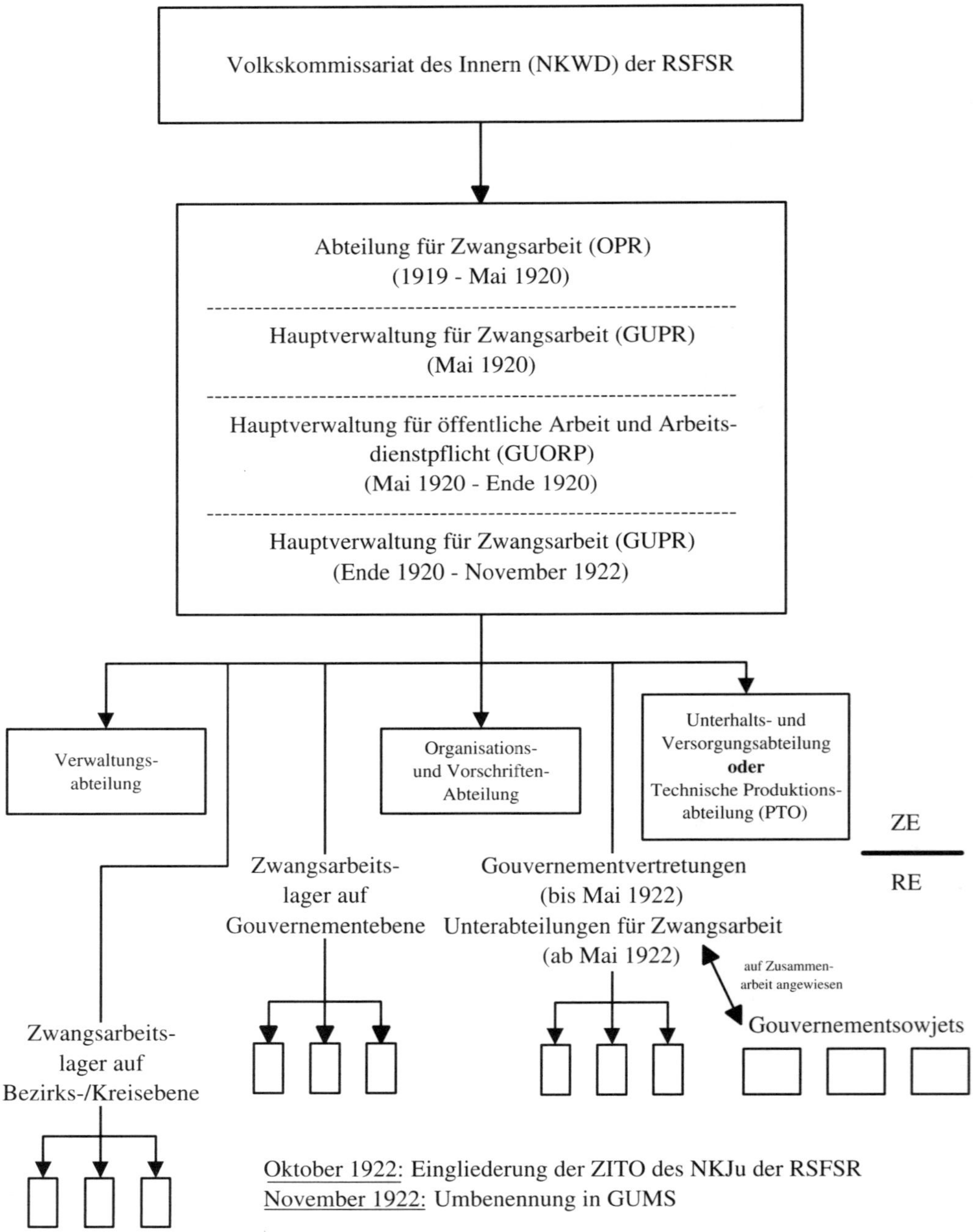

Oktober 1922: Eingliederung der ZITO des NKJu der RSFSR
November 1922: Umbenennung in GUMS

Das Strafvollzugssystem des NKWD der RSFSR (November 1922 - Dezember 1930)

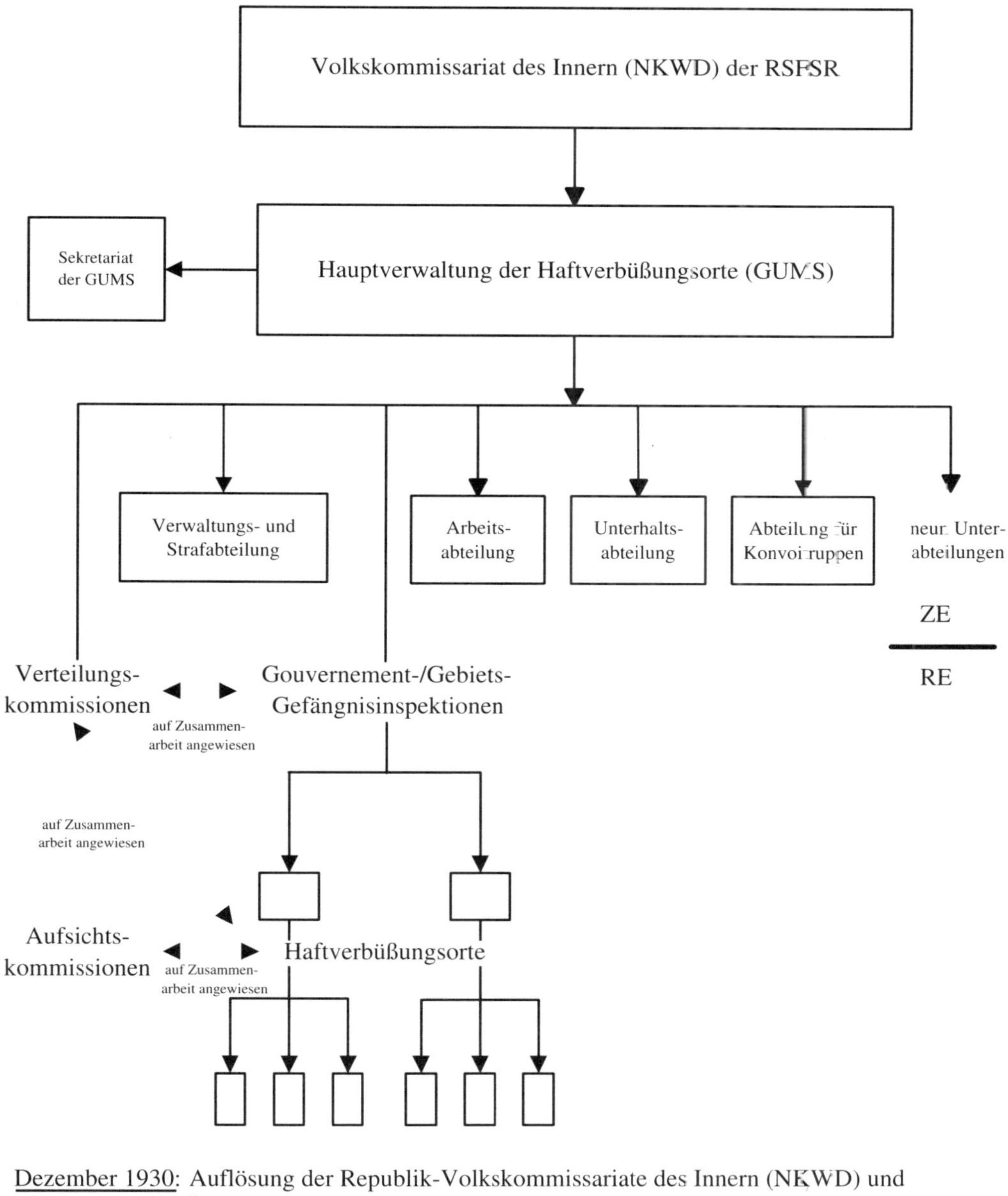

Dezember 1930: Auflösung der Republik-Volkskommissariate des Innern (NKWD) und Übertragung der GUMS auf Republik-Volkskommissariate der Justiz (NKJu)

Das Strafvollzugssystem des NKJu der RSFSR (Dezember 1930 - Oktober/November 1934)

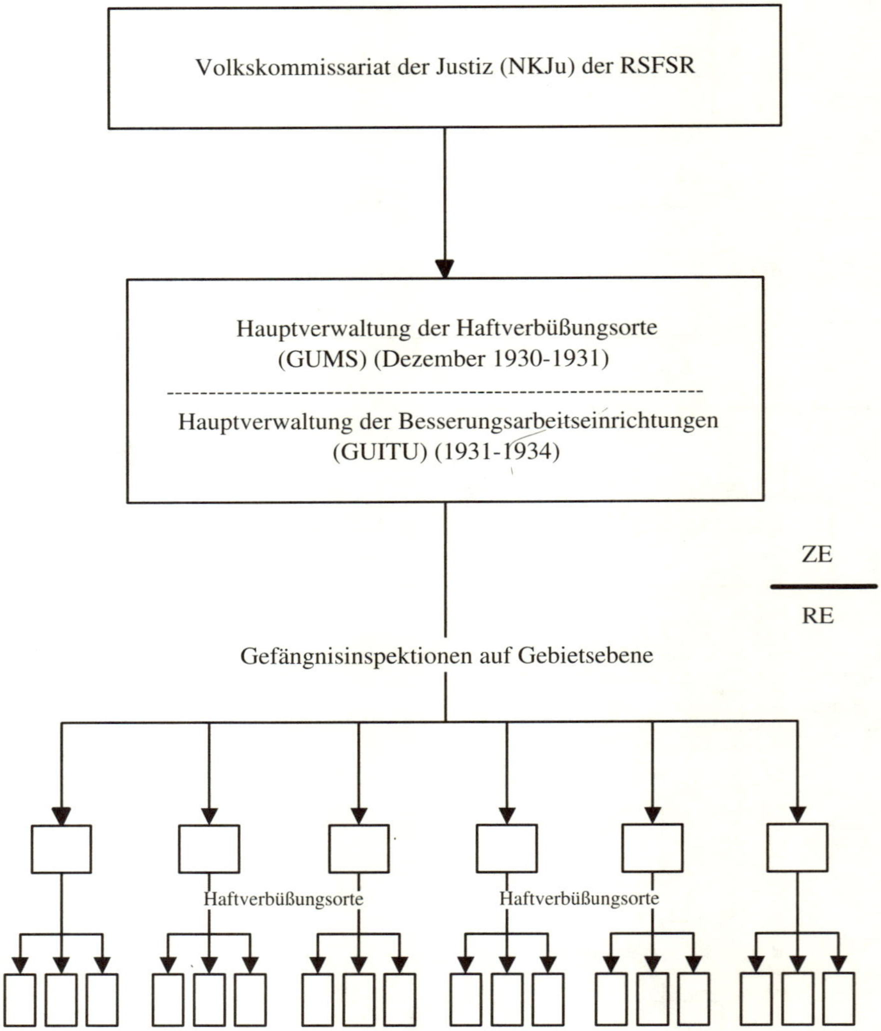

Oktober 1934: Übertragung aller Haftverbüßungsorte der GUITU an die GULag des NKWD der UdSSR
November 1934: Auflösung der GUITU und Eingliederung in die GULag des NKWD der UdSSR

Das Lager- und Strafvollzugssystem der Tscheka/GPU/OGPU (1918-1930)

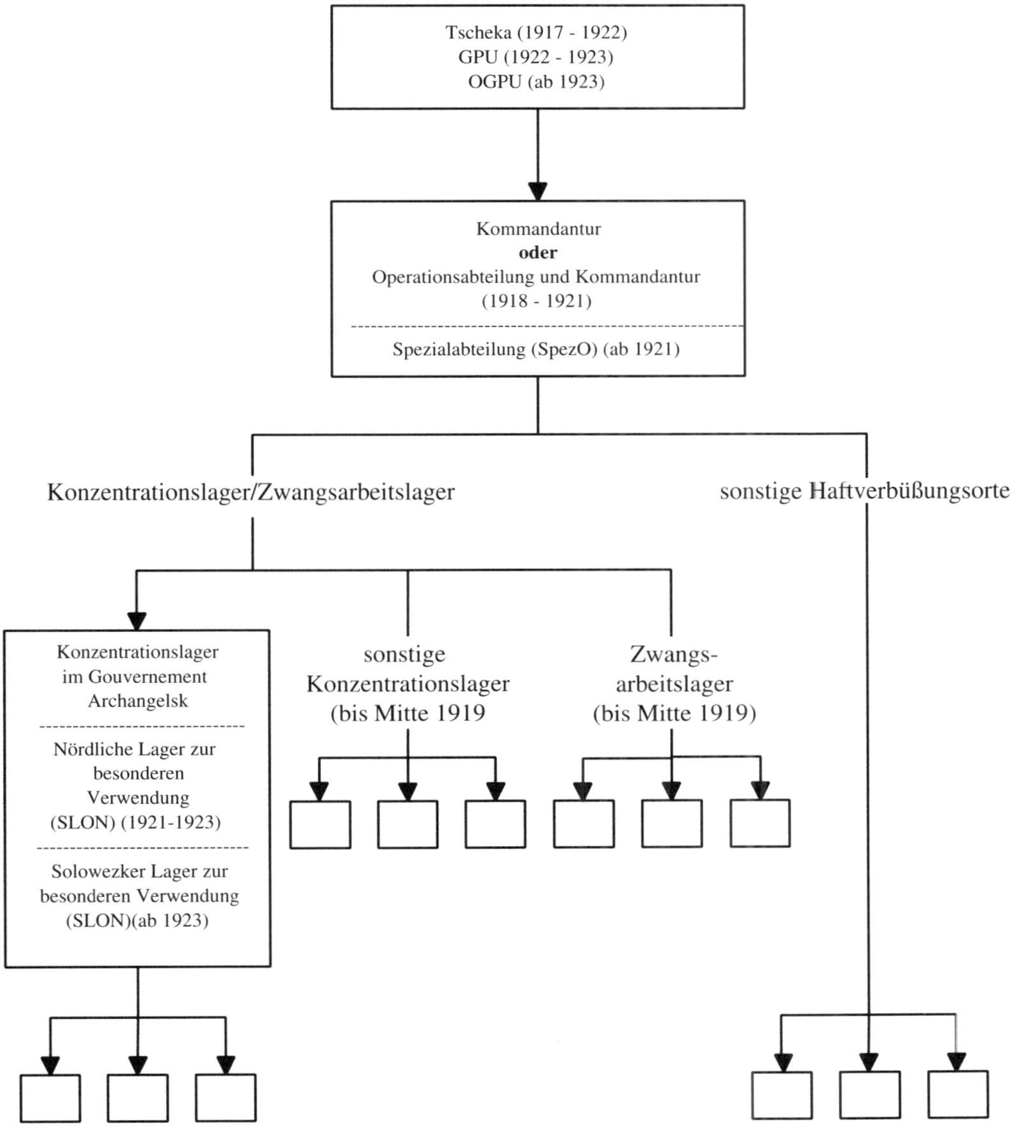

Mitte 1919: Abgabe der Zwangsarbeitslager und Konzentrationslager (mit Ausnahme der Konzentrationslager im Gouvernement Archangelsk) an die OPR des NKWD der RSFSR

Das Lagersystem der GULag der OGPU (April 1930 - Juni/Juli 1934)

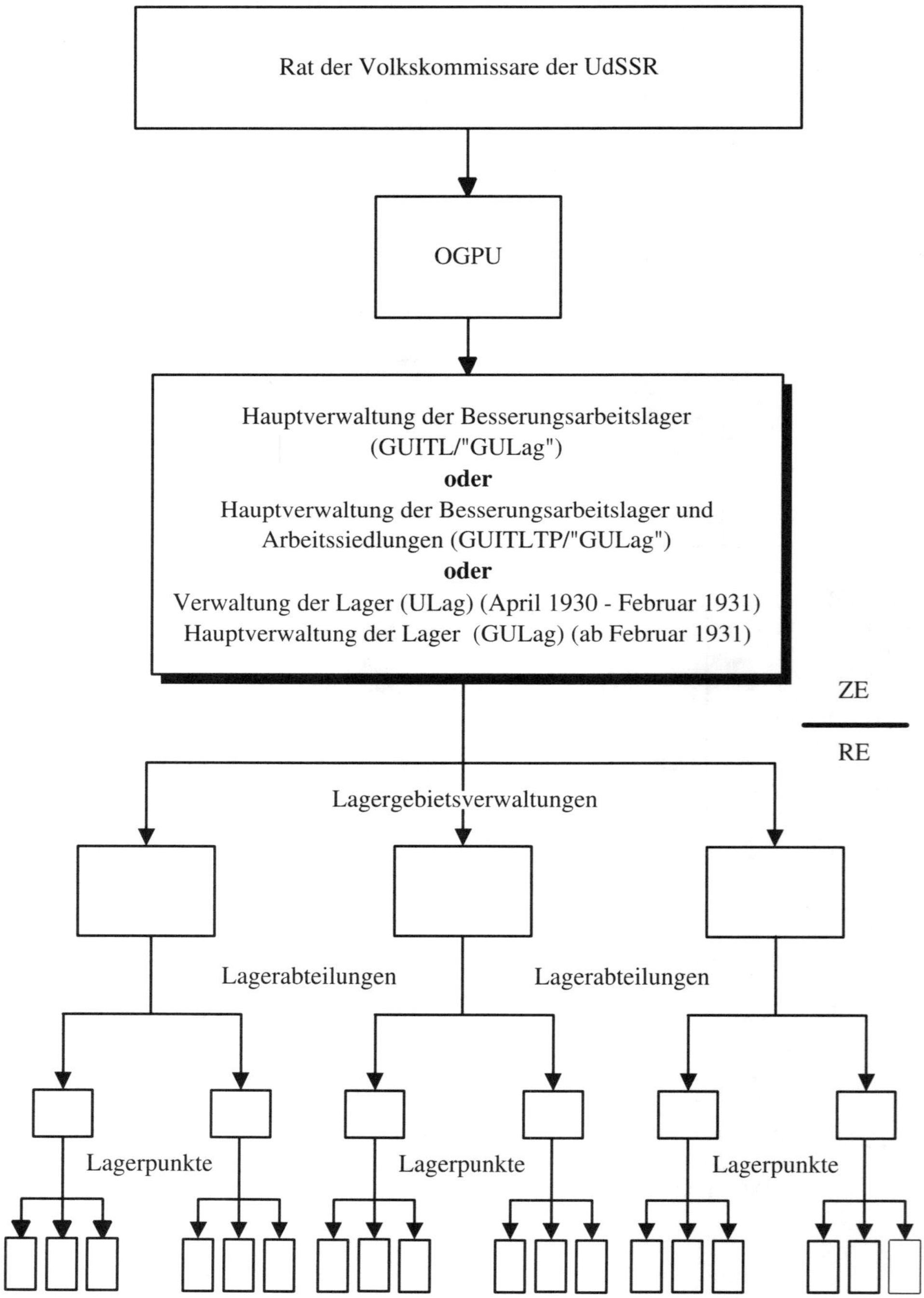

Die GULag des NKWD der UdSSR (Juni/Juli 1934 - Oktober 1938)

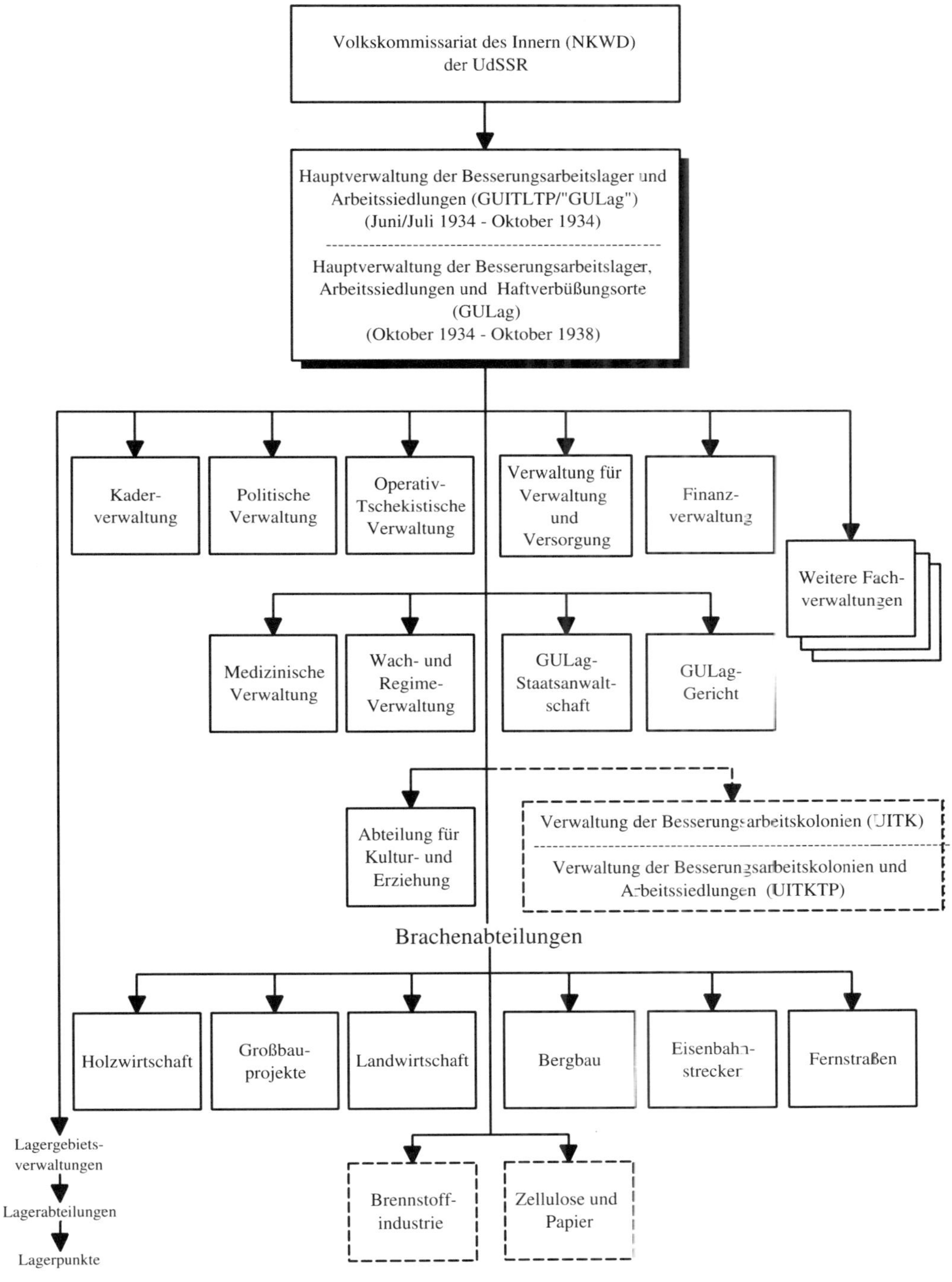

Die GULag des NKWD der UdSSR in der Zeit Berijas und des Zweiten Weltkrieges (1938-1946)

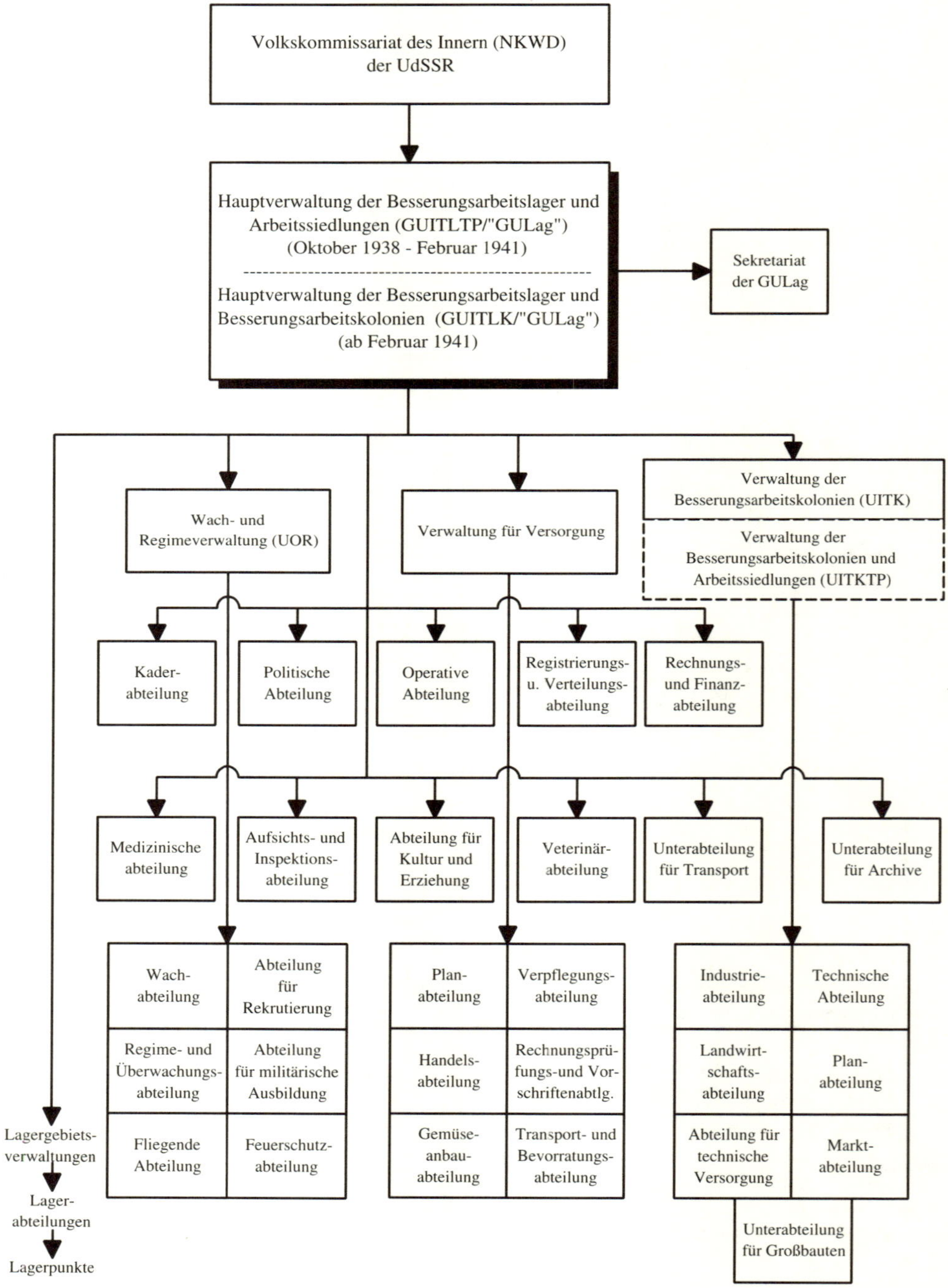

Die Branchen-Hauptverwaltungen und Branchen-Lagerhauptverwaltungen des NKWD der UdSSR in der Zeit Berijas und des Zweiten Weltkrieges (1938-1946)

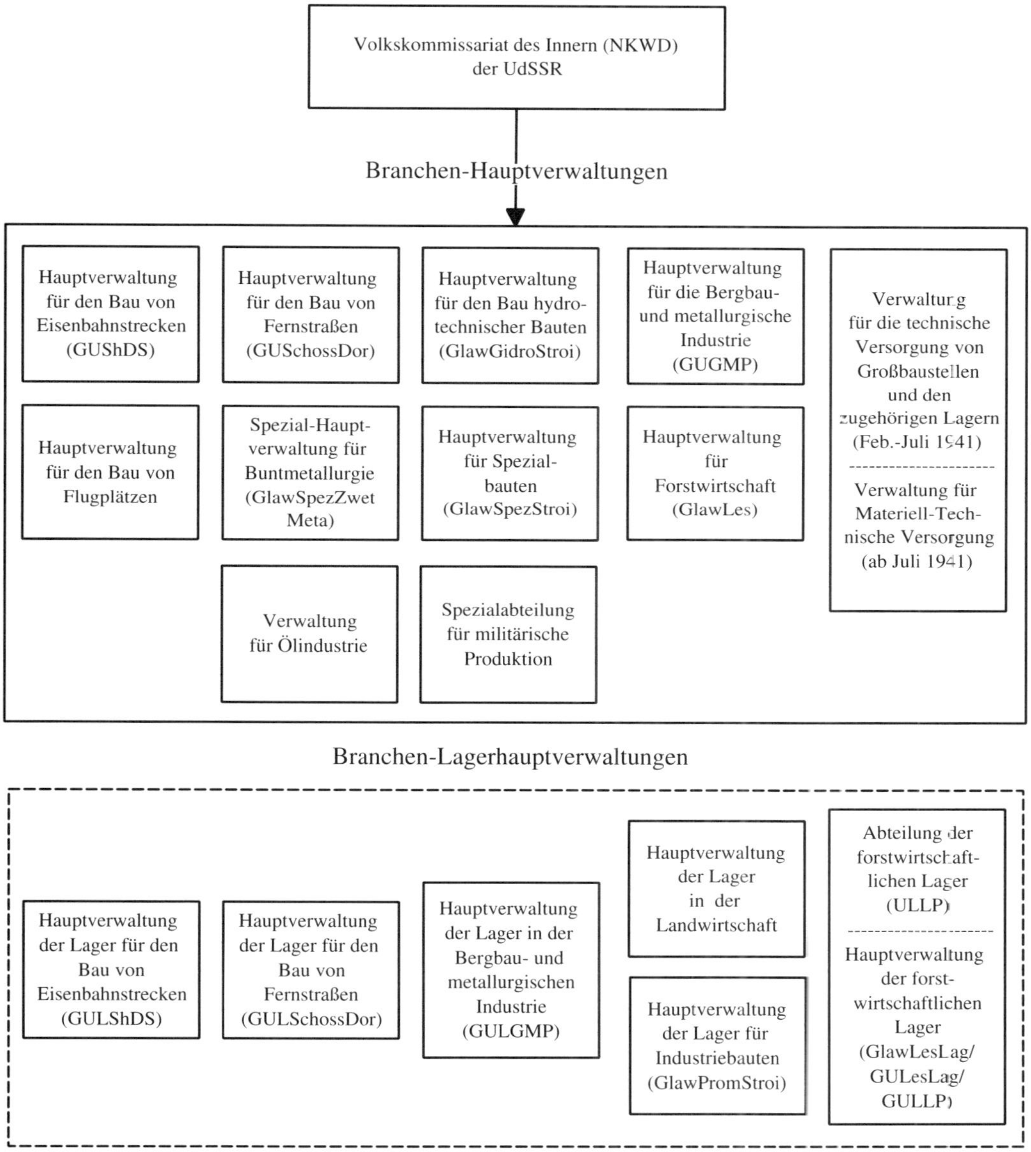

Die GULag des MWD der UdSSR (1953/1955)

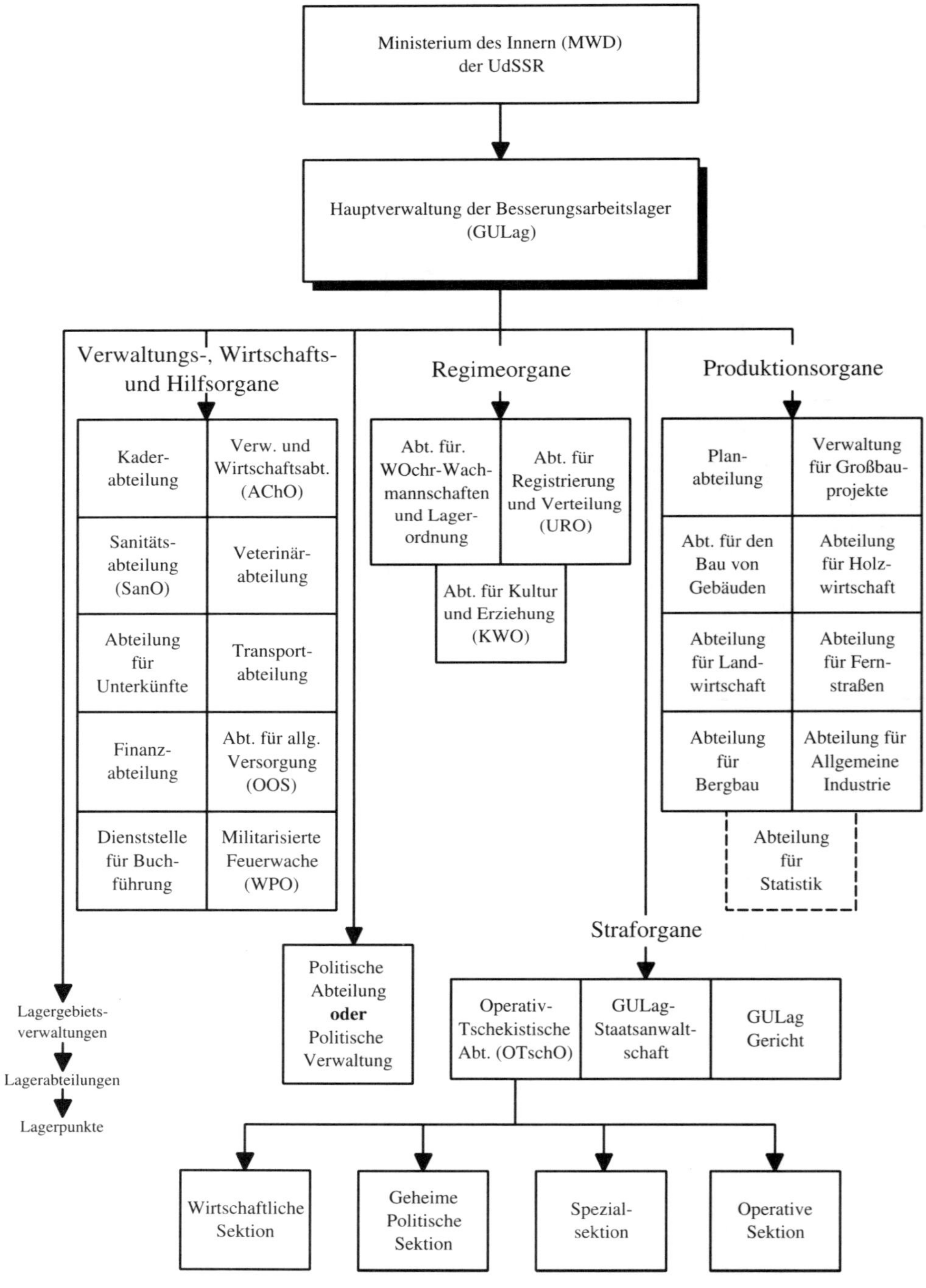

Die administrativen Ebenen des ITL-Lagersystems der GULag des NKWD der UdSSR ab 1934 (Lagerebenen)

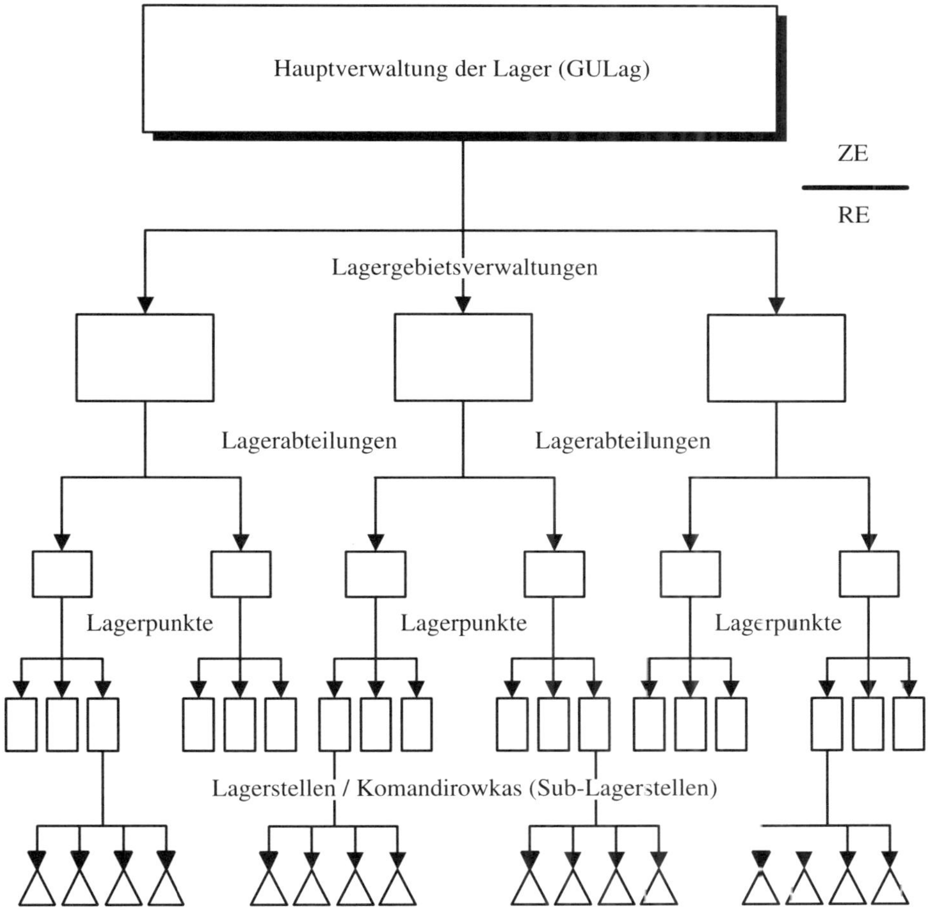

Gliederung einer ITL-Lagergebietsverwaltung

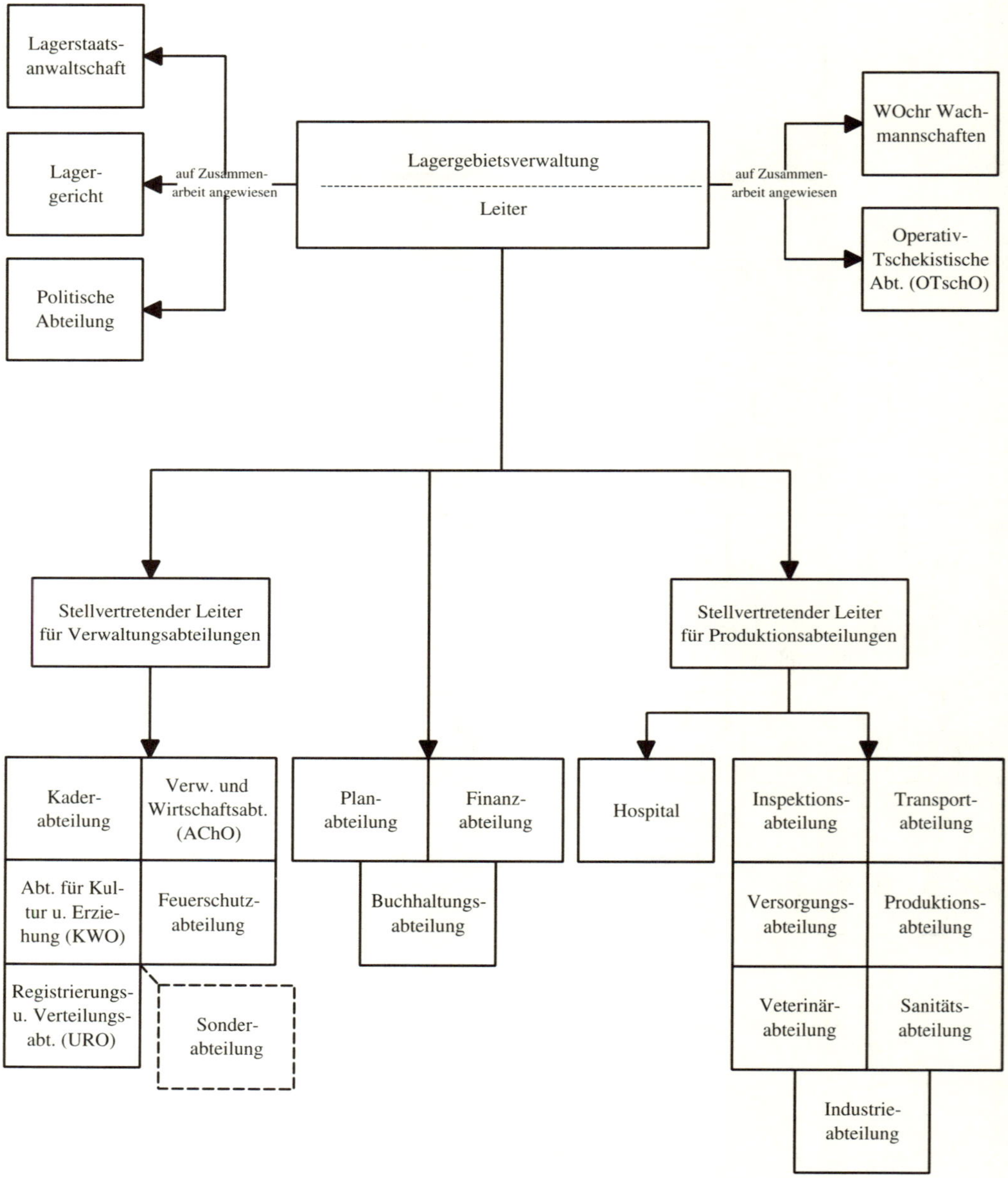

Gliederung einer ITL-Lagerabteilung

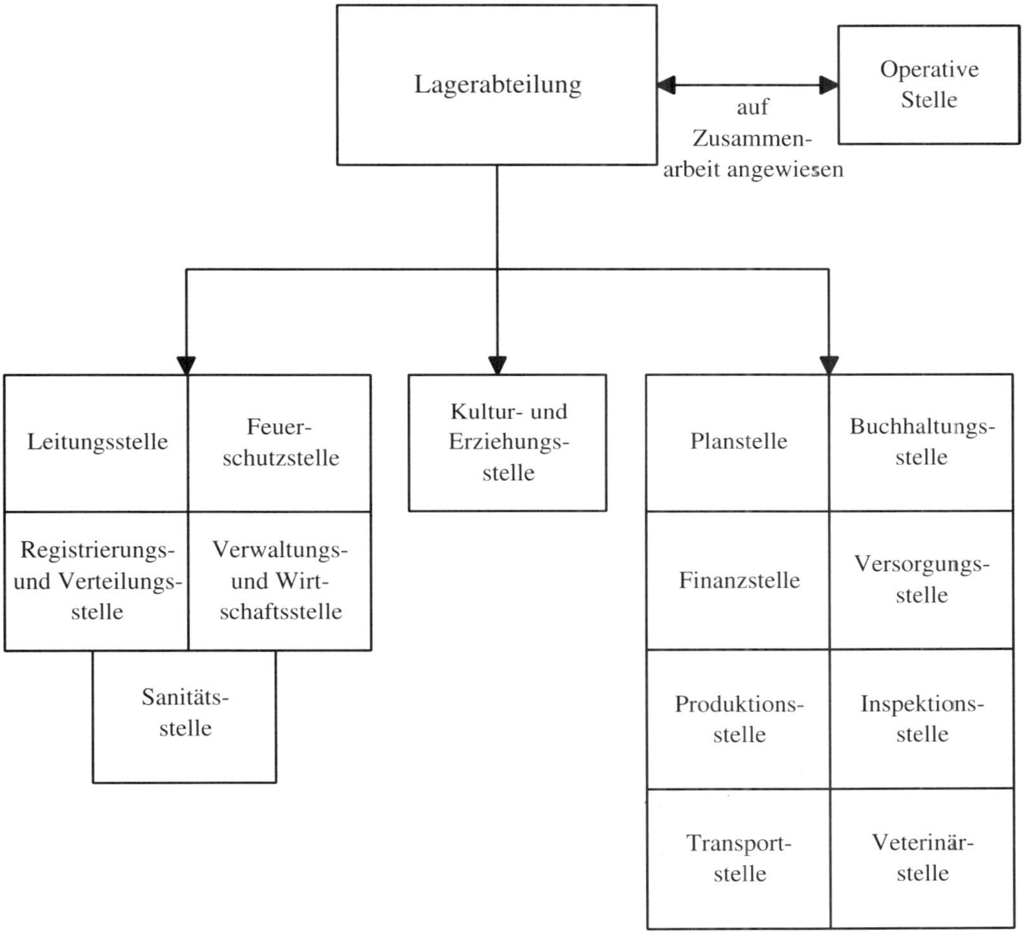

Gliederung eines ITL-Lagerpunktes

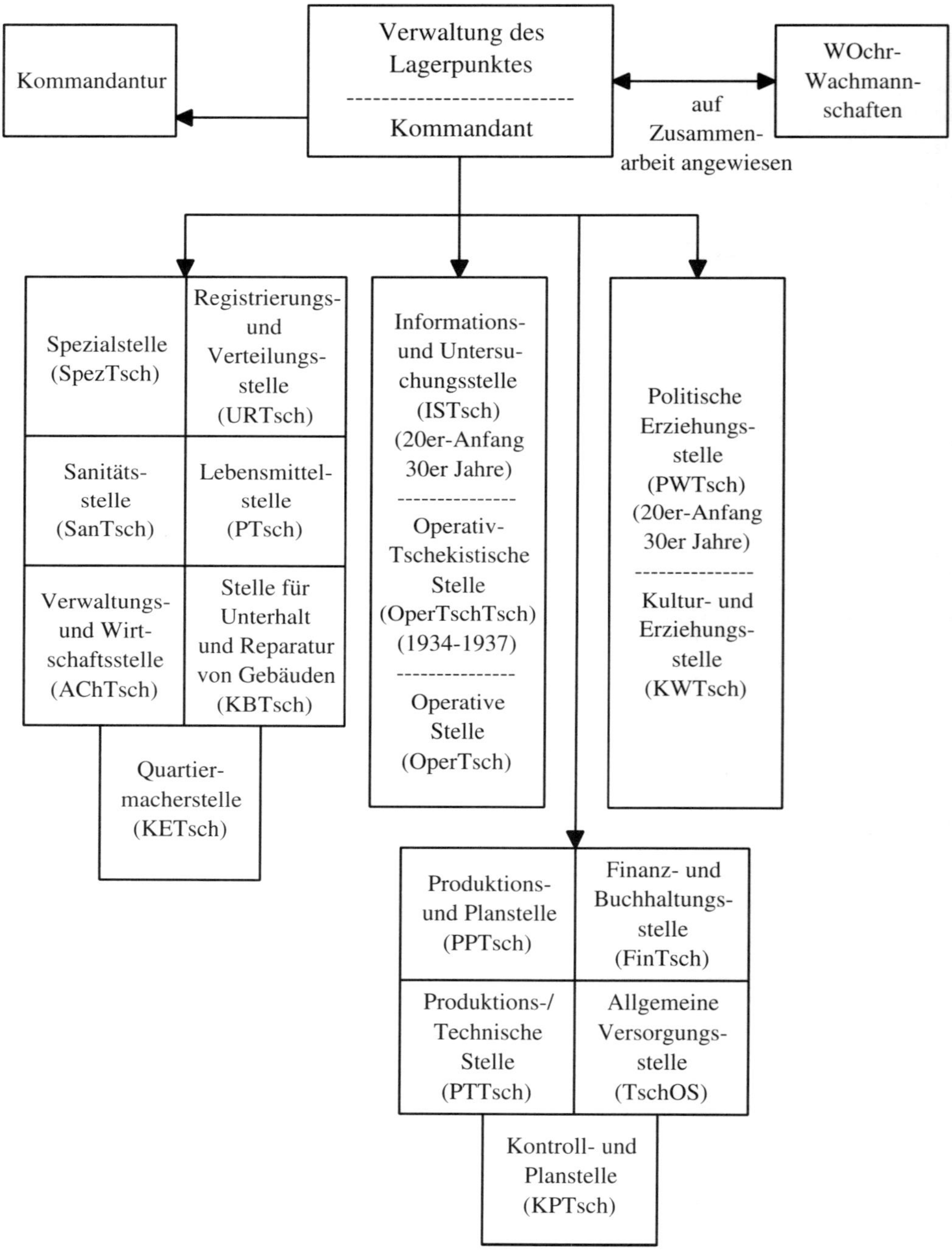

Literaturverzeichnis

Bibliographie

ZORIN, Laibusi: Soviet prisons and concentration camps. An annotated bibliography 1917-1980. Newtonville, Massachusetts, 1980.

Quellen

AGABEKOV, Georges: OGPU. The Russian secret terror. (Reprint der Aufl. New York, 1931). Westport, Connecticut, 1975. (Zit.: Agabekov, OGPU.).

ALBRECHT, Karl I.: Der verratene Sozialismus. Zehn Jahre als hoher Staatsbeamter in der Sowjetunion.15. Aufl. Berlin, 1943. (Zit.: Albrecht, Sozialismus.).

ALTRICHTER, Helmut (Hg.): Die Sowjetunion. Von der Oktoberrevolution bis zu Stalins Tod. Band 1. Staat und Partei (dtv dokumente). München, 1986. (Zit.: Altrichter, Sowjetunion I.).

ALTRICHTER, Helmut/HAUMANN Heiko (Hgg.): Die Sowjetunion. Von der Oktoberrevolution bis zu Stalins Tod. Band 2. Wirtschaft und Gesellschaft (dtv dokumente). München, 1987. (Zit.: Altrichter/Haumann, Sowjetunion II.).

BECK, F./GODIN, W.: Russian purge and the extraction of confession. London/New York, 1951. (Zit.: Beck/Godin, Purge.).

BELOSOR, S.: An NKVD Sovkhoz in the Altai region (Research programme on the USSR. Mimeographed Series No. 22). New York, 1952. (Zit.: Belosor, NKVD Sovkhoz.).

BEN-JAKOW, Bronja: Slowar Argo GULaga. Frankfurt/M., 1982.

Bericht aus dem sibirischen Inferno. In: Die Neue Zeitung v. 21. Januar 1954. (Zit.: Bericht Inferno.).

BUBER-NEUMANN, Margarete: Als Gefangene bei Stalin und Hitler. Eine Welt im Dunkel. (Engl. u.d.T. „Under two dictators", 1949). Frankfurt/M., Berlin, 1993. (Zit.: Buber-Neumann, Gefangene.).

CARLTON, Richard K. (Hg.): Forced labor in the „People's Democracies". New York, 1955. (Zit.: Carlton, Forced labor.).

The case against slave labor. Presented to ECOCOC of UN by ICFTU (International Confederation of Free Trade Unions). In: American labor looks at the world (Hg. v. American Federation of Labor. International labor relations committee), No. VI, September, 1952, S. 79-93. (Zit.: The case.).

GERLAND, Brigitte: Fünf Jahre unter Verbannten. In: Die Welt v. 13. Februar 1954. (Zit.: Gerland, Jahre.).

GINSBURG, Jewgenija: Gratwanderung. 6. Aufl.. München/Zürich, Mai 1984. (Zit.: Ginsburg, Gratwanderung.).

GNEDIN, Jewgenij: Das Labyrinth. Hafterinnerungen eines führenden Sowjetdiplomaten. Mit einem Vorwort von Andrej Sacharow (Russ. Samisdat-Origausg.. 1977) (Edition

„Europäische Zeitzeugen“ 8. Hg. v. Wolfgang u. Elke Leonhard). Freiburg i. Br., 1987. (Zit.: Gnedin, Labyrinth.).

HARMS, Johanna: Im finstern Tal ... . Erinnerungen aus dem Lagerleben in Rußland. Mit einem Geleitwort von Fritz Schmidt-König. II. Teil. Transport ins Lager. Hermannsburg 1982. (Zit.: Harms, Tal.).

HEINRICH, Karl: „Wir streikten in Norilsk“. In: Aus Politik und Zeitgeschichte v. 6. Juni 1956, S. 357-363. (Zit.: Heinrich, Norilsk.).

HILDEBRANDT, Georg: Wieso lebst Du noch? Stuttgart, 1990. (Zit.: Hildebrandt.).

KOPELEW, Lew: Tröste meine Trauer. Autobiographie 1947-1954. (Russ. Origaus. 1980). München, Dezember 1983. (Zit.: Kopelew, Trauer.).

KOPELEW, Lew: Aufbewahren für alle Zeit! Mit einem Nachwort von Heinrich Böll. 10. Aufl. (Russ. Origausg. 1975). München, März 1987. (Zit.: Kopelew, Zeit.).

KRAVCHENKO, Victor A.: Ich wählte die Freiheit. Das private und politische Leben eines Sowjetbeamten. (US-Origausg. u.d.T. I chose freedom. New York, 1946). Hamburg, o.D. (Zit.: Kravchenko, Freiheit.).

KRAVCHENKO, Victor A.: Schwert und Schlange (US-Origausg. u.d.T. I chose justice. New York, 1950). Zürich, o.D. (Zit.: Kravchenko, Schwert.).

KRAVTSCHIK, Grigorij B.: Dornenwege. Ein Leben unter Stalin. Mit einem Vorwort von Dietrich Beyrau. Bremen, 1989. (Zit.: Kravtschik, Dornenwege.).

LEONHARD, Susanne: Fahrt ins Verhängnis. Als Sozialistin in Stalins Gulag. (Gekürzte und überarb. Neuausg. der Origausg. u.d.T. „Gestohlenes Leben“, 1956). Freiburg i.Br., 1983. (Zit.: Leonhard, Fahrt.).

LEONHARD, Wolfgang: Die Revolution entlässt ihre Kinder. Köln, 1990. (Zit.: Leonhard, Revolution.).

LIPPER, Elinor: Elf Jahre in sowjetischen Gefängnissen und Lagern. 2. Aufl. Zürich, 1950. (Zit.: Lipper, Jahre.).

Livre blanc sur les camps de concentration sovietiques. Hg. von der Commission-Internationale contre le regime concentrationnaire (CICRC). Paris, 1951. (Zit.: Livre blanc.).

MAGNUS, Kurt. Raketensklaven. Deutsche Forscher hinter rotem Stacheldraht. Stuttgart, 1993. (Zit.: Magnus, Raketensklaven.).

MALMOUMIAN, Armand: Mit Rudenkos Schüssen begann das Massaker. Als der Archipel GULag wankte. Erinnerung an den Lageraufstand von Workuta. In: Die Welt v. 13. August 1963. (Zit.: Malmoumian, Schüsse.).

PETROV, V. und E.: Empire of fear. London, 1956. (Zit.: Petrov, Empire.).

PETROW, Wladimir: Sowjetgold. Mein Leben als Zwangsarbeiter in den Bergwerken Sibiriens. Kitzingen/Main, 1954. (Zit.: Petrow, Sowjetgold.).

POPOFF, Georg: Tscheka. Der Staat im Staate. Erlebnisse und Erfahrungen mit der Russischen Außerordentlichen Kommission. Frankfurt/M., 1925. (Zit.: Popoff, Tscheka.).

Rapport du comité spécial du travail forcé. Supplément no. 13 aux procès-verbaux officials de la seizième session du Conseil économique et social. No. 36 des Etudes et documents (novelle série) du Bureau international du Travail (Nations Unies E/2431. Bureau). Genf, 1953, S. 88-104, 490-599. (Zit.: Rapport.).

RIGOULOT, Pierre: In Zusammenarbeit mit Geoffroi Crunelle. Des Francais au goulag (1917-1984). Paris, 1984. (Zit.: Rigoulot, Des Francais.).

ROEDER, Bernhard: Der Katorgan. Traktat über die moderne Sklaverei. Köln, Berlin, 1956. (Zit.: Roeder, Katorgan.).

ROSSI, Jacques: The GULAG Handbook. An encyclopedia dictionary of Soviet penitentiary institutions and terms related to the forced labor camps. New York, 1989. (Zit.: Rossi, GULAG Handbook.).

ROSSI, Shak: Sprawotschnik po GULAGu (Zwei Bände). 2. überarb. Aufl. Moskau, 1991.

RUDZKA, Marta: Workuta. Weg zur Knechtschaft. Zürich, 1948. (Zit.: Rudzka, Workuta.).
S., H.: Bericht über sowjetische Lager – bearbeitet auf Grund der offiziellen Protokolle der Internationalen Kommission zum Kampf gegen das Regime der Konzentrationslager. In: Ost-Probleme v. 22. September 1951, S. 1162-1183. (Zit.: S., Bericht.).
SACHAROW, Andrej: Mein Leben. 2. Aufl. München, 1991. (Zit.: Sacharow, Leben.).
SCHALAMOW [irrtümlich Schalanow], Warlam: „Artikel 58“. Die Aufzeichnungen des Häftlings Schalanow. Köln, 1967. (Zit.: Schalamow, „Artikel 58“.).
SCHOLMER, Joseph: Arzt in Workuta. Bericht aus einem sowjetischen Straflager (dtv dokumente).(Erstausg. u.d.T. „Die Toten kehren zurück“, 1954). München, 1963. (Zit.: Scholmer, Arzt.).
SCHÜLER, Horst: Workuta. Erinnerung ohne Angst. München, 1993. (Zit.: Schüler, Workuta.).
SCHWARZ, Alexander: In Wologdas weißen Wäldern. Ein Buch aus dem bolschewistischen Bann. Altona, o.D. (Zit.: Schwarz, Wälder.).
SCOTT, JOHN. Jenseits des Ural. Die Kraftquellen der Sowjetunion (Bücher zur Weltpolitik). Stockholm, 1944. (Zit.: Scott, Ural).
SHIFRIN, Avraham: UdSSR-Reiseführer durch die Gefängnisse und Konzentrationslager der Sowjetunion. Im Auftrag des Research centre for prisons, psychprisons and forced-labor concentration camps of the USSR. Uhldingen/Seewis, 1980. (Zit.: Shifrin, Reiseführer.).
Silka-Rußland klagt sich selber an. In: British Bulletin v. 28. Juni 1950, S. 7-10. (Zit.: Silka.).
„Sklavenarbeit in Rußland.“ Der Amerikanische Gewerkschaftsbund (American Federation of Labor) legt den Vereinten Nationen das Ergebnis seiner Ermittlungen zu dieser Frage vor. o.O., [1950]. (Zit.: „Sklavenarbeit“.).
SILDE, Adolfs: The profits of slavery. Baltic forced laborers and deportees under Stalin and Khrushev. Stockholm, 1958. (Zit.: Silde, Profits.).
Slave labor in Russia. The case presented by the American Federation of Labor to the United Nations. Washington, 1949. (Zit.: Slave labor.).
Slave labor in the Soviet world. Hg. von der American Federation of Labor. o.O., o.D. (Zit.: Slave labor II.).
SOLSCHENIZYN, Alexander: Der Archipel GULag. 1918-1956. Versuch einer künstlerischen Bewältigung. Bern/München, 1974. (Zit.: Solschenizyn, Archipel GULag I.).
SOLSCHENIZYN, Alexander: Der Archipel GULag. 1918-1956. Versuch einer künstlerischen Bewältigung. Folgeband. Arbeit und Ausrottung. Seele und Stacheldraht. Bern/München, 1974. (Zit.: Solschenizyn, Archipel GULag II.).
SOLSCHENIZYN, Alexander: Der Archipel GULag. 1918-1956, Versuch einer künstlerischen Bewältigung. Schlußband. Die Katorga kommt wieder. In der Verbannung. Nach Stalin. Bern/München, 1974. (Zit.: Solschenizyn, Archipel GULag III.).
SOLSCHENIZYN, Alexander: Im ersten Kreis. Vollständige Ausgabe der wiederhergestellten Urfassung des Romans „Der erste Kreis der Hölle“. Frankfurt/M. 1985. (Zit.: Solschenizyn, Kreis.).
SOLSCHENIZYN, Alexander: Ein Tag des Iwan Denissowitsch. Erzählung. München, 1979. (Zit.: Solschenizyn, Tag.).
STÜRMER, Viktor: Sh 895. Im Straflager zwischen Eismeer und Baikalsee. Berlin, Bonn, 1988. (Zit.: Stürmer, Sh 895.).
TCHE-KA.: Materiaux et documents sur la terreur bolcheviste recueillis par le bureau central du Parti Socialiste Revolutionaire Russe. Übersetzt a. d. Russ. v. E. Pierremont. Paris, o.D. (Zit.: Tche-Ka.).
TUOMINEN, Arvo: Stalins Schatten über Finnland. Erinnerungen des ehemaligen Führers der finnischen Kommunisten (Edition „Europäische Zeitzeugen“. Hg. v. Wolfgang Leonhard). Freiburg i. Br., 1986. (Zit.: Tuominen, Schatten.).

WASSILENKO, Swetlana: Stadt hinter Stacheldraht. Erzählungen aus Rußland. Reinbek, 1992. (Zit.: Wassilenko, Stadt.).

WEISSBERG-CYBULSKI, Alexander: Hexensabbat. Rußland im Schmelztiegel der Säuberungen. Frankfurt/M., 1951. (Zit.: Weissberg-Cybulski, Hexensabbat.).

WITSCHEL, Margaretha: Und dennoch überlebt. Acht Jahre in russischer Gefangenschaft. Mit einer Einführung von Roland Girtler. Wien, Köln, Graz, 1985. (Zit.: Witschel.).

Darstellungen

AGDE. Günter: Sachsenhausen bei Berlin. Speziallager Nr. 7. 1945-1950. Kassiber, Dokumente und Studien. Berlin, 1994. (Zit.: Agde, Sachsenhausen.).

AHLBERG, Rene: Stalinistische Vergangenheitsbewältigung. Auseinandersetzung über die Zahl der GULAG-Opfer. In: Osteuropa 11/1992, S. 921-937. (Zit.: Ahlberg, Vergangenheitsbewältigung.).

ALBAZ, Jewgenija: Geheimimperium KGB. Totengräber der Sowjetunion. München, 1992. (Zit.: Albaz, Geheimimperium.).

ANDRLE, Vladimir: Demons and devil's advocates: Problems in historical writing on the Stalin era. In: Lampert/Rittersporn, Stalinism, S. 25-47. (Zit.: Andrle, Demons.).

ANDREEVICH, E.A.: Structure and Functions of the Soviet Secret Police. In: Wolin/Slusser, Secret police, S. 96-151. (Zit.: Andreevich, Structure.).

ANDREW, Christopher/GORDIEWSKY, Oleg: KGB. Die Geschichte seiner Auslandsoperationen von Lenin bis Gorbatschow. München, 1990. (Zit.: Andrew/Gordiewsky, KGB.).

ANTONOW-OWSEJENKO, Anton: Der Weg nach oben. Skizzen zu einem Berija-Porträt. In: Nekrassow, Berija, S. 11-172. (Zit.: Antonow-Owsejenko, Weg.).

ANTONOW-OWSEJENKO, Anton: Protiwostojanije. In: Literaturnaja gaseta vom 3.04.1991, S. 3. (Zit.: Antonow-Owsejenko, Protiwostojanije).

ARALOWEZ, N. A.: Poteri naselenija sowetskogo obstschestwa w 1930-e gody: problemy, istotschniki, metody isutschenija w otetschestwennoi istoriografii. In: Otetschestwennaja istorija, 1/1995, S. 135-146. (Zit.: Aralowez, Poteri.).

ARENDT, Hannah: Elemente und Ursprünge totaler Herrschaft. I. Antisemitismus. II. Imperialismus. III. Totale Herrschaft. (Origausg, 1951 u.d.T. „The origins of totalitarianism"). 3. Aufl. München, 1993. (Zit.: Arendt, Elemente.).

ARMANSKI, Gerhard: Maschinen des Terrors. Das Lager (KZ und GULAG) in der Moderne. Münster, 1993. (Zit.: Armanski, Maschinen.).

ARTEMIEV, V.P. The Armed Forces of the Soviet Organs of State Security. In: Wolin/Slusser, Secret police, S. 239-259. (Zit.: Artemiev, Forces.).

ARTEMJEW, W.P. Reshim i ochrana isprawitelno-trudowych lagerei MWD (Institut zur Erforschung der UdSSR). München, 1956. (Zit.: Artemjew, Reshim.).

ARTEMIEV, V.P./BURLUTSKY, G.S.: Structure and Condition of the Soviet Organs of State Security after World War II. In: Wolin/Slusser, Secret police, S. 152-179. (Zit.: Artemiev/Burlutsky, Structure.).

ARTEMIEV, V.P./BURLUTSKY, G.S.: Internal Activities of the Soviet Organs of State Security after World War II. In: Wolin/Slusser, Secret police, S. 322-337. (Zit.: Artemiev/Burlutsky, Activities.).

Aufstände in russischen Arbeitslagern. In: Die Presse (Wien) v. 29. Juli 1956.

BABEROWSKI, Jörg: Wandel und Terror: die Sowjetunion unter Stalin 1928-1941. Ein Literaturbericht. In: Jahrbücher für Geschichte Osteuropas, Jg. 43 (1995), Heft 1, S. 97-129. (Zit.: Baberowski, Wandel.).

BACON, Edwin: Glasnost' and the Gulag: New information on Soviet forced labour around World War II. In: Soviet studies, Jg. 44 (1992), Heft 6, S. 1069-1086. (Zit.: Bacon, Glasnost.).

BACON, Edwin: The Gulag at war. Stalin's forced labour system in the light of the archives (Studies in Soviet history and society. Hg. v. R.W. Davies und E.A. Rees). London, 1994. (Zit.: Bacon, Gulag.).

BARRON, John: KGB. Arbeit und Organisation des sowjetischen Geheimdienstes in Ost und West. Bern. München, 1974. (Zit.: Barron, KGB.).

BARTON, Paul: Die Rationalisierung der Zwangsarbeit. In: Ost-Probleme v. 21. September 1959, S. 1306-1314. (Zit.: Barton, Rationalisierung,).

BARTON, Paul: L'institution concentrationnaire en Russie (1930-1957). Mit einem Vorwort von David Rousset (Les Documents de „Tribune libre". Commission Internationale contre le régime concentrationnaire). Paris, 1959. (Zit.: Barton, L'institution.).

BAYKOV, Alexander: A note on the economic significance of compulsory labour in the USSR. In: Bulletins of Soviet Economic Development 7. Zweite Serie. Dezember 1952 (Hg. von der Universität Oxford), S. 30-41. (Zit.: Baykov, Note.).

BAYKOV, Alexander M.: The development of the Soviet economic system. An essay on the experience of planning in the U.S.S.R. (The National Institute of Economic and Social Research. Economic and Social Studies 5). 2. Aufl. (1. Aufl. Cambridge 1946). Cambridge u. New York, 1947. (Zit.: Baykov, Development.).

BEY, Essad: Die Verschwörung gegen die Welt. G.P.U. o.O., o.D. (Zit.: Bey, G.P.U.).

VON BERG, Michael: Sowjetisches Gold. Produktion, Verkäufe, Reserven. In: Osteuropa-Wirtschaft, Jg. 8 (1963), Heft 1 (März), S. 21-31. (Zit.: von Berg, Gold.).

BERMAN, Harold J.: Justice in the U.S.S.R.. An interpretation of Soviet law (Russian Research Center Studies 3). Revised edition, enlarged. (1. Aufl. 1950 u.d.T. „Justice in Russia"). Cambridge, Mass., 1963. (Zit.: Berman, Justice.).

BEYRAU, Dietrich: Solschenizyns „Archipel GULAG" und das sowjetische Lagersystem. In: GWU, Jg. 27 (1976), Heft 9, S. 538-565. (Zit.: Beyrau, „Archipel GULAG".).

BOBRENJOW, Wladimir/RJASANZEW, Waleri: Das Geheimlabor des KGB. Gespenster der Warsanawjew-Gasse. Berlin, 1993. (Zit.: Bobrenjow/Rjasanzew, Geheimlabor.).

BODIE, William C.: The secret police and soviet politics. In: Problems of communism. January/February 1990, S. 101-108. (Zit.: Bodie, Secret police.).

BONWETSCH, Bernd: Der „Große Vaterländische Krieg". Vom deutschen Einfall bis zum sowjetischen Sieg (1941-1945). In: Schramm, Handbuch, Kapitel VII, S. 909-1008. (Zit.: Bonwetsch, Krieg.).

BONWETSCH, Bernd: Sowjetische Zwangsarbeiter vor und nach 1945. Ein doppelter Leidensweg. In: In: Jahrbücher für Geschichte Osteuropas, Jg. 41 (1993), Heft 4, S. 532-546. (Zit.: Bonwetsch, Zwangsarbeiter.).

BONWETSCH, Bernd: Gulag. In: 200 Tage und 1 Jahrhundert. Gewalt und Destruktivität im Spiegel des Jahres 1945. Hg. v. Hamburger Institut für Sozialforschung. Hamburg, 1995, S. 210-231. (Zit.: Bonwetsch, Gulag.).

VON BORCKE, Astrid: KGB. Die Macht im Untergrund (Tagesfragen Bd. 33). Neuhausen-Stuttgart, 1987. (Zit.: von Borcke, KGB.).

BRANDT, Sabine: Der Aufstand von Schacht 29. Was Workuta war und was daraus geworden ist. In: FAZ v. 21. Oktober 1995. (Zit.: Brandt, Aufstand.).

BROSSAT, A./COMBE, S./MOUKHINE, L. Ozerlag 1937-1964: le système du Goulag: traces perdues, mémoires réveillées d'un camp stalinien. Paris, 1991.

BUCH, Hans Christoph: Ideologische Irrungen und Wirrungen der Literatur im 20. Jahrhundert". In: Gerd Langguth (Hg.). Autor, Macht, Staat. Literatur und Politik in Deutschland. Ein notwendiger Dialog. Düsseldorf, 1994, S. 55-69. Hier S. 58-60.

BUGAI, N.F.: K woprosu o deportazii narodow SSSR w 30-40-ch godach. In: Istorija SSSR, 6/1989, S. 135-144. (Zit.: Bugai, Deportazii.).

BUGAI, N.F.: 20-40-e gody: Deportazija naselenija s territorii jewropeiskoi Rossii. In: Otetschestwennaja istorija, 4/1992, S. 37-49. (Zit.: Bugai. Deportazija.).

BUNYAN, James: The origin of forced labor in the Soviet state. 1917-1921. Documents and materials. Baltimore, Maryland, 1967. (Zit.: Bunyan, Forced labor.).

BURMEISTER, Alfred: Der Aufstand von Kingir. In: Aus Politik und Zeitgeschichte v. 30. Mai 1956, S. 332-344. (Zit.: Burmeister, Aufstand.).

The Cambridge Encyclopedia of Russia and the Soviet Union. Hg. v. Archie Brown, John Fennell, Michael Kaser und H.T. Willets. Cambridge, London, New York, New Rochelle, Melbourne, Sydney, 1982. (Zit.: Cambridge Encyclopedia.).

CARMICHAEL, Joel: Säuberung. Die Konsolidierung des Sowjetregimes unter Stalin 1934-1938. Frankfurt/M., 1972. (Zit.: Carmichael, Säuberung.).

CONQUEST, Robert: Am Anfang starb Genosse Kirow. Säuberungen unter Stalin. Düsseldorf, 1970. (Zit.: Conquest, Anfang.)

CONQUEST, Robert: Kolyma. The Arctic death camps. New York, 1978. (Zit.: CONQUEST, Kolyma.).

CONQUEST, Robert: Forced labour statistics: Some comments. In: Soviet Studies, Jg. 34 (1982), Heft 3 (Juli), S. 434-439. (Zit.: Conquest, Statistics.).

CONQUEST, Robert: Excess deaths and camp numbers: Some comments. In: Soviet Studies, Jg. 43 (1991), Heft 5, S. 949-952. (Zit.: Conquest, Deaths.).

CONQUEST, Robert: Der große Terror. Sowjetunion 1934-1938. München, 1992. (Zit.: Conquest, Terror.).

CORSON, William R./CROWLEY, Robert T.: The new KGB. Engine of Soviet power. New York, 1985. (Zit.: Corson/Crowley, KGB.).

CRUSIUS, Reinhard/WILKE, Manfred (Hgg.): Entstalinisierung. Der XX. Parteitag der KPdSU und seine Folgen. Beiträge von Roy Medwedew, Anne Herbst-Oltmanns, Robert Havemann, Reinhard Crusius/Manfred Wilke, Jiri Pelikan, Franz Marek, Helmut Martin, Jochen Steffen, Hermann Weber, Heinz Brandt, Bernd Rabehl, Jan Skala, Pierre Frank, Isaac Deutscher, Ernst Bloch, Hans Mayer, Berni Kelb, Herbert Kuehl, Manfred Hertwig. Frankfurt/Main, 1977. (Zit.: Crusius/Wilke, Entstalinisierung,).

DALLIN, David. J./NICOLAEVSKY, B.I.: Forced labor in Soviet Russia. 4. Aufl. (1. Aufl. New Haven 1947). New Haven, 1955. (Zit.: Dallin/Nicolaevsky, Forced labor.).

DALLIN, David.J./NICOLAEVSKY,B.: Arbeiter oder Ausgebeutete? Das System der Arbeitslager in Sowjet-Rußland. München, 1948. (Zit.: Dallin/Nicolaevsky, Arbeiter.).

DALLIN, David. J.: The economics of slave labor (The Human Affairs Pamphlets 42). Chicago, 1949. (Zit.: Dallin, Economics.).

DALLIN, David J.: Das wirkliche Sowjetrußland. Hamburg, 1948. (Zit.: Dallin, Sowjetrußland.).

DAVIES R.W./WHEATCROFT, Stephen G.: Steven Rosefielde's *Kliuvka*. In: Slavic Review, Jg. 39 (1980), Heft 4 (Dezember), S. 593-602. (Zit.: Davies/Wheatcroft, Kliuvka.).

DEGRAS, Jane/ NOVE, Alec (Hgg.): Soviet planning. Essays in honour of Naum Jasny. Oxford, 1964. (Zit.: Degras/Nove, Planning.).

DEPRETTO, Jean-Paul: Construction workers in the 1930s. In: Lampert/Rittersporn, Stalinism, S. 184-210. (Zit.: Depretto, Construction workers.).

Feliks Dzierzynski. Biographie. Berlin, 1980. (Zit.: Dzierzynski, Biographie.).

EASON, Warren W.: Population as labor force. In: Bergson, Abram (Hg.). Soviet economic growth. Conditions and perspectives. Evanston, Illinois/White Plains, New York, 1953, S. 101-125. (Zit.: Eason, Population.).

FAINSOD, Merle: How Russia is ruled (Russian Research Center Studies 11). Cambridge, Mass., 1953. (Zit.: Fainsod, Russia.).

FAINSOD, Merle: Smolensk under Soviet rule. Cambridge, Mass., 1958. (Zit.: Fainsod, Smolensk.).

FITZPATRICK, Sheila: The impact of the Great Purges on Soviet elites. A case study from Moscow and Leningrad telephone directories of the 1930s. In: Getty/Manning, Terror, S. 247-260. (Zit.: Fitzpatrick, Impact.).
FRIEDE, Dieter: Die Saga von Norilsk. In: Rheinischer Merkur v. 8. November 1957. (Zit.: Friede, Saga.).
FRIEDE, Dieter: Panzer gegen Sklaven. Das Massaker von Kingir. In: Bremer Nachrichten v. 14. April 1956. (Zit.: Friede, Panzer.).
GAEDE, Peter-Matthias: Lebenszeichen aus dem Reich der Schatten. In: GEO vom 8. April 1992, S. 58-69. (Zit.: GEO v. 8.April 1992.).
GETTY, J. Arch/MANNING, Roberta T. (Ed.): Stalinist terror. New perspectives. Cambridge, 1993. (Zit.: Getty/Manning, Terror.),
GETTY, J. Arch: The politics of repression revisited. In: Getty/Manning, Terror, S. 40-62. (Zit.: Getty, Politics.).
GETTY, J. Arch/RITTERSPORN, Gábor T./ZEMSKOW, Viktor N.: Victims of the Soviet penal system in the pre-war years: A first approach on the basis of archival evidence. In: The American Historical Review, Jg. 98 (1993), Heft 4, S. 1017-1049. (Zit.: Getty/Rittersporn/Zemskow, Victims.).
GILBERT, Martin: Russian history atlas. London, 1972. (Zit.: Gilbert, Atlas.).
40-50 e gody: Posledstwija deportazii narodow (Swidetelstwujut archiwy – MWD SSSR). In: Istorija SSSR 1/1992, S. 122-143. (Zit.: 40-50 e gody).
GRÄFE, Marlis/RITSCHER, Bodo: Die Speziallager in der Sowjetischen Besatzungszone. Das Beispiel Buchenwald. In: Hanno Müller (Hg.). Recht oder Rache?. Buchenwald 1945-1950. Betroffene erinnern sich. Frankfurt/M., 1991, S. 93-130. (Zit.: Gräfe/Ritscher, Speziallager.).
GRAZIOSI, Andrea: „Visitors from other times“: Foreign workers in the prewar *piatiletki*. In: Cahiers du Monde russe et soviétique, Jg. 29, Heft 2, April-Juni 1988, S. 161-180. (Zit.: Graziosi, Visitors.).
GRAZIOSI, Andrea: The great stikes of 1953 in Soviet labor camps in the accounts of their participiants. A review. In: Cahiers du Monde russe et soviétique, Jg. 33, Heft 4, Oktober-Dezember 1992, S. 419-446. (Zit.: Graziosi, Strikes.).
GREIFE, Hermann: Zwangsarbeit in der Sowjetunion. 16. Aufl. Berlin, Leipzig, 1936. (Zit.: Greife, Zwangsarbeit.).
GROSS, Jan: „Und wehe, du hoffst ...“. Die Sowjetisierung Ostpolens nach dem Hitler-Stalin-Pakt 1939-1941 (Edition „Europäische Zeitzeugen“ 9. Hg. v. Wolfgang u. Elke Leonhard). Freiburg i. Br., 1988. (Zit.: Gross, Sowjetisierung.).
GUBAREW, Wladimir: Arsamas-16. Wissenschaftler der geheimen russischen Atomstadt brechen das Schweigen. Berlin, 1993. (Zit.: Gubarew, Arsamas-16.).
GULAG. W gody welikoi otetschestwennoi woiny. [Interview mit L. Iwaschow und A. Jemelin]. In: Wojenno-Istoritscheski shurnal 1/1991, S. 14-24. (Zit.: Iwaschow/Jemelin, GULAG.).
GULAG w gody woiny. Doklad natschalnika GULAGa NKWD SSSR W. G. Nasedkina Awgust 1944 g. In: Istoritscheski Archiw, Nr. 3 (1994), S. 60-86.
HAUMANN, Heiko: Die Wirtschaft. In: Schramm, Handbuch, Kapitel IX, S. 1193-1297. (Zit.: Haumann, Wirtschaft.).
HELLER, Michel: Stacheldraht der Revolution. Die Welt der Konzentrationslager in der sowjetischen Literatur. Stuttgart, 1975. (Zit.: Heller, Stacheldraht.).
HELLER, Michail/NEKRICH, Alexander: Geschichte der Sowjetunion. Zwei Bände. Königstein/Ts., 1981. (Zit.: Heller/Nekrich, Geschichte.).
HERBST-OLTMANNS, Anne: Entstalinisierung. Der Einzelne zählt wieder in der Sowjetunion. In: Crusius/Wilke, Entstalinisierung, S. 50-64. (Zit.: Herbst-Oltmanns, Entstalinisierung.).

HÖSCH, Edgar/GRABMÜLLER, Hans-Jürgen: Daten der sowjetischen Geschichte. Von 1917 bis zur Gegenwart. München, 1981. (Zit.: Hösch/Grabmüller, Daten.).

HOFMANN, Werner: Die Arbeitsverfassung der Sowjetunion (Volkswirtschaftliche Schriften H. 22). Berlin, 1956. (Zit.: Hofmann, Arbeitsverfassung.).

HOUGH, Jerry F. /FAINSOD, Merle. How the Soviet Union is governed. An extensively revised and enlayed edition by Jerry F. Hough of Merle Fainsod's „How Russia is ruled". Cambridge, Mass. und London, 1979.

Das Hungersystem in den sowjetischen Arbeitslagern. In: Ost-Probleme v. 29. September 1952, S. 1197-1200.

HUNTER, Holland: Priorities and shortfalls in prewar Soviet planning. In: Degras/Nove, Planning, S. 1-31. (Zit.: Hunter, Priorities.).

HUNTER, Holland: The economic costs of the GULag Archipelago. In: Slavic Review, Jg. 39 (1980), Heft 4 (Dezember), S. 588-592. (Zit.: Hunter, Costs.).

IPSEN, Gunther: Arbeitskraft und Arbeitsvermögen. In: Osteuropa-Handbuch. Sowjetunion. Wirtschaftssystem, S. 26-76. (Zit.: Ipsen, Arbeitskraft).

Iswestija vom 21. Dezember 1988 (Darin: Lew Korneschow. Slye wetry iz proschlogo. Sostojalas premera chudoshestwenno-publizistitscheskogo filma „Wlast Solowezkaja"). (Zit.: Korneschow.).

JAKOBSON, Michael: Origins of the Gulag. The Soviet prison camp system 1917-1934. Lexington, 1993. (Zit.: Jakobson, Origins.).

JAKOWLEW, B.: Konzentrazionnye lageri SSSR. Hg. v. Institut zur Erforschung der Geschichte und Kultur der UdSSR. München, 1955. (Zit.: Jakowlew, Lageri.).

JASNY, Naum: Labor and output in Soviet concentration camps. In: The Journal of Political Economy 59 (1951), Nr. 5, S. 405-419. (Dt.: Ders., Arbeitsstatistik in MWD-Lagern. In: Ost-Probleme. 3. Jg. Nr. 50 vom 15.12.1951, S. 1553-1562.). (Zit.: Jasny, Labor.).

JASNY, Naum: Comments. In: The Journal of Political Economy 60 (1952), Nr. 4, S. 340-342. (Zit.: Jasny, Comments.).

JASNY, Naum: Soviet industrialization. 1928-1952. Chicago, 1961. (Zit.: Jasny, Industrialization.).

JEBEDSHANS, S. G.: Proiswodstwenny fenomen GULAGa. In: Woprosy istorii, 6/1994, S. 188-190. (Zit.: Jebedshans, Proiswodstwenny.).

JELANZEWA, O.P.: Kto i kak stroil BAM w 30-e gody. In: Otetschestwennye archiwy 5/1992, S. 71-81.

JELANZEWA, O.P.: Perioditscheskaja Petschat BAMLaga. In: Otetschestwennaja istorija, 4/1993, S. 167-175. (Zit.: Jelanzewa, Perioditscheskaja.).

JELANZEWA, O.P.: BAM: Perwoje Desjatiletije. In: Otetschestwennaja istorija, 6/1994, S. 89-103. (Zit.: Jelanzewa, BAM.).

JUKSCHINSKIJ, W. I.: Sowetskie konzentrazionnye lageri w 1945-1955. Hg. v. Institut zur Erforschung der UdSSR. München, 1958. (Zit.: Jukschinskij, Lageri.).

KAMINSKI, Andrzej: Konzentrationslager 1896 bis heute. Geschichte, Funktion, Typologie. München, 1990. (Zit.: Kaminski, Konzentrationslager.).

KARKLINS, Rasma: The organisation of power in the Soviet labour camps. In: Soviet Studies, Jg. 41 (1989), Heft 2 (April), S. 276-297. (Zit.: Karklins, Organisation.).

KARNER, Stefan: Im Archipel GUPVI. Kriegsgefangenschaft und Internierung in der Sowjetunion 1941-1956 (Kriegsfolgen-Forschung. Wissenschaftliche Veröffentlichungen des Ludwig-Boltzmann-Instituts für Kriegsfolgen-Forschung, Graz, Wien. Hg. v. Stefan Karner. Band 1). Wien, München, 1995. (Zit.: Karner, GUPVI.).

KARNER, Stefan: Die sowjetische Hauptverwaltung für Kriegsgefangene und Internierte. In: Vierteljahreshefte für Zeitgeschichte, Jg. 42 (1994), S. 447-471.

KEEP, John L. H.: Der Stalinismus in der neueren russischen Literatur. In: Neue politische Literatur Jg. 40 (1995), Heft 3, S. 421-440.

KILIAN, Achim: Einzuweisen zur völligen Isolierung. NKWD-Speziallager Mühlberg/Elbe 1945-1948. 2. erw. Aufl. Leipzig, 1993. (Zit.: Kilian, Isolierung.).

KLONOVSKY, Michael/von FLOCKEN, Jan: Stalins Lager in Deutschland. 1945-1950. Dokomentation, Zeugenberichte. München, 1993. (Zit.: Klonovsky/Flocken, Stalins Lager.).

KNOLL, Viktor/KÖLM, Lothar (Hgg.): Der Fall Berija. Protokoll einer Abrechnung. Das Plenum des ZK der KPdSU Juli 1953. Stenographischer Bericht. Hg. u. a.d. Russ. übersetzt von Viktor Knoll und Lothar Kölm. 1. Aufl. Berlin, 1993. (Zit.: Knoll/Kölm, Fall Berija.).

von KNORRE, Werner: Der Ausbau des Außenhandelsmonopols. In: Osteuropa-Handbuch. Sowjetunion. Wirtschaftssystem, S. 461-483. (Zit.: von Knorre, Ausbau.).

KOKURIN, A. I. (Hg.). Wosstanije w Steplage, mai ijun 1954 g. In: Otetschestwennye archiwy 4/1994, S. 33-81.

KUROMIYA, Hiroaki: Stalinist terror in the Donbass. In: Slavic Review, Jg. 50 (1991), Heft 1, S. 157-162. (Zit.: Kuromiya, Terror.).

LAQUEUR, Walter: Stalin. Abrechnung im Zeichen von Glasnost. München, 1990. (Zit.: Laqueur, Stalin.).

LAMPERT, Nick/RITTERSPORN, Gàbor T. (Ed.): Stalinism. Its nature and aftermath. Essays in honour of Moshe Lewin. Armonk, N.Y., 1992. (Zit.: Lampert/Rittersporn, Stalinism.).

LEGGETT, George: The Cheka. Lenin's political police. The All-Russian Extraordinary Commission for Combatting Counter-Revolution and Sabotage (December 1917 to February 1922). Oxford, 1981. (Zit.: Leggett, Cheka.).

LEWYTZKYJ, Borys: Die rote Inquisition. Die Geschichte der sowjetischen Sicherheitsdienste. Frankfurt/M., 1967. (Zit.: Lewytzkyj, Inquisition.).

LIPINSKY, Jan: Sowjetische Speziallager in Deutschland 1945-1950 – ein Beispiel für alliierte Internierungspolitik oder für sowjetisches GULag-System. In: Brigitte Kaff (Hg.). „Gefährliche Gegner". Widerstand und Verfolgung in der sowjetischen Zone/DDR. Düsseldorf, 1995. S. 27-43. (Zit.: Lipinsky, Speziallager.).

LISZKOWSKI, Uwe: Die Revision der sowjetischen Geschichte im Zeichen der Perestrojka. Eine Zwischenbilanz. In: GWU, Jg. 41 (1990), S. 653-674. (Zit.: Liszkowski, Revision.).

LORENZ, Richard: Die Sowjetunion. 1917-1941. In: Rußland (Fischer Weltgeschichte 31). Hg. u. verf. v. Carsten Goehrke, Manfred Hellmann, Richard Lorenz, Peter Scheibert. Frankfurt/M., 1988, S. 271-353. (Zit.: Lorenz, Sowjetunion.).

LORIMER, Frank: The population of the Soviet Union: History and prospects (Series of League of Nations Publications. II. Economic and Financial. 1946 II. A 3). Hg. vom Economic, Financial and Transit Department des Völkerbunds). Genf, 1946. (Zit.: Lorimer, Population.).

MANNING, Roberta T.: The Great Purges in a rural district: Belyi Raion revisited. In: Getty/Manning, Terror, S. 168-197. (Zit.: Manning, Purges.).

MARKERT, Werner (Hg.): Osteuropa-Handbuch. Sowjetunion. Das Wirtschaftssystem (Osteuropa-Handbuch. Namens der Arbeitsgemeinschaft für Osteuropaforschung herausgegeben von Werner Markert). Köln, Graz, 1965. (Zit.: Osteuropa-Handbuch. Sowjetunion. Wirtschaftssystem.).

MEDER, Walter: Das sowjetische Wirtschaftsrecht. In: Osteuropa-Handbuch. Sowjetunion. Wirtschaftssystem, S. 290-337. (Zit.: Meder, Wirtschaftsrecht).

MEDVEDEV, Roy: Let history judge. The origins and consequences of Stalinism. Verb. u. erg. Ausg. Hg. v. George Shriver. New York, 1989. (Zit.: Medvedev, History.).

MEDWEDEW, Roy: Die Wahrheit ist unsere Stärke. Geschichte und Folgen des Stalinismus. Hg. v. David Joravsky u. Georges Haupt. Frankfurt/Main, 1973. (Zit.: Medwedew, Wahrheit.).

MEDVEDEV, Roy: All Stalin's men. Oxford, 1983. (Zit.: Medvedev, Stalin's men.).

MEDWEDEW, Roy: Vom XX. zum XXII: Parteitag der KPdSU. Ein kurzer historischer Überblick. In: Crusius/Wilke, Entstalinisierung, S. 23-49. (Zit.: Medewedw, Parteitag.).

MEDWEDEW, Roy: Wer kennt die Opfer, nennt die Zahlen? In: Moscow News, 1/1989. Neu abgedruckt in: Sowjetunion (1992), S. 42-43.

MELVILLE, Ralph/STEFFENS, Thomas: Die Bevölkerung. In: Schramm, Handbuch, Kap. VIII, S. 1099- 1191. (Zit.: Melville/Steffens, Bevölkerung.).

MERL, Stephan: Das System der Zwangsarbeit und die Opferzahl im Stalinismus. In: GWU, Jg. 46 (1995), Heft 5/6 (Mai/Juni), S. 277-301. (Zit.: Merl, System.).

MILLER, Jack: Soviet planners in 1936-37. In: Degras/Nove, Planning, S. 116-143. (Zit.: Miller, Planners.).

MILLER, Jack: The 1941 Economic Plan. In: Soviet Studies, Jg. 3 (1952), Heft 4 (April), S. 365-386. (Zit.: Miller, Plan.).

MONSEJEW, I.A.: BAM: Maloiswestnye stranizy istorii 30-ch gg. In: Iswestija ZK KPSS, 8/1991, S. 144-147. (Zit.: Monsejew, BAM.).

MORA, Sylvester: Kolyma. Gold and forced labor in the USSR (Foundation Pamphlets Series 7. Hg. von der Foundation of Foreign Affairs). Washington, 1949. (Zit.: Mora, Kolyma.).

MOROSOW, N.A./ROGATSCHEW, M.B.: GULag w Komi ASSR (20-50-e gody). In: Otetschestwennaja istorija, 2/1995, S. 182-187. (Zit: Morosow/Rogatschew, GULag Komi.).

MUND, Wolfgang: Die GPU. Angriff auf das Abendland. Herausgegeben von Antikomintern. Dresden, 1942. (Zit.: Mund, GPU.).

MUSATOW, W.L.: Istorija odnoi ssylki („shitije") matiasa rakschi w SSSR (1956-1971 gg.). In: Kentawr, 6/1993, S. 72-81.

NEGRETOV, P.I.: How Vorkuta began. In: Soviet Studies, Jg. 29 (1977), Heft 4 (Oktober), S. 565-575. (Zit.: Negretov, Vorkuta.).

NEKRASSOW, Vladimir F. (Hg.): Berija. Henker in Stalins Diensten. Ende einer Karriere (Russ. Origausg. u.d.T. Berija. Konjez karjery, Moskau, 1991). Berlin, 1992. (Zit.: Nekrassow, Berija.).

NEKRASSOW, Vladimir F: Das Finale der Macht (Nach Akten des Gerichtsprozesses). In: Nekrassow, Berija, S. 454-490. (Zit.: Nekrassow, Finale.).

NEKRITSCH, Alexander: Zur Klärung der sowjetischen Vergangenheit. In: Kontinent. Ost-West-Forum 3/1992, S. 91-102. (Zit.: Nekritsch, Klärung.).

NOVE, Alec: The Soviet economy. An introduction. New York, 1961. (Zit.: Nove, Economy.).

NOVE, Alec: An economic history of the USSR. London, 1969. (Zit.: Nove, History[1].).

NOVE, Alec: How many victims in the 1930s? In: Soviet Studies, Jg. 42 (1990), Heft 2 (April), S. 369-373. (Zit.: Nove, Victims.).

NOVE, Alec: An economic history of the USSR. 1917-1991. New and final edition. 3. Aufl. London, 1992. (Zit.: Nove, History[2].).

NOVE, Alec: Victims of Stalinism. How many? In: Getty/Manning, Terror, S. 261-274. (Zit.: Nove, Victims[2].).

OPPENHEIM, Samuel A.: Artikel „Labor camps in the Soviet Union". In: Joseph L. Wieczynski. The modern encyclopedia of Russian and Soviet history. Band 18. Gulf Breeze, Florida, 1980, S. 236-242. (Zit.: Oppenheim, Labor camps.).

ORR, Charles A. (Bearb.): Stalin's slave camps. An indictment of modern slavery (Hg. v. Economic Social Department of the International Confederations of Free Trade Unions). Boston, 1952. (Zit.: Orr, Camps.).

Panzer gegen Strafgefangene. In: Die Zeit v. 15. Dezember 1955.

PARSADANOWA, W.S.: Deportazija naselenija is sapadnoi Ukrainy i sapadnoi Belorussii w 1939-1941 gg. In: Nowaja i noweischaja istorija 2/19189, S. 26-44. (Zit.: Parsadanowa, Deportazija.).

PASCHNER, Günther: Im Teufelskreis des Terrors. Bolschewistische Gewaltherrschaft unter Lenin, Stalin, Chruschtschow. Boppard am Rhein, 1964. (Zit.: Paschner, Teufelskreis.).
PASSIN, Herbert/van BRIESSEN, Fritz: Der Streik von Norilsk. In: Aus Politik und Zeitgeschichte v. 6. Juni 1956, S. 345-356. (Zit.: Passin/vam Briessen, Streik.).
PERELADOV, Vladimir: Gefangenschaft im sowjetischen GULAG. In: Der Heimkehrer v. 1. August 1995, S. 3.
PETEREIT, Richard A.: Goldgräber am Kolyma. Die Praxis der sowjetischen Sklavenhalterei. In: Rheinischer Merkur v. 25. Juni 1954. (Zit: Petereit, Goldgräber.).
PLAGGENBORG, Stefan: Die Organisation des Sowjetstaates. In: Schramm, Handbuch, Kap. XI, S. 1413-1525. (Zit.: Plaggenborg, Organisation.).
PLOTNIKOW, I.E.: Kak likwidirowali kulatschestwo na urale. In: Otetschestwennaja istorija, 4/1993, S. 159-167. (Zit.: Plotnikow, Likwidirowali.).
POLJAKOW, Ju.A./SHIROMSKAJA, W.B./KISELEW, I.N.: Polweka moltscharija (wsesojusnaja perepis naselenija 1937 g.). In: Soziologitscheskije issledowanija, 8/1990, S. 30-52. (Zit.: Poljakow/Shiromskaja/Kiselew, Polweka.).
POLJAN, Pawel M./ZAJONTSCHKOWSKAJA, Shanna A.: Ostarbeiter in Deutschland und daheim. Ergebnisse einer Fragebogenanalyse. In: Jahrbücher für Geschichte Osteuropas, Jg. 41 (1993), Heft 4, S. 547-561. (Zit.: Poljan/Zajontschkowskaja, Ostarbeiter.).
PRIBKOW, E.N.: O wnesudebnych organach. In: Iswestija ZK KPSS 10/1989, S. 80-82. (Zit.: Pribkow, Organach.).
PRIEß, Lutz/ERLER, Peter: Sowjetische Speziallager in der SBZ/DDR 1945 bis 1950. In: Agde. Sachsenhausen, S. 15-27.
RABE, Volker: Die Justiz. In: Schramm, Handbuch, Kap. XII, S. 1527-1576.
von RAUCH, Georg: Geschichte der Sowjetunion. Durchgesehen u. ergänzt v. Wolfgang Geierhos. 7. verb. u. erg. Aufl., (1. Aufl., u.d.T. „Geschichte des bolschewistischen Rußlands“, 1955). Stuttgart, 1987. (Zit.: von Rauch, Geschichte.).
RAUPACH, Hans: Grundlagen. In: Osteuropa-Handbuch. Sowjetunion. Wirtschaftssystem, S. 1-25. (Zit.: Raupach, Grundlagen.).
RAUPACH, Hans: Das Planungssystem. In: Osteuropa-Handbuch. Sowjetunion. Wirtschaftssystem, S. 140-179. (Zit.: Raupach, Planungssystem).
REDDING, A. David: Reliability of estimates of unfree labor in the USSR In: The Journal of Political Economy 60 (1952), Nr. 4, S. 337-340. (Zit.: Redding, Reliability.).
Intelligence report, No. 5885. Forced labor in the Soviet Union. Bearb. v. Department of State. Office of Intelligence Research. Date: June 2, 1952. (Zit.: Report.).
RITTERSPORN, Gábor Tamás: Stalinist simplifications and Soviet complications. Social tensions and political conflicts in the USSR, 1933-1953 (Social orders 4). Chur, 1991. (Zit.: Rittersporn, Simplifications.).
ROSEFIELDE, Steven: The First „Great leap forward“ reconsidered: Lessons of Solzhenitsyn's *Gulag Archipelago*. In: Slavic Review, Jg. 39 (1980), Heft 4 (Dezember), S. 559-587. (Zit.: Rosefielde, Lessons.).
ROSEFIELDE, Steven: An assessment of the sources and uses of GULAG Forced Labour 1929-56. In: Soviet Studies, Jg. 33 (1981), Heft 1 (Januar), S. 51-87. (Zit.: Rosefielde, Assessment.).
ROSEFIELDE, Steven: Incriminating evidence: Excess deaths and forced labour under Stalin: A final reply to critics. In: Soviet Studies, Jg. 39 (1987), Heft 2 (April), S. 292-313. (Zit.: Rosefielde, Evidence.).
ROSEFIELDE, Steven: Excess deaths and industrialization. A realist theory of Stalinist economic development in the 1930s. In: Journal of Contemporary History, Jg. 23 (1988), S. 277-289. (Zit.: Rosefielde, Excess deaths.).
RUBIN, Julia: Soviet Arctic comes to terms with its gulag history. In: The Times v. 13. August 1991. (Zit.: Rubin, Soviet Arctic.).

RUFFMANN, Karl-Heinz: Sowjetrußland 1917-1977. Struktur und Entfaltung einer Weltmacht (dtv-Weltgeschichte des 20. Jahrhunderts. Hg. v. Martin Broszat u. Helmut Heiber). (1. Aufl. 1967). 8. Aufl.. München, 1979. (Zit.: Ruffmann, Sowjetrußland.).

RÜHLE, Jürgen: Literatur und Revolution. Die Schriftsteller und der Kommunismus. München, Zürich, 1963. (Zit.: Rühle, Literatur.).

SCHAPIRO, Leonard: Partei und Staat in der Sowjetunion (Schriftenreihe Information 15). 2. Aufl. Köln/Berlin, 1965. (Zit.: Schapiro, Partei.).

SCHATUNOWSKAJA, O.G.: Falsifikazija. In: Argumenty i fakty, Nr. 22/1990. (Zit.: Schatunowskaja, Falsifikazija.).

SCHERER, John L./JAKOBSON, Michael: The collectivisation of agriculture and the Soviet prison camp system. In: Europe-Asia Studies, Jg. 45 (1993), Heft 3, S. 533-546. (Zit.: Scherer/Jakobson, Collectivisation.).

SCHILLER, Ulrich: Blicke in den GULAG. In: Die Zeit v. 25. Mai 1990. (Zit.: Schiller, Blicke.).

SCHRAMM, Gottfried. (Hg.): Handbuch der Geschichte Rußlands. Band 3. 1856-1945. Von den Autokratischen Reformen zum Sowjetstaat. II. Halbband. Stuttgart, 1992. (Zit.: Schramm, Handbuch.).

SCHRAMM, Gottfried: Industrialisierung im Eiltempo und kollektivierte Landwirtschaft unter Stalin (1928/29 bis 1941). In: Schramm, Handbuch, Kapitel VI, S. 782-908. (Zit.: Schramm, Industrialisierung.).

SCHRÖDER, Hans-Henning: Upward social mobility and mass repression: The Communist party and Soviet society in the thirties. In: Lampert/Rittersporn, Stalinism, S. 157-183. (Zit.: Schröder, Social mobility.).

SCHWARZ, Salomon M.: Arbeiterklasse und Arbeitspolitik in der Sowjetunion. Hamburg, 1953. (Zit.: Schwarz, Arbeiterklasse.).

SCHWARZ, Salomon M.: Statistik und Sklaverei. In: Ost-Probleme, 3. Jg., Nr. 50 vom 15. 12. 1951, S. 1562-1564. (Engl.: Ders. Statistics of Slave labor. In: Socialist Courier, New York, Dezember 1951, S. 244-246.). (Zit.: Schwarz, Statistik.).

SEMSKOW, W.N.: Spezposelenzy (Po dokumentazii NKWD-MWD SSSR). In: Soziologitscheskie issledowanija, 11/1990, S. 3-17. (Zit.: Semskow, Spezposelenzy).

SEMSKOW, W.N.: Ob utschote spezkontingenta NKWD wo wsesojusnych perepisjach naselenija 1937 i 1939 gg. In: Soziologitscheskije issledowanija, 2/1991, S. 74-75. (Zit.: Semskow, Utschote.).

SEMSKOW, W.N.: GULAG (Istoriko-Soziologitscheski aspekt). [Teil I]. In: Soziologitscheskije issledowanija, 6/1991, S. 10-27. (Zit.: Semskow, GULAG I.).

SEMSKOW, W.N.: GULAG (Istoriko-Soziologitscheski aspekt). [Teil II]. In: Soziologitscheskije issledowanija, 7/1991, S. 3-16. (Zit.: Semskow, GULAG II.).

SEMSKOW, W.N.: Sakljutschonnye, spezposelenzy, ssylnoposelenzy, ssylnye i wyslannye. (Statistiko-geografitscheski aspekt). In: Istorija SSSR, 5/1991, S. 151-167. (Zit.: Semskow, Sakljutschonnye.).

SEMSKOW, W.N.: Sudba „Kulazkoi ssylki“ (1930-1954 gg.). In: Otetschestwennaja istorija, 1/1994, S. 118-147. (Zit.: Semskow, Sudba.).

SHTEPPA, Konstantin: Feliks Dzerzhinski: Creator of the Cheka and founder of „Chekism“. In: Wolin/Slusser, Secret Police, S. 65-95. (Zit.: Shteppa, Dzerzhinski.).

SLUSSER, Robert M.: The budget of the OGPU and the Special Troops from 1923-4 to 1928-9. In: Soviet Studies, Jg. 10 (1959), Heft 4 (April), S. 375-383. (Zit.: Slusser, Budget.).

SMETS, Franz: „Menschenleben zählten in Workutas Gruben nie sehr viel“. In: Der Morgen v. 16. April 1991. (Zit.: Smets, „Menschenleben“.).

SOFINOW, P.G.: Abriß der Geschichte der Gesamtrussischen Außerordentlichen Kommission (1917-1922). 2. überarb. Aufl. Ministerium für Staatssicherheit. Juristische Hochschule Potsdam. Potsdam, 1979. (Zit.: Sofinow, Abriß.).

SOLOMON, Jr., Peter H.: Soviet penal policy, 1917-1934: A Reinterpretation. In: Slavic Review, Jg. 39 (1980), Heft 2 (Juni), S. 195-217. (Zit.: Solomon, Policy.).
SOROKIN, Konstantin: Das Manhattan-Projekt des Ostens. In: Siegfried Fischer/Otfried Nassauer (Hgg.). Satansfaust. Das nukleare Erbe der Sowjetunion. Berlin, Weimar 1992, S. 39-49. (Zit.: Sorokin, Manhattan-Projekt.).
Die Sowjetunion (Informationen zur politischen Bildung 182. Hg. v. d. Bundeszentrale für politische Bildung). Bonn, 1979. (Zit.: Sowjetunion (1979).).
Die Sowjetunion 1917-1953 (Informationen zur politischen Bildung 235 Hg. v. d. Bundeszentrale für politische Bildung). Bonn, 1992. (Zit.: Sowjetunion (1992).).
SPECHT, Anton: In Workuta sollen Slaven des Sozialismus aufbauen. In: Die Neue Zeitung v. 7. Januar 1954. (Zit.: Specht, Workuta.).
O Staline i Stalinisme. Beseda s D.A. Wolkogonowym i R.A. Medwedewym. In: Istorija SSSR, 4/1989, S. 89-108. (Zit.: Staline i Stalinisme.).
STARKOV, Boris A.: Narkom Ezhov. In: Getty/Manning, Terror, S. 21-39. (Zit.: Starkov, Ezhov.).
STÖKL, Günther: Russische Geschichte. Von den Anfängen bis zur Gegenwart. 4. erw. Aufl.. Stuttgart, 1983. (Zit.: Stökl, Geschichte.).
SWIANIEWICZ, S.: Forced labour and economic development. An Enquiry into the Experience of Soviet Industrialization. London, 1965. (Zit.: Swianiewicz, Forced labour.).
TEPZOW, N.W.: Prawda o raskulatschiwanii (Dokumentalny otscherk). In: Kentawr, März/April, 1992, S. 46-62. (Zit.: Tepzow, Prawda.).
THALHEIM, Karl. C.: Grundzüge des sowjetischen Wirtschaftssystems (Abhandlungen des Bundesinstituts zur Erforschung des Marxismus-Leninismus (Institut für Sowjetologie). Band I. Köln, 1962. (Zit.: Thalheim, Grundzüge).
TISCHKOW, A.W.: Der erste Tschekist. 2. überarb. Aufl. Ministerium für Staatssicherheit. Juristische Hochschule Potsdam. Potsdam, 1979. (Zit.: Tischkow, Tschekist.).
TOLZ, Vera: Publication of archive materials on Stalin' terror (Radio Liberty. Report on the USSR. Vol. 2, No. 32, 1990 v. 10. August 1990, S. 12-16. (Zit.: Tolz, Publication.).
TOLZ, Vera: Archives yield new statistics on the Stalin terror (Radio Liberty. Report on the USSR. Vol. 2, No. 36, 1990 v. 7. September 1990), S. 1-4. (Zit.: Tolz, Archives.).
TORKE, H.J. (Hg.): Historisches Lexikon der Sowjetunion. 1917/22 bis 1991. München, 1993. (Zit.: Torke, Lexikon).
TRUTANOW, Igor: Die Hölle von Semipalatinsk. Ein Bericht. Berlin, Weimar, 1992. (Zit.: Trutanow, Semipalatinsk.).
TSCHALIKOWA, Wiktorija: Archiwny junoscha. In: Newa, 10/1988, S. 152-162. (Zit.: Tschalikowa, Archiwny.).
VIOLA, Lynne: The second coming. Class enemies in the Soviet countryside. 1927-1935. In: Getty/Manning, Terror, S. 65-98. (Zit.: Viola, Class enemies.).
VOSLENSKY, Michael: Das System der sowjetischen Strafjustiz: Hunger, Kälte und Tod in der Staatssklaverei. In: Die Welt v. 15. September 1982. (Zit.: Voslensky, System.).
WAGENFÜHR, Rolf: Die sowjetische Statistik. In: Osteuropa-Handbuch. Sowjetunion. Wirtschaftssystem, S. 115-139. (Zit.: Wagenführ, Statistik.).
WARKONI, N.: Aufstand der Sklaven. In: Rheinischer Merkur v. 15. Juni 1955. (Zit.: Warkoni, Aufstand.).
WEHNER, Markus: Revisionismus revidiert. Die amerikanische Debatte über den stalinistischen Terror. In: FAZ v. 17. August 1994. (Zit.: Wehner, Revisionismus.).
WEIN, Norbert: Die Sowjetunion. 2. übearb. u. erw. Aufl. Paderborn, München, Wien, Zürich, 1985. (Zit.: Wein, Sowjetunion.).
WHEATCROFT, Stephen G.: On assessing the size of forced labour concentration camp labour in the Soviet Union. 1929-56. In: Soviet Studies, Jg. 33 (1981), Heft 2 (April), S. 265-295. (Zit.: Wheatcroft, Size.).

WHEATCROFT, Stephen G.: Towards a thorough analysis of Soviet forced labour statistics. In: Soviet Studies, Jg. 35 (1983), Heft 2 (April), S. 223-237. (Zit.: Wheatcroft, Analysis.).

WHEATCROFT, Stephen G.: More light on the scale of repression and excess mortality in the Soviet Union in the 1930s. In: Soviet Studies, Jg. 42 (1990), Heft 2 (April), S. 355-367. (Zit.: Wheatcroft, Light.).

WILENSKI, S. S. (Hg.). Soprotiwlenije w Gulage: wospominanija, pisma, dokumenty. Moskau 1992.

WILES, Peter: Zentrale und dezentrale Elemente der Wirtschaftssteuerung. In: Osteuropa-Handbuch. Sowjetunion. Wirtschaftssystem, S. 433-460. (Zit.: Wiles, Elemente.).

WOLIN, Simon/SLUSSER, Robert M. (Hgg.): The Soviet secret police. London, 1957. (Zit.: Wolin/Slusser, Secret police).

WOLKOGONOV, Dimitri: Stalins Ungeheuer. In: Nekrassow, Berija. S. 198-211. (Zit.: Wolkogonov, Ungeheuer.).

WOLKOGONOV, Dmitri: Triumph und Tragödie. Politisches Porträt des J.W. Stalin (Zwei Bände in vier Teilbänden). Berlin, 1990. (Zit.: Wolkogonow, Triumph.).

ZALESKI, Eugene: Stalinist planning for economic growth. 1933-1952. University of North Carolina, 1980. (Zit.: Zaleski, Planning.).

ZAPLIN, W.W.: Dokumenty tragitscheskogo wremeni: archivy otkrywajut tainy. In: Argumenty i fakty, Nr. 35/1990. [Interview mit W.N. Semskow]. (Zit.: Zaplin, Dokumenty.).

ZAPLIN, W.W.: Archiwnye materialy o tschisle sakljutschonnych w konze 30-ch godow. In: Woprosy istorii, 4-5/1991, S. 157-163. (Zit.: Zaplin, Archiwnye.).

Register[1]

Orts- und Personenregister

[1] In dieses Register wurden Text und Anmerkungstext des Hauptteils sowie des Anhangs 2 (ohne tabellarischen Teil) aufgenommen. Enthalten sind aus den Texten Ortsnamen, Personennamen, Stichwörter und Autorennamen, aus den Anmerkungstexten Ortsnamen, Personennamen und Stichwörter.

Sachregister